U0142391

防火防爆

Prevention of Fires & Explosions

盧守謙、陳永隆　編著　　吳鳳科技大學消防研究所

五南圖書出版公司 印行

推薦序

隨著科學技術的進步及創新研發下，各種生產設備和技術不斷更新，於製造儲存處理所使用之化學品，具易燃及危險物質種類與日俱增並愈趨於複雜化。在工業火災爆炸事故中破壞力極高，發生後果之嚴重性，卻常常是產業所難承受之負荷。因此，防火防爆問題正是一項十分引人注意之特別課題。

由於防火防爆工作極具挑戰性及高專業性，本校為因應產業安全需求及提升消防專業人才之考量，於2002年首創消防系／所（除警察大學外），開設防火防爆課程，建置火災虛擬實驗室、火災鑑識實驗室、低氧實驗室、水系統消防實驗室、電氣系統消防實驗室、氣體消防實驗室、消防設備器材展示室及消防檢修實驗室等軟硬體設備，也設置了氣體燃料導管配管、工業配管等兩間乙級技術士考場，擁有全方位師資團隊跨消防、機械、理化、電機、電子及土木等完整博士群組成，每年設日間部四技3班、進修部四技1班、進修學院二技1班、碩士在職專班1班，目前也刻正申請設立博士在職專班，為未來消防安全產業領域，注入所需的人才。

本書作者盧守謙博士在消防工作學有專精，盧博士與消防系陳永隆主任共同執筆，完成一系列完整消防書籍著作，每一本能進行專業精闢求解及有條不紊地說明，不僅內容涵蓋的範圍有外在廣度也具內在深度，本人極為樂意將其推薦給所有關心產業消防安全的讀者們。

蘇銘宏

吳鳳科技大學校長

自序

　　火災與爆炸現象，有無壓力波是二者可以明顯區分。火是一種劇烈化學反應，因火焰具有自行傳播特性，火災實際上是一個較大燃燒規模過程中之副產物。當火災發生時，在物理的以及化學的雙方共同影響，火災爆炸動態過程是一個相當複雜化，對防火防爆科學研究也正是一項如此深遂，且沉迷之工作。

　　從歷史上看，以爆炸為術語是很難精確界定其定義。物理性爆炸是由高壓氣體純物理變化釋壓現象；而化學性爆炸是一種非定常燃燒，也是一種發焰燃燒中之混合燃燒現象。與火災不同的是，大多的火災必須先分解出可燃氣體或蒸氣，後與氧氣混合再燃燒；而化學性爆炸往往是可燃氣體或蒸氣已與氧氣預先混合，而產生一種極快速燃燒現象，並帶有壓力波情況。

　　本書第一作者從早期研究閃燃碩士論文到整個火行為之博士研究，就深深迷戀消防安全領域。2015年承蒙蘇校長延聘，從公務轉換學術跑道，得能專研沐浴在知識氛圍。在此參酌國外大量文獻，結合救災長期實務經驗，撰寫一序列消防書籍，也感謝學校提供極佳軟硬體平台，能進行有效率寫作教學。而此書若能對學術與實務研究工作有所此微貢獻，自甚感榮幸。而在寫作歷程中雖謹慎，內容詳多疏失之處祈請不吝指正。

盧守謙

吳鳳科技大學消防系

花明樓研究室

目　錄

第3章　燃燒科學

第4章　滅火科學

第5章　爆炸科學

第6章　電氣類防火防爆

第7章　化學類防火防爆

第8章　防火防爆名詞解釋

第 **1** 章

防火防爆基本科學

　　我們對火之瞭解，是早在兒童時期。在冬天，火溫暖我們的家園、煮熟我們的食物、產生能量，但在敵對情況下，火是很危險的。我們知道，火消耗的燃料需要空氣中氧，而釋放出熱和光。通常情況下，對這種程度的理解是與火相關工作人員需要知道的。

　　火是一種劇烈化學反應，而不是物質！火災實際上是一個較大規模燃燒（Combustion）過程中之副產物（Byproduct）。大多數人對火和燃燒是可以互換使用這2個名詞，但與火相關工作人員應理解其差異性。燃燒（Combustion）是一種燃料快速氧化（化學反應）自我維持（Self-Sustaining），並產生熱和光的過程，其可能沒有產生火之現象，如燃燒在局部或近燃料表面，僅與氧氣接觸產生沒有火焰之燃燒，如燒炭現象；而火（Fire）則是一種二氧化碳、水蒸氣等很熱的混合物，進行快速的氧化反應，也就是燃燒的結果。又火災與爆炸比較，火災是一種較大空間燃燒之現象；而化學性爆炸是快速燃燒，當燃燒變為強烈時，會產生壓力波，又當此等壓力波變為充分強力時，便會形成一次爆轟（Detonation）現象；因此火災與化學性爆炸，主要是燃燒速度之不同，有無壓力波之形成差異。

　　防火防爆之理化性、熱能、熱傳、燃燒原則和滅火原理，本章進行基礎科學之討論，學習防火防爆相關人員可以更好地瞭解其規律，及如何預防和控制。

圖1-1　船舶人員除了定期日常工作外，有時需反應到火災及爆炸發生

第1節　物理基本科學

1. 大氣壓力（Atmospheric Pressure）

　　大氣是有重量的，大氣中壓力是源自於大氣層中空氣的重力而產生之壓力，空氣主要為氮氣（N_2）與氧氣（O_2）組成，以一莫耳空氣有28.84 g（28×79% + 32×21% = 28.84），至海平面大氣壓最大。所謂一大氣壓是以海平面大氣中施加壓力為14.7 psi[1]。1psi壓力能使水銀柱升高約2.04吋（52 mm）。在海平面上，升高水銀柱為2.04吋×14.7吋 = 29.9吋高（760 mm）；如圖1-2。在高處大氣壓比較小，沸點變小，致高山上煮開水未到100℃就沸騰。

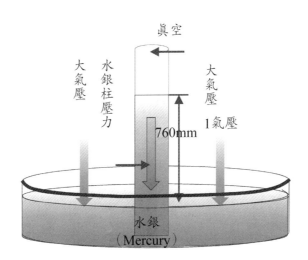

圖1-2　簡易氣壓計顯示大氣壓力 = 76cmHg

---

[1] psi（Pounds Per Square Inch）為英制單位，為壓力主要的測量單位，表示每平方吋表面上有1磅壓力。國際單位制之單位是相當於1千帕（kpa），相對應的單位是bar。1bar = 14.5038psi；1bar = 100kpa。1atm = 76cmHg = 1.03kg/cm^2 = 14.7psi = 101.3kPa

例題：假設某大氣流通之油類儲槽，直徑6.0m、液體密度910kg/m³，液面深
10.0m，大氣壓力為101.3kPa，求儲槽底部的絕對壓及表壓力各為多少
kPa？

解：　液柱壓力 = 錶壓力[2] = ρ×g×h

$= 910×9.8×10.0 = 89180（Pa）= 89.2（kPa）$

絕對壓力 = 89.2 + 101.3 = 190.5（kPa）

2. 蒸氣壓（Vapor Pressure）／正常沸點（Atmospheric Boiling Point）

　　蒸氣壓也就是飽和蒸氣壓，為物質的氣相與液相達到平衡狀態時壓力。任何物質
（包括液態與固態）都有揮發／蒸發成為氣態的趨勢[3]，其氣態也同樣具有凝聚為液
態或者凝華為固態的趨勢。由於液體的分子始終處於運動狀態（運動量大小取決於液
體的溫度），分子連續不斷地從液體的自由表面逸出至其上部空間。其中一些分子保
持在上部氣態空間，另一些分子由於無規則運動與液體碰撞，而被重新捕獲至原液態
空間。

　　在一定溫度，物質氣態與其凝聚態（固態或液態）之間，會在某一壓力下達成動
態平衡；平衡時於單位時間內由氣態轉變為凝聚態的分子數，與由凝聚態轉變為氣態
的分子數是相等的。如液體盛在開放容器內，則分子從表面逸出，液體蒸發。若液體
盛在封閉容器內，逸出分子的運動被限制於蒸氣空間。隨著碰撞和再進入液體的分子
數量增加，最終達成一平衡點，此時從液體逸出分子的速率，與分子再回入液體的速
率相等。在平衡點由逸出蒸氣所生的壓力，稱為蒸氣壓，其單位為kg/m·s²或kPa（千
帕）。當某一液體的溫度升高時，其蒸氣壓可達到並超過大氣壓力。在蒸氣壓等於一

---

[2] 1大氣壓力 + 錶壓力 = 絕對壓力。靜止液體壓力P = ρgh + kPa，其中ρ為液體密度、g為重力加
速度、h為液體高度、kPa為大氣壓力。

[3] 蒸發與沸騰之區別：

類別	汽化速度	汽化溫度	汽化位置
蒸發	緩慢	任何點	液體表面
沸騰	劇烈	特定點（沸點）	液體表面與內部同時汽化

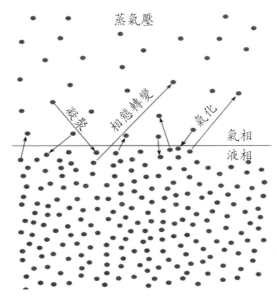

圖1-3　蒸氣壓為物質氣相與液相達到平衡狀態時壓力

（資料來源：HellTchi, 2013）

大氣壓力的溫度下，發生沸騰[4]，使大氣阻礙蒸發的作用失效[5]；以水為例，水之蒸氣壓（P），計算如下：

$$P = \exp\left(20.386 - \frac{5132}{T}\right)$$

其中

P = 蒸氣壓（mmHg）

T = 溫度（K）

---

[4] 以水而言，假設在密閉容器內水只占一部分空間，此會形成兩相，大部分水是處於液相，靠水分子間吸引力而維持液相，但即使相平衡時分子仍在運動，若某一水分子有夠大動能，就會打破水分子間吸引力，由液相轉為氣相，當一個水蒸氣分子和水面碰撞，也會凝結（Condenses）成水。在溫度100℃時，水會全變成水蒸氣，若加熱略超過100℃，不只液體表面水分子會氣化，液體水整體都會氣化，則為沸騰現象（Boils）。（參考自Wikipedia 2015, Phase (matter), the free encyclopedia）

[5] 隨著溫度升高，蒸氣壓隨之升高直到足以克服周圍大氣壓力；如煮開水，鍋底水先受熱沸騰產生水蒸氣泡現象。液體壓力隨外界大氣壓力而改變，當外界大氣壓力愈大時，則沸點愈高，高山上空氣稀薄或颱風來襲前大氣壓力小於760mmHg，水的沸點低於100℃，致高山上煮食物，會有煮不熟現象，因還沒100℃水已先沸騰氣化；克服此一問題可用壓力鍋，增加其內部壓力，致沸點可提高。沸點愈高液體，分子間作用力愈大，因此汽化熱也愈大。

例題：水於100℃時，請問其蒸氣壓爲多少？

解：　　$P = \exp\left(20.386 - \dfrac{5132}{373.15}\right) = 759.62$（mmHg）

因此，水沸點100℃爲一標準大氣壓等於760mm Hg，其關係曲線如圖1-4所示。

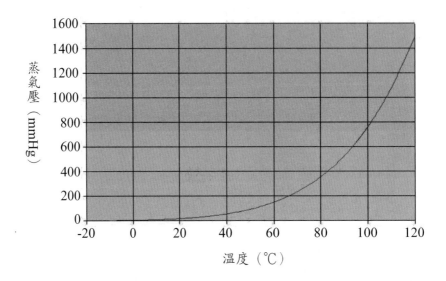

圖1-4　水之蒸氣壓與溫度關係式

（資料來源：Ytrottier, 2006）

　　對於液體，從蒸氣壓高低可以看出蒸發速率的大小，具有較高蒸氣壓的物質通常具有較大揮發性。任何物質的蒸氣壓都隨著溫度非線性增加，亦即液體蒸氣壓主要隨溫度而變化[6]，但當暴露於空氣中時，仍有許多可變因素會影響其實際蒸發速率。這些可變因素包括：大氣溫度和壓力、空氣運動狀態、入射輻射熱、比熱以及蒸發潛熱。

---

[6]　依理想氣體定律 $P = \dfrac{RT}{V}$，其中：P爲一理想氣體壓力，T爲絕對溫度，V爲氣體占有體積，R爲氣體常數。顯示壓力隨著溫度成正相關，與體積成負相關，意即容器中氣體施加壓力，會使氣體體積縮小；反之，當氣體所受壓力變小時，則體積膨脹。

3. 蒸氣／空氣比重（Vapor /Air Proportion）

　　蒸氣／空氣比重是指在平衡溫度和壓力下，液體蒸發產生的蒸氣／空氣混合氣的重量，與同體積空氣重量之比值。因此，蒸氣／空氣混合氣的比重取決於環境溫度、液體蒸氣壓，以及液體分子量。若溫度比液體的沸點低得多，則液體的蒸氣壓可低到使蒸氣／空氣混合氣的密度接近純空氣，也就是蒸氣／空氣比重接近於1。若液體的溫度上升至沸點，則蒸發速率上升，蒸氣取代周圍的空氣，蒸氣／空氣混合氣比重就接近於純蒸氣比重。

　　假設環境溫度下某種物質密度大於其蒸氣／空氣混合氣，則會流向較低位置。密度接近或小於1的混合氣，其移動距離受對流引起的擴散和混合作用所控制。因此，在環境溫度下，某種物質的蒸氣／空氣混合氣密度（即蒸氣比重）可按如下方式：[7]

　　設P爲環境之大氣壓，p爲環境溫度下物質之蒸氣壓，s爲其純蒸氣比重。

$$蒸氣比重 = \frac{ps}{P} + \frac{P-p}{P}$$

式中 $\frac{ps}{P}$ 是蒸氣對蒸氣／空氣混合氣比重所扮演的作用；$\frac{P-p}{P}$ 是空氣所扮演的作用。

實例：設某易燃液體純蒸氣比重爲2，在38℃的蒸氣壓爲10.1kPa或1/10大氣壓[8]，求此液體在38℃及其蒸氣／空氣混合氣之密度（蒸氣比重）？

解：　P爲一大氣壓 = 760mmHg

s爲蒸氣壓比重

p爲環境溫度下物質之蒸氣壓

$$\frac{(76)(2)}{760} + \frac{(760-76)}{760} = 0.2 + 0.9 = 1.1$$

---

[7]　參考自IFSTA2008, Essentials of Fire Fighting and Fire Department Operations, 5th Edition, International Fire Service Training Association.

[8]　於1643年義大利托里切利倒置一滿貯水銀的長玻璃管，使其開口向下入水銀中，發現不論玻璃管是否直立，管內水銀柱的垂直高度，皆比管外高出76公分；1atm = 760mmHg = 101.3kPa = 水沸點100℃。

4. 活化能（Activation Energy）

　　欲使氧化化學反應發生，首要條件就是分子相互之間碰撞；因此，並非所有碰撞皆能促使反應進行，唯擁有足夠能量的分子間有效碰撞，使得分子內原子與原子鍵結斷裂、重新組合後，化學反應才會發生，新的分子始有可能形成。因此，讓反應進行所需的最低能量稱為活化能，其是與反應物能量之差值。

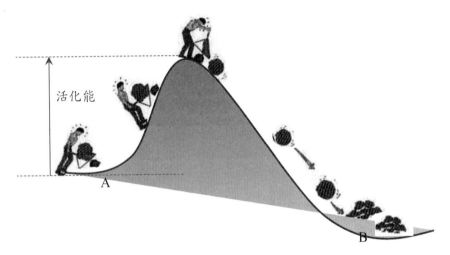

活化能

A

B

圖1-5　所需活化能能量高低

　　把活化能想像成一個能量即一座山頭，要發生化學反應，反應物分子必須越過山頭。每一個化學反應都對應著不同高度山頭。亦即反應物分子必須達到「山頂」，活化分子才能轉化為生成物。所以，活化能實際上是分子反應時所必須越過之門檻。顯然，山頭愈高，所需能量愈高，即活化能愈大，分子活化愈困難，反應速率也就愈小。

5. 催化劑、阻燃劑和汙染劑（Catalysts, Inhibitors and Contaminants）

(1) 催化劑

　　催化劑是一種能加快化學反應速率，而本身組成、品質和化學性質在反應前後保持不變的物質。例如，汽車催化轉換器中的鉑可使殘留燃料燃燒，而不會使鉑催化劑消耗。催化劑只能改變反應速率，不能改變反應的可能性，即不可能使原來不能反應

得以進行。從消防觀點，催化劑能降低活化能，改變反應的歷程，使更多分子成為能越過活化能障礙的活化分子，從而提高了反應速率，如圖1-6所示，在某一化學反應中，由於催化劑加入，反應途徑由(A)變為(B)，活化能由(1)降為(2)。因此，有催化劑能使化學反應速率增大；在無催化情況下，需要越過一個較高的活化能才能發生反應，變成產物。因此催化劑所起的作用就是降低活化能，從而使反應速度加快。如酵素的催化作用，其能大幅降低反應的活化能，而使反應速率增加相當大倍數以上，這是因化學反應的速率完全地依賴活化能。

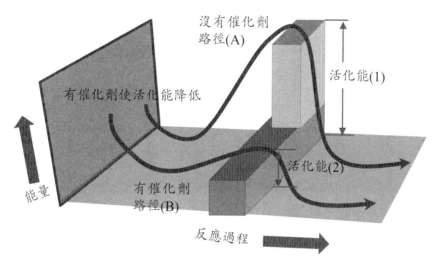

圖1-6　催化劑能大幅降低所需活化能量並促使反應速度加快

（作者繪圖）

(2) 阻燃劑

阻燃劑是一種化學藥品，少量加入到不穩定物質中，防止劇烈反應；也稱為穩定劑，以阻滯或降低化學反應速率的物質，作用與負催化劑相同。它不能停止聚合反應，只是減緩聚合反應；例如，抗氧化劑是作為食品、橡膠及其他有機物質中，抑制氧化反應進行。某些聚合物在儲存和運輸期間，為了防止其單體自身聚合，需要加入抑制劑，如添加10 ppm[9]以上叔丁基兒茶酚（TBC），可抑制苯乙烯單體過早聚合反

---

[9] ppm為百萬分之一單位，每立方公尺空氣中氣狀有害物之立方公分數。mg/m^3：每立方公尺空氣中粒狀或氣狀有害物之毫克數，包括煙塵（smoke）、霧（fog）、霧滴（mist）、煙霧（smog）等。二者換算在1atm、25℃下為 $\frac{mg}{m^3} \times \frac{24.45}{分子量} = ppm$。

應。又塑膠中添加少量氯或溴化合物，能降低塑膠著火性和初期小火延燒性，如消防法第11條防焰之窗簾、地毯、展示用廣告板或施工用帆布等使用，於初期火災時能抑制火焰燃燒，使人員有時間進行初期滅火或避難逃生；但在大火中，因輻射對流熱較大情況，防焰阻燃劑效果就相當有限。

圖1-7　含阻燃劑之耐高溫鍍鋁消防衣

（感謝萬海公司所屬貨櫃船提供照片）

(3) 汙染劑

所有化學品通常含有一定雜質存在，這些雜質造成附加的化學反應，有時是有益的，此雜質將被視為催化劑。如果附加反應是有害的，則視為「汙染劑」。亦即，汙染劑通常不存在於某一物質，而是一種外來物。從消防觀點而言，有些汙染劑如氯化鈣中砂子或許是無害，又氧化鋁或碳酸鈣等惰性汙染劑存在於塑膠中，可顯著降低塑膠的易燃性。危險的汙染劑有時扮演催化劑作用之正面角色，或構成危害反應之負面角色，這取決於所涉及分子類型而言。

6. 穩定性和不穩定性物質（Stable and Unstable Substance）

(1) 穩定性物質

穩定性物質是在空氣、水、熱、衝擊或壓力下，仍具有不改變化學組分能力的物質。化學鍵斷裂需要吸收能量，鍵能（活化能）愈大，物質的穩定性就愈高。燃燒之穩定性物質，就如許多固體類；所以，穩定性方面以固態 > 液態 > 氣態物質。

(2) 不穩定性物質

不穩定性物質在空氣、水、熱、衝擊或壓力下時，可發生聚合、分解、縮合，或產生自身反應，如爆炸物或公共危險物品等，如純氣態的乙炔或環氧乙烷可導致猛烈爆炸。基本上，能量大小以氣態 > 液態 > 固態，能量愈大穩定性就愈差。

7. 物質固液氣態（Solid, Liquid, Gas）

固態（體）物質中每個分子均被其他粒子所吸引，幾乎不能移動。將固態物質加熱，在溫度增加時，粒子所具有的動能亦會增加，最後就會有一些較大動能的分子掙脫其他粒子吸引，而離開原本位置，並且自由地移動，此為固體熔化成液體的現象。如果持續加熱增加粒子動能，某些具有足夠能量快速運動粒子，能與鄰近粒子分開，脫離進入空氣中，此就是液體汽化成氣體之現象。

基本上，由粒子間距離來決定物質固液氣之三種狀態，所以粒子之間距離大小以固體 < 液體 < 氣體，粒子間距離改變會發生物理變化，而粒子間排列方式改變則發生化學變化。又粒子間作用力大小以固體 > 液體 > 氣體，密度大小以固體 > 液體 > 氣體。因此，固體與液體均不能壓縮，僅有氣體可進行壓縮[10]，這是因為氣體分子間距離很大，分子間引力很小，故氣體具有高壓縮性、高熱膨脹率極高擴散性。

所以，工業上利用液體不可壓縮性製成液壓裝置，亦即在密閉液體所施壓力，必均勻地傳遞到液體內任一部分及其器壁上，且大小不變；如水壓機、汽車油壓剎車系統、挖土機、千斤頂、飛機起落架和日常生活中擠牙膏等，都是帕斯卡原理。

以熱傳導係數而言，氣體最低、液體次之、固體最高，氣體不易熱傳（熱損失），以致其所需發火能量當然最低。因此，火災危險度或燃燒速率而言，可燃性氣體 > 液體 > 固體，因氣體是不需再分解，已準備好燃燒，僅要有發火源即可瞬間快速反應。

8. 自燃與自燃溫度（Spontaneous Combustion/Auto-ignition temperature）

可燃物質自燃原因可分2種類：

---

[10] 氣體壓縮時，僅縮減分子間之距離，而未縮小分子自身之體積。

(1) 與空氣中水分作用如鈉、鎂、鋁粉、氫化鈉、碳化鈣等物質；如2003年巨豐爆竹煙火工廠爆炸案，係由貨櫃內鋁粉受潮後產生自發性反應爆炸[11]。

(2) 與空氣中氧氣作用如磷、煤層、烷基鋁、磷化氫、硫化鐵或含油物品氧化發熱（如廢油布、亞麻籽油等）等物質。

在國內近幾年自燃災害，如裝潢用泡綿因長期日曬蓄熱導致自燃、橡膠工廠橡膠原料脆化產生粉末長時間蓄熱自燃、傢俱批發倉儲大量泡綿長期堆積蓄熱而自燃、用布蓋住機油桶口致油布太陽直射氧化發熱引起自燃等案例。而大部分自燃化學物質火災主要是由不安全儲存環境為引起自燃現象[12]。

隨著溫度上升，點著混合氣需要的引燃能量愈來愈小，直至在足夠高溫度下，混合氣自燃。此溫度被稱為自燃（或自發著火）溫度。物質的自燃溫度，隨條件改變可顯著不同。燃料／氧混合氣的百分比組成的影響，由烷類與空氣混合氣的自燃溫度來顯示：含1.5%烷類的空氣為548℃，含3.75%烷類為502℃，含7.65%烷類為476℃。如二硫化碳（CS_2）著火溫度，可證明容納可燃混合氣空間大小的影響，如200cm³燒瓶中為120℃，在1000cm³燒瓶中為110℃，以及在10000cm³燒瓶中為96℃。

9. 潛熱（Latent Heat）

物質從固態轉成液態，或液態轉成氣態，會吸收的熱量稱為潛熱；潛熱可分為熔化熱及汽化熱。與之相反，從氣態至液態或從液態至固態轉變過程中，則會放出熱量。潛熱是物質在液相與氣相之間轉變（蒸發潛熱）或固相與液相之間轉變（溶解潛熱）時吸收的熱量，以單位質量內焦耳數[13]計量。在冰的凝固點或熔點下的水潛熱（標準大氣壓）為333.4J/g[14]；水在沸點（100℃）下的汽化潛熱為2257J/g，因水擁有相當汽化潛熱，且水是所有物質中具有最高蒸發潛熱的，水每克能吸收539.55cal熱量，這正是水作為有效滅火劑之主因。以1公斤冰由0℃轉變成100℃水蒸氣時，就

---

[11] 吳鴻鈞、彭登志，2003，巨豐煙火公司爆炸災害鑑定報告書。

[12] 郭勇志，2006，自燃化學物質火災爆炸災害鑑定研究，行政院勞工委員會勞工安全衛生研究所。

[13] 焦耳（Joule, J）為功（Work）或能量之單位，為每一單位力（1牛頓），移動物體至單位距離（1公尺）之能量（或功）。1焦耳能量相當於使1g的水溫度升高0.24℃。

[14] 1千焦耳（kJ）＝ 0.239千卡（kcal），1卡 ＝ 4.184焦耳

需300萬焦耳熱量。

事實上，大多數物質潛熱皆小於水的潛熱；所以你被燙到，首要步驟是沖水。因此，使用水吸走燃燒體系中熱量是最簡單滅火策略，而不採取蒸發更多的液體或以熱熔化更多的固體之消防作法；所以大多消防車是裝水，而不是其他物質，如有比水更經濟更有效物質，屆時消防車就有可能不裝水，改裝如此物質。

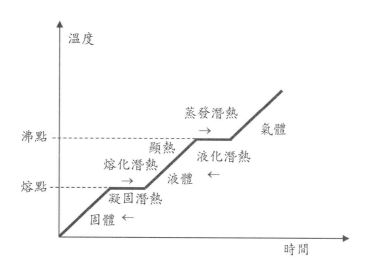

圖1-8 潛熱變化

表1-1 物質之潛熱

物質	熔化潛熱J/g	熔點℃	汽化潛熱J/g	沸點℃
乙醇	108	−114	855	78.3
氨	339	−75	1369	−33.34
二氧化碳	184	−78	574	−57
氦	—	—	21	−268.93
氫	58	−259	455	−253
氮	25.7	−210	200	−196
氧	13.9	−219	213	−183
甲苯	—	−93	351	110.6
水	334	0	2260	100

（資料來源：Yaws, 2011）

10. 熔點（Melting Point）

　　熔點也稱為液化點（Liquefaction Point），指大氣壓下物質由固態轉變為液態過程中固液共存狀態的溫度。於各種物質熔點不同，而熔點與所受壓力有關，壓力愈大熔點愈高。不過，與沸點不同，沸點受壓力影響較小，因由固態轉變為液態過程中，物質體積幾乎不變化。

　　如反動作而言，在一定大氣壓下，液態轉為固態之凝固點（Freezing Point）和熔點相同；對於常溫下為液態轉變時之溫度稱為凝固點[15]。因此，熔點係於一定氣壓狀態，為物質之液態與固態共存之溫度點，或為能使某一物質維持液態與固態之蒸氣壓均相同時之溫度，故熔點亦可稱為凝固點。此外，以火場而言，一些物質受熱在多少時間內熔化為液態，如圖1-9所示。

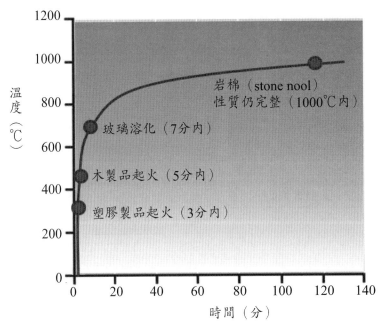

圖1-9　各種可燃物質之火災熱環境下熔化情形

（資料來源：Paroc Group Finland 2016）

---

[15] 參考自Encyclopedia 2015, Melting point, Wikipedia, the free encyclopedia.

11. 沸點（Boiling Point）

沸點乃為液體之蒸氣壓與外界大氣壓力相等時，所發生急激氣化現象。圖1-10顯示物質在溫度隨時間變化，以恆定速率進行加熱，圖中在熔點和沸點是明顯水平部分；其中低於熔點的物質是固體，而高於熔點的物質是液體。在熔點，儘管該物質仍然被加熱，溫度隨著時間不改變，圖形是水平的。在此期間，因其變成液體，以致所有這些被添加的額外熱量，必須用於打散固體顆粒之間凝聚力（Attraction Force）（鍵結）。在這熔化的過程需要額外的能量，這是一種吸熱的過程。在大氣壓下固體的溫度，決不會再上升而高於其熔點。當所有固體都熔化，液體的溫度才會開始上升至另一階段。

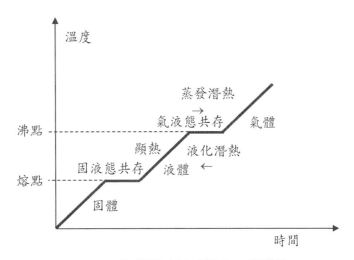

圖1-10 物質溫度隨時間之三態變化

（資料來源：gcsescience.com 2015）[16]

---

[16] 參考自gcsescience.com 2015, Elements, Compounds and Mixtures, http://www.gcsescience.com/e12-time-temperature-graph.htm

第2節　化學科學

1. 氧化反應（Oxidation）

　　氧化反應是放熱，發生氧化反應必要條件是可燃物（燃料）和氧化劑同時存在。物質是否能進一步氧化，取決於該物質之化學性質。實際上，主要由碳和氫構成的物質才能被氧化。大多可燃性固態有機物、液體和氣體，都以碳和氫為主要成分。

　　最常見氧化劑是空氣中的氧，空氣大致由1/5的氧和4/5的氮所組成。氧化性物質如硝酸鈉（$NaNO_3$）和氯酸鉀（$KClO_3$）是一種易於釋出氧，又是硝酸纖維類物質，在其分子中含有氧，反應時無需外界氧，而能自行燃燒。有些在氯、二氧化碳或氫等環境下，雖不存在氧也能燃燒；如鋯粉在二氧化碳中能著火燃燒。

2. 吸熱和放熱化學反應（Endothermic and Exothermic Chemical Reaction）

　　以物質狀態而言，物質固體受火熱融化（熔化，物理變化）為液體（化學變化），液體再受熱蒸發（物理變化）為氣體（化學變化）物質固體直接受熱分解[17]昇華（物理變化）為氣體（化學變化），或氣體膨脹，上述化學過程皆為吸熱反應；反之過程，則為放熱化學反應；如圖1-11。

　　基本上，反應熱是反應進行時吸收或是釋放之能量。能量表現為不同形式，常見為熱能形式，由某種化學反應吸收或釋放。

　　如乙炔是吸熱化合物，其由元素組成乙炔時需消耗大量熱；當乙炔分解時即放出其在生成時所吸收熱量：

$$C_2H_2 \rightarrow 2C + H_2 + 226.4 \frac{J}{mol}$$

即乙炔分解時是固態碳及氫氣，如果是密閉容器內，分解產生放熱反應使溫度升高，壓力增大致形成爆炸之危險。因此，乙炔常溶於丙酮或酒精儲存；工業上，乙炔配合氧氣成氧乙炔火焰，能產生達攝氏3200度，進行快速切割作業。

---

[17] 一種物質進行化學反應後，生成2種以上化合物或元素的過程，稱為分解反應。

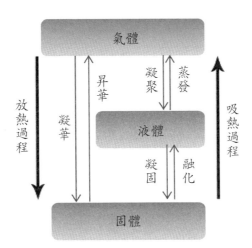

圖1-11　固、液、氣體相互轉變過程之吸熱及放熱化學反應

（資料來源：Drysdale, 2008）

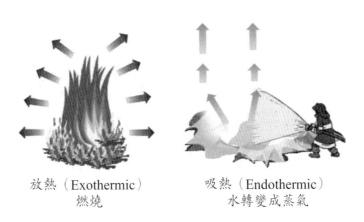

放熱（Exothermic）　　　吸熱（Endothermic）
　燃燒　　　　　　　　水轉變成蒸氣

圖1-12　放熱（左圖）與吸熱（右圖）化學反應

（資料來源：Drysdale, 2008）

例題：有關乙炔之敘述，何者為是？　(A)化學式為C_2H_4　(B)與空氣的混合焰，可達攝氏3000度以上　(C)可溶於丙酮　(D)不溶於酒精

解：(C)

3. 燃燒（Combustion）

　　燃燒進一步而言，是一種可燃物或助燃物先吸收能量，受熱分解或氧化、還原，解離為游離基，游離基具有比普通分子平均動能更多活化能，在一般條件下是不穩定的，易與其他物質分子進行反應而生成新游離基，或者自行結合成穩定分子。

　　基本上，許多自發性反應之速率緩慢，因在分子起反應之前，分子化學鍵需被打斷，而打斷化學鍵需要額外輸入能量來啟動，才能自行持續的連鎖反應，這種啟動化學反應的能量為活化能。而燃燒涉及固相、液相或氣相燃料，發熱、自行持續之連鎖反應[18]。燃燒過程通常（並非必然）與燃料被大氣中氧化有關，並伴同發光。一般情況下，固態和液態燃料在燃燒前需氣化；有些固體燃燒可直接是無焰燃燒或悶燒，如香菸、家具蓆墊或木屑等具多孔性，空氣能滲入至內部空間，而可以固態方式在悶燒中；此種無焰燃燒方式之主要熱源來自焦碳之氧化作用，悶燒更能生成有毒性物質。另一方面，氣相燃燒通常伴有可見的火焰，若燃燒過程被封閉在某一範圍內，因氣體分子不停地碰撞壁面而產生壓力，致壓力會迅速上升，形成壓力波或衝擊波現象，稱為爆炸。

　　而燃燒與化學性爆炸在實質上是相同的，主要區別在於物質燃燒速度，後者是極短時間完成之瞬間燃燒。而顆粒大小直接顯著影響物質燃燒速度，如煤塊燃燒通常是緩慢甚至是悶燒，但磨成煤粉時則產生極快速之粉塵爆炸燃燒。

4. 著火（Fire）

　　著火（引燃和自燃）是引發自行持續的燃燒過程。若沒有外界引燃源而著火係為自燃現象。物質的著火溫度是指某一可燃物質達到著火的最低溫度。通常物質引燃溫度顯著低於其自燃溫度。

　　事實上，可燃物著火是一個複雜物理化學過程，可分以下過程。

---

[18] 大多數有火焰燃燒都存在著連鎖鏈式反應。當某種可燃物受熱時，它不僅會氣化，而且該可燃物的分子還會發生熱裂解作用，在燃燒前會裂解為簡單分子。游離基是一種高度活潑化學形態，能與其他游離基及分子產生反應，而使燃燒持續下去，這就產生了燃燒連鎖之鏈式反應。

著火可分4階段：

A. 釋出水分之吸熱過程，當熱源與可燃物反應時，可燃物表面結構分子會吸收熱量，表面溫差形成溫度梯度，表面分子熱物理運動使分子間距加大，在此階段之內部水分，會逐漸蒸發至完全釋出。

B. 熱解之吸熱過程，表面分子熱物理運動加劇，溫度梯度一直升高，使各原子間熱力平衡產生斷鍵，各原子間脫離又重新組合，形成更小之分子，如此經歷熱裂解及分解過程，產生微量有機可燃物如CO、醇類、甲醛、醚類、NO_x、SO_2、丙烯酸等，及非可燃性CO_2、Cl_2、HCl、H_2O等生成物。

C. 煙霧之放熱過程，熱解範圍擴大，可燃物本身分解更多氣相產物，這些氣相分子聚合較大直徑之芳香或多環高分子化合物，進而形成碳顆粒。由於氣體分子熱對流作用，使得有機物氣化後殘留碳顆粒，大部分也隨之揮發。這種大直徑氣化產物和顆粒開始產生煙層，初始顆粒子是人類視覺及嗅覺無法察覺，隨後會形成有色煙霧粒。而煙霧顏色根據可燃物所含物質分子結構不同，而由白色（水蒸氣）至微黃（可燃揮發物）直至黑色（主要是碳粒）。

D. 火焰之放熱過程，因熱解物理運動加劇化學反應，致煙霧愈來愈濃，氣化產物愈來愈多，伴隨氣化產物產生二次分解，並與空氣中氧反應形成無焰之悶燒過程，繼續蓄熱至某一臨界點震盪火焰出現，並逐漸形成穩態之火焰燃燒。

因此，可燃物質著火現象，不僅包含極其複雜化學過程，也含複雜熱物理過程如熱傳導、對流及質傳過程，以及這些過程之相互作用等。一般而言，燃料和氧分子產生化學反應之前，需先激發成活性狀態。經化學反應後，燃料和氧產生其他受激分子以及熱量。若具有足夠的燃料和氧，以及足夠數量的受激物質，則將以連鎖反應的形式產生有焰燃燒之著火現象。

多數可燃固體和液體，是以氣態或蒸氣態發生火焰，而固態之純碳粒或表面直接氧化之發煙燃燒。因此，多數固體或液體先有足夠熱能，才能轉為蒸氣形成氣相混合物。

5. 爆炸（Explosion）

通常發生化學爆炸情況是爆炸前，燃料和氧化劑已混合。其結果是，因燃料和氧化劑不需進行混合時間，故燃燒反應能不延遲而迅速地進行。若預混合的氣體被限制

在一定範圍，燃燒使其膨脹，可導致迅速升壓或爆炸。火災情況與此相反，燃料和氧化劑混合受燃燒過程本身所控制。其結果是，火災時每單位體積的燃燒速率低得多，不會發生以壓力迅速增加為特徵的爆炸現象。上述混合存在2種類型，即均相的（均勻的）或多相的（非均勻的）。延伸閱讀請見第5章爆炸科學有詳細之敘述。

第3節　火基本科學

　　火是一種可燃物之快速氧化燃燒現象，並產生光及熱，還會產生大量的生成物。根據質量守恆定律，火不會使被燃燒物的原子消失，只是通過化學反應轉變了被燃燒物的分子型態。基本上，火為可燃物與助燃物（還原性物質與氧化性物質）二者起化學反應，此種需為放熱反應，且放熱大於散熱之速度，如此則能使反應系之溫度上升，至發出光現象，而為人類感官（眼睛）所察覺到。

1. 熱傳導係數（Thermal Conductivity, k）

　　熱量藉由分子的振動或自由電子的傳遞，由高溫的地方傳到低溫的地方。熱傳導係數（k）指材料直接傳導熱量的能力，k值愈大導熱效果好，廣泛用於鍋子、散熱器，而k值愈小的材料則作為保溫、熱絕緣。熱傳導係數的倒數為熱阻抗率（Thermal Resistivity），其為任何管路或容器隨著使用時間的增長，其表面將因流體所攜帶之雜質或表面之腐蝕或氧化作用而形成結垢物，對熱傳遞造成額外的阻抗。

　　熱傳導係數實際上是一種張量（Tensor），這意味著它可以在不同方向上具有不同值。k值受溫度及壓力的影響，其愈小愈不能熱傳，即愈能隔熱。一般而言，k值在金屬固體 > 非金屬固體 > 液體（k值0.09～0.7） > 氣體（k值0.008～0.6）。

　　熱傳導係數（k, $\dfrac{W}{m \times K}$）依Fourier's Law 來進行計算如次：

$$k = \frac{\dfrac{\Delta Q}{\Delta t} \times L}{A \times \Delta T}$$

式中，$\dfrac{\Delta Q}{\Delta t}$ 是單位時間傳導之熱量（W）、L是長（厚）度（m）、A是接觸面積（m^2）、T是溫度差（K）。其中，Q 與 L 成反比，愈厚材料的Q值就愈小。

表1-2 物質之熱傳導係數（Wm⁻¹K⁻¹）

物質	熱傳導係數	物質	熱傳導係數
鑽石	2300	玻璃	1.1
銀	420	水	0.6
銅	401	人體皮膚	0.37
黃金	318	石棉	0.2
鋁	237	岩棉	0.29
白金	70	軟木塞	0.5
鐵	80	水泥牆	0.56
鋼	60	木塊	0.17
鉛	35	保麗龍	0.032
冰	2	空氣	0.024
陶瓷	1.2		

（資料來源：理科年表，平成23年，第84冊，物54-410。）

2. 比熱（Specific Heat Capacity, c）

比熱（c）又稱比熱容，是熱力學中常用的一個物理量，表示物體吸熱或散熱能力。比熱容愈大，物體的吸熱或散熱能力愈強。它指單位質量的某種物質升高或下降單位溫度所吸收或放出的熱量。其國際單位制中的單位是J/(kg · K)，即令1公斤的物質的溫度上升1K所需的能量。根據此定理可得出以下公式：

$$c = \frac{H}{m\Delta T}$$

m是質量；ΔT是溫差；H是指所需的熱能

例1：以1kg的水加熱一開爾文（K）需有4200熱量，求水的比熱為多少？

解：
$$c = \frac{H}{m\Delta T}$$
$$c = \frac{4200}{1 \times 1K}$$
$$= 4.2 \text{ kJ.kg}^{-1}.\text{K}^{-1}$$

> 例2：將容器2kg的水（溫度20℃）進行加熱至60℃，所需熱能爲312kJ，求其比熱
> 爲多少？

解： $c = \dfrac{312}{2 \times (60 - 20)}$

$= 3.9 \ kJ \cdot kg^{-1} \cdot ℃^{-1}$

3. 熱慣性（kρc）[19]

　　爲了使物質發生燃燒，其外部供應之能量，需能夠使物體本身提升溫度，釋放出足夠蒸氣，與氧結合達到燃燒／爆炸範圍內，進而發生燃燒或爆炸之現象。而描述物質熱傳能力之熱傳導係數k（Thermal Conductivity）（W/m×K），k值愈大愈不易燃、代表物質內部緊密程度之密度ρ（Density）（kg/m³），ρ值愈大愈不易燃、以及說明物質儲存熱量能力之比熱c（Specific Heat Capacity）（J/kg×K），c值愈大愈不易燃[20]，低密度物質可做成較佳絕熱材料，物質具有較高之比熱或熱容，則需要較多之能量來提高溫度。

　　因此，從上述三者之乘積，即爲左右物質是否容易因受熱而燃燒的指標，此稱爲熱慣性（Thermal Inertia），其爲物質之熱阻抗。假使物質kρc愈高，物體內部愈不容易熱傳溫度，需更多的能量才能被點燃，反之kρc愈低愈能傳熱，使內部易於達到點燃；如木塊較聚苯乙烯更難著火，其原因在於木塊具有較高之熱慣性。於防火工程中將物質之熱慣性，視爲防火材料之選用指標；而在撒水頭感知頭，即使用不同材質（熱慣性），來設計出所謂標準型、快速反應型之撒水頭元件。但當火勢達到定常溫度時，密度（ρ）及熱容（c）對於熱傳導則顯得較爲不重要。因此，熱慣性之作用主要是表現在火災之初期起火至成長期階段。

　　依Lars-Göran Bengtsson（2001）研究一些材質kρc，如表1-3所示。

---

[19] 參考自http://ebooks.lib.ntu.edu.tw/1_file/moeaidb/013344/013344.pdf

[20] 比熱（J/kg·K）是一公克物質的熱容量；熱容量（J/K或J/℃）是一定量物質在一定條件下，溫度升高1度所需要的熱量。

表1-3　不同材質熱慣性（kρc）

物質	k（W/m×K）	ρ（kg/m³）	c（J/kg×K）	kρc（W²s/m⁴K²）
刨花板片（Chipboard）	0.14	1400	600	120000
木纖維片	0.05	2090	300	32000
聚氨酯（Polyurethane）	0.034	1400	30	1400

（資料來源：Lars-Göran Bengtsson, 2001）

例題：物質的熱慣性不含下列哪一項？
　　　(A)溫度　(B)密度　(C)比熱　(D)熱傳導係數

解：　(A)

4. 閃火點（Flash Point）及發火點（Fire Point）

當可燃性液體在表面揮發少量蒸氣，並與空氣中氧混合，此時若有熱量接近，將引燃液體表面上蒸氣量，而形成引火閃光之最低溫度，稱為閃火點（下閃火點），其液體蒸發速率小於其燃燒速率，因此閃火後無法維持燃燒現象。相對地，液體蒸氣濃度，或是有溫度使其升高揮發之蒸氣濃度至其爆炸上限時溫度，則為上閃火點。換言之，可燃液體的閃火點或引火點（Flash Point），通常指液體在空氣中形成可燃混合物（蒸氣與氣體）引火之最低溫度，此即為其爆炸下限，決定了液體危險性之物理上重要指標。亦即若一微小火源接近，在液體表面產生一閃即逝火焰，但此時液體蒸氣濃度不足以延續燃燒現象，或是該溫度下產生可燃氣體蒸發速度不及供應燃燒速度。而在比這稍高的溫度將會是著火點或發火點（Fire Point or Burning Point），著火點被定義在其被點燃後，液體蒸汽將繼續燃燒，而無需外在火源加熱之溫度點。

表1-4　閃火點與發火點異同

異同	閃火點（引火點）	發火點（著火點）
物質	相當少之固體、液體	固體、液體、氣體
速度	蒸發速度＜燃燒速度	蒸發速度＞燃燒速度
發生時溫度	較低	相當少相同，通常較高
熱源	需外在熱源	已不需外在熱源
要素	溫度、燃料蒸氣、氧氣	—

（資料來源：盧守謙、陳永隆，火災學，吳鳳科大消防系用書，2016）

因此，發火點指著火點或燃點，指開放容器中液體受熱蒸發出蒸氣，快到足以支持連續燃燒的最低溫度，其蒸發速率得以維持其燃燒速率。發火點通常比下閃火點高出幾度，以閃火點100℃以下之物質，其發火點與閃火點之差異較小（約5℃左右），甚至相同[21]，而閃火點高的液體，發火點與閃火點者差別較大。一般燃料，支持燃燒所要求的最小蒸發速率，約為4(g/m²)/sec。

閃火點、蒸氣壓與溫度皆有關（如圖1-13）；原則上，液體溫度愈高其蒸氣壓也會愈大。事實上，可燃液體閃火點溫度，會隨環境壓力而升高。

在圖1-14所示為平衡關係，每種燃料存在某一最低溫度，超過此溫度就有足夠的蒸氣形成可燃蒸氣／空氣混合氣。同時也存在一最高溫度，超過此溫度，液體燃料的蒸氣濃度過高，以致無法使火焰傳播。這些最低和最高溫度，分別為下閃火點和上閃火點。溫度低於下閃火點（即爆炸下限）時，燃料蒸氣不足以維持著火。

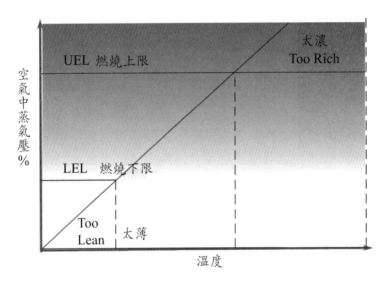

圖1-13　易／可燃液體閃火點與蒸氣壓及溫度有關

---

[21] NFPA 30指出液體閃火點低於37.8℃，且其蒸氣壓不超過40psi（2068mmHg）者，稱為易燃性液體。

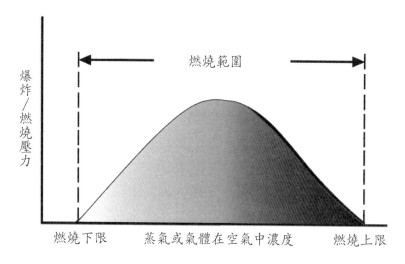

圖1-14　爆炸／燃燒生成壓力與其混合濃度比例之關係

（資料來源：OSHA 2016）

影響閃火點因素

(1) 壓力：閃火點溫度會隨著壓力增加而提高，隨著壓力減少而降低。

(2) 氧濃度：閃火點溫度受著氧濃度很大之影響。

(2) 其他：溫度、氣流、起火源大小等。

例題：下列有關閃火點（Flash Point）與著火點（Fire Point）之敘述，何者錯誤？　(A)閃火點是決定液體物質危害性的主要物理特性　(B)閃火點與壓力有關，壓力增加時，閃火點會上升　(C)著火點定義為在開口容器之液體所揮發的蒸氣足以維持火焰持續的最低溫度　(D)通常可燃性液體之著火點略低於閃火點

解：　(D)

5. 燃燒速率（Burning Rate）

　　由於燃燒是複雜的物理化學過程，燃燒速率的快慢主要取決於：可燃物與氧的化學反應速度；可燃物和氧的接觸混合速度。前者稱化學反應速度，後者稱物理混合速

度。化學反應速度正比於壓力、溫度、濃度有關,其中壓力增高使分子間距離接近,碰撞幾率增高,使燃燒反應更易進行。而物理混合速度取決於空氣與燃料的相對速度、紊流、擴散速度等。

事實上,燃燒速率（$\dot{m}$）為可燃物逐步減輕重量的速度,也是燃料質量隨著時間損失率（g/s）。

$$\dot{m} = \frac{m}{t}$$

其中m是燃料質量（g）；t為時間（t）。

例1：燃燒速度的單位為何？

　　(A)公斤／分　(B)千瓦／分　(C)千瓦／秒　(D)千瓦／時

解：　(A)

例2：一木桌有10公斤重,引火燃燒於10分內平均燃燒完,則該物質之燃燒速率為多少？

解：　$\dot{m} = \frac{10000g}{600sec} = 16.7g/s$

在固或液體燃燒時燃燒速率（$\dot{m}$）,正比於淨放熱量,其為熱獲得量（Q_F）減去熱傳損失量（Q_L）,也與空氣中氧接觸僅在燃料表面積作出反應（A）成正比；但與可燃物起火時必須吸收足夠熱使之氣化為可燃性氣體（L_V）成反比,其公式如次：

$$\dot{m} = \frac{Q_F - Q_L}{L_V} \times A$$

Q_F是火焰到表面的熱通量（kW/m^2）；Q_L是從表面的熱損失熱通量（kW/m^2）；A是燃料表面積（m^2）；L_V是氣化熱（kJ/g）。

而液體燃料燃燒規模在100cm以上尺度時,燃燒速率將不隨尺度改變,成為一種穩定燃燒狀態。

> 例3：在一防火區劃挑高大空間，當木材燃料接觸空氣的表面積為10m²，燃燒時產生10kW/m²的輻射熱通量時，木材氣化熱為6.0MJ/kg，求火災時的燃燒速率為多少？（假設防火區劃內沒有熱傳損失，燃燒所需氧氣是足夠）

解：　$\dot{m} = \dfrac{Q_F - Q_L}{L_V} \times A = 16.7 \left(kW \cdot \dfrac{kg}{MJ} \right) = 16.7 g/s$ [22]

> 例4：有一開放式直徑0.5m、高度2m圓形斷熱容器，內置甲苯，燃燒時產生60kW/m²的輻射熱通量時，甲苯氣化潛熱為351J/g，求其燃燒速率為多少？（假設容器沒有熱傳損失）

解：　$\dot{m} = \dfrac{Q_F - Q_L}{L_V} \times A = 133.2 g/s$

6. 燃燒熱（Combustion Heat）

　　物質燃燒時所產生的熱量，即燃燒熱（Combustion Heat）。一莫耳物質完全燃燒，產生液態水及二氧化碳氣體所放出的熱量，為該物質之燃燒燒。一般而言，含碳數愈高，其燃燒熱愈大。燃燒熱愈大溫度也愈高，則該燃料潛在危險愈大。

　　在101kPa時，1莫耳純物質完全燃燒生成穩定的氧化物時所放出的熱量，叫做該物質的燃燒熱。單位為kJ/mol、kcal/mol、kJ/kg、kJ/m³。原則上，分子之每莫耳燃燒熱在100 kcal以上之氣體或液體均屬可燃性。

表1-5　碳氫類燃燒熱

名稱	化學式	沸點	燃燒熱（kJ/g）	莫耳燃燒熱（kJ/mole）	莫耳燃燒熱（kcal/mole）
甲烷	CH_4	−162	55.6	890	212
乙烷	C_2H_6	−88.6	52.0	1560	371
丙烷	C_3H_8	−42.1	50.0	2015	524
丁烷	C_4H_{10}	−0.5	49.3	2859	681

（下頁繼續）

---

[22] 1焦耳 = 2.8×10⁻⁴瓦特‧小時，而1瓦特‧小時 = 3600焦耳（1W‧sec = 1J）

（接上頁）

戊烷	C_5H_{12}	36.1	48.8	3510	836
庚烷	C_6H_{14}	68.7	48.2	4141	986
己烷	C_7H_{16}	98.4	48.2	4817	1147
辛烷	C_8H_{18}	125.7	47.8	5450	1298

（資料來源：Sebosis LLC, 2010）

例1：等莫耳數的酒精、汽油、庚烷、苯，完全燃燒所產生的熱量，何者最大？
(A)酒精　(B)汽油　(C)庚烷　(D)苯

解：　(B)汽油（辛烷），含碳數較多

　　根據Burgess-Wheeler定理，爆炸下限和燃燒熱之積大致呈一定值，而烷類遵循Burgess-Wheeler定理，爆炸下限（體積%）跟燃燒熱成反比，也正是烷類的燃燒熱跟分子量又幾乎成正比，所以推知分子量和燃燒下界（體積%）成反比，也就是相乘為定值在烷類計算如次：（延伸閱讀請見第2章第3節爆炸界限）

$$爆炸下限 \times 燃燒熱（kcal/mol）= 1059$$

例2：請問10莫耳丙烷重量？根據Burgess-Wheeler定理，已知丙烷的爆炸下限為2.2，其燃燒熱約為多少kJ/mol？

解：　(1)1莫耳丙烷（C_3H_8）44g，10×44 = 440g
(2)2.2×燃燒熱 = 1059
　　燃燒熱481.36kcal/mol = 2014.03kJ/mol[23]

例3：根據Burgess-Wheeler定理，已知乙烷的爆炸下限為3.0，其燃燒熱約為多少MJ/m[3]？

解：　3×燃燒熱 = 1059，所以燃燒熱 = 353kcal/mol = 33.2MJ/m[3]

---

[23] 1kcal = 4.2kJ, 0℃時1mol = 0.0224m[3]

7. 熱釋放率（Heat Release Rate, HRR）

　　在火災動力學中，燃料質量損失率（Mass Loss Rate）和熱釋放率（Heat Release Rate）的概念是很重要的。熱釋放率（HRR），是確定火災危險性一種函數，依美國防火協會（NFPA 921）定義，火災熱釋放率常以單位時間所釋放的熱量表示，爲燃燒所產生熱能之速率，主要取決於物質燃燒速率與燃燒熱值。

　　而熱釋放率（HRR）是確定可燃物之燃燒行爲一個最重要之參數，其爲物質燃燒速率與有效燃燒熱之函數。在火焰所釋出之總能量與每單位時間之物體燃燒率（$\dot{m}$）及其燃燒熱（ΔHc）有關；由於燃燒通常爲不完全燃燒，所以必須考慮燃燒效率（$\propto$）。

$$HRR = \propto \times \dot{m} \times \Delta H_C$$

其中

HRR爲熱釋放率（kW）

$\propto$爲燃燒效率

$\dot{m}$爲燃燒速率

ΔHc是燃燒熱（kJ/g）

　　在火災中形成火羽流（Fire Plume）主要取決於火災規模大小，即火災所產生熱釋放率（HRR），而火羽流的產生是由周圍較冷的氣體，溫度和密度較低的質量產生密度差，這些性質主要影響火災持續發展，如建築物內部如何迅速充滿熱煙氣體，和建築周圍結構能承受火災熱量之衝擊程度，如抗火時效等；但由於火羽流捲入冷空氣導致火羽流溫度隨高度降低。

例1：熱釋放率的單位爲何？

　　(A)焦耳　(B)千瓦／分　(C)千瓦／秒　(D)千瓦

解： (D)

例2：某物質每克的燃燒熱爲1000焦耳，若100克該物質於10秒內平均燃燒完，燃燒效率75%，則該物質之熱釋放率爲多少?

解：　$\dot{m} = 10g/s$

$HRR = 0.75 \times 10g/s \times 1000J/g = 7.5kW$

例3：在一防火區劃空間內，當木材燃料的表面積爲$20m^2$，曝露於$50kW/m^2$的輻射熱通量時，木材的熱釋放率爲多少（kW）？（假設木材的完全燃燒熱爲$16MJ/kg$，氣化熱爲$6.0MJ/kg$，燃燒效率爲80%，另已知單位面積質量流率＝輻射熱通量／氣化熱）。

解：　$\dot{m} = \dfrac{Q_F - Q_L}{L_V} \times A = 167\left(kW \cdot \dfrac{kg}{MJ}\right) = 167g/s$

$HRR = \propto \times \dot{m} \times \Delta H_C = 2133kW$

第 **2** 章

火災科學

第1節　理想氣體定律

對於很多種不同狀況，理想氣體狀態方程式都可以正確地近似實際氣體的物理行為；此狀態方程式以其變量多（溫度、壓力、體積及氣體莫耳數）、適用範圍廣而著稱，對常溫常壓下的空氣也近似地適用。

理想氣體定律（Ideal Gas Law）是建立於波以耳定律、查理定律、亞佛加厥定律等，如下敘述：

(1) 波以耳定律：在T（定溫）、n（定量）下，$V \propto \dfrac{1}{P}$

(2) 查理定律：在P（定壓）、n（定量）下，$V \propto T$

(3) 亞佛加厥定律：在P（定壓）、T（定溫）下，$V \propto n$

上述也共同顯示壓力（P）、絕對溫度（T）與莫耳數（n）對氣體體積（V）的影響。理想氣體狀態方程式為

$$PV = nRT$$

$$PV = \frac{W}{M}RT$$

$$M = \frac{\rho RT}{P}$$

式中，P為壓力（atm）、V為體積（L）、n為莫耳（mole）即物質的量，莫耳數為

$\dfrac{\text{重量（W）}}{\text{分子量（M）}}$、T為熱力學溫度（K），為使二邊值相等，引入一比例常數R為理想氣體常數（$0.082\dfrac{L \times atm}{K \times mol}$）。

依查理定律，在定壓下，溫度每升降1℃，體積增減在0℃時體積的 $\dfrac{1}{273}$。在定容下，溫度每升降1℃，壓力增減在0℃時壓力的 $\dfrac{1}{273}$。

基本上，溫度與壓力之關係曲線如圖2-1所示。

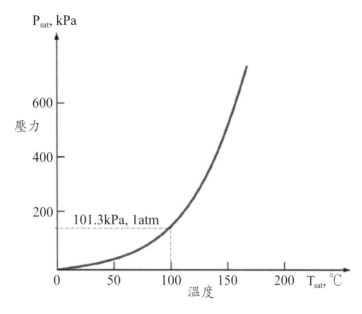

圖2-1 溫度與壓力之正相關曲線

例1：在0℃及1atm之理想氣體，求1莫耳體積？

解： $V = \dfrac{nRT}{P} = \dfrac{1mol \times 0.082\dfrac{L \times atm}{K \times mol} \times 273K}{1atm} = 22.42L$

例2：由實驗得知壓力1atm，溫度0℃時，一莫耳的氣體的體積約為22.4公升，則理想氣體常數（R）為多少，始能使PV = nRT之二邊值相等？

解： $R = \dfrac{PV}{nT} = \dfrac{1atm \times 22.4L}{1mole \times 273K} = 0.082\dfrac{L \times atm}{K \times mol}$

例3：在25℃及1atm之理想氣體，求1莫耳體積？

解： $V = \dfrac{nRT}{P} = \dfrac{1mol \times 0.082\dfrac{L \times atm}{K \times mol} \times 298K}{1atm} = 24.4L$

例4：一甲烷氣體在25℃下體積為4.1公升，等壓下受熱至200℃時體積為何？

解： 從理想氣體定律得知 $= \dfrac{V}{T} = \dfrac{nR}{P}$

$\dfrac{V_1}{T_1} = \dfrac{nR}{P} = \dfrac{V_2}{T_2}$，所以 $V_2 = \dfrac{T_2 V_2}{T_1} = \dfrac{473 \times 4.1}{298} = 6.5L$

例5：室內環境溫度為20℃、壓力為1bar，求空氣密度為多少？如果不考慮其他因素，室內火災達到閃燃時之溫度600℃，求定壓下空氣密度為多少？（R = $8.2 \times 10^{-5} m^3 \cdot atm/K \cdot mol$）（Drysdale, 2008）

解： (1) 從理想氣體定律得知 $\rho = \dfrac{n \times MW}{V} = \dfrac{P \times MW}{RT}$（MW為空氣之莫耳重量 28.95g、T為293K）$\rho = 1241g/m^3$

(2) $\rho = 404g/m^3$

例6：在溫度和密度之間關係式，可由理想氣體定律（Gas Law）得出，決定密度和溫度間之關係式。煙的主要成分為空氣，假設27℃煙的密度為1.18kg/m³，請問427℃煙的密度約為多少？

解： $\rho = \dfrac{353}{T}$

$\rho = \dfrac{353}{300} = 1.18kg/m^3$

$\rho = \dfrac{353}{700} = 0.50kg/m^3$

例7：若空氣中氧占21%、氮占79%，試問於標準狀況（0℃及1atm）下之空氣密度為多少？
(A)1.29kg/m³　(B)1.27kg/m³　(C)1.25kg/m³　(D)1.23kg/m³？

解： 1mol空氣質量 = (0.21×32) + (0.79×28) = 28.84g
由PM = ρRT → ρ = (1×28.84) / (0.082×273) = 1.29kg/m³

例8：試問於標準狀況（0℃及1atm）下之空氣質量為多少？（標準狀況空氣密度 = 1.29kg/m³）

解： 由$PV = nRT \rightarrow P\dfrac{M}{D} = nRT$

$101325N/m^2 \times \dfrac{M}{1.25} = 1 \times 8.31 J/K.mol \times 273K$

$M = 0.0289kg$

第2節 化學反應

物質分子反應是藉著相互間碰撞產生的，愈多碰撞則反應速率愈快。增高溫度幾乎能使所有化學反應的速率加快，如鐵與煤炭之空氣中氧化，在常溫時緩慢，但在高溫時進行甚速。所謂化學反應，乃是反應物原子之間重新排列組合，形成新的。如甲烷與氧氣燃燒反應生成二氧化碳與水。此過程僅是原子之重新排列組合。

$$CH_4 + 2O_2 \rightarrow CO_2 + 2H_2O$$

左邊原子種類與右邊完全相同，僅組合方式不同，其中某些鍵被破壞，某些鍵又生成，並不是消滅某原子而產生新原子。所以方程式平衡必須遵循原子不滅之原理。

$$從 16gCH_4 + 2(32g)O_2 \rightarrow 44gCO_2 + 2(18g)H_2O$$
$$即反應物 16 + 64 = 80g \rightarrow 產物 44 + 36 = 80g$$

例1：試以氨燃燒產物是一氧化氮和水，試平衡其反應方程式。

解： 1. 令NH_3係數為1。

$$1NH_3 + O_2 \rightarrow NO + H_2O$$

2. 平衡N原子數，則生成物NO係數為1，因N原子不滅

$$1NH_3 + O_2 \rightarrow 1NO + H_2O$$

3. 平衡H原子數，則生成物水的係數為$\dfrac{3}{2}$

$$1NH_3 + O_2 \rightarrow 1NO + \dfrac{3}{2}H_2O$$

4. 右邊生成物O原子數爲 $\frac{5}{2}$，所以左邊O_2之係數必須平衡爲 $\frac{5}{4}$

$$1NH_3 + \frac{5}{4} O_2 \rightarrow 1NO + \frac{3}{2} H_2O$$

5. 全部方程式取最小整數比

$$4NH_3 + 5O_2 \rightarrow 4NO + H_2O$$

例2：試平衡丙烷燃燒反應方程式。

解：　1. 令C_3H_8係數爲1。

$$1C_3H_8 + O_2 \rightarrow CO_2 + H_2O$$

2. 平衡C原子數，則生成物CO_2係數爲3

$$1C_3H_8 + O_2 \rightarrow 3CO_2 + H_2O$$

3. 平衡H原子數，則生成物H_2O係數爲4

$$1C_3H_8 + O_2 \rightarrow 3CO_2 + 4H_2O$$

4. 右邊生成物O原子數爲10，所以左邊O_2之係數必須平衡爲5

$$1C_3H_8 + 5O_2 \rightarrow 3CO_2 + 4H_2O$$

例3：丙烷燃燒反應生成二氧化碳與水，請問1公斤丙烷完全燃燒需要多少重量O_2
重及生成二氧化碳多少重量？

解：
$$C_3H_8 + 5O_2 \rightarrow 3CO_2 + 4H_2O$$

莫耳數爲重量除以分子數

$$\frac{丙烷重量}{丙烷分子量} = \frac{1000g}{44g} = 22.7mol \quad 丙烷$$

因1mol丙烷需5mol氧氣，所以需氧氣之莫耳數

$$22.7mol\ 丙烷 = \frac{5mol\ 氧氣}{1mol\ 丙烷} = 113.5mol \quad 氧氣$$

重量為莫耳數乘以分子數

$$113.5\text{mol}氧氣 \times \frac{32\text{g 氧氣}}{1\text{mol 氧氣}} = 3.632\text{kg}　氧氣$$

因1mol丙烷需3mol二氧化碳，所以需二氧化碳之莫耳數68.1mol

$$68.1\text{mol}二氧化碳 \times \frac{44\text{g 二氧化碳}}{1\text{mol 二氧化碳}} = 2.96\text{kg}　二氧化碳$$

例4：求甲烷及丙烷等二種瓦斯含碳量與含氫量之百分比各為多少？

解：　CH_4之C：H莫耳數比$1：4 = \frac{X}{12\text{g}} : \frac{100 - X}{1\text{g}}$

$$X = 75$$

因此，甲烷含碳量75%，含氫量25%

C_3H_8之C：H莫耳數比$3：8 = \frac{X}{12\text{g}} : \frac{100 - X}{1\text{g}}$

$$X = 81.8$$

因此，丙烷含碳量81.8%，含氫量18.2%

例5：甲烷、乙烷、乙烯、乙炔完全燃燒生成二氧化碳、黑煙，何者最多？何者較易不完全燃燒？

解：　比較碳的質量分數
甲烷$12/16 = 0.75$
乙烷$24/30 = 0.80$
乙烯$24/28 = 0.86$
乙炔$24/26 = 0.92$
因此，含碳多燃燒產生更多二氧化碳、黑煙及較易不完全燃燒，本題以乙炔最多。

例6：氨燃燒反應生成2.5公斤氮與0.5公斤氫，試求氮與氫莫耳數各為多少？

解：
$$2NH_3 \rightarrow N_2 + 3H_2$$

莫耳數為重量除以分子數

N_2莫耳數 $= 2500g \times \dfrac{1mol\ 氧}{28g\ 氧} = 89.3\ mol\ 氮$

H_2莫耳數 $= 500g \times \dfrac{1mol\ 氫}{2g\ 氫} = 250\ mol\ 氫$

第3節　爆炸界限

在空氣中的可燃氣體，氣體是否會點燃引爆，是由可燃氣體在空氣中的濃度來決定的。當氣體濃度太低，沒有足夠燃料來維持爆炸；當氣體濃度太高，沒有足夠氧氣來燃燒。可燃氣體只有在兩個濃度之間才可能引爆；此稱「燃燒（爆炸）界限」。即可燃性氣體和空氣（氧）混合後達到一定的混合比範圍內始能燃燒（爆炸），此混合比範圍為爆炸界限。爆炸界限有上限和下限，表示方法則為空氣中所含可燃性氣體的最低與最高之體積百分比。以氣體或蒸氣在空氣中所占體積百分比表示，其最低百分比者稱為爆炸下限（Lower Flammable Limits, LFL），最高百分比者稱為爆炸上限（Upper Flammable Limits, UFL）。這種體積百分比隨著溫度和壓力的變化而有改變。

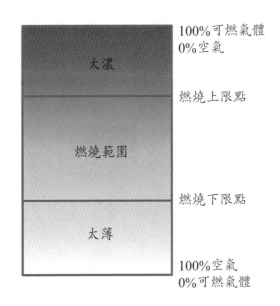

圖2-2　可燃物質之燃燒／爆炸範圍／界限

（資料來源：盧守謙、陳永隆，火災學，吳鳳科大消防系用書，2016）

　　也就是說，爆炸界限為特定溫度和壓力下，透過與氧化劑接觸引燃，火焰將持續燃燒之可燃濃度上限與下限之間；其會隨著溫度和壓力之不同而稍微改變。以氫／空氣混合物在21℃下，氫濃度在4～74%（以體積計）之間，火焰會持續傳播。混合氣溫度升高，則爆炸下限降低，爆炸上限提高，燃燒／爆炸範圍變寬；溫度降低時，範圍變窄（下圖）。但亦有例外，如CO在壓力愈高時，反而減小其燃燒／爆炸範圍，現今對此一事實，尚無適當之理論性解釋。

　　在特定環境條件下，使混合氣濃度處於燃燒／爆炸範圍之上或之下，則可燃性混合氣將變為不可燃性；或是工業上常添加不活潑性氣體（如二氧化碳或氮氣等）添入可燃性氣體中，使其燃燒／爆炸範圍變窄。基本上，在溫度或壓力上升時（PV = nRT，壓力與溫度成正相關），將導致爆炸上限上升和爆炸下限的下降，進而使燃燒／爆炸範圍加大。

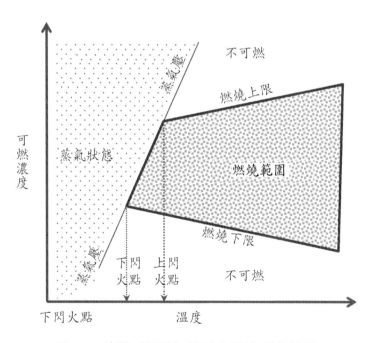

圖2-3　液體（氣體）燃料之燃燒/爆炸範圍

（參考Fire Protection Handbook Sixteenth Edition）

　　表2-1列出了一些常見物質的燃燒／爆炸範圍。通常，燃燒/爆炸範圍是在空氣溫度（一般為70℉或21℃）和1大氣壓力環境，所進行測試出之數據。但溫度和壓力的變化，會導致物質燃燒／爆炸範圍值之很大改變。

表2-1　氣體燃燒／爆炸範圍（21℃和1大氣壓力環境下測試數據）

氣體	爆炸下限	爆炸上限
乙炔（Acetylene）	2.5	100.0
一氧化碳（Carbon Monoxide）	12.5	74.0
乙醇（Ethyl Alcohol）	3.3	19.0
1號燃料油（Fuel Oil No.1）	0.7	5.0
汽油（Gasoline）	1.4	7.6
氫（Hydrogen）	4.0	75.0
甲烷（Methane）	5.0	15.0
丙烷（Propane）	2.1	9.5

Source: Fire Protection Guide to Hazardous Materials 12 Edition 1997 By National Fire Protection Association.

爆炸上限

爆炸上限算法基本上有二種方法，一是以當量濃度求之，另一是以爆炸下限求之。

(1) 爆炸上限（Upper limit）為可燃性氣體得以燃燒時之最高濃度值，其計算在烷類公式如次：

$$\frac{4.8 \times \sqrt{當量濃度 \times 100}}{100}$$

(2) 用容積表示的上限和下限之間，有如下的關係

$$爆炸上限 = 7.1 \times （爆炸下限^{0.56}）$$

> 例題：請寫出丙烯（C_3H_6）燃燒的化學平衡式。請計算其當量濃度（stoichiometric concentration）及其爆炸上下限（upper explosive limit）。

解：　(1) $C_3H_6 + 9/2O_2 \rightarrow 3CO_2 + 3H_2O$

(2) 當量濃度 $= \dfrac{1}{1+4.8n}$（或 $\dfrac{1}{1+5n}$）$= \dfrac{1}{1+4.8(9/2)} = 4.4\%$

(3) $0.55 \times$ 當量濃度 $= 2.43\%$（下限）$\dfrac{4.8 \times \sqrt{當量濃度 \times 100}}{100} = 10.07\%$（上

限，烯類會有誤差）

爆炸上限 = 7.1×（爆炸下限$^{0.56}$）= 11.67%

表2-2　易燃物質之屬性

可燃物質	下限	上限	閃火點	LOC	MIE（mJ）	AIT（℃）
氣體						
甲烷Methane	5.0	15.0	−188	12	0.28	600
乙烷Ethane	3.0	12.5	−135	11	0.24	515
丙烷Propane	2.1	9.5	−104	11.5	0.25	450
氫Hydrogen	4.0	75.0		5	0.018	400
氨Ammonia	16.0	25.0				651
一氧化碳Carbon Monoxide	12.5	74.0		5.5		609
硫化氫Hydrogen Sulfide	4.3	45.0		7.5		260
乙炔Acetylene	2.5	80.0	−18		0.020	305
液體						
己烷Hexane	1.2	7.5	−23	12	0.248	234
乙烯Ethylene	2.7	36.0	−136	10		450
苯Benzene	1.4	7.1	−11	11.4	0.225	562
乙醇Ethanol	4.3	19.0	13	10.5		422
甲醇Methanol	7.5	36.0	11	10	0.140	463
甲醛Formaldehyde	7.0	73.0	−53			430
丙酮Acetone	2.6	12.8	−18	11.5		538
苯乙烯Styrene	1.1	6.1	32	9.0		490
汽油Gasoline	1.4	7.6	−43	12		

（資料來源：Chemical Properties Handbook, 1999）
LOC為燃燒所需最小氧濃度；MIE為最小起火能量；AIT為自燃溫度

爆炸下限[1]

爆炸下限是能支持燃燒的最小可燃混合濃度,如果是液體也就是閃火(引火)點[2];是液體危險性之重要指標,以容積百分比(%)作表示。基本上,能支持燃燒之最小可燃混合濃度僅能引火,而發火是能使最小混合濃度持續燃燒,二者同是達到可燃混合濃度,已進入燃燒/爆炸範圍之下限值,只是著火(發火)點會比閃火(引火)點溫度,高出幾度或是相等狀態,而產生燃燒或爆炸狀態。

一般在爆炸防制策略上,添加不燃性氣體使其惰性化,其爆炸下限變化不大,主要是使其上限顯著降低,使燃燒/爆炸範圍變窄。

爆炸下限計算有下列三種方法:

(1) 依Jone's 理論,可燃性物質之爆炸下限為其化學理論濃度之0.55倍

$$爆炸下限 = 化學理論濃度(當量濃度) \times 0.55$$

$$爆炸下限 = \frac{1}{1+4.8n} \times 0.55 (其中n為氧莫耳數)$$

上述對所有有機可燃性氣體均適用,但不適於無機可燃性氣體。

(2) 在液體爆炸下限方面,能以閃火點之飽和蒸氣壓(P_0)計算

$$爆炸下限 = \frac{P_0}{P} (其中為一大氣壓,760mmHg)。$$

(3) 依據Burgess-Wheeler定理,碳化氫系之氣體其爆炸下限C(V%)與其燃燒熱(kcal/mol)之積,大致呈一定值:$C \times Q(kcal/mol) = 1059$

例1:根據Burgess-Wheeler定理,已烷化學式是C_6H_{14},燃燒熱是4159.1kJ/mol,其爆炸下限計算?

解: 爆炸下限×燃燒熱 = 1059

爆炸下限 = 1.07%

---

[1] 紀人豪,火災學講義,吳鳳科技大學消防系教材,2013年。

[2] 上閃火點:可燃性液體之飽和蒸氣與空氣充分混合後,濃度達爆炸上限,該可燃混合氣體之最低液體溫度點,又稱為著火點或發火點。下閃火點:可燃性液體之飽和蒸氣與空氣充分混合後,濃度達爆炸下限,該可燃混合氣體之最低液體溫度點,又稱為閃火點。

例2：根據Burgess-Wheeler定理，已知苯的燃燒熱為3120kJ/mol，其爆炸下限約
　　　為多少？

解：　爆炸下限×燃燒熱 = 1059
　　　爆炸下限 = 1.4%

例3：LPG爆炸下限為何？在常溫（25℃）常壓（1atm）室內長寬高分別為
　　　10m×4m×3m，該LPG洩漏量（kg）達到多少即形成潛在爆炸環境？

解：　$C_3H_8 + 5O_2 \rightarrow 3CO_2 + 4H_2O$

理論濃度 $= \dfrac{1}{1+4.8n} = 0.038$

$C_下 = 0.55 \times 0.038 = 2.2\%$

C_3H_8 分子量44

依理想氣體方程式

(1) $P(atm) \times V(L) = n(mole) \times R$（氣體常數0.082）$\times T(K)$

(2) $P(kpa) \times V(m^3) = m(kg) \times R$（氣體常數 $= \dfrac{8.314}{n}$）$\times T(K)$

$101 \times (120 \times 2.2\%) = m \times \dfrac{8.314}{44} \times 298$

$m = 4.78kg$

例4：丙烯腈閃火點為77℃，飽和蒸氣壓（P）為10mmHg，則其爆炸下限為何？

解：　$C_下 = \dfrac{10}{760} = 1.32\%$

例5：如有一可燃性氣體，其閃火點下的飽和蒸氣壓為38mmHg，試求其爆炸下
　　　限？（一大氣壓下，飽和蒸氣壓為760mmHg）
　　　(A)5%　(B)10%　(C)15%　(D)20%

解：　(A)

當量濃度

當量濃度又稱化學理論濃度，當燃料氣體濃度等於化學理論濃度時，與氧分子處於最佳比例，理論上應有最大燃燒速度，但可能含有雜質以及氣體混合速率，至混合濃度應稍微提高些，這是因為燃料氣體分子可能比氧氣分子大，移動速度比氧氣分子慢，若燃料分子濃度稍高一點，能與氧氣分子碰撞頻率增加。燃燒時，燃料氣體大分子在高溫時能生成較小分子，較小分子與氧氣反應較快，但增高太多，則遇到氧氣分子碰撞也會降低，燃燒速率反而減慢。

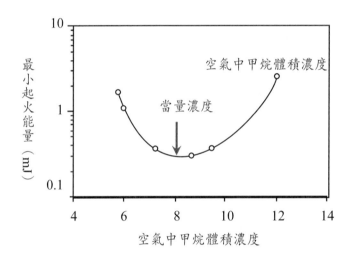

圖2-4　甲烷體積濃度與最小起火能量關係

（資料來源：Kuchta, J.M. 1985）

當量濃度＝氣體完全燃燒時，可燃氣體所占全部氣體之比例

$$= \frac{可燃氣體體積（烷類）}{可燃氣體體積（烷類）＋空氣體積}$$

$$當量濃度 = \frac{1}{1+4.8n}（n為氧氣莫耳數）$$

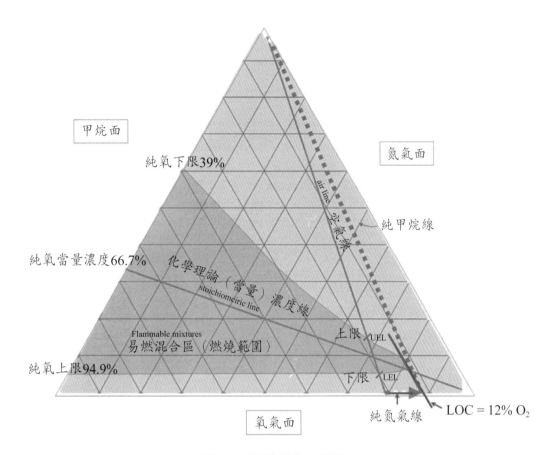

圖2-5 甲烷爆炸界限圖

（資料來源：Power.corrupts, 2009 Wikipedia GNU FDL）

例1：若空氣中之氧氣含量爲20%：

(1) 請寫出丙烯（C_3H_6）燃燒之化學平衡式。

(2) 請計算其當量濃度（stoichiometric concentration）。

解：　(1) $C_3H_6 + 9/2 O_2 \rightarrow 3CO_2 + 3H_2O$

(2) 當量濃度 $= \dfrac{1}{1+4.8(9/2)} = 4.4$ %

例2：試以化學理論濃度之方法計算甲烷之爆炸下限爲多少%？

解：　爆炸下限 $= 0.55 \times$ 化學理論濃度（當量濃度）

$CH_4 + 2O_2 \rightarrow CO_2 + 2H_2O$

$(1 \times 22.4^3) \div ((1 + 2/0.21) \times 22.4) = 0.095$

爆炸下限 = $0.55 \times 0.095 = 5.23\%$

另一算法，1mol CH_4需2mol O_2，即1mol CH_4燃燒需10mol空氣，Cst = 1/(1 + 10) = 0.091

爆炸下限 = $0.55 \times 0.091 \times 100\% = 5.0\%$

如丙烷$C_3H_8 + 5O_2 \rightarrow 3CO_2 + 4H_2O$

1mol C_3H_8需5mol O_2，即1mol C_3H_8燃燒需25mol空氣，Cst = 1/(1 + 25) = 0.03846

爆炸下限 = $0.55 \times 0.03846 = 2.1\%$

例3：一般而言，可燃性氣體的最小起火能量（minimum ignition energy）接近下列哪一濃度？

(A)化學理論濃度　(B)爆炸下限　(C)燃燒中限　(D)爆炸上限

解：　(A)

最小氧濃度（LOC）

　　可燃混合物中的氧氣濃度降至燃燒最小氧濃度（Limiting Oxygen Concentration, LOC），定義為低於燃燒所需氧的極限濃度，則不可能進行燃燒之濃度，以氧的體積百分比為單位表示。LOC會隨著壓力和溫度而變化，也取決於惰性（不燃性）氣體的類型。

$$LOC = 爆炸下限 \times 氧莫耳數$$

---

[3] 標準狀況下（0℃、101kPa）一氣體在STP狀態為22.4L/mol，如C_3H_8分子量12×3 + 8 = 44即一莫耳為44g，因一莫耳氣體在標準狀態下（0℃、1atm），其體積為22.4L。故C_3H_8丙烷氣體密度 = 44g÷22.4L = 1.96g/L。又算空氣質量，因空氣中之組成分子氮（N_2）體積比為78%（N_2分子量為28），氧（O_2）體積比為21%（O_2分子量為32），氬（Ar）體積比為1%（Ar分子量為40），故一莫耳（22.4L）空氣質量為28×78% + 32×21% + 40×1% = 28.96g。

表2-3 可燃性蒸氣／氣體之LOC

氣體或蒸氣	氮氣／空氣	二氧化碳／空氣
氫	5	5.2
甲烷	12	14.5
乙烷	11	13.5
丙烷	11.5	14.5
正丁烷	12	14.5
異丁烷	12	15

（資料來源：Don and Perry, 2007）

例題：請計算丙烯（C_3H_6）燃燒最小氧濃度（limiting oxygen concentration）。

解： $C_3H_6 + 9/2O_2 \rightarrow 3CO_2 + 3H_2O$

當量濃度 $= \dfrac{1}{1+4.8n}$（或 $\dfrac{1}{1+5n}$）$= \dfrac{1}{1+4.8(9/2)} = 4.4\%$

$0.55 \times$ 當量濃度 $= 2.43\%$（爆炸下限）

爆炸下限×氧莫耳數$0.0243 \times 9/2 = $ LOC　LOC $= 10.9\%$

混合爆炸界限

依Le Chatelier定律指出混合氣體燃燒上下限，S_1、S_2、S_3…為各氣體組成百分比，U_1、U_2、U_3…為各氣體之爆炸上限值，D_1、D_2、D_3…為各氣體之爆炸下限值。

混合氣體爆炸上限值，$M_U = \dfrac{1}{\dfrac{S_1}{U_1}+\dfrac{S_2}{U_2}+\dfrac{S_3}{U_3}\cdots} \times 100\%$

混合氣體爆炸下限值，$M_D = \dfrac{1}{\dfrac{S_1}{D_1}+\dfrac{S_2}{D_2}+\dfrac{S_3}{D_3}\cdots} \times 100\%$

Le Chatelier定律極適合於碳氫化合物類之混合物，而不適合於含氫等混合物。

例1：如下表某混合可燃性氣體由乙烷、環氧乙烷、異丁烷等三種可燃性氣體組成，試計算此一混合氣體在空氣中之爆炸上限與爆炸下限？

物質名稱	爆炸界限 (%)	組成百分比
乙烷	3.0～12.4	25%
環氧乙烷	3.6～100	50%
異丁烷	1.8～8.4	25%

解：　依Le Chatelier定律混合氣體燃燒上下限計算

混合氣體爆炸上限

$$M_U = \cfrac{1}{\cfrac{S_1}{U_1}+\cfrac{S_2}{U_2}+\cfrac{S_3}{U_3}\cdots} \times 100\% = \cfrac{1}{\cfrac{25}{12.4}+\cfrac{50}{100}+\cfrac{25}{8.4}} \times 100\% = 18.2\%$$

混合氣體爆炸下限

$$M_D = \cfrac{1}{\cfrac{S_1}{D_1}+\cfrac{S_2}{D_2}+\cfrac{S_3}{D_3}\cdots} \times 100\% = \cfrac{1}{\cfrac{25}{3.0}+\cfrac{50}{3.6}+\cfrac{25}{1.8}} \times 100\% = 2.8\%$$

例2：一混合可燃氣體含H_2 30%、CO 15%、CH_4 55%，其H_2、CO、CH_4之爆炸上限各為75%、74%及15%，下限各為4.0%，12.5%及5%，試求混合氣體之燃燒上下限？

解：　依Le Chatelier定律混合氣體燃燒上下限計算

混合氣體爆炸上限

$$M_U = \cfrac{1}{\cfrac{S_1}{U_1}+\cfrac{S_2}{U_2}+\cfrac{S_3}{U_3}\cdots} \times 100\% = \cfrac{1}{\cfrac{30}{75}+\cfrac{15}{74}+\cfrac{55}{15}} \times 100\% = 23.4\%$$

混合氣體爆炸下限

$$M_D = \cfrac{1}{\cfrac{S_1}{D_1}+\cfrac{S_2}{D_2}+\cfrac{S_3}{D_3}\cdots} \times 100\% = \cfrac{1}{\cfrac{30}{4}+\cfrac{15}{12.5}+\cfrac{55}{5}} \times 100\% = 5.2\%$$

例3：多種可燃性混合氣體（H_2 30%、N_2 30%、CO_2 30%、CO 10%），當加入不燃性CO_2時，燃燒／爆炸範圍爲何？（N_2 30%及H_2 15%爲a混合氣體、CO_2 30%及H_2 15%爲b混合氣體、CO 10%爲c氣體，其中a：上限75%、下限13%，b：上限67%、下限13%，c：上限爲74%、下限12.5%）？

解： 依Le Chatelier定律混合氣體燃燒上下限計算

混合氣體爆炸上限

$$M_U = \frac{1}{\dfrac{S_1}{U_1} + \dfrac{S_2}{U_2} + \dfrac{S_3}{U_3} \cdots} \times 100\% = \frac{1}{\dfrac{45}{75} + \dfrac{45}{67} + \dfrac{10}{74}} \times 100\% = 71.1\%$$

混合氣體爆炸下限

$$M_D = \frac{1}{\dfrac{S_1}{D_1} + \dfrac{S_2}{D_2} + \dfrac{S_3}{D_3} \cdots} \times 100\% = \frac{1}{\dfrac{45}{13} + \dfrac{45}{13} + \dfrac{10}{12.5}} \times 100\% = 12.9\%$$

本節進一步細節，請參閱本書第5章第14節〈爆炸防制與對策(2)〉。

第4節 發火源

溫度是一種來測量物體間熱流有關的量度，而熱則是能量的形式，用來維持或改變物質的溫度。發火源（Sources of Heat Energy）是一種熱能，我們知道熱是提高溫度一種能量的形式，熱也能使物質分子（Molecules）運動加速之一種條件。所有物質都含有一定的熱量，無視乎溫度是如何低，因分子是不斷在移動著。當物質受熱，分子運動速度增加致溫度升高。

例題：根據分子動能和溫度的關係，當溫度上升時，分子的運動速率會變快。請問溫度由25℃上升至35℃時，求分子運動速率變化量。

解： $\dfrac{1}{2}mv^2 \propto T$，$\dfrac{V_2}{V_1} = \sqrt{\dfrac{T_2}{T_1}} = \sqrt{\dfrac{308}{298}} = 1.02$

當粒子的的溫度由25℃上升至35℃其運動速率增加約2%。

　　本節是各縣市消防局火調課，所要調查之原因對象；此外，也幫助讀者瞭解物質或燃料如何成為發火源，以能控制或降低火災發生之可能性。在此分出5大類型的熱能，從這些知識瞭解，在防火防爆（如何防止這些能量引起火災爆炸）和滅火（如何最有效地撲滅），是很重要的。

(1) 電氣發火源（Electrical）

(2) 化學發火源（Chemical）

(3) 物理發火源（Physical）

(4) 太陽熱源（Solar）

(5) 核熱源（Nuclear）

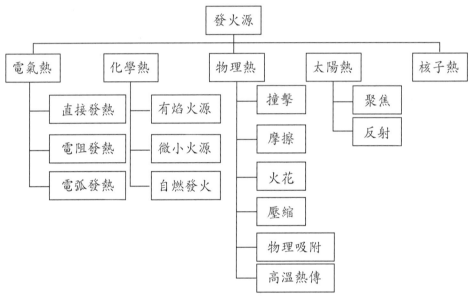

圖2-6　造成火災爆炸原因之發火源種類

（資料來源：盧守謙、陳永隆，火災學，吳鳳科大消防系用書，2016）

1. 電氣發火源（Electrical Heat Energy）

　　電氣在台灣近10年來皆列為火災原因之首位；電氣熱能可以發生在不同方式，而每一種方式都會產生一定高熱面積，並有能力引燃可燃性物質；有關電氣火災延伸閱讀請見第6章〈電氣系統〉及〈電氣火災原因〉等有詳細探討。

(1) 發熱裝置（Heat-Producing Devices）
(2) 電阻發熱（Resistance Heating）
(3) 電弧發熱（Arcing）

(1) 發熱裝置（Heat-Producing Devices）

發熱裝置是造成電氣設備周遭可燃物質直接受熱起火之非電阻或電弧原因。電熱裝置使用不當或故障（Malfunctions），導致火災發生。造成這些原因常見有：衣服與電燈接觸、可燃物落入電氣設備、發熱設備忘關掉、油炸鍋或電鍋溫度控制失敗、可燃物放置太靠近白熾燈（Incandescent Lamps）或電暖器等發熱裝置。

(2) 電阻發熱（Resistance Heating）

電阻發熱是熱量透過電流在一導體上所造成著火，電阻發熱現象包括短路、電路過載、電氣設備過載、連接不良、高電阻錯誤、中性線未接等現象，這些常造成電氣火災之原因；延伸閱讀在本書第6章有進一步探討。

(3) 電弧發熱（Heat From Arcing）

電弧發熱是發生在電流的流動被中斷，和電力在電路中的開口或間隙產生跳躍現象。電弧溫度是非常高，甚至可能熔化導線體；電弧發熱現象包括高壓電弧、分離電弧（串聯）、積汙導電（並聯）、電弧跨越碳化路徑、火花（平行、高電流）及靜電（粉塵或可燃氣起火）。此外，閃電係屬靜電一種，其常造成相對濕度較低之國家，如加拿大、美國、澳洲等森林火災原因；延伸閱讀在本書第6章有進一步探討。以下僅作一些基本性探討。

在工業應用中常使用電弧焊接機（Arc Welder），利用焊條（導體）使金屬形成熔化而接合在一起，此種噴濺焊接火花顆粒，造成國內中小型工廠火災重要原因之一，如2005年高雄港一艘皇家客輪電焊引發火災，最後客輪沉沒造成鉅額損失，是近幾十年來國內最嚴重船舶火災。

在靜電方面，是一個表面上的正電荷和另一個負電荷之堆積情況。這種電荷自然地相互吸引，並尋求再均勻地充電。此種條件發生需2個表面彼此接近，如手指觸摸金屬材質把手，產生電弧（Arc）火花（Spark）現象。在台灣空氣中相對濕度較高，所以靜電火災問題相對比歐美日較為輕微。

靜電是導致可燃液體火災原因之一，尤對於苯、汽油、二硫化碳等引火性液體，因其電阻皆顯著極高，易引起靜電火災。又當容器內液體轉移，如船上轉移易燃液體所使用貨物軟管（Cargo Hose Strings）和金屬臂（Metal Arms）（不論是從陸地上

或駁船），必須裝有絕緣性法蘭（Insulating Flange），或以非導電性軟管，以確保船舶與岸邊之間電力是不連續之現象。

　　在介質發熱（Dielectric Heating）方面，介質發熱是一種以直流（DC）或交流電流（AC）所產生脈衝（Pulsating）現象，其是一種高頻率（Frequency）非導電性物質所產生結果。如微波爐是利用介質發熱之原理，利用高頻電流（比如密封包裝）之電介質加熱不導電物質之情況。

圖2-7　船上金屬臂裝有絕緣性法蘭

（作者攝自臺中港乾散貨船）

　　在漏電流發熱（Leakage Current Heating）方面，當一條電線非良好絕緣，有一些洩漏電流到周圍物質上，產生熱致著火情況。

　　在閃電（Lightning）方面，係屬靜電之一種，其產生的熱是一個非常大規模的靜電。無論是從雲（Cloud）到雲或是雲到地面上能釋放產生數十億伏特，其能超過60000℉（33316℃）之高熱。有關靜電現象進一步資訊，請參閱第6章第1節〈電氣系統〉。

2. 化學發火源

　　化學性熱能包括明火、微小火源、自燃發火（含準自燃發火及混合發火），是一種化學反應所致火災爆炸之結果。

(1) 有焰火源（Flame）

有焰火源即明火，是燃燒熱能之一種，物質的燃燒或氧化反應會生成熱，燃燒物質所產生熱量是取決於物質本身；這也是為什麼物質有耐燃一級（不燃性）、耐燃二級及耐燃三級之分；如船上某些貨艙隔間鑲板（Paneling），一旦火災能燒得比其他物質更熾熱；此外，玻璃纖維燃燒熱能是高於木材。

有焰火源導致火災原因，依內政部消防署5年來（2010～2015年）統計報告，依其高低依次人為縱火、爐火烹調、燃燒金紙（祭祖等）、施工不慎（燒焊火炬）、燈燭、自殺放火、玩火、烤火及其他如燃燒精油、燃燒垃圾等。

其中人為縱火有時會使用易燃液體加速劑，在室內火災能快速進入成長期及最盛期，往往造成內部人員生命損失；而燒焊等施工不慎常造成工業上火災，因氧乙炔火炬等超高溫（2200～3500℃），作業時產生高溫火星、塊狀火花掉落及噴濺行為，極易造成周遭及下方可燃物質引燃。

例題：在火災現場殘跡中無法檢出易燃性液體的成分，可以說明該火災的原因是何因素？　(A)是縱火因素　(B)是人為因素　(C)不是縱火因素　(D)可能不是縱火也可能是縱火

解：　(D)

(2) 微小火源（Small Fire Source）

無焰之微小火源是燃燒熱源之一種，有煙蒂、線香、蚊香、燃燒火星等化學性火源，而有一些火花係屬於物理性火源。微小火源著火危險性往往時間，其著火環境條件，必須蓄熱大於散熱，使可燃物能產生溫升情況，進而悶燒達到熱裂解及分解出可燃性氣體，且有足夠量，始能著火。一般，焊接或熔接之掉落火星幾乎能引燃一般可燃物，其他微小火源容易使棉製品或沙發等纖維類產生悶燒進而引燃，而紙張較難以引燃，因熱量容易傳導散熱，必須視其微小火源狀況如較大燃燒火星，在環境條件配合，始有可能引燃。而微火源對汽油可能較難以引燃，但亦有案例顯示，這必須在特定條件，如汽油蒸氣量多，火星較大或是摔下煙蒂，才有可能使其引燃。

(3) 自燃發火（Spontaneous Heating）

自燃發火是有機物質沒有受到外部熱量而本身所產生熱量。一些危險物質會標示

如引火性（Pyrophoric）、自燃（Spontaneous Combustible）或當潮濕狀態是危險的（Dangerous When Wet）之準自燃發火性物質，以及二種以上混合產生混合發火性物質等。

自燃發火大多是通風不良環境，所產生熱量不能分散掉，其熱是屬較低等級（Low Grade）化學分解（Chemical Breakdown）過程中所生成的熱量。如油抹布，將其揉成一個球狀，扔在某一角落地面。如果是不足夠的通風（空氣循環）使熱散逸掉，最終油抹布將蓄熱引燃情況。這也說明一些船舶或工業火災，講究良好的內務管理作業程序是重要的。又如裝鐵屑（Iron Filings）貨艙，其能在密閉空間內進行氧化而生成熱量，因其熱量不易消散。又如煤炭堆、含亞麻仁油、沾油漆紙張等氧化發熱至引起火災，在全球各地案例不勝枚舉。

在自燃分解熱（Heat of Decomposition）方面，熱分解是化合物一種分解（腐爛），通常是由於細菌作用所釋放出的熱量。在某些情況下，這些化合物是不穩定的並能自行釋放熱量。除此之外如堆肥微生物發酵反應熱，此種有機物質分解會產生熱量蒸汽（Vapors）和蒸氣（Steam）；如此情況可在一寒冷天氣，藉由在整堆上戳孔（Jabbing Holes），即能看到此種冒出熱氣情況。又濕褐色（軟）煤堆裝入貨艙，能自己進行分解，而導致船上貨艙起火燃燒[4]。類似的情況亦如在船上較低層之尖艙（Lower Peak Hold），當有水泡過成捆棉質布團（Cotton Rags），當逐漸乾燥於幾個月後，其內部會大量蓄熱致發火情況。

在混合發火之溶解熱（Heat of Solution）方面，溶解熱是物質在液體中的溶液（溶解）所釋放熱量。一些酸類（Acids）物質溶解（Dissolved）在水中時，能產生激烈反應，致產生噴湧（Spewing）熱水與爆濺出容器外狀態。

有關自燃之延伸閱讀，請參閱盧守謙、陳永隆著《火災學》一書。

---

[4] 煤炭儲存成堆時，會因煤炭氧化或吸附水分而產生自熱現象，其主因為乾燥或半乾燥的煤炭吸收水份（液態或氣態）放出熱量，或反應性較高煤炭表面與氧氣產生化學反應而放出熱量。若自熱反應產生熱量速率超過熱量被移除速率，則煤炭溫度會逐漸升高，當溫度達到煤炭燃點時，煤堆便會自動著火。自熱與自燃（即煤炭與氧氣反應後）的煤炭會造成煤質變差，熱量損失及環境汙染等問題，故應盡量避免煤堆發生自燃現象（參考自臺灣電力公司，煤炭簡介，2015）。

3. 物理發火源（PhysicalHeat Energy）

　　物理發火源係屬於機械性產生的熱量，如撞擊、摩擦、機械火花、壓縮（Compression）及物理吸附等。撞擊及摩擦熱是由彼此運動的兩個表面體所產生熱量或形成火花，這些熱能使易燃性氣體或蒸氣，發生火災或爆炸現象。在撞擊熱方面，這是槍支彈殼內燃料引燃擊發之發火源。

　　摩擦方面如船舶在海上波浪劇烈晃動，就可能使貨物與船殼摩擦，或貨物間摩擦產生足夠熱而引燃。在壓縮熱方面，是氣體被壓縮時所產生的，這一原理解釋柴油引擎僅汽缸內混合氣壓縮而溫度升高，不必使用到火星塞（Spark Plug）之理，又如空氣呼吸器（SCBA）鋼瓶充滿氣體後，以手碰觸鋼瓶都會有熱溫感覺；或自行車輪胎以打氣筒打氣，打氣筒產生壓力導致溫度升高，也是這種原因。

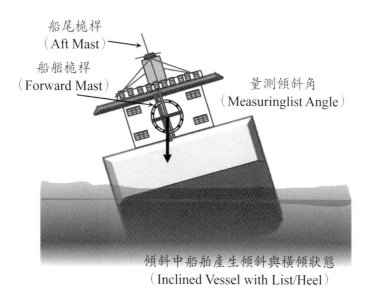

圖2-8　海上波浪劇烈晃動貨物對船舶結構摩擦發熱著火

（作者繪圖）

　　在高分子聚合物或工業上使用物質受到強烈震動，造成內能積聚而自行發熱，如地震後造成一些工業上震後火災現象。此外，物理吸附是一種放熱反應，如矽膠或活性碳吸附發火之物理性現象。

　　在高溫熱傳上，主要接觸高溫固體如火爐、熱水器、蒸汽管或壁爐等，長期熱傳導致升溫起火。

> 例1：銅鎳合金所產生機械火花的溫度約可達幾度？
> 　　(A)300℃　(B)600℃　(C)900℃　(D)1083℃

解：　(D)

> 例2：鋼鐵製品所產生機械火花的溫度約可達幾度？
> 　　(A) 800℃　(B) 1000℃　(C)1200℃　(D)1400℃

解：　(D)

4. 太陽熱源（Solar Heat Energy）

　　太陽熱能是來自太陽電磁波長輻射形式所傳輸能源。典型的太陽能是相當均勻地分布在地球表面，本身並不會引起火災。然而，當太陽能集中在一個特定區域或點，如日本東京1994年3月，太陽光照射建築物玻璃面反射到街道上摩托車引擎油漬，致高溫氧化起火。或是透過一放大鏡（無論是凹或凸），它能引燃其聚焦位置上可燃性物質；如圖2-9所示。

　　又日本曾有火燒車案例文獻指出，停在露天停車場上，於車內儀表板上置放一保特瓶水，因近中午時分太陽光穿透車內擋風玻璃後，太陽光波形成較高能量之短波長，封閉車內呈現溫室效應，太陽短波長穿透圓柱體瓶裝水保特瓶，形成焦距作用（Focus），導致火燒車事件。

圖2-9　太陽能透過透鏡集中成焦距（熱能）在落葉上（燃料）引火

（作者繪圖）

5. 核熱源（Nuclear Heat Energy）

核能較少成為火災爆炸原因，因其少及使用非常嚴謹。基本上，核子是當原子進行分裂之裂變（Fission）或合併融合（Fusion）時所生成熱能。在受控環境，原子裂變過程可用來加熱，以驅動蒸汽渦輪機產生電力。

例題：下列何者不屬於發火源種類中的「微火源」？

(A)香煙　(B)火柴燃燒　(C)煙囪之火星　(D)電氣熔接之火花

解：　(B)

第5節　熱傳

基本上，火災是一種熱量傳遞之結果；對熱傳（Heat Transfer）即熱量或能量轉移之理解，是瞭解火行為和火災過程之關鍵。熱傳發生之基本條件是存在溫度差異，根據熱力學第二定律，熱傳之方向必須往溫度較低移動，溫度差就是構成熱傳之推動力（Driving Force）。兩物體接觸中較冷部分會吸收熱量，直到兩物體是處在相同的溫度情況。在區畫空間如船艙能夠透過熱傳4種方式中的一個或多個進行傳輸：即傳導、對流、輻射和火焰直接接觸（Impingement）。事實上，熱傳對一物質而言，是一種熱損失。

1. 傳導（Conduction）

固體的傳熱方式主要是傳導；熱從高溫的物體傳到低溫的物體，即固體溫度梯度內部傳遞的過程。基本上，在固體或靜止流體（液體或氣體）中，熱傳導是由於物體內分子、原子、電子之無規則運動所造成，其是一分子向另一分子傳遞振動能的結果。各種材料熱傳導性能不同，傳導性能佳如金屬，其電子自由移動，熱傳速度快，能做熱交換器材料；傳導性能不良如石棉，能做熱絕緣材料。在熱傳導上，固體 >液體 > 氣體；其中固體以銅為一理想傳導體，而做為電線材質使用。

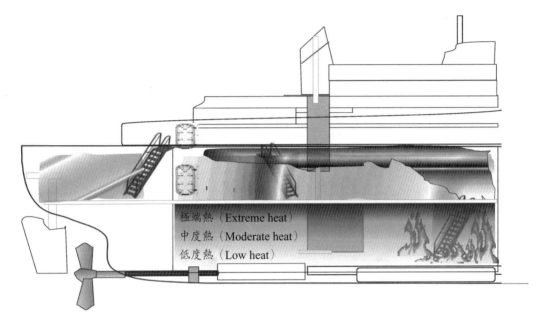

圖2-10　船舶為金屬材質構造致熱能透過4種方式傳輸

（作者繪圖）

　　於穩態熱傳導（$\dot{Q}$）基本方程式如次：

$$\dot{Q} = \frac{k\rho c}{L}(T_1 - T_2)\left(\frac{W}{m^2}\right)$$

其中

$k\rho c$是物質熱慣性（$W^2 s/m^4\ K^2$），熱傳導係數k（$W/m \times K$）、密度ρ（kg/m^3）、比熱容c（$J/kg \times K$），熱慣性為三者之乘積。

L是從溫度T_1到溫度T_2（K氏溫度）之溫度梯度傳輸之距離（m）。

> **例1**：在一穩態熱通量（steady-state heat flux）下通過玻璃面板（厚度為5×10^{-3} m、熱傳導係數為0.76×10^{-3}kW/mK），如果面板溫度內部5℃和外部25℃，求熱傳導之熱通量？（Drysdale, 2008）

解：　$\dot{Q} = k\dfrac{(T_1 - T_2)}{L} = 0.76 \times 10^{-3} \times \dfrac{(25 - 5)}{5 \times 10^{-3}} = 3.04\text{kW/m}^2$

依傅立葉定律（Fourier's Law）指出熱傳導公式，

$$\dot{Q} = kA\frac{(T_1 - T_2)}{L} \text{（W）}$$

式中

Q = 熱傳導量（W）；k = 熱傳導係數（W/mK）；A = 垂直於傳熱方向之截面積（m^2）；T = 物質二端之溫差（K）；L = 物質二端之距離（m）。

例2：假設有一建築物磚牆厚10公分，牆的兩側溫度分別爲15℃及25℃，如下圖所示，磚熱傳導係數爲0.7W/m.K，磚牆是均勻材質，根據傅立葉熱傳導公式，則該牆面1平方公尺的熱傳導量約爲多少（W）？

(A)210　(B)155　(C)105　(D)70

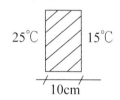

解：　(D) $\dot{Q} = kA\frac{(T_1 - T_2)}{L} = 0.7 \times 1 \times \frac{(298 - 288)}{0.1} = 70W$

因此，依傅立葉定律（Fourier's Law）指出，在熱傳導中，單位時間內通過一定截面積的熱量，正比於溫度變化率和截面面積，而熱量傳遞的方向則與溫度升高的方向相反；以上都是影響熱傳導之主要因素。

一般金屬對熱傳導效果比非金屬較好，如銅熱傳導幾乎是木材2000倍。在建築物火災中熱傳導之熱量相當有限，尤其是台灣建築物係屬鋼筋混凝土結構，難以熱傳導；但在船舶結構如同鐵皮屋火災一樣，金屬牆壁易以熱傳，而船舶艙室火災有六面鋼製邊界層扮演熱傳重要因素，尤其是上面艙頂邊界層會有溫度最大傳導熱量。所以，在建築物火災時熱量會經由金屬管道和其他金屬物體傳導到其他部位，引起另一處火災。以船舶而言，火災室直上方甲板層是防止空間延燒重要關鍵之位置。

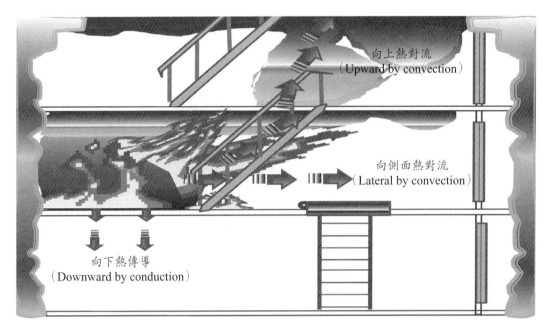

向上熱對流
（Upward by convection）

向側面熱對流
（Lateral by convection）

向下熱傳導
（Downward by conduction）

圖2-11　船舶火災有顯著熱傳導問題（向上面、側面及向下面）

（作者繪圖）

　　有時室內火災受熱金屬管道（Pipes），傳熱到相鄰的空間，使另一空間造成延燒；又如炒菜時也是靠金屬鍋面及鍋內油進行熱傳導，使鍋內食物受熱煮熱；又將食物切的很細，以增加其熱傳之表面積，因而較易煮熱。又金屬鍋受熱很燙，把手部分必須用不易熱傳導之非金屬材質（如木塊或塑膠等）。

圖2-12　炒菜以熱傳導方式使金屬鍋內菜煮熱

又滅焰器（Flame Arrester）是化工廠內常見之防火防爆設備，其僅使氣體穿透而防止火焰通過之一種裝置，藉由金屬網良好之熱導傳性，增加其表面積而吸收能量，以快速有效冷卻焰鋒的熱能，使其抑制火焰穿透及火花排出。適用於有易燃性氣體或蒸氣存在之作業場所，設備通常設置於可燃性氣體或液體輸送管線、溶劑回收系統、儲槽通氣口或車輛排氣管等，以抑制熱氣體之功能。

圖2-13　汽車滅焰器內置導傳良好金屬網以吸收熱能

熱量轉移速度以氣體之熱傳導度最小，依次為液體及非金屬固體，金屬固體最大。依此觀點，氣體難以散熱而最易燃燒，塊狀金屬則較難燃燒。纖維物質如毛氈（Felt）、布和紙就是不良導體，其為熱絕緣體（Heat Insulators），所以相對易於燃燒。空氣也是不良導體，所以室內空氣、開口外部空氣，皆能提供額外的熱絕緣層。某些固體如玻璃纖維被粉碎成纖維，而包裝成棉絮狀（Batts），具有良好的熱絕緣性，因棉絮內（Batting）也存在氣囊（Air Pockets），而為良好保溫材料[5]。

例3：鐵、水蒸氣和空氣在攝氏100度的熱傳導度分別為甲、乙、丙，下述何者為是？
(A)甲＜乙＜丙　(B)乙＜甲＜丙　(C)乙＞甲＞丙　(D)甲＞乙＞丙

解：　(D)

---

[5] 人體在代謝過程中，不斷吸氧產生氧化發熱（37℃）。在人體內核心溫度之熱量不斷向內或向外傳遞，透過傳導、對流、輻射等方式進行。因此，冬季衣服是不易熱傳之保溫材質，能跟外界產生斷熱效果最佳。一旦衣服用濕需換掉，因其會大量吸熱及透過水分進行熱傳導散失熱量。

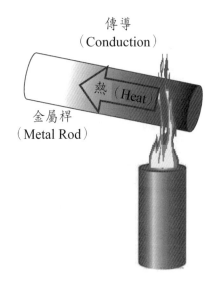

傳導
（Conduction）

熱（Heat）

金屬桿
（Metal Rod）

圖2-14　傳導例：因從火焰熱量造成分子運動，溫度沿著金屬桿上升

（作者繪圖）

例4：金屬湯杓經常用木製杓柄，原因爲何？　（A）木材的絕緣性較佳　(B)木材的熱傳導係數低　(C)金屬會導電　(D)金屬的熱傳導係數不夠大

解：　(B)

例5：在一穩態熱通量（steady-state heat flux）下通過玻璃面板（厚度爲5×10^{-3} m、熱傳導係數爲0.76×10^{-3} kW/m・K、熱對流係數爲0.01kW/m^2・K），如果面板溫度內部5℃和外部25℃，求熱傳導之熱通量？（Drysdale, 2008）

解：　依Drysdale（2008）指出

$$Q = \frac{(T_1 - T_2)}{\frac{1}{h} + \frac{L}{K} + \frac{1}{h}} = \frac{20}{\frac{1}{0.01} + \frac{5 \times 10^{-3}}{0.76 \times 10^{-3}} + \frac{1}{0.01}} = 0.0968 \text{kW/m}^2$$

例6：有一建築物其混凝土外牆，寬8m、高5m、厚度200mm，熱傳導係數K = 1.0W/m・K，牆內外二面熱對流係數h = 10W/m^2・K，若建築物內外溫度分別爲25℃及15℃，試問穩態熱通量下，其總熱量損失爲多少？

解：　$Q = \dfrac{A(T_1 - T_2)}{\dfrac{1}{h} + \dfrac{L}{K} + \dfrac{1}{h}} = \dfrac{40(10)}{\dfrac{1}{10} + \dfrac{0.2}{1} + \dfrac{1}{10}} = 1000W$

以下請讀者思考一下！把1張A4紙完全貼在牆壁上，以打火機進行引燃，卻無法點燃，為什麼？又引燃1張A4紙時，從邊緣或中央位置何者較易點燃？為什麼？如果你可正確回答此問題，表示你已有相當專業觀念。

解：　①貼在牆壁之紙張，用打火機無法點燃，是因紙張點火熱能皆以傳導至整面牆壁上。

　　②中央難以起火，邊緣較易起火，因空氣不易熱傳，起火熱量易以蓄積。

2. 對流（Convection）

液體和氣體的傳熱方式主要是對流。由於流體整體運動引起流體各部分之間發生相對位移，冷熱流體相互摻混所引起的熱量傳遞過程。不同的溫度差導致整體密度差是造成對流的原因。對流熱傳因牽扯到動力過程，所以比直接熱傳導迅速。

一般而言，對流熱傳可由流體之形式，可分為

- 強制對流（Forced Convection）：透過外力如電風扇或幫浦去帶動流體者，如吹風機使用。
- 自然對流（Natural or Free Convection）：透過溫差所造成的密度差而產生能量傳遞者，如我們穿衣服，減低體溫（37℃）與外界冷空氣進行自然對流。
- 沸騰（Boiling）。
- 凝結（Condensation）。

對流是火災中煙、熱及可燃氣體傳遞的重要機制，可遍及整棟內部空間，並將火熱、毒氣或其他有害之火場生成物傳遞至遠處。當火災室空氣受熱時，體積變大（壓力差），密度變小，故熱空氣上升，冷空氣下降，在大多數火災中，對流由溫度差（熱羽流）引起密度差驅動而產生的，如透天厝一樓發生火災，火災煙流能很快透過樓梯間往上蔓延，使二、三樓房間（假設房間門未關）充滿煙流。以室內而言，天花板溫度是最高的，而底板則為相反。在空氣密度與溫度關係如表2-4所示。

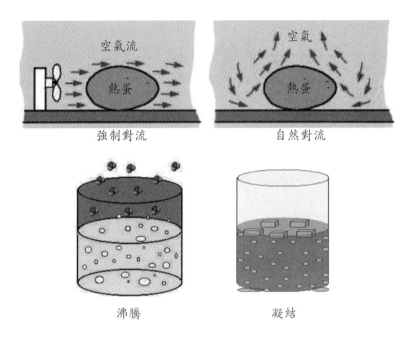

強制對流　　　　　　　　自然對流

沸騰　　　　　　　　　　凝結

圖2-15　對流傳輸形式

表2-4　空氣密度為溫度之一種函數

溫度（K）	密度（kg/m^3）
280	1.26
290	1.22
300	1.18
500	0.70
700	0.50
1100	0.32

（資料來源：Drysdale 1985）

　　於穩態熱傳（$\dot{Q}$）基本方程式，熱對流公式如次：

$$\dot{Q} = hA\,(T_1 - T_2)\,（W）$$

其中

h = 對流熱傳係數（W/m^{2}K），其取決於流動面結構和屬性。

A = 垂直於傳熱方向之截面積（m^2）

T = 溫差（K）

圖2-16　熱煙流藉對流作用進行竄延，艙頂是火災時溫度最高位置
（攝自於臺中港貨物船）

　　根據牛頓冷卻定律（Newton Law of Cooling），溫度高於周圍環境的物體向周圍介質傳遞熱量逐漸冷卻時所遵循的規律，即流體與固體表面間的對流熱通量，與流體和固體表面間的溫度差成正比，其比例常數稱之為對流熱傳係數（Connective Heat Transfer Coefficient），即：〔對流熱通量〕＝〔對流熱傳係數〕×〔流體和固體表面間的溫度差〕。與熱傳導係數不同，對流熱傳係數本身不是物質本身內在的參數，而是與流體的性質（熱傳導係數、密度、黏性等）、流體參數（速度和流動狀態）以及固體的幾何性質有關，同時也是流體與固體間溫差的函數。對於自然對流，典型的對流熱傳係數介於5～25W/m^{2}K之間；而對於強制對流，其值介於10～500W/m^{2}K之間。

　　基本上，對流為熱量從一流體（空氣、火焰或火災產物）轉移到表面（固體或液體）之情況。因此，如船舶內部樓梯間會幫助氣體對流，當熱空氣向上時，新鮮冷空氣由下端不斷補充，產生所謂煙囪效應（Stack Effect），此在建築物火災更具明顯。但船舶火災時，藉由甲板層及艙門（口）關閉，使內部對流層難以形成，所以對流熱在船舶火災之艙房小空間中，占熱傳中比例較低，反而一開始火災是由熱傳導所主導。此外，以煮開水為例，當水被加熱時，儘管水傳導係數很低，溫度會升高，先從容器底部水受熱產生體積（V）膨脹，密度（D）減小，受到密度大冷水不斷置換對流加熱至整個沸騰。

圖2-17　煮開水：爐火熱傳至水壺，水壺內部水煮沸則靠對流熱傳

（圖片來源：book2208）

　　基本上，燃燒的氧化劑是來自周圍的空氣，靠重力或是其他加速度來產生對流，將燃燒產物帶走，並且補充氧氣，使其繼續燃燒。若沒有對流，燃料起火後會立刻被周圍的燃燒產物及空氣中不可燃的氣體包圍，火會因沒有足夠氧氣而熄滅。又對流是由熱空氣或液體中運動所形成的熱傳遞；如在玻璃容器中水受到加熱，此能透過玻璃可觀察到其在容器內的移動。如果木屑被加入到水中，這種運動則會更明顯。當水被加熱會膨脹變輕，因此向上移動。由於熱空氣向上移動時，下方冷空氣會取代其位置。又如睡覺時蓋棉被，主要是可以防止棉被內外空氣的對流而保持體溫；喝熱水時，若嫌其太熱，常用口吹氣，這是因為吹氣時，鄰近空氣發生對流作用，把熱水的熱帶走。液體和氣體分子受到加熱時開始運動，這是透過對流之熱傳所產生的。當手掌置在火焰上方會感覺到熱量的原因，即使手是沒有與火焰直接接觸到，這是熱對流之作用。

　　因空氣受熱密度變小，體積變大膨脹上升，火勢蔓延主要是透過對流向上的方向；然而，空氣熱氣流能在任何方向進行。以船舶而言，「對流」一般是從甲板到甲板、艙室到艙室之間，所產生熱運動的主因。火勢蔓延透過管道、走廊、電梯井（Up Elevator Shafts）、向上管道間、向上樓梯間，透過通風管道、艙壁之間和較隱蔽的空間傳熱，大部分是歸因於熱對流所造成，此因是空氣和氣體移動，是採取阻力最小之路徑進行（Least Resistance）。

　　以室內火災而言，熱煙藉著對流方式沿著天花板面，進行橫向延伸，累積至一定程度後會沿著牆壁面向下移動。對流在室內上方位置，比傳導或輻射（見下文）更具

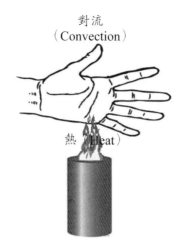

對流
（Convection）

熱（Heat）

圖2-18　對流例：從受熱液體或氣體，熱能產生轉移現象

（作者繪圖）

較大的影響力。根據國內學者黃伯全[6]指出，流體在外力作用下連續不斷地流過固體或液體表面，這種對流稱之為強制對流，例如，火災中暴露於熱氣流中的撒水頭之感溫元件[7]或是偵熱式探測器，其與熱氣流之間的熱交換即屬於強制對流之熱傳現象；靠近熱固體的熱氣流以及火焰中的熱氣流，由浮力驅使的流動稱之為自然對流，此時浮力影響著擴散火焰的形狀和行為。在火災過程中，強制對流與自然對流皆可能同時存在。因此，火災時偵溫式探測器或知撒水頭之作動，靠熱對流氣熱能傳遞給探測器，由探測器表面熱能產生轉移之內部感熱裝置，觸動微動開關，送出信啟動信號。此外，在撒水頭之集熱板，是增加火災熱對流之接觸面積，而收集周遭熱量至感知撒水頭；或防煙垂壁使煙流之對流受到初期抑制擴散作用或防火門阻止不同區劃空間熱對流作用。

---

[6]　黃伯全，火災工學概要，中央警察大學消防系。

[7]　RTI值愈小，表示撒水頭反應時間愈快，$RTI = \tau\sqrt{V} = \left(\frac{mc}{hA}\sqrt{v}\right)$，其中$\tau$：時間常數（sec），V：空氣流流速（m/sec），m：感熱元件質量（g），c：感熱元件比熱（cal/g℃），h：熱對流傳導係數，A：感熱元件表面積。

圖2-19 偵溫探測器依火災對流熱氣體，熱能轉移至內部元件觸動現象產生感知

圖2-20 集熱板收集對流熱量使感知撒水頭感知（這種設計邏輯有誤）

例1：下列何者將減緩火場中煙霧自然對流的速度？ (A)降低火場溫度 (B)增加各通風口面積 (C)增加通風口數量 (D)增加通風口高度

解： (A)

例2：熱傳最主要的動力源為何？

(A)傳導 (B)輻射 (C)對流 (D)兩點間的溫差

解： (D)

3. 輻射（Radiation）

不需任何物質當媒介，直接由熱源傳輸方式為輻射，當物質內原子或分子中之電子組成改變時，能量以電磁波（Electromagnetic Waves或稱為光子Photons）傳輸；在所有在絕對零度（0K，−273℃）以上物體都具電磁能形式輻射能量，這是物體因

其自身溫度而發射出的一種電磁輻射。直接透過電磁波輻射向外發散熱量，傳輸速度則主要取決於熱源絕對溫度，溫度愈高，輻射愈強。但輻射強度（I）會隨著距離比平方成反比關係，即距離（D）遠離1倍，則輻射強度衰減4倍（$I \propto \dfrac{1}{d^2}$）。假使一物體距離熱輻射強度8kW/m²之2公尺遠，當物體移動至4公尺遠（2倍距離），則輻射強度減少至2kW/m²（1/4倍強度）。

圖2-21　使用電暖器取暖是靠輻射熱傳方式

　　輻射是類似於可見光，不需要任何介質，即使是真空環境也能進行；而熱輻射是以光速（3×10^8m/s）在進行熱傳。雖空氣是不良導體，但在森林及建築物大火，輻射是扮演火災熱傳最大之因素，尤其在油類物質燃燒中，其高溫熱輻射會使滅火人員難以驅近。如前所述，輻射是一種以電磁波（Electromagnetic Wave）為能量傳送而沒有中間介質（Medium）。以手掌靠近至火焰側邊，即會感覺到熱輻射之威力。太陽熱量傳達至地球表面，即使是不直接與地球接觸（傳導），也不是以氣體加熱之方式（對流），而是透過輻射波的形式進行傳輸，其熱是相類似於光波（Light Waves）之屬性，但輻射與光波之間區別在於週期的長度。熱輻射波（Heat Waves）有時也被稱為紅外線（Infrared Rays），比光波更長；如紅外線火災探測器之應用。

　　於穩態熱傳（$\dot{q}$）基本方程式，熱輻射公式：

$$\dot{q} = \varepsilon\sigma\,(T_1 - T_2) \quad kW/m^2$$

其中

ε是黑體之輻射率（emissivity）（輻射到表面之效率）[8]若爲絕對黑體則 = 1。

σ是斯蒂芬－玻茲曼（Stefan-Boltzman）常數（$5.67 \times 10^{-8} W/m^2 K^4$）。

　　當火災室溫度上升至閃燃階段，對流仍然持續，但輻射熱所占之熱傳比例迅速增加，並成爲主導熱傳的重要機制。依國內學者黃伯全指出，當火源的直徑超過30 cm時，熱輻射將成爲區劃空間中火災的主要傳熱方式。而熱輻射與溫度之4次方成正比，這就意味著火災室溫度提高1.5倍，從298K（25℃）成長到447K（174℃），熱輻射強度將上升爲5.1倍。

$$I = \varepsilon \times \sigma \times T^4$$

其中

I爲輻射總能量（稱輻射強度或能量通量密度），W/m^2

T爲絕對溫度，K

例1：已知史蒂芬波茲曼常數爲$5.67 \times 10^{-11} kW/m^2 K^4$，若一物體之溫度爲300℃，放射率爲0.9，請問熱輻射強度爲多少kW/m^2？

解：　$I = \varepsilon \times \sigma \times T^4 = 5.5 kW/m^2$

例2：一般電暖器安全設計運作溫度爲260℃，請問此輻射強度爲多少？如附近置一黑色木質椅子（放射率1.0），假使電暖器安全設計零件因長期使用過熱，致內部運作溫度增加至500℃，請問電暖器是否能引燃附近範圍內椅子？（Drysdale, 2008）

解：　(1) $I = 1.0 \times 5.67 \times 10^{-11} \times (533)^4 = 4.6 kW/m^2$

　　　(2) $I = 1.0 \times 5.67 \times 10^{-11} \times (773)^4 = 20.2 kW/m^2$，此種熱通量足以引燃一般可燃物質。

---

[8] 輻射率爲物體輻射的能量與同溫度的黑體輻射能量的比值，也就是說，當放射率愈高，物體在同溫度下所放出的能量就愈高。

　　在室內火災成長至一定程度時，透過空間輻射熱進行傳輸，熱輻射遇到不透光物體（Opaque Object），會從其表面依次回饋（Feedback）返回，形成室內火災之輻射能回饋效應（Radiation Energy Feedback）。

　　依據史蒂芬－波茲曼公式得知，輻射熱量與輻射物體溫度的4次方、輻射物體表面積成正比，而物體吸收輻射熱的能力與其表面積之輻射率ε有關，物體之顏色愈深，表面愈粗糙，吸收的熱量愈高；輻射熱量與受輻射物體間之距離平方成反比。因此，熱量傳遞過程與火災成長關係密切，在影響熱輻射之因素，最主要是輻射強度與溫度4次方成正比，再者與輻射率有關是距離、物質顏色形狀（平行位置接受熱量大，如向日葵對著太陽光移動，使其接受輻射熱最大）、表面積、密度、材質等，其中輻射物體與受輻射物體之相對位置輻射角度為0時，承受熱量為最高，輻射熱量隨輻射角之餘弦（cosθ）而變。以室內火災而言，影響熱輻射主要是火災溫度（此影響因子甚多）、火災室尺寸及形狀等、邊界層屬性（天花板、牆壁之材質、可燃性等）或開口屬性等。

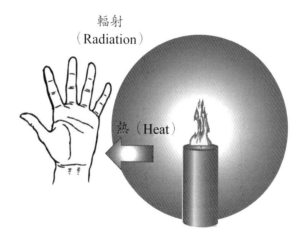

圖2-22　輻射例：不需介質，由電磁波造成能量傳輸現象

（作者繪圖）

例3：輻射熱受「輻射物體」與「受輻射體」之相對位置所影響，若輻射角θ為0度時，「受輻射體」受到之輻射熱量為Q，則若輻射角度為60度時，其受到之輻射熱量Q為多少？（104年臺灣中油甄試）

解：　輻射角θ為0度時為Q，輻射角度60度[9] ＝ Q×cos(60) ＝ 0.5Q

例4：輻射熱受「輻射物體」與「受輻射體」之相對位置所影響，若輻射角θ為0度時，「受輻射體」受到之輻射熱量為Q，則若輻射角度為30度時，其受到之輻射熱量為多少？（104年警大消佐班）

解：　輻射角θ為0度時為Q，輻射角度60度 ＝ Q×cos(30) ＝ 0.866Q

例5：下列何項氣體不會產生熱輻射作用？
　　　(A)CO　　(B)CO_2　(C)H_2O　　(D)N_2（97年警大消佐班）

解：　(D)

4. 直接火焰接觸（Direct Flame Contact）

　　火焰是反應生成之氣體及固體混合物，會釋放可見光、紅外線甚至是紫外線，其發射光譜依燃燒物質化學成份及中間產物而定；如燃燒木頭等有機物質形成熟悉的橙紅色火焰，這類火焰的光譜為連續光譜。完全燃燒時會形成淺藍色的火焰，因激發態分子內各種電子移動時，產生單一波長輻射。當直接火焰接觸是在近距離，熱傳作用是由對流和輻射之組合。

例題：容器中置放同一種可燃性物質（如辛烷或己烷），分別以全面加熱、高溫固體加熱、及吹入高溫氣體等三種不同方式供給熱能時，其發火溫度分別為A、B、C，請問A、B、C之關係為何？
　　　(A)A ＜ B ＜ C　(B)A ＝ B ＝ C　(C)A ＞ B ＞ C　(D)B ＞ A ＞ C

解：　(A)

---

[9]

θ	0	30	45	60	90	120	135	150	180	270	360
cos	1	$\dfrac{\sqrt{3}}{2}$	$\dfrac{\sqrt{2}}{2}$	$\dfrac{1}{2}$	0	$-\dfrac{1}{2}$	$-\dfrac{\sqrt{2}}{2}$	$-\dfrac{\sqrt{3}}{2}$	-1	0	1

圖2-23 大廚炒菜時喜用大火直接火焰接觸快炒食物使熱傳加速

（圖片來源：鼎晟傳媒）

第6節 火四面體

火焰具有自行傳播之特性。火焰一旦產生，由於擴散作用將自由原子、自由基傳遞到未燃混合氣體中產生連鎖反應，而引起反應加速，進而使火焰前端能不斷地向未燃混合氣體中推進；因此，在環境條件配合下火就會不斷地向周圍空間傳播，直到整個反應系統受到燃料或氧氣等條件匱乏時而中止。由於大多數可燃物質燃燒是在蒸氣或氣體狀態下進行的。所以，火災燃燒有2種基本燃燒模式：火焰燃燒（Flaming）和無火焰之悶燒（Smoldering）。教育學家以前曾使用火三角（Fire Triangle）來代表悶燒的燃燒模式，直到被證明除了燃料、熱量和氧化劑（氧氣）共同存在外，還需有另一因素涉及，即不受抑制化學鏈反應（火焰燃燒模式）。為了說明較精確地來描述火焰燃燒模式的燃燒過程，因而發展出火四面體（Fire Tetrahedron）。

基本上，無火焰燃燒以火三角來表示，應是合理的；但對於有明火燃燒，在燃燒過程中存在未受抑制的分解物（游離基）作為介質以形成鏈式反應。所以表示有火焰燃燒應增加一個必要條件：鏈式反應，這樣就形成了火四面體。也就是說，火四面體包括傳統火三角（燃料、熱量和氧化劑）及第四維（Dimension）之不受抑制化學鏈（Chemical Chain）連鎖反應。只要在四個組成部分取出任何一個，火就不會發生。

進一步而言，可燃物在燃燒前會裂解為簡單的分子，分子中共價鍵在外界因素（如光、熱）影響下，裂解成化學活性非常強的原子或原子團──此稱為游離基，如

氫原子、氧原子及羥基等[10]。因此，有火燄燃燒都存在著鏈式反應，當可燃物受熱時會先氣化，而分子還會發生熱裂解作用。由於游離基是一種高度活潑的化學形態，能與其他的游離基及分子產生反應，而使燃燒持續下去，於是燃燒的鏈式反應形成。

圖2-24　火四面體組成分：燃料、熱量、氧化劑與化學鏈反應

（作者繪圖）

(1) 燃料／可燃物（Fuel）

什麼是燃料？燃料需與氧（氧化）相結合而產生熱量之要素。在地球上燃料大致包括如次：

① 氫類
② 碳類（煤、木炭）
③ 含有大量的碳和氫化合物（也就是碳氫化合物）
④ 碳水化合物（Carbohydrates）
⑤ 其他有機化合物
⑥ 硫化物（Sulfur）

如果將燃料之可（易）燃程度進行排序，則上述A ＞ C ＞ D ＞ B ＞ F，硫化物[11]

---

[10] 參考自維基百科，2015，火三角。
[11] 硫主要用在肥料中，也廣泛地用在火藥、潤滑劑、殺蟲劑和抗真菌劑中。中國人發明火藥是硝

雖然可燃，燃燒時呈現藍色火焰，有惡臭並產生SO_2，遇水產生H_2SO_3（亞硫酸），由於產生酸性性質的氣體（當其與水結合，如酸雨），所以很少被視為一種生活中燃料。

$$S + O_2 = SO_2$$
$$SO_2 + H_2O = H_2SO_2$$

基本上，燃料三種型態如次：

固體：如布、紙、木材、塑膠等；

液體：如汽油、酒精、油漆等；

氣體：如瓦斯、乙炔氣、一氧化碳等。

誠如本書之前所述，可燃物係指常態下能被氧化物質，起燃時所需活化能（Activation Energy）需使可燃物分子被活化後，始能與氧氣反應。但氧化熱小物質因不易維持活化能量，此屬難燃物如防焰物品，不過難燃物在大火高溫時仍能燃燒，甚至迅速。

事實上，地球表面只要有可燃物地方，就有可能會發生火災，因大自然閃電等形成熱量；而人類建築物大都會發生火災，因建築物內需使用電氣或瓦斯等；除非，是新建的因傢俱或辦公生活用品之可燃物，還沒搬進去。在一氧化碳方面，在此有必要強調，台灣多天每年有相當人數死於一氧化碳中毒，因一氧化碳又是可燃性的，全球各地不少之消防人員死於一氧化碳，當建築物火災時，大量熱煙累積在室內，當火災發展至一定程度〔且有足夠溫度（500～600℃）〕時，天花板下煙層（一氧化碳）將全部燃燒起來，這就是致命「閃燃」（Flashover）現象，使室內溫度頓時至800℃以上，不僅內部人員無法存活，連進入搶救之消防人員亦同樣會葬身火窟。

(2) 氧氣（Oxygen）

氧氣存在於地球表面任一空氣中。基本上，空氣中氧氣含量約為1/5（21%，相當於210,000ppm），其他將近4/5為氮氣，及微少部分之二氧化碳等。就目前所知，

酸鉀、碳和硫的混合物。在工業中，最重要硫化合物是硫酸。硫酸是所有工業過程中不可少的一個原料，因此硫酸的消耗量，被看做是一個國家工業化程度之指標。在美國硫酸是所有生產得最多的化合物。煤和石油中也含少量硫，這為什麼在燃煤和石油時有二氧化硫被釋放出來（酸雨）。工業和發電廠燃燒煤釋放出來的大量二氧化硫，在空氣中與水和氧結合形成硫酸，造成酸雨降低水和土壤的pH值，對許多地區的自然環境造成巨大破壞（參考自維基百科，2015，硫）。

在整個太陽系各行星中，就惟獨地球有氧氣而已，其他如金星（Venus）空氣成分大部分為二氧化碳以及一小部分氮氣及離地球較近之火星（Mars）亦是如此，大部分為二氧化碳，根本就沒有氧氣。所以，在金星及火星上一定沒有火，無論人類、爬蟲類、鳥類或魚類都需氧氣[12]，而火也需要氧氣，當動物在消耗氧氣，所以必須靠植物行光合作用，吸收空氣中二氧化碳而轉換出氧氣；如果地球上沒有植物，所有動物將消耗氧氣而滅亡。

　　燃燒中在空氣中的氧氣通常大多數是用來氧化燃料。誠如上述，地球表面中空氣正常的氧氣[13]含量為20%多，而空氣中近79%是氮氣[14]，和其餘的1%則是一些元素所組成。火必須被氧化，其可以透過氧或一些其他含有氧的化合物或混合物（如氯、硝酸等）來助燃，如鎂帶可以在二氧化碳中燃燒，此時二氧化碳即為助燃物。此外，也有一些燃料可能不需要氧氣，因本身含有氧化劑在其化學式，在它們名稱中有−oxy或−xo字根，例如有機過氧化物（Organic Peroxide），有時我們能透過其化學特性來識別這些燃料屬性。

圖2-25　地球與其他星球空氣組成分

（作者整理）

　　就火而言，火對氧氣需求非常迫切，假使空氣中氧氣量由20%降到16%以下時，火就因氧不足而萎縮熄滅。這是火之弱點，在我們所使用滅火方法中，很多是針對火三角之氧氣，如油鍋起火時蓋鍋蓋或是覆蓋濕布使其缺氧而熄滅，比其他撒鹽巴或撒

---

[12] 植物在陽光情況下吸取二氧化碳，在其葉綠體內進行光合作用，產生碳水化合物和氧氣，氧氣可供其他生物進行呼吸，生成二氧化碳，這種循環稱為碳循環（Carbon cycle）。

[13] 幾乎所有化學燃燒和生理呼吸都需要氧。空氣中的氧是通過光合作用產生的。

[14] 氮是一種化學上非常惰性的氣體。只有通過固氮才進入生態上氮循環，始能被生物所利用。生物的胺基酸需要氮，氮是植物肥料三要素（氮磷鉀）之一。通過反硝化作用氮能回到空氣中。

茱葉使其降低熱量都來得滅火快。

物質氧化是一種發熱反應，但並不都是火，如蘋果削好於盤中，過一些時間也會表面變黃，這也是氧化的一種；另外，動物消化現象或報紙在空氣中久了形成泛黃也都是氧化的一種，其氧化速度很慢，亦就沒有明顯光及熱出現；橡皮圈放久發黏現象，係為氧化發熱使其緩慢軟化發黏，其氧化速度慢，當然也沒有明顯熱及光現象。人類呼吸作用就是氧化葡萄醣，使得葡萄醣中的氫被氧取代，所產生能量的過程而產生發熱反應，以維持人體溫度（37℃）；而燃燒是我們生活中常見的氧化現象，如瓦斯燃燒就是甲烷與氧發生劇烈的氧化現象，而發出火焰（能量）。

因此，燃燒（Combustion）是定義為快速氧化的過程中所導致起火，但地球上物質氧化並不總是迅速。如前所述其可能是非常緩慢的，或者它可能是瞬間的。這兩種極端都不會產生火（燃燒），這是我們所知的，其是發生在本身的現象，這種非常緩慢氧化通常稱為生鏽（Rusting）或分解（Decomposition）。以一種油性薄膜來包覆著金屬或擦油漆，從金屬表面上來隔離空氣和其氧氣，致其不能反應和氧化，而能防止生鏽反應；又油性乳液林在臉部肌膚上產生抗氧化效果，以保青春。而瞬間氧化如一個子彈殼體內的可燃物（火藥）被板機撞擊點燃時，所發生爆炸。氧化過程的速度會決定釋放熱量的速率和反應的暴發力。在氧化劑（Oxidizer）存在下，可加速燃料，通常會從緩慢燃燒現象發展到快速之爆炸情況，有時這種規模是很小，因此不是明顯的。

表2-5　常見氧化劑

溴酸鹽（Bromates）	溴（Bromine）
氯酸鹽（Chlorates）	氯（Chlorine）
氟（Fluorine）	碘值（Lodine）
硝酸鹽（Nitrates）	硝酸（Nitric Acid）
亞硝酸鹽（Nitrites）	高氯酸鹽（Perchlorates）
高錳酸鹽（Permanganates）	過氧化物（Peroxides）

（資料來源：IFSTA）

通常，工業上儲槽體進行清艙時，常是一種氧氣不足的環境，其中殘餘氣體或蒸氣也會留存。工人或沒有呼吸設備的救援人員進入槽內，可能很快就會陷入昏迷和死亡。在一封閉室內火災，常是氧氣不足的環境，因火災消耗掉室內現有的氧氣；假使

氧氣沒有得到外界（開口）供應，室內火災終究會形成悶燒（假設玻璃未破），甚至達到最後之熄滅。然而，某些物質如硝酸鈉（Sodium Nitrate）和氯酸鉀（Potassium Chlorate）等，在燃燒過程中能釋放自己的氧氣，使其能在無外界氧環境中形成燃燒現象。在表2-6列出人員工作在氧氣不足的環境中，所出現症狀。

表2-6　降低氧氣（缺氧）造成人類生理效應症狀（Physiological Effects of Reduced Oxygen (Hypoxia)）

空氣中氧氣（百分比）	症狀（Symptoms）
21	無（正常情況下） （None ∼ Normal Conditions）
17	減少運動功能和協調能力障礙 （Reduced Motor Functions and Impaired Coordination）
10-14	錯誤判斷和快速疲勞 （Faulty Judgment and Quick Fatigue）
6∼10	無意識，死亡可以發生在幾分鐘之內 （Unconsciousness：Death Can Occur Within a Few Minutes）

注意：這些數據不能被認為是絕對的，因其不含每人呼吸率或暴露時間長度而有所不同。
　　　減少氧氣致出現這些症狀，如果空氣中含有汙染的有毒氣體，其他症狀也伴隨出現。
Source: Fire Protection Handbook 18 Edition 1997 By National Fire Protection Association.

氧氣對瓦斯燃燒很重要，在通風不足情況易造成一氧化碳中毒情況，如可攜式丁烷氣爐在充足氧氣燃燒時，會產生二氧化碳和水蒸氣：

$$2(C_4H_{10}) + 13(O_2) \rightarrow 8(CO_2) + 10(H_2O)$$

假使通風不良致供氧不足，則會產生水蒸氣和碳(C)或轉成一氧化碳（CO）。

$$2(C_4H_{10}) + 5(O_2) \rightarrow 8(C) + 10(H_2O)$$

此外，空氣中氧體積百分比至15%以下，燃燒作用就難以持續。因此，當不燃性氣體容積含量超過0.4V時，燃燒將因氧氣濃度不足，而難以持續燃燒。

例1：下列之化學反應方程式：$H_2S + Cl_2 \rightarrow 2HCl + S +$ 熱能，此一反應為燃燒反應，其中何者為此燃燒反應之助燃物？　(A)H_2S　(B)Cl_2　(C)HCl　(D)S

解：　(B)

例2：假設空氣體積為V，其中氧占0.21V，至少需加入多少體積之不燃性氣體，燃燒作用將無法持續？

解：
$$\frac{0.21V}{(V+x)} = \frac{15}{100}$$

$$x = 0.4V$$

例3：假設空氣體積為V，在設計全區放射方式CO_2滅火設備，設定滅火濃度值氧氣需至12.5%，請問需加入多少體積CO_2氣體才能達到設定值？

解：
$$\frac{0.21V}{(V+x)} = \frac{12.5}{100}$$

$$x = 0.68V$$

(3) 熱能（Heat）

地球上能形成火災之熱量是以各種形式存在，如物理上熱能如物體摩擦、機械能（撞擊、壓縮等）火花；化學上熱能如爐火、線香、蚊香、菸蒂等；電氣上熱能（電氣、閃電、靜電等）；太陽能、核能等。古代人類以鑽木取火，其中熱量是採取鑽木摩擦方式產生熱量（可燃物是木頭，氧氣在空氣中）。

單就熱量於一固體和液體形態，能自我維持燃燒反應，大多是取決於輻射回饋（Radiative Feedback）：即輻射熱提供固體熱分解或液體揮發，持續產生可燃性蒸汽之能源。當存在足夠的熱量是維持或增加這種回饋。也就是說，火勢是要衰退或成長，除可燃物外，主要仍取決於其所產生的熱量。一個正值（Positive）的熱平衡時，熱量回饋返回至燃料本身。如果熱量散失的比其產生的速度快，則會形成一個負值的熱平衡狀態。

在化學熱能方面，包含微小火源種類，即燃燒時形成持續無焰之緩慢現象，因質量微小之火災起源接觸較大可燃物質，使其延燒擴大情況，如菸蒂、線香（蚊香）、燒金紙或垃圾等火星、燒焊或研磨機等作業產生顆粒火花等，以燒焊等顆粒火花有較高熱量使燃燒所需時間較短，其他微小火源皆需較長時間，有時需數小時之久。

圖2-26　未妥當處理菸蒂已成為全球各地火災主要原因之一

(4) 化學連鎖反應（Chemical Chain Reaction）

燃燒過程中氫鍵（H）、氫氧鍵（OH）是促進燃燒繼續之主要因素。即化學鏈反應是一種系列反應，由每個單獨個別反應添加到其餘的結果延續。科學家只能部分地理解在燃燒化學連鎖反應會發生什麼，但並不知道受熱的燃料所揮發出蒸汽物質與氧結合，參與燃燒反應之複雜理化機制。一旦火焰燃燒或火災發生時，它只能繼續產生足夠的熱能，導致燃料蒸汽持續發展。自我維持化學反應及快速增長火勢，可使用隔離方法，在船舶上能使用關閉艙口、艙門與空調，使火勢因缺氧難以產生氧化反應。

如反應$H_2 + Cl_2 \rightarrow 2HCl$：

$$Cl_2 + M \rightarrow 2Cl + M \quad ①$$
$$Cl + H_2 \rightarrow HCl + H \quad ②$$
$$H + Cl_2 \rightarrow HCl + Cl \quad ③$$
$$\cdots\cdots\cdots\cdots$$
$$2Cl + M \rightarrow Cl_2 + M \quad ④$$

在反應①中，靠熱、光、電或化學作用產生活性組分——氯原子，隨之在反應②、③中活性組分與反應物分子作用而交替重複產生新的活性組分——氯原子和氫原子，使反應能持續不斷地循環進行下去，直到活性組分消失，此即鏈反應。反應中的活性組分稱為鏈載體。式中M為接受鏈終止所釋放出能量的第三體（其他分子或反應器壁等）。

連鎖反應機制可分三階段：

(1) 鏈反應觸動階段：產生游離基的方法有很多，包括但不限於點燃、光照、輻射、催化或加熱等。一些少數物質能自發化合引起燃燒，如氟氣和氫氣在冷暗處就能劇烈燃燒引發爆炸。主要依靠熱、光、電、化學等作用在反應系統中產生第一個鏈載體的反應，一般為穩定分子分解為自由基的反應，如反應①；即產生游離基並形成反應鏈的階段。

(2) 鏈傳遞階段：由鏈載體與飽和分子作用產生新的鏈載體和新的飽和分子的反應，如反應②、③；意即游離基反應的同時又產生更多的游離基，使燃燒持續甚至擴大。

(3) 鏈終止階段：游離基失去能量或者所有物質反應用盡了，沒有新游離基產生而使反應鏈斷裂，反應結束如反應④。[15]

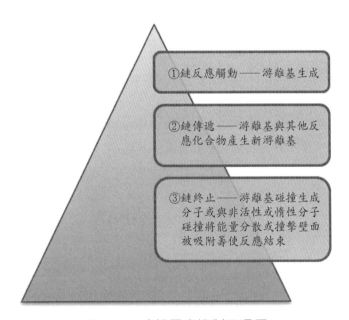

圖2-27　連鎖反應機制三過程

（資料來源：盧守謙、陳永隆，《火災學》，吳鳳科大消防系用書，2016）

滅火中破壞燃燒的連鎖反應，如氟、氯、溴、碘等鹵化烷類之滅火劑。

$$H\alpha + Z^- \rightarrow HZ + \alpha^-$$
$$OH^- + HZ \rightarrow H_2O + Z^-$$

---

[15] 參考維基百科，燃燒，2015。

上述Hα是含有氫原子的可燃物質，Z是鹵族元素，Z^-奪取燃燒物中的H^+形成HZ，然後與燃燒物中的OH^-中和分離出Z^-，如此循環作用而抑制連鎖反應。因其會奪取H^+和OH^-所以對於燃燒現象具有負觸媒效果，而抑制燃燒進行。

此外，可燃物質燃燒整個過程，進一步整理如圖2-28所示。

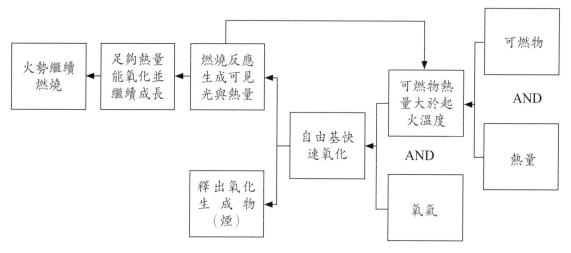

圖2-28　可燃物質燃燒過程

（資料來源：盧守謙、陳永隆，《火災學》，吳鳳科大消防系用書，2016）

第7節　火三角應用

自從18世紀後工業革命，火三角應用（Application Fire Triangle Theory）於工業上及日常生活中。在此以打火機為例，其火三角分別是，熱量一般是打火石以手轉動摩擦方式產生、可燃物是瓦斯、氧氣在空氣中。

如汽車發動及行駛時，需有火三角存在，其中：

1. 可燃物大多是汽（柴）油，但汽（柴）油是液體必須由化油器或噴霧嘴，將汽油轉成氣體，以發揮最佳燃燒效益。

2. 汽車氧氣來源是空氣濾清器，以過濾較清潔空氣進來，保持一定氧氣濃度。

3. 汽油引擎點火之熱量，是以高壓火花方式來產生（圖2-30）。

此熱量就是火星塞由電池供應電源形成高壓火花，由活塞使進入汽油氣與氧氣已形成混合氣點燃產生爆炸能量產生動力。在引擎各個活塞是以進氣、壓縮、爆炸、排

圖2-29　火三角

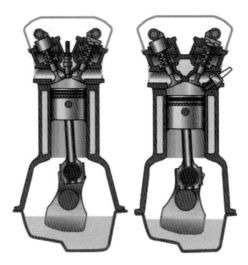

圖2-30　柴油引擎（左）與汽油引擎（右）運作原理

氣之四行程進行運作，如果火星塞、電池或化油器有問題時，汽車就可能發動不了；此外燃燒完之廢氣以水平排氣管送出車之後尾部，以防廢氣引入車廂內致人中毒。

　　此外，在柴油引擎中點火時之熱量，不是以火星塞方式產生；而是以活塞上升的同時依理想氣體定律，初始壓力和溫度即開始增加，內部空氣受到壓縮加熱，產生高壓縮比（壓縮壓力達35～37kg/cm²），致氣缸內溫度上升至500℃前後，遠大於其點

火溫度以上，使氣相柴油與氧氣混合氣進行自動點燃，而產生動力[16]。假設在理想氣體狀態，體積為V_0以斷熱壓縮，壓縮比為$\dfrac{V_0}{V}$至V時，壓力由P_0至P時，溫度則自T_0升高至T時，此際下式則可成立。

$$\frac{T}{T_0} = \left(\frac{V_0}{V}\right)^{r-1}$$

$$\frac{P}{P_0} = \left(\frac{V_0}{V}\right)^{r}$$

式中，$r = \dfrac{\text{定壓比熱}}{\text{定容比熱}}$，則其間關係亦為

$$\left(\frac{T}{T_0}\right)^{r} = \left(\frac{P_0}{P}\right)^{1-r}$$

例1：斷熱壓縮是發火源之一，假設斷熱壓縮前之體積為V_0、壓力為P_0，溫度為T_0，斷熱壓縮後之體積為V、壓力為P、溫度為T，r = 恆壓比熱／恆容比熱，下列公式何者錯誤？　(A) $(T/T_0)^r = (P_0/P)^{1-r}$　(B) $(P/P_0) = (V_0/V)^r$　(C) $(T/T_0) = (V_0/V)^{r-1}$　(D) $(T/T_0) = (P_0/P)^{1-r}$

解：　(D)

例2：一斷熱壓縮狀態，開始壓縮時的壓力為1atm，溫度為20℃，空氣比熱比為1.4，壓縮後壓力為25atm，求壓縮比多少？

解：　$\dfrac{P}{P_0} = \left(\dfrac{V_0}{V}\right)^{r}$　→　$\dfrac{25}{1} = \left(\dfrac{V_0}{V}\right)^{1.4}$　→　$\dfrac{V_0}{V} = 9.8$

---

[16] 柴油引擎則是純粹導入空氣並經具高壓縮比（16～23：1）汽缸容積來壓縮空氣，使其溫度迅速上升超過500℃，然後經由噴油嘴將柴油注入加以霧化，之後藉由已被壓縮空氣所生高溫來自行點燃霧化油氣。此空氣分子被導入汽缸壓縮後，空氣中之分子受到互相衝撞與摩擦，因而使分子移動速度迅速地增加。然而要使汽缸內空氣達到能夠點燃柴油溫度，是需要很高壓縮比，所以高壓縮比是柴油引擎必備的一大特性（資料來源取自Media Brilliance System 2015）。又斷熱壓縮前之體積為V_0、壓力為P_0、溫度為T_0，斷熱壓縮後之體積為V、壓力為P、溫度為T，r = 恆壓比熱／恆容比熱，則其間關係為$\dfrac{T_r}{T_0} = \dfrac{P_0}{P}^{1-r}$。

例3：汽油引擎於節氣門全開時運行，開始壓縮時的壓力為98kPa，溫度為60℃，
該引擎的壓縮比為9.5：1，空氣之定容比熱為0.821kJ/kg·K，比熱比為
1.4，求斷熱壓縮後壓力及溫度各為多少？

解：　(1) $\frac{P}{98} = (9.5)^{1.4}$ 　　　　→ P = 2291kPa（22.6atm）

　　　　(2) $\frac{T}{60+273} = (9.5)^{1.4-1}$ → T = 819K（546℃）

　　此種絕熱壓縮由壓力上升相對溫度增高原理，從日常生活中腳踏車以打氣筒進行打氣時，打氣筒則會發熱現象，此因氣體可壓縮（固液體就無法壓縮）所產生熱量可見一斑。

　　又以船舶動力設計火三角作討論：

1. 可燃物是柴油、汽油或重油之燃料。

2. 氧氣則存在於空氣中，但因大引擎所需耗氧量大之因素，必須從船外以送風機大量送風入引擎。

3. 熱量如是柴油引擎則是以空氣壓縮方式所產生熱量，點燃油氣產生動力。如是汽油引擎則如上揭所示一樣。

　　船舶引擎排氣管位置不同於一般交通工具，其燃燒完之廢氣以垂直排氣管送到船舶上頂端，此種設計是防船舶傾斜時，易遭海水灌入排氣管至引擎室；如圖2-31。

圖2-31　船舶之排氣管設計於最頂管，以防船舶傾斜致海水灌入引擎

（攝自臺中港客船）

現以槍枝為例,其子彈燃燒發射也需有火三角存在,其中

1. 可燃物是彈殼之火藥。

2. 氧氣則存在於空氣中。

3. 熱量則是以扣板機之撞擊方式來產生。

但撞擊必須撞很大力來產生足夠物理熱量,所以彈殼底端位置設計底火,使板機很容易輕輕一扣,確保能擊發子彈射出,不致成為啞彈情況。

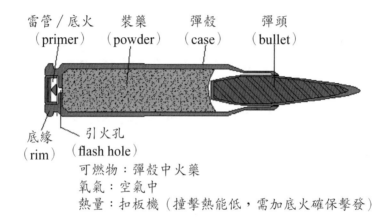

可燃物:彈殼中火藥

氧氣:空氣中

熱量:扣板機(撞擊熱能低,需加底火確保擊發)

圖2-32 子彈擊發需具備火三角

(作者繪圖整理)

此外,又如常發生在廚房瓦斯爆炸事件,其中

1. 可燃物是漏出之瓦斯(需漏出相當量與空氣混合達到其燃燒/爆炸範圍內)。

2. 氧氣則存在於空氣中。

3. 熱量最有可能是打開電燈、開排油煙機或電風扇等所有電氣開關,所形成之電氣火花。

如果上述三要素組合在一起,火即以快速氣相燃燒之爆炸形態出現。

第8節 火災及原因分類

當討論火災如何滅火時,火災分類就顯得很重要。每一分類都有其各自對滅火的

要求，不同國家都有其自己對火災系統分類。然而，本書限於篇幅並沒有對每個分類系統作深入的討論。因此，本節是依照臺灣與北美的分類系統作討論。目前大多數歐洲國家對火災分類，也會在下面部分作一簡短的概述。依中國國家標準CNS 1378規定，火災依所引發之可燃物種類可分為：A、B、C、D類火災。又火災原因從人類行為角度探討，可分為4類，亦併入探討。此外，基於火災分類的滅火系統、手提式和半手提式滅火器的相關信息，請參見本書第4章各類滅火劑。

1. 火災分類

(1) A類火災（Class A）

A類火災涉及普通可燃性物質，如木材、布、紙、棉毛、橡膠或多種塑膠等可燃性固體所引起之火災。而船舶中如住宿區、客艙、辦公艙房、普通貨物艙類等A類火災屬之。

圖2-33　船舶住宿區多為A類火災

（攝自臺中港貨物船）

基本上，只有固體燃料物質會產生灰燼（Ash-Producing）物質，並可以形成悶燒狀態（Smoldering Combustion）。而A類火災滅火上，得以水冷卻或浸濕燃燒物質，至低於其起火溫度。船上使用添加A類滅火泡沫（Class A Fire Fighting Foams），有時稱為濕水（Wet Water），如此可以提高水撲滅A類火災的能力，特別是深層（Deep-Seated）在散裝物料，如捲紙、煤炭、鐵屑（Iron Filings）、木條、

貨櫃內層層可燃物堆等。也就是A類泡沫滅火劑可降低水的表面張力，使其能夠更容易地滲透到整堆的物質上。

圖2-34 一般A類燃料：日常所見可燃物如木、紙、塑膠或布類等

歐洲火災分類（European Classification of Fires）

A類火災：

普通固體有機成分（Organic Origin）燃料（木材、紙張、紡織品等）；燃燒通常會形成熾熱的餘燼（Glowing Embers）。

B類火災：

易燃和可燃液體燃料或液化固體（Liquefied Solids），如可燃液體、油、脂肪或油漆等。

C類火災：

易燃氣體燃料。

D類火災：

易燃性金屬燃料如鎂（Magnesium）、鈉（Sodium）、鈦（Titanium）、鋯（Zirconium）等。

E類火災：

帶電的電氣設備或線路燃料（Wiring Fuels）。

(2) B類火災

　　指石油類、有機溶劑、油漆類等易燃或可燃液體之火災，在美國尚包括液化石油氣、天然氣、乙炔等可燃氣體所引起之火災。一般建築物廚房食用油類或如船上引擎機房油類、幫浦、汽油、機油、油漆、塗料、，礦物油、醇類（Alcohols）、危險貨物艙火災或油輪等石油系燃料、潤滑油、潤滑油脂是常見的B類火災的燃料。

　　滅火上以隔絕氧氣所形成窒息（Smothering）或覆蓋（Blanketing）作用，是最有效的策略，也有助於減少額外的蒸汽產生，如泡沫滅火；其他滅火方法包括乾式化學劑（乾粉）中斷化學鏈反應、移除燃料、中斷燃料供應或冷卻溫度等。

B類火災
Liquids, Greases, Paint

圖2-35　B類燃料：易燃性與可燃液體

（作者繪圖整理）

　　基本上，氣體燃料不需要汽化（Vaporization），可直接燃燒，而較少需要輻射熱反饋（Radiative Feedback）燃料，來維持其燃燒熱平衡（Positive Heat Balance）。在B類燃料之蒸發汽化容易度為揮發性（Volatility），而一般液體燃料比固體燃料更容易汽化。對B類火災可採用滅火策略，針對液體燃料中比重（Specific Gravity）和溶解度（Solubility）為滅火活動所需考量之重點；於液體比重小於滅火藥劑將漂浮在滅火藥劑頂部，並可能會繼續燃燒，使滅火藥劑達不到滅火效果。海水的比重為1.025，而大多數易燃液體的比重是小於1.0。如果易燃液體在水中是可溶性的，用水即能稀釋液體至一定程度，使其不能燃燒。一般碳氫類燃料（Hydrocarbon Fuels）是不溶於水，但可溶於醇類（Alcohols）和一些溶劑。

圖2-36　船舶引擎機艙火災為B類火災

（攝自臺中港貨物船）

(3) C類火災

C類火災凡涉及帶電之電氣設備火災，如船上配電盤、電動機、電纜、電氣配線、變壓器、工程開關設備、電腦設備、交換機電路（Circuitry）和元件等。

C類火災
Live Electrical Equipment

圖2-37　C類燃料：通電中設備物質

不導電的滅火劑如海龍（Halon）、乾粉或二氧化碳等，能控制C類火災。最快的滅火程序是先採取電氣設備或電路之斷電措施，然後依所涉及的燃料，採取適當地

進行滅火。基本上，當電源被斷電後，此類火災將成為A類火災。

圖2-38　船舶電氣設備之通電中火災為C類火災

（攝自臺中港貨物船）

(4) D類火災

D類火災涉及可燃性金屬，如鋁（Aluminum）、鎂、鈦、鋯、鈉、和鉀（Potassium）。這些物質粉末的形式是特別危險的（圖2-39）。

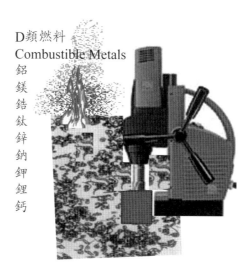

圖2-39　D類燃料：可燃金屬（鋁、鎂、鈦等）

　　在空氣中有一定濃度金屬粉塵，如有一個合適的起火源，可引起強烈的爆炸。一些燃燒的金屬會產生極高的溫度，致使用水和其他常見的滅火劑而無法見效。還好，此類火災非常少，如船舶中危險貨物艙裝載，一是起火是非常危險的，因其火勢難以撲滅。如以粉末或細屑（Fine Shavings）形成，則這些金屬能夠自我維持燃燒現象（Self-Ignition）。在一些鋁粉末和金屬氧化物燃燒情況，火災所產生極端高熱會使建築結構崩解（Structural Disintegration）。一些燃燒的金屬會產生極高的溫度，使水和其他常見的滅火劑，達不到滅火之效果（Ineffective）。目前並沒有一個能有效地控制所有金屬火災。特殊的滅火劑僅可控制某一特定金屬火災，並明確地標記僅為某一金屬滅火器。事實上，使用A、B、C類滅火劑，可能會導致可燃性金屬火災發生劇烈反應。因此，有些滅火劑是採取覆蓋（Cover）燃燒物，以致形成窒息（Smother）機制方式來撲滅火災。

圖2-40　危險品貨櫃混雜金屬氧化物之D類火災

（攝自臺中港貨櫃碼頭）

2. 火災原因分類

　　從人類行為前提下，大致分為以下四種情況。

　　(1) 故意行為：由人故意直接參與造成的。

　　　　① 縱火。

　　　　② 玩火。

(2) 過失行爲：由人參與因過失造成的。

    ① 炸油鍋離開、電暖器近距離烘衣等。

    ② 忘記關閉等。

(3) 意外行爲：由人參與但火災是在一定條件下發生。

    電氣短路、化學物質自燃發火、機械熱起火等。

(4) 自然現象。

    ① 閃電。

    ② 地震。

此外，各類滅火藥劑與火災分類適用關係，如表2-7所示：

表2-7　各類滅火藥劑與火災分類適用關係

		A類火災	B類火災	C類火災	D類火災
水		O	×	×	×
泡沫		O	O	×	×
二氧化碳		Δ	O	O	×
鹵化烷（海龍等）		Δ	O	O	×
惰性氣體		Δ	O	O	×
乾粉	A、B、C類	O	O	O	×
	B、C類	×	O	O	×
	D類	×	×	×	O

註：O表示適用；Δ表示得適用，但不是好選項；×表示不適用。

第9節　模擬選擇題精解

1. (D) 火災燃燒現象需有四項要素同時具備方能持續存在，其中涉及燃燒物質「自由基」者爲何？　(A)可燃物　(B)助燃物　(C)熱能　(D)連鎖反應

2. (A) 進入石化工廠，車輛會被要求在排氣管加裝滅焰器（flame arrester）以避免火災爆炸之發生，加裝該措施防制火災爆炸之原理爲？
(A)冷卻　(B)窒息　(C)抑制連鎖反應　(D)弄濕阻止擴展

3. (D) 有關熱對流之敘述下列何者錯誤？
    (A)熱對流是透過流體介質將熱量傳遞
    (B)對流可分為自然對流與強制對流
    (C)排煙設備是利用強制對流的原理
    (D)熱對流係數為單一物質之特性

4. (B) 酒精[17]之閃火點約為攝氏多少度？　　(A)40　(B)13　(C)70　(D)100

5. (D) 有關熱量傳遞敘述，下列何者錯誤？
    (A)熱傳導為熱流在固體內部傳遞的過程
    (B)熱輻射量與物體溫度（K）四次方成正比
    (C)熱傳導係數為物質特性
    (D)史帝芬—波茲曼常數與熱對流有關

6. (C) 斷熱壓縮是氣體的發火源之一，下列敘述何者錯誤？
    (A)常溫下呈現液狀或溶解狀態T.N.T.之危險物質中若含有空氣泡者，碰撞時發火之危險性較大
    (B)假設斷熱壓縮前之體積為V_0、壓力為P_0、溫度為T_0，斷熱壓縮後之體積為V、壓力為P、溫度為T，r = 恆壓比熱／恆容比熱，則其間關係為$(T/T_0)^r = (P_0/P)^{1-r}$
    (C)硝化甘油中若含有空氣泡（直徑0.05mm）者，只要$2×10^2$g/cm之撞擊能量，始會發火
    (D)黏液螺縈（Viscose）中常殘留有二硫化碳，只要2～3壓縮比即可到達發火點

7. (B) 下列有關熱傳導（conduction）之敘述，何者錯誤？
    (A)為固體內部的熱傳遞方式
    (B)傳遞方向為由高熱容量傳向低熱容量
    (C)熱傳導係數會隨溫度而變
    (D)影響熱厚性（thermally thick）材料之火場行為

8. (C) 閃火點（flash point）、可燃界線（flammability limits）及其相關性之敘述，下列何者錯誤？

---

[17] 酒精自燃溫度363℃、蒸氣壓44.3mmHg、密度0.789、熔點—114℃、沸點78.4℃、閃火點13℃、爆炸界限：3.3～19%、蒸氣密度1.6（空氣＝1）。

(A) 閃火點為進行液體燃料火災風險分類之參數

(B) 可燃蒸氣量過多或過少均有可能無法燃燒

(C) 閃火點對應可燃上限（upper flammability limit）

(D) 爆燃現象（backdraft）與可燃上限有關

9. (A) 固體火焰延燒（flame spread）最快之方式為下列何者？

(A)向上火焰延燒　(B)向下火焰延燒

(C)水平火焰延燒　(D)斜面火焰延燒

10. (B) 有關熱量傳遞中影響熱輻射的因素，下列何者錯誤？

(A)依據史蒂芬－波茲曼公式得知，輻射熱量與輻射物體溫度的四次方、輻射物體表面積成正比

(B)熱輻射為物體因自身溫度而發射出之一種電磁波，它以光速傳播，其相對應之波長範圍為0.6～150μm[18]

(C)物體吸收輻射熱的能力與其表面積之輻射度 ε 有關，物體之顏色愈深，表面愈粗糙，吸收的熱量愈高

(D)輻射熱量與受輻射物體間之距離平方成反比

11. (D) 下列何者不屬於微火源？　　(A)香煙　(B)火花　(C)火星　(D)打火機

12. (C) 下列何種物質之熱傳導度為最大？　　(A)水　(B)酒精　(C)木炭　(D)木材

13. (D) 粉狀木炭比塊狀木炭容易燃燒之原因，下列敘述何者有誤？

(A)粉狀木炭熱傳導度較低　　　(B)塊狀木炭接觸空氣量較小

(C)粉狀木炭氧化熱較易蓄積　　(D)塊狀木炭燃燒熱較小

14. (C) 下列有關微火源之敘述，何者有誤？

(A)香菸中心部溫度約為700～800℃

(B)蚊香一卷可燃燒7～8小時

(C)飛火星對於上風可燃物具有著火危險

(D)熔接產生之火花粒子雖小，卻能使可燃物著火

15. (D) 以水當作滅火劑，係利用水吸熱膨脹的原理來進行滅火。請問水分子變成水蒸汽時體積膨脹多少倍？　　(A)1000　(B)1200　(C)1400　(D)1700

---

[18] 地球和大氣的熱輻射，其波長範圍大概在0.15～120μm。熱輻射主要是紅外線（0.7～100μm），而可見光（0.4～0.7μm）或更短紫外線照射到物體後會吸收，亦會轉化為熱能，與熱輻射有關。

16. (D)　下列何者為可燃物？

(A)氧化鋁（Al_2O_3）　　　　　　(B)氯氣（Cl_2）

(C)氦氣（He）　　　　　　　　(D)二氧化硫（SO_2）[19]

17. (A)　鐵板輻射率約為0.9，史帝芬波茲曼常數為5.67×10^{-11}（$kW/m^2 K^4$），請問溫度727℃鐵板表面之輻射能E（kW/m^2）為何？[20]

(A)51.03　(B)5671　(C)56.71　(D)5.103

18. (B)　下列有關熱輻射之敘述，何者有誤？

(A)熱輻射是一種電磁波，以光速傳播

(B)熱輻射量與輻射面積及輻射物體溫度二次方成正比

(C)輻射物體與受輻射物體間距離增加一倍，受到之輻射熱減少到四分之一

(D)輻射物體之輻射面與受輻射物體處於平行位置時，受輻射物體所承受之熱量最高

19. (D)　可燃性液體的閃火點指的是當液體表面蒸氣與空氣的混合相達爆炸下限時的：　　(A)氣相濃度　(B)氣相溫度　(C)液相濃度　(D)液相溫度

20. (C)　相同材質做成的衣服其厚度大者隔熱性質較佳，則使用下列何者來解釋這種現象最為恰當？

(A)Lambert-Beer law[21]　　　　　(B)白努利方程式（Bernoulli's equation）

(C)傳立葉定律（Fourier's law）　(D)理想氣體定律（Ideal gas law）

21. (C)　依內政部消防署統計資料，過去幾年來，下列何者所引發的火災次數持續高居國內火災發生原因之冠？

(A)菸蒂　(B)人為縱火　(C)電氣設備　(D)機械設備

22. (B)　火災時偵溫式探測器之作動，主要靠熱氣以何種熱能傳遞給探測器？

(A)傳導熱　(B)對流熱　(C)輻射熱　(D)蒸發熱

23. (D)　下列有關可燃物之敘述，何者有誤？

(A)氣體、液體、固體三者中，以氣體熱傳導度最小

---

[19] 二氧化硫一般是不可燃，若遇高熱，容器內壓增大，有開裂和爆炸的危險。

[20] $I = \in \times \sigma \times T^4$，其中I為輻射總能量（稱輻射度或能量通量密度），$\sigma$為史蒂芬－波茲曼常數，T為絕對溫度，$\in$為黑體的輻射係數。

[21] Lambert-Beer定律為煙濃度之測定公式，消光係數 $K = \dfrac{1}{L}\log_e \dfrac{I_o}{I} = \dfrac{2.303}{L}\log_{10}\dfrac{I_o}{I}$，$I_o$ = 無煙時光線強度、I = 有煙時光線強度、煙層厚度L（m）。

(B)分子之每莫耳燃燒熱在100kcal以上之氣體或液體均屬可燃性

(C)物質雖可與氧化合，若不能產生發熱反應者，仍非可燃物

(D)可燃物熱傳導度需在0.01kcal/cm‧sec℃以上

24. (A) 燃燒塔高度之設計，以其火焰到達地面之輻射熱需小於多少kW/m²，才不會導致人員受傷？[22]　　(A)1.6　(B)3.2　(C)6.4　(D)12.8

25. (C) 造成工業火災的最高比率因素為何？

(A)物料過熱　(B)摩擦　(C)電器　(D)明火

26. (C) 氧乙炔焰為以下哪一種工業上常見的著火源？

(A)熱輻射　(B)自然發火　(C)　火　(D)電器火花

27. (B) 下列哪一項不是物質的內在特性？

(A)熱傳導係數　(B)對流傳熱係數　(C)熱擴散係數　(D)熱慣性

28. (D) 何者不是水霧滅火設備之特性？

(A)因水粒子相互之間存有空氣，而具有較佳之電氣絕緣作用

(B)水粒子細，易經加熱而蒸發膨脹，排開空氣，降低氧濃度

(C)具有將油類乳化之作用，減少油氣蒸發

(D)水霧粒子衝擊油膜面時可降低閃火點

29. (D) 有關下列說明，何者不為細水霧滅火系統原理？

(A)兼具冷卻與稀釋作用

(B)無毒性、低水損且兼顧環保

(C)可適用於A、B、C類火災

(D)具有降低表面張力或產生乳化、洗滌、滲透、分離等作用的表面活性藥劑

30. (A) 根據美國NFPA對細水霧定義，水滴粒徑應小於下列何者？[23]

(A)1000μm　(B)2000μm　(C)3000μm　(D)4000μm

31. (D) 下列何者不是水霧滅火設備之特性？

(A)因水粒子相互之間存有空氣，而具有較佳之電氣絕緣作用

(B)水粒子細，接觸面積大，易吸熱而汽化，降低火場溫度

---

[22] Drysdale（1997）研究指出，當輻射熱通量為1.0kW/m²為人體可接受之安全極限。

[23] NFPA 750對細水霧定義，在最低設計壓力動作時，距離噴頭1公尺處所測得的99%體積水滴粒徑應在0.04～1mm（40～1000μm）以下。

(C)水粒子細，易經加熱而汽化膨脹，排開空氣，降低氧氣濃度

(D)水霧粒子衝擊油膜面時可提升油品之燃點，使其不易燃燒

32. (B)　火場中排煙系統主要是要移除：

(A)傳導熱　(B)對流熱　(C)輻射熱　(D)摩擦熱

33. (A)　有一建築物其混凝土外牆，寬8m、高5m、厚度200mm，熱傳導係數K＝1.0W/m・K，牆內外二面熱對流係數h＝10W/m²・K，若建築物內外溫度分別為25℃及15℃，試問穩流下，其總熱量損失為多少？[24]

(A)1kW　(B)2kW　(C)3kW　(D)4kW

34. (B)　將一金屬湯匙懸掛於戶外接受太陽照射，湯匙溫度逐漸升高，導因於何種熱量傳遞？　(A)熱對流　(B)熱輻射　(C)風力摩擦　熱傳導

35. (C)　下列物質，何者熱傳導係數最高？　(A)水泥　(B)水　(C)銅　(D)空氣

36. (C)　下列何種顏色的物體吸收輻射熱的能力最好？

(A)黃色　(B)紅色　(C)黑色　(D)金色

37. (C)　下列何種物質燃燒時不甚激烈，但會由內部冒出煙及一氧化碳？

(A)硝化綿[25]　(B)漂白粉　(C)活性碳　(D)油渣

38. (A)　下列物質何者之蒸氣比重最小？[26]

(A)NH_3　(B)CO　(C)HCN　(D)C_6H_6

39. (C)　下列何種物質狀態最有利於燃燒？

(A)發熱量低且熱傳導度高　　(B)發熱量高且熱傳導度高

(C)發熱量高且熱傳導度低　　(D)發熱量低且熱傳導度低

40. (C)　有關火災輻射熱的特性敘述，何者正確？

(A)輻射熱量約為燃燒物總發熱量之70%

(B)受輻射物體熱量隨著輻射角度增大而變大

(C)輻射熱為一種電磁波，其波長範圍約為0.4～100μm

---

[24] 熱傳導 $\dot{Q}=-kA\dfrac{(T_1-T_2)}{L}$，熱對流 $\dot{Q}=hA(T_1-T_2)$，$\dot{Q}=\dfrac{A(T_1-T_2)}{\frac{1}{h1}+\frac{L}{K}+\frac{1}{h2}}=\dfrac{40(10)}{\frac{1}{10}+\frac{0.2}{1}+\frac{1}{10}}=1000W$。

[25] 硝化棉具有高度可燃性和爆炸性，其危險程度根據硝化程度而定，含氮量在12.5%以上的硝化棉危險性極大，遇火即燃燒。在溫度超過40℃時能加速其分解而自燃。含氮量不足12.5%的硝化棉雖然比較穩定。

[26] 分子量N＝14，H＝1，C＝12，O＝16。

(D)高10m之兩層建築，若兩建築物外壁皆爲木板壁，在火焰寬8m時，其防止輻射熱延燒之安全距離至少應在12m以上

41. (C) 燃燒四要素中何者涉及「自由基」：

(A)助燃物　(B)可燃物　(C)連鎖反應　(D)熱能

42. (A) 高溫物體與低溫物體之間，無媒介物質，熱直接傳至對方的現象，稱爲：

(A)熱輻射　(B)熱傳導　(C)熱對流　(D)熱擴散

43. (D) 在常溫下，下列物質何者熱傳導係數最低？

(A)銅　(B)水　(C)石膏板　(D)空氣

44. (B) 下列何種火災以窒息作用可達最佳的滅火效果？

(A)普通火災　(B)油類火災　(C)電氣火災　(D)金屬火災

45. (C) 氣體本身受到壓縮，增高溫度時，亦可發火，此稱爲：

(A)高溫壓縮　(B)閃火壓縮　(C)斷熱壓縮　(D)加溫壓縮

46. (C) 當液溫上升至液體蒸氣量達到爆炸下限時，給予必要之熱能使之開始燃燒，此時液體之溫度稱爲：

(A)燃燒點（burning point）　　(B)發火點

(C)引火點（flash point）　　(D)火燄點（fire point）

47. (B) 在足夠的能量下，下列何種濃度的氫氣可以被點燃？

(A)1%　(B)30%　(C)90%　(D)100%

48. (B) 一般燃燒時空氣中氧的濃度低於下列何者，則燃燒甚難持續？

(A)21%　(B)15%　(C)17%　(D)19%

49. (D) 燃燒四要素除了燃料、氧氣、熱能外，另一要素爲：

(A)放熱反應　(B)吸熱反應　(C)中和反應　(D)連鎖反應

50. (A) 下列何者具有最低的熱傳導度？　　(A)二氧化碳　(B)水　(C)石墨　(D)鐵

51. (B) 下列何者不屬於「微火源」？

(A)點燃的線香　(B)電熨斗　(C)熔接產生之火花　(D)點燃的香煙

52. (D) 下列何者爲表面燃燒？

(A)汽油油盆燃燒　　　　　(B)木材有燄燃燒

(C)瓦斯燃燒　　　　　　　(D)木炭無燄燃燒

53. (A) 廚房油鍋起火，下列何項動作是錯誤的？

(A)趕緊以大量水澆灌降溫　(B)關閉瓦斯開關

(C)以濕布覆蓋　　　　　　(D)打電話通知消防隊

54. (D)　爆炸界限的上下限，如爲均一系燃燒者，通常以氣體的何種百分比表示？
　　　　(A)重量　(B)表面積　(C)溫度　(D)容積

55. (D)　在不需媒介物質的情況下，兩物體雖不接觸，熱仍可直接由高溫物體傳至低溫物體之現象稱爲：　　(A)熱擴散　(B)熱傳導　(C)熱對流　(D)熱輻射

56. (A)　依史帝芬－波茲曼公式，下列關於輻射熱量與輻射物體之關係何者正確？
　　　　(A)與輻射物體溫度的四次方成正比　　　　(B)與輻射物體溫度的二次方成正比
　　　　(C)與輻射物體表面積二次方成正比　　　　(D)與輻射物體體積四次方成正比

57. (B)　燃燒中的天花板會向地面放射大量輻射熱，促進地面可燃物的燃燒速度，此種現象即爲密閉空間具有的何種效果？
　　　　(A)熱對流回饋效果　　　　　　　　(B)輻射能回饋效果
　　　　(C)熱傳導回饋效果　　　　　　　　(D)煙囪效應

58. (B)　下列有關燃燒／爆炸範圍的敘述，何者錯誤？
　　　　(A)燃燒／爆炸範圍會隨壓力或溫度不同而變化
　　　　(B)利用二氧化碳滅火的原理，係在改變起火物質的燃燒／爆炸範圍
　　　　(C)燃燒／爆炸範圍是指可燃性氣體與空氣的混合比例達可能燃燒之濃度範圍
　　　　(D)可燃性混合氣體的爆炸下限愈低，危險性愈高

59. (B)　在密閉空間注入不燃性氣體，造成氧氣之濃度降低，進而使燃燒無法持續而滅火，此方法屬下列何種滅火方法？
　　　　(A)冷卻法　(B)窒息法　(C)移除法　(D)抑制法

60. (C)　下列何種物質具不燃性？
　　　　(A)硫化氫（H_2S）　　　　　　(B)苯（C_6H_6）
　　　　(C)四氯化碳（CCl_4）　　　　(D)丙烷（C_3H_8）

61. (C)　下列何者的熱傳導度最小？　　(A)鋼　(B)橡木　(C)石綿　(D)磚

62. (B)　熱透過流動介質，將熱量由空間中的一處傳到另一處的現象稱之爲？
　　　　(A)傳導　(B)對流　(C)輻射　(D)擴散

63. (A)　下列何種火災以窒息作用可達最佳之滅火效果？
　　　　(A)油類火災　(B)普通火災　(C)電氣火災　(D)金屬火災

64. (A)　凡不能與氧化合之物質均非可燃物，例如：氦（He）、氖（Ne）、氬（Ar）等氣體。但氮（N_2）可與氧化合，亦被視爲非可燃物，是因爲其反應過程具何者因素？

(A)吸熱反應　　　　　　　　　(B)閃火點太高

(C)無法產生連鎖反應　　　　　(D)熱傳導度過低

65. (C)　下列何者，不屬於發火源種類中的「微火源」？

　　　　(A)香煙　(B)煙囪之火星　(C)火柴燃燒　(D)電氣熔接之火花

66. (C)　通電中的電氣設備引發的火災又稱為：

　　　　(A)A類火災　(B)B類火災　(C)C類火災　(D)D類火災

67. (A)　有一可燃性液體，其閃火點下之飽和蒸氣壓為38mmHg，試求其爆炸下限？（一大氣壓之飽和蒸氣壓為760mmHg）

　　　　(A)5%　(B)10%　(C)15%　(D)20%

68. (D)　下列何者具有最低之熱傳導度？　　(A)鐵　(B)石墨　(C)水　(D)二氧化碳

69. (D)　試以化學理論之方法計算甲烷之燃爆下限：

　　　　(A)2.2%　(B)3.2%　(C)4.2%　(D)5.2%

70. (A)　從以下哪項原理得知高度20公尺以上不用安裝探測器？

　　　　(A)火羽流（fire plume）　　　　(B)天花板噴流（ceiling jet）

　　　　(C)突沸（boilover）　　　　　　(D)閃燃（flashover）

71. (A)　著火點溫度（fire point）應比閃火點溫度（flash point）為：

　　　　(A)高　(B)低　(C)一樣　(D)無法判定

72. (D)　不同閃火點之液體混合時，其閃火點會比原先純物質之閃火點：

　　　　(A)高　(B)低　(C)一樣　(D)無法判定

73. (D)　下列何種顏色之物體其表面輻射度最大？

　　　　(A)黃色　(B)紅色　(C) 色　(D)黑色

74. (C)　能量以電磁波之方式傳遞者稱為：

　　　　(A)熱傳導　(B)熱對流　(C)熱輻射　(D)黑體

75. (A)　假設空氣中氧容積為20%，則在一密閉空間（體積為V）內加入不燃性氣體體積多少時，氧濃度會成為12.5%？[27]

　　　　(A)0.6V　(B)1.0V　(C)1.5V　(D)2.4V

76. (D)　對含等量甲烷分別添加不活潑性氣體氮（N_2）、氦（He）、氬（Ar）等三種，在相同濃度及氣壓條件下，其所需最小發火能量分別為a、b、c，則

---

[27] $\dfrac{0.20V}{(V+x)} = \dfrac{12.5}{100}$，$X = 0.6V$。

a、b、c 的大小關係為何？[28]

(A)a < b < c　(B)a = b = c　(C)a > b > c　(D)b > a > c

77. (B) 丙酮（$(CH_3)_2CO$）、苯（C_6H_6）、二硫化碳（CS_2）、四氯化碳（CCl_4）、溴甲烷（CH_3Br）當中，有幾種是可燃性物質？

(A) 2　(B)3　(C)4　(D)5

78. (C) 以化學理論濃度的方法計算，則丁烷的爆炸下限為：[29]

(A)5.2%　(B)2.2%　(C)1.7%　(D)1.2%

79. (B) 火災初期熱空氣之何種能量使探測器作動？

(A)傳導　(B)對流　(C)輻射　(D)以上皆非

80. (B) 下列何者非材料受熱時之內部阻抗所含之項目？

(A)熱傳導係數　(B)熱對流係數　(C)密度　(D)比熱

81. (B) 固體與流體間之主要能量傳遞稱為：

(A)熱傳導　(B)熱對流　(C)熱輻射　(D)黑體

82. (A) 當可燃性液體表面之蒸氣濃度達爆炸下限時，火源靠近其液體表面會使其產生閃火之最低液體溫度稱為：

(A)閃火點（flash point）　　　(B)著火點（fire point）

(C)沸點　　　　　　　　　　(D)熔點

83. (A) 固體間之能量傳遞稱之：

(A)熱傳導　(B)熱對流　(C)熱輻射　(D)黑體

84. (C) 試以化學理論濃度的方法，計算甲醇的爆炸下限？[30]

(A)3.6%　(B)5.2%　(C)6.8%　(D)7.5%

85. (D) 下列有關熱傳的敘述，何者正確？

(A)根據牛頓導熱定律，傳導熱通量正比於溫度梯度

(B)根據傅立葉冷卻定律，對流熱通量正比於流體和固體表面間的溫度差

(C)根據史蒂芬－波茲曼方程式，輻射熱通量正比於溫度梯度

---

[28] 氦熱傳導度最高。

[29] $C_4H_{10} + 6.5O_2 \rightarrow 4CO_2 + 5H_2O$，1mol C_4H_{10}需6.5mol O_2，即1mol C_4H_{10}燃燒需32.5mol空氣，Cst = 1/(1 + 32.5) = 0.02985，燃燒下限 = 0.55×0.02985 = 1.64%。

[30] $2CH_3OH + 3O_2 \rightarrow 2CO_2 + 4H_2O$，1mol CH_3OH需1.5mol O_2，即1mol CH_3OH燃燒需7.5mol空氣，Cst = 1/(1 + 7.5) = 0.1176，燃燒下限 = 0.55×0.1176 = 6.47%。

(D)任何可燃物，皆可發射輻射熱

86. (B)　容器中置放同一種可燃性液體（如辛烷、己烷），以何種溫度方式供給熱能時，其發火溫度最高？

　　(A)加熱電阻線　(B)高溫氣體　(C)高溫固體　(D)全面加熱

87. (A)　假設發射體傳到接收體的輻射熱通量為Q，當其距離增加一倍時，其輻射熱通量變為：　　(A)0.25Q　(B)0.50Q　(C)0.75Q　(D)0.90Q

88. (A)　下列何種物質其熱輻射光譜具連續性？

　　(A)碳煙粒子　(B)N_2　(C)CO_2　(D)H_2O

89. (D)　灰體的輻射率：[31]　　(A)大於10　(B)介於1和10　(C)等於1　(D)小於1

90. (B)　下列有關爆炸界限或範圍的敘述，何者正確？[32]

　　(A)C_nH_{2n+2}的爆炸上限（體積百分比），隨著n值增加而上升

　　(B)C_nH_{2n+2}的爆炸上限（質量濃度），隨著n值增加而上升

　　(C)C_nH_{2n+2}的爆炸下限（質量濃度），隨著n值增加而下降

　　(D)可燃氣體的爆炸上限（體積百分比），隨環境溫度上升而下降

91. (D)　燃燒四要素中，除了可燃物（Fuel）、氧氣（Oxygen）、連鎖反應（Chain reaction），尚有：　　(A)閃火點　(B)活化能　(C)分解熱　(D)熱能

92. (C)　H_2O、CO_2、CO、O_2當中，有幾種屬於熱輻射氣體？

　　(A)1　(B)2　(C)3　(D)4

93. (D)　下列何者非輻射熱計算之考慮項目？

　　(A)放射係數（emissivity）

　　(B)史帝芬－波茲曼常數（Stefan-Boltzmann constant）

　　(C)溫度

　　(D)對流係數

94. (C)　純液體的液溫達著火點時，其液面上方的蒸氣濃度接近：

　　(A)爆炸下限　　　　　　　　(B)爆炸上限

　　(C)化學計量（理論）濃度　　(D)以上皆非

---

[31] 材料的輻射率隨著輻射溫度和波長而變化，黑體為理想輻射體（ε = 1）。而灰體（grey body）為輻射率與波長無關之物體。

[32] 碳氫化合物分子式為C_nH_{2n+2}，其中「n」為碳原子個數，「2n+2」為氫原子個數。在常溫常壓下，C_1～C_4呈氣態存在於天然氣中；C_5～C_{15}呈液態是石油主成分；C_{16}以上為固態。

95. (D) 一般而言，區劃空間中引發全面性燃燒的最主要熱傳形式是：
  (A)熱傳導 (B)自然對流 (C)強制對流 (D)熱輻射

96. (D) 火災初期暴露於熱煙氣中的撒水頭感溫元件，其與熱煙氣之間的熱交換主要是屬於哪一種熱傳現象？
  (A)熱傳導 (B)熱輻射 (C)自然對流 (D)強制對流

97. (A) 若一混合氣體含甲烷20%，乙烷30%，丙烷50%，若甲烷、乙烷、丙烷之燃爆下限分別為5.3%，3.2%及2.2%，試求混合氣體之燃爆下限？[33]
  (A) 2.8% (B)3.2% (C)3.6% (D)4%

98. (C) 下列何者物質熱傳導係數最低？   (A)橡木 (B)柴油 (C)空氣 (D)水

99. (B) 下列含氧物質，何者為可燃物？   (A)CO_2 (B)CO (C)MgO (D)Al_2O_3

100. (C) 可燃性固體之燃燒，下列何者有誤？
  (A)燃燒時之溫度受質與量決定 (B)粉末形狀較薄片易燃
  (C)豎立狀態比平鋪狀態難燃 (D)加熱緩慢者不易著火

101. (A) 不能與氧化合之物質均非可燃物，但氮氣可與氧化合，亦被視為非可燃物，是因為其反應過程中具有下列何種因素？
  (A)吸熱反應 (B)比熱太低 (C)燃燒熱太高 (D)熱慣性太低

102. (B) 在常溫常壓下甲烷、乙炔、丙烷、丁烷當中，氣體比重較空氣小者共有幾種？   (A)1 (B)2 (C)3 (D)4

103. (D) 氣體本身受到壓縮，增高溫度時，亦可發火，此稱為：
  (A)無焰壓縮 (B)高溫壓縮 (C)常溫壓縮 (D)斷熱壓縮

104. (A) 傳導熱之熱傳遞速率與固體間之溫度差成何關係？
  (A)正比 (B)反比 (C)無關 (D)平方成反比

105. (C) 一物體的溫度為727℃，其輻射率為0.5，已知史蒂芬－波茲曼常數為$5.67 \times 10^{-8} W/m^2 K^4$，其輻射強度為[34]：
  (A)283.5W/m^2 (B)2835W/m^2
  (C)28350W/m^2 (D)283500W/m^2

---

[33] 依Le Chatelier（勒沙特列）定律混合氣體燃燒上下限計算，混合氣體燃燒下限。

$$L_D = \frac{1}{\frac{V_1}{L_{1D}} + \frac{V_2}{L_{2D}} + \frac{V_3}{L_{3D}}} \times 100\% = \frac{1}{\frac{10}{53} + \frac{30}{32} + \frac{50}{22}} \times 100\% = 2.79\%。$$

[34] $Q = 0.5 \times (5.67 \times 10^{-8}) \times (727 + 273)^4 = 2.83 \times 10^4$。

106. (D) 下列哪一種高壓氣體，隨著壓力增加其爆炸界限變窄？

(A)甲烷　(B)乙烷　(C)乙烯　(D)一氧化碳

107. (D) 下列有關「熱傳導係數」之敘述何者有誤？

(A)具方向性　　　　　　　　(B)與溫度有關

(C)與材質有關　　　　　　　(D)空氣在常壓下之熱傳導係數為零

108. (B) 當可燃性液體表面之蒸氣濃度超過爆炸下限時，火源靠近其液體表面會使其產生持續燃燒之最低液體溫度稱為：

(A)閃火點（flash point）　　(B)著火點（fire point）

(C)沸點　　　　　　　　　　(D)熔點

109. (B) 空氣中之成分，就體積而言，何者含量最多？

(A)氧　(B)氮　(C)碳　(D)以上皆非

110. (C) 材料的熱慣性，不包括下列哪一項？

(A)密度　(B)熱傳導係數　(C)溫度　(D)比熱

111. (B) 任何化學反應從反應物能階到生成物能階之過程中，需經由一個較高能階的活性錯合物（體），其與反應物能階的差值，其名稱為何？

(A)熱能　(B)活化能　(C)熵　(D)自由能

112. (C) 有關熱傳導的敘述，下列何者正確？

(A)物質熱傳導係數大時，容易吸熱而提高溫度，故物性偏向可燃物

(B)熱量是由具有高熱量的物質傳向低熱量的物質

(C)傳導物體的截面積愈大，傳導的熱量愈多

(D)熱傳導係數為溫度的函數，溫度升高，所有物質的熱傳導係數都變大

113. (C) 當火災到達最盛時期階段，火場溫度極高，此時熱量傳遞的主要形式為：

(A)傳導　(B)對流　(C)輻射　(D)貫流

114. (D) 一物體的溫度由500K提高到1000K時，其所放出的輻射熱量變為幾倍？

(A)2　(B)4　(C)8　(D)16

115. (C) 空氣中氧含量與燃燒之敘述，下列何者正確？

(A)通常空氣中氧含量約為其容積之23%

(B)空氣中氧濃度低於體積之18%時，燃燒甚難持續

(C)在密閉空間中若注入不燃性氣體，氧氣的濃度會降低

(D)氫氣只能在氧氣中燃燒，無法在氯氣中燃燒

116. (C) 有關氣體燃燒的燃燒上下限，下列敘述何者正確？

(A)氣體濃度介於燃燒上下限之間，是表示氣體無法被點燃

(B)利用惰性氣體滅火的原理，即是在改變氣體的燃燒上下限值

(C)可燃性氣體的爆炸下限愈低，危險性愈高

(D)燃燒上下限不會隨著溫度或壓力而改變

117. (D) 1公斤之物質燃燒，下列何者所需之理論空氣量最小？

(A)氫（H_2）　(B)甲烷　(C)乙炔　(D)碳

118. (B) 根據Burgess-Wheeler定理，已知辛烷的爆炸下限為0.92（vol%），其燃燒熱約為多少kcal/mol？

(A)750　(B)1150　(C)950　(D)1750

119. (B) 假設一物體的輻射率為0.6，且距離該物體1公尺處所接收到的輻射熱通量為E，則距離該物體2公尺處的輻射熱通量變為：

(A)0.15E　(B)0.25E　(C)0.3E　(D)0.5E

120. (A) 火場中撒水頭感熱元件與熱煙氣之間的熱交換型態主要為何種熱傳現象？

(A)熱對流　(B)熱輻射　(C)熱傳導　(D)熱通量

121. (A) 依內政部統計處之資料顯示，最近三年居國內火災發生原因第二位為下列何者？　(A)縱火　(B)菸蒂　(C)電氣因素　(D)機械設備

122. (D) 在密閉空間注入不燃性氣體，降低氧氣濃度，使燃燒過程無法持續而終至熄滅，屬於下列何種滅火方法？

(A)冷卻法　(B)移除法　(C)抑制法　(D)窒息法

123. (C) 燃燒物質進行持續的燃燒過程需要最低氧氣濃度為多少%？

(A)8%　(B)12%　(C)15%　(D)20%

124. (D) 液態水經由吸熱後蒸發為水蒸氣，體積膨脹比為多少？

(A)1：460　(B)1：970　(C)1：1320　(D)1：1700

125. (B) 易燃性氣體本身受到壓縮後溫度會有升高的狀況發生，可能會導致火災的發生，此現象稱為？

(A)高溫壓縮　(B)斷熱壓縮　(C)等溫壓縮　(D)等熵壓縮

126. (C) 物質的顏色會影響其吸收輻射熱的能力，下列何種顏色的物體吸收輻射熱能力最佳？　(A)灰色　(B)白色　(C)黑色　(D)紅色

127. (D) 下列有關閃火點（Flash point）與著火點（Fire point）之敘述，何者錯誤？

(A)閃火點是決定液體物質危害性的主要物理特性

(B)閃火點與壓力有關，壓力增加時，閃火點會上升

(C)著火點定義為在開口容器之液體所揮發的蒸氣足以維持火焰持續的最低溫度

(D)通常可燃性液體之著火點略低於閃火點

128. (C) 在同溫、同壓下之同體積的3種氣體：乙烯（C_2H_4）、丙烷（C_3H_8）、丙烯（C_3H_6），完全燃燒時所需的理論空氣量分別為a、b、c，請問三者之關係為下列何者[35]？　(A)c > b > a　(B)a > c > b　(C)b > c > a　(D)a > b > c

第10節　模擬申論題精解

1. 試說明發火源的種類？

解：

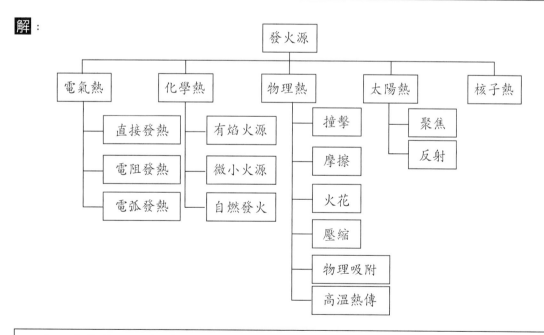

2. 在一定條件下，物質才會燃燒與熄滅，試簡要說明燃燒正四面體（四要素）與滅火方法的關係。

---

[35] 完全燃燒時所需氧氣：乙烯（C_2H_4）為3莫耳、丙烷（C_3H_8）為5莫耳、丙烯（C_3H_6）為4.5莫耳。

解：　火四面體包括傳統火三角（燃料、熱量和氧化劑）及第四維之不受抑制化學鏈
　　　（Chemical Chain）之連鎖反應。只要在四個組成部分取出任何一個，火就不
　　　會發生：熱量爲冷卻法、氧氣爲窒息法、燃料爲移除法及連鎖反應爲抑制法。

---

3. 何謂「燃燒／爆炸範圍」？何謂「爆炸界限」？

解：　本題二個名詞同爲Flammable Limits。
　　　燃料的燃燒（爆炸）範圍是以氣體（Gas）或蒸氣（Vapor）在空氣中體積
　　　（Volume）百分比，在燃燒／爆炸範圍下限（LEL）（指能支持燃燒的最小濃
　　　度）和燃燒／爆炸範圍上限（UFL）（指能支持燃燒的最大濃度）之間，遇到
　　　火源可以燃燒之範圍（界限）。

---

4. 試舉實例說明「分解燃燒」。

解：　主要指固體類燃燒，固體可燃物在空氣中被加熱時，先失去水分，再起熱分解
　　　而產生可燃氣體，起燃後由火焰維持其燃燒如木材、紙、布、熱固性塑膠、合
　　　成塑膠、纖維等固體可燃物，或高沸點之物質受熱分解出可燃氣體而燃燒。

---

5. 木炭燃燒係屬蒸發燃燒、分解燃燒或表面燃燒？請說明該燃燒之原理與現象。

解：　爲表面燃燒，可燃物質由熱分解結果產生無定形碳化物，在固體面與空氣接觸
　　　處形成碳素化合燃燒區，又其蒸氣壓非常小，或者難以發生熱分（裂）解，不
　　　能發生蒸發燃燒或分（裂）解燃燒，當氧氣包圍物質的表層時，呈熾熱狀態並
　　　呈現出無焰燃燒的現象。

---

6. 何謂燃燒？其形式分類有幾種？並說明燃燒四要素與滅火四原則。

解：　(1) 燃燒（Combustion）是一種燃料快速氧化（化學反應）自我維持（Self-
　　　　　Sustaining），並產生熱和光的過程。
　　　(2) 擴散燃燒、蒸發燃燒、分解燃燒、表面燃燒與自己燃燒。
　　　(3) 氧氣、熱量、燃料與連鎖反應。
　　　(4) 窒息法、冷卻法、移除法與抑制法。

7. 試解釋「固體燃燒」類別中之「表面燃燒」、「蒸發燃燒」與「分解燃燒」。

解：　(1) 主要指固體燃燒，可燃物質由熱分解結果產生無定形碳化物，在固體面與空氣接觸處形成碳素化合燃燒區，又其蒸氣壓非常小，或者難以發生熱分（裂）解，不能發生蒸發燃燒或分（裂）解燃燒，當氧氣包圍物質的表層時，呈熾熱狀態並呈現出無焰燃燒的現象。

　　(2) 液體類燃燒即是，液體的燃燒非液體本身在燃燒，而是液體蒸發所生之蒸氣在燒；亦即液體由蒸發之蒸氣引火產生火焰，回饋至液體表面再繼續蒸發而維持燃燒現象；如酒精、乙醚或汽柴油類等引火性液體，皆以蒸發式燃燒形態。

　　(3) 主要指固體類燃燒，固體可燃物在空氣中被加熱時，先失去水分，再起熱分解而產生可燃氣體，起燃後由火焰維持其燃燒如木材、紙、布、熱固性塑膠、合成塑膠、纖維等固體可燃物。

8. 火災之延燒受甚多因素影響，何謂熱對流？並述影響自然熱對流之因素有哪些？

解：　(1) 液體和氣體的傳熱方式主要是對流。由於流體整體運動引起流體各部分之間發生相對位移，冷熱流體相互摻混所引起的熱量傳遞過程。不同的溫度差導致整體密度差是造成對流的原因。

　　(2) 影響自然熱對流因素：
　　主要有溫度差、密度差與壓力差。
　　① 平時壓力差：溫度差所產生煙　效應、開口通風之自然風力、空調系統、電梯活塞效應。
　　② 火災時壓力差：熱膨脹與熱浮力。

9. 何謂「燃燒四面體」？由「燃燒四面體」討論滅火之策略與方法。

解：　(1) 燃料、氧氣、熱量與連鎖反應。

　　(2) 燃料為移除法，如林林火災砍掉幾排樹並移除；又整排機車遭到縱火，於起火時移除其左右機車，使其無法連續燃燒。

氧氣爲窒息法，油鍋起火蓋鍋蓋。

熱量爲冷卻法，如消防水箱車內是裝載水，進行火災之熱量冷卻滅火。

連鎖反應，如台灣普遍使用之乾粉手提滅火器，在初期火災使用抑制法滅火。

10. 試說明熱傳導及其方程式。並討論影響熱傳導的因素。

解: 固體的傳熱方式主要是傳導；各種材料熱傳導性能不同，傳導性能佳如金屬，其電子自由移動，熱傳速度快，能做熱交換器材料；傳導性能不良如石棉，能做熱絕緣材料。

在熱傳導上，固體 > 液體 > 氣體；其中固體以銅爲一理想傳導體，而做爲電線材質使用。

於穩態熱傳導（$\dot{Q}$）基本方程式如次：

$$Q = \frac{k\rho c}{L}(T_1 - T_2) \quad \left(\frac{W}{m^2}\right)$$

其中

$k\rho c$是物質熱慣性（$W^2 s/m^4 K^2$），熱傳導係數k（$W/m \times K$）、密度ρ（kg/m^3）、比熱容c（$J/kg \times K$），熱慣性爲三者之乘積。

L是從溫度T_1到溫度T_2（K氏溫度）之溫度梯度傳輸之距離（m）。

依傅立葉定律（Fourier's Law）指出熱傳導公式，

$$\dot{Q} = kA\frac{(T_1 - T_2)}{L}$$

式中

Q = 熱傳導量（W）；k = 熱傳導係數（W/mK）；A = 垂直於傳熱方向之截面積（m^2）；T = 物質二端之溫差（K）；L = 物質二端之距離（m）。

因此，依傅立葉定律（Fourier's Law）指出，在熱傳導中，單位時間內通過一定截面積的熱量，正比於溫度變化率和截面面積，而熱量傳遞的方向則與溫度升高的方向相反；以上都是影響熱傳導之主要因素。

一般金屬對熱傳導效果比非金屬較好，如銅熱傳導幾乎是木材2000倍。在建築

物火災中熱傳導之熱量相當有限，尤其是台灣建築物係屬鋼筋混凝土結構，難以熱傳導；但在船舶結構如同鐵皮屋火災一樣，金屬牆壁易以熱傳，而船舶艙室火災有六面鋼製邊界層扮演熱傳重要因素，尤其是上面艙頂邊界層會有溫度最大傳導熱量。所以，在建築物火災時熱量會經由金屬管道和其他金屬物體傳導到其他部位，引起另一處火災。以船舶而言，火災室直上方甲板層是防止空間延燒重要關鍵之位置。

---

11. 已知史蒂芬－波茲曼常數為5.67×10^{11}kW/m$^2 \cdot$ K^4，若一物體之溫度為227℃，放射率（emissivity）為0.5，則其熱輻射強度為多少kW/m^2？

解： $I = \epsilon \times \sigma \times T^4$，其中I為輻射總能量（稱輻射度或能量通量密度），$\sigma$為史蒂芬－波茲曼常數，T為絕對溫度，$\epsilon$為黑體的輻射係數。

$I = 0.5 \times 5.67 \times 10^{-11} \times (227 + 273)^4 = 1.77$kW/m^2

---

12. 何謂可燃性氣體（燃氣與空氣混合物）的爆炸界限？若以不活潑性氣體（如二氧化碳或氮氣等）添入可燃性氣體中，對其爆炸界限的影響為何？試說明之。）

解： 燃料的燃燒（爆炸）範圍是以氣體或蒸氣在空氣中體積百分比，在燃燒／爆炸範圍下限（LEL）（指能支持燃燒的最小濃度）和燃燒／爆炸範圍上限（UEL）（指能支持燃燒的最大濃度）之間，遇到火源可以燃燒之範圍（界限）。

添加不燃性氣體使其惰性化，其爆炸下限變化不大，主要是使其上限顯著降低，使燃燒／爆炸範圍變窄。

---

13. 請說明影響火災燃燒的五個物理因子及每個因子如何影響燃燒變化？

解： 本題語義未明確。

(1) 火載量及火災猛烈度：可燃物數量愈多，火災持續時間愈久燃燒愈猛烈，燃燒速度愈快。燃燒熱值及熱釋放率關係到火災之猛烈度。

(2) 形狀尺寸：物質比表面積愈大，其所需最小起火能量愈低。

(3) 排列方位：豎立狀態比水平狀狀態容易燃燒。

(4) 含水量：含水量愈高及吸熱量愈大。

(5) 排列高低與密度：燃料排列愈高，上方燃料較易接受下方火焰，產生預燃效應。排列密度主與與空氣中氧接觸程度。

如在室內火災時，主要顯著影響有通風開口（氧氣）與高低（排煙能力）、空間邊界層屬性（保存熱）、空間大小等。

如在室外火災時，主要是燃料含水率、風及地形坡度等。

---

14. 請說明細水霧滅火系統之滅火原理。

解： (1) 針對溫度之冷卻作用

這是細水霧最主要之滅火機制，當細水霧顆粒極小（$20 \sim 150 \mu m$）噴向火災區域時，會大量增加吸收空間熱表面積，汽化後體積膨脹為1700倍，使火災區域得到充分的冷卻。其以霧滴粒方式，吸收空氣中煙霧粒和油霧粒，產生大量冷卻效果。

(2) 針對可燃物之浸濕作用

細水霧滅火系統還可以充分將火災位置以外的燃燒物浸濕，霧滴會衝擊到燃燒物表面，從而使燃燒物得到浸濕，阻止固體可燃物熱傳不易熱分解成可燃氣體。

(3) 針對氧氣之窒息作用

細水霧在蒸發過程中形成的水蒸氣層，大量充斥火災區域的氧濃度，隔絕氧氣供輸。當氧濃度低於15%時，火災便不易繼續燃燒。

(4) 針對熱量之輻射熱隔絕作用

霧滴粒徑非常小的部分形成霧化空間，可以大大吸收並減弱火災熱量，對周圍燃燒物受到熱輻射之威脅大幅降低，並阻絕輻射熱回饋到燃料層。

---

15. 物質於常溫常壓下有固態、液態及氣態等物理三態的差異，請說明影響可燃性固體、液體及氣體燃燒難易或燃燒效果之因素。

解： (1) 影響可燃性固體

① 火載量及火災猛烈度：可燃物數量愈多，火災持續時間愈久燃燒愈猛

列，燃燒速度愈快。燃燒熱值及熱釋放率關係到火災之猛烈度。

② 形狀尺寸：物質比表面積愈大，其所需最小起火能量愈低。

③ 排列方位：豎立狀態比水平狀狀態容易燃燒。

④ 含水量：含水量愈高及吸熱量愈大。

⑤ 排列高低與密度：燃料排列愈高，上方燃料較易接受下方火焰，產生預燃效應。排列密度主與與空氣中氧接觸程度。

(2) 影響可燃性液體

① 閃火點：閃火點愈低，愈易引燃。

② 燃燒／爆炸範圍：燃燒／爆炸範圍愈寬，危險性較大。

③ 液體表面積：表面積愈大，愈能接觸空氣中氧。

④ 溫度及壓力：二者任一增加皆會使爆炸下限降低。

(3) 影響可燃性氣體

① 爆炸下限：下限愈低愈危險。

② 燃燒／爆炸範圍：燃燒／爆炸範圍愈寬，危險性較大。

③ 溫度及壓力：二者任一增加皆會使爆炸下限降低。

此外，仍是火三要素

(1) 燃料方面，燃料本身理化性。

(2) 氧氣方面，通風程度或密閉。

(3) 熱能方面，最小起火能量、起火源大小、容器或壁面（邊界層）等熱傳屬性等。

---

16. 熱量傳遞過程與火災成長關係密切，試敘述熱輻射之物理機制與影響熱輻射之因素。

解：依據史蒂芬－波茲曼公式得知，輻射熱量與輻射物體溫度的4次方、輻射物體表面積成正比，而物體吸收輻射熱的能力與其表面積之輻射率ε有關，物體之顏色愈深，表面愈粗糙，吸收的熱量愈高；輻射熱量與受輻射物體間之距離平方成反比。因此，熱量傳遞過程與火災成長關係密切，在影響熱輻射之因素，最主要是輻射強度與溫度4次方成正比，再者與輻射率有關是物質顏色、形狀（平行位置接受熱量大，如向日葵對著太陽光移動，使其接受輻射熱最大）、表面積、密度、材質等，再者是距離。以室內火災而言，影響熱輻射主要是火

災溫度（此影響因子甚多）、火災室尺寸及形狀等、邊界層屬性（天花板、牆壁之材質、可燃性等）或開口屬性等。

---

17. 請說明燃燒／爆炸範圍爲何？已知A、B、C三種化學物質之閃火點分別爲25、27、29℃，各物質在閃火點下之飽和蒸氣壓分別爲6、10、7mmHg，試計算此三種物質之爆炸下限？若某混合氣體之組成比例爲A：B：C＝1：2：2，試計算此混合氣體之爆炸下限。

解： (1) 燃燒／爆炸範圍爲可燃性氣體或蒸氣，與空氣混合，其混合濃度需達到一定的範圍，遇到起火源而能產生燃燒／爆炸。

(2) 此三種化學物質之爆炸下限之計算各爲：

用閃火點下的飽和蒸氣壓，求爆炸下限（$L_下$）：$L_D = \dfrac{P}{P_O} \times 100\%$

式中LD：爆炸下限（%），P：閃火點下之飽和蒸氣壓（mmHg），P_0：1atm（760mmHg）

A物質爆炸下限 $\dfrac{6}{760} \times 100\% = 0.79\%$

B物質爆炸下限 $\dfrac{10}{760} \times 100\% = 1.32\%$

C物質爆炸下限 $\dfrac{7}{760} \times 100\% = 0.92\%$

(3) 依Le Chatelier定律混合氣體燃燒上下限計算

依題目混合氣體組成比例爲A：B：C＝1：2：2，計算體積百分比：

A物質 $\dfrac{1}{(1+2+2)} \times 100\% = 20\%$

B物質 $\dfrac{2}{(1+2+2)} \times 100\% = 40\%$

C物質 $\dfrac{2}{(1+2+2)} \times 100\% = 40\%$

混合氣體爆炸上限 $L_U = \dfrac{1}{\dfrac{V_1}{L_{1U}} + \dfrac{V_2}{L_{2U}} + \dfrac{V_3}{L_{3U}}} \times 100\%$

混合氣體爆炸下限

$L_D = \dfrac{1}{\dfrac{V_1}{L_{1D}} + \dfrac{V_2}{L_{2D}} + \dfrac{V_3}{L_{3D}}} \times 100\% = \dfrac{1}{\dfrac{20}{0.79} + \dfrac{40}{1.12} + \dfrac{40}{0.92}} \times 100\% = 1.02\%$

式中V為可燃性氣體之體積百分率

---

18. 物質的燃燒型態有「引火」與「發火」二種重要的現象，請說明此二現象的意義，並比較二者的異同與可能產生的火災危險為何？

解:

現象	引火	發火
定義	可燃物以固體而言，由外來火源使之引燃。以液體而言，由外來火源直接供給熱能，至某一液相溫度時出現液面上閃火現象。此時溫度稱為引火點或閃火點，時間維持相當短。	可燃物有可能是固體或液體，甚至是氣體狀態，不受外來火源直接供給熱能，受熱或本身發熱至某一特定溫度時，出現自燃發火，並持續燃燒現象。
相同點（三要素）	1.需有一定可燃性氣體或蒸氣量。 2.與空氣中氧混合比例在燃燒／爆炸範圍內。 3.需達到一定溫度。	
相異點	1.引火為直接火源，發火為間接火源或本身因混合或氧化自燃發熱。 2.引火溫度在液體達到其閃火點（flash point），發火溫度在液體需達到其發火點（fire point）。	
火災危險	引火為外來直接火源，明顯較能採取預防。 需作密閉儲存。 需控制儲存溫度與壓力，以免引火危險。	發火引發火災因其無直接熱源，因此不易防範。 發火不藉火焰或電器火花引火也能發火。 需控制儲存溫度與壓力，以免引火危險。 需作密閉儲存。

---

19. 引燃行為是產生燃燒／火災的關鍵，在室溫下請針對氣體、液體及固體燃料分別討論其引燃行為所需的條件。

解:　液體燃燒過程中，比固體熱裂解過程所需熱量低，亦即液體燃料蒸發過程顯然較少的熱量輸入，因此液體燃燒速度勢必大於固體。如對氣體燃料火災控制和滅火是困難的，因其是更容易再形成複燃引火的。氣體燃料是最危險的，因其是處在所需起火之自然狀態，而無需再進行燃料熱裂解或氣化之轉換過程。因此，氣體燃料也是最難以抑制的。

而引燃條件，顯然氣體所需發火能量是最低的，再者是液體，最後是固體。而

三者引燃一樣，皆需有火之三要素存在，即燃料、氧氣與熱量。

---

20. 固體燃燒之種類有哪五種？請分述之。

解： 擴散燃燒如固體之蠟燭燃燒，蒸發燃燒如熱固性塑膠，分解燃燒，表面燃燒及自己燃燒；以及固體專有之悶燒。

延伸閱讀請參閱第3章第1節〈燃燒機制與形式〉。

---

21. 請分別依燃燒之四要素所採之滅火方法為何？並列舉其滅火藥劑、消防安全設備為何？

解：
(1) 燃料為移除法。
(2) 氧氣為窒息法：主要如泡沫滅火設備、二氧化碳滅火設備、IG-541、IG-100、IG-55、IG-01。
(3) 熱量為冷卻法：主要如撒水設備、室內（外）消防栓、水霧及細水霧滅火設備。
(4) 連鎖反應為抑制法：主要如乾粉滅火設備、FM-200、PFC-410（CEA-410）、NAFS-Ⅲ、FE-13。

---

22. 木碳與木材之燃燒分別屬於何種類之燃燒？請詳細說明其過程與現象之不同。

解： 木碳屬表面燃燒，而木材屬分解燃燒。
(1) 表面燃燒主要指固體燃燒，可燃物質由熱分解結果產生無定形碳化物，在固體面與空氣接觸處形成碳素化合燃燒區，又其蒸氣壓非常小，或者難以發生熱分（裂）解，不能發生蒸發燃燒或分（裂）解燃燒，當氧氣包圍物質的表層時，呈熾熱狀態並呈現出無焰燃燒的現象。
(2) 分解燃燒主要指固體類燃燒，固體可燃物在空氣中被加熱時，先失去水分，再起熱分解而產生可燃氣體，起燃後由火焰維持其燃燒如木材、紙、布、熱固性塑膠、合成塑膠、纖維等固體可燃物，或高沸點之物質受熱分解出可燃氣體而燃燒。

23. 可燃性氣體（或蒸氣）之「燃燒／爆炸範圍」（flammability limits）受周遭環境因素（例如：溫度、壓力、空氣成分等之影響如何？於消防安全觀點上，應如何妥善運用這些因素？

解：　壓力與溫度二者成正比。二者任一增力，皆會使爆炸下限降低，爆炸上限提高，使燃燒／爆炸範圍變寬；而添加不燃性氣體使爆炸下限改變相當微小，但能顯著降低爆炸上限。

於公共危險物品儲藏室溫度不超過40℃，容器不能陽光直曬，室內進行通風措施，密閉容器設計釋壓閥及安全閥。

24. 試從燃燒四面體理論，說明撲滅擴散火焰所可採取的措施有哪些？

解：　本題語義並非明確。

基本上，擴散燃燒主要指氣體類燃燒，氣體燃燒能直接與空氣中氧結合，不需像固體、液體類經分解、昇華、液化、蒸發過程，擴散燃燒指可燃氣體從容器管口或洩漏口噴出，在噴出處與空氣中氧分子進行先擴散混合，同時燃燒現象，是一種穩定燃燒。

可針對燃料進行移除法，也就是進行緊急遮斷閥門方式，切忌用水柱將火焰弄熄。此時燃料洩出將空氣中氧預先混合，一遇火源將形成混合燃燒（即化學性爆炸）。此外，可用水霧冷卻法進行降溫方式，待其將燃料自行燒盡為止。

25. 試求某種具有下列各項化學成份組成之「天然」石化氣之混合物質的「燃燒上下界限」？

氣體	所占百分比（%）	爆炸下限（%）	爆炸上限（%）
CH_4（Methane）	78	5.0	15.0
C_2H_6（Ethane）	16	3.2	12.5
C_3H_8（Propane）	4	2.2	9.5
C_4H_{10}（Butane）	2	1.9	8.5

解：　依Le Chatelier定律混合氣體燃燒上下限計算

混合氣體爆炸上限

$$M_U = \frac{1}{\dfrac{S_1}{U_1} + \dfrac{S_2}{U_2} + \dfrac{S_3}{U_3} \cdots} \times 100\% = \frac{1}{\dfrac{78}{15.0} + \dfrac{16}{12.5} + \dfrac{4}{9.5} + \dfrac{2}{8.5}} \times 100\% = 14.01\%$$

混合氣體爆炸下限

$$M_D = \frac{1}{\dfrac{S_1}{D_1} + \dfrac{S_2}{D_2} + \dfrac{S_3}{D_3} \cdots} \times 100\% = \frac{1}{\dfrac{78}{5.0} + \dfrac{16}{3.2} + \dfrac{4}{2.2} + \dfrac{2}{1.9}} \times 100\% = 4.26\%$$

---

26. 有一燃燒塔每分鐘需消耗11.6kg之丁烷（C_4H_{10}），請估算在NTP之條件下（1大氣壓、25℃），丁烷之爆炸下限為多少%？燃燒塔每小時所需之燃燒理論空氣體積為多少立方米？燃燒理論空氣重量為多少公噸？

解： $2(C_4H_{10}) + 13(O_2) \rightarrow 8(CO_2) + 10(H_2O)$

理論濃度 $= \dfrac{1}{1 + \dfrac{6.5}{0.21}} = 3.13\%$

$C_{下} = 0.55 \times 0.0313 \times 100\% = 1.72\%$

11.6kg C_4H_{10}之$C = 696 \times \dfrac{48}{48+10} = 576$ kg，而 $H = 696 \times \dfrac{10}{48+10} = 20$kg

理論空氣量

$Lw = [11.6 \times C + 34.8 \times (H - \dfrac{O}{8}) + 4.3 \times S]\%$（kg）

$Lv = [8.9 \times C + 26.7 \times (H - \dfrac{O}{8}) + 3.3 \times S]\%$（$m^3$）

$Lw = [11.6 \times 576 + 34.8 \times (120 - O) + 4.3 \times 0] = 10.860$（公噸）

$Lv = [8.9 \times 576 + 26.7 \times (120 - O) + 3.3 \times 0] = 8.33$（$m^3$）

另一算法

$PV = nRT$〔V為體積（L）、R為理想氣體常數0.082〕

$1atm \times V = 1mole \times 0.082 \times 298$

$V = 24.4$ L

$\dfrac{696 \times 32 \times 6.5}{58} \times \dfrac{100}{23} = 10.852$ 公噸

$\dfrac{696 \times 24.4 \times 6.5}{58} \times \dfrac{100}{21} = 9.063$ m^3

27. 二氧化碳之滅火作用主要是靠降低氧濃度，若某一特殊場所體積為10m³，其滅火之氧濃度設定為8%，試問其所需之二氧化碳量為多少公斤？但不考慮火災時之溫度提升及二氧化碳放射時之溫度降低，以標準狀態考量即可。

解： $\dfrac{0.21V}{(V+x)} = \dfrac{8}{100}$　　　　x = 1.625V

1.625 × 10m³ = 16.25m³ = 16250L

以標準狀態考量：1mol氣體分子體積22.4L

W = V × D

$W = \dfrac{16250}{22.4}$mol × 44(g/mol) = 31920g = 31.92kg

28. 100m³的密閉空間內有標準狀態下的空氣，需加入多少CO_2，方可使得CO_2的體積濃度變為20%？

解： $\dfrac{V}{(V+x)} = \dfrac{20}{100}$　　　　V = 0.25x

0.25 × 100m³ = 25m³

29. 物質於常溫常壓下有固態、液態及氣態等物理三態的差異，請說明影響可燃性固體、液體及氣體燃燒難易或燃燒效果之因素。

解： 由粒子間距離來決定物質固液氣之三種狀態，粒子之間距離大小以固體 < 液體 < 氣體。又粒子間作用力大小以固體 > 液體 > 氣體，密度大小以固體 > 液體 > 氣體。因此，固體與液體均不能壓縮，僅有氣體可進行壓縮，這是因為氣體分子間距離很大，分子間引力很小，故氣體具有高壓縮性、高熱膨脹率極高擴散性。

以熱傳導係數而言，氣體最低、液體次之、固體最高，氣體不易熱傳（熱損失），以致其所需發火能量當然最低。因此，火災危險度或燃燒速率而言，可燃性氣體 > 液體 > 固體，因氣體是不需再分解，已準備好燃燒，僅要有發火源即可瞬間快速燃燒。

30. 若空氣中之氧氣含量為20%：

(1) 請寫出丙烯（C_3H_6）燃燒之化學平衡式。

(2) 請計算其當量濃度（stoichiometric concentration）。

(3) 請計算其爆炸上下限（lower explosive limit and upper explosive limit）。

(4) 請計算其限氧濃度（limiting oxygen concentration）。

解：　(1) $C_3H_6 + 9/2O_2 \rightarrow 3CO_2 + 3H_2O$

(2) $\dfrac{1}{1+4.8n}$（或 $\dfrac{1}{1+5n}$）$= \dfrac{1}{1+4.8(9/2)} = 4.4\%$

(3) $0.55 \times$ 當量濃度 $= 2.43\%$（下限）　$\dfrac{4.8 \times \sqrt{當量濃度 \times 100}}{100} = 10.07\%$（上限，烯類會有誤差）

(4) 爆炸下限 $\times$ 氧莫耳數 $0.0243 \times 9/2 = LOC$　$LOC = 10.9\%$

參考文獻

1. IFSTA 2000, Marine fire fighting, the Board of Regents, Oklahoma state University, International Fire Service Training Association, Fire Protection Publications, February.

2. Kuchta, J.M. (1985), "Investigation of fire and explosion accidents in the chemical, mining and fuel-related industries - A manual". United States Department of the Interior, Bureau of Mines, Bulletin 680.

3. IFSTA 2001, Marine Fire Fighting for Land Based Firefighters, the Board of Regents, Oklahoma state University, International Fire Service Training Association, Fire Protection Publications, July 2001.

4. IFSTA 2010, Marine Firefighting for Land Based Firefighters, 2nd Edition, the Board of Regents, Oklahoma state University, International Fire Service Training Association, Fire Protection Publications, July 2010.

5. NFPA 2007, NFPA 1405: Guide for Land-Based Fire Departments That Respond to Marine Vessel Fires, 2007 Edition, NFPA.

6. NFPA 1986, Fire Protection Handbook Sixteenth Edition, the National Fire Protection Association, Batterymarch Park, Quincy, MA 02269.

7. NFPA 1997, Fire Protection Guide to Hazardous Materials, 12 edition, National Fire Protection Association.

8. NFPA 1997, Fire Protection Handbook 18 Edition, National Fire Protection Association.

9. U.S. Navy 1991, U.S. Navy Ship Salvage Manual Volume 3 (Firefighting and Damage Control), S0300-A6-Man-030, 0910-Lp-252-3100, Published by Direction of Commander, Naval Sea Systems Command, 1 August 1991.

10. Drysdale Dougal 1985, An Introduction to Fire Dynamics , University of Edinburgh, UK Fire Safety Engineering.

11. Media Brilliance System 2015, http://classroom.u-car.com.tw/classroom-featuredetail.asp?cfsid = 31

12. HellTchi, 2013, Vapor pressure, Wikipedia, the free encyclopedia.

13. Ytrottier, 2006, Vapor pressure, Wikipedia, the free encyclopedia

14. Yaws2011,Handbook of Properties of the Chemical Elements, 2011 Knovel

15. John A. Rockett and James A. Milke, The SFPE Handbook of Fire Protection Engineerin, 3th edition, National Fire Protection Association, Quincy MA, p.1～27 (2002)

16. IFSTA, 2013, Essentials of Fire Fighting and Fire Department Operations / Edition 6, BRADY Publishing, IFSTA.

17. Wikipedia 2015, Volatility (chemistry) the free encyclopedia.

18. OSHA 2016, Flammable and Combustible Liquids, www. OSHA.gov

19. Paroc Group 2016, General information about fire, nergiakuja 3 P.O BOX 240, 00181 Helsinki, Finland.

20. Green, Don W.; Robert H. Perry, 2007, Perry's Chemical Engineers' Handbook. McGraw-Hill Professional; 8 edition. Chapter 23.

21. Yaws, C. L. ed., "Chemical Properties Handbook," McGraw-Hill, New York, NY (1999).

22. 范維澄等，火災學簡明程，1995，合肥，中國科學技術大學出版社。

23. 余春社，生物質熱解機理和工程應用研究，2000，浙江大學博士學位論文。

24. 盧守謙（譯），區畫空間熱傳模式一項新研究，現代消防，第84期，中央警察大學，民87年12月，頁76～87。

25. 陳藹然2015，活化能，國立臺灣大學科學教育發展中心

26. 上海知識出版社1991，消防手冊：上中下冊（第16版），1991年。

27. 東京消防廳警防部監修1994，新消防戰術4，東京消防廳，平成6年1月。

28. 東京消防廳警防部監修1996，新消防戰術9，東京消防廳，平成8年9月。

29. 日本火災學會編1997，林野火災，火災便覽第3版，共立出版株式會社，平成9年。

第 **3** 章

燃燒科學

　　本章各類物質燃燒旨在敘述各種物質燃燒特性，及潛在燃燒行為。由這些多種類物質所形成火災／爆炸複雜危險性、特徵等相關問題；以及減少這些危險性所採取策略方法，進行相關探討。而對一些特殊的消防問題，亦併同討論。

第1節　燃燒機制與形式

1. 燃燒機制（The Burning Process）

　　誠如前述，燃料能以3種狀態之任何形式存在：即固體、液體或氣體。原則上，只有蒸氣或氣相才能著火燃燒（Burn），只有少數物質可以固態形式直接燃燒，如鎂等禁水性金屬。基本上，液體或固體燃料的開始燃燒，是需透過受熱而轉換成蒸氣或氣體狀態。燃料氣體演變可以是從固體燃料的熱裂解過程（Pyrolysis Process），即直接昇華（Sublimation）[1]為氣體，或是物質透過熱傳進行化學分解（Chemical Decomposition）再蒸發為氣體現象；或是熔點低之可燃固體會先溶解為液體，或者固體先溶解再加上分解為液體；也可以是從液體的蒸發汽化（Vaporization）或先分解再蒸發至燃料氣體。這些過程是相同的，就如無論是水沸騰蒸發或在陽光下的水蒸發；在這些情況下，皆是受熱導致液體氣化之現象。

　　在熱回饋機制上，液體將汽化、而固體將熱裂解。從液體沸騰或固體裂解中產生可燃性分子，在火焰中發生化學鍵斷裂，而更容易與來自空氣中氧氣進行混合。熱裂解是一種複雜的非線性行為，在熱量作用下固相可燃物發生熱裂解及分解反應，致發生揮發性產物，包括可燃性與非可燃物成分。熱分解反應同時產生可燃非揮發性碳，上述揮發性產物於固體表面上方發生氣相氧化反應，而固相燃燒之殘留碳存在，是其所產生可燃性氣相揮發部分被空氣流迅速帶離，從而濃度不足以燃燒。進一步言之，大部分固體可燃物隨著熱解與燃燒進行，會有相當量殘留物覆蓋在固體表面，碳層存在會使表面熱阻增大，較少受外空氣冷卻，而表面溫度上升，形成內部梯度，從而影響燃燒速率，如木材燃燒就是一顯著例子。而液體燃燒過程中，比固體熱裂解過程

---

[1] 物質不經過液態，由固態直接汽化變成氣態的現象，如樟腦丸直接昇華後，會散發出氣體氣味，而體積緩慢減小。物質在昇華過程中要吸收熱量。

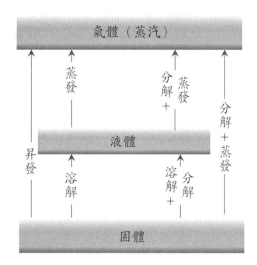

圖3-1　固體燃料以不同模式轉成燃料氣體（蒸汽）方式

（資料來源：Drysdale 1985）

（Pyrolysis Process）[2]所需熱量低，亦即液體燃料蒸發過程顯然較少的熱量輸入，因此液體燃燒速度勢必大於固體。

　　如對氣體燃料火災控制和滅火是困難的，因其是更容易再形成複燃引火的。氣體燃料是最危險的，因其是處在所需起火之自然狀態，而無需再進行燃料熱裂解或氣化之轉換過程。因此，氣體燃料也是最難以抑制的。

　　所以，無論可燃物是以哪一種型態，絕大部分是以蒸氣或氣體狀態來燃燒。又如紙張分解燃燒，其實不是紙本身在燒，而是紙上方之揮發可燃氣體在燒，因其需由固體轉換成氣體才能燒；另如蠟燭亦是需先轉換成液體（蠟油）再轉換成氣體才燒（由白色棉繩藉虹吸作用吸取蠟油氣化）。在液體方面，如汽油燃燒不是液體，是由其上方油氣在燃燒，如溫度愈高其蒸氣壓愈高，油氣愈多，燃燒愈旺。所以，車禍會導致油箱爆炸，其油箱的油絕對不是滿的狀態，因其都是液體，頂多形成漏油表面蒸發燃燒。所以，油箱油快沒了，則內部多是油氣是較危險的。

---

[2] 可燃物在燃燒前會裂解為簡單的分子，分子中的共價鍵在外界因素（如光、熱）的影響下，裂解形成化學活性非常強的原子或原子團，稱為游離基。有氫原子、氧原子及羥基等。

2. 燃燒形式

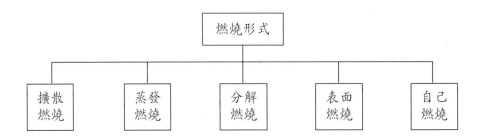

(1) 擴散燃燒

主要指氣體類燃燒，氣體燃燒能直接與空氣中氧結合，不需像固體、液體類經分解、昇華、液化、蒸發過程；如氫、乙炔或瓦斯等可燃氣體與空氣接觸直接燃燒。以氣體燃燒而言，僅分擴散及混合燃燒二種，混合燃燒即所謂化學性爆炸，其不在此燃燒形式作探討。基本上，擴散燃燒指可燃氣體從容器管口或洩漏口噴出，在噴出處與空氣中氧分子進行先擴散混合，同時燃燒現象，是一種穩定燃燒。有些國外文獻，將有些固體也列入擴散燃燒行列，如蠟燭火焰。

(2) 蒸發燃燒

液體類燃燒即是，液體的燃燒非液體本身在燃燒，而是液體蒸發所生之蒸氣在燒；亦即液體由蒸發之蒸氣引火產生火焰，回饋至液體表面再繼續蒸發而維持燃燒現象；如酒精、乙醚或汽柴油類等引火性液體，皆以蒸發式燃燒形態。在固體方面，熔點較低固體類，受熱後熔融液化，蒸發成蒸氣而燃燒，如熱塑性塑膠、硫磺、瀝青、石蠟等固體，則先熔融液化，繼而蒸發燃燒。

液體物質若於開口容器內發生火災時（液體表面積小），較易處理，但若容器破裂時將因液體之流動（液體表面積大），而導致大面積燃燒；所以需有防止液體流出之設置。液體燃燒時與固體有些相似，需先於液體表面揮發成可燃氣體（揮發量為液體蒸氣壓之函數），該氣體接觸火源後即引燃。

(3) 分解燃燒

主要指固體類燃燒，固體可燃物在空氣中被加熱時，先失去水分，再起熱分解而產生可燃氣體，起燃後由火焰維持其燃燒如木材、紙、布、熱固性塑膠、合成塑膠、纖維等固體叫燃物，或高沸點之物質受熱分解出可燃氣體而燃燒；又如粉塵爆炸乃粒子表面所生之氧化反應，由於發火源使粒子表面受到加熱分解出可燃氣體，此氣體與周圍之空氣形成爆炸性之混合物，引起燃燒爆炸反應之火焰型態傳播。

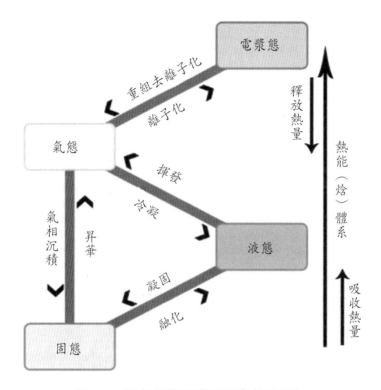

圖3-2　物質相態轉變過程與熱量關係

（資料來源：Flanker Penubag, 2008）

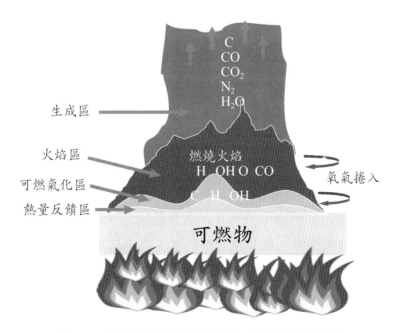

圖3-3　可燃物質接觸火焰產生分解燃燒之結構

(4) 表面燃燒

　　主要指固體燃燒，可燃物質由熱分解結果產生無定形碳化物，在固體面與空氣接觸處形成碳素化合燃燒區，又其蒸氣壓非常小，或者難以發生熱分（裂）解，不能發生蒸發燃燒或分（裂）解燃燒，當氧氣包圍物質的表層時，呈熾熱狀態並呈現出無焰燃燒的現象[3]。燃燒僅維持在表面如木碳、焦碳、鋁箔等，此種空氣中的氧分子直接附著於固體表面燃燒，不生分解燃燒亦不熔化或蒸發成液體而保持原狀，也沒有進行鏈式反應，因表面燃燒乃藉氧氣或含氧氣體接觸固體碳元素之表面與其化合，只見無焰之火光，而不生火焰現象。因此，可燃性金屬燃燒乃金屬在大塊之情形下極不易燃，但為粉末、鑽屑、鋸屑之情形下，則因熱傳熱量小，受熱時溫度較易升高，且與空氣氧接觸面大，而易於氧化反應燃燒。

圖3-4　不產生鏈式反應之木碳表面燃燒現象

(5) 自己燃燒

　　主要指固體燃燒，在分子內含有氧而不需外界空氣中氧供應如大多數火藥、賽璐璐、硝化棉（$C_6H_7O_2(ONO_2)a(OH)_3$-an，其中a為酯化度，n為聚合度）、硝化甘油（$C_3H_5N_3O_9$）或固體推進劑如人造衛星打入無氧氣之外太空，靠本身氧分子維持旺盛燃燒等，此種反應速度快，燃燒速度較迅速，甚至有爆炸性燃燒如黑火藥（硝、硫、碳比例為10：1：3）、爆炸物等。

---

[3] 黃伯全，火災工學概要，中央警察大學消防系

圖3-5　火／炸藥含氧化性及自我反應性物質不需外部氧的自己燃燒現象

例1：下列關於固體可燃物之燃燒型態類別區分何者正確？　(A)木材為表面燃燒　(B)金屬粉為自己燃燒　(C)賽璐珞為分解燃燒　(D)硫黃為蒸發燃燒

解：(D)

例2：某些物質如賽璐珞（Celluloid）起熱分解後，除會產生可燃性氣體外，同時亦會產生氧，此類物質不需空氣之氧助燃，只依賴分子之氧即可燃燒，此種燃燒稱為：　(A)自己燃燒　(B)分解燃燒　(C)蒸發燃燒　(D)表面燃燒

解：(A)

此外，燃燒形態又可分為如下

(1) 定常燃燒與非定常燃燒

　　燃燒產生之熱與逸散之熱，能維持平衡，而具有均衡燃燒溫度者為一種定常燃燒。反之，若燃燒產生之熱大於逸散之熱，使其無法維持均衡燃燒溫度者為一種非定常燃燒，如爆炸即是。

(2) 均一系燃燒與非均一系燃燒

　　若燃燒進行及產生是由同一相態者為一種均一系燃燒，此多為氣體形態；如氫氣與氧氣之燃燒（二者與其產物皆為氣相）。反之，若燃燒進行及產生是不同相態者為一種非均一系燃燒，此多為固體與液體形態，如油類燃燒（液態→氣態）、紙張燃燒（固態→氣態）。

第2節　燃燒原理

　　燃料為文明生活之基本條件，人類使用燃料經長期之演變，由古時唯一燃料之木材（固體）開始，之後使用煤碳、再發現石油系（液體）並發展至汙染性較低之氣體燃料，甚至應用核能燃料。

基本上，可燃物一般燃燒過程可分4個階段：
- 預燃（Preignition）
- 起燃（Ignition）
- 燃燒（Combustion）
- 熄滅（Extinction）

　　本節將敘述燃燒原理，在此再次強調起火是什麼？當熱量傳輸至可燃物質（引燃）或本身自體發熱（自燃）時，物質首先吸收熱量發生水分蒸發，水蒸氣產生使得在物質內部形成一個壓力分布，從而驅使水分析出。當水分完全釋出後，物質內部溫度始能上升，再者是熱裂解過程及後續分解，在其熱裂解析釋過程中，產生揮發性產物與固相碳，部分由於本身蒸氣壓低而凝結成為微小的液相顆粒，與水分一樣形成白色的煙霧。在蓄熱大於散熱情況下，溫度會一直升高，至某一臨界點，突然出現火焰直立現象，這就是起火。

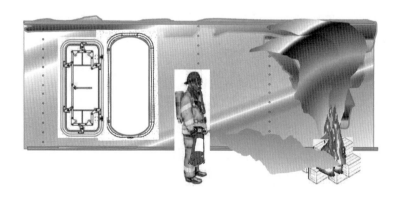

圖3-6　能發現初期火勢並採取動作輕鬆撲滅

（作者繪圖）

　　因此，具備對可燃物如何起火、燃燒過程和燃料如何影響火行為之知識，對進行滅火是成功或是失敗，具有絕對性之影響。以下將敘述燃料屬性、說明燃料蒸汽與空氣混合物和討論燃燒之過程；這些對學習防火防爆是重要的。

1. 燃料重要屬性（Fuel Characteristics）

　　燃燒原理基本是一化學原理，物質本身不會主動發生燃燒，絕大多數物質是因為受熱（外內在）分解產生可燃氣體分子，達到起火溫度時所發生燃燒現象。實際上並非是物質本身在燃燒，以固體而言，絕大多數是分解的可燃性氣體在氧化燃燒，並氧氣量供給產生水、二氧化碳或一氧化碳等。舉如木塊的分子式為$C_6H_{10}O_5$，加熱之後分子開始進行分解，6個碳開始進行分解，可能形成2個碳的結構，該等碳開始分解燃燒，而連鎖反應持續不斷的分解，就會不斷的燃燒；當氧氣量受限火災發生後，生成物最多的是一氧化碳，因為燃燒發生太過迅速使空氣中的氧氣供給量不足，導致燃燒不完全而產生一氧化碳。

　　基本上，火因需供氧產生自然浮升對流，產生向上使其生成物能遠離火焰本身，而氧氣能從底部供應。當其火焰成長延伸時，也基於供氧而產生向外或向大空間位置燃燒趨勢，此二種現象在牆壁面上會留下V型的燒痕特徵。為瞭解燃燒科學，最基本應認識燃料形狀、尺寸、方位、密度、狀態、水溶性和揮發性（Volatility）[4]，這些燃料物理屬性對火災燃燒過程中能產生重要之影響因素。

(1) 形狀和尺寸（Shape and Size）

　　固體燃料形狀和尺寸，是顯著影響其起火性（Ignitability），其中重要是比表面積（Surface to Mass Ratio）：即燃料表面積與燃料體積比率。當燃料的顆粒變得更小和更細碎，比表面積將增大，所需起火能量亦低，致引火性也大大增加。由於表面積增加，熱傳是較容易，因此物質受熱亦更迅速，接觸空氣中氧氣量變多，從而較易形成熱裂解現象，致快速起火；如砂糖顆粒不夠細撒向火源不容易燒，但砂糖磨成砂粉時，撒向火源時將整體燃燒現象。

---

[4] 揮發性或蒸發，在化學、物理和熱力學的領域中，是指物質汽化的程度。在某一溫度下，蒸氣壓愈高的物質愈易汽化，也就是揮發性愈高。揮發性通常指液體類，但也指一些不需經過液態就可以直接汽化的固體物質，如乾冰（Solid Carbon Dioxide）、氯化銨（Ammonium Chloride）（參考自Wikipedia 2015, Volatility (chemistry) the free encyclopedia）。

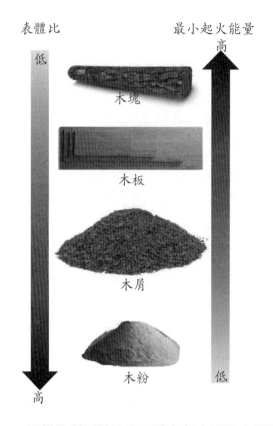

圖3-7　可燃物質形狀比表面積與起火能量高低關係

（資料來源：IFSTA, 2013）

(2) 方位（Position）

　　固體燃料的物理位置，對與火相關人員，需要給與相當的關注。當固體燃料是呈現垂直位置，火勢延燒將比其處在水平位置狀況，較為快速的。其火勢得以蔓延迅速，是因熱傳大量增加，其可透過對流、傳導和輻射同時進行多種之熱傳方式；如垂直性之窗簾、舞台布幕等燃燒，火勢將會很大。知道此一原理，當身上著火不能跑（製造空氣移動氧供給加快），不能站或坐（垂直），應躺在地面上（水平），使燃燒變小，再翻轉壓熄（窒息）。

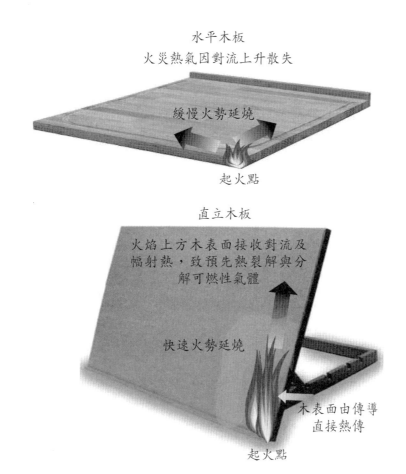

水平木板
火災熱氣因對流上升散失
緩慢火勢延燒
起火點

直立木板
火焰上方木表面接收對流及幅射熱，致預先熱裂解與分解可燃性氣體
快速火勢延燒
木表面由傳導直接熱傳
起火點

圖3-8 可燃物之方位為火勢延燒之一種函數
（資料來源：IFSTA, 2013）

(3) 狀態（Physical Properties）

液體狀態燃料具有流動的物理性，此與室內火災一樣，具有煙流之流動物理，使內部人員陷於危險性。在海上的船舶當液體發生洩漏於平面或弧面甲板上（Platform），會依物理狀態流動並積聚在低窪地區。又船舶受到海浪運動，導致甲板液體往不同的方向進行流動。而室內火災煙流卻相反地，往室內高處流動，尤其透過樓梯間快速往上流動，使上方樓層人員陷於危險環境。

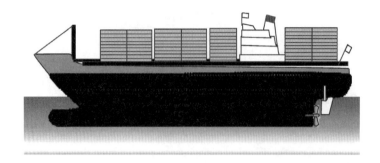

圖3-9　船舶甲板上洩漏液體流動方向為海浪運動之函數

（作者繪圖）

(4) 密度（Density）

　　密度是瞭解燃料特性之一個重要概念。正如前面所提的，密度是物質的分子如何緊密地擠在一起之程度（Measure）（參見本書後方之名詞解釋）。

$$比重 = \frac{物質密度}{4℃水之密度}$$

　　較密物質是較重的，如海水的密度為1.025，而淡水密度則為1。密度（有單位）與比重（Specific Gravity）（無單位）方面，比重是液體重體與水重量之比值。水的比重為1，假使某液體比重小於1則表示比水輕，而比重大於1則比水重。

圖3-11　不同液體之比重關係

　　大多數易燃液體比重小於1，此意味著，當滅火人員進行易燃液體火災搶救工作，但遇到流動水，水會沉到其底部並受熱蒸發成爆炸性混合物，或隨著流動的水使油類火勢延伸到別處，而引燃其路徑上可燃物。在滅火上，使用化學乾粉或泡沫，作為液體火災之滅火劑。

圖3-12　泡沫作為液體燃料火災之主要滅火劑

（攝自臺中港區）

　　氣體往往假定其為容器的形狀，但沒有具體的體積（Volume）。如果蒸氣密度[5]小於空氣，釋放後會上升，並趨於消散。如果氣體或蒸氣比空氣大，則會停留在低窪區域，或隨著地形傾斜面或風力進行延伸擴散。

　　知道碳氫化合物之烴類氣體危險性很重要，除最輕之甲烷（Methane）外，大多蒸氣密度是大於1，如乙烷、丙烷和丁烷的氣體都是比空氣重的烴類（Hydrocarbon）氣體。天然氣（主要由甲烷組成）是比空氣輕，其能以極低溫液化（Cryogenic Liquid），形成液化天然氣（LNG），一旦外漏蒸發能大量膨脹蒸汽，最初是比空氣重，但稍後會變得比空氣輕。基本上，空氣分子量 $= \dfrac{28(N_2) \times 79\% + 32(O_2) \times 21\%}{100\%} = 28.84$

(5) 水溶性（Water Solubility）

　　液體燃料在水中溶解度，對燃燒過程影響也是一個重要考量的因素。油漆稀釋劑、丙酮或醇類（Alcohols）等極性溶劑，能溶解於水（水溶性）。如果使用大量的水，醇等極性溶劑能予以稀釋至不會燃燒程度。而烴類液體（非極性溶劑）是不溶於水（不溶性），這就是為什麼單獨的水不能洗掉手上油類之道理。必須使用肥皂與水

[5]　蒸氣密度指一定體積的蒸氣或氣體與同體積空氣的重量比。

一起使用，以溶解該油狀物。當碳氫化合物（不溶性）所造成的火災，必須考慮滅火劑的有效性和哪些對極性溶劑（Polar Solvents）和醇類（可溶性）是有效的。多用途泡沫是目前可用的，可以控制這2種類型（可溶及可溶性）液體燃料火災。

(6) 揮發性（Volatility）

液體釋放出的蒸氣之揮發性會影響滅火能力。所有液體的蒸氣是以簡單蒸發的形態進行。液體能揮發出大量易燃（Flammable）或可燃（Combustible）蒸氣，這是危險的，因其能容易在幾乎任何環境溫度，受到引燃情況。

2. 燃料揮發氣化與空氣混合物（Fuel Vapor to Air Mixture）

會發生燃燒現象之燃料是一種已轉換成氣體之狀態，其必須與空氣中氧（氧化劑）混合在適當的比例，也就是燃燒／爆炸範圍。燃料的燃燒（爆炸）範圍是以氣體（Gas）或蒸氣（Vapor）在空氣中體積（Volume）百分比，在燃燒／爆炸範圍下限（IFL）（指能支持燃燒的最小濃度）和燃燒／爆炸範圍上限（UFL）（指能支持燃燒的最大濃度）之間，遇到火源可以燃燒之範圍（界限）（延伸閱讀參見本書第8章〈防火防爆中英文解釋〉）。假使爆炸上限為100%者，多數為不穩定物質，可能會產生分解爆炸、聚合爆炸等，如乙炔即是。

第3節　物質燃燒危險

燃燒係指氧化之作用，即某一物質與氧氣生成較簡易化合物，以及能量釋放，形成發熱也發光之燃燒現象。物質危險性第一個特徵，是該物質燃燒時所產生的熱量，即燃燒熱（Combustion Heat）。燃燒熱愈大溫度也愈高，則該燃料潛在危險愈大。

誠如本書之前所述，可燃性物質一般受高熱先形成裂解，再分解成揮發性氣體於燃料表面，此時需空氣中氧氣參與混合後，再形成燃燒行為，而空氣中氧氣濃度與燃料受熱揮發成氣體濃度，與該燃料表面之距離為一種函數關係。亦即，愈靠近燃料表面之可燃氣體愈濃，而氧氣濃度愈少（圖3-13）。

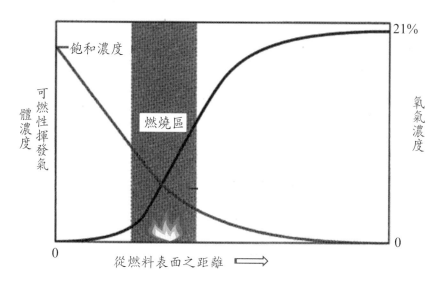

圖3-13　氧氣濃度與受熱揮發可燃氣體濃度，為燃料表層距離之函數

（資料來源：DeHaan, 2006）

　　燃燒放熱大小，由該物質之化學屬性（Chemical Composition）決定；放熱速度則取決於物質之物理屬性。所以，細刨花（Excelsior）與等重木塊相比，雖然燃燒產生總熱量相等，但燃燒速度則前者顯然是較快的。

　　具有均衡燃燒溫度，即燃燒所生熱與逸散熱而保持平衡者，為一種定常燃燒型態。而燃燒所生熱 > 逸散熱，即熱能不能保持平衡者為非定常燃燒。又燃燒前與燃燒後生成之型態不作改變者，為均一系燃燒如氣體→氣體；而燃燒前與燃燒後生成之型態屬不同者，為非均一系燃燒如液體→氣體。

1. 有機物（Organic Materials）

　　只要討論到物質危險性，就必然講到有機物（Organically Derived），即含碳物質。這無非是因有機物普遍存在地球各處（Ubiquitous）。有機物之碳因具有4個鍵，易與其他元素結合而產生燃燒，故可燃的有機化合物種類很多，惟獨含碳化合物不會燃燒僅有CO_2，有機化合物較無機化合物不安定，易起變化，多數能燃燒，加熱即行分解。

　　最簡單有機化合物如甲烷（CH_4）和丙烷（C_3H_8），是普通商業上燃料，又是構成比較複雜物質結構單元。有機液體包括燃料、溶劑和化學中間體（Chemical Intermediates）等，但種類最為繁多卻是有機固體。從阿司匹靈化合物，到結構複雜之普遍日常用材料，如木材、紙張、紡織品、大部分塑膠，無不都是有機固體。所有這些物質都以碳為主要成分，幾乎又含有氫，有許多還含氧、氮等元素，只是含量不盡相同。

　　小分子連接成長鏈叫聚合（Polymerization），聚合的產物叫聚合物，聚合物主要以葡萄糖分子為基礎。最簡單的聚合物是塑膠，是由人工合成的。聚乙烯（Polyethylene），這種支鏈較少的長鏈烴，由乙烯分子首尾相連構成。一個典型的聚乙烯分子由幾千個連接在一起的乙烯單元構成。這種用以構成聚合物的重復單元叫單體。而構成天然聚合物的單體，範圍比構成合成材料的小，但結構變化卻很大，所以木、紙、棉這樣的天然材料，性能上才會差異如此大，上述這些材料都屬於纖維素物質。構成最常見有機材料的分子，是由成千上萬原子連接，以形成一定的機械屬性（Mechanical Properties）。

　　非常大的分子通常是天然的，如纖維素之木材、棉花和羊毛的蛋白質基礎（Protein-Based）結構。也能是人工合成的，如塑膠之聚乙烯是由數千個乙烯分子（C_2H_2）的化學連接在一起，並形成一大塊（Macro）聚乙烯，即許多日常用途之非

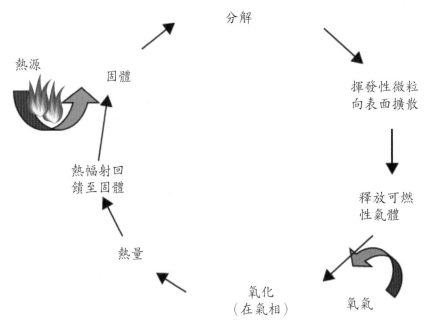

圖3-14　纖維紡織類物質燃燒過程

（資料來源：Broughton and Cerkez, 2013）

揮發性固體（Nonvolatile Solid），此一過程就稱爲聚合。

　　還有別種天然聚合物，如以蛋白質爲基礎的物質，不過，纖維素類是最爲普遍。因此，聚合物，不論是天然的還是合成的，與簡單的固體、液體、氣體相比，有一個主要的區別：固體物本身必須在一定程度上分解，才能氣化產生揮發物質，但聚合物的分子太大，不能照原樣轉化爲氣相，必須把存在的化學鍵打破，但這要消耗能量（也就是活化能）。

2. 能量產生（Energy Production）

　　大部分有機物能容易燃燒，有機物燃燒後普遍產物是H_2O（氫氧化物）與CO_2。關於有機物燃燒熱，如表3-1所述，嚴格地說，表內所列燃燒熱值是以理論反應過程爲基礎的，比如碳氫化合物經完全氧化後生成CO_2和H_2O。可是實際上，這樣的條件往往並不具備，如氧氣可能不充足，不能把所有碳都轉化成CO_2，其中一部分可能成爲CO，甚至還可能是煤灰（Soot）。因此，所列燃燒熱值，其實是對物質一般條件下燃燒時，實際產生熱量的上限。儘管各種有機物燃燒熱各不相同，但消耗每一當量氧所產生熱卻都是相同的，誤差在10%左右範圍內。

表3-1　物質（Pure Simple Substances）之燃燒屬性

物質	化學式	分子量	DHc淨燃燒熱（MJ/kg）	沸點（℃）	ΔHv蒸發潛熱（kJ/kg）
碳	C	12	32.8	4200	—
氫	H_2	2	130.8	-252.7	—
一氧化碳	CO	28	10.1	-191	—
甲烷	CH_4	16	50.3	-162	—
乙炔	C_2H_2	26	48.2	-84	—
乙醇	C_2H_6O	46	26.8	78.5	837
乙醚	$C_2H_{10}O$	74	33.8	34.6	360
丙烷	C_3H_8	44	46.3	-42	—
丙烯	C_3H_6	42	45.7	-47.7	—
丙烯腈	C_3H_3N	53	31.9	77.3	615
尼龍	$C_6H_{11}NO$	113	29	—	—

（下頁繼續）

（接上頁）

聚丙烯	C_3H_6	42	43.2	－	－
報紙	－	－	12.7	－	－
豬油	－	－	40.0	－	－
鋁	－	－	31.0	－	－
鐵	－	－	7.4	－	－
鈦	－	－	19.7	－	－

（資料來源：NFPA, Fire Protection Handbook）

　　有機物質能分為2大類：烴類（Hydrocarbon Based）與纖維素類（Cellulose Based）。前者是未氧化的碳氫結構單元－CH_2－或－CH－衍生物；後者則以部分氧化的碳單元－CH(OH)－為基礎。從某種意義說，以纖維素為基礎的物質是在自然狀態下已經部分氧化了（Oxidized）。所以，這2類有機物經燃燒而成二氧化碳和水時，纖維素類耗氧量較少而產生熱量也較少。

　　就以等量（Equivalent）生成的氧化物而言，烴類物質耗氧量要多50%，產生的熱量也大50%左右。如以重量為基礎，則差異更大，烴類物質產生的熱要比等重的纖維素所產生的大100%以上。因此，從能量觀點而言，油類或天然氣燃料比木材好，因木材主要是由纖維素所組成。天然烴類幾乎全是工業用的化學品或者是商業上燃料，如大多數塑膠是用烴類而不是用纖維素製造，並且廣泛地加工成建築材料與傢俱等人類用品，烴類燃燒產生高熱對於一般建築物防火安全而言，就是一個非常重要之課題。

3. 氣體（粉塵）危險性（Fire Hazards of Gases and Dust）

　　氣體與固體粉塵一旦起火，燃燒就會非常迅速之爆炸現象。所以，為避免其起火就顯得非常重要。而達到這一要求的主要原理為：

　　(1) 確定可燃性界限，即某一特定氣體或粉塵會燃燒起來的濃度範圍值。

　　(2) 使其濃度維持在界限範圍之外。

　　添加化學抑制劑（Chemical Inhibitors），提高可燃性的下限值，以減少氣體與粉塵起火的可能性。不過，實際上很少這樣做，由於費用大，或者由於抑制劑把其他需要性能也變掉了。

　　一般而言，控制起火是透過嚴格安全儲存及防護作業處理措施（Handling Safe-guards）來達到，本章討論可燃氣體的幾個細節中，大部分就是關於這些做法。在封閉的環境中也可減少有效含氧量，而提高實際的可燃性界限；反之，空氣中氧含量過多，超過了正常的大氣濃度，這提供了氣體和粉塵特定之爆炸危險。

　　從氣體、蒸氣（Vapors）或粉塵所造成火災強度是氣體密度，或粉塵顆粒大小和濃度的一種函數。很輕的氣體如氫和顆粒極細的粉塵，是分散極快，與密度較大物質相比能在相當較短時間內觸動爆炸條件。對控制火災與爆炸所作的努力，集中在抑制其反應，以及對初始爆炸提供自動抑制，如迅速引入水蒸氣或化學抑制劑至爆炸性混合氣層（Exploding Cloud）。為了有效果，自動抑制需在幾百分之幾秒的時間內來實現。

　　近幾年來，人們對人口稠密區發生可燃氣體大火的可能性愈來愈關注了，如2015年高雄地下管道爆炸大火事件。現在氣體燃料量極大運輸，不外乎是以槽車或管道，在美國最小化這類事故發生，主要措施是採用危險物品標識系統（Identification Systems），如張貼危險告示等（延伸閱讀請見NFPA 704之物質危險識別）。在預防與消除這類火災尚未有重大突破之前，盡量縮小火災影響的最適宜的措施，是預先規劃、整備和訓練緊急反應人員之應變能力（Response）。有關氣體危險性延伸閱讀請見本書第7章第3～5節可燃氣體之進一步探討；另關於粉塵危險性延伸閱讀請見本書第5章第7節粉塵爆炸之專節探討。

圖3-15　人口稠密LPG槽車道路交通運輸危險性

4. 液體危險性（Fire Hazards of Liquids）

由於燃燒實際上是在氣相中（Vapor Phase）發生的，所以，液體具高蒸氣壓或高揮發性是最危險的。液體蒸氣壓大小主要取決於液體分子間之引力，分子間引力大之液體會有相當低之蒸氣壓，因需要高能量才能使分子自液相逃離成氣態，如水分子間引力較乙醚強，而使得水之蒸氣壓較乙醚低。基本上，大分子量之分子其電子愈多，可極性化就愈大。因此，大分子量物質通常具有很低之蒸氣壓。

在實證量測方法是結合揮發性與熱量產生蒸氣之能力，這種方法就是閃火點（Flash Point）測定。閃火點就是液體釋出的蒸氣，在特定條件下能閃火時之最低溫度，也就是爆炸下限值。根據閃火點測定，制訂了危險物品分類系統，其中，危險性最為嚴重是閃火點最低的液體。不過，跟氣體的情況一樣，控制可燃液體的主要方法還是處理上安全防護措施（Handling Safeguards）。在處理揮發性液體時應盡可能防止易燃氣逸散，與消除起火源，此在很多國家已經有相關法規之規定，如NFPA 30可燃及易燃液體之標準。

假使易燃液體起火，一些安全設計如儲槽通風孔（Venting）使爆炸可能性最小化，及防止火焰竄入儲槽內部之阻火器（Flame Arrestors）。大量儲存易燃液體的儲存與分隔規定，也盡可能減少額外易燃液體加入，並與火接觸的可能性。

圖3-16　重油是難以點燃但起火後非常容易燃燒使滅火困難

（攝自臺中港區）

　　控制易燃液體火災強度是由燃料揮發性（Fuel Volatility）與燃燒時熱釋放率（Heat Released）所決定。因此，重油與焦油（Tars）可能難以點燃，可是一旦起火，卻是非常容易燃燒，而難以滅火。火焰所產生的熱量，一部分輻射回到燃料表面，使更多的燃料氣化。就大多數普通有機液體來說，所給定物質氣化所需的熱量，只要百分比很小的燃燒熱就足夠了。

　　有些滅火技術是採取阻擾燃料從液體轉化為氣態，如使液體冷卻、減緩氣化過程，或者使用泡沫來覆蓋液體表面。有關液體危險性延伸閱讀請見本書第7章第1～2節可燃液體之進一步探討。

圖3-17　儲槽通風孔使爆炸可能性最小化

（攝自臺中港區）

5. 固體危險性（Fire Hazards of Solids）

　　固體物質除非是以粉塵（Dusts）、泡沫形體或其他高表面積的形式存在，其火災危險性是類似與液體一樣。基本上，固體能分成2大類：柔軟材料（Flexible Materials）（如紡織品與襯墊材料）與結構硬材料（Structural Materials），其包括從鋼材、混凝土至木材、合成泡沫性塑膠結構（Plastic Foams）。對這2類材料，有多種試驗方法，來測定其起火屬性。但是，起火需要固體燃料揮發一定數量的可燃氣（Volatilization），而起火行為是強烈取決於加在材料表面之熱量程度。因此不同的起火試驗常常由於起火源大小不同而結果不同，同樣的原理也適用於測定火焰蔓延小樣品表面上。在無機結構材料（Inorganic Structural Materials）的火災大多是惰態

或消極的（Passive），比如，高溫情況下鋼會喪失其強度、混凝土會碎裂，而玻璃則會高溫破裂和熔融，玻璃至750℃時軟化至900℃時熔化。

在材料起火控制之改進技術方面，對天然與人工合成固體物質上，進行抗火時效處理（Flame-Resistant Treatments）。同時，設計聚合物體系（Polymeric Systems）有相當大的部分原料是不會燃燒。首先納入大量惰性（Inert）或吸熱添加劑，如塑膠中有重質碳酸鈣（Calcium Carbonate）或三水合氧化鋁（Alumina Trihydrate）。再者是添加防焰劑（Flame-Inhibiting Agents），是用含氯、溴或氟等鹵素原子之單體來製造。再者是研製非碳基聚合物，此包含有機矽聚合物與主要成分為磷與氮基之聚合物（Phosphonitrilics）。

基本上，熱釋放率（Heat Release Rate）是確定火災危險性一種函數。由於在實際火災中所承受的熱通量（heat Flux）[6]關係重大，在人造聚合物如聚乙烯（Polyethylene）之危害性是類似於烴類燃料如汽油，因其都有類似燃燒高熱量。然而，事實上這類聚合物是可比較的，聚合物燃燒速率並不會像烴類燃料一樣，燃燒如此迅速，而且在大多數情況下人造聚合物之燃燒是顯然慢得多。

6. 燃燒生成物-煙（Smoke）

煙通常對人命安全構成基本威脅，所以受到很大的關注。傳統上煙的特性概括為遮蔽光線（Obscure Light）之能力。但是，由於合成材料已經成了建築結構的普通構件和內部裝修材料（Furnishings）。所以，人們對燃燒產物本身鑑定與作用的關注日增。而合成材料的化學組成差異變化，其所產生煙是極可能含有天然材料不常遇到的成分，但是，真正的問題是在於新材料是否產生有毒的燃燒產物，這些產物所帶來的危險性，是受到大眾所關注之重點。

基本上，物質所產生的煙量和燃燒產物的化學性（即煙的毒性），在很大程度上是受到生成煙方式的影響。物質的加熱速率或燃燒溫度、氧氣可獲量，無論是悶燒還是有焰燃燒，以上這些都是重要影響的因素。對建築物內部某一物質形成火災，燃燒產物將會如何影響對內部人員生命的危害，是可預測的。關於火災燃燒產物分析延伸閱讀，請見盧守謙、陳永隆著《火災學》一書。

---

[6] 熱通量（heat flux）是量化熱傳遞之物理量，其單位是W/m^2。通常臨界熱通量（critical heat flux）愈大則物質愈不易引燃；小於臨界熱通量則物質不會引燃。

第4節　物質燃燒速率

1. 燃燒速率（Rate of Burning）

　　燃燒生成物的產生速率，始終是火災危險性的重要一環，不論是熱或煙，還是毒性氣體。本節將對影響燃燒速率一般物理現象，作一些探討。

對於不同物質之燃燒速率差異量極大，如次：

A. 相當高燃燒速率能比音速更快，通常為每秒進行數公里速度（km/s），如高階爆炸事件（Detonation）。

B. 每秒進行數公尺速度（m/s），如低階爆燃現象（Deflagration），延伸閱讀請詳見第5章第11至12節〈低階爆燃與高階爆轟〉。

C. 每秒進行數公分速度（cm/s），如燃燒或悶燒情況（Smolder）。

D. 每秒進行0.01～100毫米速度（mm/s），如迅速熱分解現象（Decomposing Rapidly）。

　　對同一燃料而言，濃度從接近爆炸下限開始增加至爆炸上限時，其燃燒速度會隨著增加。就特定燃料和空氣混合物之燃燒速度亦會隨著壓力之改變而有所不同。一般而言，當溫度增加時，燃燒速率會隨著增加，但壓力增加時，其燃燒速率將會降低。燃燒速率亦會隨著紊流之程度而改變，紊流愈強燃燒愈快。

　　誠如本書之前所述，火焰是經由燃料及空氣之混合物，所形成很薄反應層，通常會產生球形，並以起火點為中心，做放射狀向外移動[7]。而可燃物是氣體，也能是液體或固體，但是氧（一般是空氣中的自由氧）通常是氣體狀態。可燃物與氧必須在分子接觸條件下，才會產生所需的化學作用，這就意味著燃燒一般是一種氣相（Vapor-Phase）現象。燃燒速率是氧化發生之化學反應如何快速之一種函數；如是預混合火焰（Premixed Flames），即燃燒發生前可燃物與氧已經混合，則決定燃燒速率只是一種物質化合（Substances Combine）之固有速率。這種速率一般很高，在預混合情況下火焰以每秒幾公尺的速度傳播。正因如此，空氣與可燃蒸氣的接觸極為危險，這

---

[7]　蕭肇寶等，2005，赴英國研習消防火災原因調查技術，內政部消防署，公務出國報告書

個過程一旦起火,除非在有專門封閉空間(Closed Space);否則,因其是極其快速要中止這種燃燒過程,事實上是不可能的。

　　基本上,從火焰熱量傳遞給到凝結(Condensed)燃料(指液體和固體)的表面,有對流和輻射之混合熱傳,儘管當燃燒中火勢有效直徑超過1m後,則大多由輻射支配熱傳。而物質燃燒速率(ṁ)(g/s)能由以下表示:

$$\dot{m} = \frac{Q_F - Q_L}{L_V} \times A$$

其中

ṁ是燃燒速率(g/s),其中上面一點是表示隨時間而變化。

Q_F是從火焰到表面的熱通量(heat flux)(kW/m^2)。

Q_L是從表面熱損失的熱通量(如透過對外散失之輻射或透過固體散失之傳導)(kW/m^2)。

A是燃料表面積(m^2)。

L_V是氣化熱(相當於液體蒸發潛熱)(kJ/g)。

　　在日常生活中較普遍燃燒方式,大多是一種擴散火焰(Diffusion Flame),如圖3-18。此種情況下,氣化的可燃物與氧在燃燒區進行混合。這時,燃燒速率基本上是由2種成分(即氧與可燃氣體)抵達高熱之燃燒區的速度所決定。一旦抵達燃燒區,燃燒即在相對快的瞬時發生。

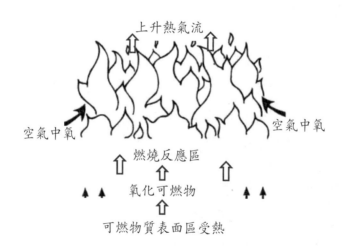

圖3-18　固體與液體物質燃燒形態

(資料來源:Drysdale, 2008)

　　由於氣體間極易相互混合，所以在空氣中氣體燃燒如氫或甲烷，是一種非常快速之過程。可是液體與固體燃燒要求燃料先揮發（Volatilization）轉化爲氣態。這個過程需要消耗相當多熱能去分解較多揮發氣物質。

　　而天然瓦斯主成分之甲烷，在國內中油以極低溫（−162℃）液化儲存，其液化轉爲氣化狀態體積膨脹600倍。甲烷完全燃燒過程如下：

$$CH_4 + 2O_2 \rightarrow CO_2 + 2H_2O$$

　　因此，實際上物質的揮發速率顯著影響其燃燒速率。物質大分子不像較小分子，是太大以致難以帶入至氣相狀態，化學鍵必須先打斷（Broken），而此過程也需消耗能量，這就是之前所述活化能之概念。在易（可）燃液體燃燒速率方面，其取決於液體的蒸發速率，此與液體表面積有關，在危險性液化容器是採直立狀態，使其液化表面積最小化。而蒸發速率又取決於所接受熱量，接受熱量多，氣體蒸發量大，燃燒速率就快。

　　而液體與固體是比氣體較爲濃縮緊密（Concentrated）之燃料，例如液化瓦斯主成分之丙烷，完全燃燒過程如下：

$$C_3H_8 + 5O_2 \rightarrow 3CO_2 + 4H_2O$$

　　在任何給定壓力下，1體積丙烷氣體需消耗5倍體積氧，或者約25倍體積空氣（因氧在空氣中占1/5）。相比之下，國內液化瓦斯（丙烷）的密度，在一般條件下約爲丙烷氣化300倍，就是說，1體積液化丙烷所產生的熱量要比氣化丙烷大300倍，所需的空氣量也就要多300倍。因此，高揮發性（Highly Volatile）液體和固體的燃燒，也受到燃燒區內氧的流入速率所影響，特別是貧乏通風條件更是如此。

表3-2　天然與液化瓦斯之燃燒屬性

氣體類別	燃燒熱（MJ/m^3）	爆炸下限（空氣中容積）	爆炸上限（空氣中容積）	比重	燃燒$1m^3$氣體所需空氣量（m^3）	起火溫度（℃）
天然氣	37.6～39.9	4.7	15.0	0.59～0.61	10.2	482～632
丙烷	93.7	2.15	9.6	1.52	24.0	493～604

（資料來源：NFPA 1986, Fire Protection Handbook）

　　除了會自燃（Hypergolic Combinations）之燃料外（在環境溫度下就能起

火），需要增加熱量才能引發燃燒反應。增加的熱量既需使燃料氧化（Vaporize）到一定的量，才能觸動燃燒反應，且熱量足以加速此種化學燃燒反應的速度，直到其能自身持續下去。基本上，起火所需的熱量，在很大程度上取決於可燃物的物理狀態與周圍環境的熱傳屬性。因此，粉塵（Dust）狀的可燃物，有一較大與氧接觸之表面積與體積比（Surface-to-Volume Ratio），所以氧化燃燒非常容易，甚至爆炸，而塊狀固體的同樣物質，卻連起火也很難。

2. 燃燒極端行為（Extremes of Burning Behavior）

可燃物質燃燒行為影響火勢蔓延速率，是火災嚴重度之一個重要考量因素。固體與易燃性蒸氣（或氣體）比較，可燃固體物的危險性一般較小，因固體物既不易蒸發，在正常的環境溫度與大氣壓力下也不發出易燃蒸氣，所以，固體可燃物的起火，需要熱源與該可燃物接觸的時間足夠長，產生熱裂解氣體，以致釋出可燃蒸氣。而液體表面上早已存在易於起火的蒸氣，與固體與氣體一樣皆需有足夠氧氣混合。但悶燒是個例外，像木碳這樣的物質，不蒸發也會發生熾熱之悶燒行為。

而燃燒行為速度的極端與正常燃燒主要不同，是在於燃燒發生之時間長短尺度（Time Scale）。快端是化學性爆炸，慢端是自動氧化（Auto-Oxidation）與悶燒（Smoldering）現象。

爆炸

化學性爆炸是一種物質危害源，本書在第5章作了專章詳細討論。

自動氧化

自動氧化是物質與氧化合之速度極慢的過程，以致於難以看得見與火相關之熱與光出現。金屬特別容易自動氧化，例如鐵生鏽，鋁陽級氧化（Anodization）產生蝕洞，銀表面喪失光澤（Tarnishing）。許多有機物也易於自動氧化，橡膠與塑膠的老化變質常常是緩慢氧化過程的結果，如在空氣中橡皮筋，一段長時間慢氧化發熱變黏。因此，為了提高物質耐久性，延長使用壽命，這類物質能添加抗氧化劑（Anti-oxidants）。這類添加劑能透過化學抑制（Chemically Inhibiting）氧化反應過程。

自動氧化是一種自由基鏈反應過程（Free Radical），此種反應能分3個階段：即鏈啟動（Chain Initiation）、擴展到終止。在啟動過程中，有些事件會導致自由基形

成：如自由基能有目的地產生自由基引發劑（Radical Initiator）之分解，如過氧化苯甲醯（Benzoyl Peroxide）。物質一旦形成自由基後，在鏈反應中將轉換爲過氧化氫（Hydroperoxide）的物質，直到鏈結束反應時則終止，此過程中自由基發生碰撞和結合奇數電子（Odd Electrons），以形成新的鏈（New Bond）。

　　有機化合物與氧氣分子能在低溫或適宜溫度下發生反應，反應產生氫過氧化物，氫過氧化物還可進一步分解。假使自動氧化所產生熱量如不散失，就會自行升溫（Self-Heating），最終自燃起火。多孔性固體物質，如煤更是如此，因空氣能滲入（Diffuse）到物質內部，而所產生熱量卻因物質多孔的空氣隔熱（Insulating）屬性（空氣爲不良熱導體），而能有效的包含在內。

　　在烷、烯、醇、醛及酯類都容易發生自動氧化；如脂肪即使在低溫下保存也會自動氧化變餿（Rancid），特別是多不飽和脂肪（Polyunsaturated Fats）更爲如此。漆塗料風乾的過程中，自動氧化使塗料中的不飽和酯類轉化爲氫過氧化物，氫過氧化物在所添加的金屬鹽作用下，分解爲烷氧基自由基，與其他烯烴進行反應，進而在表面形成一層有保護作用的聚合物薄膜。

圖3-19　有機化合物與氧在適宜溫度下自動氧化所產生熱量如不散失就會自行升溫（攝自臺中港區）

悶燒

　　可燃物質只有一小部分能在燃燒過程中形成多孔性炭（Porous Char），這能形成悶燒狀態。悶燒是一種獨特的無焰（Flameless）燃燒緩慢過程，與有焰燃燒相當不同。悶燒和火焰燃燒之間根本區別是在悶燒發生在固體的表面，而不能成氣相態

（Gas Phase）。當物質形成悶燒，所釋放出來的熱，維持其本身燃燒的形態，比相同燃料在火焰燃燒情況，燃燒程度通常是較不完全，實際上悶燒發生在燃料表面現象，假使熱量能滲透（Permeable）而能流動，就能傳播到多孔燃料的內部，而由物質分解一些顆粒、纖維或細胞結構形成聚集體（Aggregates）。這些聚集體促進表面反應與氧氣通過，允許氣體流量和提供每單位體積之較大表面積；此也扮演內部較深層保溫（Thermal Insulation）而減少熱損失之作用。

　　進一步而言，悶燒中碳是在外界空氣抵達之悶燒區域，其位於燃料表面上或下表面。當氧氣直接投入凝聚相（Condensed-Phase，指固體或液體）燃料之表面，而發熱以持續發展，並以一種蠕動遲緩方式（Creeping Fashion）約0.1 mm/s之速度在進行，這比火焰在固體延燒速度慢了10倍左右。悶燒區溫度一般高達453～871℃，火焰的溫度能高達至1482℃。所以，碳結構的穩定，其重要性是能理解的。大部分悶燒是有機物質，並全都是固體，有一部分是揮發氣燃料（Volatile Fuel）；而悶燒反應過程能產生堅硬性（Rigid）多孔之碳結構。

　　在固體熱分解的過程中，假使能形成多量焦碳時，較易維持悶燒之反應，包括煤、纖維素、木材、棉花[8]、煙草、泥碳（Peat）、枯枝落葉（Litter）、腐殖質（Humus）、合成泡沫及炭化聚合物（Charring Polymers）包括聚氨酯泡沫如沙發（這也是沙發易成為煙蒂起火對象物之主因）。儘管悶燒時僅產生微弱燃燒特性，悶燒卻是火災之起火隱患；其原因如下：

　　(1) 悶燒比有焰燃燒更能散發出有毒氣體，亦即將燃料轉換成更多的有害成分（如一氧化碳），而留下大量的固體殘餘物。

　　(2) 其釋放出氣體是易燃的，而比一般未燃物質需要更少的熱源，能稍後在氣相狀態點燃，而過渡到有焰燃燒狀態。

　　藉由外界的氧滲入物體表面時，所釋放出來的熱，維持其本身燃燒的形態。例如，成捆堆放的棉、麻、紙張、以及大量堆放的煤、雜草、濕木材等，受熱後易發生悶燒現象。悶燒造成嚴重火災危害的理由有二：(1)它比一般火焰性燃燒將燃料轉換成更多的有害成分。(2)它比一般未燃物質需要更少的熱源以產生火焰性燃燒。

---

[8] 基本上，空氣中氧含量要高於15%才足以燃燒，但棉花$[(C_6H_6O_{12})n]$本身已含有大量的氧原子，氧氣之含量只需在8%以上即可。

第5節　預混合燃燒與擴散燃燒

本節特以火焰燃燒型態進行專節探討，使讀者瞭解其重要機制。基本上，預混合與擴散火焰燃燒有其相當區別，主要是起火時間先後差別；而二者燃燒有其相同點，皆需氧氣先混合再行氧化燃燒。而任何化學性爆炸，皆是一種預混合燃燒型態。

1. 預混合火焰（Premixed Flames）

需有一起火源如火花（Spark）等。在一些情況，氣體能在無火花情況會起火引燃，這通常稱為自動起火（Auto-Ignite）。但室內高溫熱煙氣體層自動起火是較罕見的。

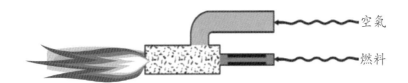

空氣

燃料

圖3-20　預混合火焰型態

亦即，預混合是燃料和空氣已混合在一起，且在起火發生前混合濃度必須在燃燒／爆炸範圍內。「預混合」一詞常表示燃料是被均勻地分布並與空氣混合，這意謂室內熱煙氣流之氣態質量（Mass）是預混合狀態，且處在可燃性範圍，一旦燃燒時會形成危險之預混合火焰型態，如閃燃即是。此種因可燃氣體預先混合所形成火焰，由於空氣與可燃氣體已先混合好到燃燒／爆炸範圍，所以活化能是較低的，就能形成反應釋放出高能量。因此，由於預混合燃燒速度勢必較擴散火焰快速，因此預混火焰產生較少的煙與生成氣體。

影響預混合燃燒速度包括：(1)氣體的組成（組成簡單的氣體燃燒速度較快）。(2)氣體的濃度（濃度稍高於化學計量比時，燃燒速度最大）。(3)可燃混合氣體的初始溫度（初始溫度愈高，燃燒速度愈快，因為預熱所需的時間較短）。(4)管路直徑（管徑增大，火焰傳播速度愈大，但管徑增大到某一極限，速度不再增加；當管徑減小到熄火直徑時，火焰無法傳播，消焰器即是根據此原理製造的）。[9]

---

[9] 黃伯全，火災工學概要，中央警察大學消防系

2. 擴散火焰（Diffusion Flames）

　　擴散火焰是在氣化燃料與空氣相遇時發生。在起火發生前燃料和空氣是不相混合，其透過分子擴散（Molecular Diffusion）方式，是一種相當緩慢的過程，其燃燒速率由氣化燃料分子擴散，與氧氣接觸至燃燒區之物理作用所控制；火焰僅發生於兩種氣體交界處，此種燃燒現象與日常生活中所使用之蠟燭相似，火焰於正常使用下十分安定。試想一下，某一容器在其底部仍有少量殘餘燃料，環境溫度是高於該液體閃火點（Flash-Point），這意味著，在容器內大多已存在可燃氣體情況，假使點燃中火柴棒掉落在容器內，將會產生一個爆裂（Pop）或爆炸現象；這常發生在空的油管、油箱或油箱進行動火燒焊時所發生爆炸，這是一種預混合火焰情況。

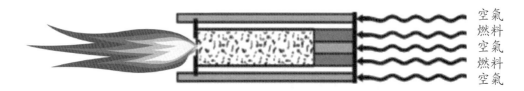

圖3-21　擴散火焰型態

　　基本上，蠟燭燃燒能解釋燃燒的基本原理，首先蠟燭（固體）受熱熔化的燭油（液體）形成小液池（Liquid Pool），從液池被吸入到中央之燈芯（Wick），再轉換成氣體形態，與周遭空氣接觸形成擴散火焰（Diffusion Flames），這是日常中一個常見的例子。

　　上述蠟燭火焰熱量反饋至蠟燭本身，產生融化，但不足以使其蒸發。因此，此燭油需透過燈芯（虹吸作用）移動至上方溫度較高燃燒區域。基本上，蠟燭係屬潤滑脂烴類（Hydrocarbons）複合物（長碳鏈，Long Carbon Chain），燃燒前先分解到簡易成分，再將燃料分子（Fuel Molecules）輸送到反應層（Reaction Layer），也稱為燃燒區（Combustion Zone），此為燃料分子與周圍空氣中氧分子進行混合區域，這個轉移過程稱為擴散，使更多氣體分子相互混合。當燃料和氧氣混合成一定比例，並有足夠熱量引燃，就發生放熱化學反應（Exothermic Chemical Reaction）。發熱（Exothermic）是指熱釋放過程中發生的能量類型，此能量在反應過程中大多用於加熱並形成產物。

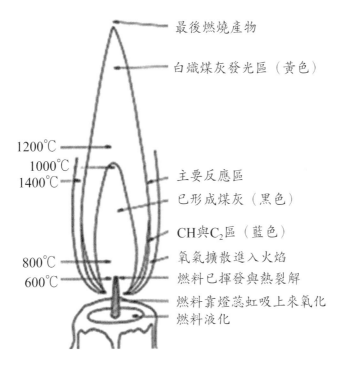

圖3-22　蠟燭燃燒原理

（資料來源：Drysdale, 2010）

　　因此，蠟燭燃燒氧氣和燃料於反應層繼續擴散過程，出現連續擴散火焰。火焰明亮之可見部分是來自發光煤煙粒子（Soot Particles）所產生的熱輻射。在反應區中氧化產生碳氧化合物如二氧化碳和一氧化碳等，伴隨著水蒸氣和熱量。在蠟燭燃燒內部火焰部分，其中充滿了燃料分子，包含過少氧氣不足使燃燒能夠發生，形成過濃燃料氣體（Fuel-Rich），這是不能自我燃燒（Self-Combustible）。而火焰燃燒區發生在其外圍處，其中燃料和氧已擴散到彼此混合，反應層是其混合在合適比例之處。

　　基本上，擴散火焰通常是黃色的，這是由於煤灰（Soot）形成。但預混合火焰是不同的。此應補充的是，擴散火焰是不會產生那麼多的煤灰，此是相似於預混合火焰。由於燃燒過程造成了擴散火焰，其中燃料分子與透過層流或紊流（Turbulent）之氧氣進行混合，這分別產生了層流和紊流擴散火焰，而紊流有助於加速上述現象混合過程。

(1) 層流擴散火焰（Laminar Diffusion Flames）

　　上述蠟燭燃燒為一典型之擴散火焰，其中燃料和氧氣流是彼此並排互相以較低速

度進行。混合後一起形成層流（Laminarly）均勻地在反應層發生燃燒。假使擴散緩慢發生，使氧氣和燃料需要很長時間，才混合至適當比例形成燃燒，這類似於建築物火災如何延燒似。由燃料和氧氣形成可燃混合氣流，能遠離原始火源一段距離後，才出現起火引燃現象，如熱煙流流出開口外才出現火焰一樣。

(2) 紊流擴散火焰（Turbulent Diffusion Flames）

在此，以氣體燃燒器（Gas Burner）為例，假使氣體燃料速度增加，火焰會逐漸從層流轉變到紊流型態。當氣體燃料流出速度是高於其與空氣混合氧氣，並在混合過程中發生迴旋（Whirls）狀態，此則稱為紊流混合現象。在這種情況也如氣相燃料透過擴散作用與氧氣混合，但燃燒過程是不均勻且不規則的。儘管紊流引起的燃燒速率增加，但比預混合火焰（Premixed Flames），顯然速率仍低得多。

紊流擴散火焰具有以下特點：

A. 不規則迴旋運動（Irregular Swirling Motion）

B. 快速擴散（Rapid Diffusion）

C. 薄狀且不規則的反應層（Thin, Irregular Reaction Layer）

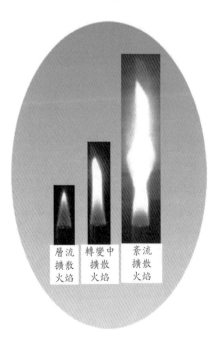

圖3-23　層流擴散火焰轉變至紊流擴散火焰過程

　　不像層流火焰，紊流火焰往往伴隨著聲音和快速變化之外觀。當熱煙氣層開始燃燒所涉及的類型，幾乎都是擴散火焰。在室內火災情況，形成熱煙氣體層大多是不均質的。另一方面，天花板材質是受此影響是最強烈，如天花板是可燃的，易產生熱分解效應（Pyrolysis Effect），而天花板下方氧含量是非常低的，且室內煙氣體層燃料濃度，通常是不相等地分布。基本上，欲使熱煙氣體產生燃燒，氧氣是需擴散至燃料層；如此室內開口，顯然扮演一定影響作用。

　　再者，本書進一步作出預混合火焰與擴散火焰之區別；如圖3-24所示。

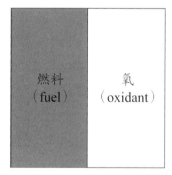 

圖3-24　擴散火焰與預混合火焰之區別

（資料來源：盧守謙、陳永隆，火災學，吳鳳科大消防系用書，2016）

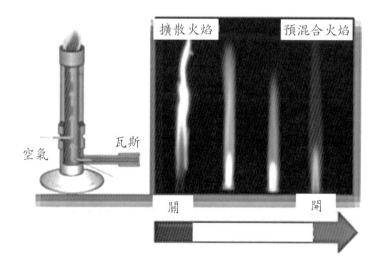

圖3-25　燃燒器藉由調節空氣閥門，來控制擴散與預混合火焰型態

第6節 燃燒所需空氣量

各種燃料都是由碳、氫、氧、氮、硫五種元素和灰分、水分組成的。只是不同的燃料各元素和灰分、水分所占的比例不同而已。但是這五種元素有碳、氫和硫是可以燃燒的。燃燒區域所產生熱量，使其中熾熱的固體粒子和某些不穩定的中間物質（自由基）電子發生跳躍，從而發出各種波長的光。因此，燃燒是燃料中的可燃元素（C、H、S）與氧氣（O_2）在高溫條件下化學反應，並發生發光、發熱之物理現象。如果燃燒反應速度極快，則因高溫條件下產生的氣體和周圍氣體共同膨脹作用，使反應能量直接轉變為機械功，在壓力釋放的同時產生強光、熱和壓力聲響，這就是所謂的爆炸。

燃燒（爆炸）反應當量濃度，指爆炸性混合物中可燃物和助燃物之濃度比例，在最佳能完全氧化反應時，則反應所產生熱量最多，壓力也最大。實際的反應當量濃度稍高於計算濃度，這是因為爆炸性混合物通常含有雜質。而化學當量需氧量（Stoichiometric Oxygen Requirement, SOR）為燃料以化學當量燃燒，所需氧氣量或耗氧量。以碳原子為例$C + O_2 = CO_2$，碳的化學計量需氧量為2.67（=32/12），表示燃燒每克碳需2.67克的氧。

理論空氣量

理論空氣量為單位燃料完全燃燒所需之最小空氣量。根據燃料中碳和氫元素的含量和化學方程式，計算出來的1公斤燃料完全燃燒所需要的標準狀況下空氣，稱為理論空氣量。而燃燒所需理論空氣量，是假定在燃料燃燒所需的空氣和生成的煙氣均為理想氣體（$22.4m^3/mol$），略去空氣中的稀有成分，只由N_2和O_2組成，且二者容積比為79：21。

$$Lw = \left[11.6 \times C + 34.8 \times \left(H - \frac{O}{8}\right) + 4.3 \times S\right]\% \ (kg)$$

$$Lw = \left[8.9 \times C + 26.7 \times \left(H - \frac{O}{8}\right) + 3.3 \times S\right]\% \ (m^3)$$

實際空氣量

實際空氣量為考慮單位燃料不完全燃燒下所需之空氣量。而實際空氣量 = 過剩空氣量 + 理論空氣量。

例1：於1kg碳完全燃燒所需空氣量為何？

解：空氣中氧體積21%、重量23%，依Avogador Theory在同溫同壓同體積下任何氣體含有相同分子數，在STP狀態下1莫耳氣體容積為22.4 L，1莫耳氧分子32g。

使1kg碳完全燃燒時（$C+O_2=CO_2$），需11.6kg$\left(\dfrac{1000\times32}{12}\times\dfrac{100}{23}\right)$或

$8.9m^3\left(\dfrac{1000\times22.4}{12}\times\dfrac{100}{21}\right)$空氣量

因為

$C+O_2=CO_2$

C莫耳數1kg/12g = 83.3

$83.3\times22.4\times\dfrac{100}{21}$ = 8900 L

$83.3\times32\times\dfrac{100}{23}$ = 11600 g

例2：於1kg硫完全燃燒所需空氣量為何？

解：硫$S + O_2 = SO_2$，需$3.33m^3\left(\dfrac{1000\times22.4}{12}\times\dfrac{100}{21}\right)$或$4.35kg\left(\dfrac{1000\times32}{12}\times\dfrac{100}{23}\right)$空氣量

例3：於10kg天然氣（CH_4）完全燃燒所需空氣量為何？

解：$\dfrac{10000\times32\times2}{16}\times\dfrac{100}{23}$ = 174（kg）

例4：燃燒1.6公斤重的甲烷，理論空氣量需要多少？

解：$\dfrac{1600\times32\times2}{16}\times\dfrac{100}{23}$ = 27.8（kg）

例5：於10kg燃料，其組成C占20%、S占15%、H占25%與氧占5%，其燃燒所需空氣量爲何？[10]

解：10kg之C = 10×20% = 2kg、S = 10×15% = 1.5kg、H = 10×25% = 2.5kg、O =10×5% = 0.5kg

$$Lv = \left[8.9\times2 + 26.7\times\left(2.5 - \frac{0.5}{8}\times0\right) + 3.3\times1.5\right] = 87.83 \text{（m}^3\text{）}$$

例6：承上題，空氣比爲1.5，求實際空氣量及過剩空氣量？[10]

解：理論空氣量×空氣比 = 實際空氣量 = 87.33×1.5 = 131.7（m^3）

又空氣比 – 1 = 過剩空氣比

過剩空氣量 = 87.33×(1.5−1) = 43.9（m^3）

例7：重油含C、H、S分別爲84%、12%、4%，空氣比爲1.2。假設完全燃燒，求1kg重油所需空氣量及廢氣量爲何（m^3）？[10]

解：C + O$_2$ → CO$_2$ H$_2$ + 1/2O$_2$ → H$_2$O   S + O$_2$→ SO$_2$

$$0.84\left(\frac{22.4}{12}\times\frac{100}{21}\right) + 0.12\left(\frac{22.4\times\frac{1}{2}}{12}\times\frac{100}{21}\right) + 0.04\left(\frac{22.4}{32}\times\frac{100}{21}\right) = 10.8 \text{（m}^3\text{）}$$

另一算法Lv = [8.9×0.84 + 26.7×(0.12−0) + 3.3×0.04] = 10.8（m^3）

廢氣量=燃燒生成氣體量 + 氧過剩量 + 氮過剩量

$$\left[0.84\left(\frac{22.4}{12}\right) + 0.12\left(\frac{22.4\times\frac{1}{2}}{2}\right) + 0.04\left(\frac{22.4}{32}\right)\right] + \left[(1.2 - 1)\times10.8\times\frac{21}{100}\right] +$$

$$\left[(1.2)\times10.8\times\frac{79}{100}\right] = 2.27 + 0.45 + 10.24 = 12.96 \text{（m}^3\text{）}$$

---

[10] 紀人豪，火災學講義，吳鳳科技大學消防系教材，2013年。

例8：所謂理論空氣量係指可燃性物質完全燃燒所需要的空氣量，以正己烷為例其完全燃燒反應式為$C_6H_{14} + 9.5O_2 \rightarrow 6CO_2 + 7H_2O$。現有正己烷（分子量86，LEL = 1.1%）每天8 小時消費48kg（大氣條件25℃、1大氣壓、氧氣濃度21%），則正己烷每小時之燃燒理論空氣量（m^3/hr）為何？

解：$48 \times 1000 \div 8 = 6000g/hr$

$6000 \div 86 = 69.77mol/hr$

理論氧氣量$= 69.77 \times 9.5 = 662.8mol/hr$

理論空氣量$= 662.8 \times 100 \div 21 = 3156.2mol/hr$

$3156.2 \text{ mole/hr} \times 24.45L/mol$

$77.17 \text{ m}^3/hr$（$1m^3 = 1000L$）

例9：二硫化碳（CS_2）假設完全燃燒所需理論空氣量為$10m^3$，其廢氣之生成物濃度，其中二氧化碳濃度為3%，二氧化硫濃度為8%，求實際燃燒所需空氣量為多少m^3？

解：完全燃燒理論氧氣量 $= 10 \text{ m}^3 \times 21\% = 2.1m^3$

$CS_2 + 3O_2 \rightarrow CO_2 + 2SO_2$

$0.7 + 2.1$

$-0.7 - 2.1 + 0.7 + 1.4$

$\overline{0 \qquad 0 \qquad + 0.7 + 1.4}$

所以燃燒產生CO_2為0.7 m^3

假設燃燒實際所需空氣量為n

$CS_2 + 3O_2 \rightarrow CO_2 + 2SO_2$

$0.7 + n$

$-0.7 - 2.1 + 0.7 + 1.4$

$\overline{0 \qquad n - 2.1 + 0.7 + 1.4}$

題目指出CO_2為3%

$3\% = \dfrac{0.7}{n - 2.1 + 0.7 + 1.4}$

$n = 23.3 \text{ m}^3$

第7節　金屬類燃燒(1)：鹼及鹼土金屬

　　事實上，幾乎所有金屬都會在一定條件下於空氣中燃燒。有些存在空氣或水分時迅速氧化，產生足夠熱量至其起火溫度；有些氧化相當緩慢，氧化時所產生熱量在金屬尚未升溫至起火溫度時，即已消散。有些金屬，主要是鈣、鉿（Hafnium）、鋰、鎂、鈽（Plutonium）、鉀、鈉、釷（Thorium）、鈦、鋅、鋯等，由於其細薄部份、細碎顆粒或熔融狀態時易於起火，所以稱做可燃性金屬；在此注意是鋰、鈉等熔融態金屬，在二氧化碳中也會激烈燃燒。但當這些金屬在大塊之固體形式時，仍是難以起火的。關於金屬粉塵之危險性，本書在第6章第4節粉塵內作了進一步闡述。適用於可燃金屬火災之滅火劑在第5章第6節金屬滅火劑進行討論。

　　某些金屬如鋁、鐵與鋼，在正常情況下並非可燃物，但如是細碎顆粒研磨形式，當接觸到其他燃燒中物質時，則能起火並燃燒。例如，乾淨之細鋼絲就可能會起火。在評估金屬可燃性時，應把顆粒尺寸、形狀、數量與合金（Alloy）等重要因素考量在內。大部分金屬粉塵在空氣中會爆炸，而合金由不同金屬或含金屬化合物以不同比例熔煉而成，其可燃性會因其組成元素有異而大不同。細碎顆粒形式之金屬極易起反應。所以，有些在運輸與儲放時要置於惰性氣體或液體之條件下，以便減少火災風險（Fire Risks）。

　　高熱或燃燒金屬在其他物質接觸時，可能會激烈反應，如用於普通A類可燃物或B類易燃液體火災之任可滅火劑就是如此。有幾種金屬如鈾、釷、鈽會發出電離輻射線（Ionizing Radiations）（如a射線、b射線、g射線粒子），使滅火複雜化，同時還產生汙染健康（Contamination）問題。

　　金屬燃燒產生溫度，一般顯著高於可燃液體燃燒溫度。有些熾熱之金屬會在二氧化碳、氮或蒸氣中繼續燃燒，而普通可燃物與可燃液體在這些情況下是不會燃燒的。如此使金屬火災之屬性，含蓋範圍相當廣。

　　鈦燃燒時產生很少之煙霧，而鋰燃燒時煙霧卻相當多而濃厚（Profuse）。有些被水濕潤過潮濕金屬粉末，如鋯（Zirconium）燃燒時猛烈程度接近爆炸，但同樣粉末被油浸濕了，燃燒時卻寂靜無聲（Quiescently）。鈉燃燒時產生熔化且流動，鈣卻不是。有些金屬如鈾長期置於潮濕空氣下，使增加其燃燒傾向，但如長期置於乾燥空氣下金屬，卻使其更難以起火。

　　在可燃金屬火災的滅火方面，涉及傳統滅火行動所不常見的技術，因大多數金屬

火災射水，則會使化學反應加劇，不但不能降溫，反使火源溫度更高，甚至會發生爆炸，因水會使之引起放熱反應，釋出易燃性氫氣，而水中氧如燃燒加速。因此，金屬火災需以切斷燃燒的連鎖反應來撲滅。除了在本節所述以外的其他金屬，滅火人員應試著來撲滅所涉及可燃金屬火災的一些經驗，這是救災上相當重要的方法。

以燃燒酸鹼性而言，非金屬類燃燒是酸性如硫，而金屬燃燒則呈現鹼性，但有些例外包括鋅、氫、鉛、鈹、鎵、鉻、鋁，卻是中性的。

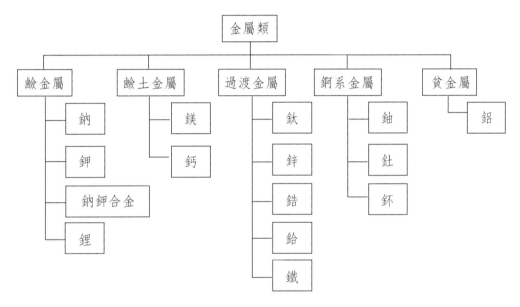

圖3-26　金屬類火災之化學元素週期分類

（資料來源：盧守謙、陳永隆，《火災學》，吳鳳科大消防系用書，2016）

1.鹼金屬：鈉、鉀、鈉鉀合金與鋰（Alkali Metals: Sodium, Potassium, Nak, and Lithium）

鹼金屬係屬公共危險物品第3類禁水性物質[11]。都是銀白色的金屬、密度小、熔點和沸點都比較低、標準狀況下有很高的反應活性。質地軟，可以用刀切開，露出銀

---

[11] 公共危險物品第3類禁水性物質：黃磷、鹼金屬及鹼土金屬、有機金屬化合物、金屬氫化物、金屬磷化物、鈣或鋁的碳化物。

白色的切面；由於和空氣中的氧氣反應，切面很快便失去光澤。由於鹼金屬化學性質都很活潑，一般將它們放在礦物油中或封在稀有氣體中保存，以防止與空氣或水發生反應。在自然界中，鹼金屬只在鹽中發現，從不以單質形式存在。所有的鹼金屬都可和冷水劇烈反應──乃至產生爆炸──生成強鹼性的鹼金屬氫氧化物水溶液，釋放氫氣。沿著鹼金屬族從上到下，反應逐漸加劇：鋰和水反應平緩進行，伴有冒泡現象；鈉和鉀與水反應可產生燃燒；銣和銫沉入水中，迅速產生大量氫氣並產生衝擊波，足以將玻璃容器擊碎。

鹼金屬放入水中爆炸分為2階段：首先，金屬和水反應，產生氫氣。此反應主要在水下進行，因此不產生火焰。接下來，反應第一階段產生的熱量，通常會點燃新產生的氫氣，使其在空氣中爆炸性燃燒。這一氫氣爆炸可在水面上產生可見的火焰[12]。

如水與鈉和鉀反應會劇烈，生成熱量可使金屬熔化，使金屬表面積增大，與水又進一步反應，並放出氫氣產生爆裂現象。

$$2Na + 2H_2O \rightarrow 2NaOH + H_2 + 88.2 \text{ kcal}$$

$$2K + 2H_2O \rightarrow 2KOH + H_2 + 92.8 \text{ kcal}$$

屬性

(1) 鈉（Sodium）

室溫時，鈉在潮濕空氣中能迅速氧化，但除了細碎粉末（Finely Divided）形式的鈉以外，還沒發現鈉會自燃起火之證據。一旦起火，高熱的鈉即猛烈燃燒，並形成濃烈的腐蝕性（Caustic）氧化鈉白霧。燃燒期間，鈉所產生熱量，大約相同於等重之木材燃燒熱值。

鈉火災危險性是與水會進行快速反應。鈉能浮於水面（密度0.97），強烈反應並熔化掉（Melting）。這種反應能釋放水中的氫氣，由反應熱點燃並產生快速燃燒爆裂聲。

(2) 鉀（Potassium）

鉀的火災危險性質非常相似鈉，不同之處在於鉀更具反應及危險性。例如，鉀與鹵素（Halogens）接觸時，反應更加猛烈，如與溴（Bromine）反應，就能起爆

---

[12] 參考自維基百科，鹼金屬，2015。

（Detonation）。與硫酸（Sulfuric Acid）起爆炸性反應。不同於鈉的是，鉀在燃燒過程中生成一些過氧化物（Peroxides），而這些過氧化物可與有機汙染物發生劇烈反應。

(3) 鈉鉀合金（Sodium-Potassium Alloys）

各種不同鈉鉀（Nak）合金的熔點各異，但接近室溫時都是液體或熔化狀態（Melt）。Nak合金的火災危險性，是相同與其組成分之金屬，不同之處是其反應更強。而在壓力下Nak洩漏，即會產生自燃起火現象。

(4) 鋰（Lithium）

鋰的反應特性，許多是與鈉相同一樣。例如，鈉與鋰都與水反應並釋出氫，但是，鈉與水反應能產生足夠熱來點燃氫氣，而鋰與水反應並不會如此強烈，而是緩和的。

涉及鋰設備和儲存容器必須使用惰性氣體（Noble Gases）如氦（Helium）和氬（Argon），來進行惰化。鋰燃燒時伴隨產生腐蝕性（Caustic）煙霧更多且濃厚[13]。鋰是所有金屬中最輕的，燃燒時傾向於熔化而流動性（Flow）。

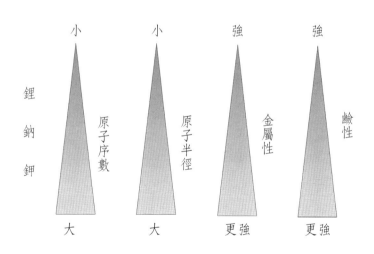

圖3-27　禁水性之鹼金屬元素比較

---

[13] 鋰燃燒時伴隨產生腐蝕性煙霧更多且濃厚，主要為氧與氮化物質。

儲存、處理與運輸（Storage, Handling and Transportation）

由於與水之反應活性，鹼金屬（Alkali Metals）需要採取特殊謹慎措施（Precautions），以防止與水分接觸。任何可燃物質不可儲存在同一區域。如果火災熱曝露（Exposure Fires）可能危及含有鹼金屬容器，就應考慮撒水防護設備。在同一區域同時存放空容器與裝有鹼金屬容器，是個很好的經驗作法，所有的容器都應放在墊木上（Skids），其不能有水或蒸氣管。但由於大氣的變化應維持適當的溫度，以防止濕氣凝結（Condensation）。室內高處具有自然通風口，以便鹼金屬與水分發生意外接觸，而釋出任何氫氣時使其自然上飄排出。

鹼金屬從儲存室取出時，應按照盡可能少之實際量。當儲存在工作臺上（Workbenches）時，要裝在內置煤油或油類之密閉容器內。鹼金屬與濕氣具有很大的親和力（Affinity），封裝於有大氣水分的容器內時能發生反應。由於可能有氫存在，不能用錘擊（Hammering）罐蓋的方法來打開容器。

製程危害（Process Hazards）

液態鹼金屬（Alkali Metal）是重要的高溫熱傳介質，任何設備洩漏都可能導致火災。凡是製程設備中使用熔融鹼金屬之處，設備下方需置鋼質盤（Steel Pans），以防燃燒著的鈉與混凝土地面接觸而產生劇烈反應。

對鹼金屬加工，在處理過程中，必須避免與濕氣、水、鹵素、鹵代烴、硫酸接觸。

火災撲滅（Fighting Fires）

滅火時不應使用一般常見的滅火劑如水、泡沫、蒸汽液體（Vaporizing Liquids）等，因這些藥劑會與鹼金屬產生激烈反應。特殊乾粉[14]是發展專供撲滅金屬火災；此外，乾砂、乾燥氯化鈉（Dry Sodium Chloride）、乾蘇打粉，也都是有效滅火。把上述弄成細碎物覆蓋在火焰上，使金屬逐漸冷卻至起火溫度之下。設備內有鹼金屬燃燒，通常只要關閉所有的開口即能熄滅火勢；使用氮氣也是有效的。在鋰起火情況則應用氬、氦氣或銅粉（Copper Powder）都是有效之滅火藥劑。

---

[14] 特殊乾粉基本爲石墨（Graphite）成分。

表3-3 鹼金屬元素之屬性

鹼金屬	熔點	沸點	密度（g/cm³）	火焰顏色
鋰	180℃	1342℃	0.53	紅色
鈉	97℃	883℃	0.96	橙黃色
鉀	63℃	759℃	0.89	紫色

2. 鹼土金屬：鎂（Magnesium）與鈣（Calcium）

鹼土金屬為公共危險物品第3類禁水性物質，都是活潑金屬，為銀白色的，比較軟的金屬，密度比較小，很好的延展性、可以製成許多合金、如鎂鋁合金。這2個元素在地殼形成數種的礦物，如白雲石、石灰石和方解石等。[15]

(1) 鎂（Magnesium）

屬性

塊狀鎂（Massive Magnesium）之起火溫度非常接近其熔點（650℃），但是某些形式鎂可在比650℃低得多溫度就能起火；絲帶狀（Ribbons）和刨花屑狀（Shavings）之鎂，在510℃時一定條件下就會起火；而細小研磨鎂粉更低於482℃時也能起火。

表3-4 固體純金屬熔點、沸點與起火溫度

純金屬	溫度（℃）		
	熔點	沸點	固體金屬起火
鋁（Aluminum）	660	2452	1000[AB]
鉿（Hafnium）	2222	5399	-
鈣（Calcium）	842	1441	704
鐵（Iron）	1535	3000	930[A]
鈈（Plutonium）	640	3316	600
鋰（Lithium）	186	1336	180

（下頁繼續）

---

[15] 參考自維基百科，鹼土金屬，2015。

（接上頁）

鎂（Magnesium）	650	1110	623
鋇（Barium） 鉀（Potassium）	725 62	1140 760	175 69[Ab]
鈉（Sodium）	98	880	115[C]
鍶（Strontium） 釷（Thorium）	774 1845	1150 4500	720[A] 500[A]
鈾（Uranium） 鈦（Titanium）	1132 1727	3816 3260	3816[AD] 1593
鋅（Zinc）	419	907	900[A]
鋯（Zirconium）	1830	3577	1400[A]

A：氧氣中起火
B：在潮濕空氣中能自燃起火
C：高於指示溫度
D：低於指示溫度
（資料來源：Fire Protection Handbook, 1997）

在鎂合金中，有些起火溫度是相當低於純鎂狀態，有些鎂合金更低於427℃時起火。儘管燃燒鎂金屬所產生火焰高度一般低於305mm，但火焰溫度可高達1371℃。薄而小的，如絲帶狀、刨花屑（Shavings）、薄片（Chips），用火柴就可點燃，而鑄塊（Castings）等大塊卻是難以起火，因其具高導熱性，即使用噴槍火焰（Torch）也是如此。為了點燃一大塊鎂，通常需要把這一整塊金屬的溫度，都整體提高到起火溫度，因其具高傳導性。鎂燃燒時熔化形成熔融鎂的坑洞（Puddles），其遇到水時能呈現氫氣爆炸之危險。

$$Mg + 2H_2O \rightarrow Mg(OH)_2 + H_2$$

細粒的鎂，接觸破油布（Waste Rags）或其他汙物會起火燃燒。被水、水溶性油與含0.2%以上脂肪酸（Fatty Acid）油類等浸濕鎂片，會產生氫氣。動物油或植物油浸濕鎂片（Chips），在油類能自燃而燃燒。研磨細粒（Fines）鎂當浸入水中時會產生氫氣，但保持這種浸入條件下鎂粒是不會起火。被水略為潮濕的研磨鎂粉會產生足夠熱量，而在空氣中形成自燃，而隨著氫氣釋放而從水中排出氧時，即會猛烈燃燒。

儲存、處理與運輸（Storage, Handling and Transportation）

愈具規模鎂塊，愈難燃燒，但一旦起火，就會燃燒強烈且難以撲滅。在NFPA

480儲放的建築物最好是不燃性，以及鎂必須與可燃物隔離儲放，作爲一種防火安全措施，與可燃物隔離尤爲重要。假使是乾燥細小鎂，最好儲放於不燃性有蓋的容器，其置放在獨立專用耐火建築物或室內空間具有防爆通風設施（Explosion Venting Facilities）。如儲放在置有可燃性建築物，或在內有可燃物的建築物，NFPA480建議採用自動撒水防護設備，以確保火勢尚未波及鎂變得複雜之前，能迅速將火勢予以控制。

製程危害（Process Hazards）

鎂合金進行機械加工時，如刀具遲鈍或變形等情況，所產生大量摩擦熱，足以把鎂片或其刮屑自動點燃。如使用切削潤滑液（Cutting Fluids），則應使用高閃火點的礦物油類型。用水與水乳化液（Water-Oil Emulsions）有危險性，因濕之鎂屑與鎂粉會釋放氫氣，一旦起火比乾燥時燃燒得更猛烈。

某些常用的硝酸鹽與亞硝酸鹽（Nitrites）熔融混合物，會與鎂或鎂合金起爆炸反應，尤其是在溫度超過538℃情況。

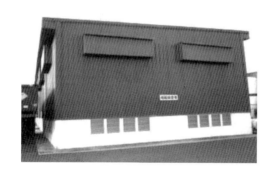

圖3-28　硝酸銨處理應依相關規定謹慎作業

（攝自臺中港區）

鎂火災撲滅（Fighting Magnesium Fires）

鎂與氧極易化合，在某些條件下，使用水撲滅鎂火災會分解成水之構成元素——氧與氫。即氧與鎂化合，釋放出氫則增強火災猛烈程度。一般的惰性氣體，竟沒有一種適合於撲滅鎂火災。鎂對氧的親和性極佳且能在二氧化碳中燃燒。鎂在氮中也會燃燒，生成氮化鎂（Magnesium Nitride）。含鹵素（Halogen-Containing）滅火劑（海龍和許多海龍替代品）與燃燒著鎂發生強烈反應，氯（Chlorine）或其他鹵素會與鎂結合。但如用氦或氬等惰性化稀有氣體（Noble Gases），則量多可撲滅燃燒中鎂金屬。

　　鎂火災撲滅的方法在很大程度上，取決於鎂的物理形式大小。對燃燒的屑片、刨花屑和小零件，必須採用合適之滅火劑來進行窒息（Smothered）與冷卻，如石墨（Graphite）、乾燥氯化鈉（Sodium Chloride）等適宜乾燥乾粉藥劑。有鎂粉塵的地方，使用滅火劑時需當心不讓空氣中形成塵雲，否則，有可能造成粉塵爆炸。

　　固體鎂發生火災，在起火階段能毫不困難地加以撲滅。通常情況下，盡可能將周圍可燃物移除，使其小量的鎂自行燃燒之無害耗盡。配備自動撒水滅火系統是很需要的，雖然撒出水量會立即增強鎂的燃燒效應，但能用來保護建築結構，及防止周圍可燃物之起火。在固體鎂燒著的火上噴淋過量的水，應避開熔融金屬槽坑（Puddles），於最初會使火勢有所增強，但隨後就會把鎂金屬冷卻到起火溫度以下，使火迅速熄滅。反之，如所噴灑的水量既小，又很細，則可能只會增強而不能控制火勢。

(2) 鈣（Calcium）

屬性

　　鈣為公共危險物品第3類禁水性物質，鈣的可燃性在很大程度上，是取決於空氣中濕度。如在潮濕空氣中起火，燃燒時不流動，燃燒速率比鈉略低。鈣在水中能分解（Decomposes），生成氫與氫氧化鈣（Calcium Hydroxide），兩者都能燃燒。鈣的粉末會在空氣中自燃。在此應當指出，鈣與鋇、鍶的燃燒屬性，是極為相似的。

儲存處理及火災撲滅

　　之前建議用於鎂之儲存、處理與加工措施，一般也能適用於鈣和鋅。

第8節　金屬類燃燒(2)：過渡、鋼系及貧金屬

1. 過渡金屬：鈦（Titanium）、鋅（Zinc）、鋯（Z irconium）、鉿（Hafnium）與鐵（Iron）

　　過渡金屬（Transition Metal）電子構型中都有不少單電子，較容易失去。大多數過渡金屬都是以氧化物、硫化物等的形式存在於地殼中，只有金、銀等幾種單質可以穩定存在。

(1) 鈦

屬性

鈦像鎂一樣是分類爲可燃性金屬；與上述一樣，尺寸和形狀之鈦在很大程度上，決定其起火容易性。大塊的鈦於普通條件是不會燃燒。但是，其能在其他燃料燃燒存在下或在富氧大氣下燃燒，而小片、切屑與粉塵（Dust）卻極易起火，一起火就燃燒並釋放出大量熱量。試驗證明，極薄的切屑，用一根火柴就能點燃，而較厚的小片與切屑，需使用本生燈（Bunsen Burner）始可點燃。0.79×2.7 mm以上鈦片，能視爲是難於起火的。

當收集在旋風分離器（Cyclone Separators）乾燥鈦細粉可以自燃。形成塵雲或塵膠的細碎鈦粉不會自燃[16]（這一點與鋯、釷與某些別的金屬不同）。鈦的粉塵雲（Dust Clouds）在空氣中的起火溫度是332～588℃，較集中之鈦粉塵層（Dust Layers）是382～510℃。鈦粉塵能在二氧化碳或氮氣中起火。

細小鈦片塗覆有水溶性油類能自燃發火。在特殊條件下大塊鈦會自燃，包括與液態氧接觸等。在這種情況下，一碰撞（Impact）就會起爆（Detonate）。已經發現，在靜止狀態下，鈦在純氧中，壓力爲350磅／平方英寸時能自燃發火。如氧氣濃度稀釋，則所需的壓力增加，但如氧濃度低於35%，則在任何情況下也無法升溫自燃。

儲存、處理與運輸（Storage, Handling and Transportation）

鈦鑄件與鈦塊（Ingots）是極難起火燃燒，NFPA 481（鈦之生產、加工、搬運和儲存標準）中未將大塊的鈦包括在內。鈦儲存在有蓋的金屬容器內，並與可燃物容器作隔離等。由於潮濕屑片可能釋出氫氣，接觸動或植物油會造成能升溫自燃。所以，待處理的屑片，建議堆放在建築物遠端隔離之區域。儲存鈦屑片建築物與房間應有爆炸洩壓口（Explosion Vents）。

作業危害（Process Hazards）

鈦鑄造過程中主要危險是熔融金屬與水接觸。爲了盡量減少此危險性，通常要給模具徹底預先乾燥（Pre-Dried），還要提供眞空或惰性氣體保護，以防意外溢出（Spills）。當鈦進行切屑、研磨、鋸、鑽孔等加工過程所產生熱量能點燃作業中

---

[16] 形成塵雲或塵膠的細碎鈦粉不會自燃，這一點與鋯、釷與某些別的金屬不同。

屑片，或點燃切屑潤滑用礦物油類（Mineral-Oil-Based）。所以，要用大量的水基（Water-Based）冷卻液，以移除熱量；而切削刀具要始終保持鋒利。碎屑要定期從工作區域清掉，儲存到有蓋的金屬容器。爲了防止鈦粉塵爆炸，凡是產生粉塵的工作程序，都應配備粉塵收集系統，並釋放到水沫式（Water-Spray）集塵器內。

火災撲滅（Fighting Titanium Fires）

工業風險保險公司（Industrial Risk Insurers, IRI）對成堆的與裝在敞口桶（Open Drums）內鈦屑火災，進行試驗證明，相對少量鈦屑起火時，粗粒水沫（Coarse Spray）是有效來撲滅火勢之一種安全手段。

二氧化碳、泡沫、乾粉滅火劑，對於撲滅鈦火災是沒效的。如是少量鈦粉起火，最安全方法是在火的周圍撒上一圈（Ring）撲滅金屬火災的專用粉末，讓火勢自行耗盡熄滅。上述應注意防止鈦塵雲（Dust Cloud）之形成。

(2) 鋅

鋅板（Sheets）、鋅鑄件或其他大塊形式的鋅，因難於起火而不會造成嚴重的火災。但一旦起火，大塊將猛烈燃燒。潮濕鋅粉塵與水進行緩慢反應，釋出氫，如放出的熱量足夠大，粉塵就會起火。鋅粉塵雲在空氣中於599℃時起火，燃燒時會產生相當多煙氣。

儲存處理及火災撲滅

之前建議用於鎂之儲存、處理與加工措施，一般也能適用於鈣與鋅。

(3) 鋯（Zirconium）與 (4) 鉿（Hafnium）

屬性

① 鋯

鋯的可燃性顯然隨著其平均顆粒減小而增高，但也有其他變量如含水量等，也影響其起火容易性。平均顆粒尺寸爲3mm的鋯塵雲（Dust Clouds），卻會在室溫下自燃起火。塵雲中顆粒尺寸大於3mm時，如存在起火源也易於起火爆炸，如此鋯塵雲爆炸也能發生在二氧化碳或氮氣中。鋯的粉塵雲，在二氧化碳中約於621℃時起火，在氮氣中約788℃時起火。試驗也已證明，粒徑3mm鋯粉塵層易以自燃起火。粉塵層的厚度（Depth）和其含水量是起火之重要變量。而受汙染的極細鋯屑片在搬運沾濕（Moist）過程，已發生多起自燃起火爆炸事例。

② 鉿

鉿燃燒性能與鋯相似。鉿燃燒時火焰很小，但其釋放出大量的熱。除非使鉿失去活性（Inactivated），否則，鋼絲絨棉形式（Sponge Form）鉿會自燃起火。

一般認為，鉿與形式類似的鈦、鋯相比，較具反應性。濕鉿粉與水反應，釋出氫氣。

儲存、處理與運輸（Storage, Handling and Transportation）

對鋯鑄件，因大塊鋯能承受極高溫而不起火，不要求特殊儲存注意事項。但鋯粉形式則是高度易燃物。因此，一般儲存與運輸時，是以1加侖容器，內添加25%以上體積水量。

鋯粉儲存室應是耐火結構建築，配有爆炸通風口（Explosion Vents）。儲放鋯粉的金屬罐應彼此隔離，以防其中一儲罐起火而波及其他儲罐可能性，隔離通道又可讓定期人員通行檢查儲罐是否腐蝕。

鉿（Hafnium）之運輸與儲存注事項是大致相同於鋯。

作業危害

鋯與鉿一般作業建議，是大致相同。搬運鋯粉時，盡可能將其存於惰性液體下或惰性氣體中。設備和儲存容器置於惰性氣體中之氬或氦氣環境，是使用來防止其發生閃火和爆炸的一種方法。如是在空氣中搬運鋯粉、鉿粉，必須極其當心，因僅是小量靜電荷即可使其起火。

火災撲滅（Fighting Fires）

撲滅鋯與鉿火災方法是相同的；如大塊鋯起火，能用水撲滅。由工業風險保險公司（IRI）所進行的有限試驗證明，對燃燒著鋯屑片，噴上水沫狀（Spray）水量是不會產生負面影響。當撒水頭直接向下撒水到敞口桶（Open Drum）內燃燒著鋯屑片時，先是短暫猛烈閃火，之後就在桶內靜靜地燃燒著。在用高流量直線式水柱流（Straight Stream）射入桶內，呈現水從桶內溢出而火勢熄滅。

在鋯以小量或粉末形式，於燃燒區域周圍撒一圈專用滅火劑，防止火蔓延之後讓火勢自行燃燒耗盡。這些專用滅火劑，在撲滅鋯火災時，一直都很有效。但使用滅火劑時要注意防止鋯塵雲之形成。如是在封閉空間內起火，則可導入氬或氦將火勢悶熄。

(5) 鐵（Iron）

鋼鐵為正常情況不燃燒金屬（Metals Not Normally Combustible），一般不認為是可燃物，大塊形式（結構鋼、鑄鐵塊等）於普通火災是不會燃燒的。細鋼絲絨（Steel Wool）或鋼粉塵（Dust），在遇到極高溫如電焊（Torch）（在大多數情況下產生一種火花而不是真正火焰）時會起火。鋼切屑堆與其他細碎屑片堆的之自燃火災，這些屑片有油，也可能沾染其他可燃物質；而在密封範圍（如船體）內以水沾濕（Water-Wetted）的成堆鑽孔屑（Borings）與切屑會形成自燃發火情況。鋼結構受火災溫度影響之強度表示圖[17]。

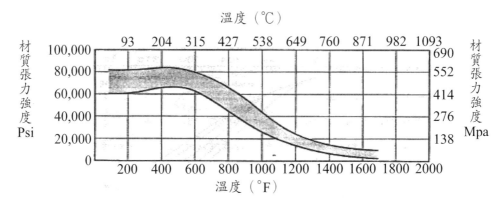

圖3-29　鋼結構受火災溫度影響之強度表示圖

（資料來源：Fire Protection Handbook, 1997）

2. 鋼系金屬：鈾（Uranium）、釷（Thorium）與鈽（Plutonium）

鋼系金屬為公共危險物品第3類之禁水性及自燃性物質。鋼系金屬都是放射性金屬（Radioactive Metals），但放射性並不影響金屬的燃燒性能，也不受金屬燃燒性能所影響。放射性金屬的化學性質比較活潑，如鈾（Uranium）、釷（Thorium）等少數天然金屬，也包括鈽（Plutonium）與鈷-60（Cobalt）等人工製造的金屬，任何金屬都能加工成放射性的。由於火並不能改變放射性能，所以火災過程中凡是放射性金屬熔流經之處，輻射繼續存在。含有放射性材料之火災所產生煙氣，常超過火焰所

---

[17] 純鐵的比重是7.86，熔點是1535℃。普通結構鋼的熔點是1430℃。

造成財產損失，只是這種損失不是有形的（Physical），而是導致於放射性汙染必須將其清除，避免曝露於輻射。因此，錒系元素的毒性和輻射（特別是吸入人體內的 α 輻射體）危害較大，必須在有防護措施的密閉工作箱中操作這些物質。

(1) 鈾（Uranium）

　　普通鈾是一種放射性金屬，也具可燃性；其放射性不影響其可燃性，但可影響火災損失程度。大多數金屬鈾搬運時是以大塊形式，如此不存在一個顯著火災危險性，除非曝露到嚴重而持續外來火源（External Fire）情況。如大塊形式鈾一旦起火，則非常緩慢地燃燒。

　　細碎形式的鈾容易起火，機械加工產生的鈾屑片會自燃發火。但是，把屑片儲放在乾燥油（Dry Oil）就能避免產生這種反應。眾所周知，研磨粉塵（Grinding Dust）即使在水中也會起火，儲放桶內較粗屑片（Coarser Scrap）如長期接觸潮濕空氣，也會自燃。一般較大塊形式的鈾，要把整塊都加熱至其起火溫度後始能點燃。潮濕之鈾粉塵、切削屑與碎片，能與水分緩慢反應，釋出氫氣。使用濃硝酸（Nitric Acid）處理過鈾表面，在空氣中會形成爆炸或自燃發火現象。

(2) 釷（Thorium）

　　釷像鈾一樣，是一種天然存在元素，二者都是用以生產核反應堆（Nuclear Reactor）燃料之基本來源物質。粉末形式的釷，因起火溫度低，要求特殊的搬運技術。在氬氣或氫氣中乾燥運輸，而乾燥釷粉不應置於空氣中，因粉粒在空氣中落下或者碰到玻璃容器邊緣時，摩擦使粉末產生靜電（Electrostatic）起火。釷顆粒壓製不當，會因吸收空氣中的氧和氮，而慢慢釋出熱量，並足以把鋼製容器高溫到赤熱狀態（Red Heat）。

(3) 鈽（Plutonium）

　　鈽像鈾一樣，是放射性且為可燃性金屬。鈽比鈾較易起火，搬運時要置於惰性氣體或十分乾燥的空氣中，遙控（Remote-Control）進行。如為粉塵、屑片等微細形式，在潮濕空氣中鈽易形成自燃。大塊鈽約於600℃時起火，燃燒特點與鈾頗為相似，但氧化鈽煙氣影響，即空氣中放射性（Airborne Radioactive）汙染，更難以控制且具危險性。由於某些非火災危險方面考量，必須限制鈽在一個位置儲放之數量，以便限制這種金屬火災。

3. 貧金屬：鋁（Aluminum）

貧金屬（Poor Metal）相比於前述之過渡金屬，熔點658℃～660℃、沸點2450℃，質地軟，分子量26.98。鋁爲正常情況不燃燒金屬（Metals Not Normally Combustible），通常之形式具有相當高之起火溫度，以致於鋁燃燒在大多數火災中不是一個問題因素。然而，鋁能在其他物質燃燒存在時，呈現猛烈燃燒。特別是，鋁接觸到鎂燃燒時易於起火，可能是二者界面處（Interface）形成合金。而鋁粉、鋁片（Flaked）在一定條件下會爆炸。大量粉塵受潮時會自然發熱。

鋁合金是建築中採用典型材料，有時會替代鐵、鋼或銅，如耐火溫度是個基本要求的話，則其低熔融溫度會是個重要的考量因素。圖3-30顯示一般溫度升高時，鋁合金的強度下降；此圖可與圖3-29之鋼作相對性比較。

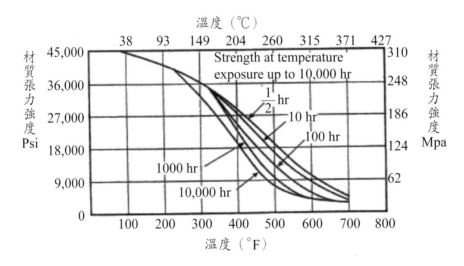

圖3-30　鋁合金材質強度與溫度關係

（資料來源：Fire Protection Handbook, 1997）

某些應用中鋁管已代替銅管，爲了傳送可燃液體與氣體中。而在許多情況下，鋁是適於作這種管材，但採用時還得考慮鋁之熔融溫度低得多。許多飛機起火都歸因於含有易燃液體之薄鋁合金液壓管路（Hydraulic Lines）出事造成的。在壓力下，電線短路（Short Circuits）產生高溫電弧將鋁管熔化，釋出油類易燃液體。

第9節　模擬選擇題精解

1. (C) 相等質量之乙醇（C_2H_5OH）和二甲醚（CH_3OCH_3），二者燃燒時之理論空氣量，其比較結果爲下列何者？

    (A)乙醇 > 二甲醚

    (B)二甲醚 > 乙醇

    (C)二者相等

    (D)不一定，缺氧時乙醇 > 二甲醚，富氧時二甲醚 > 乙醇

2. (C) 根據NFPA的定義，下列哪一項（選項均爲體積百分比）屬於富氧環境（OEA）[18]？

    (A)0.5大氣壓下，氧爲40%　　(B)0.8大氣壓下，氧爲25%

    (C)1.5大氣壓下，氧爲16%　　(D)3.0大氣壓下，氧爲6%

3. (B) 以消耗1克空氣所釋放出的熱量來表示烷族烴類的燃燒熱，其值約爲：

    (A)2 kJ/g　(B)3 kJ/g　(C)4 kJ/g　(D)5 kJ/g

4. (C) 下列有關燃燒形式之敘述，何者有誤？

    (A)定常燃燒是指具有均衡燃燒溫度之燃燒

    (B)氧氣供應不足，會造成不完全燃燒

    (C)木材之燃燒屬於均一系燃燒

    (D)混合燃燒是氣體發焰燃燒的一種

5. (B) 請預估丙烷之爆炸下限爲多少%？

    (A)1.1　(B)2.2　(C)3.3　(D)4.4

6. (A) 老舊木造建築物社區，某棟建築高10 m，設其延燒係數爲0.04，則依日本木構造建築物火災溫度曲線，其與鄰棟建築物理論上的防火距離應維持多少？[19]　(A)15.8 m　(B)13.8 m　(C)12.8 m　(D)11.8 m

7. (C) 一般可燃物燃燒之所需最低氧氣濃度爲多少%？

    (A)10%　(B)12%　(C)15%　(D)18%

8. (D) 依日本學者秋田一雄的研究結果，木材種類與發火溫度之關係不大，通常

---

[18] OEA爲1大氣壓氧體積大於23.5%，本題可從理想氣體定律$P_1V_1 > 23.5\%$。

[19] 建築高度h = 延燒係數p×防火距離d^2，$d = (h/p)^{1/2}$，d = 15.8。

其表面溫度約達多少度，即可滿足發火之條件？

(A)120℃　(B)260℃　(C)350℃　(D)490℃

9. (D) 依日本學者濱田的實驗研究，處於無外在氣流且定溫加熱環境下的氣乾材，當加熱時間加倍時，其碳化深度將變為幾倍？[20]

(A)2^{-1}　(B)2　(C)$2^{-1/2}$　(D)$2^{1/2}$

10. (C) 由爆炸下限分別為7.0%、3.0%的甲、乙兩種氣體組成的混合氣，其中甲氣占70%；若兩氣體不發生催化或反應，則混合氣之爆炸下限約為：

(A)6.5%　(B)5.8%　(C)5.0%　(D)4.5%

11. (A) 以化學理論濃度計算丁烷的爆炸下限，其值約為：

(A)1.7%　(B)3.1%　(C)2.2%　(D)4.0%

12. (B) 當燃料分布均勻，燃燒得以持續且自由擴展而不受其他因素影響下，下列敘述何者正確？

(A)燃燒面積與時間成正比

(B)燃燒釋熱率與時間平方成正比

(C)燃料燃燒速率（kg/sec）恆定，與經過時間無關

(D)火焰前緣向前推進的線性速率（m/sec）與時間成正比

13. (B) 下列何種物質之臨界熱通量（critical heat flux）最小？[21]

(A)玻璃　(B)木材　(C)聚氯乙烯（PVC）　(D)鐵氟龍（Teflon）

14. (C) 已知史蒂芬波茲曼常數為5.67×10^{-11} kW/m^2K^4，若一物體之溫度為227℃，放射率（emissivity）為0.5，則其幅射強度為：

(A)0.44　(B)0.88　(C)1.77　(D)3.54

15. (A) 若以化學理論濃度的方法計算，則丁烷的爆炸下限為下列何者？

(A)1.78%　(B)3.56%　(C)7.43%　(D)11.34%

16. (C) 當木材受熱而分解時，溫度愈高，分解速度愈快，一般常稱木材的「危險溫度」約為多少度？　(A)100℃　(B)150℃　(C)260℃　(D)350℃

17. (C) 木材之熱分解受高溫而加速反應。當溫度達到多少時，可燃性氣體將會迅速析出，因此被稱為「危險溫度」？

---

[20] 碳化深度 $x = 1.0 \left(\dfrac{Q}{100} - 2.5 \right) \sqrt{t}$，Q為加熱溫度，t為加熱時間。

[21] 物質臨界熱通量（kW/m^2）Teflon為38，PVC為15-20，Wood（Douglas fir）為10。

(A)150℃ (B)180℃ (C)260℃ (D)340℃

18. (D) 有關燃燒形式之敘述，下列何者正確？
    (A)木材之燃燒屬於均一系燃燒
    (B)非定常燃燒是指具有均衡燃燒溫度之燃燒
    (C)氧氣供應不足，會造成完全燃燒
    (D)混合燃燒是氣體發焰燃燒的一種

19. (A) 烷類的爆炸下限計算公式 = $0.55 \times Co$，其中Co爲下列何者？
    (A)可燃性氣體完全燃燒時之化學理論濃度（%）
    (B)可燃性氣體不完全燃燒時之化學理論濃度（%）
    (C)可燃性液體完全燃燒時之化學理論濃度（%）
    (D)可燃性液體不完全燃燒時之化學理論濃度（%）

20. (A) 燃燒某數量的二硫化碳（CS_2），假設完全燃燒所需理論空氣量爲5立方公尺，測量其廢氣之生成物濃度，其中二氧化碳濃度爲5%，二氧化硫濃度爲10%，試求實際燃燒所需空氣量爲多少立方公尺？[22]

---

[22] $CS_2 + 3O_2 \rightarrow 1CO_2 + 2SO_2$

CO_2濃度 = CO_2量 / 廢氣量

5% = CO_2量 / （剩下氮氣量 + 過剩氧量 + CO_2量 + SO_2量）

5% = CO_2量 / （實際空氣量 $-O_2$ + CO_2量 + SO_2量）（實際空氣量爲n）

5% = $[5 \times 0.21 \times (1/3)]$ / $[n - 5 \times 0.21 + 5 \times 0.21 \times (1/3) + 5 \times 0.21 \times (2/3)]$

5% = $0.35/n$

n = $0.35 \times 20 = 7$

另一解

完全燃燒理論氧氣量 = $5m^3 \times 21\% = 1.05m^3$

$CS_2 + 3O_2 \rightarrow CO_2 + 2SO_2$

$0.35 + 1.05$

$\underline{-0.35 - 1.05 + 0.35 + 0.7}$

$0 \qquad 0 \qquad + 0.35 + 0.7$

所以燃燒產生CO_2爲$0.35m^3$

假設燃燒實際所需空氣量爲n

$CS_2 + 3O_2 \rightarrow CO_2 + 2SO_2$

$0.35 + n$

$\underline{-0.35 - 1.05 + 0.35 + 0.7}$

$0 \quad n - 1.05 + 0.35 + 0.7$

題目指出CO_2爲5%

(A)7 (B)8 (C)10 (D)15

21. (B) 已知木造倉庫高6公尺,如延燒係數為0.15,依木造建築物火災溫度標準曲線,其鄰棟建築物之理論安全距離應在多少公尺以上?

(A)5.4 (B)6.3 (C)9 (D)12.1

22. (D) 理論上欲使1 kg木材完全燃燒,其所需空氣量為下列何者?(攝氏0度、1大氣壓、氣體每mol有22.4公升)[23]

(A)0.98 Nm^3/kg (B)1.98 Nm^3/kg

(C)2.98 Nm^3/kg (D)3.98 Nm^3/kg

23. (C) 有關可燃性固體與燃燒的關係,下列何者錯誤?

(A)在未燃燒前,與不燃性固體相同,是抵抗體

(B)物質著火難易及所產生之氣體、燃燒溫度等會受固體之質與量影響

(C)切割極細薄的物質,甚至是粉末會因容易傳導而不易增溫

(D)若給氧量不足,則容易產生燻燒狀態

24. (B) 有關擴散燃燒(Diffusive burning)的說明,下列何者錯誤?

(A)擴散燃燒產生之火焰屬於發焰燃燒

(B)爆炸反應屬於擴散燃燒

(C)重力會影響擴散燃燒火焰之形狀

(D)因不完全燃燒而會產生煤煙粒子

25. (A) 苯的化學理論濃度為2.55(vol%),其爆炸下限約為多少?[24]

(A)1.4(vol%) (B)1.3(vol%) (C)1.2(vol%) (D)1.1(vol%)

26. (A) 假設混合氣體中含有甲烷40%、丁烷36%、己烷24%,其爆炸下限約為多少?(其中:甲烷、丁烷、己烷的爆炸下限分別為5%、1.8%、1.2%)

$5\% = \dfrac{0.35}{n - 1.05 + 0.35 + 0.7}$

$n = 7 \ m^3$

[23] 依陳弘毅所著火災學指出,木材碳占0.435、氫占0.052、氧占0.383、水分占0.13,若M為完成燃燒,N為不完全燃燒,M + N = 1,$C + O_2 \rightarrow CO_2$, $C + \frac{1}{2}O_2 \rightarrow CO$, $H + \frac{1}{4}O_2 \rightarrow \frac{1}{2}H_2O$, O $+ \frac{1}{2}O_2$

$$\left[\left(\frac{0.435}{12}M \times 1000\right) + \left(\frac{0.435}{12}N \times \frac{1}{2} \times 1000\right) + \left(\frac{0.052}{1}N \times \frac{1}{4} \times 1000\right) - \left(\frac{0.393}{16}N \times \frac{1}{2} \times 1000\right)\right] \times \frac{22.4}{0.21} \times \frac{1}{1000}$$

$= 3.87M + 1.93N + 0.11 = 3.98M + 2.04N(Nm^3)$(完全燃燒時M = 1,N = 0,木材為3.98 (Nm^3))

[24] 燃燒下限 = 0.55×化學理論濃度。

(A)2.1（vol%）　　(B)2.4（vol%）　　(C)2.7（vol%）　　(D)3.0（vol%）

27. (C)　假設甲醇的爆炸下限為6.7（vol%），試計算其化學理論濃度約為多少？

　　　(A)10.2（vol%）　　(B)11.2（vol%）　　(C)12.2（vol%）　　(D)13.2（vol%）

28. (C)　根據Burgess-Wheeler定理，已知庚烷的燃燒熱為1060 kcal/mol，其爆炸下限約為多少？[25]

　　　(A)0.8（vol%）　　(B)0.9（vol%）　　(C)1.0（vol%）　　(D)1.1（vol%）

29. (A)　下列哪一種物質最不容易被引燃？

　　　(A)鐵氟龍　　(B)聚氯乙烯　　(C)聚丙烯　　(D)木材

30. (D)　下列相同重量的燃料燃燒時，何者的理論空氣量最多？[26]

　　　(A)一氧化碳　　(B)硫　　(C)甲烷　　(D)氫

31. (B)　某一混合氣體乃以甲烷與丙烷1：1混合，試求此混合氣體之爆炸下限（甲烷爆炸下限5.3%，丙烷爆炸下限2.2%）？

　　　(A)0.55%　　(B)3.11%　　(C)3.75%　　(D)4.23%

32. (B)　有一含環氧乙烷、乙烷及乙烯之混合氣體，其體積組成比例分別為30%、30%及40%，請依勒沙特列（Le Châtelier）定律計算此混合氣體在空氣中的上限（UEL）為百分之多少？（其中環氧乙烷：UEL：100 vol%，乙烷：UEL：12.4 vol%，乙烯：UEL：36 vol%）

　　　(A)15　　(B)26　　(C)36　　(D)56

33. (A)　油類火災為何種火災成長？

---

[25] 根據Burgess-Wheeler定理，烷類之燃燒下限×燃燒熱 = 1059。

[26] 空氣中氧體積21%、重量23%，依Avogador Theory在同溫同壓同體積下任何氣體，含有相同分子數，1莫耳在STP狀態氣體容積為22.4L（0℃、1atm）、氧分子為32 g/mol，使1kg碳完全燃燒時（$C + O_2 = CO_2$），需$11.6kg\left(\frac{1000\times32}{12}\times\frac{100}{23}\right)$或$8.9m^3\left(\frac{1000\times22.4}{12}\times\frac{100}{21}\right)$空氣；氫$H + \frac{1}{4}O_2 \to \frac{1}{2}H_2O$，需$34.8kg\left(\frac{1000\times32+1/4}{1}\times\frac{100}{23}\right)$或$26.7m^3\left(\frac{1000\times22.4\times1/4}{1}\times\frac{100}{21}\right)$空氣；硫$S + O_2 = SO_2$，需$4.35kg\left(\frac{1000\times32}{32}\times\frac{100}{23}\right)$或$3.33m^3\left(\frac{1000\times22.4}{32}\times\frac{100}{21}\right)$空氣；甲烷$(CH_4 + 2O_2 \to CO_2 + 2H_2O)$ $17.39kg\left(\frac{1000\times32\times2}{16}\times\frac{100}{23}\right)$或$13.33m^3\left(\frac{1000\times22.4\times2}{16}\times\frac{100}{21}\right)$空氣；CO$(2CO + O_2 \to CO_2)$ $2.48kg\left(\frac{1000\times32\times1/2}{23}\times\frac{100}{23}\right)$或$1.90m^3\left(\frac{1000\times22.4\times1/2}{23}\times\frac{100}{21}\right)$空氣

另一算法燃燒所需空氣量比$\frac{B/A}{分子量}$或$\frac{n}{分子量}$

(A)穩態火災　　(B)時間平方火災　　(C)時間三次方火災　　(D)時間四次方火災

34. (C) 正丁烷之當量反應式為 $C_4H_{10} + \dfrac{13}{2}O_2 \rightarrow 4CO_2 + 5H_2O$，其爆炸下限為 1.9%，則其限氧濃度（LOC）為多少%？[27]

　　(A)1.9　(B)3.8　(C)12.4　(D)16

35. (B) 某一混合氣體乃以甲烷與丙烷1：1混合，試求此混合氣體之爆炸下限（甲烷爆炸下限5.3%，丙烷爆炸下限2.2%）？

　　(A)0.55%　(B)3.11%　(C)3.75%　(D)4.23%

36. (C) 下列何者為釋熱率（Heat Release Rate, HRR）的單位？

　　(A)度（K）　　(B)焦耳（J）　　(C)瓦特（W）　　(D)牛頓（N）

37. (C) 我國防火材料耐燃性檢測係採用CNS 14705圓錐量熱儀法，有關該方法之敘述，下列何者錯誤？

　　(A)原理為量測材料暴露於規定熱通量下之受熱反應情形

　　(B)總熱釋放為分級之基準之一

　　(C)煙產生量為分級之基準之一

　　(D)毒性氣體產生並非分級之基準之一

38. (D) 有關防火材料之敘述，下列何者錯誤？

　　(A)防焰材料指具有防止因微小火源而起火或迅速延燒性能的裝修薄材料類或裝飾製品

　　(B)裝修材料在火災初期不易著火延燒，且發熱、發煙及有毒氣體的生成量均有限者，可稱為「耐燃材料」

　　(C)耐火材料是在一定標準火災試驗下，能維持構件或構造耐火穩定性、完整性及隔熱性要求之材料

　　(D)窗簾需通過耐燃材料之檢測

39. (C) 空氣中之濕度，對木材乾濕之變化幅度，年變化較日變化約大多少倍？

　　(A)31　(B)26　(C)19　(D)11

40. (A) 熱通量（heat flux）是量化熱傳遞之物理量，熱通量的單位是：

　　(A)W/m^2　(B)J/m^2　(C)W　(D)J

41. (B) 假設空氣中氧含量為20%，在一密閉空間中（體積為V）加入多少不燃性氣

---

[27] $\dfrac{1}{1+4.8n} \times 0.55 = $ 燃燒下限，其中燃燒下限 $\times n = $ LOC最小所需氧濃度

體時，該空間之氧濃度會變成12%？[28]

(A)0.33V　(B)0.67V　(C)1.00V　(D)1.33V

42. (D)　假設空氣中的氧占整體重量的23%，欲使12公斤的碳完全燃燒時，需要多少公斤的空氣？[29]

(A)11.6公斤　(B)46.3公斤　(C)69.6公斤　(D)139.1公斤

43. (A)　鎂、鈾金屬火災適合以何種乾粉滅火劑進行滅火？

(A)TEC滅火劑　(B)磷酸二氫氨　(C)碳酸氫鈉　(D)碳酸氫鉀

44. (C)　某物質每克的燃燒熱為1千焦耳，若100克該物質於10秒內平均燃燒完，則該物質之熱釋放率為：　　(A)1 kW　(B)1 MW　(C)10 kW　(D)10 MW

45. (B)　下列有關預混合火焰燃燒速度的敘述，何者正確？

(A)組成複雜的氣體，燃燒速度較快

(B)氣體的濃度稍高於化學理論濃度時，燃燒速度最大

(C)可燃混合氣體的初始溫度愈低，燃燒速度愈快

(D)管路直徑愈大，火焰傳播的速度愈小

46. (B)　木材因長期低溫加（受）熱，導致未達260℃即引火燃燒，此一現象稱之為「木材之低溫著火」，由經驗得知，易造成木材低溫著火的危險處所，下列何者敘述不正確？

(A)煙囪等貫穿之屋頂　　　　　(B)木材堆置場

(C)三溫暖室暖爐等熱源之周圍　(D)乾燥室內蒸氣管接觸之部分

47. (C)　木材的化學成分中，燃燒時形成焦炭比率最多的是：

(A)纖維素　(B)半纖維素　(C)木質素　(D)膠質

48. (A)　下列有關木材經硼酸鹽處理後，受熱燃燒時的反應，何者不正確？

(A)火焰中焦油的比例將增加　(B)燃燒熱將降低

(C)火焰中H_2O的比例將增加　(D)固體表面的焦炭將增加

49. (D)　一般以多少度作為木材起火之「引火溫度」：

(A)120℃　(B)180℃　(C)220℃　(D)260℃

50. (C)　一克分子之碳完全燃燒時，需有1 克分子之氧（$C + O_2 = CO_2$），空氣中氧

---

28 $\frac{0.2V}{V+x} = 0.12$，x = 0.67V

29 使1kg碳完全燃燒時（$C + O_2 = CO_2$），需11.6kg$\left(\frac{32}{12} \times \frac{100}{23}\right)$

之重量占整體之23%，故欲使1kg之碳完全燃燒，需要多少kg 之空氣？[30]

(A)5kg　(B)8.6kg　(C)11.6kg　(D)15.5kg

51. (A)　燃燒所需實際空氣量一般均較理論空氣量：

　　　(A)多　(B)少　(C)相等　(D)不一定

52. (A)　等重的乙烷、乙烯、乙炔完全燃燒所需的理論空氣量分別爲a、b、c，則a、b、c 的大小關係爲：[31]

　　　(A)a > b > c　(B)c > b > a　(C)c > a > b　(D)a = b = c

53. (A)　物質燃燒時實際所需的空氣量爲A，該值遠超過理論空氣量B，A－B 的差值稱爲：

　　　(A)過剩空氣量　(B)燃燒空氣量　(C)理想空氣量　(D)損失空氣量

54. (A)　下列不同重量之燃料燃燒時，何者之理論空氣量最小？[32]

　　　(A)28公斤的一氧化碳（CO）　　　(B)32公斤的硫

　　　(C)4公斤的氫氣（H_2）　　　(D)12公斤的碳

55. (C)　木材的熱分解，溫度愈高，速度愈快，一般而言，木材的「危險溫度」爲多少度？　　　(A)60℃　(B)160℃　(C)260℃　(D)360℃

---

[30] 空氣中氧體積21%、重量23%，依Avogador Theory在同溫同壓同體積下任何氣體含有相同分子數，1莫耳氣體在STP狀態容積爲22.4L、氧分子爲32g/mole，使1kg碳完全燃燒時（$C + O_2 = CO_2$），需11.6kg$\left(\frac{1000\times32}{12}\times\frac{100}{23}\right)$或8.9m³$\left(\frac{1000\times22.4}{12}\times\frac{100}{21}\right)$空氣；氫$H + \frac{1}{4}O_2 \rightarrow \frac{1}{2}H_2O$，需34.8kg$\left(\frac{1000\times32\times1/4}{1}\times\frac{100}{23}\right)$或26.7m³$\left(\frac{1000\times22.4\times1/4}{1}\times\frac{100}{21}\right)$空氣；硫$S + O_2 = SO_2$，需4.35kg$\left(\frac{1000\times32}{32}\times\frac{100}{23}\right)$或3.33m³$\left(\frac{1000\times22.4}{32}\times\frac{100}{21}\right)$空氣；甲烷($CH_4 + 2O_2 \rightarrow CO_2 + 2H_2O$)17.39kg$\left(\frac{1000\times32\times2}{16}\times\frac{100}{23}\right)$或13.33m³$\left(\frac{1000\times22.4\times2}{16}\times\frac{100}{21}\right)$空氣；CO($2CO + O_2 \rightarrow 2CO_2$)2.48kg$\left(\frac{1000\times32\times1/2}{23}\times\frac{100}{23}\right)$或1.90m³$\left(\frac{1000\times22.4\times1/2}{23}\times\frac{100}{21}\right)$空氣

[31] 乙烷分子量30、乙烯爲28、乙炔爲26。使1kg乙烷完全燃燒時（$2C_2H_6 + 7O_2 = 4CO_2 + 6H_2O$），需16.23kg$\left(\frac{1000\times32\times7/2}{30}\times\frac{100}{23}\right)$；乙烯($C_2H_4 + 3O_2 = 2\ CO_2 + 2\ H_2O$)，需14.91kg$\left(\frac{1000\times32\times3}{23}\times\frac{100}{23}\right)$；乙炔($2C_2H_2 + 5O_2 = 4CO_2 + 2\ H_2O$)，需13.38kg$\left(\frac{1000\times32\times5/2}{26}\times\frac{100}{23}\right)$另一算法所需氧氣量比$\frac{B/A}{分子量}$：乙烷$=\frac{7/2}{30}=0.116$，乙烯$\frac{3}{23}=0.107$，乙炔$\frac{5/2}{26}=0.096$

[32] CO（$2CO + O_2 \rightarrow 2CO_2$）2.48kg$\left(\frac{1000\times32\times1/2}{23}\times\frac{100}{23}\right)$或1.90m³$\left(\frac{1000\times22.4\times1/2}{23}\times\frac{100}{21}\right)$空氣量 CO（$28\times2.48 = 69.4$）；硫（$32\times4.35 = 139.2$）；氫（$4\times34.8 = 139.2$）；碳（$12\times11.6 = 139.2$）

56. (B) 一立方公尺空氣中所含水蒸氣的公克數即為所謂的：
(A)相對濕度 (B)絕對濕度 (C)實效濕度 (D)有效濕度

57. (C) 假設燃料燃燒所需的理論空氣量為Lo，實際需要空氣量為La，則La = K×Lo，其中K > 1，此K值稱為：
(A)空氣過剩率 (B)空氣容積 (C)空氣比 (D)廢氣量

58. (C) 甲烷、丙烷、乙醇及氨四種氣體之爆炸下限分別為5.3%、2.2%、4.3%、16%，爆炸上限分別為14%、9.5%、19%、25%，試計算何種氣體之危險性最大？[33] (A)甲烷 (B)丙烷 (C)乙醇 (D)氨

59. (C) 甲烷1莫耳完全燃燒需要多少莫耳空氣？[34]
(A)7.52 (B)8.52 (C)9.52 (D)10.52

60. (B) 下列何種物質，一公斤燃燒時所需的理論空氣容量（m^3）最小[35]？
(A)碳 (B)硫 (C)甲烷 (D)乙炔

61. (D) 燃燒木材時若因不完全燃燒產生白煙則可能是：
(A)含有油脂 (B)含有顏料 (C)火勢過大 (D)含有水分

62. (A) 火焰溫度通常會依位置不同而有所變化，以蠟燭火焰為例，其那個位置溫度最高？ (A)中心 (B)前端 (C)下部 (D)以上皆是

63. (D) 燃燒之際非但不能缺氧，且其濃度必須在一定比率以上；通常空氣中氧之含量，約為其容積之21%，以重量計則為23.2%，若氧濃度低於下列何者，則燃燒甚難維持？ (A)5% (B)10% (C)15% (D)以上皆是

64. (B) 要使2 公斤（2kg）的氫氣完全燃燒，所需的空氣量約為多少？[36]
(A)34.5公斤 (B)69公斤 (C)103.5 公斤 (D)138 公斤

---

[33] 危險度 $= \dfrac{燃燒上限 - 燃燒下限}{燃燒下限}$

[34] $CH_4 + 2O_2 = CO_2 + 2H_2O$，$2 \times \dfrac{100}{21} = 9.523$

[35] 依Avogador Theory在同溫同壓同體積下任何氣體含有木同分子數，1莫耳在STP狀態氣體容積為22.4L、氧分子為32g/mol，使1kg碳完全燃燒時（$C + O_2 = CO_2$），需8.9$m^3\left(\dfrac{1000\times22.4}{12}\times\dfrac{100}{21}\right)$空氣；硫$S + O_2 = SO_2$，需3.33$m^3\left(\dfrac{1000\times22.4}{32}\times\dfrac{100}{21}\right)$空氣；甲烷($CH_4 + 2O_2 \rightarrow CO_2 + 2H_2O$)需13.33$m^0\left(\dfrac{1000\times22.4\times2}{16}\times\dfrac{100}{21}\right)$空氣；乙炔($2C_2H_2 + 5O_2 = 4CO_2 + 2H_2O$)，需10.26$m^3\left(\dfrac{1000\times22.4\times5/2}{26}\times\dfrac{100}{21}\right)$

[36] 空氣中氧體積21%、重量23%，氣體為22.4 L/mol，1kg氫$H + \dfrac{1}{4}O_2 \rightarrow \dfrac{1}{2}H_2O$，需34.8kg

65. (B)　都市瓦斯、氫及乙炔等氣體由管口擴散至外界與周圍空氣混合而燃燒之現象爲何？　　(A)混合燃燒　(B)擴散燃燒　(C)放電燃燒　(D)以上皆是

66. (A)　下列有關木材燃燒特性的敘述，何者正確？

(A)無機鹽類的添加，易使木材熱分（裂）解時，形成較多的焦炭

(B)木材的化學成分中，以纖維素最易分解

(C)木材的熱傳導係數具等方性

(D)一般以360℃作爲木材起火的「危險溫度」

67. (B)　一般而言，火災中引發木材著火的最低輻射熱通量值，約爲：[37]

(A)12 kW/cm^2　(B)12 kW/m^2　(C)12 W/m^2　(D)12 W/cm^2

第10節　模擬申論題精解

1.　何謂理論空氣量？今有下列四種相等質量之物質：甲醇（CH_3OH）、乙醇（C_2H_5OH）、二甲醚（CH_3OCH_3）及二乙醚（$C_2H_5OC_2H_5$），何者燃燒時具有最低之理論空氣量？請詳細說明理由。

解：(1) 理論空氣量：使可燃物完全燃燒理論上最少所需空氣量。

(2) 各物質理論空氣量爲 $\dfrac{22.4 \times \dfrac{B}{A}}{分子量} \times \dfrac{100}{21}$

①甲醇$CH_3OH + 1.5O_2 \rightarrow CO_2 + 2H_2O$

$\dfrac{22.4 \times 1.5}{32} \times \dfrac{100}{21} = 5$（m³）

②乙醇$C_2H_5OH + 3O_2 \rightarrow 2CO_2 + 3H_2O$

$\dfrac{22.4 \times 3}{46} \times \dfrac{100}{21} = 7$（m³）

③二甲醚$CH_3OCH_3 + 3O_2 \rightarrow 2CO_2 + 3H_2O$

$\left(\dfrac{1000 \times 32 + 1/4}{1} \times \dfrac{100}{23} \right)$

[37] 根據黃伯全氏指出，在英國相鄰建築物之間所允許的最小距離是依據如下原則確定的：即一建築物的外表，不能暴露在大於12kW/m^{2}的輻射熱通量中，這一臨界值，通常被認爲是火災中引發木材著火的最低值。

$$\frac{22.4 \times 3}{46} \times \frac{100}{21} = 7 \text{（m}^3\text{）}$$

④二乙醚$C_2H_5OC_2H_5 + 6O_2 \rightarrow 4CO_2 + 5H_2O$

$$\frac{22.4 \times 6}{74} \times \frac{100}{21} = 8.67 \text{（m}^3\text{）}$$

---

2. 重油含有C，H，S，O分別為84％，8％，4％，4％，假如燃燒後CO_2濃度為14％，試求1Kg的重油燃燒所需的理論空氣量在0℃，1atm之下為多少m^3？

解：燃燒時具有最低之理論空氣量為：

LW =「11.6×C + 34.8×(H − O/8) + 4.3×S」×％（kg）有重量代入公式

LV =「8.9×C + 26.7×(H − O/8) + 3.3×S」×％（m³）

理論空氣量（容積）= [8.9C + 26.7 (H − O/8) + 3.3S]×1/100

[8.9×84 + 26.7× (8 − 4/8) + 3.3×4]×1/100 = 9.6 m³

---

3. 在燃燒理論中，火焰可區分為擴散火焰（Diffusion Flame）和預混火焰（Premixed Flame），請敘述兩者控制機制的不同，並各列舉一火災（或燃燒）型態來說明。

解：預混合與擴散火焰燃燒有其相當區別，主要是起火時間先後差別；而二者燃燒有其相同點，皆需氧氣先混合再行氧化燃燒。

預混合一詞常表示燃料是被均勻地分佈並與空氣混合，這意謂室內熱煙氣流之氣態質量是預混合狀態，且處在可燃性範圍，一旦燃燒時會形成危險之預混合火焰型態，如閃燃即是。此種因可燃氣體預先混合所形成火焰，由於空氣與可燃氣體已先混合好到燃燒／爆炸範圍，所以活化能是較低的，就能形成反應釋放出高能量。

蠟燭係屬潤滑脂烴類複合物，燃燒前先分解到簡易成分，再將燃料分子輸送到反應層，也稱為燃燒區，此為燃料分子與周圍空氣中氧分子進行混合區域，這個轉移過程稱為擴散，使更多氣體分子相互混合。當燃料和氧氣混合成一定比例，並有足夠熱量引燃，就發生放熱化學反應。

---

4. 何謂發火點（或著火點）？何謂引火點？

解：可燃液體的閃火點或引火點（Flash Point），通常指液體在空氣中形成可燃混合物（蒸氣與氣體）引火之最低溫度，此為決定液體危險性之物理上重要指標；亦即若一微小火源接近，在液表面產生一閃即逝火焰，但此時液體蒸氣濃度不足以延續燃燒現象，或是該溫度下產生可燃氣體蒸發速度不及供應燃燒速度。而在比這稍高的溫度將會是著火點或發火點（Fire Point），著火點被定義在其被點燃後，液體蒸汽將繼續燃燒，而無需外在火源加熱之溫度點。

5. 試舉二種燃料例子說明「擴散燃燒」與「混合燃燒」之異同點？

解：同第3題。

6. 請問將1 mole的乙醚（$C_2H_5OC_2H_5$）及二硫化碳（CS_2）燃燒需要多少公升的理論空氣量？

解：(1) $C_2H_5OC_2H_5 + 6O_2 \rightarrow 4CO_2 + 5H_2O$

（1氣體在STP狀態為22.4公升／莫耳）

$22.4 \times 6 \times \dfrac{100}{21} = 640$公升

(2) $CS_2 + 3O_2 \rightarrow CO_2 + 2SO_2$

$22.4 \times 3 \times \dfrac{100}{21} = 320$公升

7. 何謂混合燃燒？擴散燃燒？（25分）

解：同第3題。

8. 鎂粉與鋁粉的熔點分別為650℃和658℃，請問其沸點分別約為多少？這兩者之危險性各有何不同之處？

解：

溫度（℃）			
純金屬	熔點	沸點	固體金屬起火
鋁（Aluminum）	660	2452	1000
鎂（Magnesium）	650	1110	623

在鎂合金中，有些起火溫度是相當低於純鎂狀態，有些鎂合金更低於427℃時起火。儘管燃燒鎂金屬所產生火焰高度一般低於305mm，但火焰溫度可高達1371℃。薄而小的，如絲帶狀、刨花屑、薄片，用火柴就可點燃，而鑄塊等大塊卻是難以起火，因其具高導熱性，即使用噴槍火焰也是如此。

鋁為正常情況不燃燒金屬，通常之形式具有相當高之起火溫度，以致於鋁燃燒在大多數火災中不是一個問題因素。然而，鋁能在其他物質燃燒存在時，呈現猛烈燃燒。特別是，鋁接觸到鎂燃燒時易於起火，可能是二者界面處形成合金。而鋁粉、鋁片在一定條件下會爆炸。大量粉塵受潮時會自然發熱。

---

9. 何謂「理論空氣量」？何謂「燃燒實際空氣量」？已知某種可燃物含有碳（10%）、氫（20%）、硫（10%）、氧（10%），試求該項可燃物10kg完全燃燒時所需之「理論空氣量」重多少？

解： 理論空氣量為單位燃料完全燃燒所需之最小空氣量。根據燃料中碳和氫元素的含量和化學方程式，計算出來的1公斤燃料完全燃燒所需要的標準狀況下空氣，稱為理論空氣量。而燃燒所需理論空氣量，是假定在燃料燃燒所需的空氣和生成的煙氣均為理想氣體（22.4m³/mol），略去空氣中的稀有成分，只由N_2和O_2組成，且二者容積比為79：21。

實際空氣量為考慮單位燃料不完全燃燒下所需之空氣量。即實際空氣量 = 過剩空氣量 + 理論空氣量。

C = 10 kg×10% = 1

H = 10 kg×20% = 2

S = 10 kg×10% = 1

O = 10 kg×10% = 1

$$Lw = \left[11.6 \times C + 34.8 \times \left(H - \frac{O}{8}\right) + 4.3 \times S\right](kg)$$

$$= \left[11.6 \times 1 + 34.8 \times \left(2 - \frac{1}{8}\right) + 4.3 \times 1\right]$$

$$= 46.4 \text{ kg}$$

10. 若空氣中之氧氣含量為20%：

(1) 請寫出丙烯（C_3H_6）燃燒之化學平衡式？

(2) 請計算其當量濃度（stoichiometric concentration）？

(3) 請計算其爆炸上下限（lower explosive limit and upper explosive limit）？

(4) 請計算其限氧濃度（limiting oxygen concentration）？

解：(1) $C_3H_6 + 9/2O_2 \rightarrow 3CO_2 + 3H_2O$

(2) 當量濃度 $= \dfrac{1}{1+4.8n} = \dfrac{1}{1+4.8(9/2)} = 4.4\%$

(3) $0.55 \times$ 當量濃度 $= 2.43\%$（下限）

$\dfrac{4.8 \times \sqrt{當量濃度 \times 100}}{100} = 10.07\%$（上限，烯類會有誤差）

(4) $0.0243 \times 9/2 =$ LOC　LOC $= 10.9\%$

參考文獻

1. NFPA 1986, Fire Protection Handbook Sixteenth Edition, the National Fire Protection Association, Batterymarch Park, Quincy, MA 02269.

2. NFPA 53, Recommended Practice on Materials, Equipment, and Systems Used in OxygenEnriched Atmospheres, 2010.

3. McNaughton G. C., 1944, Ignition and Charring Temperatures of Woodm Mimeo No., R1464.

4. International Biochar Initiative2015, Biochar production systems are generally classified as either pyrolysis or gasification systems.

5. Beall F. C. and Eichner H. W., Tjermal Degradationn of Wood Components: A Review of the Literature, Report No. 130, 1970.

6. University of Manchester 2015, Timber, One Stop Shop in Structural Fire Engineering, Professor Colin Bailey.

7. NFPA 1997, Fire Protection Guide to Hazardous Materials, 12 edition, National Fire Protection Association.

8. NFPA 1997, Fire Protection Handbook 18 Edition, National Fire Protection Association.

9. 上海知識出版社 1991，消防手冊-上中下冊（第16版），1991年。

10. 馮俊益等10人，赴英國研習消防指揮體制及緊急應變系統，公務出國報告，內政部消防署，民94年。

11. Aiga 2010, Fire Hazards of Oxygen and Oxygen Enriched Atmospheres, Asia Industrial Gases Association, Singapore.

12. Broughton R. and Cerkez I. 2013, Burning mechanisms of fibers, Auburn University, USA, Woodhead Publishing Limited.

第 **4** 章

滅火科學

　　手提式滅火器是在19世紀末研製發展的，一開始滅火器裝有酸性玻璃瓶，當玻璃瓶破裂時，瓶內酸液便流入蘇打溶液中，從而產生具有足夠氣壓的混合物，使滅火劑溶液噴出。而泡沫滅火器於1917年開始，於問世以後直到50年代，泡沫滅火器的使用才日益廣泛。從50年代起，乾粉滅火器也廣受青睞。而二氧化碳滅火器最初產於第一次大戰期間，到第二次大戰期間成為軍用運輸工具（船舶、坦克等火災），撲滅可燃液體火災之主要滅火器具。

第1節　滅火原理

　　火之形成除有三個要素外，必須具有連鎖反應，即火之四面體。所以，防火防爆上主要是控制發火源（熱量），如公共危險物品場所，使用防爆電氣設施，消除可能發火源；住宅場所防火安全，重點是發火源，即用火用電。而在滅火上，則是多元化，原理是使其四缺一，無論是缺哪一個，僅要少一要素，火即熄滅。亦即，火被撲滅能透過四種方法：降低溫度（冷卻法）、拿走或關閉燃料（移除法）、隔離氧氣（窒息法）、抑制化學鏈之連鎖反應（抑制法）。

　　以消防安全設備而言，其主要滅火原理如次：使用冷卻法多為水系滅火設備如自動撒水設備、水霧（細水霧）設備及室內（外）消防栓；使用窒息法有CO_2滅火設備、泡沫設備、惰性氣體如IG-541, IG-01, IG-55, IG-100及消防砂；使用抑制法有乾粉設備、鹵化烷如海龍滅火設備及大多數海龍替代品（FM-200, NAFS-Ⅲ, CEA-410, FE-13等）。此在本章下一節有更詳細之探討。

圖4-1　滅火理論為去除火四面體之一即可

（資料來源：盧守謙、陳永隆，《火災學》，吳鳳科大消防系用書，2016）

1. 去除火四面體之一

(1) 冷卻熱量（Temperature Reduction）

滅火最常用的方法之一就是使用水進行冷卻，這就是冷卻法，如各國消防隊最常使用滅火方法就是用水，因消防車內裝的是水（有3000公升水箱車及8000公升以上之水庫車）或是街道上設置室外消防栓，有源源不絕的水源進行滅火。

基本上，因以水澆火，水會轉化成水蒸氣，帶走熱量，使其沒有足夠熱量就難以繼續燃燒；以1公升的水可以吸收熱量2500 kJ，故其針對A類火災滅火能力相當佳。但油類或通電中之電氣火災，就不能用水來滅之，如油類火災，因水比重大於油，沉入油層下，會使油產生流動延燒，甚至火災中水氣化膨脹1700倍，產生危險水蒸氣爆炸。另外實驗觀察結果，在液體油池火災噴撒水時，有時反而會有增加火災規模的現象產生，在細水霧接觸到液面時會有所謂的「爆發（Flare-up）」現象產生，這個瞬間的激化作用可歸因於水滴撞擊燃料表面造成潑濺現象，因而增加蒸發速度；將撒水設備作動噴撒時，水滴撞擊高溫且具有高沸點液體時的激烈蒸發現象稱之為球狀火焰（Flame Ball）。

若在船舶上，如引擎機房等高溫表面，需與油類燃料管路有效隔開，或採取防護隔板措施（Shielded）。在重要艙房方面，使用隔熱棉等措施（Insulated），不使熱傳能透過艙壁侵入另一艙房。在固體和具有高閃火點液體燃料方面，能使用冷卻方法來進行撲滅。而低閃火點液體和易燃氣體是不能透過水冷卻來撲滅火災，因水是不能充分地減少其蒸汽產生。

溫度的降低可取決於水流應用（Application）與適當流量，以形成火災室一個負值的熱平衡情況（Negative Heat Balance）。當射水時能以液滴或噴霧形式（Droplet Form），其能涵蓋了更多的表面積，而得到最佳吸收熱量之效果。

因此，水是滅火最佳冷卻劑，也能作為空氣的稀釋劑；因水在100℃轉化為蒸汽時，體積膨脹至1700倍，能大幅度吸收及冷卻火源周圍的輻射熱；藉由蒸發膨脹過程去除火場熱氣。在實際滅火程序中，只要能去除30～60%的燃燒熱便可達到停止燃燒之效果；假使消防射水使用水霧滅火，霧滴之水體積濃度位於0.1～0.25 L/m^{3}空氣範圍時，即足以撲滅氣相燃燒火焰。

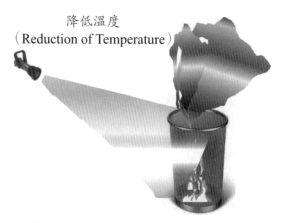

降低溫度
（Reduction of Temperature）

圖4-2　滅火4種方式之1：冷卻溫度

（作者繪圖）

　　基本上，物質密度會隨溫度的高低與壓力的大小而改變，而空氣受熱密度變小，體積膨脹變大，因密度（D）、質量（M）與體積（V）關係如下：

$$D = \frac{M}{V}$$

　　在日常生活中衣服濕了，擰乾衣服動作，是一種使衣服密度將變大而體積變小，所含水分就自然擠出。

圖4-3　擰乾衣服是衣服密度將變大而體積變小，使水分自然擠出

　　而水在100℃轉化為蒸汽時，體積膨脹至1700倍數值，能依理想氣體定律計算出。

1　莫耳$= \frac{克數}{分子量}$，每一莫耳原子相當於該原子的原子量（克），如是分子則以其分子量為基準，而

依理想氣體定律指出下列常數：

PV＝nRT

A. 水分子（n，mol）質量為18 g/mol[1]

B. 水的沸點溫度（T，單位K）在大氣壓力為100℃（373.15 K）

C. 水的密度在20℃（293.15 K）為998kg/m³（998000 g/m³）

D. 一大氣壓（P）為101325 Pa

E. 理想氣體常數（R）為8.3145 J/mol・K

在1莫耳（n）純蒸汽（100℃）的體積（m³），能依理想氣體方程來計算V

$$8.3145 \text{ J/mol} \cdot \text{K} \left(\frac{1 \times 273\text{K}}{101325\text{Pa}}\right) = 0.306 \text{ m}^3 \text{（100℃時）}$$

如1莫耳水（在液相或氣相）包含分子數相同，莫耳質量也是相同的。而1莫耳水質量為常數18克。密度能透過質量（g）／體積（m³）來計算，所以在100℃蒸汽的密度，可以計算（$D = \frac{M}{V}$）如下：

$$\frac{18 \text{ g}}{0.306 \text{ m}^3} = 588.2 \text{ g/m}^3$$

因此，在100℃蒸汽密度除以水的密度，決定了水特定質量在此溫度下汽化成蒸汽膨脹比。

$$\frac{9998000 \text{ g/m}^3 \text{（20℃）時}}{588.2 \frac{\text{g}}{\text{m}^3} \text{（100℃）時}} = 1696.7$$

所以，水在100℃汽化為蒸汽的特定質量，體積將擴大1696.7倍。

(2) 移除燃料（Fuel Removal）

移除與火災相關燃料，如

① 將火燄鄰近之可燃物逐一移走，如機車棚某一機車縱火或起火，移開左右邊機車，使其無法連續機車延燒。

② 將正在燃燒物體移至空曠處，如船舶內或甲板層某一堆可燃物體燃燒，將其移至海上。

水的分子量為18，則一莫耳的水為18克。

③ 將正在燃燒物體分成小堆,使火勢減弱,然後個別撲滅,或讓其自行將燃料耗盡而熄滅。如大量紙堆或垃圾堆深層火災,必使用挖土機將整堆燃燒物體進行挖掘,並切割成小堆狀再行滅火。

因此,在某些情況下,有效地撲滅火災是透過除去燃料源,關閉閥門停止流動的液體或氣體燃料,並除去火災路徑上固體燃料,即是移除燃料的方法。另一種方法,是讓火燃燒,直到所有的燃料都消耗掉而熄滅。

移除燃料(Removal of Fuel)

關閉開關閥門

圖4-4 滅火4種方式之1:關閉閥門致移除燃料源

(作者繪圖)

在陸地上森林大火中因難以控制,往往是移除燃料,亦就是開設防火線,使大火燒至防火線時,因無可燃物繼續供應而自行萎縮熄滅。又如上述機車縱火[2]事件,滅火時是移除左右各兩邊機車,形成空白地帶(即開設防火線)來滅火。山林田野燃燒也是一樣,在山坡上雜草火災前,先以小火燒除大火前雜草,形成無燃料地帶,待大火來臨時就無以為繼。

---

[2] 縱火火災現場有其特殊跡證,如二個以上不相連貫之起火點、有可燃液體燃燒現象或無火源之特異燃燒位置。

圖4-5　田野火燒以風向下端處雜草可先以小火燒除，風強時就不能為之

（攝自臺中港區）

　　在防火管理方面，如船舶引擎機房是重點處所，非必要性可燃物皆應移出，一旦起火後儘速關閉燃料供應。如發生難撲滅火災時，則可移出艙外拋入海中；以上皆是所謂「移除法」。

圖4-6　船舶火災時相關燃料閥門關閉

（資料來源：加拿大TSB）

(3) 隔絕氧氣（Oxygen Exclusion）

　　將空氣中氧氣濃度由20%降至15%時，火就甚難繼續而缺氧至熄滅；因火對氧氣需求比人類還迫切。所以，許多滅火方法以減少氧氣來滅火是最快速的。如油鍋起火以鍋蓋、電視機起火以棉被覆蓋或是當身體衣服起火了，在地上滾幾圈即可將火熄滅。在船舶方面，如關閉火災室空調、艙房及所有艙口，使內部燃燒中氧氣濃度降低至15%以下；這是船舶火災最有效滅火方法，因其區畫完整，且艙門都是金屬防火門；這是建築物火災所無法比擬之優勢。

　　因此，在燃燒過程減少氧氣量，可減少火災的增長，並隨著時間的推移，能完全

使火勢達到熄滅之目的。又使用惰性氣體整個釋放（Flooding）區畫空間火災，如固定式二氧化碳系統，釋放後取代氧和破壞燃燒過程，減少空間氧含量達到窒息火災。此外，使用泡沫滅火形成燃料表面覆蓋層，隔離氧氣，亦是此理之應用。但這些方法是不適用於一些罕見的燃料，如會自我氧化（Self-Oxidizing）之金屬類（D類）火災。

窒息滅火
（Inhibition of chain reaction）

圖4-7　滅火4種方式之1：隔絕氧氣產生窒息

（作者繪圖）

(4) 抑制連鎖反應（Chemical Flame Inhibition）

　　這是一種化學抑制作用，需使用滅火藥劑，其能與游離基結合的物質，產生破壞或阻礙連鎖反應。滅火劑如某些乾式化學物質和鹵化烷劑如海龍（Halons），能產生燃燒中斷化學鏈反應，並停止燃燒中火焰。對氣體和液體燃料滅火是有效的，因其必須要有火焰燃燒。但這些滅火劑並不容易撲滅之悶燒火災（Smoldering Fires）。需以滅火劑高濃度和長時間應用是必要的，如二氧化碳全區應用方式，放射時間依規定需有1小時，才能達到完全撲滅。但使用這些滅火劑對付會悶燒之火災，在滅火上是較不切實際的，因其不能使用水。但實際上，使用冷卻如水來撲滅悶燒中火災，是較有效率的。

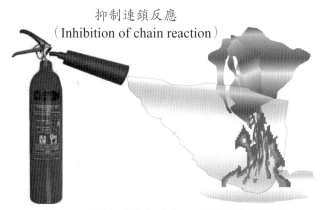

抑制連鎖反應
（Inhibition of chain reaction）

圖4-8　滅火4種方式之1：抑制連鎖反應

（作者繪圖）

第2節　消防設備滅火機制

1. 消防設備滅火機制

二氧化碳滅火設備

　　二氧化碳為一種物理性滅火機制，是空氣中常見的化合物，由兩個氧原子與一個碳原子通過共價鍵連接而成，是一種無色、無味、非導電性的氣體，密度約1.98 kg/m^3、分子量44，比重比空氣重1.5倍，略溶於水中，形成碳酸。當春夏季時，植物由於光合作用消耗二氧化碳，其含量隨之減少；反之，當秋冬季時，陽光減少，植物製造較多二氧化碳，其含量隨之上升。

$$CO_2 + H_2O \rightarrow H_2CO_3$$

　　二氧化碳於常溫下壓力約$75kg/cm^2$即可液化，於$-78.51°C$時昇華成固態二氧化碳俗稱「乾冰」（圖4-9中C點），在圖中A點時溫度及壓力，都大於其臨界溫度及臨界壓力時，液體和氣體間無明顯界面，形成既非氣相也非液相另一種均勻相，為超臨界流體。

　　當系統式二氧化碳放射時，抑制火勢能形成較重氣體大面積覆蓋層（Blanket of

Heavy Gas），以降低大氣中氧含量到燃燒無法維持之濃度。基本上，二氧化碳是一種無汙染（Clean-Up）之乾淨滅火藥劑，其爲大氣成分之一，當火災放射後回歸到大氣環境，並對內部防護對象物不造成任何損害（Damage-Free），亦無任何殘留物。

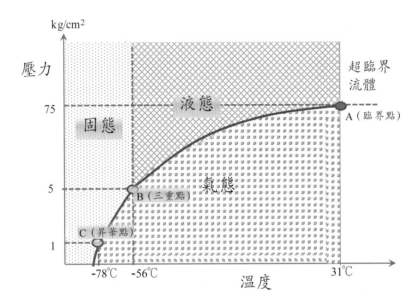

圖4-9　二氧化碳常溫下壓力75kg/cm²即可液化之三態特性曲線圖

（資料來源：盧守謙、陳永隆，《火災學》，吳鳳科大消防系用書，2016）

　　在二氧化碳滅火機制上，如下敘述：

(1) 針對溫度之冷卻作用

　　二氧化碳從儲存容器中噴出時，會由液體迅速汽化成氣體，而從周圍吸收相當熱量，起到冷卻的作用。

(2) 針對氧氣之窒息作用

　　這是二氧化碳最主要之滅火機制，在常壓下液態的二氧化碳會立即汽化，一般1kg的液態二氧化碳可產生約0.5m³氣體量。因而，滅火時二氧化碳能排除火災室空氣，而覆蓋籠罩在燃燒物體的表面或分布空間中，降低可燃物周圍或防護空間內的氧濃度，產生窒息作用而滅火。

圖4-10　CO_2滅火系統釋放前人員需撤離後予以關門

（作者攝自臺中港油船）

　　基本上，在機艙或貨艙使用固定式二氧化碳等滅火系統，進行封艙滅火。當區畫空間火災，封閉艙門能隔絕熱傳途徑，把熱能保留下來，經過一段時間後內部仍有相當高溫，尤其內部深層火災（Deep-Seat Fire），內部高熱必會維持相當久，故對此CO_2予以封艙後，仍需隔一定長時間後，以溫度計量測艙內溫度下降程度，並驅近於常溫後始能開艙，以防缺氧中高溫空間再復燃（Re-Ignition）及爆燃（Backdraft）之危險。

圖4-11　船舶艙內火災使用艙門關閉使熱對流及外界氧氣供應停止

（作者攝自臺中港化學船）

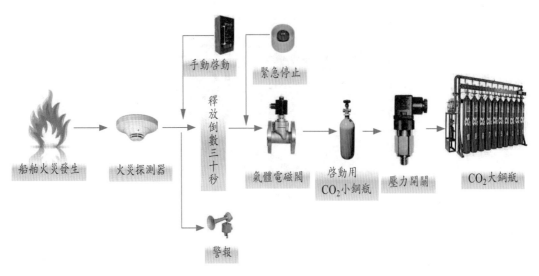

圖4-12　船上二氧化碳系統與建築物動作流程圖是相似的

（資料來源：盧守謙、陳永隆，《火災學》，吳鳳科大消防系用書，2016）

例題：從熱容量[3]的角度而言，下列氣體滅火劑，何者滅火濃度最低？

　　(A)H_2O　(B)CO_2　(C)N_2　(D)Ar

解：(B)

乾粉滅火設備

　　乾粉為一種化學性滅火機制，如次：

(1) 針對氧氣之窒息作用

　　乾粉在加壓氣體作用下噴出乾粉覆蓋可燃物表面，發生化學反應，並在高溫作用下形成一層玻璃狀覆蓋層，從而稀釋及隔絕氧氣，達到窒息滅火效果。

3　熱容量的定義是一定量的物質在一定條件下溫度升高1度所需要的熱。

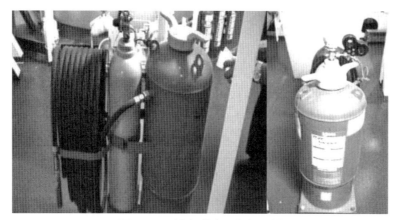

圖4-13　船上乾粉滅火設備

（作者攝自臺中港油船）

(2) 針對連鎖反應之化學抑制作用

這是乾粉主要之滅火機制，由乾粉中的無機[4]鹽的揮發性分解物，與燃燒過程中燃料所產生的自由基，發生化學抑制和副催化作用，亦就是其表面能夠捕獲H^+和OH^-使之結合成水，而破壞鏈鎖反應（Chain Reaction），有效抑制自由基的產生或者能夠迅速降低火焰中H^+、OH^-等自由基濃度，導致燃燒中止現象。

基本上，有焰燃燒都存在鏈式反應，可燃物在燃燒前會裂解成更簡單的分子；而一般悶燒火災（Smoulding Fire），則是缺乏連鎖反應存在。

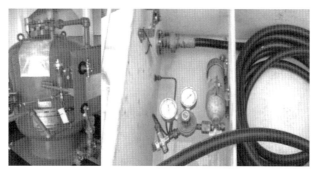

圖4-14　船舶上自動或手動啓動之乾粉儲存瓶及甲板上手持式乾粉高壓軟管

（作者攝自臺中港LPG船）

---

[4] 無機係指化學成分中不含有碳；而有機則指化學成分中含有碳及其他元素（有少數例外）。

泡沫滅火設備

泡沫為一種物理性滅火機制，如下敘述：

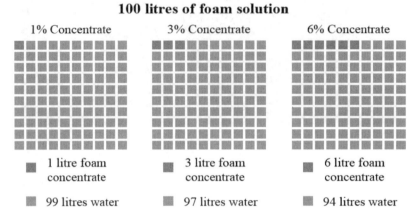

100 litres of foam solution

1% Concentrate　　　3% Concentrate　　　6% Concentrate

■ 1 litre foam
concentrate

■ 3 litre foam
concentrate

■ 6 litre foam
concentrate

■ 99 litres water　　■ 97 litres water　　■ 94 litres water

Note: the lower percentage the foam concentrate is, the smaller the storage tank required

圖4-15　泡沫藥劑通常為1%、3%或6%混合之濃度

（資料來源：英國MAIB）

(1) 針對溫度之冷卻作用

水轉化為水蒸氣時從燃燒中燃料吸收熱量。任何暴露於泡沫的熱物體會連續地使泡沫破裂（Breaking Down），將水轉化為水蒸氣，從而進一步受到冷卻。

(2) 針對可燃物之隔絕作用

因泡沫有保濕又加上流動性，由上緩慢流下，在可燃物體表面形成附著覆蓋，可以持續一段時間，使其與火燄隔離。當累積到一定深度時，會形成一道隔離層（Insulating Barrier），保護受火災曝露的物質或建築物不捲入火勢，從而防止火災蔓延。

(3) 針對可燃物之蒸發作用

泡沫撲滅油類火災時，於油表面形成乳化層，能抑制油的表面，蒸發為可燃氣體之抑制作用。

圖4-16 駛上駛下型船之車輛甲板泡沫釋放

（資料來源：英國MAIB）

(4) 針對氧氣之窒息作用

　　這是泡沫最主要之滅火機制，因泡沫活性劑，當撲滅油類火災時，能在油表面形成乳化層，並阻隔四周的氧氣供應，產生窒息效果。

(5) 針對氧氣之稀釋作用

　　當強力輸入到火災熱量位置時，泡沫中的水轉化為水蒸氣，此能稀釋空氣而降低氧氣濃度。

(6) 針對溫度之滲透作用

　　由於泡沫的表面張力相對低，沒有轉化為水蒸氣的泡沫溶液，可滲入A類可燃物質。但對深層火勢區域（Deep-Seated Fires）可能需要翻開清理火場（Overhaul）。

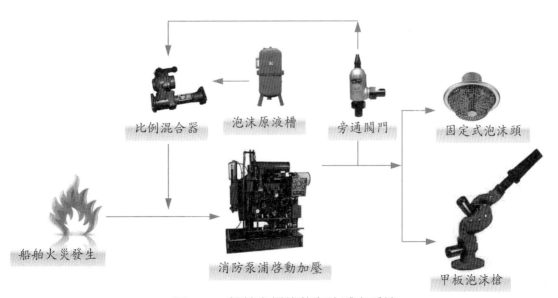

比例混合器　　泡沫原液槽　　旁通閥門　　固定式泡沫頭

船舶火災發生

消防泵浦啓動加壓

甲板泡沫槍

圖4-17 船舶之低倍數泡沫滅火系統

（作者繪圖整理）

海龍滅火設備

　　海龍（Halon）及海龍替代品大多爲化學性滅火機制，說明如下：

(1) 針對氧氣之窒息作用

　　海龍（Halon）滅火藥劑是一種易揮發的液體，於$56\sim70℃$溫度下即沸騰成不可燃的蒸氣，且比重較空氣大$5\sim9$倍，故一旦噴灑於燃燒物，即能覆蓋於燃燒面上，阻絕氧氣的供應，達到窒息滅火的效果。基本上，滅火藥劑能在開放空間使用，而達成窒息作用，一般而言藥劑要比空氣重，效果會較好，如二氧化碳比空氣重1.5倍，但此項滅火能力顯然沒有海龍藥劑滅火效果好。

(2) 針對連鏈反應之抑制作用

　　這是海龍最主要之滅火機制，一般燃料的組成都是碳氫化合物及其誘導體。碳氫化合物燃料燃燒時，若於火中加入鹵素，則碳氫化合物中的氫爲鹵素所奪。

圖4-18　海龍滅火系統除現有必要用途外已遭到禁用

（作者攝自臺中港油船）

$$CF_3Br \rightarrow CF_3^{+}+Br^{-}$$
$$Br^{-}+H^{+} \rightarrow HBr（抑制）$$
$$HBr+OH^{-} \rightarrow H_2O+Br^{-}（抑制、冷卻）$$

　　鹵素在火焰中產生觸媒作用，使碳氫化合物的氫，與燃燒所生的OH^{-}立即結合，此種作用無異阻礙了正常的燃燒。因OH^{-}是燃燒中促進連鎖反應的因素，一旦經鹵素的觸媒作用與H化合成H_2O，連鎖反應即告中斷亦即產生了抑制效果。

圖4-19　滅火能力相當佳之海龍1301滅火系統控制站

（攝自臺中港油船）

細水霧滅火設備

細水霧為一種物理性滅火機制，如下敘述：

誠如前述，滅火機制只要將燃燒四面體，即氧氣、熱量、可燃物（可燃氣體）及連鎖反應（Chain Reaction），任何其中之一予以去除，即可達到滅火之目的。大部分船舶是配置水沫（Water Spray）或撒水設備，其滅火效果是遠不如細水霧滅火設備。

NFPA 750對細水霧定義，在最低設計壓力動作時，距離噴頭1公尺處所測得的99%體積水滴粒徑應在1000μm以下。此細水霧滅火機制如下：

圖4-20　船舶之一齊開放式水沫滅火設備

（資料來源：加拿大TSB同意刊登）

(1) 針對溫度之冷卻作用

這是細水霧最主要之滅火機制,當細水霧顆粒極小(20～150μm)噴向火災區域時,會大量增加吸收空間熱表面積,汽化後體積膨脹為1700倍,使火災區域得到充分的冷卻。其以霧滴粒方式,吸收空氣中煙霧粒和油霧粒,產生大量冷卻效果。

(2) 針對可燃物之浸濕作用

細水霧滅火系統還可以充分將火災位置以外的燃燒物浸濕,霧滴會衝擊到燃燒物表面,從而使燃燒物得到浸濕,阻止固體可燃物熱傳不易熱分解成可燃氣體。

(3) 針對氧氣之窒息作用

細水霧在蒸發過程中形成的水蒸氣層,大量充斥火災區域的氧濃度,隔絕氧氣供輸。當氧濃度低於15%時,火災便不易繼續燃燒。

(4) 針對熱量之輻射熱隔絕作用

霧滴粒徑非常小的部分形成霧化空間,可以大大吸收並減弱火災熱量,對周圍燃燒物受到熱輻射之威脅大幅降低,並阻絕輻射熱回饋到燃料層。

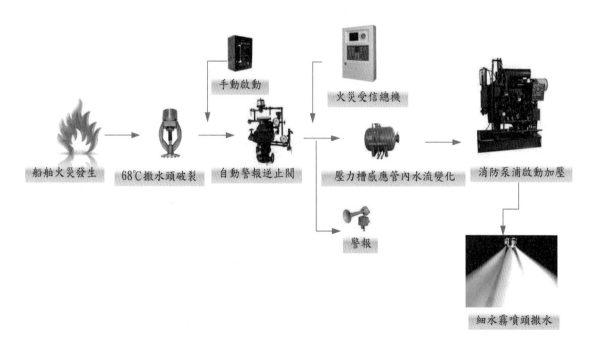

圖4-21　船舶之細水霧滅火系統動作流程

(繪圖整理)

第3節　固體滅火劑

　　乾粉是一種粉狀混合物（Powder Mixture），以手提式滅火器、移動式軟管系統（Hand Hose Line Systems）或固定式系統等，作爲各項滅火應用。以硼砂（Borax）和碳酸氫鈉（Sodium Bicarbonate-Based）爲基料的乾粉，是最早發展起來的乾粉滅火劑。約1960年代，碳酸氫鈉乾粉化學屬性進行改良，能與低膨脹蛋白質（Protein-Based）泡沫相容，以使兩種藥劑能連用。多用途乾粉〔磷酸銨（Monoammonium Phosphate）爲基料〕和紫鉀〔碳酸氫鉀（Potassium Bicarbonate）爲基料〕，開發作爲滅火使用。此後不久，超鉀〔Super K（氯化鉀爲基料）〕開發，其滅火效能是與紫鉀相同。在60年代後期，英國研製尿素－碳酸氫鉀（Urea-Potassium-Bicarbonate-Based）乾粉。迄今，已有相當多樣之乾粉滅火劑。

圖4-22　手提乾粉滅火器廣受使用

（攝自臺中港區）

　　隨著易燃液體使用增加，對有效乾粉滅火劑之研製工作亦不斷有所進展。儘管乾粉在滅火器中的使用已經多年，NFPA 17（乾粉滅火系統標準）到1957年才正式通過。於1959年出現一種以碳酸氫鉀爲基料之滅火劑，其滅火能力約爲普通碳酸氫鈉爲基料之二倍。後來，碳酸氫鈉乾粉進行改進，使其與蛋白質爲基料的低倍泡沫相容，以便兩種滅火劑能聯用。當時人們開發了用於滅火的通用乾粉（磷酸二氫銨爲基

料）和紫鉀（碳酸氫鉀爲基料）乾粉。其後不久，人們又開發了效能與紫鉀相當的超鉀（氯化鉀爲基料）。

　　乾粉在撲滅易燃液體火災時非常有效，其也能用於某些類型的電氣設備火災。一般乾粉可以有限定於撲滅普通可燃物的表面火災，但深層悶燒（Deep-Seated Smoldering）火災就要用水冷卻撲滅。多用途乾粉（Multipurpose Dry）能用於易燃液體火災、帶電的電氣設備火災和普通可燃物的火災，也就是多用途乾粉能完全撲滅A類火災，而很少需要用水來協助。由於化學乾粉使用效能較大，已成爲國內相當普遍的一種滅火劑。

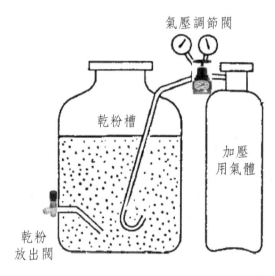

圖4-23　乾粉槽與加壓用氣體圖

1. 乾粉物理特性（Physical Properties of Dry Chemicals）

　　目前乾粉滅火劑產品主要基料是以碳酸氫鈉（Sodium Bicarbonate）、碳酸氫鉀（Potassium Bicarbonate）、氯化鉀（Potassium Chloride）、尿素－碳酸氫鉀（Urea-Potassium Bicarbonate）和磷酸銨（Monoammonium Phosphate）。在這些基料中混入各種不同的添加劑，可改進其儲存、流動和斥水（Water Repellency）特性。最常用的添加劑是金屬硬脂酸（Metallic Stearates）、磷酸三鈣（Tricalcium Phosphate）或有機矽（Silicones），將覆著於乾粉粒子外表，使之自由流動，能防

止由潮濕和震動引起的結塊（Caking）。

穩定性（Stability）

　　乾粉在低溫和常溫下是穩定的。然而，某些添加劑在較高溫度下，可能溶化並造成發黏（Sticking），因此乾粉儲存溫度不可超過49℃。在火災溫度下，活性成分（Active Ingredients）在滅火中發揮其作用時會解離（Disassociate）或分解（Decompose）。因此把各種不同乾粉，不加區別混合會造成危險，這極為重要；如把酸性（Acidic）之多用途乾粉（銨為基料）與鹼性（Alkaline）之乾粉（大多數乾粉）混合，會進行反應釋放出游離二氧化碳並造成結塊；此種在滅火器筒體內化學反應，在美國曾發生數起爆炸案例。因此，在任何情況下進行重新充填時，都不能把不同乾粉相互混合。

毒性（Toxicity）

　　一般乾粉滅火劑成分是考量為無毒與非致癌（Non-carcinogenic）。但長期曝露之急性效應，是刺激黏膜與皮膚、眼睛和黏膜呼吸系統的化學灼傷（Chemical Burns）。假使沾濕皮膚可能會加強這方面的作用。

　　當固定式乾粉滅火系統（Fixed System）釋放時，在所有情況下應佩戴自給式空氣呼吸器（Self-Contained Breathing Apparatus, SCBA），以防止粉末、煙、熱煙氣體（Fumes）及粉塵大量進入呼吸道。

圖4-24　穿著SCBA攜帶強力手電筒是進入火場之必要裝備

（感謝臺中港穀物船提供照片）

粒子大小（Particle Size）

　　乾粉粒子大小範圍從10μm到75μm，粒子大小對滅火效能具明顯的影響，必須小心地加以控制，以防粒子超過這個性能範圍之上限和下限。每一乾粉具有獨特大小限制因素，低於該顆粒限制，可能完全分解和氣化，高於該粒子則呈現不完全分解或氣化。最佳粒徑的結果是由20～25μm的大小粒子，進行多相地（Heterogeneous）混合得到，且粒徑大小也會影響乾粉流動性。粗粒乾粉導致過度澎湃（Surging），低流動率。並且將需要更大的氣動量（Larger Expellant）。細乾粉也會產生類似的結果，但不為相同的程度。粒徑也受氣動阻力現象（Aerodynamic Drag Phenomenon, ADP）影響。粗粒乾粉取得動量（Momenturn）將運輸小顆粒穿透火焰上升氣流（Updraft）。通常情況下，較小顆粒在穿透之前會先分解或蒸發。

2. 乾粉滅火特性（Extinguishing Properties）

　　針對易燃液體滅火試驗比較，碳酸氫鉀（Potassium Bicarbonate）乾粉比碳酸氫鈉乾粉更為有效。同時，磷酸銨（Monoammonium Phosphate）的滅火效能與碳酸氫鈉相等或更好。而氯化鉀的效能與碳酸氫鉀大致相等。而在所有測試乾粉中，以尿素－酸氫鉀（Urea-Potassium Bicarbonate）的效能為最佳。

　　基本上，乾粉應用於火勢直接區域，能迅速將火焰撲滅，窒息（Smothering）、冷卻和輻射遮隔作用之滅火性。但研究表顯示，火焰連鎖反應中斷（Chain-Breaking Reaction），應是滅火的主要原因（Haessler 1974）。碳酸氫鈉乾粉分解化學式如下：

$$2NaHCO_3 \rightarrow Na_2CO_3 + CO_2 + H_2O$$

其產生碳酸鈉、二氧化碳及水蒸氣之滅火作用。

窒息作用（Smothering Action）

　　一般乾粉滅火特性，能依碳酸氫鈉乾粉噴到火焰受熱時，能釋放二氧化碳達到窒息作用。二氧化碳無疑有助於乾粉效能的發揮，正如乾粉受熱時能釋放大量水蒸氣一樣。但實際乾粉滅火效能，氣體並不是滅火之主因。當多用途（Multipurpose）乾粉被噴撒到燃燒中一般可燃物，能分解磷酸銨（Monoammonium Phosphate）在燃燒物質上留下偏磷酸（Metaphosphoric Acid），產生黏附殘留物（Sticky Residue）。這

種殘留物能把熾燃物質隔絕氧氣供應，從而有助於滅火和防止復燃。

冷卻作用（Cooling Action）

無法證實乾粉冷卻作用是其迅速滅火效能之一個重要原因。分解（Decompose）乾粉所需熱能在其各別滅火能力中，扮演無可否認之作用，但這種吸熱作用本身是很小的。為了有較大滅火效能，任何乾粉必須是熱敏感的（Heat Sensitive），並因而吸收熱量以成為化學活性（Chemically Active）。

遮隔作用（Radiation Shielding）

噴撒乾粉可在火焰和燃料之間，形成一種乾粉雲霧。這種雲霧能將燃料與火焰一些輻射熱遮隔開。這種遮隔作用（Shielding Factor）在滅火效能是一種相當顯著因素。

抑制連鎖反應（Chain-Breaking Reaction）

上述各種滅火作用，在一定程度上各自扮演乾粉滅火效能某些角色。可是研究揭示，還存在另一種因素，即滅火快速性是由於在乾粉粒子抑制燃燒連鎖反應成長，從而降低了火焰中存在的「自由」游離基（Free Radicals）濃度。為達如此，在乾粉必須能受熱分解（Thermally Decomposed），當乾粉噴撒時進入火焰阻止反應性粒子（Reactive Particles）聚合，並繼續干擾燃燒連鎖反應；此為滅火之主要斷鏈（Chain-Breaking）機制。

皂化（Saponification）

對於特殊應用如廚房、抽油罩（Hood）、抽油煙管和油炸鍋等火災防護，常使用乾粉及濕式化學藥劑，此種滅火機制是基於一過皂化過程。皂化是化學轉化脂肪酸（Fatty Acid）過程中，所含烹調介質（Cooking Medium，指食物油）以肥皂或泡沫來形成表面塗層，而達到覆蓋滅火之作用。皂化值是透過1克脂肪皂化反應所消耗氫氧化鉀（Potassium Hydroxide）數量之一種量度（mg）。而最常見烹調介質類型，即動物脂肪或豬油（Lard）、植物油和花生油，也有類似的皂化值。其他脂肪如可可（Cocoa），具有相當高的皂化值，並且難以撲滅。透過皂化生產肥皂，在暴露於火災熱量則易於分解。因此，因乾粉不提供實質性的冷卻滅火效能，烹調介質（食物油）可能一小段時間之後，因保留高溫重新閃火再起火現象（Re-Flash），此點應注意這種特性。

3. 乾粉種類（Type of Dry Chemicals）

在此以各類場所消防安全設備設置標準指出四種乾粉，至於適用於D類火災之乾粉，請參閱本章之金屬滅火劑所述。

(1) 第一種乾粉：碳酸氫鈉（$NaHCO_3$）

適用於B、C類火災，為白色粉末，碳酸氫鈉即小蘇打粉，為增加其流動性與防濕性，會加入一些添加劑。碳酸氫鈉易受熱分解為碳酸鈉、二氧化碳和水。

$$2NaHCO_3 \rightarrow Na_2CO_3 + H_2O + CO_2$$
$$Na_2CO_3 \rightarrow Na_2O + CO_2$$
$$Na_2O + H_2O \rightarrow 2NaOH$$
$$NaOH + H^+ \rightarrow Na^+ + H_2O$$
$$NaOH + OH^- \rightarrow NaO^- + H_2O$$

(2) 第二種乾粉：碳酸氫鉀（$KHCO_3$）

適用B、C類火災，效果會比第一種乾粉佳，為紫色乾粉，受熱分解為碳酸鉀、二氧化碳與水。本身吸濕性較第一種乾粉為高，儲藏時應注意防濕。

$$2KHCO_3 \rightarrow K_2CO_3 + H_2O + CO_2 \text{（化學式轉變大量吸熱反應）}$$
$$2KHCO_3 \rightarrow K_2O + H_2O + 2CO_2$$
$$K_2O + H_2O \rightarrow 2KOH$$
$$KOH + OH^- \rightarrow KO^- + H_2O$$
$$KOH + K^+ \rightarrow K_2O + H^+$$

(3) 第三種乾粉：磷酸二氫銨（$NH_4H_2PO_4$）

適用A、B、C類火災，為淺粉紅粉末，又稱多效能乾粉，適用於室內停車空間。磷酸二氫銨受熱後初步形成磷酸與NH_3，之後形成焦磷酸與水，再繼續變成偏磷酸，最後變成五氧化二磷。此種乾粉能與燃燒面產生玻璃狀之薄膜，覆蓋於表面上形成隔絕效果，所以也能適用於A類火災，但乾粉之冷卻能力不及泡沫或二氧化碳等，於火勢暫熄後，應注意火勢復燃之可能。

$$NH_4H_2PO_4 \rightarrow NH_3 + H_3PO_4$$
$$2H_3PO_4 \rightarrow H_4P_2O_7 + H_2O$$

$$H_4P_2O_7 \rightarrow 2HPO_3 + H_2O$$
$$2HPO_3 \rightarrow P_2O_5 + H_2O [5]$$

(4) 第四種乾粉：碳酸氫鉀及尿素（$KHCO_3 + H_2NCONH_2$）

適用於BC類火災，為偏灰色粉末，為美國ICI產品，又稱錳鈉克斯（Monnex）乾粉。在滅火上，除抑制連鎖化學作用外，在熱固體燃料表面上熔化，形成隔絕空氣層，達到物理窒息作用。

4. 乾粉局限性（USES and Limitations）

乾粉主要用於撲滅易燃液體火災，由於乾粉不導電，其還能用於帶電（Live Electrical）設備之易燃液體火災。乾粉由於滅火迅速，常被用於撲滅普通可燃物之表面火災（Surface Fires）（A類火災），如紡織廠（Textile Industry）等。不過，乾粉用於表面型的A類火災處，還應撒水以撲滅悶燒餘燼（Smoldering Embers）或防止高溫裂解到內部深處。在一些捆包棉花儲存區，可用乾粉覆蓋捆包頂部，以防一旦產生火焰時在其表面蔓延。由於乾粉加熱時變得有發黏黏附性（Sticky），不建議在精密機器，特別是難以清除滅火殘留物之部位使用乾粉。

乾粉不能在易燃液體的表面上方形成持久的惰性氣體層（Inert Atmosphere）；因此，如果重新復燃，例如熱金屬表面或電弧高熱，使用乾粉不會形成持久滅火效果。乾粉不應用於有繼電器（Relays）和精密電子接觸之區域（如電話變換機和電腦機房），由於乾粉的絕緣特性，會使這種設備滅火後無法再使用。由於某些乾粉略有腐蝕性（Corrosive），在滅火後應盡快從所有未受損表面進行清除。乾粉不能撲滅穿透到表面層深處火勢，或燃燒物本身含氧之物質。除了專門與泡沫能適當相容的乾粉外，乾粉與機械（空氣）泡沫是不相容的。

為了確保乾粉化學的活性和穩定性，在乾粉檢測技術指標應包含其含水性、斥水性（Water Repellency）、電阻性（Electrical Resistivity）、流動性、抗結塊性（Caking Resistivity）和腐蝕性（Abrasive Action）。

---

[5] 陳弘毅、吳喨生，《火災學》（八版），鼎茂圖書出版公司，2013年3月。

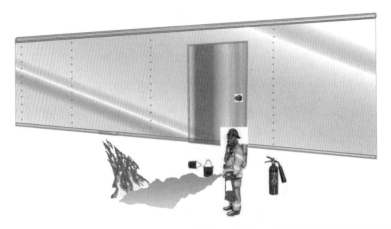

圖4-25　撲滅小型火災使用手提乾粉滅火器或移動式滅火器即可

（作者繪圖）

例1：某儲油槽直徑為12 m、高9 m，若採用加壓式乾粉滅火設備及第一種乾粉，所需乾粉藥劑量為1000 kg，加壓氣體為氮氣時，其體積為何（35℃，錶壓力150 kg/cm²）？依法令規定，加壓用氣體使用氮氣時，在溫度35℃，大氣壓力（表壓力）每平方公分零公斤或0 MPa狀態下，每一公斤乾粉藥劑需氮氣四十公升。

解：W= 40 (L/kg)×1000 KG= 40000 L

依波以耳定律 $\dfrac{P_1 \times V_1}{T_1} = \dfrac{P_2 \times V_2}{T_2}$

P_1：絕對壓力=錶壓力(0)+1.033kgf/cm²

P_2：絕對壓力=錶壓力(150)+1.033kgf/cm²

$\dfrac{1.033 \times 40000}{(35+273)} = \dfrac{(150+1.033)V_2}{(35+273)}$

（表壓力之零點為1大氣壓力）

V_2=273.5 L

例2：有一室內停車空間（15m×10m×5m），以全區放射第三種乾粉滅火設備作為火災防護，請問所需乾粉量多少？加壓氣體為氮氣時，其體積為何（35℃，錶壓力150 kg/cm²）？依法令規定，第三種乾粉單位藥劑量為0.36kg/m³，加壓用氣體使用氮氣時，在溫度35℃，大氣壓力（表壓力）每平方公分零公斤或0MPa狀態下，每一公斤乾粉藥劑需氮氣四十公升。

解： $W=0.36 \text{ kg/m}^3 \times 15\text{m} \times 10\text{m} \times 5\text{m} = 270 \text{ kg}$

$N_2 = 270 \text{ kg} \times 40 \text{ L/kg} = 10800 \text{ L}$

依波以耳定律$P_1 \times V_1 = P_2 \times V_2$

P_1：絕對壓力＝錶壓力(0)+1.033kgf/cm^2

P_2：絕對壓力＝錶壓力(150)+1.033kgf/cm^2

$1.033 \times 10800 = (150 + 1.033) \times V_2$

$V_2 = 73.9 \text{ L}$

第4節　液體滅火劑(1)：水及細水霧

1. 水

水（H_2O）歷來是最常見及廣泛使用的滅火劑，原因是便宜、普及及有效的滅火；水是能運輸的，並且可以傳送至火源處；從生活用水供應系統（消防栓）、溪流、水井、池塘、湖泊和游泳池等廣泛存在。水是地球表面上最多的分子，除了以氣體形式存在於大氣中，其液體和固體形式占據了地面組成部分70～75%。標準狀況下，水在液體和氣體之間保持動態平衡。室溫下，它是無色，無味，透明的液體。作爲各種通用溶劑之一，水可以溶解許多物質。因此，自然界極少有完全純的水。

水以多種形態存在，固態的水即我們熟知的冰，氣態的水即我們所說的水蒸氣（無色，我們看到的白色水氣是水蒸氣冷凝後的液態小水滴），而一般只有液態的水才被視爲水。在其臨界溫度及壓力（647K及22.064MPa）時，水分子會變爲一種「超臨界」狀態，液態般的水滴漂浮於氣態之中。所謂重水是普通水的氫原子被它更重的同位素氘所取代而形成的。其化學性質和普通水基本一致，常用在核反應爐中減速中子，其是做成原子彈重要成分。

大部分物質固態時的密度比液態時要高；因此，一塊固態純「物質」會沉入液態的純「物質」中。但是，一塊普通的冰卻會在水上浮，這是因固態水的密度比液態水要「低」。這是水的一項非常重要的特性。在室溫時，液態水在溫度降低時密度會增加，這跟一般物質無異。但在接近3.98℃時，水達到其最大密度，而且當水的溫度繼續向冰點下降，在標準狀態下液態水會膨脹，密度因此會變「低」；固態、液態和

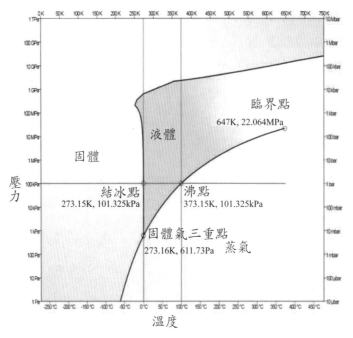

圖4-26　水在溫度與壓力下之物理狀態

（資料來源：維基百科，2015）

氣態水能同時存在的溫度和壓力就被稱為水的三相點。這點用於制定溫度單位（開氏度、間接攝氏度，甚至華氏度）。約定俗成的三相點溫度為273.16 K（0.01℃），而壓力則為611.73 Pa。這個壓力是頗低的，約為海平面大氣壓力（101, 325 Pa）的1/166。火星這行星上的表面大氣壓力跟三相點壓力非常地相近，故火星的零海拔或「海平面」被規定為大氣壓力跟三相點壓力一致的高度。[6]

水是一種非常有效用於控制和熄滅火的藥劑，是地球表面上最豐富的和現有的材料。誠如上述，有三種狀態：液體（水）、蒸汽（水蒸汽）及固體（冰）。當選擇一個有效滅火劑，必須考量人身安全方面，水作為滅火劑是安全的、無毒、無腐蝕及穩定。當應用於滅火時仍保持穩定，不會分解成基本的氫（H）和氧（O）基本元素[7]，而二者卻是有相當助長火勢作用（當水撲滅金屬火災卻會造成氫和氧原子）。水能作為滅火劑用於人類居住房間，不像一些氣態滅火劑會導致窒息或不利的副作用。

---

[6]　參考維基百科，水的性質，2015。

[7]　氫和氧是構成宇宙的主要元素。

(1) 物理性質（Properties of Water）

水是良好的滅火劑，其物理性質是：

① 穩定性

在常溫下，水是一種不活潑的相當穩定性液體（Stable）。水的黏度（Viscosity）在溫度1～99℃範圍內都能保持一致，這使得其能夠被安全運輸和泵送。

② 溶解潛熱（Latent Heat）

從固態（冰）到液體水改變相態（State）所需之能量；此一過程水能吸收333.2 kJ/kg熱量。

③ 汽化潛熱（Latent Heat）

在大氣壓和一定的溫度下，1磅（0.45 kg）水變成水蒸氣所需熱量是2260 kJ/kg，或是攝氏100度時一克的水蒸發成水蒸氣時需吸收539卡的熱量；可見水是優良之冷卻劑。

④ 比熱（Specific Heat）

每磅水1.0BTU[8]，是溫度升高1℃1磅水所需的熱量。因此，1磅水從0℃升高到180℃就需要180 BTU。

⑤ 高密度

這使得其能從瞄子嘴（Nozzles）等射出相當長距離；於水表面張力（Surface Tension），使得其從液滴（Droplets）到固體水柱流（Solid Stream）之不同形態。由於水具有所有非金屬液體中最大的表面張力值72.8 mN/m，使水滴保持相對穩定。如植物吸水時，水通過莖木質部能垂直向上運輸至樹冠層。強大的分子間作用力，維持植物維管束水分的柱狀形態。

⑥ 蒸氣膨脹性

當水由液體轉變為蒸氣時會大量膨脹，在大氣壓下其體積約增加1700倍，這樣大體積的水（飽和蒸氣）置換了在火災周圍的相間體積的空氣，而減少了維持燃燒的氧氣。

---

[8] BTU是英制熱量單位，1 BTU=1.055 kJ。

表4-1　水、水蒸氣及煙物理相對比較

	水	水蒸氣	煙
密度	在20℃時1000kg/m³	在100℃時0.59 kg/m³	在500℃時0.71 kg/m³
比熱	4.2 kJ/kg	2.0 kJ/kg	1.0 kJ/kg
蒸發潛熱	2260 kJ/kg	—	
理論冷卻能力	2.6 MJ/kg	—	

（資料來源：Hartin E.d. 2010）

　　除水之外，沒有一種易於得到的物質具有上述這一切的特性。當然，由於從冰或雪變成水需要吸收333.2千焦耳／千克熱量，因此用冰或雪的形式冷卻比用普通水還要好。又一加侖液體[9]能產生超過223 ft³（6.3 m³）水蒸氣。因此，水在室溫下1加侖施加到火災並轉化為蒸汽（完全轉化）將具有以下效果：

> 提高1加侖水至沸騰所需的熱量：
> 212°F-68°F（室溫）=144Δ°F。
> 144Δ°F×1 BTU/lb×8.33 lb（1加侖重量）=1200 BTU
> 改變水從液體到蒸氣所需的熱量：
> 970.3 BTU/lb×8.33lb（1加侖重量）=8083 BTU
> 因此，1加侖水總熱量吸收是
> 1200＋8083=9283 BTU/加侖

　　因此，消防水帶（Fire Hose）水流射出100 GPM[10]加侖，然後將完全轉化吸收928300 BTU/min熱量。同樣地，消防水帶水流將完全轉化形成22300 ft³水蒸汽。

(2) 滅火特性（Extinguishing Properties）

　　水本身無毒性、低沸點、高汽化熱及流動性，因能以快速冷卻、移除（Remove）或置換氧氣供應達到窒息，以及隔離（Separate）乳化／稀釋燃料源，是一種非常有效的滅火劑。

　　① 冷卻作用。

---

[9] 一加侖（3.785公升）液體占據0.1337ft³（0.004 m³）能產生超過水蒸氣6.3 m³。

[10] GPM為每分鐘加侖（Gallon）數，即加侖／分。

② 窒息作用。

③ 乳化作用。

④ 稀釋作用。

冷卻作用（Extinguishing by Cooling）

　　水主要是透過冷卻燃料表面及水分滲入內層，來熄滅火勢。火勢之冷卻作用不容忽視，因其是火勢熄滅之相當有效方法（Pre-Dominant Method）。水是因蒸發（Evaporation）（在25℃為2.4 kJ/g）高潛熱而作為一種有效之冷卻劑。水引入到火勢促進從火勢水之熱傳作用，造成燃燒大量熱損失。當熱損失超過了火勢熱蓄積（Heat Gain）時，燃料表面將開始降溫，直到表面火焰不復存在。因此，水是一種固體燃料的表面有效的冷卻劑（Coolant）。

　　水冷卻固體燃料而減少火焰輻射熱通量（Radiant Heat Flux）到燃料表面；並降低了燃料熱裂解（Pyrolysis）速率。這包括來自水滴和水蒸汽之冷卻效果。當水沫（Water Spray）的吸熱率接近火災總熱釋放速率（Heat Release Rate），則火災會受到壓抑（Fire Suppression），並最終熄滅。

　　在滅火所需的水量，取決於火勢熱輸出。如何迅速撲滅火災，取決於水是如何應用，能應用有多少水以及以何種形式的水是得到應用。因此，要透過冷卻來實現滅火，最好是應用水使熱的最大量將被吸收。如之前所述，水當轉換成水蒸汽（Steam）時將能吸收最多熱量，並且從較小的液滴（Droplets）水沫（Spray）比從固體水柱流（Solid Stream），將更容易地轉化為水蒸汽。

　　在射水應用水滴大小尺寸是重要的。水滴在建築物火災之火羽流（Fire Plume）接近火焰能快速蒸發，因此，只有冷卻火羽流，但不能有效地冷卻燃料表面（因一般撒水頭水滴未落至燃料面早已蒸發掉，除非用消防水帶之水柱射水，但此種射水大部分皆浪費掉）。該液滴愈小，水吸收從火焰和火災氣體（Fire Gases）之熱量速度將較快。因此，所使用水量就較少。從火災燃燒速率放出所有熱量，是沒有必要全部吸收；能吸收30～60%就足以可能將火災撲滅。

　　計算水滴最佳直徑是在0.3～1.0mm，並且最好的結果是當水滴皆是相當均勻的大小。水流釋放裝置（Current Discharge Devices）難以產生完全均勻的水滴，儘管許多釋放裝置，幾乎是在一恆定壓力範圍內的水滴。實際輸送密度（Actual Delivered Density, ADD）是實際水應用速率（Application Rate）傳送到燃料表面火勢上。輸送達到火勢之實際水量，會受到火勢燃燒速率和火焰上升火羽流（Upward

Plume）（Velocity）之影響。為了有效達到燃燒中燃料面，水滴必須克服火羽流上升動量（Upward Momenturn）及氣流等影響。如一般撒水頭一旦釋放水滴，小水滴會受高溫蒸發在天花板上，小水滴也沒有足夠的質量（Mass）與動量（Momenturn），能夠穿透火羽流到達地板燃料之燃燒表面。

窒息作用（Extinguishing by Smothering）

當水施加到火勢形成水蒸汽，圍繞地燃料使空氣中氧氣供給源遭到稀釋（Dilution），透過如此窒息作用來達到火勢之抑制（Suppression）。如果水蒸汽（Steam）和水滴局限於在燃料源周圍，藉由此種方法抑制是較有效的。水蒸汽和水滴也繼續透過冷卻作用，以及水滴繼續蒸發火勢前端區（Heated Area）周圍，而達到完全滅火。在普通可燃火災不是水透過蒸汽產生窒息效應，而是其冷卻效果使火勢熄滅。在細水霧系統（Water Mist Systems）方面，能作為一種替代撒水系統或某些氣體滅火系統，已證實其能有效地控制和透過冷卻／窒息作用來達到滅火。

在大多數情況下，如果燃燒物質的表面被冷卻，不能釋放出足夠的蒸氣來維持燃燒的溫度，則火將被撲滅。對氣體產品和閃火點在水溫以下的易燃液體，表面冷卻往往不能奏效。因此，對閃火點在37.8以下的易燃液體，通常不推薦用水作為滅火劑（但重質油類容器火災，射水或泡沫時會有危險之沸溢及濺溢現象，此詳細資訊請見本書第13章第11節之專節進一步討論）。

當液體閃火點具有高於（或等於）37.8、比重大於1.0且不溶於水情況，水能藉由窒息燃燒中易燃液體。為了最有效地實現此一目標，在水中加發泡劑以形成泡沫－水溶液，然後泡沫－水溶液（Foam-Water Solution）需平穩地（Gently）加到液體表面上。如果正在燃燒物質分解時（Decomposes）能產生氧氣，那麼用任何藥劑之窒息作用是不可能達到滅火的。

當水射到火勢會形成水蒸氣，則空氣（氧）就能被稀釋（Dilution），某些物質的火災是能透過窒息作用來熄滅的，要是所產生的水蒸氣能夠持續籠罩在燃燒區內，則這種窒息作用就會更快。當水蒸氣開始冷凝時，水蒸氣吸熱過程便告結束。當這一情況發生時，會形成水蒸氣的可見浮雲狀物。如果這樣的冷凝發生在火的上面，則對燃燒物質沒有冷卻作用。但是，水蒸氣浮雲狀物還是可以從火上面帶走熱量的。

通常易燃物火災，一般透過水的冷卻作用得到熄滅，而不是通過水蒸氣發生所引起的窒息作用來熄滅，雖然後者可能抑制火焰，但往往不能撲滅上述的火災。

乳化作用（Extinguishment by Emulsification）

當兩種不能相溶（Immiscible）液體一起攪拌（Agitated），其中一液體分散於另一液體時，即形成乳化液（Emulsion）。這種滅火方法是將水沫供至某種黏性（Viscous）易燃液體，由於液體表面冷卻作用，阻止了其易燃蒸氣釋放過程，來達到滅火作用。對於某些黏性液體而言，乳化是一種阻止易燃蒸氣釋放（Froth）。但必須注意當用於有相當深度的液體時，由於起泡現象可以使燃燒的液體體積膨脹而超越容器壁流出，如沸溢或濺溢現象（此部分延伸閱讀，見本書第7章第9節）。因此通常是將一股相對強而粗的大水沫（Coarse Water Spray），流於液體表面形成乳化作用。滅火時應避免使用直線水柱流（Solid Stream），因其將引起激烈的起泡現象（Violent Frothing）。

稀釋作用（Extinguishment by Dilution）

水具有低沸點及高汽化熱屬性，汽化熱為液體受熱後蒸發為氣體所需吸收的潛熱。因此，水本身為極性分子，在某些情況下，對付水溶性（Water-Soluble）易燃液體火災可以透過稀釋來滅火。所需稀釋百分率變化很大，與滅火所需水量和時間有關。例如，假使有條件能使水和酒精充分混合，即以稀釋方法能成功地撲滅乙醇（Ethyl）或甲醇（Methyl）溢流火災。如果涉及到儲槽，則稀釋不是常用的滅火方法。因需要使用大量的水，同時混合物被加熱到水的沸點時，會從底部產生起泡（Frothing）冒出，使液體溢流（Overflow）出槽外危險，如沸溢或濺溢現象（延伸閱讀見本書第7章第9節）。因此，這種滅火方法很少採用。

(3) 水滅火優缺點（Fire-Fighting Advantages & Disadvantages）

水作為滅火劑由來已久，有其相當優勢。因此，世界各地消防車大多裝載是水，假使將來有更好滅火劑更經濟有效，才有可能取代水，而消防車就有可能不是裝載水。

① 優點（敘述請參閱上一節）

A. 冷卻效果佳。

B. 經濟且取得容易。

C. 汽化大量膨脹性。

D. 流動性，這是優點（滲透性）也是缺點（水損）。

② 缺點

A. 水損問題：近幾來台灣各縣市消防局對滅火戰術及戰略皆有長足進步，這一

部分可歸功於消防署竹山訓練中心，使第一線消防人員可在火場模擬室實際觀測火流動態。因此，建築物火災消防人員會完全著裝（SCBA）進入火場，而不會在室外朝窗口大量無效射水，造成建築物火災之水損可能會大於火損之問題，尤其是有地下室情況更是嚴重。

　　B. 表面張力：因水具有高表面張力，在對付深層火災（Deep-Seated Fire）往往不能奏其功，此部分在下一節作改善闡述。

　　C. 導電性：水具有導電性，在實務上，台灣電力公司必須有24小時待命班，其主要一部分是為了火警發生時趕在消防隊到達前，採取斷電措施，以免消防射水導電之額外問題。

(4) 水添加劑（Water Additives）

添加劑改善流動性（Additives to Modify Flow Characteristics）

　　在消防水帶的摩擦壓力損失，一直是消防滅火的障礙。消防水帶（Hose）愈長或愈多的水，需幫浦加壓通過更長水帶，則有愈大的壓力損失。因此，儘量使用平滑材質作為消防水帶內襯（Lining）。而大部分的壓力損失，是流動水流中湍流（Turbulence）或轉換接頭所產生水分子顆粒之間摩擦的結果。當流動是平滑（Smooth）或層流（Laminar）時，摩擦損失往往是非常低的水緩慢流。然而，水以層流遞送量，對滅火而言通常是太低的。而滅火是要求高速度流（High-Velocity Streams），但其會產生湍流，而依次導致水中顆粒之間摩擦。此摩擦在消防水帶之壓力損失約占有90%之多；而流動的水和水帶內部管壁之摩擦，僅占5～10%。

圖4-27　消防水帶的摩擦損失是消防人員的救災障礙

（攝自臺中港區）

直到1948年，人們普遍認為沒有多少改進空間，以減少摩擦損失。當時，發現某些聚合物來減少湍流水的摩擦損失。大多數研究人員報告線性聚合物（Linear Polymers），即聚合物形成單一直線（Single Straight-Line）化學鏈而沒有分支，是最有效地減少湍流的摩擦損失。在這些中，聚鏈（Poly-Chain）即聚環氧乙烷（Polyethylene Oxide）是最有效的。得到摩擦減少效率（Friction Reducing Efficiency）是聚合物線性度（Polymer Linearity）的一種直接函數。

聚鏈合成材料（Poly-Chain Synthetics）是無毒的；對植物或海洋生物無影響，並會在陽光降解（Degrade）。使用聚鏈合成劑是一個長直鏈（Long Linear Chain）、高分子聚合物，來作為摩擦減少劑，是比其他測試材料更有效2～3倍。它是一種無味、不透明、白色漿液（White Slurry），重量每加侖9.1磅（1.1 kg/L），並必須保持在－17～49℃。

當聚鏈合成劑被注入消防水帶流，能完全溶解並且不分離。它與所有消防設備相容，能使用淡水及海水。每2.6 L添加劑加至水22710 L，能達到至少40%更多水量輸送，由紐約市消防局和聯碳公司（Union Carbide Corporation）進行測試發現，以1.5英吋水帶與添加劑遞送946 L/min水量，等於2.5英吋水帶沒有添加劑之水量。有添加劑2.5吋水帶能提供比3英吋水帶更多的水，並且幾乎與3.5英吋一樣多的水。由這些測試還表明，使用添加劑增加近一倍瞄子壓力，增加了水流量30%，並且水流更具凝聚性（Coherent）。

添加劑增加水黏度（Additives to Increase Water's Viscosity）

水相對低的黏度，使得其在固體燃料的表面，往往迅速流掉，影響水在表面覆蓋（Blanket）火災之能力。添加劑使水的使用在某些類型火災更有效。大多數應用水的黏度是針對森林大火之撲滅。在使用增稠劑增加水黏度之優缺點方面，作以下討論。

水應用增稠劑（Thickening Agents）之優點如下：
A.具覆蓋（Cling）和黏著（Adhere）於燃料表面。
B.比水厚連續塗層（Coating）於燃料表面。
C.黏附的水量能吸收熱量。
D.使瞄子射出更遠距離（Farther）。
E.使瞄子射出抵抗風和氣流運動（Resists Movement）。

水應用增稠劑之缺點如下：
A.無法滲透至燃料深處。
B.形成更高摩擦損失。
C.待需要時才能進行混合使用。

水作為滅火逕流問題（Care in Use of Water as an Extinguishing Agent）

使用水作為滅火劑之前，應考慮許多因素。正如本節已經討論過，如果使用水會導致火災增長或擴散、是否會有化學反應造成的傷害，或者如有帶電設備會危及人員。因此，水大多僅能適用於A類火災。

使用水系滅火劑時，消防人員還必須考慮水逕流（Water Runoff）問題，在高層樓火災射水後造成下層樓或地下樓等大量水損問題。

當用水來撲滅危險物品火災時，水可以攜帶汙染物，滲透地面下，而引起地下水汙染（Groundwater Contamination），如殺蟲劑（Pesticides）和易燃液體，其一些燃料會由水蒸汽（蒸汽）帶走。一些水可由燃料吸收，而一些危險物可能由逕流水攜走，而造成環境資源汙染問題。

圖4-28　建築物火災時消防人員必須考慮水逕流問題

（攝自臺中港區消防演練）

2. 細水霧

細水霧（Water Mist）是目前海龍替代品之一，對環境非常友善，有相當滅火優勢。NFPA 750對細水霧定義，在最低設計壓力動作時，距離噴頭1公尺處所測得的99%體積水滴粒徑（DV$_{0.99}$）應在1000 μm以下。細水霧在實際應用上，可分為高壓系統（High Pressure System）之壓力500psi以上、中壓系統（Intermediate Pressure System）之壓力175～500psi、低壓系統（Low Pressure System）之壓力175psi以下。其中，高壓系統能產生較微小粒子與較高之速度，使其擁有較佳的霧化效果與較佳的混合動量。而低壓細水霧系統，則有較大的粒徑與耗水量，對深層火災或較高空間來作使用。

細水霧主要滅火機制及原理如下：

(1) 熱移除（Heat Extraction）

區劃內充斥大量水霧粒子，水之蒸發潛熱為539cal/g，能移除火災室高熱，能顯著降低火場高溫，達到冷卻作用。

(2) 稀釋氧氣及可燃蒸汽（Oxygen Depletion And Flammable Vapor Dilution）

細水霧遇到火災熱後，蒸發為水蒸汽，大量膨脹表面積效應，使氧氣受到排擠作用，使燃燒區域氧氣大為縮減。

(3) 可燃物表面濕潤與降溫（Wetting And Cooling of the Fuel Surface）

使可燃物表面濕潤，吸收其熱能，使其難以熱裂解及分解，新氣相燃料之生成遭到抑制，火勢難以再成長。

次要滅火機制如下：

(4) 降低輻射回饋（Blocking of Radiant Heat）

大量水霧粒子產生　遮蔽及吸收輻射熱效果，使其難以有熱量反饋作用。

(5) 流場動態效應（Kinetic Effects）

水微粒體積小重量輕，易受熱對流循環效應影響，可延長水微粒在空氣中之漂浮時間，並藉由流場的動態效應，到達所遮蔽物體內的火源，進而稀釋該遮蔽物周圍氧氣濃度。

除此之外，其滅火劑優勢如下：

(1) 細水霧應用廣泛

　　能有效使用於A類、B類、C類火災及噴射氣體之火災。

(2) 水量需求小

　　可降低對敏感設備及場所之水損問題。依據國內學者簡賢文引用UL1626測試結果顯示，以相同條件情境之火災環境，細水霧系統水量供應為45 Lpm，而住宅型撒水頭則需70～100 Lpm 。

(3) 兼具氣體與水滅火藥劑之特性

　　不具毒性、容易使用，且比大部分化學物品成本低

(4) 避免復燃

　　氣體替代品的濃度，若無法維持充足的時間，區劃內則可能發生復燃情況。

(5) 易於清潔

　　有效的冷卻作用及較少的清潔時間，允許火災後空間能在短時間再被使用。

(6) 管徑小

　　對於空間與重量要求上，具有明顯空間使用之優勢。

(7) 洗滌效果

　　大量擴散霧化水微粒之吸附效應，將大部分濃煙懸浮微粒物質溶入混合，而落於地面，產生洗滌濃煙之效果，尤其是減少煙對文物損壞，並保障內部人員安全。

使用限制

(1) 對於開放空間或挑高空間，滅火效果會受到限定。

(2) 火焰受到遮蔽，滅火效果會受到限定。

(3) 快速成長之火災，火羽流旺盛，細水霧難以達到火焰本身，難以達到滅火之目的。

(4) 不能使用與水產生劇烈反應，如D類火災、矽烷類。

(5) 不能使用於低溫之液化氣體。

第5節　液體滅火劑(2)：泡沫

　　泡沫原液是一種專門配方濃縮泡沫液的水溶液，能產生充氣氣泡（Gas-Filled Bubbles）的聚合體（Aggregate），pH值範圍在7～8.5，pH值愈大對腐蝕及導電性均會增加。泡沫內氣體通常是空氣，但在某些應用中可能是惰性氣體。由於空氣泡沫比產生泡沫水溶液輕，也比易燃液體輕，其能浮在所有的易燃或可燃液體的上面，形成隔絕空氣（Air-Excluding）、冷卻、連續封閉蒸氣層（Vapor-Sealing），來阻止或防止燃燒情況。

　　產生泡沫的方法是以適當的濃度混和泡沫液和水，然後對溶液充氣（Aerating）並攪拌（Agitating），形成氣泡結構。某些泡沫液稠而黏，在燃燒液體的表面和垂直的面積上形成黏著的、耐熱的覆蓋層（Heat-Resistant Blankets）。某些泡沫比較稀薄，而擴散比較迅速。某些泡沫能在液體的表面，形成表面性封閉蒸氣水溶液薄膜。某些泡沫如中膨脹或高膨脹泡沫，則以大體積濕氣泡的形式，用於淹蓋（Inundating）低漥區域（Cavities）之火勢。

　　泡沫可按發泡膨脹比率[11]加以定義，分成三類如下：

> A.低膨脹泡沫：發泡膨脹比低於20：1
> B.中膨脹泡沫：發泡膨脹比為20～200：1
> C.高膨脹泡沫：發泡膨脹比為200～1000：1

　　上述膨脹比（Expansion Ratio）為泡沫原液之容積（V_1），與空氣混合後完全變為空氣泡後所得氣泡容積（V_2），計算如次

$$E = \frac{V_2}{V_1}$$

　　泡沫原液與水混合使用之濃度方面，依法規指出在蛋白質泡沫原液3%或6%；合成界面活性泡沫原液1%或3%；水成膜泡沫原液3%或6%。在泡沫保水性方面，以

---

[11] 發泡膨脹比指最終的泡沫體積與添加空氣之前泡沫溶液原來體積之比，
$\dfrac{\text{泡沫原液＋空氣形成泡沫液體積}}{\text{泡沫原液體積}}$。

25%還原時間[12]為指標，時間愈長保水性愈佳，形成膜愈能抗熱保持。

1. 泡沫滅火原理（Foam Extinguishing Principle）

請參閱第4章第2節消防設備滅火機制。

2. 泡沫種類（Types of Foam）

　　泡沫主要分為化學泡沫和空氣泡沫（或機械泡沫），化學泡沫係主要以碳酸氫鈉（$NaHCO_3$）與硫酸鋁（$Al_2(SO_4)_3$）混合液，作為發泡劑進行化學反應，形成大量細小的泡沫，生成二氧化碳、膠狀氫氧化鋁及硫酸鈉，使泡沫具一定黏性於物體上，泡沫中氣體為二氧化碳。空氣泡沫是以泡沫原液的水溶液與空氣在泡沫產生器機械混合生成的，因泡沫內氣體為空氣，為機械泡沫，因其泡沫中所含氣體為空氣，稱為空氣泡沫。現使用大多為空氣泡沫以1%、3%及6%原液比例與空氣混合成泡沫，其比可燃性液體輕會浮於液面上形成與空氣中氧無法結合，適合大規模油類火災。有許多種類泡沫原液（Foam Concentrates），是對付某種火災專門設計的。

水成膜泡沫（Aqueous Film-Forming Foam Agents, AFFF）

　　水成膜泡沫滅火劑由合成物材料組成，其形成空氣泡沫（Air-Foams）是類似於蛋白質為基料之泡沫。這些泡沫劑是能在易燃烴類液體的表面，形成水溶性薄膜（Water Solution Films），因此稱為水成膜泡沫（AFFF，以下稱之）。AFFF按比例用淡水或海水，配製成按體積計1%、3%或6%濃度。其中AFFF 3%，俗稱輕水泡沫。

　　AFFF產生的空氣泡沫具有黏度低（Low Viscosity）、擴散迅速和水平分布均勻屬性（Leveling Characteristics），其還像其他泡沫一樣，扮演起隔絕空氣和阻止燃料揮發的表面遮蔽層（Surface Barriers）作用。這些泡沫還可在泡沫下形成一層連續水層膜（Aqueous Layer），浮在烴類燃料的表面，有助於抑制可燃蒸氣和冷卻燃料的基層（Fuel Substrate）。AFFF還能擴展到沒有完全被泡沫覆蓋燃料表面，在遇到（機械性）破壞之後能自行結合（Self-Healing），並在附近有堆積（Reservoir）

---

[12] 25%還原時間射出泡沫還原至全部泡沫水溶液量25%止所需之時間。

圖4-29　水成膜泡沫滅火情形

（資料來源：Complete Fire Design Solutions (CFDS), 2015）

泡沫情況下能繼續展開。AFFF效能會因熱表面和芳香烴類（Aromatic Hydrocarbons）而減少。為了確保滅火，泡沫層應把燃料表面完全覆蓋，就像其他泡沫一樣。AFFF具有流動性（Fluidity）和成膜強度，使得它特別適合於噴射飛機燃料洩漏事故之滅火藥劑。

由於AFFF具有雙重作用，就所需的水和泡沫液和撲滅烴類流動火災的速度而言，是一種有效的滅火劑。AFFF含有氟化的（Fluorinated）合成長鏈烴（Long-Chain Synthetic Hydrocarbons），具有特別的界面活性屬性。

因從水膜能析出（Draining）溶液具有極低表面張力，AFFF可用於混合類型（A類和B類）火災情況，其中除了泡沫本身的擴展作用外，其中水具有深入穿透性（Deep Penetration）；因其無毒，在以稀釋的形式使用時能生物降解，並可以長期儲存而不降低其特性。

因此，在使用AFFF時，不需使用能產生穩定、均勻的（Homogeneous）泡沫發生器。由於AFFF具有迅速和容易發泡的本質能力，因此能使用於水沫噴嘴（Water Spray Nozzles）和撒水頭之簡易發泡裝置（不像大多數其他發泡劑之複雜性）。然而，這樣的泡沫體引流（Drain）相對較快，與蛋白質為基料泡沫相比，其較少具有抗回燃（高溫超過液體閃火點使其再度複燃）火勢（Burn Back）能力，其耐火性較差。AFFF也可以使用與乾粉結合，而沒有相容性問題。儘管AFFF不得與其他類型的泡沫液混合，但是用AFFF產生的泡沫在滅火中對其他類型的泡沫無破壞性，正常使用大氣溫度範圍是1.7～49℃。

氟蛋白泡沫（Fluoroprotein Foaming Agents）

　　氟蛋白泡沫原液是類似於蛋白泡沫液，不過除了蛋白聚合物（Protein Poly-mers）之外，其還含有氟化的界面活性劑（Surface Active Agents），可產生迅速擴散擺脫燃料（Fuel Shedding），使泡沫能覆蓋燃料面情況，以達到滅火效果。這種情況的實例常見於撲滅油槽火災的液體下注入（Subsurface Injection）方法，以及透過瞄子或射泡沫炮（Monitor Foam），使大量泡沫能滲入（Plunged）燃料。氟蛋白泡沫由於有這種擺脫燃料特性，對於深層（In-Depth）原油火災或其他烴類燃料火勢非常有效。此外，這種泡沫與乾粉滅火劑的相容性比其他正規蛋白型（Regular Protein Type）泡沫較好；其也具有優良的耐蒸氣和抗復燃特性。氟蛋白型的泡沫液適合用淡水或海水配製成按體積為3%或6%濃度，其沒有毒性，在稀釋後能生物降解（Biodegradable），使用大氣溫度範圍是－7～49℃。

圖4-30　氟蛋白泡沫對烴類燃料火勢非常有效

（攝自筆者至美國DWF訓練）

水成膜氟蛋白泡沫（Film-Forming Fluoroprotein, FFFP）

　　水成膜氟蛋白泡沫（FFFP，以下簡稱之），是由蛋白質和形成薄膜的氟化界面活性劑組成，後者使其能在大多數易燃烴類液體表面，形成水溶液薄膜（Films），並給予產生的泡沫具有擺脫燃料屬性。FFFP溶液產生的空氣泡沫具有快速展開和水平均勻分布（Leveling）的特性，且如其他泡沫那樣，具隔絕空氣和防止揮發之表面阻擋層作用（Surface Barriers）。就像AFFF一樣，其還在烴類燃料表面能形成自行閉合的連續浮動薄膜（Floating Film），這種薄膜有助於抑制可燃蒸氣產生。可是，為了確保滅火，FFFP覆蓋層應像其他類型的泡沫一樣，需覆蓋整個燃料表面。

由於FFFP溶液具有迅速並容易發泡的能力，在許多情況可以使用水沫裝置（Water Spray Devices）。但相比於蛋白質為基料泡沫，其產生的泡沫流掉很快，使其能防止復燃作用（Burn Back）有限。FFFP適合用淡水或海水配製成按體積計為3%或6%的濃度；其可以與乾粉滅火劑聯用而沒有相容性問題。

蛋白泡沫（Protein Foaming Agents）

蛋白型空氣泡沫是以含水原液（Aqueous Liquid Concentrates）和水，按比例配製而產生的。這種原液含有高分子量天然蛋白質聚合物，其透過對天然蛋白質固體，化學浸漬進行細菌分解（Digestion）和水解（Hydrolysis）得到。這些聚合物產生泡沫具有彈性、機械強度和水保留（Retention）的能力。原液中還含有可溶解多價金屬鹽（Dissolved Polyvalent Metallic Salts），其在暴露於熱和火焰時，可助蛋白質聚合物（Protein Polymers）增加泡沫強度。蛋白質型泡沫原液適合於用淡水或海水，配製成按體積計為3%或6%的最後濃度。一般而言，這些原液可產生穩定性優良、耐熱性好和高度抗復燃之密集而黏稠（Dense, Viscous）的泡沫體；但其比AFFF和氟蛋白泡沫較少抵抗燃料飽和度（Fuel Saturation）而產生消泡性。其是沒有毒性，在稀釋之後能生物降解（Biodegradable），正常使用大氣溫度範圍是−7～49℃。

中與高膨脹泡沫（Medium and High-Expansion Foaming Agents）

中膨脹和高膨脹泡沫，是控制和撲滅A類和某些B類火災的滅火劑，特別適宜作為局限空間（Confined Spaces）之全區淹沒滅火劑（Flooding Agent）。這種泡沫是靠吸氣或送風機（Blower-Fan）產生機械氣泡（Bubbles）的聚合體，送風機強制空氣流或某些其他氣體，透過界面活性發泡劑溶液濕潤濾網（Net）或篩子（Screen）。在適當條件下，能產生高膨脹泡沫（從20：1～1000：1倍數）。

中膨脹或高膨脹泡沫是一種獨特的載體，其能把大量濕潤的泡沫輸送到難以接近處（Inaccessible Places），使用於局限空間的全淹沒（Total Flooding）和從空間體積上來置換燃料蒸氣（Vapor）、熱量和煙。測試顯示，當泡沫和自動撒水頭的水聯用時，會比單獨用泡沫或水更可靠地控制和撲滅火勢。泡沫對任何一種火災最佳效率（Optimum Efficiency），是取決於應用速率、發泡膨脹比率（Foam Expansion）和泡沫的穩定性。

產生中膨脹和高膨脹泡沫原液，是由一種合成烴類界面活性劑（Surfactants）類

型組成，其靠湍流作用（Turbulent Action）的少量輸入就會大量地發泡（Foam Co-piously）。其通常使用約2%的溶液。中膨脹泡沫也可以用3%或6%的氟蛋白、蛋白或AFFF原液的溶液產生。由於天氣的影響，其在室外的應用可能受到限制。一般高膨脹泡沫原液常見於防護全區放射之冠泡體積[13]應用。

中膨脹和高膨脹泡沫對於減火，有以下幾種優勢：

A. 窒息

當產生足夠量時，能防止繼續燃燒所需的空氣到達火勢。

B. 稀釋

當強力輸入到火災熱量位置時，泡沫中的水轉化為水蒸氣，此能稀釋空氣而降低氧氣濃度。

C. 冷卻

水轉化為水蒸氣時從燃燒中燃料吸收熱量。任何暴露於泡沫的熱物體會連續地使泡沫破裂（Breaking Down），將水轉化為水蒸氣，從而進一步受到冷卻。

D. 滲透

由於泡沫的表面張力相對低，沒有轉化為水蒸氣的泡沫溶液，可滲入A類可燃物質。但對深層火勢區域（Deep-Seated Fires）可能需要翻開清理火場（Overhaul）。

E. 隔絕

當高倍泡沫累積到一定深度時，會形成一道隔離層（Insulating Barrier），保護受火災曝露的物質或建築物不捲入火勢，從而防止火災蔓延。

F. 補償

研究顯示，利用燃燒的建築物內的空氣產生高倍泡沫，會對泡沫的體積和穩定性產生不利影響。燃燒與熱裂解產物（Pyrolysis Products），當其與泡沫滅火劑起化學反應時會減少產生泡沫體積，並提高稀釋消泡速率（Drainage Rate）。高溫的空氣會使泡沫在形成泡時破裂。泡沫還顯然會因燃燒過程中產生的蒸氣和固體懸粒子（Solid Particles），而遭受物理破壞；這些因素造成泡沫破裂，能由泡沫較高速率產生來作補償。

---

[13] 冠泡體積指防護區域自樓地板面至高出防護對象物0.5公尺所圍之體積，$V = L \times W \times (H+0.5)m^3$。

　　在不使用自給式呼吸保護器具（Self-Contained Breathing Apparatus）的情況下，不要試圖進入充滿泡沫的通道。大量的泡沫還會降低視力和聽力，進入充滿泡沫地區的人必須使用安全引導繩（Life Lines）。

　　實驗顯示，發泡膨脹率約500：1的泡沫，能成功地使用於控制LPG火災和減少其繼續洩氣的蒸發（Vaporization）。隨著水慢慢地從泡沫中少量地引流（Drains），其在LPG上形成的懸浮薄冰層（Thin Ice Layer）可支承高倍泡沫覆蓋層（Blanket）。LPG儲存倉庫和製造廠區，最好應提供固定式和手提式高膨脹倍數泡沫設備。

抑制蒸汽泡沫（Foams for Vapor Suppression）

　　抑制蒸氣泡沫（Firefighting Foams）可用於抑制未點燃易燃液體的蒸氣；為了確保良好的蒸汽抑制，泡沫必須覆蓋整個燃料表面且需輕輕平穩地施加，以致不會混合燃料與泡沫體。且應注意在泡沫覆蓋時不會攪動（Agitate）燃料。因揮發性烴類從一股泡沫或水流湧入（Plunging）和湍流（Turbulence）液面，可能會導致靜電火花而造成點燃。

　　一般泡沫應用於具易燃性、毒性或危險液體上是不穩定的，而蒸氣穩定泡沫（Vapor Mitigating Foams）能應用於許多危險性液體，其是相對穩定；低膨脹之抗酒精型泡沫是其中一種型式，其能更加地穩定化（Additionally Stabilized），以提高對有毒、易燃或腐蝕性液體應用上，得到有效發泡性和穩定性。一些中膨脹泡沫特別配製成穩定性，應用於酸性或鹼性（Alkaline）危險物質。在毒性液體之外溢情況（Spill），使用蒸氣穩定泡沫（Vapor-Mitigating Foams）只能由受過培訓的人員，穿上適當防護裝備來進行滅火。

低溫用泡沫

　　這類泡沫液由於含有低溫抑制劑（Freezing-Point Depressants），能在低溫下儲存和使用。低溫泡沫滅火劑可以在環境溫度低至-29℃環境使用。其適合用淡水或海水配製成按體積為3%或6%的濃度。其可以是AFFF型或蛋白質基類型的（Protein-Based Type）。

抗酒精型泡沫（Alcohol-Type Foaming Agents）

　　普通泡沫液所產生空氣泡沫（Air-Foams），當其使用於具水溶性（Water Soluble）、水混合性（Water Miscible）或極性溶劑性（Polar Solvent）燃料火災時，

泡沫會遭受迅速破裂消泡和喪失效能。這類燃料例子如醇類（Alcohols）、瓷漆釉質（Enamel）和清漆稀釋劑Lacquer Thinners）、甲乙基酮（Methyl Ethyl Ketone）、丙酮（Acetone）、異丙醚（Isopropyl Ether）、丙烯腈（Acrylonitrile）、乙酯（Ethyl）和醋酸丁酯（Butyl Acetate）、胺（Amines）和酸酐（Anhydrides）。甚至少量這些物質與諸如汽油之類的普通烴類燃料混合，也會導致普通滅火泡沫迅速破裂。

因此，於是開發了某些特定泡沫劑，稱抗酒精型泡沫液。這些抗醇型泡沫液是幾種專有之成分（Proprietary Compositions），某些含有蛋白、氟蛋白或水成膜泡沫原液基料，價格較高。其中一般是通常為「聚合物（Polymeric）抗酒精型AFFF泡沫液」，其能用任何泡沫發生器（Foam-Generating Device）產生泡沫，此類泡沫能適用於烴類或能與水混合的易燃液體流動火災或深層火災（In-Depth Fires）。其在烴類燃料上能如AFFF泡沫的特性，在水混合的燃料上能使泡沫聚積（Foam Buildup）形成懸浮凝膠似的物質（Gel-Like Mass）。這類滅火劑沒有傳送時間（Transit Time）限制。而任何抗酒精型泡沫滅火劑正常的使用大氣溫度是1.7～49℃。

圖4-31　抗酒精型AFFF泡沫液滅火情形

（資料來源：Complete Fire Design Solutions (CFDS), 2015）

烴類──界面活性劑泡沫（Other Synthetic Hydrocarbon Surfactant Foaming Agents）

界面活性劑就是一個分子中同時含有長鏈烷基（如脂肪酸等）之親油基及足以使油性部份在水中分散或溶解之親水基化學物質，其可以減小表面（界面）張力，而產生濕潤、滲透、乳化、分散等作用，並增加表面吸附性、表面膜形成及列性。

有許多合成產生界面活性化合物的水溶液能大量發泡（Foam Copiously），透

過適當配製後可以用作潤濕劑（Wetting Agents）或滅火泡沫，應用的方式與其他泡沫類型大致相同。

在烴類界面活性劑泡沫液以1～6%的水溶液應用，當這些溶液用傳統的泡沫發生器時，產生空氣泡沫黏度低，並在液體表面迅速展開。

烴類界面活性劑泡沫液特性如下：

(1) 隔絕

在燃燒表面泡沫體積量，能隔絕空氣並控制可燃蒸氣產生。

(2) 冷卻

泡沫中水分有補助的略微冷卻作用，這是由於泡沫體比較迅速的破裂而造成的。

這種水溶液不具有在易燃液體的表面形成水膜（Film-Forming）的特性。

(3) 乳化

由於其潤濕劑或洗淨劑型（Detergent-Type）的特性，而暫時性形成水乳化（Water Emulsion）。

(4) 滲透

由於這些泡沫的水溶液還具有低表面張力低和潤濕的滲透屬性，因此其還能用作A類火災的滅火劑，雖然其主要是作為中或高膨脹倍數泡沫而開發的。

(5) 低穩定性

合成烴類界面活性劑泡沫通常沒有比其他滅火泡沫穩定。其含有的水溶液會很快流掉（Drains），留下的氣泡質量體（Bubble Mass）極易受燃料熱量或機械破壞作用的影響。通常為了達到滅火目的，這些泡沫必須以高於其他滅火泡沫的速率供應。

(6) 不能混合性

如果這類泡沫與其他泡沫同時或先後應用，許多這類原液配方則會破壞到其他泡沫。

化學泡沫（Chemical Foam Agents）

由於上述液體泡沫（Liquid Foam）經濟性好，又容易操作處理，因此傳統化學泡沫（Chemical Foam）大多已過時不用。化學泡沫是碳酸氫鈉（Sodium Bicarbonate）（A鹼性）、硫酸鋁（Aluminum Sulfate）（B酸性）和還含有蛋白質（Proteinaceous）泡沫穩定劑，二者的水溶液起化學反應形成的。反應產生的二氧化碳被

發泡溶液的氣泡包住（Gas Trapped），而形成泡沫體。

$$6\ NaHCO_3+Al_2(SO_4) \rightarrow 3\ Na_2SO_4+2Al(OH)_3+6\ CO_2$$

> 例題：泡沫的滅火性能主要與下列何種因素有關？　(A)泡沫顏色　(B)還液時間　(C)氣泡直徑分佈　(D)泡膜性質　(E)泡膜厚度

解：B、C、D、E

3. 泡沫滅火準則（Guidelines for Fire Protection with Foams）

使用空氣泡沫（Air-Foams）進行滅火時，可分固定式（常見於油槽或室內停車場）、移動式（泡沫消防栓、補助泡沫消防栓）及泡沫射水槍（常見於第4類公共危險物品之之顯著滅火困難場所），應用上基本準則如下：

(1) 供應平穩

泡沫供應愈平穩（Gently），滅火就愈迅速，所需的滅火劑總量就愈低。

(2) 供應速率與滅火時間

使用泡沫的成功，取決於供應速率（Application Rates）。供應速率是以每分鐘到達燃料表面（就總表面積而言）的泡沫溶液的體積量（Volume）來表示。如果泡沫的發泡膨脹倍數為8：1，那麼4.1（L/min）的供應速率於每分鐘可提供32.8 L/m³ 的體積泡沫量。增加泡沫供應速率使之超過推薦的最低要求，通常會減少滅火所需的時間。但如果供應速率增加到超過最低要求的3倍以上，所得的時間好處就微乎其微。

如果供應速率低於最低要求，滅火時間就會延長，或者可能滅不了火。如果供應速率是非常低，使熱和燃料的破壞作用（Fuel Attack）造成的泡沫損耗速率相當於或超過泡沫供應速率，火災就不能被控制或撲滅的。

(3) 最低推薦供應速率

最低推薦供應速率，是透過實驗發現最合乎實際（Most Practical）的控制火災速度方面和所需劑量的速率關係。在圖4-32之一般曲線表示泡沫供應到易燃物質之速率與滅火所需時間（Rate-Time）關係；該曲線向右或向左移位取決於燃料種類、供應方式和泡沫原液類型。

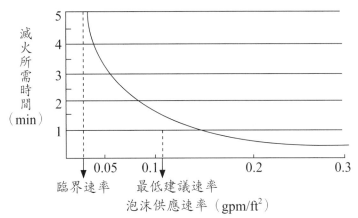

圖4-32 泡沫應用到易燃物質滅火之供應速率與滅火所需時間關係[14]

（資料來源：CFDS, 2015）

(4) 未汙染水

空氣泡沫（Air-Foams）使用於一般水是較穩定的，推薦的水溫範圍爲1.7～27℃，淡水或海水都可以用。假使含有洗淨劑（Detergents）、油殘留物或某些腐蝕抑制劑等已知泡沫汙染劑（Foam Contaminants）的水，會對泡沫體產生負面影響。

(5) 乾淨空氣之泡沫

含有某些燃燒產物空氣對泡沫，也會產生負面影響。固定泡沫產生器之較佳位置是在防護對象側面，而不是直接在其上方，但這種作用對於普通空氣泡沫和普通烴類燃料方面，影響是較小的。

(6) 遵守壓力範圍

所有泡沫產生裝置都應遵守推薦壓力範圍，如果超過其限度（高或低於），泡沫體品質將會降低。

(7) 不混合使用

許多空氣泡沫與正在揮發液體滅火劑與某些乾粉滅火劑（Dry Chemical Agents）接觸時，會受到不利影響，燃燒產生氣體對泡沫也有同樣破壞作用。

(8) 導電性

泡沫溶液是導電的，不能用於電氣火災。在應用泡沫時，噴霧的導電性比直射流

---

[14] 1 gpm/ft^2=40.746 (L/min)/m^2。

的小。可是由於泡沫是黏著的，並含有使水導電的物質，因此泡沫噴霧比水沫（Water Spray）的導電性更大。

4. 泡沫使用與局限性（Uses and Limitations of Fire Fighting Foams）

低膨脹泡沫（Low-Expansion Foam）主要用於撲滅易燃／可燃液體溢流火災或油槽火災，應用時能形成冷卻、緊密結合之覆蓋層（Coherent Blanket）。對於這類火災，泡沫是唯一持久的（Permanent）滅火劑。滅火人員可用其來逐漸前進，以撲滅可能全面性火災。覆蓋在油槽液體表面的泡沫，還能在一段時間裡防止蒸氣傳播，時間的長短取決於泡沫的穩定性和厚度。覆蓋泡沫可使溢出的燃料很快變得安全。過了一段適當的時間後，可將覆蓋清除掉，一般對其所接觸的物質往往沒有負面有害（Detrimental）之影響。

圖4-33　消防人員以低膨脹泡沫搶救油罐車火災

泡沫可以先覆蓋尚未燃燒液體或固體，以減少或停止其受熱產生易燃蒸氣，並可用來充填可能積聚有毒或易燃氣體的低窪區（Cavities）或封閉空間。飛機在因發生事故或故障而溢出大量燃料時，需要迅速應用泡沫，以防止火災爆炸之可能。飛機庫的火災防護最好適當設計手提式泡沫設備（Hangar Fire Protection）。愈來愈多的倉庫和建築物存儲大量的可燃和易燃液體，以泡沫撒水系統（Foam-Water Sprinkler）作防護。在美國NFPA所要求的防護設備是依液體儲存類型和數量、建築物的高度，

以及儲存配置（Storage Configuration）來要求設置。

中膨脹或高膨脹泡沫（Medium or High-Expansion）（20～1000倍）可用來充滿封閉空間，如地下室或船艙（Ships Holds）起火，滅火人員難以或無法到達該起火空間。此泡沫作用是阻止空氣對流，不使燃燒獲得空氣供應。泡沫中含水還有冷卻作用，並透過所產生的蒸氣置換（Steam Displacement），以減少氧氣。這類泡沫400～500倍膨脹率（Expansion Ratios）可用於控制液化天然氣洩漏火災（LNG），並有助於驅散其產生的蒸氣雲（Vapor Cloud）。

許多泡沫產生是藉由低表面張力和其滲透（Penetration）之特性。這類泡沫對存有A類可燃物是有用的，如從泡沫體析出（Draining）的水可冷卻和潤濕固體可燃物。在熱量和火焰下，泡沫會破裂而使其中含水分快速蒸發。因此，泡沫必須以足夠大的體積量，和所損失補償速率來應用到燃燒液體面，並增加使用量以確保在滅火的液體上有一層殘留的泡沫（Residual Foam Layer）。

泡沫是不穩定的，由物理的或機械力作用下極易破裂，諸如水帶射流。某些化學品的蒸氣或液體也會很快地破壞泡沫。當某些其他滅火劑與泡沫聯用時，也會導致泡沫嚴重破裂。紊流的空氣或火災產生的燃燒氣體劇烈地上升氣流，會驅使泡沫從燃燒區轉向他處（Divert）。

一般而言，為了充分發揮泡沫的效果，必須符合液體火災的準則：

(1) 低於沸點

危險性液體在環境溫度和壓力的條件下，必須低於其沸點。

(2) 冒泡或濺溢

滅火高溫使泡沫形成蒸汽、空氣和燃料的乳化液（Emulsion）。當應用於儲槽火災時，泡沫體可能會產生體積（Volume）增加了四倍，使燃燒中液體會產生危險冒泡（Frothing）或突然濺溢現象（Slop-Over）；延伸閱讀請見第7章第2節液體燃燒特性及第7章第9節油槽類濺溢與沸溢現象之詳細討論。

圖4-34　儲槽火災使用泡沫可能會產生危險冒泡現象

（攝自臺中港區）

(3) 非消泡性與高可溶性

液體必須對使用的泡沫沒有破壞性，或者在所防護的液體中，泡沫必須不具有高可溶性（Highly Soluble）。

(4) 不與水反應

所防護液體必須不會與水起反應。

(5) 非立體火災

火災必須是水平表面火。燃料溢出（Falling Fuel）形成三維或壓力下火勢不能用泡沫撲滅，除非對象有相當高的閃火點，並能受泡沫中水冷卻滅火。

(6) 非氣體或液化氣體立體火災

如沸點低於室溫者之甲烷、丙烷或丁烷等火災。

例題：化學泡沫滅火劑係利用$NaHCO_3$與$Al_2(SO_4)_3$在水溶液中相混合，以致引起化學變化產生泡沫，其化學反應式如下：

a $NaHCO_3$+b $Al_2(SO_4)_3$→c CO_2+d Na_2SO_4+2 $Al(OH)_3$，求a+b+c+d＝？

(A)14　(B)16　(C)18　(D)20

解：(B)

第6節　氣體滅火劑(1)：CO_2

　　二氧化碳（CO_2）已經廣泛使用了很長的時間，因此更比任何其他氣體滅火劑，在過去已安全撲滅較多火災。二氧化碳具有許多特性，使其成為一個理想的滅火劑。它是不可燃並不與大多數的物質發生反應，且本身能提供壓力從儲存容器中直接釋放出。由於二氧化碳是一種氣體，可以滲透（Penetrate）並蔓延到火勢區域所有部分。為氣體或為固體之乾冰（Dry Ice）皆不導電。因此，可以在帶電電氣設備中使用，不會留下殘留物（Residue），本身是一種乾淨的物質。

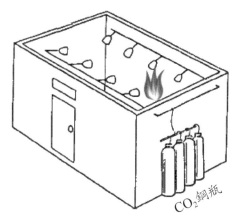

圖4-35　二氧化碳全區放射方式

1. 物理特性

　　CO_2密度為1.96 g/L（0℃，1atm）[15]，則1kg CO_2體積為0.510 m³（0℃，1atm）。

釋放特性（Discharge Properties）

　　典型的液態二氧化碳釋放射流，由於在瞬間蒸氣（Flash Vapor）中帶有粒子非常細的乾冰，而呈現白色雲霧狀（Cloudy）的外觀。由於低溫，一些水蒸氣會從

----

[15] CO_2密度於0℃，1atm為$\frac{44\,g}{22.4\,L}$，於25℃，1atm為$\frac{44\,g}{22.5\,L}$ =1.80 g/L。

大氣中凝結（Condense），產生額外氣霧，這種霧在乾冰粒子沉降或昇華（Sublimed）後會繼續存在一段時間。發生火災後，乾冰的冷卻作用在降低溫度上通常是有益的，但在撲救對溫度極為敏感的設備火災時，要避免使用強射流直接噴射。

靜電（Static Electricity）

二氧化碳釋放期間產生的乾冰粒子，可攜帶靜電的電荷（Charge）；一般純氣體自管口高速噴出大致均不帶電，但此氣體內如含有粉塵或霧滴而呈氣霧態（Aerosol）時則可明顯帶電。靜電還可以在未接地之釋放噴嘴（Discharge Nozzles）進行累積。從以往容器之安全閥噴出致著火案例，顯示容器內部鐵鏽粉末隨著噴出氣體接觸容器壁急速流出帶電所致。為了防止人員觸電危險，或意外的靜電放電於潛在爆炸的環境。所有釋放噴嘴必須接地。特別是在手持高壓軟管系統中使用的噴嘴和排放管（Play-pipes）之情況。

蒸氣密度（Vapor Density）

相同溫度下二氧化碳氣體密度，是空氣密度之1.5倍。冷的噴放物（Cold Discharge）有較大的密度，這就是其能取代燃燒表面上方的空氣，保持環境窒息氣氛的原因。因任何二氧化碳和空氣混合物在周遭溫度下都比空氣重，所以含二氧化碳濃度最高的氣層沉在最下部位。

生理效應（Physiological Effects）

二氧化碳通常存在於空氣中約有0.03%濃度，它是存在於人類和動物的細胞呼吸（Cellular Respiration）正常副產品。在人體內，二氧化碳扮演一種呼吸的調節（Regulator）。從而確保向呼吸系統能供應充足的氧氣。血液中的二氧化碳增加導致呼吸速率加快。空氣中呼吸6～7%之CO_2時，呼吸開始大幅加快。高濃度的CO_2會減緩呼吸。最後，在空氣中25～30%之CO_2，人體產生麻醉作用（Narcotic Effect）並幾乎立即停止呼吸，即使在空氣中有充分氧氣供給。減少氧氣供應將導致非常低濃度的二氧化碳，就能抑制呼吸和窒息（Asphyxiation）而引起死亡。二氧化碳在空氣中的正確濃度（Exact Concentration），將會導致呼吸的降低是因人而異的和不恆定的，即使在同一人之不同時間亦是如此。

儘管二氧化碳毒性較小，但當其處於滅火濃度下時會使人類失去知覺和死亡。在這種情況下，二氧化碳對人的窒息作用要比毒性作用更大。當6～7%的CO_2是認為對人體變得明顯受害影響之門檻值（Threshold Level）。在濃度高於9%，大多數人在

很短的時間就會失去意識。由於在空氣中最小濃度CO_2用於滅火往往遠遠超過9%，每一CO_2滅火系統必須設計到足夠的安全預防措施。在釋放能過程所產生乾冰能讓人體凍傷。由於極端低的溫度，工作人員應被警告不要釋放後處理殘留的乾冰；必須隔一段相當長時間才能進入。

2. 滅火特性（Extinguishing Properties）

二氧化碳在滅火上以鋼瓶儲存，高壓式充填比為1.5～1.9；低壓式為1.1～1.4。充填比（$\frac{L}{kg}$），係指容器內容積（公升）與液化氣體重量（公斤）之比值。其滅火主要機制是使空氣中的氧氣含量減少（Oxygen Reduction）到不再支持燃燒的程度，達到窒息（Smothering）作用。二氧化碳的冷卻作用（Cooling Effect）是相對較小的，但仍有助於火勢熄滅，特別是當二氧化碳直接用於正在燃燒中的物質上。

窒息滅火（Extinguishment By Smothering）

在任何火災中，熱量是由可燃物快速氧化所產生的。這種熱量的一部分用以提升未燃燒的燃料溫度至其起火點，而大部分則透過輻射和對流而逸失，特別是表面燃燒（Surface Burning）的物質。二氧化碳蒸氣（Vapor）能大量稀釋（Diluted）空氣提供氧氣至火勢，產生熱量的速率（氧化）就減慢，直到其低於熱量損失速率而冷卻。當燃料是冷卻至起火溫度以下時，火勢衰退而至完全熄滅。

撲滅表面燃燒物質如液體燃料，所需最小二氧化碳濃度是能精確地決定，因輻射和對流的熱量損失率是相當恆定的（Constant）。於表4-2列出某些液體與氣體燃料之二氧化碳之最低滅火濃度，在一個給定燃料之理論最小CO_2濃度，是所需滅火之實際CO_2濃度。最小設計濃度比理論最小CO_2濃度多20%，但從來不會小於34%（根據NFPA 12）。但對固體物質卻很難得到同樣的數據，因輻射和對流造成的熱量損失率（Heat Loss Rate），取決於燃燒物質的物理配置（Physical Arrangement）所造成的遮蔽作用（Shielding Effects），而有很大範圍的變化。

> 例1：在一密閉空間釋放CO_2量0.75 kg/m³，請問釋放後該空間氧濃度為多少？CO_2理論濃度為多少？滅火濃度為多少

解：氧濃度 $= \dfrac{21}{100} \times 0.75 = 0.157$ 氧濃度為15.7%

CO_2 1kg體積約0.534 m³（15℃），

0.75 kg/m³ × 0.534 m³ = 0.4

CO_2 理論濃度 $\dfrac{x}{V+x} = \dfrac{0.4}{1+0.4} = 28.6\%$

滅火濃度＝理論濃度+20%安全係數

28.6% × 1.2 = 34%

例2：CO_2 滅火設備在防護空間單位體積所需之藥劑為0.9 kg/m³時，其二氧化碳之濃度為多少？

解：CO_2 1kg體積約0.534 m³（15℃），

0.9 kg/m³ × 0.534 m³ = 0.48

CO_2 理論濃度 $\dfrac{x}{V+x} = \dfrac{0.48}{1+0.48} = 32.4\%$

表4-2　二氧化碳滅火所需最小濃度

滅火對象物（Material）	理論最小CO_2濃度（%）	最小設計CO_2濃度（%）
乙炔（Acetylene）	55	68
丙酮（Acetone）	27	34
苯（Benzene）	31	37
丁二烯（Butadiene）	34	41
丁烷（Butane）	28	34
二硫化碳（Carbon Disulfide）	60	72
一氧化碳（Carbon Monoxide）	53	64
天然氣（Natural Gas）	31	37
環丙烷（Cyclopropane）	31	37
乙醚（Diethyl Ether）	33	40
二甲醚（Dimethyl Ether）	33	40
乙烷（Ethane）	33	40
乙醇（Ethyl Alcohol）	36	43
乙醚（Ethyl Ether）	38	46
乙烯（Ethylene）	41	49
二氯乙烷（Ethylene Dichloride）	21	34
環氧乙烷（Ethylene Oxide）	44	53
汽油（Gasoline）	28	34
正己烷（Hexane）	29	35
氫（Hydrogen）	62	75

（下頁繼續）

（接上頁）

硫化氫（Hydrogen Sulfide）	30	36
異丁烷（Isobutane）	30	36
異丁烯（Isobutylene）	26	34
異丁基甲酸鹽（Isobutyl Formate）	26	34
煤油（Kerosene）	28	34
甲烷（Methane）	25	34
醋酸甲酯（Methyl Acetate）	29	35
甲醇（Methyl Alcohol）	33	40
甲乙基酮（Methyl Ethyl Ketone）	32	40
甲酸甲酯（Methyl Formate）	32	39
戊烷（Pentane）	29	35
丙烷（Propane）	30	36
丙烯（Propylene）	30	36

（資料來源：Fire Protection Handbook, NFPA）

冷卻滅火Extinguishment By Cooling

雖然CO_2釋放溫度可能接近$-79℃$，如比較於水等重冷卻能力，CO_2算是相當小的。在低壓儲存液態CO_2 1磅（1磅=0.4536公斤）的潛熱，是約120 BTU（126 kJ和在21℃儲存約64BTU（67.5 kJ）。當以局部區域應用方式（Local Application），CO_2直接噴射至燃燒物質（例如噴滿液體槽，冷卻效果是相當明顯的。如果是一個大規模的應用（Massive Application）能迅速覆蓋整個燃料表面積，而達到窒息火勢。在噴放射流中存在乾冰粒子能幫助冷卻燃料，從而防止噴射結束後燃料區再度復燃。

3. 局限性（Limitation of CO_2 as an Extinguishing Agent）

在普通A類火災上使用CO_2受到某些相對的限制：

(1) 冷卻不佳

CO_2噴射出乾冰粒子不如水一樣，而僅有相對低冷卻能力，無法潤濕或進行滲透。

(2) 不能維持

覆蓋不能保留（Retaining）其滅火濃度。真正的表面燃燒（如液體燃燒）火勢是容易撲滅，因很快能達到自然冷卻（Natural Cooling）效果。

(3) 深層火災釋放時間需長

如果火勢滲透到燃料表層下面，由於較厚燃料質量體（Fuel Mass）能提供一層隔熱，一般稱深層火災（Deep-Seated Burning），以致深層能減緩熱損失速率。

(4) 高溫金屬或悶燒火災釋放時間需長

存在大量受熱高溫金屬物體或熾熱含碳素物餘燼時，要完全把這類火撲滅及防止復燃，就需要更高的CO_2濃度和更長的釋放及保留時間（Holding Time）。

(5) 對含氧物質火災無效（Oxygen-Containing Materials）

對於硝酸纖維素（Cellulose Nitrate）等本身含有供氧來源的化學品火災，CO_2不是一種有效的滅火劑。

(6) 對活性或氫化金屬火災無效（Reactive Chemicals）

如鈉、鉀、鎂、鈦、鋯（Zirconium）等活性金屬（Reactive Metals）和氫化金屬（Metal Hydrides）的火災，就不能用CO_2撲滅，因這些金屬和氫化物能使CO_2分解（Decompose）。

人命安全考量（Life Safety Considerations）

為了獲得CO_2滅火系統效益，同時最大限度地降低人命風險，嚴謹注意人員安全。而人員安全必須在設計、安裝、維護和使用CO_2系統的整體考量，請參閱NFPA 12詳細討論了人員安全。

一般安全指南（General Safety Guidelines）

全區放射（Total Flooding）CO_2不應使用在一般人員常駐空間（Normally Oc-cupied Spaces），除非能確保在CO_2釋放前人員安全疏散（Ensure Evacuation）。同樣的限制也適用於通常不是人員常駐空間，但其中人員可能為維修或其他目的進入之空間。這如果空間大、出口以任何方式受到障礙物或通路複雜受阻（Complicated Passageways）等，可能是難以確保人員進行安全避難。一旦CO_2釋放開始所產生噪音、CO_2氣霧大幅降低能見度以及CO_2濃度可能使人員生理效應協調混淆（Physi-ological Effects Confuse），甚至使人員逃生（Escape）是更加困難。

還應考慮到大量二氧化碳氣體漏入或流入諸如地下空間（Cellars）、隧道或坑洞（Pits）等未加防護的地下室。在這種情況下，有關人員在發生危險事故之前，往往看不到和覺察不到窒息性氣體存在。

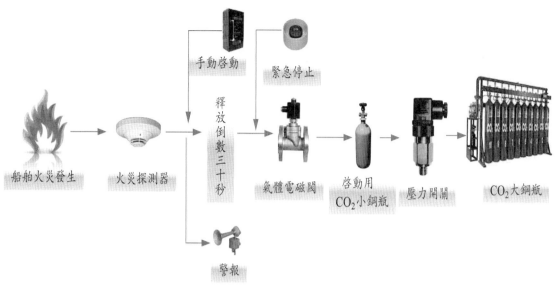

手動啓動　緊急停止

釋放倒數三十秒

船舶火災發生　　火災探測器　　　　　　　氣體電磁閥　啓動用 CO_2 小鋼瓶　壓力開關　　CO_2 大鋼瓶

警報

圖4-35　船上二氧化碳系統動作流程圖

（作者繪圖整理）

例3：CO_2 滅火設備因防護二硫化碳（Carbon Disulfide）空間，滅火設計濃度查表為72%時，此氧氣濃度剩為多少？

解：滅火濃度（x）$= \dfrac{0.21 - O'_2}{0.21}$　$O'_2 = 0.059$　氧濃度為5.9%

例4：CO_2 滅火設備防護一精密儀器之密閉空間（15m×10m×4m），放射時空間內氧濃度至10%，請問此時空間內 CO_2 濃度？需釋放 CO_2 藥劑重量（充填比1.5）？

解：滅火濃度（x）$= \dfrac{0.21 - O'_2}{0.21}$　$x = 0.524$　CO_2 濃度為52.4%

$\dfrac{x}{(x+V)} = 0.524$（滅火劑氣體體積為x；空氣體積為V），$x = 1.1V$

$x = 1.1V = 1.1 \times (15 \times 10 \times 4) = 660 \ m^3$（$CO_2$ 體積）

$\dfrac{660}{w} = 1.5$，$W = 440 \ kg$（CO_2 藥劑量）

例5：CO_2 滅火設備防護一密閉空間體積600m^3，其滅火之氧濃度至10%，請問此時空間需釋放 CO_2 藥劑重量？（CO_2 充填比1.5）

解：減火濃度（x）$=\dfrac{0.21-O'_2}{0.21}$　x$=0.524$　CO_2濃度為52.4%

$\dfrac{x}{(x+V)}=0.524$（減火劑氣體體積為x；空氣體積為V），x$=1.1V$

x$=1.1V==1.1\times(15\times10\times4)=660\ m^3$（$CO_2$體積）

$\dfrac{660}{w}=1.5$，W$=440\ kg$（CO_2藥劑量）

另一算法

$\dfrac{0.21V}{(V+x)}=0.10$

x$=1.1V$

x$=1.1\times(15\times10\times4)=660\ m^3$（$CO_2$體積）

$\dfrac{660}{w}=1.5$，W$=440\ kg$（CO_2藥劑量）

第7節　氣體滅火劑(2)：海龍替代品

　　海龍滅火藥劑在滅火效能上有諸多優異的表現，但其氟氯碳化物會造成大氣層中的臭氧層破壞，早在1987年全球簽署「蒙特婁公約」強制各國限制使用CFCs等破壞臭氧層之物質，並於1994年起，海龍滅火藥劑全面禁止生產。

　　但是海龍滅火藥劑具有無臭、無色、低毒性（平時釋放時無毒、但是藥劑在接觸火源時會產生劇毒），原因在於氟、氯、溴及碘等物質，在遇到火焰時產生了觸媒作用後，使可燃物中碳氫化合物中的氫，與燃燒進行中產生氫氧結合，然而氫氧即是燃燒進行中連鎖反應的關鍵因素，因而抑制燃燒持續進行之作用。

　　海龍藥劑經分解置換出鹵元素是屬於劇毒物質而產生與環境相關的負面問題。因此，一些海龍替代品（HALON Substitutes/Replacements）已經研發陸續使用改良。但有些（惰性氣體除外）與高溫接觸勢必產生過量毒性物質，NFPA規定藥劑放射應在10秒內完成。

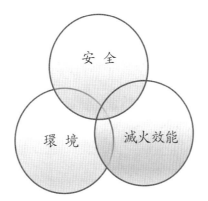

圖4-37　海龍替代滅火藥劑應有基本考量

1. 潔淨滅火劑（Clean Agents）

海龍替代滅火藥劑以NFPA 2001所示之潔淨滅火劑（Clean Agents）為主：此能分二部分：

(1) 惰性氣體（Inert Gases）

惰性氣體主要使用氮氣（N_2）及氬氣（Ar）或二者的混合物，降低防護區環境中的氧濃度，達到窒息作用，使燃燒現象無法維持。目前被國內消防單位認可者，有Inergen（Inert Gas+Nitrogen）等，IG-541設計滅火濃度均高達50%，氧氣濃度低至12.5%。無環保問題是此類藥劑之特點。但IG-541設鋼瓶數量多、占空間則為其缺點。又惰性氣體如IG-541（N_2 52%、Ar 40%、CO_2 8%）、IG-01（Ar 99.9%）[16]、IG-55（Ar 50%、N_2 50%）、IG-100（N_2 100%）等，在火災中並不致生成有害分解化學物質，這點較合成之海龍替代品適用；必須注意的是IG-01及IG55設計滅火濃度達50%，放射區畫內之O_2濃度可能低至12.5%，短時間即會造成人員意識不明；只有IG-541因含有CO_2，可自動促進呼吸效果，故放射過程中允許人員在防護區域內，較其他惰性氣體及CO_2適用。但其藥劑劑鋼瓶數量為Halon 1301之數倍，且充填壓力達150 bar，故鋼瓶需遠離防護區域，在設置時應特別注意。[17]

---

[16] 氬氣與其他元素均不化合，因價格昂貴，除特殊情形如：金屬火災如使用CO_2或N_2，將產生化合物。放射性同位素火災，只有利用氬、氦等稀有元素。

[17] 本段參考自簡賢文，2001，高科技廠房火災安全防護設備：火警系統與滅火系統之選用設置

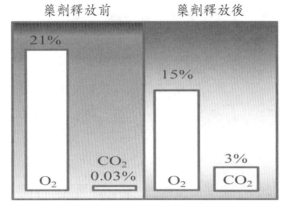

圖4-38　於Inergen自動滅火設備釋放前後氣體濃度比較

（作者繪圖）

例題：以氮氣防護空間火災，稀釋氧濃度至11%，始能達到滅火效果，該問該空間
　　　體積需加多少氮？

解：$\dfrac{0.21\,V}{V+x} = 0.11$

　　$x = 0.9\,V$

(2) 鹵化烷化物（Halocarbon Agents）：

　　鹵化烷烴簡稱鹵化烷，大多以高壓液化儲存。在常溫常壓下，如海龍仍算是穩定的（除了破壞臭氧層）。但一旦環境因素變動，最可能水解產生光氣之毒性。因此，與海龍滅火劑類似之合成化合物，只是把最能破壞臭氧層之溴（Br_2）拿掉，也是藉切斷火焰之連鎖反應，達成滅火目的。目前在國內使用之種類有FM-200（HFC-227ea）、NAFS-III、PFC-410（CEA-410）、FE-13（HFC-23）等；其中仍有具破壞臭氧層能力者，有在大氣中滯留長達500年者，故仍有使用年限，選用時應注意。又鹵化烷化物之海龍系替代藥劑多含有氟（F），在氫（H）充裕場合，極易生成HF；反之，則可能生成F_2或CF_2。日本國立橫濱大學之實驗指出，在1.8m之火災室內，置放0.11m尺寸內盛n-Heptane之火盤，滅火30秒後之HF濃度，與滅火所花時間成正比例。Halon 1301於30秒滅火，量得HF 250ppm；但替代藥劑則高達

1500ppm，替代藥劑即使在10秒內滅火，HF仍高達500pm。因此，建議在A、B或C類滅火後必須進行完全充分之換氣作業，將滯留在火災室內達致死濃度之HF有效排出。[18]

例題：下列哪一種滅火劑可用於電氣火災？

　　　　(A)鹵化烴液體　　(B)水溶液柱狀　　(C)水溶液霧狀　　(D)空氣泡沫

解：(A)

2. 海龍替代品考量因素

(1) 滅火效能值高

能有效滅火是設備設置之主要目的。

(2) 人員安全性高且設備破壞性低

當滅火藥劑放射時，不會產生毒性且不影響人員逃生，對於放射後藥劑殘留不生損害性。

(3) 破壞臭氧層指數（ODP）及溫室效應值（GWP）低

一旦地球臭氧層遭破壞後，太陽中紫外線及輻射線會因無大氣層保護，可以直接射到地球表面，造成氣候變化及人體皮膚病變。

(4) 滯留大氣時間（Atm.Life Time, ALT）短

假使滯留在大氣時間過長時，藥劑受到紫外線照射，分解產生鹵素原子會與臭氧反應，使臭氧分解消失，間接造成地球臭氧層破壞。

(5) 滅火藥劑穩定性高

滅火藥劑儲存時間久，且不生化學變化之質變特性。

(6) 系統能取代原滅火設備

從經濟考量並達到安全及有效之目的。

---

[18] 本段參考自簡賢文，2001，高科技廠房火災安全防護設備：火警系統與滅火系統之選用設置 Part2。

(7) 易於維修取得便利且經濟。

3. 海龍替代品種類

(1) Inergen

Inergen（藥劑IG-541）是由安素（Ansul）公司製造，其是由氮氣（N_2, 52%）、氬氣（Ar, 40%）和二氧化碳（CO_2, 8%）之混合物。其破壞臭氧層指數（ODP）為0，NOAEL[19]為43%相當於12% O_2，LOAEL[20]為52%相當於0% O_2。

圖4-39 美國ANSUL公司所研發Inergen自動滅火劑之海龍替代藥劑

(2) FM-200

FM-200（藥劑HFC-227ea）為七氟丙烷是由大湖化學（Great Lakes Chemical）公司製造，是另一種替代海龍。FM-200是無色、無味、不導電、無二次汙染的氣體，具有清潔、低毒、電絕緣性好，通常以液態儲存，比重為5.9，特別是它對臭氧層無破壞（ODP=0），在大氣中的殘留時間比較短；化學式為CF_3CHFCF_3，是符合NFPA200規範要求的潔淨氣體滅火藥劑，是一種揮發性的或氣態的滅火劑，在使

---

[19] NOAEL(no observed adverse effect level），為無毒性濃度，藥劑對身體不產生明顯影響之最高濃度。

[20] LOAEL(lowest observed adverse effect level），為確認毒性之最低濃度，即藥劑對身體產生明顯影響之最低濃度。

用過程中不留殘餘物。

同時，FM-200潔淨氣體滅火劑對環境無害，在自然中的存留期短，滅火效率高並無毒，適用於有工作人員常駐的保護區；其能應用於全區放射系統，能結合物理的和化學的反應過程迅速，抑制燃燒連鎖反應，有效地消除熱能，阻止火災發生。

基本上，FM-200的物理特性是其分子氣化階段能迅速冷卻火焰溫度；並且在化學反應過程中釋放遊離基，並阻止燃燒的連鎖反應。在滅火上適用於撲滅A類、B類及C類火災，但不適用於含氧化劑化學品及混合物如硝化纖維、硝酸鈉等或能自行分解化學品如過氧化氫、聯胺等，以及如鉀、鈉、鎂、鈦、鋯、鈾等活潑金屬類、金屬氫化物如氫化鉀、氫化鈉等D類火災。

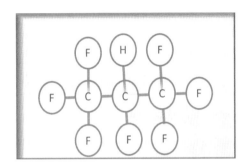

圖4-40　FM-200分子結構CF_3-CHF-CF_3

FM-200滅火劑在防護空間內氣體濃度設計最低7%時，即可滅火，而不會影響空間內氧氣問題。這允許人員有能見度和呼吸情況，而安全離開火勢之區域。FM-200滅火系統10秒內能快速滅火，且不產生毒性，意即，滅火後對現場工作人員不造成影響。壓力為25kg/cm^2，氣體放射時對滅火人員不會造成多大影響。區畫空間空氣中含氧量達19.5%以上，對現場工作人員不會產生窒息的危險。

圖4-41　無殘留汙損以保敏感設備不致損壞之FM-200滅火系統

（攝自臺中港汽車船）

例1：有關FM-200之敘述，何者為非？　(A)化學式為CF_3CHFCF_3　(B)通常以氣體狀態儲存　(C)常用於抑制燃燒的連鎖反應　(D)比重為5.863

解：(B)

例2：HFC227滅火藥劑之分子量為170，滅火濃度為7%，試問於室溫20℃之情形下，每1之空間需要多少kg之滅火藥劑量？
(A)0.5kg　(B)0.6kg　(C)0.7kg　(D)0.8kg

解：(A)

$\dfrac{x}{(x+V)}=\dfrac{7}{100}$（滅火劑氣體體積為x；空氣體積為V）

$x=0.075V$

$PV=nRT \rightarrow 1 \times (0.075 \times 10^3)=\dfrac{m(g)}{170} \times 0.082 \times 293K$

$m=530$（g）

(3) CEA-410

CEA-410（藥劑FC-3-1-10）為十氯丁烷，製造商為3M公司，化學式為C_4F_{10}，壓力灌入後成42 psi之液態儲存方式，蒸氣壓為77℉，對人員安全性是安全，放射時間為10秒，主要滅火原理為抑制連鎖反應。

(4) NAF S-Ⅲ

NAF S-Ⅲ（藥劑HCFC）為三氟甲烷，製造商為NAF公司，為HCFC之混合物，灌入後成199 psi之高壓液態儲存方式，蒸氣壓為77℉，對人員安全性是安全，放射時間為10秒，主要滅火原理為抑制連鎖反應。

(5) FE-13

FE-13（藥劑HFC-23）為三氟甲烷，製造商為杜拜公司（Dupont），化學式為CHF_3，灌入後成686 psi之高壓液態儲存方式，蒸氣壓為77℉，對人員安全性是安全，放射時間為10秒，主要滅火原理為抑制連鎖反應。

有關上述海龍替代品滅火藥劑毒性分析如表4-3所示。

表4-3　海龍替代品之滅火藥劑毒性分析

滅火藥劑	LC	NOAEL	LOAEL
Inergen	無毒	43%	52%
FM-200	> 80%	9%	10%
CEA-410	> 80%	40%	> 40%
NAF-S III	64%	10%	> 10%
FE-13	> 65%	50%	> 50%

在上述海龍替代品滅火藥劑綜合比較分析方面，如表4-4所示。

表4-4　海龍替代品之滅火藥劑綜合比較分析

滅火藥劑	Inergen（IG-541）	FM-200	PFC-410（CEA-410）	NAF S-III	FE-13（HFC-23）	Halon 1301
化學式	N_2 52% Ar 40% CO_2 8%	CF_3CHFCF_3	C4F10	HCFC	CHF_3	CF_3Br
製造商	Ansul	Great Lakes	3M	NAF	Dupont	
破壞臭氧指數	0	0	0	0.044	0	16
溫室效應	-	0.3-0.6（中）	（高）	0.1（低）	（高）	0.8

（下頁繼續）

（接上頁）

大氣滯留時間	-	短 31-42年	非常長 500年	短 7年	長 208年	107年
蒸氣壓 (77°F)	2205psi （高壓系統）	66psi （低壓系統）	42psi （低壓系統）	199psi （低壓系統）	686psi （高壓系統）	241psi
等效替代量	10.5	1.70	1.67	1.09	1.93	1
安全性	安全	安全	安全	安全	安全	不安全
滅火濃度	30%	5.9%	5.9%	7.2%	12%	3.5%
熱分解物	無	HF	HF	HF	HF	HF

例3：某密閉檔案室其長、寬、高爲20 m（長）×10 m（寬）×3 m（高），使用FM-200作爲防護氣體，其滅火設計體積濃度爲7%，室溫爲15℃，若氣體比容[21]爲0.1346 m³/kg，試計算滅火需要多少藥劑量？

解：FM-200濃度% ＝（FM體積）／（全部氣體體積）×100%

$0.059 = \dfrac{x}{V+x}$

$x = 0.063V$

V＝20 m×10 m×3 m＝600 m³

FM 200體積爲600×0.063＝37.6 m³

FM 200比容或容積比（m³/Kg）爲0.1346（15℃）

重量（Kg）＝體積（m³）／比容（m³/Kg）

＝37.6/0.1346 ＝279.3 kg（藥劑量）

例4：某場所使用海龍替代品FM-200，若其設計之濃度爲10%，試問其放出後該空間之氧氣濃度爲多少%？滅火藥劑量單位空間m³需爲多少kg？

解：滅火濃度$(x) = \dfrac{0.21 - O'_2}{0.21}$　$O'_2 = 0.189$　氧濃度爲18.9%

FM-200滅火濃度% ＝（FM-200體積）／（全部氣體體積）

---

[21] 比容是體積除以重量，而密度是重量除以體積，所以兩個互爲倒數。

$$0.1 = \frac{x}{V+x}$$

$$x = 0.111V$$

FM-200體積為$1\ m^3 \times 0.111 = 0.111\ m^3$

FM-200比容（m^3/Kg）為0.1346（$15°C$）

重量（kg）＝ 體積（m^3）／比（m^3/kg）

$\qquad\qquad = 0.111/0.1346 = 0.83\ kg$（單位空間藥劑量）

第8節　金屬滅火劑

有許許多多金屬，特別是那些細粉形態的金屬是會燃燒的。某些金屬燃燒是由於摩擦或暴露於外部熱量而被加熱到一定程度；另一些則是由於接觸濕氣或與其他物質發生反應而燃燒。因在運輸這些物質時可能發生火災，所以瞭解各種火災及有關危險的性質是重要的。

在控制撲滅金屬火災時可能產生的危險，包括極高溫度、蒸氣爆炸、氫氣爆炸、有毒的燃燒產物以及與某些普通的滅火劑產生爆炸反應等。某些滅火劑在分解時會放出可燃氣體或有毒的燃燒產物，甚至還會放出危險的射線。某些滅火劑特別是在有限空間內還會取代氧。因此，必須小心地選擇滅火劑和其獨特應用方法，撲救人員在沒有佩載合適的自給式呼吸保護裝備和穿防護服的情況下，不應接近金屬火災，即使火勢較小也是如此。對於另一些金屬火災，撲救人員只要有很少的防護就可接近，還有一些則可能必須用自動的固定設備撲滅。

目前開發了許多種撲滅金屬（D類）火災的滅火劑，但是一種滅火劑未必能控制或撲滅所有金屬的火災。某些滅火劑在對付幾種金屬時很有效，而另一些滅火劑僅能用於撲救一種金屬火災。某些可燃金屬滅火劑雖然已在工業上得到應用，但只能部分地控制火，而不能認為是真正的滅火劑。應避免把適用於其他類別火災的滅火劑，應用於金屬火災，因這可能產生劇烈的反應，例如，水用於鈉、汽化的液體用於鎂火災。

成功地控制或撲滅金屬火災，在很大程度上取決於施用的方法和消防人員的訓練和經驗。應該進行用適宜的滅火劑撲救特定可燃金屬的訓練。事先知道滅火劑及有關設備的能力和局限性，在緊急情況下能正確發揮其功能。如果燃燒著的金屬所處的位置使滅火劑無法以最有效的方式應用，控制火或滅火就有困難。

圖4-42　撲滅金屬火災在很大程度上取決於施用方法和消防人員訓練經驗
（攝自臺中港區）

　　可燃金屬的運輸是一個獨特的問題，因火災可能在沒有獲得適用滅火劑的地方發生。因此，對各種運輸方式作了貨載限制，以及貼標籤和張貼告示的規定，就顯得相當重要。

1. MET-L-X乾粉（Powder）

　　MET-L-X乾粉是以50磅（23公斤）筒裝，適用於涉及鎂、鈉、鉀和鈉鉀合金（Nak）火災使用。此乾粉也能用手杓（Hand Scoop）和鏟子（Shovel）進行滅火的應用，其由美國保險商實驗室公司（UL）註冊認可。

　　MET-L-X乾粉因具有能附著（Cling）熱垂直表面能力，適用於固體大塊物質火災如鑄件（Castings）。為控制和撲滅金屬火災，滅火器噴嘴應完全打開，以一薄層藥劑量在安全距離，謹慎噴射在燃燒體，以防止燃燒著金屬受噴射到其他區域。一旦達到控制，噴嘴閥應調整來限制噴流量，以形成一平穩、沉重的氣流（Heavy Flow）。然後可以完全覆蓋金屬，安全地從近距離再使用厚層方式（Heavy Layer）。火的高溫使乾粉結塊（Cake），形成一個硬殼（Crust）排除空氣並導致金屬熄滅。MET-LX滅火器可用於涉及鎂、鈉（溢出）、鉀和鈉—鉀合金（Nak）。此外，MET-LX已成功地使用於鋯（Zirconium）、鈾（Uranium）、鈦和鋁粉，所呈現嚴重的火災危害。

2. 鈉-X乾粉（NA-X POWDER）

　　鈉-X已發展爲一種低或不含氯化物的藥劑，來對付鈉金屬火災使用。鈉-X一般於加壓滅火器中使用，以碳酸鈉爲基料並摻入各種添加劑，以具有耐潮濕並增其流動特性。該藥劑含一種聚合物，將軟化並形成外殼（Crust），來覆蓋住鈉金屬燃燒暴露表面。鈉-X是不燃性，當施加到金屬燃燒上方溫度範圍從649～816℃，而不引起二次火災（Secondary Fires）。本劑從使用鈉火災經驗顯示，沒有已知的健康危害的負面結果，並且是不產生剝蝕（Nonabrasive）和不導電。

　　可分別儲存在50磅（23公斤）筒裝、30磅（14公斤）手提式、68與160公斤之輪架式（Wheeled）和固定式滅火器，鈉-X是美國UL認可上市，鈉-X是不受分解性（Decomposition），所以定期更換藥劑是不需要的。

3. 其他可燃金屬滅火劑（Other Combustible Metal Extinguishing Agents）

G-1乾粉/Metalguardtm乾粉

　　G-1乾粉是無毒的，經由篩選（Screened）的石墨化（Graphitized）鑄造焦碳（Foundry Coke）所組成，其中添加有機磷酸酯（Organic Phosphate）。石墨具熱導體作用，能吸收熱量降低金屬溫度至起火點以下，而導致火勢熄滅。在緊密充塡的（Closely Packed）石墨，也可使火勢窒息，這是滅火劑中有機材料，遇熱分解而產生略微煙氣體，滲透到石墨顆粒之間空間，可將空氣隔絕。

　　金屬防護乾粉（Metalguardtm）是與G-1乾粉之組合成物相同，只是商品的不同名稱（Trade-Name Variation）而已。G-1乾粉是能有效撲滅的鎂、鈉、鉀、鈦、鋰、鈣、鋯、鉿（Hafnium）、釷（Thorium）、鈾與鈽（Plutonium）火災，並也能特殊應用於鋁、鋅和鐵乾粉火災。釷、鈾、鈹和鈽燃燒產物具健康危害性，應按照撲滅放射性物質火災（Radioactive Material）之通常程序，採取相關措施。

Lith–X乾粉（Powder）

　　此乾粉是由特殊石墨（Special Graphite）與添加劑組成。添加劑作用是使其自由流動（Free-Flowing），以致能順利從滅火器噴出。此技術使用於撲滅金屬火災是與MET-L-X使用一樣的。Lith-X當噴放到燃燒金屬不會產生結塊（Cake）或結殼

（Crust），此能隔絕空氣，並進行熱傳燃燒中質量體（Burning Mass），吸熱以達到冷卻滅火效果。Lith-X能成功撲滅鋰火災，適合於鎂和鋯片（Zirconium Chip）火災的控制和撲滅。也能將撲滅鈉洩漏和鈉之深層火災（Fires In Depth），並也能撲滅鈉鉀合金溢出火災和控制其深層火災。

三元共晶氯化物（TEC）乾粉（Ternary Eutectic Chloride (TEC) Powder）

三元共晶醯氯（Ternary Eutectic Chloride, TEC）乾粉是氯化鉀、氯化鈉和氯化鋇（Barium Chloride）的混合體，並能有效撲滅某些可燃金屬火災。乾粉趨向於以覆蓋封住（Seal）燃燒中金屬，以隔絕空氣。在一高熱的鎂片火災，滅火方法是由熔融鹽層形成在燃燒中金屬表面上，以隔絕空氣。在測試小量鈾和鈈火災，TEC能有效予以撲滅。

TMB (Boralon)

Boralon是三甲氧基硼烷（Trimethoxyborane, TMB）和鹵化烷1211混合體的名稱。加入鹵化烷（Halogenated Hydrocarbons）特別是海龍，能減少了退化（Aging）、低溫粘度和可燃性相關問題。儘管添加海龍提高TMB的物理特性，該材料仍然對水解（Hydrolysis）敏感；無色液體能水解，而極易地形成硼酸（Boric Acid）和甲醇。因此，TMB必須避免與潮濕空氣或其他來源水份接觸，以防止水解。

TMB滅火的熱瓦解（Thermal Breakdown）機制，是應用到金屬火災導致熔融氧化硼（Boric Oxide）的形成。TMB通常會產生二次（Secondary）B類火災，由於過量甲醇（Methanol），但其含海龍（Halon）成分而降低了這種可能性。其熱瓦解熔融氧化硼塗層（Coating）在熱金屬，以防止與空氣接觸。

TMB是廣泛應用於鎂火災，一般由密封儲筒透過氮氣加壓致動，因TMB藥劑是容易水解，定期維護和更換的試劑是必要的。為環境保護大氣臭氧平流層（Stratospheric Ozone），TMB含有海龍1211之問題。

銅粉（Copper Powder）

在推動力（Propulsion）系統科學進步，導致了銅粉的發展，作為一種可行易燃金屬滅火劑。此工作由美國海軍司令部所進行評估鋰滅火劑，並發現BXISLZ銅粉滅火能力是優於鋰滅火劑。銅粉滅火方法是透過形成一銅－鋰合金（Copper-Lithium Alloy），其是非反應性，能優先形成在熔融鋰表面上。此合金形成層隔絕空氣和熔融金屬間，從而防止復燃和促進未反應鋰冷卻。

銅粉可以手提式滅火器使用，以氬氣作爲推進劑。銅粉也已證明，能熄滅鎂和鋁火災的能力。

4. 非專利可燃金屬滅火劑（Nonproprietary Combustible Metal Extinguishing Agents）

鑄造助熔劑（Foundry Flux）

在鎂鑄造作業，常使用熔化或表面殼型助熔劑（Crust-Type Fluxes）來保護熔融鎂，避免與空氣接觸。此助熔劑儲存於有蓋鋼桶，當施加到燃燒鎂時，藉由其溶化成固體表面，使熔融金屬與空氣接觸隔絕。在開放式火災，助熔劑可透過使用手杓或鏟子施加。對難以到達的爐區，可透過助熔劑彈射裝置的裝置進行噴塗（Coated）。

滑石粉（Talc Powder）

滑石在工業上用於鎂火災，其作用是控制火而不是撲滅火。滑石扮演一種隔熱角色（Insulator），以保持火災熱量，而不是冷卻劑（Coolant）。然而其可與燃燒的鎂起反應而產生氧氣源。

石墨粉（Graphite Powder）

用石墨粉或石墨（Plumbago）可作爲金屬火災的滅火劑。石墨類似於G-1乾粉滅火劑，具有冷卻劑的作用，這與相似。

乾沙（Sand）

使用乾沙作爲控制和撲滅金屬火災的滅火劑。有時其似乎令人滿意，但是熱的金屬如鎂，通常能從沙子中的二氧化矽（Silicon Dioxide）獲得氧，在沙堆下繼續燃燒。沙子很少是完全乾的。

燃燒的金屬與沙子中水分起反應而產生蒸氣。在某些情況下，甚至會產生爆炸性的金屬－水反應（Metal-Water Reaction）。

鑄鐵屑（Cast-Iron Borings）

在加工各種可燃金屬的車床，往往有鑄鐵屑或切屑（Turnings），把清潔的鑄鐵屑撒在鎂碎屑的火災上，能冷卻熱金屬而有助於撲滅火災。

　　但鐵對可燃金屬碎屑的汙染（Contamination）常造成經濟上的問題，必須避免使用氧化的鐵屑，以防其可能與熱的可燃金屬發生鋁熱劑（Thermite Reaction）反應；且鐵屑還必須不含水分。

氯化鈉（Sodium Chloride）

　　鹼金屬（Alkali Metal）火災能使用氯化鈉撲滅。氯化鈉在金屬上形成一層隔絕空氣防護層（Protective Blanket），而且也使金屬冷卻到其燃燒溫度之下。氯化鈉是用於撲滅鈉和鉀火災的減火劑；其還能用於撲滅鎂火災。

蘇打粉（Soda Ash）

　　用碳酸鈉（Sodium Carbonate）即蘇打粉（非乾粉），撲滅鈉和鉀的火災；其作用與氯化鈉相似。

氯化鋰（Lithium Chloride）

　　氯化鋰是鋰火災的有效減火劑。不過，應限於特殊應用，因這種化合物在一定程度上是吸濕的（Hygroscopic），會因水分與鋰的反應而帶來許多負面問題。

矽酸鋯（Zirconium Silicate）

　　矽酸鋯減火劑應用於鋰火災，已能成功地撲滅。

白雲石（Dolomite）

　　乾粉狀的鋯或鈦燃燒時，都不易被撲滅。但使用以下方法，在燃燒區周圍撒白雲石粉（碳酸鈣和碳酸鎂），加入更多的粉末直至火堆完全被覆蓋（Covered Completely），來取得控制火災的效果。

三氟化硼和三氯化硼（Boron Trifluoride and Boron Trichloride）

　　三氟化硼和三氯化硼都用於控制含鎂的熱處理爐（Heat-Treating Furnaces）火災，而三氟化硼被認爲是比較有效。熱金屬暴露於空氣時就會復燃（Reignites）。因此，需結合先用三氟化硼氣體，然後再用助熔劑（Foundry Flux）的聯用方法，才能把火勢完全熄滅；進一步詳細請參閱NFPA 480。

惰性氣體（Inert Gases）

　　在某些情況下，如果惰性氣體如氬（Argon）和氦（Helium），能在隔絕空氣

（Exclude Air）情況下使用，則其能控制鋯（Zirconium）火災。用氬氣體進行覆蓋，能有效控制鋰、鈉和鉀火災。

水（Water）

在切削加工鎂或其他可燃金屬，但鹼金屬和放射性（Radioactive）之可裂變物質除外，車床工作間（Shop）如果發生火災，使用自動撒水頭噴放，從噴出大量水通常能撲滅A類和鎂火災。

當提供自動撒水防護，在會出現熱熔融金屬之熔爐、反應器（Reactors）或其他地方，應設置轉向罩（Deflecting Shield）或防護罩（Hood）。對使用中的車床間，以自動撒水防護鎂或鈦之其他資訊，請參閱NFPA 480和NFPA 481。

當以數量有限的水噴撒在燃燒金屬上時，熱金屬能從水中取得氧而促進燃燒。與此同時，游離狀（Free State）氫被釋放出也很快著火或產生爆裂現象。由於少量的水促進可燃金屬火災，特別是碎屑或其他細粉的金屬火災，一般不推薦使用含水（Containing Water）之手提式滅火器，但其可用於控制鄰近A類物質的火災。

然而，水是一種良好的冷卻劑，在適當的條件下能用於某些可燃金屬，並能用來把燃燒的金屬溫度降低到著火點以下。下面將進一步論述使用水，應用於各種可燃金屬火災的優點和局限性。

(1) 用水撲救鈉、鉀、鋰、鈉鉀合金、鋇、鈣和鍶火災（Water on Sodium, Potassium, Lithium, Nak, Barium, Calcium, and Strontium Fires）

將水應用於鈉、鉀、鋰、鈉鉀合金、鋇，也許還有鈣和鍶火勢，如此在室溫下甚至也會導致火災或爆作。因此，不得用水撲救這些金屬的火災。

(2) 用水撲救鋯火災（Water on Zirconium Fires）

用水打濕的粉狀鋯比乾的粉狀鋯更難著火。但一旦起火時，燃燒得比乾的粉狀更猛烈。一般認為，含有約5～10%水的粉末最危險。因此，對燃燒的鋯不應使用少量的水，但可以用大量的水成功地完全涵蓋燃燒的鋯塊（Solid Chunks）或大量碎屑；例如把可燃金屬浸沒在水槽或水桶裡，假使向燃燒的鋯碎屑，直接以水柱射流（Hose Streams）滅火，會造成劇烈的反應。

(3) 用水撲救鈈、鈾和釷火災（Water on Plutonium, Uranium, and Thorium Fires）

以數量有限的水會使天然鈾或釷火災強度（Intensity）增大，並大大增加火災以後所需的汙染清潔工作（Cleanup）。天然鈾碎屑的火災能靠工作職員，載著面罩和

手套，使用長柄鏟（Long-Handled Shovels），把燃燒的碎屑鏟入戶外的水筒裡而撲滅。由此產生的氫氣會起火，並在水筒頂部水面上燃燒掉。天然鈾的放射性危險是相對低的，事實上，鈾是一種有毒金屬，儘管其毒性比鉛低得多。一般禁止對濃縮鈾或鈽（Plutonium）使用水，因其是一種可裂變物質（Fissionable Materials）。如果是咽下（Ingested）或吸入（Inhaled）人體，鈽對人類的危險比鈾大得多。

(4) 用水撲救鎂火災（Water on Magnesium Fires）

雖然少量的水可促進鎂火災，但由於水的冷卻作用，大量水的迅速應用能撲滅鎂火災。在鎂的數量有限的地方，自動撒水滅火系統能撲滅典型車床工作間火災（Shop Fire）。然而，在火災面積大，不一定會有足夠的水來冷卻高溫金屬；因此，不應用水撲救任何涉及大量鎂碎屑的火災（少量燃燒的碎屑，能把其投入水桶而撲滅）。從手提式滅火器噴射出小股射流（Small Streams）會加速鎂碎屑成劇烈地火災。

諸如鑄鐵塊或金屬加工廠（Fabricated Strictures）等含鎂零件的燃燒，能用標準消防水帶射出廣角粗水粒流（Coarse Streams），予冷卻和撲滅。直流水（Straight Stream）會使火濺散（Scatters），但是在一定距離外，能操作的固定噴嘴或可調式瞄子（Adjustable Nozzle）來產生粗水粒，應用於未燃燒的鎂上流過而使其冷卻。注意，用這種方法滅火通常會暫時性使燃燒加劇（Temporary Acceleration），但如果持續撲救則可很快地把火撲滅。

在幾百磅的鎂廢料完全發展火災（Well-Advanced Fires），以2條1.5英吋消防水帶進行射水，於不到1分鐘就予以撲滅。另一方面，水霧趨向於加劇而不是冷卻這種火勢。在可能存在大量熔化鎂地方，必須避免對鎂火災應用水，因由此形成的蒸氣（Steam）和可能發生的金屬一水反應，能造成危險爆炸情況。

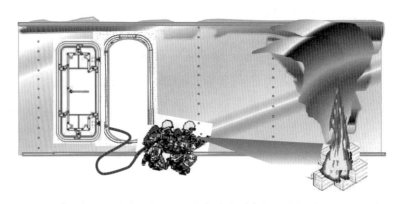

圖4-43　鎂火災必須以大量足夠水進行射水壓制，但不能用水霧

（筆者自繪）

(5) 用水撲救鈦火災（Water on Titanium Fires）

不得以水應用於細粉鈦的火災，用水撲救其他的鈦火災則應謹慎地進行。少量燃燒的鈦，除細粉狀外能用水撲滅，能考量在燃燒中鈦倒入大量的水中，把其完全浸沒。應用消防水帶水柱流（Streams），能有效地撲滅了戶外的鈦碎屑堆的火災；但是水應用於高溫鈦或燃燒著鈦，也注意會激烈反應而造成了人員的嚴重傷害。

其他滅火劑（Miscellaneous Agents）

經過測試，具冷卻能力和撲滅鎂火災，包括：使用先溶於三乙醇（Triethylene Glycol）中硼酸（Boric Acid），再以泡沫來撲滅二次火災（Secondary Fire）；二異癸酯（Di-Isodecyl Phthalate）結合氯溴甲烷（Chlorobromomethane）；和磷酸三甲酚酯（Tricresyl Phosphate），隨後以泡沫來處理二次火災。

為撲滅燃燒鎂，發展合適粉末，基本組成為粉末狀聚氯乙烯（Polyvinyl Chloride）和鈉家族。此種粉末能形成熔融金屬上的塗層，並配合使用細的水霧，噴到金屬產生冷卻，即可使之間熄滅。

第9節　滅火劑考量因素

滅火器必須具有額定效能值及適合火災類型，在選取滅火器（劑）及相關問題因素，應考量如下：

1. 滅火效能值

滅火效能值（Extinguisher Ratings）是測試滅火器，以確定其能有效和安全地進行控制火災。效能值也提供滅火器，所能控制火災規模之一種指南。

A類火災滅火效能值等級，基於相對比例從1A至40A；例如一個4A能控制火災比2A滅火器約2倍大。 B類滅火效能值等級，基於能控制漏油火災之面積從1B至640B；例如一個10B滅火器能撲滅約0.9 m²漏油火災面積。

在美國A類滅火器之火災測試，是使用木材和木刨片（Excelsior）進行。而B類滅火器使用正庚烷（N-Heptane）液體兩吋深度火盤，進行測試。C類火災之滅火器是沒有滅火效能值；D類滅火器經過特殊試驗使用於特定可燃金屬火災。

2. 適合類型

選擇一支滅火器時第一考慮，識別所標示滅火器，能適合該可燃物火災類型。如一個存放紙張的商品倉庫，清水型（Water-Type）滅火器將比一個多用途乾粉化學更合適。因乾粉化學滅火器在A類可燃物所形成深層火災（Deep-Seated Fires），並不具有水之滲透力；延伸閱讀請見本章第4節水滅火劑。

3. 防護屬性

滅火器所保護的設備和屬性類型，是另一個重要的選擇考慮因素。在一些滅火劑提供較快速控制火災，但可能具有對設備額外損害之相對缺點；如乾粉滅火器通常能提供易燃液體火災的最迅速控制，如果相同區域中存在電子設備，透過乾粉藥劑所留下殘餘物，會導致比火災更大的危害；因此，有些使用二氧化碳或者任何海龍替代將是更有效的藥劑。但也可能出現相反的情況，在所防護戶外區域如裝載碼頭，乾粉藥劑比二氧化碳受風影響是較小。為防護特定危害區域使用手提式滅火器，每種滅火器具有其優點和缺點，必須選擇適當之種類。

圖4-44　船載穀物碼頭火災射水可能會受到限制，因受潮膨脹致船艙或容器破裂情況
（攝自臺中港雜貨碼頭區）

4. 設置位置

在放置滅火器之位置必須考慮，因環境對滅火器有重大影響。溫度會影響水和泡沫滅火，因其受到天氣冷凍區域影響。而風與瞬間氣流（Draft）將對任何氣態滅火藥劑之有效性產生影響；如二氧化碳特別難以在有風的條件下使用。

在環境具有腐蝕性蒸氣，能惡化滅火器結構與內容物，一般滅火器閥頭通常使用鋁和黃銅材質，而腐蝕性環境應選擇黃銅之使用。而噴出滅火藥劑反應性和汙染，也必須考慮，因一些滅火劑可與某些材料和化學物質發生反應，也可發生汙染。例如，在一個食品加工區不當使用乾粉滅火劑，來防護所有暴露的食品項目，因此使用二氧化碳滅火器，就不會汙染該地區域的食品。

在一有限區域中使用某些滅火劑，可能存在的危險，如足夠濃度二氧化碳將稀釋區域中氧氣。而相關海龍分解產物受熱時，也可能對人體具有危險性。

5. 藥劑相容性

藥劑相容性（Agent Compatibility）是影響滅火器選擇之另一考慮因素。如果所防護區域中含有甲乙基酮（Methyl Ethyl Ketone）、極性溶劑（Polar Solvent），一般泡沫劑是不會有效的。

圖4-45　極性溶劑火災使用一般泡沫劑是不會見效

（攝自臺中港區消防演練）

6. 所需藥劑量

　　火災潛在嚴重性，還必須評估所需滅火器的大小；例如，為防護實驗室區域使用一品脫（Pint）量的易燃液體火災，所選擇滅火器將只需控制局限火災之效能值即可。如果要防護1.2×2.4 m油箱（Dip Tank）之區域，需要一個更大滅火效能值。

　　NFPA 10將潛在火災猛烈度（Fire Severity）劃分3種等級：即低度、中度和高度。這些等級能使用於確定滅火器分配之具體要求。

(1) 低度危險性區域包括如辦公室、教室和其他一般使用區域。A類可燃物數量在這些區域是相對較少的，而也存在少量B類可燃物。

(2) 中度危險性區域包括輕工業製造、商店、工作坊還有一些倉庫。A類和B類可燃物數量大於在低度危險性區域。

(3) 高度危險性包括製造、汽車維修和倉庫，其中A類和B類可燃物數量大於中度危險區域。

7. 人員使用能力

　　人員使用能力也影響滅火器的選擇。有受過訓練人員使用滅火器，是首要考慮因素。如果訓練是有限或不足，該滅火器應是簡易和較小的。較大的滅火器可用於較大的火災規模。

　　滅火器的大小和能力，在未經訓練的操作人員，提供一種安全的假象。撲滅較大的火災，需要較多的訓練。操作人員沒有足夠的訓練不應從事滅火行動。未受過訓練人員可能受到身體或精神的限制，將無法充分發揮滅火器之滅火效能。

8. 健康和操作安全考量

　　在選擇滅火器時，應始終考量危害健康可能性。可能產生有毒蒸汽（Toxic Vapors）或分解蒸汽滅火藥劑製造商，通常提供警告之明顯標籤。然而，有時危險不在於滅火器，而在其欲使用的區域。在一些場所配置自給式空氣呼吸器（Self-Contained Breathing Apparatus）提供員工。如果B類火災使用非泡沫－水類型（Non-Foam/Water Types）時，火勢可能受水影響，產生突然火焰躍起（Flare Up）、蔓延

或造成操作人員傷害；延伸閱讀請本章第5節泡沫滅火劑。如果水基滅火器使用在帶電設備或其附近，水流可能傳送電流至操作人員觸電。

雖然CO_2本身不具毒性，但滅火時濃度足夠高，也會對人員產生威脅。如果CO_2使用在不通風的區域，其稀釋氧氣供應，在這些存留CO_2區域會使人員變得無意識，甚至死亡。此外，在釋放時冷凝水蒸汽（Condensing Water Vapor）的形成，也可能造成人員迷失方向（Disoriented）。

乾粉滅火器是沒有毒性，但如果釋放而呼吸一段長時間，刺激性（Irritating）可令人不適。磷酸單銨（Mono-Ammonium Phosphate）是較具刺激性，其次是鉀基（Potassium-Based）乾粉，而碳酸氫鈉則是較少刺激性。如果乾粉在狹窄的區域內釋放，會降低能見度而導致人員迷失方向。因乾粉劑都是非導電性、釋放後乾粉沉積物留在電氣接觸點，而減少或隔絕（Negate）接觸點電氣導通；如果乾粉釋放附近有空調和空氣淨化過濾器，也可能造成堵塞作用（Clog）。

多用途乾粉（單銨磷酸基Mono-Ammonium-Phosphate Base）為酸性，如以少量的水混合會腐蝕一些金屬，除非所有乾粉殘留物，能及時徹底地清除。最後，從滅火器初始釋放具有相當大的力量，如果其目標物是近距離的小型易燃液體或油脂火災，可能會導致火勢還未得到控制之前，就造成噴濺廣泛擴大現象。

在涉及燃燒金屬的D類火災，如果乾粉滅火器的全部，用於近距離噴射，為了避免助長火勢蔓延，手把（Discharge Lever）釋放應緩慢在安全距離擠壓（Squeezed Slowly），以策噴濺火焰之危險。

幾乎每一場火災燃燒生成物皆具有毒（Toxic Products），有的材料更會產生劇毒燃燒產物。因此，直到火勢已被撲滅，該區域應有良好的通風，不要停留該區域或應配戴防護呼吸器是相當重要的。

9. 整體評估

滅火器防護的初始成本，是顯著取決於所欲達成足夠保護，而使用哪一種類滅火器而不同。改善的滅火器成本方面，選擇的方法之一是該設施評估作為一個整體，而不是單獨的區域。此種決定必須是否得到最有效的保護，或滿足最低要求的目標。當然，所使用成本會顯著影響滅火器的品質。滅火器成本應在滅火器壽命與維修費用（重新充填）進行評估，而不是僅僅根據最初購買價格。例如碳酸氫鉀是比普通乾粉化學品更貴，但是需要顯著易燃液體的防護問題，此額外的費用是合理的。

　　選擇滅火器大小會影響初始成本。很多小型的成本，會高於同類型較少數量之大單位滅火器。因此，這必須在設施整體防護方面進行評估。

　　實際上所有火災在起始時火勢總是較小的，如能立即使用類型合適、數量充足的滅火劑，便不難撲滅。手提式滅火器就是為此目的而設計的，但滅火器撲救火災的成效還有賴於下列條件：

(1) 合適位置

　　滅火器必須安置在合適的位置，還處於良好的工作狀態。

(2) 合適類型

　　滅火器的類型，必須適用於撲滅所發生的火災。

(3) 初期火災

　　火災必須及時發現，此時火勢尚小，滅火器才能有效地加以控制

(4) 有能力人員

　　發現火勢人員必須有準備、有意願、有能力使用滅火器。

　　滅火器是防止火勢失去控制的第一道防線。因此，不管是否已採取其他消防措施，滅火器均應配置。但是，一旦發現火災，應即向消防單位報警，千萬不可指望滅火器將足以撲滅火災，而延遲報警致火勢難以收拾情況。

第10節　模擬選擇題精解

1. (D)　下列哪一種滅火劑，其化學組成含有二氧化碳？

　　(A)FE-13　(B)FM-200　(C)IG-55　(D)IG-541

2. (A)　下列哪一種滅火劑，其滅火原理是藉由稀釋氧氣濃度而滅火？

　　(A)IG-55　(B)FM-200　(C)HFC-125　(D)FE-13

3. (C)　地下室、倉庫等密閉或半密閉構造物的火災，由於煙及熱氣的關係，一般會使用下列哪一種泡沫？

　　(A)化學泡沫　(B)空氣泡沫　(C)高膨脹性泡沫　(D)界面活性劑系泡沫

4. (B)　下列何者不是金屬火災之滅火藥劑？

　　(A)消防砂　(B)水　(C)滅火鹽　(D)特殊乾粉

5. (B) 滅火器之使用要領含有以下①、②、③三項，其中分別為①拉皮管；②拉插梢；③壓把手，請問其順序為何？

(A)①②③　(B)②①③　(C)③①②　(D)③②①

6. (B) 下列哪一種滅火劑所含成分之一可以刺激呼吸，故可減低對人員造成的窒息危害？　(A)IG-55　(B)IG-541　(C)Halon 1301　(D)FM-200

7. (B) B-10之滅火器可抑制多少平方公尺之油類火勢？[22]

(A)1　(B)2　(C)3　(D)4

8. (A) 下列滅火劑中，何者使用於金屬火災時，不至於與金屬發生化學反應而產生非預期的衍生物質？

(A)IG-01　(B)IG-100　(C)IG-55　(D)IG-541

9. (A) 海龍滅火器被禁用之主要原因為破壞下列何者？

(A)臭氧層　(B)紫外線　(C)紅外線　(D)輻射線

10. (A) D類火災不可使用何種滅火劑？

(A)水　(B)消防砂　(C)滅火鹽　(D)二氧化碳

11. (B) 海龍替代品IG-541滅火劑之主要滅火原理為下列何者？

(A)冷卻　(B)窒息　(C)抑制連鎖反應　(D)弄濕阻止擴展

12. (A) 下列有關IG-541（INERGEN）滅火劑之敘述，何者有誤？

(A)其滅火作用主要為冷卻法

(B)其主要成分為氮（52%），氬（40%），二氧化碳（8%）

(C)導電性低，適用於電器火災

(D)對臭氧層破壞值（ODP）為

13. (C) 下列有關二氧化碳（CO_2）滅火劑之敘述，何者有誤？

(A)二氧化碳（CO_2）滅火劑滅火後不留痕跡

(B)二氧化碳（CO_2）滅火作用較氮氣（N_2）為大

(C)二氧化碳（CO_2）滅火劑特別適用於鈉等金屬火災

22

燃燒表面積（m^2）	0.2	0.4	0.6	0.8	1	1.2	1.6	2	2.4	2.8	3.2	3.6	4	4.8	5.2	5.6	6	6.4	8
滅火效能值	B-1	B-2	B-3	B-4	B-5	B-6	B-8	B-10	B-12	B-14	B-16	B-18	B-20	B-24	B-26	B-28	B-30	B-32	B-40

(D)二氧化碳（CO_2）滅火劑氣化時，可以發揮冷卻作用

14. (D) 二氧化碳滅火器之充塡比應為多少？[23]

    (A)500cm³/kg以上   (B)750cm³/kg以上

    (C)1000cm³/kg以上   (D)1500cm³/kg以上

15. (B) 下列有關泡沫滅火劑之敘述，何者有誤？

    (A)空氣泡沫滅火劑一般有3%及6%兩種濃度

    (B)界面活性劑系泡沫滅火劑主要由加水分解蛋白、尿鐵素等組成

    (C)耐酒精泡沫滅火劑主要針對酒精類火災使用

    (D)高膨脹泡沫滅火劑，係將1.5～3.0%溶液，與水在混合器中混合，再用送風機經金屬網噴出

16. (D) 下列有關固體滅火劑之敘述，何者有誤？

    (A)濃縮式氣霧滅火系統，釋放氣霧成分中，氣體占48%，固體占52%

    (B)碳酸氫鉀（$KHCO_3$）滅火效果較碳酸氫鈉（$NaHCO_3$）為佳

    (C)英國TEC滅火劑由氯化物$BaCl_2$、KCl、NaCl等合成

    (D)磷酸鹽滅火劑，主要用在撲滅鈉、鉀、鎂等金屬火災

17. (C) 下列有關氣霧式滅火系統敘述，何者錯誤？

    (A)適用於A、B、C類火災

    (B)滅火原理為利用吸熱及抑制連鎖反應

    (C)濃縮式氣霧釋放之氣體約占35%，固體微粒占65%

    (D)固態混合藥劑組成一般不含鹵素，故不產生鹵素自由基，ODP（臭氧破壞值）為零

18. (D) 下列何者不為IG-55滅火藥劑（Argonite）之滅火特性？

    (A)稀釋氧濃度至15%以下

    (B)放出時間為60秒

    (C)導電性低

    (D)ODP（臭氧破壞值）為零，GWP（溫室效應值）為0.08

19. (C) 乾粉滅火劑最大的滅火作用為下列何者？

---

[23]

滅火劑種類	滅火劑重量每1kg之容器容積
二氧化碳	1500cm³以上

(A)冷卻作用　(B)防焰作用　(C)抑制作用　(D)稀釋作用

20. (D)　下列何者不是INERGEN（IG541）滅火劑的主要成分？

(A)氮氣　(B)氬氣　(C)二氧化碳　(D)氯氣

21. (C)　地下室、倉庫等密閉或半密閉構造物的火災，由於煙及熱氣的關係，一般會使用下列那種泡沫滅火？

(A)化學泡沫　(B)空氣泡沫　(C)高膨脹性泡沫　(D)界面活性劑系泡沫

22. (D)　20型之滅火器標示B-16顯示其可控制多少平方公尺之油盤面積火災[24]？

(A)0.1　(B)1　(C)2　(D)3.2

23. (C)　現行使用甚多之鹵化物滅火藥劑HFC-227ea，就其化學組成為何？

(A)CHF_3　(B)CF_3CF_2　(C)CF_3CHFCF_3　(D)$CF_2CF_2C(O)CF(CF_3)_2$

24. (B)　下列何種金屬火災固體滅火藥劑之主要成分為氯化鈉？

(A)TEC　(B)Met-L-X　(C)G-I　(D)Lith-X

25. (C)　下列何者為乾粉滅火劑滅火功能的主要作用？

(A)冷卻作用　(B)移除作用　(C)抑制作用　(D)防焰作用

26. (A)　下列何種惰性氣體滅火藥劑，其化學組成不含氮？

(A)IG-01　(B)IG-541　(C)IG-55　(D)IG-100

27. (D)　下列何者不是滅火藥劑INERGEN（IG541）的主要組成氣體？

(A)氬　(B)二氧化碳　(C)氮　(D)氦

28. (A)　下列何者非不燃氣體？　　(A)CO　(B)CO_2　(C)N_2　(D)Ar

29. (A)　下列何種海龍替代品破壞臭氧層之指數最高？

(A)NAF S-III　(B)FM-200　(C)IG-541　(D)HFC-23

30. (C)　下列何種滅火劑不適用於一般A類火災？

(A)酸鹼劑　(B)機械泡　(C)碳酸氫鈉　(D)乾粉水（霧狀）

31. (B)　下列何種滅火劑不適用於可燃性液體火災？

(A)不燃性氣體　(B)水（柱狀）　(C)化學泡　(D)碳酸氫鉀乾粉

32. (D)　以乾粉滅火之方法，主要是利用：

(A)冷卻法降低溫度　　　　　　　(B)窒息法阻斷氧氣

(C)移除法除去可燃物　　　　　　(D)抑制連鎖反應

33. (C)　下列何者非化學泡沫A劑之組成？

(A)碳酸氫鈉　(B)碳酸鈉　(C)石鹼精　(D)苛性鹼及蛋白質

---

[24] 同第7題

34. (B) 下列何者不是減火藥劑INERGEN（IG541）的主要組成氣體？

    (A)氮　(B)氦　(C)氬　(D)二氧化碳

35. (B) 當化學泡沫原料之硫酸鋁與碳酸氫鈉在水溶液中混合而起化學變化時，不會產生下列何種物質？

    (A)二氧化碳　(B)氫氧化鈉　(C)氫氧化鋁　(D)硫酸鈉

36. (C) 下列何者不是界面活性劑減火時的主要作用？

    (A)起泡作用　(B)乳化作用　(C)防凍作用　(D)減低表面張力作用

37. (D) 碳酸氫鈉乾粉不適用於下列何種類型的火災？

    (A)電氣火災　　　　　　　(B)非水溶性可燃液體火災

    (C)水溶性可燃液體火災　　(D)金屬火災

38. (A) 酸鹼劑最適用於下列何種類型的火災？

    (A)木材火災　(B)電氣火災　(C)可燃液體火災　(D)金屬火災

39. (B) 水之蒸發潛熱約為多少cal/g？　　(A)460　(B)540　(C)620　(D)750

40. (B) 海龍藥劑被禁用係因為：

    (A)減火效能差　(B)破壞臭氧層　(C)破壞鏈反應　(D)破壞表層

41. (B) 液體減火劑中，界面活性劑的主要作用敘述，下列何者錯誤？

    (A)減低表面張力作用　(B)激發氧化作用　(C)起泡作用　(D)乳化作用

42. (D) 碳酸氫鈉乾粉不適用於何種類型的火災？

    (A)電氣火災　　　　　　　(B)非水溶性可燃液體火災

    (C)水溶性可燃液體火災　　(D)金屬火災

43. (C) 關於泡沫減火藥劑的敘述下列何者錯誤？

    (A)AFFF是指水成膜泡沫減火藥劑，通常以3%及6%溶液出售

    (B)普通蛋白質泡沫劑無毒性，通常在7℃至49℃的溫度範圍內發生作用

    (C)耐酒精泡沫通常可稀釋3～10%，視燃燒物而定

    (D)使用高膨脹泡沫時，必須為密閉不通風的空間以免泡沫流動影響減火效果

44. (D) 下列有關二氧化碳減火劑之敘述何者錯誤？

    (A)減火後可不留痕跡　　　(B)可加壓液化，降低儲存空間

    (C)適用於電氣設備火災　　(D)可用來撲救金屬鈉火災

45. (C) 磷酸二氫銨（$NH_4H_2PO_4$）乾粉減火藥劑不適用下列何種類型火災？

    (A)木材火災　(B)電氣火災　(C)金屬火災　(D)汽油火災

46. (B) 下列海龍減火劑之替代品中，何者減火後不會產生對人體有毒害之HF熱分

解物？

(A)NAFS-III　(B)Inergen(IG-541)　(C)FM-200　(D)FE-13(HFC-23)

47. (C) 下列何種海龍替代滅火劑，不會有HF熱分解物？

(A)FM-200　(B)FE-13(HFC-23)　(C)Inergen(IG-541)　(D)NAFS-III

48. (C) 下列何者非二氧化碳滅火系統的優點？

(A)滅火後不留痕跡　　　(B)具良好的絕緣效果

(C)有效防止復燃　　　　(D)適用於貴重儀器

49. (B) 下列何種金屬火災固體滅火藥劑之主要成分為石墨？

(A)TEC滅火藥劑　　　　(B)Lith-X滅火藥劑

(C)Met-L-X滅火藥劑　　(D)CEA-410滅火藥劑

50. (A) 下列海龍替代滅火藥劑，何者之化學組成為五氟乙烷？

(A)HFC-125　(B)HFC-23　(C)HFC-227ea　(D)FE-13

51. (D) 液體滅火劑之界面活性劑可減低水的表面張力而達到下列何種功用？

(A)在油面產生乳化作用　(B)在油面產生起泡作用

(C)可遮斷連鎖反應　　　(D)增強滲透性，可滲透棉花、木材、紙等物

52. (A) 應用乾粉充作滅火劑在B類火災中使用，主要係利用其哪一種的滅火效能：

(A)抑制連鎖反應　(B)隔離　(C)冷卻　(D)窒息

53. (D) 向火焰區噴射鹵化烴的滅火方法主要是控制何種燃燒要素？

(A)氧氣　(B)熱能　(C)可燃物　(D)連鎖反應

54. (C) 下列何者最適用於油類火災之滅火以獲較佳之滅火效果？

(A)水　(B)不良導體滅火劑　(C)泡沫　(D)輕水

55. (A) 碳酸氫鈉乾粉滅火劑，不適用於下列何種火災？

(A)金屬火災　(B)電氣火災　(C)非水溶性可燃性液體火災

(D)水溶性可燃性液體火災

56. (B) 下列哪一種海龍替代品所需的滅火濃度最高？

(A)FM-200　(B)FE-13　(C)CEA-410　(D)NAF-S-III

57. (A) 將磷酸鹽或硼酸鹽加入纖維質材料中，受熱燃燒時：

(A)固體表面將產生較多的焦炭　(B)火焰中H_2O的比例將減少

(C)火焰中CO_2的比例將減少　　(D)燃燒熱將提高

58. (C) 有關液體滅火劑之性質與滅火效果，下列何者正確？

(A)依美國防火協會公布的NFPA 750資料，可知低壓系統之細水霧滅火系

統管系壓力小於或等於500 psi（34.5 bars）

(B)化學泡沫組成中的酸性B劑為硫酸鎂

(C)空氣泡沫放置於汽油上30分鐘後，需殘留50%以上

(D)撲滅酒精類火災，通常在加水分解蛋白質中，加入金屬石鹼之錯鹽，調成液狀，成分為3%型的耐酒精滅火泡沫

59. (D) 海龍滅火系統主要是針對燃燒四面體的哪一項來進行抑制或移除？
    (A)氧氣　(B)熱能　(C)可燃物化學　(D)連鎖反應

60. (B) 有關二氧化碳滅火劑之敘述，下列何者錯誤？
    (A)滅火後不會殘留
    (B)可加壓儲存，但需低溫冷凍才能液化以降低儲存空間
    (C)適用於電氣設備火災
    (D)不適用於鈦金屬火災

61. (C) 有關滅火劑之滅火原理，下列何者不屬於抑制連鎖反應？
    (A)FK-5-1-12　(B)HFC-227ea　(C)IG-01　(D)海龍1301

62. (A) 有關海龍替代系統評估參數敘述，下列何者正確？
    (A)臭氧層破壞值（ODP）：愈低愈好
    (B)大氣滯留時間（ALT）：愈長愈好
    (C)地球溫室效應（GWP）：愈高愈好
    (D)設計濃度值大於NOAEL較佳

63. (C) IG-541滅火劑為海龍滅火藥劑替代品之一，下列何者非為藥劑的組成成分？
    (A)氮　(B)氬　(C)氟　(D)二氧化碳

64. (C) 乾粉滅火設備第二種乾粉滅火藥劑主要成分為？
    (A)磷酸二氫銨　(B)碳酸氫鈉　(C)碳酸氫鉀　(D)碳酸氫鉀及尿素化合物

65. (C) 關於海龍替代品藥劑FM-200的敘述，下列何者錯誤？
    (A)化學組成名稱為七氟丙烷（C_3HF_7）
    (B)在標準狀態下之沸點高於海龍1301
    (C)化學相對毒性（LC_{50}）稍微高於海龍1301
    (D)臭氧層破壞值（ODP）為零

第11節　模擬申論題精解

1. 現行之海龍替代品其中屬於惰性氣體藥劑者有哪些？請就商品名、通稱、化學組成、滅火原理與設計濃度以畫表說明之。

解：(1)惰性氣體主要使用氮氣（N_2）及氬氣（Ar）或2者的混合物，降低防護區環境中的氧濃度，達到窒息作用，使燃燒現象無法維持。目前被國內消防單位認可者，有Inergen（IG-541）等，IG-541設計滅火濃度均高達50%，氧氣濃度低至12.5%。無環保問題是此類藥劑之特點。但IG-541設鋼瓶數量多、占空間則爲其缺點。又惰性氣體如IG-541（N_2 52%、Ar 40%、CO_2 8%）、IG-01（Ar 99.9%）、IG-55（Ar 50%、N_2 50%）、IG-100（N_2 100%）等，在火災中並不致生成有害分解化學物質，這點較合成之海龍替代品適用。

(2)畫表說明

滅火藥劑	Inergen（IG-541）
化學式	N_2 52% Ar 40% CO_2 8%
製造商	Ansul
破壞臭氧指數	0
滅火原理	窒息滅火
大氣滯留時間	—
蒸氣壓（77°F）	2205psi（高壓系統）
等效替代量	10.5
安全性	安全
滅火濃度	30%
熱分解物	無

2. 液體滅火劑被廣泛使用來撲滅火災，試簡要說明其種類。

解：水如撒水設備、室內（外）消防栓、水霧滅火設備、細水霧滅火設備及泡沫滅火設備。

3. 試簡要說明泡沫滅火劑之滅火原理、種類及滅火特性。

解：(1)空氣泡沫比產生泡沫水溶液輕，也比易燃液體輕，其能浮在所有的易燃或可燃液體的上面，形成隔絕空氣（Air-Excluding）、冷卻、連續封閉蒸氣層（Vapor-Sealing），來阻止或防止燃燒情況。

(2)種類：水成膜泡沫、氟蛋白泡沫、水成膜氟蛋白泡沫、蛋白型空氣泡沫、中膨脹和高膨脹泡沫、抑制蒸氣泡沫、低溫泡沫滅火劑、抗酒精型泡沫液、烴類界面活性劑泡沫液、化學泡沫。

(3)主要滅火原理是窒息作用，以及冷卻作用以抑制或減低油類蒸氣用揮發之速率。

4. 試說明乾粉滅火劑對火災種類的適用性，以及其滅火作用為何？

解：(1)乾粉應用於火勢直接區域，能迅速將火焰撲滅，窒息（Smothering）、冷卻和輻射遮隔作用之滅火性。但研究表顯示，火焰連鎖反應中斷（Chain-Breaking Reaction），應是滅火的主要原因（Haessler 1974）。

(2)乾粉可撲滅A類、B類及C類火災。但在撲滅A類火災時，因冷卻效果遠不如水，所以易復燃現象，最好撲滅完，最好用水再冷卻。

5. 試述「空氣泡沫」與「化學泡沫」之不同。

解：空氣泡沫又稱機械泡沫，經濟性好，又容易操作處理，因此傳統化學泡沫大多已過時不用。化學泡沫是碳酸氫鈉（Sodium Bicarbonate）（A鹼性）及硫酸鋁（Aluminum Sulfate）（B酸性）和，還含有蛋白質（Proteinaceous）泡沫穩定劑，二者的水溶液起化學反應形成的。反應產生的二氧化碳被發泡溶液的氣泡包住（Gas Trapped），而形成泡沫體。

6. 消防工作上常見以「水」作為滅火藥劑，請回答下列與水有關的問題：

(1)水的滅火原理為何？

(2)以水作為滅火藥劑有何優點？

(3)以水作為滅火藥劑有何缺點？

(4)水柱與水霧在滅火效果及使用上有何差別？

解：(1)

①冷卻作用　②窒息作用　③乳化作用　④稀釋作用

(2) 優點

水是良好的滅火劑，其物理性質是：

① 穩定性：

② 溶解潛熱（Latent Heat）

從0℃固態（冰）到液體水改變相態（State）所需之能量；此一過程水能吸收333.2 kJ/kg熱量。

③ 汽化潛熱（Latent Heat）

在大氣壓和一定的溫度下，1磅（0.45 kg）水變成水蒸氣所需熱量是2260 kJ/kg；可見水是優良之冷卻劑。

④ 比熱（Specific Heat）

每磅水1.0 BTU，是溫度升高1磅水所需的熱量。因此，1磅水從0℃升高到180℃就需要180 BTU。

⑤ 高密度

這使得其能從瞄子嘴（Nozzles）等射出相當長距離；於水表面張力（Surface Tension），使得其從液滴（Droplets）到固體水柱流（Solid Stream）之不同形態。

⑥ 蒸氣膨脹性

當水由液體轉變爲蒸氣時會大量膨脹，在大氣壓下其體積約增加1700倍。

(3) 缺點

① 水損問題：近幾來台灣各縣市消防局對滅火戰術及戰略皆有長足進步，這一部分可歸功於消防署竹山訓練中心，使第一線消防人員可在火場模擬室實際觀測火流動態。因此，建築物火災會完全著裝（SCBA）進入火場，而不會在室外朝窗口大量無效射水，造成建築物火災之水損可能會大於火損之問題，尤其是有地下室情況更是嚴重。

② 表面張力：因水具有高表面張力，在對付深層火災（Deep-Seated Fire）往往不能奏其功，此部分在下一節作改善闡述。

③ 導電性：水具有導電性，在實務上，台灣電力公司必須有24小時待命班，其主要一部分是爲了火警發生時趕在消防隊到達前，採取斷電措

　　　施，以免消防射水導電之額外問題。

(4) 水柱射水距離遠，可大量壓制高火載量之火災，如木造建築物火災，但水損大，且耗水量。而水霧可增加吸熱面積，節省水量，減少水損，但射水距離短，但可在濃煙密布，進行某種程度排煙，驅散煙流作用。

7.　試說明乾粉滅火器之作用？

解：(1)窒息作用。　　(2)冷卻作用。　　(3)遮隔作用。
　　　(4)抑制連鎖反應。　(5)皂化作用。

8.　請說明細水霧滅火系統之滅火原理。

解：細水霧主要滅火原理：
　　　(1) 熱移除（Heat Extraction）
　　　(2) 稀釋氧氣及可燃蒸汽（Oxygen Depletion And Flammable Vapor Dilution）
　　　(3) 可燃物表面濕潤與降溫（Wetting And Cooling of the Fuel Surface）
　　　(4) 降低輻射回饋（Blocking of Radiant Heat）
　　　(5) 流場動態效應（Kinetic Effects）

9.　請寫出BC、KBC與ABC等三種乾粉滅火藥劑受熱之化學反應式。

解：(1) 第一種乾粉：碳酸氫鈉（$NaHCO_3$）
　　　適用於B、C類火災，為白色粉末，碳酸氫鈉即小蘇打粉，為增加其流動性與防濕性，會加入一些添加劑。碳酸氫鈉易受熱分解為碳酸鈉、二氧化碳和水。
　　　$2NaHCO_3 \rightarrow Na_2CO_3 + H_2O + CO_2$
　　　(2) 第二種乾粉：碳酸氫鉀（$KHCO_3$）
　　　適用B、C類火災，效果會比第一種乾粉佳，為偏紫色粉末，受熱分解為碳酸鉀、二氧化碳與水。本身吸濕性較第一種乾粉為高，儲藏時應注意防濕。
　　　$2KHCO_3 \rightarrow K_2CO_3 + H_2O + CO_2$

(3) 第三種乾粉：磷酸二氫銨（$NH_4H_2PO_4$）

適用A、B、C類火災，爲淺粉紅粉末，又稱多效能乾粉。磷酸二氫銨受熱後初步形成磷酸與NH_3，之後形成焦磷酸與水，再繼續變成偏磷酸，最後變成五氧化二磷。此種乾粉能與燃燒面產生玻璃狀之薄膜，覆蓋於表面上形成隔絕效果，所以也能適用於A類火災，但乾粉之冷卻能力不及泡沫或二氧化碳等，於火勢暫熄後，應注意火勢復燃之可能。

$NH_4H_2PO_4 \rightarrow NH_3 + H_3PO_4$

$2H_3PO_4 \rightarrow H_4P_2O_7 + H_2O$

$H_4P_2O_7 \rightarrow 2HPO_3 + H_2O$

$2HPO_3 \rightarrow P_2O_5 + H_2O$

---

10. 就現行使用最多之海龍替代品，在鹵化烴方面包含HFC-227ea與HFC-23，在惰性氣體方面包含IG-55與IG-541，試詳述HFC-227ea與IG-541之化學組成、商品名、主要滅火原理與滅火藥劑之特性。

解：(1) FM-200（藥劑HFC-227ea）爲七氟丙烷是由大湖化學（Great Lakes Chemical）公司製造，是另一種替代海龍。FM-200是無色、無味、不導電、無二次汙染的氣體，具有清潔、低毒、電絕緣性好，特別是它對臭氧層無破壞（ODP＝0），在大氣中的殘留時間比較短；化學式爲$CF_3CH-FCF_3$，是符合NFPA200規範要求的潔淨氣體滅火藥劑，是一種揮發性的或氣態的滅火劑，在使用過程中不留殘餘物。

同時，FM-200潔淨氣體滅火劑對環境無害，在自然中的存留期短，滅火效率高並無毒，適用於有工作人員常駐的保護區；其能應用於全區放射系統，能結合物理的和化學的反應過程迅速，有效地消除熱能，阻止火災發生。基本上，FM-200的物理特性是其分子氣化階段能迅速冷卻火焰溫度；並且在化學反應過程中釋放游離基，並阻止燃燒的連鎖反應。在滅火上適用於撲滅A類、B類及C類火災。

(2) Inergen（藥劑IG-541）是由安素（Ansul）公司製造，其是由氮氣（N_2, 52%）、氬氣（Ar, 40%）和二氧化碳（CO_2, 8%）之混合物。惰性氣體如IG-541（N_2 52%、Ar 40%、CO_2 8%）、IG-01（Ar 99.9%）、IG-55（Ar 50%、N_2 50%）、IG-100（N_2 100%）等，在火災中並不致生成有

害分解化學物質，這點較合成之海龍替代品適用；必須注意的是IG-01及IG55設計滅火濃度達50%，放射區畫內之O_2濃度可能低至12.5%，短時間即會造成人員意識不明；只有IG-541因含有CO_2，可自動促進呼吸效果，故放射過程中允許人員在防護區域內，較其他惰性氣體及CO_2適用。

---

11. 何謂海龍代替品？有何作用試舉出三種海龍代替品之名稱、化學式及替代對象。

解：

滅火藥劑	Inergen（IG-541）	FM-200	PFC-410（CEA-410）	NAF S-III	FE-13（HFC-23）	Halon1301
化學式	N_2 52% Ar 40% CO_2 8%	CF_3CHFCF_3	C_4F_{10}	HCFC	CHF_3	CF_3Br
製造商	Ansul	Great Lakes	3M	NAF	Dupont	

類型	替代效果
惰性氣體	完全替代
鹵碳化合物	完全替代
傳統滅火劑	僅部分場所替代
細水霧系統	僅部分場所替代
粉末氣膠	僅部分場所替代

---

12. 何謂界面活性劑？其作用為何？

解：(1) 界面活性劑就是一個分子中同時含有長鏈烷基（如脂肪酸等）之親油基及足以使油性部分在水中分散或溶解之親水基化學物質，其可以減小表面（界面）張力，而產生濕潤、滲透、乳化、分散等作用，並增加表面吸附性、表面膜形成及列性。

(2) 在烴類界面活性劑泡沫液以1～6%的水溶液應用，當這些溶液用傳統的泡沫發生器時，產生空氣泡沫黏度低，並在液體表面迅速展開。

烴類界面活性劑泡沫液特性如下：

① 隔絕　　② 冷卻　　　③ 乳化

④ 滲透　⑤ 低穩定性　⑥ 不能混合性

---

13. 細水霧（water mist）是目前海龍替代品之一，請說明其滅火原理以及使用時的限制條件。

解：(1) 細水霧主要滅火原理：

① 熱移除（Heat Extraction）。

② 稀釋氧氣及可燃蒸汽（Oxygen Depletion And Flammable Vapor Dilution）。

③ 可燃物表面濕潤與降溫（Wetting And Cooling of the Fuel Surface）。

④ 降低輻射回饋（Blocking of Radiant Heat）。

⑤ 流場動態效應（Kinetic Effects）。

(2) 使用限制

① 對於開放空間或挑高空間，滅火效果會受到限定。

② 火焰受到遮蔽，滅火效果會受到限定。

③ 快速成長之火災，火羽流旺盛，細水霧難以達到火焰本身，難以達到滅火之目的。

---

14. 某場所消防設備師使用海龍替代品FM-200，若其設計之濃度為10%，試問其放出後該空間之氧氣濃度為多少%？滅火藥劑量單位空間m^3需為多少kg？並寫出FM-200之化學結構式及其滅火原理之反應式？但氟之原子量取19、氯之原子量取35.46、溴之原子量取79.9、碘之原子量取126.9。

解：(1) 該空間之氧氣濃度

氧濃度（x）$= \dfrac{0.21}{1+0.1} = 0.191$ 氧濃度為19.1%

(2) 滅火藥劑量單位空間m^3需為多少kg

FM-200濃度% =（FM體積）/（全部氣體體積）×100%

$0.1 = \dfrac{x}{V+x}$

x＝0.111V

FM-200體積為1 m^3×0.111＝0.111 m^3

FM-200比容（m^3/kg）爲0.1346（15℃）

重量（kg）＝體積（m^3）／比容（m^3/kg）

$$= 0.111/0.1346 = 0.83 \text{ kg（藥劑量）}$$

(3) FM-200之化學結構式及其滅火原理之反應式

FM-200化學分子式爲CF_3CHFCF_3包括C、F、H三元素，是一種無色無味，不導電的氣體，能夠阻斷化學反應過程。FM-200的滅火機理屬於化學性，透過滅火劑的熱分解產生含氟的自由基，與燃燒反應過程中產生支鏈反應的H^+、OH^-、O_2活性自由基發生氣相作用，從而抑制燃燒過程中化學反應來實施滅火。

含氟鹵代烷滅火劑在滅火現場的高溫下，會產生大量的氟化氫（HF）氣體，經與氣態水結合，形成氫氟酸（釋放時產生白霧狀）。

FM-200的物理性表現在其分子汽化階段能迅速冷卻火焰溫度；並且在化學反應過程中釋放游離基，能最終阻止燃燒的連鎖反應。

FM-200化學滅火作用即捕捉自由基、終止引起火焰傳播的反應鏈，從而達到滅火的作用；物理滅火機理是通過滅火劑物相的改變，由液相到氣相吸收大量的熱量，從而達到冷卻降溫的作用；滅火劑釋放的同時亦有降低氧濃度的作用。

FM-200滅火原理之反應式

$CF_3CFHCF_3+M=CF_3CHF+CF_3+M$

$CF_3CHF+M=CHFCF_2+F+M$

$CHFCF_2+H=CH_2F+CF_2$

$CHFCF_2+O=CHF_2+CFO$

$CHFCF_2+OH=CF_2CF+H_2O$

$CF_3+H=CF_2+HF$

$CF_2+H=CF+HF$

$CF_2+OH=CFO+HF$

$CFO+M=CO+F+M$

$CF+O_2=CFO+O$

$CF+OH=CO+HF$

$CHF_2+H=CHF+HF$

$CHF+H=CF+H_2$

$CH_2F+H=CH_2*+HF$

參考文獻

1. 簡賢文，2001，高科技廠房火災安全防護設備：火警系統與滅火系統之選用設置Part 2。

2. IFSTA 2000, Marine fire fighting, the Board of Regents, Oklahoma state University, International Fire Service Training Association, Fire Protection Publications, February.

3. IFSTA 2001, Marine Fire Fighting for Land Based Firefighters, the Board of Regents, Oklahoma state University, International Fire Service Training Association, Fire Protection Publications, July 2001.

4. IFSTA 2010, Marine Firefighting for Land Based Firefighters, 2nd Edition, the Board of Regents, Oklahoma state University, International Fire Service Training Association, Fire Protection Publications, July 2010.

5. NFPA 2007, NFPA 1405: Guide for Land-Based Fire Departments That Respond to Marine Vessel Fires, 2007 Edition, NFPA.

6. NFPA 1986, Fire Protection Handbook Sixteenth Edition, the National Fire Protection Association, Batterymarch Park, Quincy, MA 02269.

7. NFPA 1997, Fire Protection Guide to Hazardous Materials, 12 edition, National Fire Protection Association.

8. Hartin E.d.2010, Archive for the 'Fire Behavior Training' Category, Gas Cooling: Part 5, CFBT-US.

第 **5** 章

爆炸科學

　　本章對爆炸作專章之討論，對於爆炸類型分析，包含粉塵、擴散燃料源（Diffuse Fuel）如可燃性工業產品和燃料氣體、以及可燃液體蒸氣而涉及凝相（Condensed-Phase）（固體或液體）爆炸分析，特別是爆轟（Detonating）（高階）爆炸，也需要專門的知識，本書也有相關探討。以爆炸威力可分高階爆轟及低階爆燃現象，在本章也有專門分節探討。而爆炸產生損害屬性之影響，具有諸多因素，涉及儲存容器（Containment Vessel）或通氣孔（Venting）等，在爆炸防制與對策上，本章也一併進行分析與討論。

第1節　爆炸現象及過程

　　從歷史上看，以爆炸（Explosion）為術語是很難準確界定其定義。物理性爆炸是由高壓氣體純物理變化（溫度、壓力及體積）釋壓現象；而化學性爆炸是一種非定常燃燒[1]，也是一種發焰燃燒中之混合燃燒現象。與火災不同的是，大多的火災必須先分解出可燃氣體或蒸氣，後與氧氣混合再燃燒；而化學性爆炸往往是可燃氣體或蒸氣已與氧氣預先混合，而產生一種極快速燃燒現象，並帶有壓力波情況。

定義

　　爆炸是某種物質系統在發生迅速的物理變化或化學反應時，系統本身的能量藉助於氣體的急劇膨脹，而轉化為對周圍介質作機械功。基本上，爆炸定義主要是指在爆炸發生當時產生一快速爆轟波，也就是有一定體積氣體在短時間內以恆定速率向外輻射性高速脹大（壓力變化），不一定有熱量或光的產生，如TATP（三過氧化三丙酮）炸藥，其爆炸只有壓力變化和氣體生成，而不會有熱量或光的產生。爆炸作功是系統內部的高壓、高溫氣體的突然膨脹對爆炸源周圍介質作功，因此，爆炸是一個系統中物理和化學的能量急劇轉化的一種過程，在此一過程中系統的內在勢能急劇轉化為動能、機械功以及光和熱的輻射。

---

[1] 非定常燃燒為燃燒產生之熱量，遠超過逸散之熱量。

爆炸音

　　相同混合物在開放空間起火，產生一個低階爆燃（Deflagration）[2]，未必如本書所定義之高階爆炸，雖然其有可能是高壓氣體之釋放，造成空氣壓力局部增加，並伴隨一個有顯著噪音之出現（Distinct Noise）。從儲槽或容器內非壓縮性流體（Non-compressible Fluid）所形成流體靜壓力（Hydrostatic Pressure）如水槽，形成槽體失敗和爆裂（Bursting）現象，這不是一個爆炸；因壓力不是由氣體產生，而爆炸是一種氣體之動力（Gas Dynamic）。

　　而爆炸音的產生，主要是源自於爆炸時，所產生的氣體膨脹速度高於音速所致；由於急劇的化學反應被限制在一定的環境內，導致氣體劇烈膨脹，這能使密閉環境的外壁損壞甚至破裂、粉碎造成爆炸的效果，進而破壞附近之物體與生物個體。[3]

　　如前述爆炸總是伴隨著一個響亮噪聲，該噪聲本身不是爆炸定義中基本要素。氣體產生／釋出激烈速度力量（Violent Escape of Gases）是一個爆炸之首要準則。容器內形成易燃蒸氣／空氣混合物，一旦產生罐體破裂或只彈出其封閉蓋子，此認為是一種爆炸。

壓力波

　　燃燒與爆炸現象，有無壓力波是二者可以明顯區分。當一人為爆炸物在空氣中爆炸時，迅速釋放出大量的能量，將導致爆炸氣體生成物的壓力和溫度局部上升，使周圍介質受到高溫、高壓爆炸產物的作用，在此瞬間空氣中產生一股壓力波，而壓力波形成之初期，其運動速度與爆炸氣體生成物一樣，接近爆炸物的爆速。

　　對於消防人員救災與調查而言，爆炸是勢能（Potential Energy）（化學或機械能）突然轉換成動能（Kinetic Energy），並產生一定壓力氣體之釋放。這些高壓氣體具有機械作功（Mechanical Work），對附近範圍內物質產生移動、改變或破裂現象。從爆炸發生證據，包括由局限之受膨脹爆轟壓力波（Blast Pressure Front）衝擊，造成鄰近結構之損壞或改變，在其容器或附近表面產生一種物理效果（Physical Effects）。這種效果是由於受限空間（Confinement），所形成衝擊波壓力前鋒

---

[2] Deflagration翻譯為低階爆燃，與火災之爆燃（Backdraft）名詞雖一樣用爆燃名詞，但實際上其現象與形成機制是不一樣的。低階爆燃是一種湍流火焰現象，快速化學燃燒反應，其中本身熱的輸出就足以使反應持續，不需額外熱源加入，就能加速進行。

[3] 炸藥，2015，維基百科，https://zh.wikipedia.org/zh-tw/%E7%88%86%E7%82%B8

（Blast Pressure Front）、未受限壓力或衝擊波（Shock Wave）對物體上（如人或建築結構）所造成之影響。

　　在遠距離爆轟波（Far-Field Blast Waves）參數如圖5-1所示。在此衝擊波（Shock Wave）大小振幅表示為P_{s0}，並且壓力曲線和環境壓力P_0之間的面積為比脈衝（Specific Impulse）。因整個爆轟波存在一部分壓力是小於P_0，所以存在正比脈衝和負比脈衝之區別。爆轟波衝擊力和其所造成損害，主要是取決於衝擊波（P_{s0}）與正壓段之壓力大小。

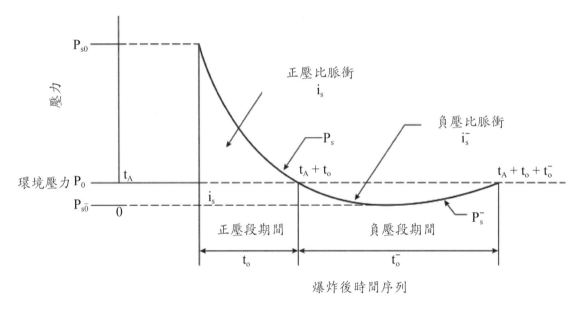

圖5-1　遠距離爆轟波之壓力與時間變化關係

（資料來源：U.S. Department of Defense, 1992）

　　而不同爆炸型式，有相對爆炸壓力峰值，高階爆炸物的能量釋放時間尺度，是等於炸藥物質的長度除以其爆炸速度（圖5-2）。炸藥的爆炸傳播速度約為4900m/sec，因此1ft（0.3m）長的條狀炸藥將以1/16毫秒（ms）極速釋放其能量。而其他高階爆炸物的爆轟速度是在2000～8200m/sec^{2}的範圍內。

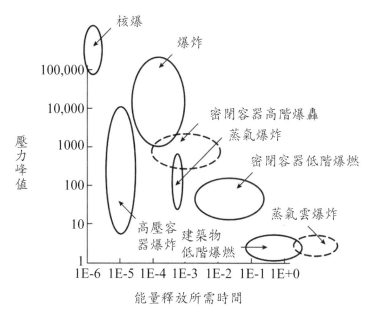

圖5-2　不同型式爆炸壓力峰值與所需時間尺度

（資料來源：SFPE Handbook 4th, 2008）

化學爆炸過程

1. 起爆（Initiation）

　　形成與氧可燃混合氣體濃度，在起火源給予活化能，先產生激烈化學反應；此階段可採取預防措施，如起火源面抑制或移除、燃料面如密封或通風措施、氧氣面充填不可燃氣體等措施。

2. 成長（Growth）

　　由引爆所產生熱能，連鎖鄰近未反應部分，使其持續進行不需再供給任何熱能情況，自我成長過程，先形成正壓後再形成負壓現象；此階段可採取抑制措施來降低爆炸造成之損害，如驟熄、排料或隔離等措施。

3. 安定燃燒（Stable Combustion）

燃燒安定快速至能量消耗完畢；此階段就採取防護措施，如結構弱頂設計或防爆牆等措施，以減少爆炸損害。

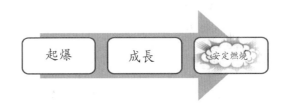

圖5-3 化學性爆炸過程

第2節 爆炸類型(1)：爆炸機制

爆炸類型依爆炸機制（Types of Explosions）主要可分兩種：機械能（Mechanical）與化學能（Chemical），而這些類型又可分幾種亞型。這些類型可由產生爆炸壓力之起源（Source）或機制（Mechanism），來加以區分。依爆炸後效應產生爆坑與否，可分有爆坑與無爆坑之爆炸效應型態。依爆炸物質狀態，可區分為固體、液體及氣體爆炸型態。又依爆炸威力，可分高階爆轟及低階爆燃現象。

1. 爆炸機制

(1) 機械能爆炸（物理爆炸）

機械能爆炸（Mechanical Explosions）是由高壓氣體產生純物理反應之一種爆炸形態，也稱為物理性爆炸。亦即在內部壓力下密封的或部分密封的容器的破裂，通常被稱為機械爆炸。此對容器內物質基本之化學屬性，是不會對其作改變。

純粹機械能爆炸主要是在高壓下儲氣瓶（Storage Cylinder）或槽體（Tank）之破裂，其從密閉容器預先存在的潛在能量擴散（未經化學變化），如從儲存高壓氣體釋放山，如壓縮空氣、二氧化碳或者氧氣之高壓氣體形式。

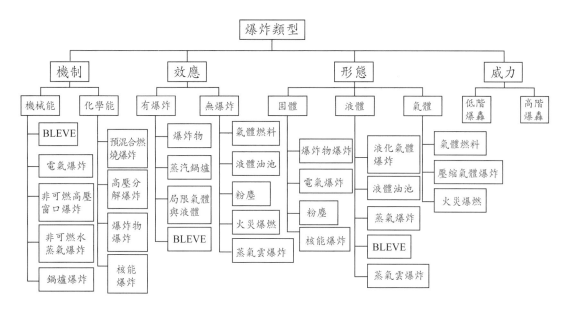

圖5-4 爆炸類型

（資料來源：盧守謙、陳永隆，火災學，吳鳳科大消防系用書，2016）

① BLEVE

沸騰液體膨脹蒸汽爆炸（Bolilng Liquid Expansion Vapor Explosion, BLEVE）是一種機械能爆炸形態，其過程不需任何化學反應（Chemical Reactions），這是火災調查者最常遇到之類型。此種物理上爆炸能量，來自沸騰液體和蒸氣的膨脹爆炸，涉及容器內液體，在一定壓力下溫度已高於物質在大氣中沸點，但所述液體不必然是易燃性，如鍋爐爆炸即是。

有關BLEVE現象，由於其重要性，在本章第5節中將進行專節之詳細敘述。

② 電氣爆炸（Electrical Explosions）

高電流的電氣事故，能形成一個高能量的電弧現象，而快速蒸發金屬和絕緣材料，造成一個電氣爆炸情況（Electrical Explosions），這是一種固體爆炸。高能量電弧（Electrical Arcs）或電線過負載等，能產生足夠高熱引起瞬間電氣爆裂。周圍氣體快速受到加熱導致機械能爆炸，其可能會引起火災。

此外，閃電伴隨著雷鳴脆裂聲如打雷，是一種電氣爆炸型式之例子；電氣爆炸需要特殊的專業知識來進行討論，已超出本書所要目的範疇，有興趣請參閱電氣爆炸之專書。

圖5-5　閃電伴隨打雷為一種電氣爆炸型式

③ 非可燃高壓容器爆炸（Pressure Vessel Explosion）

高壓容器在壓力過大的情況下，會產生容器之破裂爆炸如氧氣筒。或是加壓後變成液相即可存放於容器內，當容器故障破裂時，壓力會突然地釋放，這樣之過程也可能產生爆炸壓力波。

④ 水蒸氣爆炸（Steam Explosion）

如果使水突然全部蒸發成水蒸氣，其體積將比液態時增加幾乎達1700倍（此計算值請參閱第1章第1節之3.應用水蒸氣膨脹滅火），比起一般烷類（如LPG）之300倍，其膨脹倍數甚大。

一般都認為甚為安全的水，如果突然瞬間全部蒸發，則有可能發生水蒸氣爆炸。也就是說，若有熔融金屬物質不慎將該熔融金屬掉落之適量之水中，則將可能發生前述之水蒸氣急速膨脹而造成爆炸。因熾熱的熔融金屬與水接觸，產生大量水蒸氣之物理爆炸事故，如鋼鐵廠熔融鐵碰到適量水，水突然沸騰並急速膨脹1700倍而產生物理性爆炸[4]，其特徵為現場無燃燒痕跡；這種情形也如蒸氣引擎爆炸或下面所述鍋爐爆炸。

例1：一大氣壓下1g的水轉換成473℃的水蒸氣，其體積膨脹幾倍？

---

[4] 根據過熱液體形成過程可區分兩種：

　①傳熱型蒸氣爆炸熱從高溫物體向與之接觸的低溫液體快速傳熱，液體瞬間轉變成過熱沸騰狀態，造成蒸氣爆炸；如鋼鐵廠熔融鐵碰到適量水。

　②平衡破壞型蒸氣爆炸指在密閉容器中，在高壓下保持蒸氣壓平衡的液體，由於容器破壞而引起高壓蒸氣洩漏，器內壓力急劇減少，液體因而處於過熱狀態，導致發生蒸氣爆炸如BLEVE。

解：一PV = nRT → 1×V = 1×0.082×(473 + 273)

V = 61.172 L = 61172mL

$\dfrac{61172}{18} = 3398.4$ 倍

⑤ 鍋爐爆炸（Boiler Explosion）

鍋爐爆炸如同爆米花原理，把玉米放進一個密封容器裏加熱，使得玉米處在高溫高壓的狀態下，容器裡的溫度不斷升高，壓力也不斷增大。當溫度達到一定程度，玉米粒裏的大部分水分變成水蒸氣。水蒸氣的壓力是很大的，使已變軟的玉米粒膨脹。但此時米粒內外的壓力是平衡的，所以玉米粒不會爆開。一旦容器蓋子突然打開（如同容器或鍋爐），玉米粒外部壓力很快減低，因此玉米粒內外壓力差變大，玉米粒內高壓水蒸氣隨之急劇膨脹，瞬時爆開玉米粒，即成了爆米花。

一般蒸氣鍋爐使用以錶壓力至15kg/cm²，爐內水蒸氣平衡之熱水溫度大致在120～200℃，這種在100℃以上過熱水，一旦在大氣壓下則會急激化成水蒸氣造成體積膨脹，呈現爆炸現象，稱為爆炸水。而過熱鍋爐或鍋爐爆炸是沒有化學、燃燒或者核反應現象，而是一定壓力下蒸汽是產生爆炸主要能量源；其中蒸汽（H₂O）之化學屬性是沒有受到改變的，在內部過熱與過壓（Over-Pressure and Over-Heating）[5]及高能量比焓（Specific Enthalpy），一旦爆炸時所有能量總和，將會在瞬間釋放出，歷史上如1858年美國賓夕法尼亞州密西西比河上一艘蒸氣船，鍋爐爆炸沉沒致船上450名乘客超過250名死亡。

例2：當鍋爐破裂內部水將激烈蒸發，若水蒸氣溫度為100，則每公斤的水蒸發後體積膨脹多少公升？

解：PV = nRT → 1×V = 1×0.082×(100 + 273)

V = 30.586L = 30586 mL

$\dfrac{30586}{18} = 1699.2$

---

[5] 依Koretsky在《Engineering and Chemical Thermodynamics》書指出，如蒸氣火車頭之運行壓力需有350 psi（2.4MPa）、溫度有225℃、963.7kJ/kg比焓，由於飽和水在標準常壓下比焓為418.91kJ/kg，在這比焓之間差達544.8kJ/kg，其能量將在爆炸時瞬間釋放。因此內部水容量可達10000kg，假使一旦發生爆炸，所有能量釋放將有1160kg之TNT炸藥之爆炸威力。

(2) 化學能爆炸（Chemical Explosions）

　　化學能爆炸是一種化合物（Compound）或混合物，在其加熱或衝擊波、分解或重新排列（Rearranges）都極其迅速，產生大量氣體和熱量。也就是化學能爆炸是由放熱反應（Exothermic Reactions）產生高壓氣體，其特徵在於燃料之基本化學屬性，是受到改變的結果。在一密閉或不是密閉容器爆炸，能量來自於化學反應所產生高壓氣體。實務上，化學性爆炸為大量反應熱能使生成之氣體與周圍空氣膨脹使熱能轉變為機械能，產生壓力釋放現象。

圖5-6　可燃性密閉容器爆炸能量來自於化學反應所產生高壓氣體

（攝自臺中港區）

　　一般特徵為現場有燃燒痕跡，且受害者有大面積燃燒痕跡。基本上，參與爆炸化學反應類型，通常具有爆炸反應前鋒（Reaction Front）能逐漸遠離引爆點，進行傳播。基本上，化學爆炸可能涉及固體可燃物，或燃料／氧化劑混合物，但更常見是涉及氣體、蒸氣／粉塵與空氣混合之傳播反應。這種燃燒反應因逐步透過反應物（燃料）（Reactant）進行發展，稱為傳播反應（Propagation Reactions），其能在火焰前鋒分離出燃料的反應區和未反應區。

　　① 預混合燃燒性爆炸（Combustion Explosions）

　　預混合燃燒性爆炸，主要有可燃高壓容器爆炸或可燃蒸氣爆炸等。物質反應的速度可區別一般燃燒反應，是否達到爆炸性反應之程度。除非發生反應非常迅速，熱膨脹的氣體將被適度耗散在介質中，而也沒有形成多大壓力差異，這就不是一個爆炸。最常見化學爆炸，是可燃性碳氫化合物燃料（Hydrocarbon Fuels）燃燒所造

成，為一種混合之非定常燃燒現象[6]；燃燒爆炸也包括粉塵燃燒爆炸。這些燃燒爆炸之特點，是存在燃料與空氣中氧化劑，於燃燒爆炸時由於燃料快速燃燒和快速產生大量燃燒的副產物，並伴隨高熱氣體，而升高其壓力（Elevated Pressures）；亦即，通常此種火焰速度為每秒幾十公分至低於音速100倍左右，並突然產生大量分子且燃燒，提供大量之熱使氣體膨脹，進而使壓力增加。依NFPA指出在燃燒性爆炸時，封閉容器或儲槽體可能要承受約400～750kpa壓力。假使涉及活性可燃氣體（Reactive Flammable Gas）或富氧氣體現象，則壓力甚至會更高。而一般建築結構能耐受壓力，依NFPA指出僅約3.5～7kpa。

基本上，當火焰前端通過燃料氣體混合物時，氣體產生膨脹導致壓力增加，壓力之傳送是全面性的，而且假定其可於同一時間傳送至局部小空間每一部份。依據日產アーク株式會社（1997）等指出，一些可燃氣體爆炸上下限範圍，以及爆炸燃燒最大速度，如表5-1所示。

表5-1　一些可燃氣體爆炸上下限及燃燒速度最大值

物質名稱	化學式	爆炸範圍（%）	起火溫度（℃）	燃燒速度最大值（cm/s）
一氧化碳	CO	12.5～74	609	43
氫	H_2	4～74	500	291
甲烷	CH_4	5～15	540	37
苯	C_6H_6	1.2～7.8	560	40.7
甲苯	C_7H_8	1.2～7.1	480	38
二甲苯	$C_6H_4(CH_3)_2$	0.9～6.7	501	34
丙酮	CH_3COCH_3	2.6～12.8	561	50
睛化乙烯	C_2H_3CN	3～17	481	47

（資料來源：日產アーク株式會社，1997；化学工業日報社，2001；東京化学同人，1994）

燃燒反應區分為低階爆炸（Deflagrations）或高階爆炸（Detonations），這取決於火焰前鋒（Flame Front）通過燃料之傳播速度。低階爆炸（Deflagrations）是一種反應速度小於未反應燃料介質音速之燃燒反應。而高階爆炸是一種反應速度大於未反應燃料介質音速之燃燒反應。

---

[6] 混合燃燒係相對於擴散現象，而非定常燃燒係指燃燒產生之熱量，遠超過逸散之熱量。

　　燃燒爆炸幾種亞型,可以根據所涉及燃料類型來加以分類。最常見這些燃料如下:

　　A. 易燃性氣體,如瓦斯爆炸或2014年高雄地下丙烯氣管洩漏爆炸事故。

圖5-7　於2014年高雄地下丙烯氣管洩漏爆炸

(資料來源:玄史生,2014)

　　B. 可燃液體油池。

圖5-8　汽油之油池燃燒現象

　　C. 粉塵爆炸,如2015年新北市八仙樂園近似粉塵爆炸事故。有關粉塵爆炸延伸閱讀請見第5章第7節粉塵爆炸之專節探討。

圖5-9 於2015年新北市八仙樂園近似粉塵爆炸現場低ㄇ字形舞台受限空間

（資料來源：新北市消防局）

D. 區畫空間火災煙層和易燃性生成物氣相燃燒，如爆燃（Backdraft）。有關爆燃延伸閱讀請見盧守謙、陳永隆著《火災學》一書。

圖5-10 火災爆燃現象

（資料來源：CFBT-US 2015）

E. 蒸氣雲爆炸（Vapor Cloud Explosion, VCE）[7]

蒸氣雲爆炸（VCE）是由於從可燃蒸氣、氣體或氣霧雲之引燃，其中火焰速度高到足以產生顯著過大壓力。

---

[7] 蒸氣雲爆炸（VCE）如果蒸氣是易燃性，很可能是BLEVE已經發生後，大量可燃氣體雲釋放到大氣中會立即點燃，形成火球現象。燃燒發生如此之快，但不產生加壓氣體。因此，通常被認為是氣體火災現象，而不是發生爆炸；延伸閱讀請見本章第6節蒸氣雲爆炸之專節探討。

圖5-11　英國1974年環己烷洩漏之蒸氣雲爆炸致28人死事故

　　有關燃燒性爆炸，延伸閱讀請見第7章第4節〈可燃氣體與災害處理〉。

②　高壓分解爆炸

　　高壓氣體會發生分解爆炸條件，於內在原因需是分解性氣體，且分解釋放高熱，分解熱一般約在80kJ/mol以上氣體。而外在原因需需在一定壓力及熱源。這些氣體本身分解能為自己提供熱量，而可能不需要外來氧氣，爆炸時不一定會有燃燒現象。常見的分解性爆炸氣體有：乙炔、乙烯、丙烯、臭氧、環氧乙烷、聯氨、四氟乙烯、一氧化氮、二氧化氮、疊氮鉛、雷汞、雷銀、三氯化氮、三碘化氮、三硫化二氮、乙炔銀、乙炔銅。

　A. 環氧乙烷

　　環氧乙烷（C_2H_4O）是一種有機化合物有毒的致癌物質，廣泛用於消毒醫療用品。溶液中環氧乙烷含量大於4%即為易燃液體，於室溫下很容易引燃，液體會累積電荷，氣體會被靜電引燃，氣體密度比空氣重，會傳播至遠處，遇火源可能造成回火。氣體與空氣形成爆炸性混合物，純環氧乙烷之最小起火能量很高但空氣混合物之最小起火能量低。一旦引燃，會引起環氧乙烷爆炸性燃燒。於火場中受熱會自行聚合導致容器破裂及逕自行分解，於封閉空間內的氣體或蒸氣引燃導致爆炸。

　B. 乙炔

　　基本上，一般高壓氣體依其狀態分為壓縮氣體、溶解氣體及液化氣體等；其中溶解氣體是在容器內先填入多孔性固體再注入溶劑（丙酮），再把氣體以高壓灌入成

溶解氣體狀態存在容器內，如乙炔，若單獨將乙炔氣壓縮，則產生分解爆炸。因此，乙炔在氣瓶內加入丙酮以溶解及稀釋乙炔氣，主要是防止高壓聚合反應，而分解熱爆炸。當其處於愈高壓力下，易分解為碳及氫，促使最小起火能量降低，愈有爆炸之可能。

在乙炔每克分子發熱量如下：

$$C_2H_2 \rightarrow 2C + H_2 + 54.2kcal$$

例1：乙炔爆炸是屬於下列何種反應？
(A)聚合反應　(B)粉塵爆炸　(C)物理爆炸　(D)分解爆炸

解：(D)

例2：環氧乙烷、聯氨、乙炔、乙烯、氧化氮當中，易產生分解爆炸的物質有幾種？　(A)2　(B)3　(C)4　(D)5

解：(D)

例3：有關氣體之分解爆炸，下列敘述何者有誤？
(A)在界限壓力之上始可發生　(B)壓力超過爆炸上限時則不發生
(C)一般多發生於高壓下　　　(D)爆炸時不需要氧氣存在

解：(B)

例4：環氧乙烷發生分解爆炸時，會因為溫度之差異而產生不同之可燃性氣體，下列何者不可能為環氧乙烷分解爆炸產生之氣體？
(A)H_2　(B)CO　(C)NH_3　(D)CH_4

解：(C)

例5：乙炔爲易發生分解爆炸之物質，頗具危險性，下列有關乙炔之敘述何者錯誤？ (A)高壓下，乙炔易生聚合反應 (B)爲防止高壓乙炔分解爆炸，常以其他氣體稀釋，使乙炔濃度降低 (C)液化乙炔較固體乙炔危險度高 (D)乙炔最小起爆能量與乙炔之壓力成正比

解：(D)

例6：求每1公升乙炔在0℃、1atm等常溫常壓下分解時之發熱量爲多少？

解：$\dfrac{54.2\text{kcal}}{22.4\text{L}} = 2.42\text{kcal/L}$

例7：有關乙炔之敘述，下列何者錯誤？ (A)化學式爲C_2H_2 (B)高溫、高壓下可聚合形成聚乙烯 (C)二大氣壓以下壓縮時，亦可能發生分解爆炸 (D)經二大氣壓以上壓縮時，易分解爲碳及氫

解：(B)

例8：下列選項所列之化學工業經常處理的化合物中，何者不具有發生分解爆炸之可能性？ (A)甲烷 (B)乙炔 (C)環氧乙烷 (D)聯氨

解：(A)

③ 爆炸物爆炸

人造爆炸物根據其物性可區分爲：固態、液態及氣態爆藥等，其中固態爆藥爲一般高爆彈藥所使用，如2015年8月中國天津大爆炸死亡165位，爆炸物爲硝化棉分解放熱自燃，導致鄰近800噸硝酸銨（$N_2H_4O_3$）爆炸。在液態及氣態爆藥方面，雖同樣具有高爆性能，但是其爆炸所產生之壓力，除了與爆藥之用量及成分有關以外，對於製造、儲存及操作方式等都將影響爆炸所衍生效應。因此，較常被用於燃油、推進等用途。人造化學炸藥，通常涉及產生大量的熱氣體的快速和劇烈的氧化反應，火藥是第一個被發現並投入使用之爆炸物，這是一種固體爆炸。

基本上，一般以爆炸分解速率區分時，爆炸物分爲兩種主要類型：高階爆炸物和

低階爆炸物。後者分解速率為每秒1000 公尺以下如煙火，前者分解速率為每秒1,000 公尺以上如TNT。

爆炸生成物強烈衝擊炸藥周圍的介質，此時形成強烈的壓力波，由於爆炸生成物與周圍介質的物理特性的不同，爆炸生成物中可能形成壓力波。空氣是一種阻抗較低的介質，所以炸藥在空氣中爆炸所形成初始壓力波陣面上的壓力，會小於爆炸壓力，主要在於炸藥爆炸膨脹的過程是不等熵（Entropy）。因此，爆炸生成物膨脹的過程中，絕熱指數隨著壓力的降低而不斷的減小；延伸閱讀請見下一節人造爆炸物。

④ 核能爆炸（Nuclear Explosions）

核能爆炸是透過物質原子之原子核（Nuclei）形成融合（Fusion）或分裂（Fission）連鎖反應情況，所產生由巨大熱量一種高壓型態，如原子彈、氫彈的爆炸。

第3節　爆炸類型(2)：爆炸效應

爆炸效應類型，可分有些爆炸後地面處會產生爆坑（Seat）現象；有些爆炸後，在地面處並無產生任何爆坑跡象。假使現場存有爆坑之現象，顯示爆炸物或濃縮之燃料源是非常接近於爆坑之位置。

1. 有爆坑爆炸（Seated Explosions）

爆坑，其定義為最大損壞的起爆坑（Crater）或區域，位於爆炸起始（震央）點。這些物質從起爆坑向外拋出去稱為射出物（Ejecta），其從大岩石到細小的灰塵都有可能。有爆坑之爆炸現象，起爆處所形成之爆坑（Crater）可以是任何尺寸，這取決於所涉及爆炸物質的尺寸和強度，其典型直徑範圍從幾公分到7.6公尺（25英尺）不等。

爆坑現象能顯示一個容易辨認的起爆口，從現場之翻鬆土壤（Pulverized Soil）或地面（Floors）等位置。然而，往往由於結構性損壞、倒塌以及類似強大破壞，致起爆處可能會受到某種程度結構物之掩蓋；但透過仔細分析這個區域，通常是可以檢測到。

圖5-12　地面上的爆炸產生一個3英尺直徑爆坑，爆坑土壤向外圍噴出現象
（資料來源：NFPA 921, 2011）

　　爆炸現場有爆坑現象，一般特徵如下：

(1) 有爆坑。

(2) 高壓（High Pressure）。

(3) 壓力上升率非常迅速（Rapid Rates of Pressure Rise）。

(4) 爆轟（超音速爆炸速度）[8]。

　　在此再次強調的是，只有特定爆炸性類型或配置，且爆炸性速度會超過音速如爆轟（Detonations），才能產生有爆坑之爆炸型態。

　　又爆炸現場有爆坑現象，爆炸之燃料可能如下：

(1) 固體爆炸物。

(2) 蒸汽鍋爐（Steam Boilers）和壓力容器。

(3) 密閉燃料氣體或液體燃料蒸氣（Tightly Confined Gases or Liquid Vapors）。

---

[8] 爆轟為瞬時燃燒或固體、液體或氣體，轉化為大量膨脹氣體，伴隨著熱量、衝擊波（Shock）和聲響之情況。爆轟是一種化學化合物或機械混合物轉化為熱量和壓力之激烈化學反應。其是一個反應，該反應以超音速（Supersonic Velocity）的速度，通過反應物向未反應物行進。此種化學反應的結果，是以極高的壓力在周圍介質形成爆轟衝擊波。當物質位於或靠近地面的表面上發生爆轟情況，一般會有爆坑現象之存在特徵。也就是爆轟是一種伴衝擊波之化學反應行為；爆轟波速度經常會有2000～8000m/s（音速在空氣中為331m/s）。

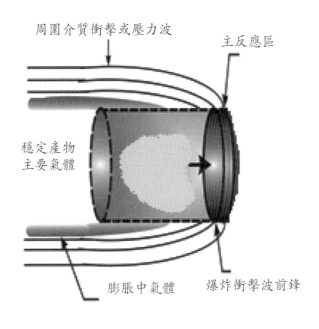

周圍介質衝擊或壓力波

主反應區

穩定產物主要氣體

膨脹中氣體

爆炸衝擊波前鋒

爆轟路徑

圖5-13　有爆坑之超音速爆轟路徑

(4) BLEVE現象。

上述分別逐項揣述如下：

(1) 固體爆炸物（Explosives）

人造爆炸物由許多爆炸性燃料產生爆炸情況，是很容易由其高度集中的震央或爆坑（Seats）所辨識出。高爆炸物在爆轟（Detonation）階段尤其會產生高速正壓段情況，往往衝擊粉碎（Shatter）周圍環境，並形成起爆坑（Craters）或局部性嚴重損毀區域（Localized Areas）。基本上，爆炸物是任何化學化合物、混合物（Mixture）或設施（Device），使用主要目的是透過爆炸威力發揮一定功（Work）之力量作用。

例題：炸藥在製造、加工及使用過程中，不慎引起之爆炸稱為：
　　　(A)氣體分解爆炸　(B)混合危險爆炸　(C)混合氣體爆炸　(D)化合物爆炸

解：(B)

在爆炸物分為兩種主要類型：高階爆炸物和低階爆炸物。

① 高階爆炸物藥（High-Order Explosives）

高爆藥之特徵是一種高階爆轟波（Detonation）傳播機制，常見的高爆藥是代拿邁炸藥（Dynamites）、硝酸甲胺之含水炸藥（Water Gel）、三硝基甲苯（TNT）、硝酸銨（ANFO）、海掃更（RDX）和膨梯兒（PETN）等。當高階爆炸物引爆時，幾乎在瞬間轉換成氣體，以一種非常高壓力和溫度狀態。如學者Bailey and Murray（1989）指出，C-4或RDX（環三亞甲基三）爆炸物爆炸時以產生超過每平方400萬磅（4×10^6psi）初始壓力，這些高壓氣體迅速地從原始體積膨脹並產生一種壓力波，也就是衝擊波（Blast Wave），以所有方向之向外移動；其結果是瞬間的粉碎周圍環境結構。

高階爆炸物能進一步分為一級高爆藥（Primary High Explosives）和二級高爆藥。

A. 一級高爆藥是非常敏感的，能極易引爆，一般只用電雷管（Electrical Detonators）。

B. 二級高爆藥是不太敏感的，需要高能量衝擊波來達到爆轟情況，因此其通常能較安全來處理。

在高爆藥的設計是產生大量碎片的效果（Shattering Effects），憑藉其快速壓力上升速率和極高爆轟波（Detonation）壓力[9]。這些極高且局部壓力，會造成爆炸中心附近產生爆坑口（Cratering）和局部性顯著破壞作用（Localized Damage）。

表5-2　高階爆炸物（High-Order Explosives）

・代拿邁炸藥（Dynamites）
・硝酸甲胺之含水炸藥（Water Gel）
・三硝基甲苯（TNT）
・硝酸銨（ANFO）
・海掃更（RDX）
・膨梯兒（PETN）
・C-4
・苦味酸（Picric Acid）
・硝化甘油（Nitroglycerine）

---

[9] 高爆藥的設計是產生大量碎片的效果，憑藉其快速壓力上升速率和極高爆轟波壓力，此在6,900,000kpa（10^6psi）規模等級。

　　基本上，爆炸透過擴散相（Diffuse Phase）（即燃料／空氣混合物）和固體爆炸物所產生影響，二者存有很大差異性。

　　A. 在擴散相爆炸（通常低階爆炸之爆燃（Deflagration），其造成結構損害是傾向於均勻（Uniform）且全方位的（Omnidirectional），而且有相對廣泛燃燒、燒焦（Scorching）和起泡（Blistering）現象。

　　B. 固體爆炸是與此相反的，燃燒速率比音速快。因此，固體爆炸壓力是不能等同於爆炸體積（Explosion Volume），一旦固體爆炸時周圍會產生極高之壓力狀態，其壓力和損壞程度，是隨著爆炸中心之距離加大而快速遞減。在固體起爆位置，應該有高壓所產生之破裂（Crushing）、分離（Splintering）並粉碎（Shattering）情況的證據。遠離爆炸源區域，通常很少有之強烈燒灼（Intense Burning）或燒焦的證據，除非高熱碎片（Hot Shrapnel）或火星（Firebrands）拋落在可燃物質上，所造成進一步燃燒之二次災害現象。

　② 低階爆炸物（Low -Order Explosives）

　　低階爆炸物是故意設計成燃燒所釋放能量相對緩慢，這些爆炸物通常稱爲一種推進劑（Propellants），典型的低階爆炸物包括鐵管炸藥（Pipe Bombs）、無煙火藥（Smokeless Gunpowder）、閃光粉（Flash Powders）、固體火箭燃料、火藥（Gunpowder）、黑色火藥（Black Powder）和以石油爲基礎的炸彈，如汽油彈（Molotov Cocktails）和油罐車（Gasoline Tankers）燃燒等。由於低階爆炸物不形成衝擊波，因而不具有爆炸威力的實質力量。

圖5-14　油罐車燃燒可能演變成低階爆炸情況

低階爆炸物特徵是一種低階爆燃（Deflagration）傳播機制（音速以下衝擊壓力波），能快速展開燃燒過程或觸動時僅發生反應速率相對低，而形成低壓力發展。這種燃燒發生是較慢地，當低階爆炸物被引爆的開放、氣體推進、只有火焰現象也沒有明顯的擾動空氣。也就是說，低階爆炸物設計是藉由迅速產生高熱反應氣體，形成推或脹效果（Heaving Effects）來作功（Work）。

表5-3　低階爆炸物（Low-Order Explosives）

- 無煙火藥（Smokeless Gunpowder）
- 閃光粉（Flash Powders）
- 固體火箭燃料
- 黑色火藥粉末（Black Powder）
- 油罐車（Gasoline tankers）
- 汽油彈（Molotov cocktails）
- 鐵管炸藥（Pipe bombs）

應當注意的是，如果低階爆炸物被空間局限，該反應速度能顯著增加，但只有爆轟（Blast Wind）而沒有衝擊波之現象。一些如雙基（Double-Base）無煙火藥，在一定條件下仍然能達到高階爆轟波（Detonation）傳播機制，其在局限（Confinement）空間是適當地產生足夠反應速度，其中起火源必須是非常強的，或燃燒發生是非常不穩定性（Instabilities）情況。

影響敏感度因素

固體爆炸物質可能因不當之撞擊即發火爆炸，影響其敏感度因素如下：[10]

(1) 溫度
物質起爆溫度低，敏感度高。

(2) 密度
物質密度高，敏感度低。

(3) 結晶
物質結晶體不同，敏感度也不同。

(4) 雜質
物質有雜質，敏感度提高。但鬆軟或液態雜質，則敏感度降低。

---

[10] 陳弘毅、吳喨生，《火災學》（八版），鼎茂圖書出版公司，2013年3月。

(5) 化學結構與組成

硝基（NO_2）多，敏感度高。

例1：下列何者係以硝化纖維爲主體，爆炸性反應較爲遲緩的物質？

　　(A)有煙火藥　(B)無煙火藥　(C)有煙炸藥口　(D)無煙炸藥

解：(D)

例2：下列何者非爲黑色火藥內所含之成分之一？

　　(A)硝酸鹽　(B)硝化棉　(C)硫黃　(D)木炭

解：(B)

(1) 蒸汽鍋爐和壓力容器（Boiler and Pressure Vessels）

　　鍋爐爆炸往往形成有爆坑爆炸（Seated Explosion），由於其具有高能量、壓力釋放的速度較快和原封閉面積狀態。雖然在起爆點附近，有較低的局部過壓狀態（Localized Over-Pressure），鍋爐及壓力容器爆炸，會表現出類似爆炸性的效果。上述爆炸都包括了能量從儲存容器中快速釋放，形成壓力波並隨著距離而逐漸衰減威力。

　　在容器發生爆炸，有關容器極限壓力及容器爆炸能量，能使用如下公式求知（Robert Zalosh, 2008）。

$$P = \frac{ft}{d}$$

P爲界限壓力（kg/cm^2）、f爲器壁應力（kg/cm^2）、t爲器壁厚度（cm）、d爲容器半徑（cm）

　　當壓力容器發生爆破現象，從裂紋擴展到金屬殼體足以裂開並釋放內部壓縮能量時，所需時間僅在10μsec微小規模等級。峰值壓力約等於爆裂時的容器體壓力P_b。爆炸等熵膨脹能（Isentropic Expansion Energy），是容器爆破時符合理想氣體之釋放能量（Joul）（NFPA, 2008）。

$$E = \frac{V(P_b - P_a)}{r - 1}$$

E為爆炸能（Joul）、V為容器體積（m^3）、Pa為環境空氣壓力（1atm ＝ 14.7psia ＝ 101kPa）、Pb為爆炸時容器內壓力、R為容器的氣體比熱比（空氣γ ＝ 1.4）。

> 例1：假設一圓筒容器，直徑為200cm，容器壁厚度為6mm，受到內壓之圓筒圓周應力為4000kg/cm^2，請問此容器極限壓力為多少？

解： $P = \frac{ft}{d} = \frac{4000 \times 0.6}{100} = 24$（kg/$cm^2$）

> 例2：假設一圓筒容器，體積為10m^3，容器內壓力達到6890kPa，請問此容器發生物理性爆炸能量為多少？相當於多少TNT（γ ＝ 1.4）

解： $E = \frac{V(P_b - P_a)}{r - 1} = \frac{10^3 \times (6890 - 101) \times 10^3 (Pa)}{1.4 - 1} = 172 \times 10^6$（J）

$\frac{172MJ}{4.2} = 41kg$（TNT）

(3) 局限之燃料氣體與液體蒸氣（Confined Fuel Gas and Liquid Vapor）

氣體燃料或引火性液體蒸氣（Ignitable Liquid Vapors），當局限於小型容器如儲罐、筒或其他容器，也能產生有爆坑爆炸（Seated Explosions）。

(4) BLEVE

一沸騰液體膨脹蒸汽爆炸（BLEVE）現象，即使發生在小尺寸密閉容器（如桶或小儲槽），假使該容器破裂時壓力釋放速率足夠快，也能產生一個有爆坑爆炸現象。有關BLEVE現象，詳細資料請見本章第5節專節探討。

2. 無爆坑爆炸（Non-Seated Explosions）

無爆坑爆炸時沒有單一起爆處位置之物理證據，其一般是由於爆炸發生時燃料形成分散（Dispersed）或擴散（Diffused）情況，如氣體（即天然氣、液化石油氣、

下水道氣體、工業氣體）或油池液體蒸氣（即汽油蒸汽、漆稀釋劑、MEK[11]）或粉塵等，所形成引燃之結果。

其大多是屬於燃料／空氣混合（Fuel-Air Explosives）之爆炸型態，因其壓力上升速率是中度的，且爆炸速度是亞音速[12]情況。應該記住的是，此種即使是超音速爆轟（Supersonic Detonations），也可能形成是一種無爆坑爆炸情況。

在一低階爆燃形成壓力（P），在一個密閉容積（V）是相關於溫度（T）和莫爾量（n）（Molar Quantity），由理想氣體定律公式指出：

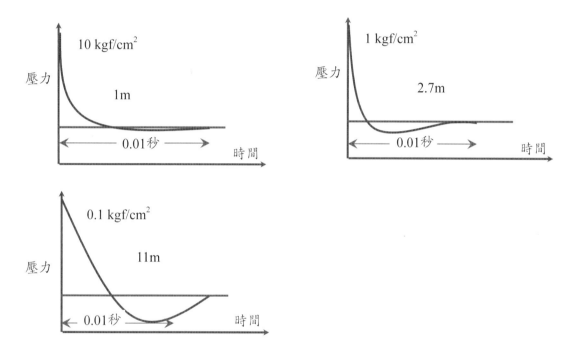

圖5-15　以1公斤TNT，從起爆點距離1m, 2.7m,與11m衝擊波壓力隨著時間變化
（資料來源：The Great Soviet Encyclopedia, 1979）

---

[11] MEK係指Methyl Ethyl Ketone，為甲乙基酮。一般作為硝化纖維塗料與乙烯塗料之溶劑、脫漆劑、精密儀器之清洗溶劑。液體極易燃，室溫下可能被引燃。蒸氣比空氣重會傳播至遠處，會累積在封閉地區，造成毒性及易燃性危害，遇火可能造成回火；即使被水稀釋的溶液也可能引燃；火場中可能釋出毒性氣體。

[12] 音速就是聲音在空氣中傳播速度，每秒鐘340公尺。所謂亞音速就是每秒鐘運動速度低於340 m/s。聲音在空氣中傳播速度340m/s，又等於1馬赫。如果超音速飛機的飛行速度是2.5馬赫，那就是850m/s。

$$P = \frac{n \times R \times T}{V}$$

其中

R = 氣體常數

此外，無爆坑爆炸如燃料/空氣混合物和高爆藥近距離爆炸之二者間，存有頗大差異性。從三硝基甲苯（TNT）爆炸的衝擊波是相對短的持續時間，而燃料／空氣混合物爆炸產生衝擊波，是顯示相對長持續時間。此外，決定衝擊波的機械作用一個重要的參數，是由衝擊波所產生的最大壓力。爆炸期間以氣態和液態為介質，在衝擊波介質的壓縮時為其最大壓力。另外重要參數是衝擊波動作的時間間隔，最大壓力是隨著時間從起爆點距離增加而衰減。

會產生無爆坑爆炸一般特徵如下：

(A) 無爆坑

(B) 燃料呈現廣泛範圍（Wide Spread Fuels）

(C) 壓力上升率中度（Moderate Rates of Pressure Rise）

(D) 低階爆燃，亞音速爆炸速度（Deflagrations, Subsonic）

會產生無爆坑爆炸之一般燃料如下：

(A) 氣體燃料

(B) 蒸汽鍋爐（Steam Boilers）

(C) BLEVE現象

(D) 密閉燃料氣體或液體燃料蒸氣（Tightly Confined Gases or Liquid Vapors）

上述分別逐項描述如次：

(1) 氣體燃料（Fuel Gases）

氣體燃料如天然氣和液化石油氣（LPG），是最經常產生無爆坑爆炸（Non-seated Explosions）。這是因這些氣體通常局限在一容器中，例如單獨的室內空間或結構，並且其爆炸速度在音速以下（Subsonic）。

(2) 易燃性／可燃液體油池（Pooled Flammable/Combustible Liquids）

從可燃或易燃液體油池之蒸氣爆炸是一種無爆坑爆炸，其涵蓋了大面積和音速以下爆炸速度，這是不可能形成高危害爆坑現象（High-Damage Seats）。基本上，油

池火災有一定的垂直噴射火焰的特點，但其對流加熱會較少。由油池火災產生傳熱透過對流和輻射方式，於油池液體被點燃情況，形成氣體從油池中快速蒸發，因其是由火焰的輻射和對流熱加熱。這種加熱機制產生的反饋迴路，使更多的氣體從液面變成氣化。表面火焰大小增加輻射和對流，一個持續加熱的過程到周邊地區，直到液體表面整個著火。在火焰傳熱率對任何設備或結構，將是在30～50kW/m²範圍內。

圖5-16　小型可燃液體表面火災現象

此外，汽（柴）油槽洩漏成大面積油池液體規模，由於閃火點較低，大量揮發蒸氣形成液面上方，一旦出現起火源被點燃，將形成蒸氣雲爆炸現象；延伸閱讀請見本章第6節蒸氣雲爆炸之專節探討。

(3) 粉塵（Dusts）

當細碎固體材料如粉塵和細粉料，在懸浮空氣中時，一旦點燃能劇烈的和破壞性的爆炸現象。應當指出的是，即使材料通常不被認爲是可燃性，但在懸浮空氣中情況時，也能燃燒產生爆炸。因此種燃燒反應是在其表面反應，燃燒所產生壓力上升速率，在很大程度上是取決分散粉塵顆粒之表面積。粉塵愈細，有更多氧化面積，產生更猛烈的反應。

可知粉塵爆炸往往是形成最猛烈和危害性爆炸型態，其經常發生在相對寬敞分散之區畫空間（Confined Areas），如穀物升降機、物料加工廠和煤礦。其起爆處形成大面積但不可能產生明顯之爆坑現象。進一步資訊請見第5章第7節粉塵爆炸之章節。

(4) 火災爆燃或煙爆（Backdraft or Smoke Explosion）

爆燃或煙爆是涉及火災生成可燃氣體和其顆粒，形成廣泛擴散體積。其爆炸速度是音速以下，因此不可能產生明顯之爆坑。基本上，爆燃或煙爆（Backdraft）是當房間或建築結構發生火災，是相對氣密，這類火災通常會成為貧乏氧氣濃度狀態。在這些情況下，可能會由於不完全燃燒，而產生高濃度之熱空氣懸浮粒子和煙霧（Aerosols）、一氧化碳以及其他可燃氣體。這些加熱燃料因通風不足，以致其無法釋出至大氣，又沒有足夠氧氣量無法持續燃燒，而在一個房間或建築結構進行累積。

當這種累積的燃料，一旦與外來空氣如透過開口（窗戶／門）混合時，其能點燃並燃燒足夠快產生低層次危害（Low-Order Damage），在通常建築結構形成過壓情況（Over-Pressure），一般是小於13.8kpa（2Psi）；以上能稱為爆燃（Back-drafts）和煙爆現象（Smoke Explosions）。

此延伸閱讀請見盧守謙、陳永隆《火災學》一書之詳細探討。

圖5-17　建築物火災含有大量燃料之濃煙是危險信號

（攝自臺中市）

(5) 蒸氣雲爆炸（Vapor Cloud Explosions）

從蒸氣雲爆炸的爆炸效應，不僅受到燃料量，且更重要是受蒸氣雲燃燒模式（Combustion Mode）之影響。大多數蒸氣雲爆炸是屬於一種低階爆燃，而不是高階爆轟，火焰速度為亞音速，但其在局限地區火焰速度會增加，而在空曠區域則減少。

蒸氣雲爆炸現象，延伸閱讀請見本章第6節之專節進一步探討。

第4節 爆炸效應

爆炸是一種氣體動力學現象，即在理想的理論情況下，將自身表現為一個擴大的球形熱量和壓力波前鋒（Pressure Wave Front）發展。由爆炸產生熱量和壓力波造成結構設施損壞。爆炸威力影響主要表現在衝擊效應（Blast Pressure Wave Effect）、碎片效應（Shrapnel Effect）、高熱量效應（Thermal Effect）以及震顫效應（Seismic Effect）：

1. 衝擊波效應（Blast Pressure Wave Effect）

衝擊波是指一種激烈壓力上升，通常稱為過壓力（Overpressure）。物質爆炸會產生大量之氣體，這些氣體膨脹從起爆點，以一個較高之速度向外移動。也就是爆炸後產生的衝擊壓力波，在自由場中的傳播過程十分迅速，並以球面的形式向外傳播。氣體和捲入空氣（Displaced）移動所產生壓力前鋒，其形成爆炸之主要破壞作用和人員傷害程度。

(1) 衝擊波爆轟前鋒相態

當爆炸發生時由於能量瞬間釋放，形成高溫、高壓氣團迅速向外膨脹，並推擠周圍空氣介質形成一股爆震波。基於爆炸威力（Forces）相對於爆炸點方向，爆轟壓力前鋒發生在兩個不同階段：正壓段（Positive Pressure Phase）和負壓段（Negative Pressure Phase）。

正壓段

正壓段是衝擊波（Blast）壓力前鋒之一部分，其中膨脹氣體從原點處逐漸遠離。正壓段威力比所述負壓段更強大，並且主要造成大部分壓力所形成破壞作用。在擴散（氣體／蒸氣）階段（Diffuse-Phase）的爆炸情況，其負壓段在爆炸後（Post-Blast）可能檢測不到。

負壓段

由於爆炸正壓段從爆炸的起源，產生極其迅速膨脹並向外移動，其置換（Displaces）、壓縮並加熱周圍空氣環境。在震央或原點形成低氣壓條件（相對於大氣

壓）。當正壓段消散，空氣迴流到起爆點，以平衡低氣壓條件之區域，而產生負壓段。事實上，負壓段可引起次要損害（Secondary Damage）和移動物品朝向起爆點之物理證據。碎片在負壓段移動可以掩蓋起爆點。通常，負壓段是顯著小於正壓段功率，但其是具有足夠強度，造成已由正壓段所削弱結構強度，使其進一步受損形成塌陷情況。

從爆轟（Detonation）典型壓力軌跡，在遠離爆轟點位置進行理想化量測。衝擊波可分三部分組成：

① 壓力增加至一個峰值。衝擊波的前緣稱為壓力前鋒。實際的衝擊波是只有幾公厘（mm）厚（圖中曲線①）。

② 隨著時間成指數衰減（圖中曲線②）。

③ 形成較長持續時間的負壓力波，此壓力是低於初始環境壓力（圖中曲線③）。

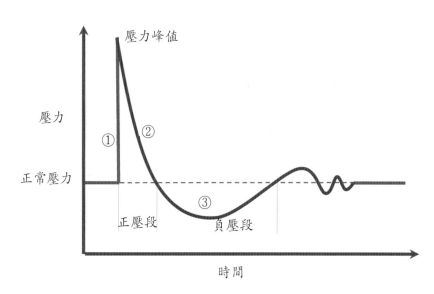

圖5-18　爆轟典型壓力曲線（從爆轟點開始量測）

（資料來源：NFPA Fire Potection Handbook, 1997）

當爆震波在時間到達距離爆炸點外某處時，在此將造成突然快速上升的壓力峰值（Pressure Peak），在經過時間後壓力迅速衰減至大氣壓力，在此段時間內為正壓段（Positive Pressure Phase）作用。

隨著爆震波向外傳遞，波陣面內的空氣密度下降，而波陣面的峰值壓力與傳播速

度亦迅速下降，導致產生低於大氣壓力的負壓段（Negative Pressure Phase），而此負壓段由於傳播速度下降，導致負壓段延時比正壓段之延時更長。

　　在空氣中，壓力波峰值與爆炸物重量的立方根成正比，從起爆處距離立方成反比的。這種衝擊波是相當突然性且能粉碎周圍物質，在起爆處會形成一個爆坑（Craters）現象，由於爆炸性氣體不斷向外擴張，壓力波急劇衰退轉化成聲波。事實上，衝擊受害範圍程度取決於壓力峰值大小和持續時間。

　　衝擊波的壓力峰值，是直接衡量爆炸對防護結構破壞作用大小的一種參數。然而，衝擊波正壓作用延時，也是衡量爆炸對結構破壞程度的重要參數之一。一般而言，空中爆炸所形成的衝擊波，其正壓段作用延時介於幾毫秒至數十毫秒之間。

(2) 衝擊波前鋒形狀（Shape of Blast Front）

　　在理想的條件下，從爆轟前鋒形狀是球形的（Spherical），其從震央往各個方向向外均勻膨脹。在現實世界中，爆轟壓力波會受到限制或障礙，使其改變和修改其方向、形狀和爆轟前鋒威力（Force）。

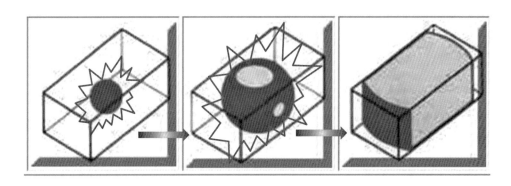

圖5-19　爆轟前鋒形狀初始是球形向外膨脹發展後，會受限於建築空間或障礙物
（資料來源：NFPA-921, 2004）

　　於密閉容器或結構之排氣孔（Venting），爆炸時可能會導致容器或結構外部的損害。最嚴重損害，可以預計在排氣路徑上。例如，爆轟壓力前鋒在一個房間可以透過門廊（Doorway）行進，並與房間相鄰的筆直門廊，造成直接物品之損害。基本上，發展中爆轟壓力前鋒，也可以反射離開固體障礙和重新定向，從而導致其壓力大幅增加或降低現象，這取決於障礙物之特性。在爆轟傳播反應之後，已消耗其可用燃料，亦即爆轟壓力前鋒隨著距離爆炸中心點增加，威力逐漸減小。

(3) 衝擊波壓力上升速率與最大壓力（Rate of Pressure Rise Versus Maximum Pressure）

由爆轟壓力前鋒造成受損型式，不僅取決於所產生爆炸能量的總量，在較大程度上也受到能量釋放速率（Energy Release），及其所形成壓力上升速率之影響。在爆炸之壓力升高相對緩慢的速率，會產生暴風推擠或膨脹（Bulging）型式之低位損害（Low-Order Damage）。區畫結構之較弱部位如窗戶或結構接縫處，將首先破裂並釋放出爆轟壓力波，此可降低爆炸威力所造成之總損害；所以，在公共危險物品上容器或建築物，有所謂「弱頂設計」如公共危險物品及可燃性高壓氣體設置標準暨安全管理辦法第21條第7款規定：儲存倉庫之屋頂應以以輕質金屬板或其他輕質不燃材料覆蓋……。其意在其火災或爆炸時，得往屋頂無人員考量下釋放出壓力波。

在爆炸之壓力升高速率是非常迅速，在密閉槽體（Confining Vessel）或容器形成多個破碎（Shattering）和碎屑拋出至很遠距離，如通氣效果不是足夠釋放，這是高階損害（High-Order Damage）的特點。假使當壓力升高不是那麼快，通氣效果將會對容器內形成最大壓力，造成重要之影響[13]。

假定一個結構或容器可以維持一定的壓力。由產生爆轟燃燒之容器（Deflagration Can），理論上最大壓力可發展高達7～9個大氣壓〔即827 kpa（120 psi）範圍〕。通常情況如住宅或商業建築物產生揮發性／瓦斯氣體（Fugitive Gas）爆炸，最大壓力將會限制在一定水平，其壓力僅略高於比區畫建築物主要元件如牆壁、屋頂和大窗戶等所受壓力程度，而可以維持建築物結構物而沒有破裂情況。在精心打造的住宅，室內所受壓力也很少會超過21 kpa（3psi）。

(4) 衝擊波受損程度

當爆炸壓力波在空氣 擴散並正面碰擊到結構體時，整個結構將迅速的被壓力波包覆。而作用在結構面上壓力負荷之大小和分布狀況，則因下列因素而有不同：

① 爆炸特性，即爆炸物規模及產生能量。

② 防護結構與爆炸位置間之相對位置。

③ 震波與地面障礙或結構本身，相互作用造成壓力的變化等。

爆轟壓力波能量可轉移到其路徑上對象物或結構物，以衝擊波的正壓段（Posi-

---

[13] 通氣效果將會對容器內形成最大壓力，造成重要之影響，此進一步資料，請參閱NFPA 68之敘述。

tive Phase）持續時間，對建築結構爆炸影響反應是一個重要參數，正壓段溫度可高達3000℃超過傳統炸藥所產生溫度之2倍。而爆轟壓力波達到每秒約10,000呎之高速。

　　基本上，受到爆轟壓力波造成損害程度，取決於下列因素：

① 初始正壓段爆轟波之峰值（60～80psi過壓是能致命的）。

② 過壓之持續時間。

③ 爆炸介質（Explodes Medium）。

④ 從起爆處爆轟波之距離。

⑤ 局限空間。

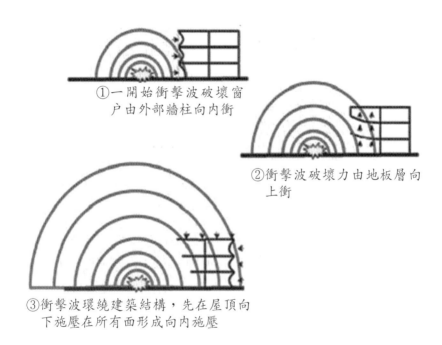

①一開始衝擊波破壞窗戶由外部牆柱向內衝

②衝擊波破壞力由地板層向上衝

③衝擊波環繞建築結構，先在屋頂向下施壓在所有面形成向內施壓

圖5-20　爆炸衝擊波對建築結構損害程度之時間順序

（資料來源：Eve Hinman 2011）

　　依Robert Zalosh（2008）指出，爆炸威力隨著距離，其爆轟波能量之1/3而遞減。

$$\frac{z}{E^{1/3}} \quad 或 \quad \frac{z}{W_{TNT}^{1/3}}$$

式中

E為爆轟波能量

z為從起爆處之距離

W_{TNT}為相同於TNT爆轟波能量

　　有關爆炸威力產生爆轟波隨著距離等級而衰減，於表5-3距離等級數據，是地面爆炸產生半球形膨脹爆轟波（Hemispherically Expanding Blast Waves），其中較高處爆炸能產生反射遠離地面之球形爆轟波。通常考慮反射效應的方法，是應用球形擴展爆轟波到地面爆炸時相連性，所產生雙倍的爆轟波能量。因此，使用表5-3距離等級時，將需要納入此種倍增的爆轟波能量，而圖5-21中關係式已不需任何校正，因直接來自地面爆炸之能量。

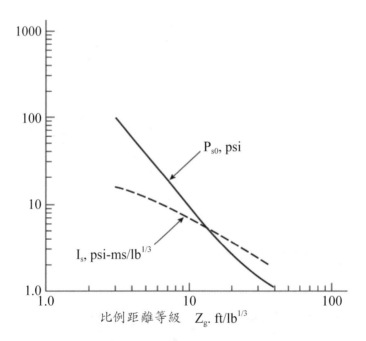

圖5-21　爆轟波壓力值與特定脈衝隨著距爆炸位置增加而衰減

（資料來源：U.S. Department of Defense, 1992）

　　在本章第3節例2之10 m³壓力容器爆炸的例題，如何來對照表5-3和圖5-21呢？假設想瞭解從容器爆破到P_{s0}為1psig（6.9kPa）位置的相關距離，根據表5-3之1psig爆轟波距離是在人員將被擊倒、窗戶破碎以及薄金屬板牆將擊倒等級。在此距離等級是44ft/kg$^{1/3}$（13.4m/kg$^{1/3}$），則爆轟波距離計算如下（NFPA, 2008）：

$$(44\mathrm{ft/kg}^{1/3}) \times (2.41\mathrm{kg})^{1/3} = 191\mathrm{ft}$$

對照圖5-21中相當於P_{s0}是稍微外推到1psig，則計算的距離是

$$(45\mathrm{ft/kg}^{1/3}) \times (90\mathrm{lb})^{1/3} = 202\mathrm{ft}$$

因此，在這兩種情況下，距離將約為200尺（61m）。然而，如評估直接面對爆炸，結構表面的爆炸損傷潛力，則必須考慮所反射之爆轟波壓力。對小於2psig的P_{s0}值，反射爆轟波壓力與入射壓力比約為2。因此，如被暴露人員和建築結構斷裂時，假使是面向壓力容器（起爆處），則P_{s0}值將少於0.5psig，此相當對應於82ft/kg$^{1/3\mathrm{TNT}}$等效距離值，如表5-3所示。

表5-3　超壓產生破壞效果和TNT等效距離值

距離等級Z（ft/kg$^{1/3}$）	超壓（psi）	受損結果
3000～890	0.01～0.04	玻璃形成小損壞
420～200	0.1～0.2	典型窗玻璃破裂
200～100	0.2～0.4	最低超壓形成碎片和拋射體造成損壞
82～41	0.5～1.1	窗戶破碎，石膏破裂等對一些建築物的輕微損壞
44～32	1.0～1.5	人員擊倒
44～28	1.0～1.8	薄金屬板牆擊倒
44～24	1.0～2.2	傳統家庭的木製壁板失效
28～20	1.8～2.9	由混凝土塊或煤渣塊構成的牆失效
20～16	2.9～4.4	組合式建築物倒塌
20～16	2.9～4.4	儲油槽破裂
16～12	4.4～7.3	電線桿倒下
16～12	4.4～7.3	對結構鋼框架的建築物造成嚴重損壞
11～10	10.2～11.6	大多數建築物可能完全毀壞
15～9	5.1～14.5	人鼓膜破裂
14～11	5.8～8.7	鋼筋混凝土結構嚴重損壞
14～11	5.8～8.7	鐵路火車翻轉
6.7～4.5	29.0～72.5	人肺部損傷
3.8～2.7	102～218	致命性
2.4～1.9	290～435	土壤中的火山口形成

Note: 1 psi = 6.9 kPa.
（資料來源：Kinney et. al., 1985）

2. 碎片效應（Shrapnel Effect）

　　當容器、結構或儲槽在局限爆轟壓力結構下，槽體失敗產生破裂情況，往往會破裂成碎片而拋出至很遠距離。這些碎片被稱爲彈片（Shrapnel）或發射碎片物（Missiles），其往往能從起爆點至很遠距離，造成很大損失和人身傷害。此外，彈片（Shrapnel）經常可以切斷電力線路、燃料氣體／其他燃料管道，或者儲存容器，從而增加了爆炸後火災之大小和強度，或造成二次額外的爆炸。

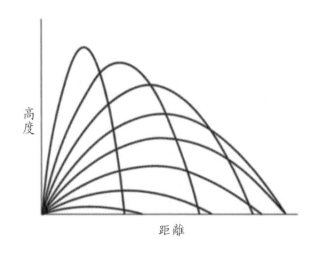

圖5-22　爆炸產生碎物碎片彈射不同方向理想曲線

（資料來源：NFPA Fire Potection Handbook, 1997）

　　當發射碎片物（Missiles）從起爆點向外推進之距離，在很大程度上取決於其初始方向，還有其本身重量和空氣動力之特性。對於拋射體軌跡形式之理想化示意圖，表示於圖下爲幾個不同初始方向。

例1：假設鍋爐爆炸，鍋爐使用壓力$5 kg/cm^2$，爆炸使高飛鍋爐體與地面成 q = 60°，飛落60m外，則得到爆炸初速爲多少？

解：　$V = \left(\dfrac{D \times g}{\sin 20}\right)^{\frac{1}{2}}$ 式中D爲距離（m）、g爲重力加速度

　　　　$= \left(\dfrac{60 \times 9.8}{\sin (120)}\right)^{\frac{1}{2}} = 31.84$（m/s）

例2：承上題，鍋爐體重量200kg，爆炸能量使鍋爐體高飛所作之功為何？

解： $W = \dfrac{MV^2}{2g} = \dfrac{200 \times 31.84^2}{2 \times 9.8} = 1.03 \times 10^4 \ (kg \cdot m)$

3. 高熱效應（Thermal Effect）

可燃物爆炸釋放大量的能量，即高溫燃燒氣體並使環境空氣至高溫狀態。這種能量可以點燃附近的可燃物，或導致周圍人員之灼傷。如此形成二次火災，增加爆炸所造成的損失和傷害，而使爆炸調查過程更複雜化。通常是很難確定火災或爆炸是哪個先發生的。

在所有化學能爆炸產生巨大的熱量；這種熱危害（Thermal Damage），取決於爆炸之燃料屬性，以及高溫持續時間。高階爆轟爆炸（Detonating Explosions）產生極高溫度，但在非常有限之持續時間；而低階爆燃（Deflagration Explosions）則產生較低溫度，但有較長之持續時間；此二者延伸閱讀請本章低階爆燃與高階爆轟之專章討論。

基本上，爆炸會產生火球（Fireballs）和火星（Firebrands）情況，是涉及到易燃蒸氣尤其是BLEVE，所產生相當高熱效應。火球是在爆炸發生中或發生後，所出現瞬間球狀（Momentary Ball）火焰現象。此種熱輻射是具有高強度及較短持續時間，並伴隨著火球情況。火星（Firebrands）是從爆炸所拋出高熱或燃燒碎片；以上這些效應可以在遠離爆炸中心處，引發火災情況。

火災或爆炸高熱效應能透過碎片是否經過燒灼而作辨識，如有經過燒灼的碎片可能表示在火災發生於爆炸之前。即殘留在玻璃或其他結構碎片上的黑煙燻跡，顯示在火災發生一段時間後才發生爆炸，而當相當乾淨玻璃或碎片被拋離結構物相當距離時，則顯示爆炸在火災前發生。

圖5-23　槽內壓力升高形成劇烈顫抖振動並已膨脹變形為容器爆炸前兆

（資料來源：Youtube）

4. 震顫效應（Seismic Effect）

由於爆轟壓力波（Blast Pressure Wave）膨脹，導致大型結構損壞部位受衝擊倒落，顯著局部性震波和可透過地面傳輸之地表震顫（Earth Tremors）。這些地震的影響，其能產生對建築物和地下公用設施、管道、儲罐或電纜等造成額外損害；但在小型爆炸情況，其所產生震顫效應小，通常可以忽略不計。

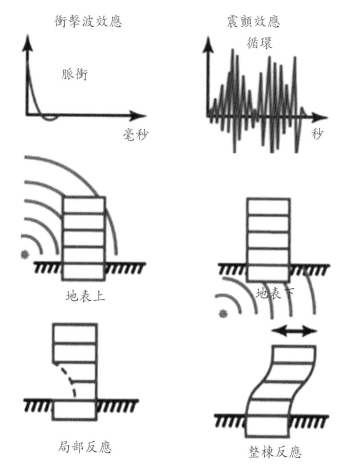

圖5-24 由爆炸所產生衝擊波效應（左）與震顫效應（右）比較
（資料來源：Eve Hinman 2011）

第5節 BLEVE現象

沸騰液體膨脹蒸汽爆炸現象（Bolilng Liquid Expansion Vapor Explosion, BLEVE），是機械能爆炸一個亞型，但常在世界各地發生，在此視為一個單獨爆炸類型；其是該容器無法即時保持內部任何壓力，致其突然外露在液體質量，並處於非常高溫和非常低壓。這會導致液體的整個體積瞬時沸騰，形成一種極其快速擴張狀態；這取決於溫度、壓力和所涉及的內容物。其發生膨脹狀態是如此之快，以致能被歸類為一種爆炸現象。

　　當BLEVE形成機械爆炸時發生加壓液體容器破裂，從而導致液體蒸發迅速增加。而容器內容物會導致一個隨後的化學爆炸，此種化學效果可能顯著地更為嚴重，如丙烷儲罐在火中爆炸之現象。亦即一個BLEVE也可以發生在相當小容器如打火機或用完拋棄式氣霧罐（Aerosol Cans），大到槽車或工業儲存槽。

圖5-25　密閉容器內液體（可燃性或不可燃性）受到火熱形成破裂BLEVE現象

　　基本上，液體沸點[14]溫度取決於壓力，高壓將產生高沸點溫度，和低壓將產生低沸點溫度。如降低壓力，水也能一般室溫下達到沸騰現象。實務上，BLEVE 經常發生在一個密閉（Confining）儲槽或容器內液體，暴露在火災中致液體沸騰，蒸氣溫度一直到其內部壓力容器結構體不再能抑制，液體如為不可燃性如鍋爐水、液態氮（Liquid Nitrogen）槽、液態氦（Liquid Helium）槽或其他製冷劑或冷凍劑槽，當液體沸騰變成氣體時，所得氣體體積占用遠遠比液體更多的空間，使內部大量膨脹蒸氣壓力致容器結構破裂，所產生物理性爆炸。

　　另一種是液體如為可燃性如有機溶劑桶、油罐車等，蒸氣壓力使容器破裂後產生第一次爆炸，受高熱接觸到常溫常壓中又大舉膨脹產生可燃性蒸氣雲。衍生大規模第二次爆炸（Secondary Explosion）。當一個密閉容器破裂釋放出加壓液體，並允許其幾乎能瞬間蒸發。也就是說其已發生BLEVE之後將其產生大量揮發性物質的點燃，形成了火球現象（Fire Ball）。通常BLEVE現象有壓力波、一個火球、容器碎片和燃燒液滴（Burning Liquid Droplets）出現。

---

[14] 沸點（Boiling Point）是液體之蒸氣壓力到達大氣壓力時之液體溫度。

圖5-26　油罐車火災易產生火球現象

　　但如果內容物是不可燃的，但仍然可發生BLEVE，但其蒸汽是不會起火的，如上述鍋爐爆炸現象即是（Boiler Explosion）。起火源通常來自外部熱量、容器破裂（Blast）或碎片形成靜電（Electrical）火花或是摩擦所生高熱，所導致BLEVE現象。

　　由於容器機械性損壞，BLEVE也可能局部加熱在高於液面的結果，導致容器中強度降低。密閉容器之破裂釋放出高壓液體，並能幾乎瞬間產生蒸發，也如前述涉及不可燃液體之常見例子，如簡單的錫罐豆扔進火中或蒸汽鍋爐BLEVE情況，其過度壓力源透過加熱和蒸發水產生蒸汽。當蒸汽壓力不再能夠由結構體所承受，該容器終將失敗並形成爆炸。

　　因此，BLEVE發生可能是由上述機械性損害、過度填充、反應失控（Runaway Reaction）、過熱蒸汽之空間爆炸和機械故障，其過程不需任何化學反應（Chemical Reactions），從液體膨脹產生一衝擊波（Shock Wave），形成容器碎片之機械能威力，依NFPA所指出BLEVE發生最遠在800英尺處發現死亡之受害者。

BLEVE發生條件如下：

A. 需存在液體

單獨存在蒸氣或氣體是不會發生BLEVE，而液體不必是可燃性，水可引發BLEVE，但不會出現火焰現象。

B. 需存在密閉容器

如果通風孔或安全閥損壞或不適當，產生過大壓力使BLEVE發生。

C. 液體溫度需高於在大氣壓下沸點

在液體表面上壓力越高，會要求更高沸騰的溫度。當液體容器是密閉，然後加熱，蒸氣壓增加。增加蒸汽壓力會導致沸點伴隨著升高。

D. 容器結構需失效

失敗最常見原因可能是直接火焰衝擊，容器失敗幾乎總是發生在蒸氣空間中金屬。金屬與液體接觸是相當困難的加熱到危險點，因液體是通常優良導體和熱吸收性，但蒸汽則不是。容器失效可能因金屬疲勞、不適當或受損釋放閥、由碰撞造成機械損傷或腐蝕所引起。

BLEVE發生機制如下：

A. 容器失效：從各種原因如過熱、外部撞擊、容器腐蝕或突然打開等造成。

B. 相變（Phase Transition）：當容器失效內部超熱過壓液體瞬間減壓到常溫常壓下。

C. 過壓液體（Pressurized Liquid）：仍可存留在容器內低於液體之過熱極限溫度（Superheat Limit Temperature, SLT）之過熱狀態（Superheated）。如果溫度高於SLT，內部將快速氣泡成核（Bubble Nucleation），最後導致容器內液／氣混合物，呈現激烈飛濺到大氣中。

D. 氣泡成核：由於瞬間減壓和氣泡成核導致爆轟，從高張力階段（Intense Phase）轉移到過熱狀態，該液體沸點經歷氣泡成核，從液體蒸氣和容器內初始蒸氣之同時汽化膨脹，將共同導致一個BLEVE現象。

E. 衝擊波形成：由數百倍到數千倍增加膨脹蒸氣總體積，造就強大的衝擊波。

F. 容器破裂：由於強大的衝擊波、容器破裂及其碎片，同時向外射出飛濺。

G. 出現火球或有毒液體擴散狀態。

BLEVE發生影響如下：

A. 衝擊壓力波影響（Blast Pressure Wave Effect）：如果發生BLEVE在開放區域，威力可達4個火球半徑距離，爆炸強度約為30～40 mbar壓力。

B. 碎片影響（Shrapnel Effect）大多數碎片達到4～6倍火球半徑，這取決於容器（儲槽）大小、液位、液溫和相對於容器（儲槽）主軸線位置。最嚴重碎片射出可達15倍火球半徑距離。

C. 高熱量影響（Thermal Effect）高熱能量能點燃附近可燃物或附近人員燒傷，這二次火災增加大量損害和使調查過程複雜化。

D. 震波影響（Seismic Effect）這些影響能對建築物、管道，儲槽、電纜和地下公用設施，產生額外損害。

BLEVE發生徵兆如下：

A. 容器金屬外殼出現呼呼聲響（Pinging Sound）

B. 容器變色如櫻桃紅

C. 小金屬片剝落（Flaking）

D. 容器外殼起泡或凸起

E. 容器表面出現蒸汽（Steam）

F. 壓力釋放閥出現刺耳聲音（尤隨著時間而增加）

G. 容器表面出現撕裂跡象（Tear）

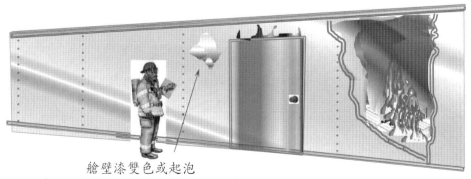

艙壁漆雙色或起泡
（Paint is discolored or is blistering）

圖5-27 容器變色如同艙壁起泡或燒焦漆變色等現象代表火勢非常高熱

（筆者繪圖）

BLEVE（或蒸氣雲爆炸）防制與對策如下：

A.燃料面

(A) 排料

　　槽體內容燃料量多可考慮抽出輸送至遠方或載離，以減少燃料量及其爆炸威力。

(B) 緊急遮斷閥

　　在一開始洩漏或燃燒時，就先關閉緊急遮斷閥，停止燃料繼續供應。

(C) 洩漏檢知器

　　在一開始洩漏時，偵測可能濃度就先緊急進行處理，防範未然。

B.熱能面

(A) 斷熱設計

　　儲槽容器作外部斷熱處理，可避免槽體受異常之溫度變化而發生BLEVE現象。

(B) 固定式撒水或水沫設備

　　於儲槽本身頂部設置冷卻撒水設備，一旦火災能自動撒水予以冷卻，防止儲槽因受熱而內部壓力升高。

(C) 遙控式水砲塔

　　在大多數BLEVEs已經進行了研究，其中所述失效是由於金屬過熱（Metal Overheating），這起源於蒸氣空間的金屬，特點在於金屬拉長（Stretching）和變薄（Thinning Out），並出現縱向撕裂使金屬逐步擴大至臨界長度。此時，斷裂成為脆性化（Brittle），並沿著金屬縱向和圓周方向，以音速（Sonic Velocity）擴展。其結果使容器裂開成兩個以上碎片。因此，以大水量砲塔持續射水冷卻降溫，是一種關鍵性作法。

C.減災面

(A) 過壓洩放裝置

　　洩放裝置動作，能使容器不致初期失效破裂，內部壓力減低也能使液體溫度不致太高，如安全閥即是設計用來防止氣體破裂，或安裝爆炸氣道或洩爆孔。

(B) 地下槽體設計

　　此種作法有其正面及負面應依現場作評估論定。

(C) 隔離

　　設計防爆牆等，以局限爆炸之範圍或程度。

(D) 爆炸抑制裝置

　　由洩漏檢知器檢知，緊急釋放不燃性或滅火劑。

　　此外，從易（可）燃性液體或氣體洩漏釋放，所可能形成油池火災、蒸氣雲／氣體爆炸或BLEVE之事件順序結構；可以如圖5-28所示。

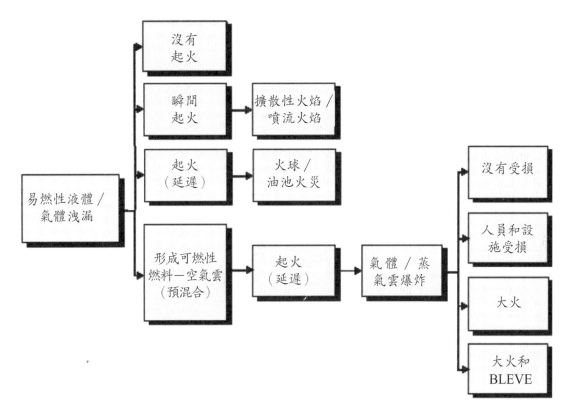

圖5-28　形成油池／火球火災、蒸氣雲／氣體爆炸或BLEVE之事件階段

（資料來源：盧守謙、陳永隆，火災學，吳鳳科大消防系用書，2016；修改自Alghamdie Master Thesis, 2013）

　　從Alghamdie（2013）指出，易燃性液體如第一石油類或氣體洩漏如天然氣或LPG情況，當儲槽或容器破裂當時瞬間引燃，這種情況可能是成一種擴散性之噴流火焰（Jet Flame）；假使在儲槽破裂延後數秒引燃才發生，這有可能產生液體油池或氣／液體火球火災或BLEVE現象，但在儲槽破裂後引燃時間再延遲一段較長時間，則會形成更嚴重之BLEVE現象或蒸氣雲／氣體爆炸現象。

第6節 蒸氣雲爆炸

　　戶外空間形成蒸氣雲爆炸（Vapor Cloud Explosion, VCE），是燃料氣體、蒸汽或薄霧釋放到大氣中，與空氣混合形成蒸氣雲在燃燒／爆炸範圍，造成隨後起火之結果，是一種非局限空間快速燃燒現象。這種事件的主要特點是產生低階爆炸（Deflagration）或高階爆炸（Detonation）現象時（這種情況較少），其蒸氣雲邊界（Boundary）內外部具有潛在危害性壓力（Damaging Pressures）。這種現象也稱為無壓蒸汽氣體爆炸（Unconfined Vapor Air Explosion）或開放空間蒸氣雲爆炸（Un-confined Vapor Cloud Explosion）。大多數涉及壓力至少有一些是受到人工或自然的結構之局限。

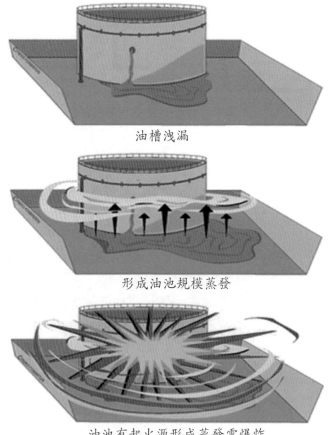

油槽洩漏

形成油池規模蒸發

油池有起火源形成蒸發雲爆炸

圖5-29　油槽洩漏揮發蒸汽與空氣混合形成蒸氣雲並造成起火過程

（資料來源：mementodumaire.net 2015）

　　基本上，蒸氣雲爆炸一般都發生在加工處理場和易燃液體／氣體之儲存/製程區，或是大型運輸車輛（如鐵路槽車），通常有大量之燃料（數百磅或更多）參與反應。依許多發表的文獻指出，開放空間爆炸僅在一定條件下產生發生爆炸，如當有足夠的濃度或在某些情況下開放空間空氣發生湍流（Turbulence）現象，其氣體或蒸氣雲受到點燃情況。如果TNT等量爆炸與石化蒸氣雲爆炸最大壓力與時間關係比較（如圖5-30），石化蒸氣雲爆炸呈現較大面積脈衝（Impulse），代表其比TNT爆炸有較大總動量，圖中比衝量（Specific Impulse）愈高代表效率愈好，亦即可以用相同質量的燃料產生更多的動量。基本上，衝擊波的比衝量，也是衡量衝擊波對結構破壞作用的重要參數之一，比衝量的大小直接決定了衝擊波破壞作用的程度。

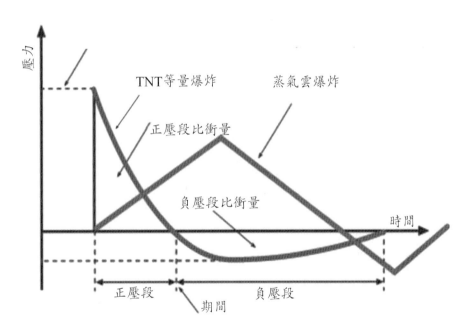

圖5-30　TNT等量爆炸與石化蒸氣雲爆炸最大壓力與時間關係比較

（資料來源：Pensher Skytech 2015）

　　蒸氣雲爆炸形成火焰的機構表示是高速的，但其產生是亞音速燃燒之低階爆燃（Deflagration）而不是爆轟（Detonation）。實驗指出，在未封閉的氣體和空氣混合成蒸氣雲產生火焰展開，是可忽略其產生過壓情況（Overpressures）。當物體如管道和接近容器，在點燃的蒸氣雲下，這形成火焰紊流現象（Turbulence），產生破壞性火焰前鋒之爆炸過壓情況。

圖5-31　鐵路槽車出軌翻覆大量燃料洩出會形成蒸氣雲爆炸現象

在碳氫類石化設施為了使蒸氣雲爆炸發生，必須4個條件：

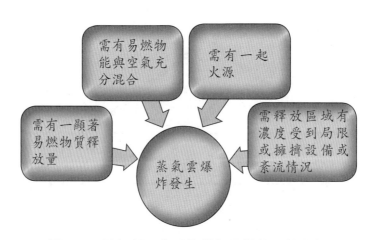

圖5-32　碳氫類石化設施蒸氣雲爆炸發生條件

爆炸過壓的量是由爆炸的火焰速度（Flame Speed）決定。火焰速度是所釋放可燃物與空氣混合蒸汽濃度，在蒸汽雲內能產生紊流大小之一種函數。紊流是由特定區域內的局限空間和擁擠石化設施（Congestion）[15]所形成。現代一些露天爆炸專家指出，所有岸上油氣處理廠有足夠的擁擠石化設施和局限空間，能產生蒸氣雲爆炸情況。

---

[15] Congestion係指石化設施彼此擁擠程度。

圖5-33 擁擠石化設施和局限空間會形成蒸氣雲爆炸環境空間
（攝自於臺中港化學碼頭區）

在蒸氣雲爆炸影響因子方面如下：

1. 物質儲存條件。

2. 洩漏物質屬性。

3. 洩漏方式。

4. 外界風速。

5. 地形地物。

6. 濕度。

當氣體或蒸氣雲在局限空間所形成濃度體積，所釋放的能量可以計算出（Al-ghamdi Master Thesis, 2011）

$$E = V \times H_c \times e$$

其中

E = 釋放能量（MJ）

V = 氣體或蒸氣雲在局限空間所形成濃度體積（m³）

H_c = 燃燒熱（平均3.5×10^6J/m³）

e = 爆炸係數（0.15～0.4）

第7節　粉塵爆炸

粉塵爆炸（Dust Explosion）是一種固體物質爆炸現象，曾於104年6月27日新北市八仙樂園發生相當震憾之公安事件，疑似粉塵爆炸或塵燃現象。現場燃料係使用彩色玉米粉末，噴灑舞臺製造效果，卻發生台灣史上最大規模的混合暨擴散燃爆意外，造成498人受傷，已死亡15人（統計至104年12月）。本案玉米粉末細微性小、大量噴灑濃度、噴槍壓力揚起造成空間大量粉末紊流狀態，在現場設施有人抽菸、電腦設施、投射光（高溫電燈泡燈絲）、電氣電弧、靜電放電及摩擦火花等可能造成粉塵起火所需能量，使空氣中粉塵引起第一次原發性粉塵混合燃燒暨低階爆燃（Deflgration）現象，及後續繼發性之擴散性粉末火焰燃燒現象[16]。

粉塵爆炸為任何粉狀可燃物質，懸浮在空氣中，但不一定在封閉空間，分散於足夠高的濃度，遇有起火源形成快速燃燒之現象。當細碎固體物質（如粉塵和細粒）分散在空氣中，起燃時會形成特別劇烈與破壞性之爆炸情況。即使不被認為是可燃物質，如阿司匹林、鋁或奶粉，當處於擴散之粉塵（Dispersed Dusts）情況，能起燃產生粉塵爆炸現象。

基本上，粉塵爆炸發生在各種不同的物質（農業產品），如穀物粉塵和木屑；碳質物質如煤、木炭；化學品；藥如阿司匹林和抗壞血酸（即維生素C）；染料和顏料；金屬如鋁、鎂、鈦等；塑膠製品和樹脂如合成橡膠。

1. 粉塵爆炸原因

粉塵爆炸基本上需有火三要素外，仔細畫分可列出影響粉塵爆炸之因子，如下：

---

[16] 依照德國Siemens公司研究指出，玉米粉等穀物類粉塵最小起火溫度為420℃；八仙樂園疑似粉塵爆炸，事實上，爆炸必須發生在密閉容器或局限空間，使能產生衝擊波之壓力速度；因此八仙樂園公安事件，係人為撒粉或噴槍噴灑使粉塵揚起形成紊流狀態，遇到高溫熱源（達到該粉塵最小起火能量），形成開放空間擴散性火焰連鎖燃燒及低階爆燃（deflargration）現象。

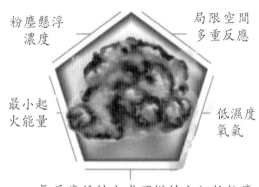

粉塵懸浮
濃度

局限空間
多重反應

最小起
火能量

低濕度
氧氣

氧反應活性大或可燃性之細粒粉塵
化學組成
溫度與壓力

圖5-34　影響粉塵爆炸之因子

（資料來源：盧守謙、陳永隆，《火災學》，吳鳳科大消防系用書，2016）

　　假使與一般可燃氣體化學性燃燒爆炸比較，粉塵爆炸主要不同點，粉塵有粒子大小問題、最小起火能量會比一般可燃氣體高、必須懸浮狀態能與空氣中氧作接觸、會產生較多不完全燃燒、因一定空間範圍內會有二次粉塵炸之現象。此外，大部分粉塵爆炸壓力上升較緩慢，較高壓力持續時間長，釋放的能量大，破壞力強，如按產生能量的最高值進行比較，大多粉塵爆炸能量有可能是氣體爆炸的好幾倍。此因是大部分粉塵的燃燒速度比氣體的要小，粉塵分子間距離近，質量與能量傳播距離短，在劇烈運動形成高熱能力量較一致，產生的能量大與燃燒時間較長，所以傳播能量與質量造成的破壞及燒毀的程度會較嚴重，這也有可能一部份原因是來自於粉塵中碳氫含量高所致，如2015年6月新北市八仙樂園彩色派對用玉米粉塵爆事件，500人送醫治療，其中15人死，經衛福部統計送醫500人，燒燙傷面積達40%有248人，有24人面積更高達80%。

　　與一般可燃氣體化學性爆炸一樣，粉塵必須在一定混合濃度範圍內、濕度要低使起火所需最小能量亦低、有些化學組成本身類型因含有氧能使起火所需最小能量，在溫度或壓力增高時，爆炸範圍增加，濕度低使最小起火能量變小；但粉塵本身有重量必須是懸浮狀，始能空氣中氧形成大表面積接觸反應。

(1) 粒子大小（Particle Size）

　　由於燃燒反應發生在粉塵粒子表面，由燃燒所產生壓力上升速率，在很大程度上是依賴於分散粉塵粒子表面區域。對於一定規模粉塵質量（即總表面積），其各自粒

徑愈小所產生爆炸威力愈大；意即愈細粉塵擁有更猛烈之爆炸威力。在一般情況下，粉塵定義為粒子直徑是指小於500μm（0.5mm）以下的粉末，而美國NFPA指出，可燃粉塵存在危險爆炸濃度時，粒子直徑必須在420μm（0.42mm）以下；如果是更小粒子的粉末，對空氣中氧接觸總表面積，熱傳導之熱損小，勢必較大並呈現更大的危險性。

　　也就是說，粉塵爆炸粒子必須具有非常大的表面積與體積比，這導致粉塵比散裝物料更易燃，因粒徑越小其最小起火能量就越低（圖5-35）；如一整塊球狀物質分解成球形塵埃顆粒（約麵粉顆粒大小），物質的燃燒速率就會大大增加，每個顆粒的質量非常小，因其熱傳導材料損失亦低，還使其著火時比較大粒子材料用更少的熱量，尤其是密閉倉庫或地窖等壓力顯著增加的密閉空間。此外，黃金等傳統意義上是不可燃物質，但黃金形成粉末狀粒子時，因對氧之反應活性大，也會產生劇烈燃燒爆炸現象。

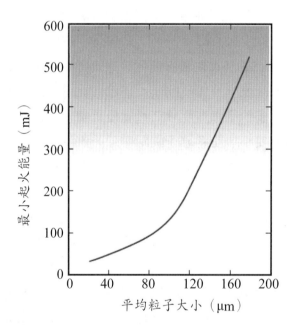

圖5-35　一典型農業粉塵平均粒徑之最小點火能的影響

（資料來源：U.S. Mine Safety and HealthAdministration，未出版）

例題：鋁粉甲的顆粒尺寸爲A，其粉塵發火溫度爲B，鋁粉乙的顆粒尺寸爲a，其粉塵發火溫度爲b。下列選項何者爲是？

(A)A爲29μm，B爲攝氏560度，a < 10μm，b爲攝氏710度

(B)A爲29μm，B爲攝氏710度，a < 10μm，b爲攝氏710度

(C)A爲29μm，B爲攝氏710度，a < 10μm，b爲攝氏560度

(D)A爲29μm，B爲攝氏710度，a爲29μm，b爲攝氏560度

解：(C)

(2) 混合濃度（Concentration）

任何爆炸濃度原理一樣，濃度低於爆炸下限值（LEL），呈現無法爆炸或縱使在最低值時，也存在不足以支持燃燒爆炸所需速率之情況。一般，在工程上設計值是比爆炸下限值低20%應是安全的。同樣，若爆炸混合濃度增加超過爆炸上限值，氧氣呈現不足或縱使能點燃，也存在不足以使氧化以必要速度繼續快速反應。

粉塵在空氣中濃度，對其起火性和爆轟壓力波（Blast Pressure Wave）威力，能產生顯著之影響。如同可燃蒸汽／氣體一樣，特定粉塵爲能發生傳播燃燒反應，有所需之最小爆炸濃度。最小濃度隨著特定之粉塵而有不同變化，從低至20～2000g/m³，最常見粉塵粒子之濃度是小於1000g/m³。

但是，不像大多數之氣體／蒸氣，一般粉塵濃度是沒有可靠之上限。主要控制其反應速率不是由最大濃度，而是表面積與質量比（Surface Area to Mass Ratio）。因此，類似於氣體／蒸氣，粉塵濃度處於或高於接近最佳混合比例，則爆炸發生會有較高之壓力上升速率與最大壓力值。如果粉塵／空氣混合物是富燃料或貧燃料狀態，其燃燒速率與最大壓力將是降低的。在爆炸下限和上限燃料濃度狀態時，所產生壓力上升速率和總爆轟壓力皆是非常低的。

(3) 紊流懸浮（Turbulence）

沉澱地面粉塵是不太可能會燃燒，粉塵粒子必須是揚起狀態，即懸浮粉塵／空氣混合物中處於紊流情況，將大幅提高燃燒率，導致壓力上升速率加快，形成爆炸狀態。在密閉容器（Confining Vessel）的形狀和尺寸，其會影響紊流程度，如穀物從高處澆注入大規模上空儲存箱情況，能顯著影響粉塵粒子分散紊流程度，加速爆炸之嚴重程度。

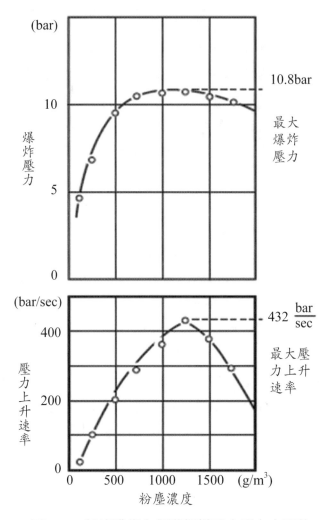

圖5-36　粉塵濃度為低階爆燃最大壓力之函數

（資料來源：NFPA68, 2002）

　　換言之，為支持快速燃燒現象，粉塵必須具備非常小的顆粒構成，亦即高表面積與體積比，從而使所有的粒子組成，有相對大對氧接觸之表面積。

(4) 濕度（Moisture）

　　除空氣中氧氣是粉塵爆炸最基本必要的，通常增加空氣中粉塵粒子水分含量，使懸浮粉塵之起火所需最小能量和起火溫度皆會大幅提高。當空氣中相對濕度即水分含量接近極限值時，增加所需點火能量和溫度速率，將變得很高。在水分極限值以上時，懸浮粉塵將無法點燃。

　　但是，一旦起火現象已經發生，周圍空氣中濕度水分含量，對粉塵爆炸傳播反應，已是沒有多大的影響（Little Effect）。

　　實務上，如造紙廠等加工過程中排放的紙屑，尤其是切割成薄片的情況下，以粒子而言不是嚴格意義上的粉塵大小，卻是另一種已知的爆炸危險。封閉的造紙廠區常受到這種爆炸危險，因而常保持空氣中高相對濕度，以減少懸浮中紙粉塵爆炸的可能性。又煤碳開採作業中，甲烷爆炸會誘發煤塵爆炸而擴展整個煤坑工作。有時礦區可通過噴水或灑水以增加空氣中相對濕度，來抑制粉塵起燃爆炸之可能。

　　因此，濕度主要能明顯增加其最小起火能量，且使其不易懸浮狀態。

(5) 化學組成（Chemical composition）

　　有機過氧化物或硝化物等分子已有活性氧，雖無外界氧之供給，能降低最小起火能量，而能產生激烈爆炸，如硝化物或有機過氧化物較易產生粉塵爆炸；但此種狀態粉塵亦必須如前所述，粉塵粒子是懸浮狀。但注意各種金屬粉塵（如鎂、鋯、鈦、鋁、錳）：當懸浮在二氧化碳中，會形成點燃而粉塵爆炸。

(6) 溫度與壓力（Temperature and Pressure）

　　依理想氣體PV = nRT[17]，溫度與壓力成正相關，在溫度或壓力增高時，爆炸上限提高，燃燒／爆炸範圍增加，燃燒／爆炸下限降低致最小起火能量變小。

(7) 最小起火能量（Minimum Ignition Energy for Dust）

　　所有燃燒或爆炸都必須有熱源之出現。基本上，能產生粉塵爆炸之起火熱源已經證實，有明火、煙蒂（Smoking Materials）、電燈泡燈絲（Light-Bulb Filaments）、焊接／切割、電弧（Electric Arcs）、靜電放電、摩擦火花、高溫表面以及自燃。

　　對於大多數物質粉塵之起火溫度範圍，從320～590℃（600～1100°F）之間。粉塵比大多數易燃氣體／蒸汽燃料有較高之最小起火能量，一般範圍是在10～40mJ；在氧濃度較較區域將使最小起火能量降低。

　　依照英國學者Raftery（1974）研究指出，粉塵或蒸氣／氣體最小起火能量如下表所示。可見粉塵發火能量要比蒸氣或氣體還要大約100倍以上，始能產生發火爆炸。

---

[17] 理想氣體公式：PV = nRT，其中P：壓力、V：容器體積、n：氣體分子數（莫耳數）、R：理想氣體常數、T：絕對溫度。

表5-4　粉塵或蒸氣／氣體最小起火能量

物質	最小起火能量（mJ）
蒸氣／氣體	
H$_2$	0.02
CH$_4$	0.3～0.6
C$_2$H$_2$	0.2
C$_2$H$_4$	0.5
C$_3$H$_8$	0.26～0.5
C$_4$H$_{10}$	0.5
汽油蒸氣	0.24～0.5
粉塵	
鋁（6μ）	13
碳	45
咖啡	140
穀粉	128
糖粉	48
肥皂粉	25
紙粉（1400μ）	39
甲基丙烯酸甲酯	13
黃豆粉	330
尼龍（Nylon）Ⅱ	32
聚乙烯	38

（資料來源：Raftery 1974）

　　一份依照德國Siemens公司（2010）研究指出，粉塵最小起火能量約在3～200 mJ範圍內，而可燃氣體最小起火能量則較低，範圍在0.013～1.0mJ。而由火花現象產生能量大小，電焊與燒焊火花能量高達100mJ以上，機器研磨形成束狀火花能量為10～100mJ之間，而靜電火花能量則在0.1～1.0mJ之間。

例1：下列關於粉塵爆炸的敘述何者正確？

　　(A)最小發火能量為1～10mJ　(B)壓力增高，最小發火能量變大　(C)鋁鎂合金的粉塵，在CO$_2$中亦可發火　(D)比表面積愈小，愈易發火

解：(C)

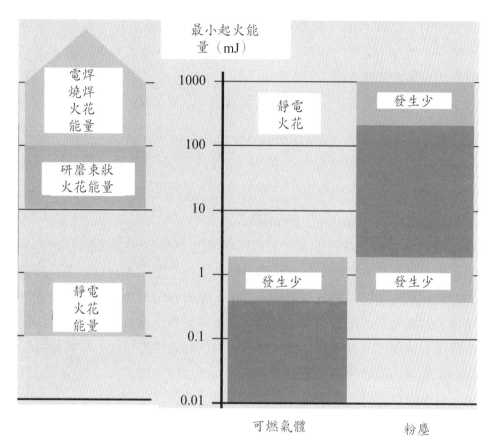

圖5-37 可燃氣體與粉塵最小起火能量

（資料來源：Siemens AG 2010）

例2：下列關於粉塵爆炸之最小發火能量的敘述何者正確？ (A)較可燃性氣體約小 $10^2 \sim 10^3$ 倍 (B)粒子愈小最小發火能量變大 (C)在氧氣中最小發火能量較在空氣中為小 (D)大氣中水分含量愈高最小發火能量愈小

解：(C)

例3：碳化氫發火能量高低之順序為：
(A)烷 < 烯 < 炔 (B)炔 < 烷 < 烯 (C)炔 < 烯 < 烷 (D)烯 < 烷 < 炔

解：(C)

而由靜電引起爆炸方面，影響粉塵起火最小能量因素方面，如前所述之粒子大小、紊流懸浮、濃度、濕度、化學組成、溫度與壓力等。而可燃氣體方面，濃度、濕度、化學組成、溫度與壓力等。

而最小起火能量（焦耳）＝ 1/2×C（電容量）×V（伏特）

(8) 密閉空間屬性（Nature of Confining Space）

密閉空間之尺寸、形狀、結構、體積、材料和設計等屬性，如有無通風孔設計等，將會很大地改變粉塵爆炸影響。

(9) 局限空間多重反應（Multiple Explosions）

多重反應爆炸是粉塵爆炸的最大特點，欲產生爆炸形成爆轟壓力程度，必須在局限空間。粉塵爆炸時，爆炸壓力波會先前移，之後火焰才會到達，燃燒後粉塵會膨脹，壓力上升而速度加快；隨著火焰速度加快，壓力亦相對加快，但壓力速度總比火焰速度稍快，致產生二次粉塵爆炸之現象。在工業廠房粉塵欲爆炸，必須粉塵懸浮量在其爆炸濃度範圍內，一旦起火發生，燃燒產生的熱量從燃燒中心向外傳遞，引起鄰近粉塵進一步燃燒。如此多重反應，反應速度不斷加快，最後形成爆炸。有時會形成相連空間，另一處粉塵揚起狀態及爆炸瞬間高溫，使一定空間內部一系列連鎖發生，此稱「二次粉塵爆炸」。此如同防液體內一油槽爆炸發生，相繼使數個產生連鎖爆炸現象一樣。

圖5-38　油槽火災設備發出異常響聲及燃燒由紅變白現象等危險徵兆

（筆者繪圖）

因此，粉塵爆炸往往可分一次和二次，二次即繼發性粉塵爆炸指工廠或某種空間內的灰塵堆積被揚起，因一次即原發性爆炸起火，導致空間內部不受控制產生多重爆炸現象。亦即，在原發性爆炸時，會把更多粉塵揚起產生懸浮紊流狀態，這會導致更多的爆炸；即爆炸後短時間內爆炸中心區會形成負壓，周圍的新鮮空氣便由外向內填補進來，形成所謂迴流區，此與揚起的粉塵再次混合，在第一次爆炸高溫下引起第二次爆炸。較常會發生粉塵爆炸環境，是在工廠或類似建築內如糧倉，這些繼發性爆炸往往從一區延伸到另一區，或是可能從建築物到另一棟建築物危害情況。從歷史上看，粉塵爆炸通常隨後繼發性爆炸，是比最初的原發性爆炸更形嚴重；在造成較多人員傷亡的粉塵爆炸，往往是由繼發性粉塵爆炸所導致。

又金屬粉塵爆炸情況，從日本研究指出，粉塵爆炸反應過程是不同於一般氧化行為過程。一般，由氧離子所形成電氣二重層緣（Electric Double Layer）電勢梯度（Potential Gradient），會與顆粒半徑愈大成反比關係。因此，顆粒半徑愈小會有愈強氧化反應之傾向。在金屬顆粒表面上是不形成氧化膜的（Oxide Film），僅會觸及空氣中氧。從這些特點，引起粉塵爆炸的金屬粉末，即使是不燃材料也將變得是可燃的。

2. 粉塵爆炸防制

(1) 燃料面

　　① 減少粉塵飛揚

依作業性質選擇適當設備，以減少粉塵飛揚的自由空間；經常清除濾網、濾布及作業場所，在單獨房間內，並設專門的保護罩和局部排風罩。

　　② 防止粉塵堆積

作業廠房應注意粉塵堆積狀態，能及時清理粉塵，尤其作必要粉塵設備隔離設置或吸塵裝置，如公共危險物品及可燃氣體管理辦法規定，場所內有積存可燃性蒸氣或可燃性粉塵之虞者，應設置將蒸氣或粉塵有效排至屋簷以上或室外距地面四公尺以上高處之設備，以使高處通風較佳使其吹散。

　　③ 限制或監測粉塵濃度

在製程中可利用通風換氣設備控制，使可燃物的濃度不在爆炸範圍內，如上所述使其有效排出。

(2) 氧化面

　　① 惰化設計

　　以氮氣或一氧化碳等惰性氣體取代空間，使氧濃度或分壓降低，使其不能氧化爆炸。

　　② 噴灑水霧

　　此視作業性質及場所而論定。

(3) 熱能面

　　① 增加濕度

　　增加空氣中相對濕度或濕式混拌取代乾式混拌，使最小起火能量提高。

　　② 消除或遠離點火源

　　能引起粉塵爆炸最小起火能量多元化，依據操作環境而論定。

　　③ 移位作業

　　現場作業存在嚴重之可能起火源，可考慮進行設備移位作業，或至較大或開放廠房作業，一來避免起火，二來使粉塵混合不致進入一定濃度。

(4) 減災面

　　① 弱頂設計

　　粉塵易形成多重反應及二次粉塵爆炸，可通過專用管道將壓力釋放到大氣或進行建築空間弱頂設計（輕屋頂結構，在爆炸時屋頂掀開當成釋壓口，如公共危險物品及可燃性高壓氣體設置標準暨安全管理辦法第21條第7款規定：儲存倉庫之屋頂應以以輕質金屬板或其他輕質不燃材料覆蓋……），以免建築空間受壓形成更大破壞力。

　　② 局限爆炸範圍

　　依作業場所空間進行區畫，或設計防爆牆，以局限爆炸之範圍或程度，安裝爆炸氣道或洩爆孔。

　　③ 隔離

　　進一步資料請參閱本章末節爆炸防制與對策。

3. 粉塵爆炸測定方法

(1) 爆炸可能性（起火靈敏度）

　　使用改良之哈特曼（Hartmann）管裝置，安裝在1.2公升測試垂直管。以不同量

的粉塵樣品分散在試管，嘗試用10焦耳電弧來點燃。如果未能點燃，繼續以20公升球形測試裝置用10000焦耳進行點燃測試。

①　最小爆炸濃度（Minimum Explosible Concentration, MEC）

②　最小含氧濃度（The Limiting Oxidant Concentration, LOC）

③　粉塵雲最小起火溫度（MIT Cloud）

④　粉塵層最小起火溫度（MIT Layer）

⑤　最小點火能量（MIE）

⑥　靜電體積電阻率（Electrostatic Volume Resistivity）

⑦　帶電性（Electrostatic Chargeability）

⑧　自我加熱性（Self-Heating）

(2) 爆炸後果（爆炸嚴重性）

使用$1m^3$或20公升球形測試測試裝置。粉塵樣品在分散的範圍內，由化學點火器點燃，進行以下數據之量測。

①　最大爆炸壓力(Maximum Explosion Pressure)

②　最大升壓速率(Maximum Rate of Pressure Rise)

③　低階爆燃指數(Deflagration Index)

第8節　氣體／蒸氣爆炸

最常遇到爆炸是氣體或蒸氣，尤其是氣體燃料如瓦斯或可燃液體蒸氣之爆炸。氣體如低溫液化之LNG或LPG與水接觸，產生BLEVE現象。而過熱液體形成蒸氣狀態，倘若在極短時間為之，勢必釋放相當能量而出現爆炸現象，其可分為可燃性蒸氣爆炸如油罐車或有機溶劑槽等，需有發火源，形成BLEVE或爆炸燃燒；另一為非可燃性蒸氣如水等，不需發火源，觸動爆炸是高壓如鍋爐或高溫如熔融態金屬，爆炸後不會燃燒。

一般能比空氣輕氣體形成劇烈爆炸如天然氣，但其發生頻率依據統計報告，是比具有蒸氣密度大於1.0（比空氣重）氣體／蒸氣還少；表5-5提供了常見可燃氣體特性。

表5-5 常見可燃氣體之屬性

氣體種類	熱值（MJ/m³）	爆炸下限（%）	爆炸上限（%）	比重	燃燒1m³所需最小空氣量（m³）	起火溫度（℃）
天然瓦斯	37.6～39.9	4.5	14	0.6	9.2	482～632
丙烷	93.7	2.1	9.6	1.5	24.0	493～604
丁烷	122.9	1.9	8.5	2.0	31.0	482～538
乙炔	208.1	2.5	81	0.91	11.9	305
氫	12.1	4	75	0.07	2.4	500
無水氨（Anhydrous Ammonia）	14.4	16	25	0.60	8.3	651
一氧化碳	11.7	12.5	74	0.97	2.4	609
乙烯	59.6	2.7	36	0.98	14.3	490

（資料來源：NFPA 1986, Fire Protection Handbook Sixteenth Edition）

進一步資料，在NFPA 68提供了更完整爆炸的進一步資料。

1. 蒸氣爆炸種類

(1) 過熱液體之種類
　　① 過熱液體為水，引發水蒸氣爆炸。
　　② 過熱液體為氯，引發有毒物質爆炸。
　　③ 過熱液體為LNG或LPG，引發火球、BLEVE或蒸氣雲爆炸。
(2) 過熱液體之過程
　　① 傳熱型蒸氣爆炸，如水或氯等。
　　② 失衡型蒸氣爆炸，如LNG或LPG等。

2. 氣體／蒸氣爆炸屬性

(1) 氣體／蒸氣之最小起火能量（Minimum Ignition Energy for Gases and Vapors）
　　氣體燃料與空氣中氧混合物是極容易點燃之燃料，並會引起爆炸。一般其起火溫

度範圍在370～590℃（700～1100°F），而觸動其最小起火能量約在0.25mJ。又氣體燃料與空氣中氧混合濃度比例，也相關於該起火所需最小能量（如圖5-39）。

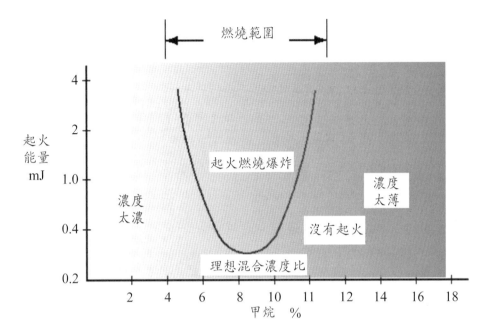

圖5-39　甲烷氣體燃料與空氣中氧混合濃度比例相關於最小起火能量

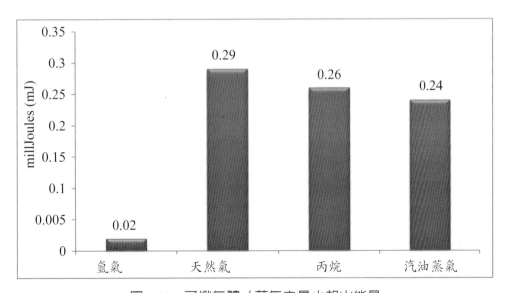

圖5-40　可燃氣體／蒸氣之最小起火能量

（資料來源：Babrauskas, 1998）

基本上，影響氣體／蒸氣之最小起火能量，取決於下列因素：

① 溫度及壓力（Temperature & Pressure）。

② 混合濃度（％ of Combustible in Combustant）。

③ 氣體／蒸氣類型或化學組成（Type of Compound）。

④ 濕度（Moisture）。

(2) 地下輸送氣體燃料（Underground Migration of Fuel Gases）

這是很常見的，可燃氣體遷移地下從地下管道系統洩漏出，進入建築結構，產生氣體燃料火災或爆炸，如2014年7月高雄地下管線丙烯洩漏大爆炸，造成街道滿目瘡痍，32人死亡、321人受傷事故。因地下管道和公用線路之周圍土壤，會比相鄰土壤具有較多擾動（Disturbed）與空隙。無論是比空氣輕或空氣重之揮發性燃料（Fugitive

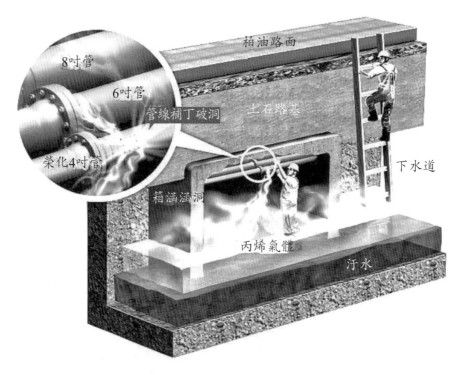

圖5-41　於2014年7月高雄地下管線丙烯洩漏處之箱涵涵洞

（資料來源：蔡宗翰，2015[18]）

---

[18] 蔡宗翰，2015，高雄石化氣爆後的省思與個人觀點（二）：黃金三小時，大多數媒體質疑什麼？

Fuel），將傾向於沿著地下結構外緣（Exterior）繼續擴散，並以這種方式進入至其他建築結構，如地下室。這些逸出氣體通常會滲入土壤，或向上垂直遷移，而無害地消散於空氣中。然而，如果地面上是受到雨、雪、結冰，或新鋪路等阻塞，氣體能橫向遷移，沿著管子外緣而進入至建築結構。

誠如上述，地下氣體燃料一旦洩漏，已知會沿著管路外緣進入建築物，藉由滲入下水道（Sewer Lines）、地下電氣或電話導管、瓷磚排水孔（Drain Tiles），甚至直接穿越地下室和基礎牆壁。此外，氣體可以將透過地下管道至數百尺遠，然後在遙遠建築結構產生爆炸或火災。

在天然氣和丙烷之臭味（Natural Odors）很少或幾乎沒有。為了洩漏時能容易檢測，氣體中加入難聞（Foul-Smelling）惡臭化合物。

(3) 多重爆炸（Multiple Explosions）

因氣體輸送（Migration）產生口袋型效果（Pocketing Effect），是多重爆炸產生所表現特徵，一般稱為二次爆炸（Secondary Explosions）[19]。氣體和蒸汽已遷移到相鄰樓層或每一樓層房間，能聚集或形成口袋（Pockets）區域。當在一個樓層或房間發生起火爆炸，隨後可能在鄰近區域或樓層相繼爆炸。

於氣體遷移和口袋狀（Pocketing）累積，往往會形成不同之燃料／空氣混合濃度區域。一口袋區域可以是燃料濃度處在爆炸範圍內，而在隔壁房間或樓層所形成口袋區域，則可能處在爆炸上限（UEL）。當第一混合物點燃爆炸，開始破壞結構，爆炸動態威力（Dynamic Forces）包括正壓段和負壓段，會趨向於將空氣引入富燃料混合物，並使混合物稀釋進入爆炸範圍。如果起火源有足夠能量存在，這種混合物將依次爆炸。以這種方式，形成一系列各處之蒸汽／氣體爆炸現象將是可能的。

基本上，多重爆炸是一個非常普遍的現象。然而，此種爆炸往往發生得如此之快，以致目擊者報告只聽到一個，但物理證據顯示不只一個爆炸現象，包括多個起爆處。由相鄰區畫空間所產生二次或階段式爆炸（Cascade Explosion），在某些情況下可能比主要爆炸更加猛烈。這種威力一般是由於第一次爆炸扮演著非常強起火源，創造了額外紊流條件，以及在室內造成預壓縮（Pre-Compression）狀態。

---

[19] 氣體輸送產生口袋型效果，是多重爆炸產生所表現特徵，一般又稱為階段式爆炸（Cascade Explosions）。

3. 影響氣體／蒸氣爆炸因素

低階（Low-Order）和高階（High-order）爆炸損壞的結構涉及許多因素，包括燃料與空氣比例、燃料之蒸氣密度、紊流效應（Turbulence Effects）、區畫空間體積／位置、起火源大小、通風，以及該結構之強度特性。

(1) 混合濃度（Fuel–Air Ratio）

通常區畫結構受損之程度，可以是起火時燃料／空氣混合物比例之一種指標。爆炸發生在混合物比例達到或接近「氣體／蒸氣」爆炸下限（LEL）或上限（UEL）情況，則相對於近乎最佳濃度[20]而言，這產生較不劇烈的爆炸。因低於最佳比例燃料／空氣混合物，會產生較低之火焰速度與最大壓力。在一般情況下，這些在區畫空間爆炸傾向於下沉（Heave）和推擠（Push），產生低層次之損害（Low-Order Damage）。

火焰速度（Flame Speed）是自由傳播火焰相對於某固定點之局部速度，是燃燒速度和火焰前緣之平移速度（Translational Velocity）之合計。甲烷和丙烷最大層流（Laminar Flame）之火焰速度，分別為3.5 m/sec（11.5ft/sec）和4 m/sec（13.1ft/sec）。而燃燒速度（Burning Velocity）是相對於前緣未燃燒氣體速度的火焰傳播速率。基本燃燒速度是壓力規定條件下組成分（Composition）、溫度和未燃燒氣體，所產生層流火焰之燃燒速度而言。基本燃燒速度是可燃物之固有特性，並是一個固定值，而火焰速度（Flame Speed）可以變化很大，這取決於溫度、壓力、區畫空間體積／結構、可燃氣濃度和紊流等現有參數。

基本上，燃燒速度（Burning Velocity）是火焰反應前緣移動到未燃燒混合氣體之速度，其中未燃燒混合氣體，必須燃料／氧化劑化學轉化為燃燒產物，其僅是火焰速度的一小部分。轉化速度（Transitional Velocity）是由燃燒產物體積膨脹，所導致火焰前緣速度之總和，由於在未起火前氣體混合物的運動，已增加莫耳數和任何流體速度，也導致溫度之增加。火焰前緣的燃燒速度，可從基本燃燒速度（進一步參考NFPA68）來進行計算。而爆炸過程中壓力和紊流大幅增長，使基本燃燒速度增加，進一步加快壓力上升之速度，請參考NFPA68所列表各種物質數據。

爆炸混合物濃度接近下限（LEL）情況時，爆炸後不傾向於產生火災，因幾乎所有燃料用於爆轟性傳播過程中耗燼。爆炸混合物濃度接近上限（UEL）情況時，爆炸後傾向於產生火災，因豐富燃料混合物，由這些剩餘燃料的延遲燃燒，而產生爆

---

[20] 近乎最佳濃度係指略濃之化學當量理想比例（Slightly Rich of Stoichiometric）。

炸後火災。通常，超過UEL混合物一部分燃料是不燃燒的，直到其爆炸過程正壓段
（Venting Phase）或負壓段（Negative Pressure Phase）與空氣混合，由此始產生隨
後之火災。

　　當最佳（即最猛烈）爆炸發生時，幾乎其混合物濃度，總是接近化學當量理想
比例或稍高（即稍微富燃料），這是最佳的混合物。其能產生最有效的燃燒，因此，
能得出最高火焰速度、壓力上升速率、最大壓力，並因而造成大多數損害程度。如
果區畫空間存有過於豐富混合物口袋區（Pockets），可能發生爆炸後火災（Post-
Explosion Fires）之情況。對於住宅建築常見的是比空氣輕氣體災害，當其在最佳濃
度比例時，爆炸有時會導致木質結構物質一些粉碎性破壞效果。

　　又溫度對「氣體／蒸氣」爆炸下限（LEL）或上限（UEL），有實質影響關係：
亦即在大氣壓力下溫度，對在含有易燃液體封閉容器中，其可燃性蒸氣／空氣均勻混
合物之產生影響，如圖5-41所示。圖中顯示能產生爆炸最低點，僅低於在純液體情況
閃火點之K氏溫度幾度而已。這種差異可以在不同揮發性液體混合物的情況下達1～
30度之差。

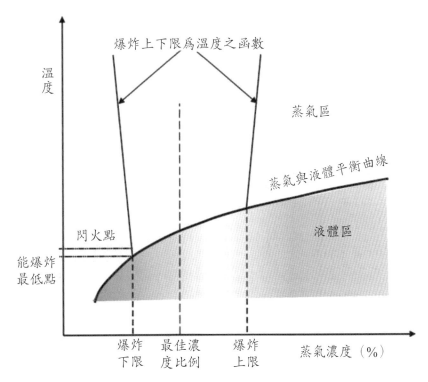

圖5-42　溫度對燃料／空氣比例影響結構

（資料來源：Chaineaux *et al.*, 2009）

(2) 蒸氣密度（Vapor Density）

氣體／蒸氣燃料之蒸氣濃度，可對區畫結構內爆炸損壞程度，產生顯著性之影響，尤其是在住宅等一般建築物中。雖然從自然和強制對流空氣運動，是一結構中移動氣體的主導機制；當燃氣從容器或管道逸出時，其蒸氣密度能影響氣體／蒸氣之流動。

當燃氣如可燃液體和液化石油氣比空氣重之氣體／蒸氣（蒸汽密度大於1.0），產生洩漏時會流向較低窪之地區。比空氣輕氣體如天然氣，則會上升並流動到上部區域。如爆炸後在天花板擱柵間之口袋區域（Pocketed Areas），存有燃燒跡象，可表示一個比空氣輕燃料，而不是比空氣重氣體／蒸氣。輕於空氣氣體具有較高的遷移率和向上逸出，較不太可能產生危險情況；而比空氣重氣體易流入地下室、窄小爬行空間（Crawl Spaces）、井道和槽體（Tanks）。

假使天然氣洩漏在多層建築結構的第一層，也可能使爆炸震央在上層樓。因天然氣具有輕易上升的趨勢，通過自然孔洞甚至移入牆壁內空間。此種氣體將繼續在該建築結構擴散，直到起火爆炸為止。假使，液化石油氣洩漏在房子之第一層，假使其尚未點燃能繼續擴散並遠離洩漏點，由於其密度傾向於向下遷移。在洩漏一段時間之後，該氣體在低窪區域會得到更高濃度累積。

氣體起火發生僅當濃度是在爆炸界限範圍，並接觸到一定起火源（一個具有足夠的能量）。在現場發現燃料／空氣混合層，所形成火焰通過之痕跡，可表示有空氣輕或重之可燃氣體存在。燒焦（Scorching）、油漆起泡、爆坑痕（Tidemarks），是表示如此類型的現象之指標。暖氣和空調系統、溫度梯度以及風對建築物的影響動作，皆可能會導致混合和運動，而減少蒸汽密度的影響。在靜止空氣條件下蒸氣密度影響是最大的。

從全尺寸房間實驗（Full-scale Testing）可燃氣體濃度的分配情形，已顯示其濃度可能如下：

① 比空氣輕氣體，蓄積在天花板。
② 比空氣重氣體，蓄積在地板上。此與洩漏位置之間，能發展為化學當量理想比例狀態（Stoichiometric Concentrations）。

誠如上述，一個比重空氣的氣體會洩漏在地板上，而產生地板層次有較大濃度氣體，並會慢慢稍向上擴散。相反地，比空氣輕的氣體漏出，會累積在天花板高度。無論是天然的和機械的通風，皆可改變氣體之流和混合程度，並可能使氣體擴散到相

鄰的房間。

　　由建築結構爆炸損壞痕跡，顯示在地板以上相對高度，並不一定是燃料蒸汽密度之一種指標。因此，特定結構牆壁在近地板位置明顯損壞，如此燃料氣體比空氣重，而相反地，如果牆壁在近天花板位置損壞，燃料會比空氣輕，但這不全然正確。因室內爆炸損壞的程度，是牆壁頂端（Wall Headers）和底板（Bottom Plates）間結構強度之函數。

(3) 紊流（Turbulence）

　　燃料／空氣混合物中紊流現象，提高了火焰速度。因此，其大幅增加燃燒速度和壓力升高速率。紊流可提高壓力上升速率與相對少量的燃料所需，而導致高層次（High-Order）損害，即使僅是一稀薄混合濃度即爆炸下限（LFL），亦是如此。密閉容器之形狀和尺寸，能影響紊流屬性，進而對爆炸產生嚴重程度有一顯著影響。在爆轟燃燒波路徑上出現許多障礙物，已顯示會增加紊流現象，並大幅增加爆炸之嚴重度；此由於紊流增加混合物之火焰速度，其他來源如使用風扇和強制通風，皆可能會形成紊流增加爆炸效果。

(4) 密閉空間屬性（Nature of Confining Space）

　　密閉空間之尺寸、形狀、結構、體積、材料和設計等屬性，將會很大地改變爆炸影響。例如，天然氣體積與空氣混合之特定百分比，會產生完全不同的效果，如點燃時在一個28.3m^3（1000ft^3）房間，與283.2m^3（10,000ft^3）房間。這種變化的影響是真實的，即使是火焰前鋒速度和所表現出最大過壓（Maximum Overpressure）在本質上都是相同的。

　　在一個長而窄走廊上充滿可燃蒸氣／空氣混合物，相比於多層立方體區畫空間（Cubical Compartment）燃料／空氣混合物之相同體積，當一端點燃，其壓力分布、壓力上升速率與在結構上爆炸所產生效果，二者將是非常不同的。於一般情況下，在所設定燃料／空氣混合物，如在較小型容器體積內會有較快壓力上升速率，並且有較猛烈之爆炸。

　　依照波以耳定律（Boyle's Law）壓力與體積關係，二者成負相關。

　　於密閉容器在爆炸過程，遇到障礙物形成紊流（Turbulence），而增加破壞效果。這種紊流可透過固體障礙物，如欄柱（Columns）或桿（Posts）、機械設備或牆壁隔板（Wall Partitions），而能加快火焰速度，並因而引起壓力上升速率之增加。

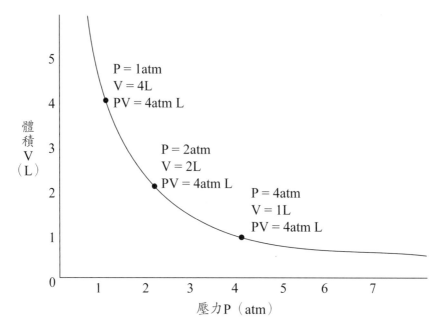

圖5-43　依波以耳定律之體積與壓力關係

(5) 起火源位置和大小（Location and Magnitude of Ignition Source）

　　如果起火源是發生在區畫結構之中心位置，其壓力上升速率將是最高的。起火源愈靠近密閉容器（Confining Vessel）或建築結構之壁面，有較快火焰前緣將到達牆壁，熱傳至壁面產生冷卻情況。如此結果造成能量損失和壓力上升相對速率較慢，以及劇烈爆炸（Violent Explosion）程度較低。起火源的能量，通常在爆炸過程中僅具相當少之影響，但異常地大之起火源（如雷管或爆炸裝置）可以顯著增加壓力發展速度，並在一些情況下，可引起爆轟燃燒之低階爆炸（Deflagration）轉變成爆轟之高階爆炸（Detonation）。

(6) 通風孔（Venting）

　　無論在氣體、蒸汽或粉塵之燃料爆炸，儲存容器之通風孔（Venting）對爆炸損害程度，能產生深遠之影響。如一條長的通風孔鋼管，能在其中心產生爆裂，儘管鋼管二端具有開口之事實。因此，在一個房間通風開口數目、大小和位置，能決定此房間在爆炸時是否遭到完全破壞，或僅是牆壁和天花板輕微的運動。

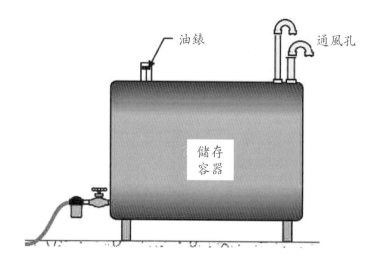

圖5-44 儲存容器之通風孔對爆炸損害程度之影響

在儲存容器或結構中排氣孔,也可能引起容器或結構外的損害,而最大損害可以預期在通風的路徑上。例如,在一個房間裡爆轟壓力前鋒(Blast Pressure Front)可透過門廊(Door-Way)行進,並且在相鄰房間門廊筆直走道上的物品,造成直接損害。假使,一旦發生高階爆炸之爆轟(Detonations),會形成非常快速之爆轟壓力前鋒,以致任何排氣口是無法釋放如此壓力,在此排氣之效果將是微乎其微的。

(7) 氣體／蒸氣量規模

洩漏物質可能液體、氣體或液氣兩相洩漏狀態,有些液體洩漏可能還不會起火燃燒,如矽甲烷洩漏不會燃燒,而會形成矽甲烷蒸氣雲。因矽甲烷高反應性及不穩定特性,一旦蒸氣雲燃燒,則會引起爆炸及其所形成破壞性過壓[21]情況。而洩漏形成蒸氣雲規模與過壓大小成正相關,如圖5-45所示。

誠如圖5-45,過壓大小無論是低階和高階爆炸影響,會依其氣體／蒸氣量洩漏形成蒸氣雲規模成正相關,洩漏量規模愈大,過壓愈大致爆炸各相關效應亦會愈強。有關蒸氣雲延伸閱讀請見本章第6節蒸氣雲爆炸之專節探討。

---

[21] 容器或儲槽內部過壓,可能造成該容器槽體失效外漏,於空間累積後致形成混合燃燒則引起爆炸壓力波,這些現象往往造成破壞性之過壓情況。

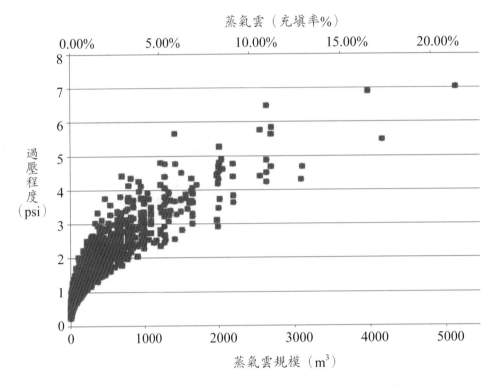

圖5-45 成蒸氣雲規模與過壓大小成正相關結構

（資料來源：Alghamdi Master Thesis, 2011）

因此，一旦發現管路或槽體容器洩漏，則可採取以下防堵方式爲之：

① 關閉供料閥門。

② 立即點燃燒淨。

③ 打木塞封堵。

④ 注入水升位。

⑤ 夾具並注膠。

⑥ 負壓吸附。

⑦ 壓蓋堵漏。

⑧ 捆紮法。

⑨ 視實際澆水結冰。

圖5-46 管路或槽體容器洩漏火災應即關閉供料閥門

（攝自消防署訓練中心）

圖5-47 管路或槽體容器洩漏火災可採注入水升位方式

（攝自臺中港區）

　　有關氣體爆炸延伸閱讀請參閱第7章第4節之氣體爆炸現象。

第9節　水蒸汽爆炸

　　蒸汽爆炸是熔融物體與水相互作用之結果。由於第二液體溫度遠遠超過水沸點，一旦與水直接接觸形成熱傳遞，而導致水的極速蒸發引起之物理爆炸現象。因第二液體通常是熔融金屬（Molten Metal）或一些其他熔體，所以蒸汽爆炸是一種熔融液體

與水相互劇烈作用。假使熔融液體不是與水，而是與其沸點低得多的液體接觸，所產生爆炸則稱為蒸氣爆炸現象（Vapor Explosion）。

只有在滿足熱力學和流體力學條件時，始會發生水蒸汽爆炸。熱力學條件是液體與液體接觸表面溫度（T_{con}）必須大於水的自發成核溫度（T_{sn}）（Spontaneous Nucleation Temperature），即沒有任何加熱表面情況下首次形成蒸汽泡的溫度。T_{con} 公式如下（SFPE Handbook 4th, 2008）：

$$T_{con} = \frac{T_H + T_C \sqrt{k\rho c_c / (k\rho c)_H}}{1 + \sqrt{(k\rho c)_c / (k\rho c)_H}}$$

T_H = 熱液體溫度。
T_C = 冷液體溫度。
$k\rho c_H$ = 熱液體之熱傳導率、密度和比熱之乘積。
$k\rho c_C$ = 冷液體之熱傳導率、密度和比熱之乘積。

如熔融銅1400℃溫度下浸入20℃水中，則依上式形成界面接觸溫度為1341℃。如將溫度為1330℃的熔融氧化亞銅浸入20℃水中，計算的界面接觸溫度為954℃。上述二種情況下，接觸溫度基本上高於水的自發成核溫度，因添加劑或汙染物會引起的表面張力變化，形成非常敏感。因此，熔融銅與水的相互作用，確是一種物理爆炸性。對於許多其他熔融金屬事例，如將硫酸鹽熔體浸入水中，也觀察到此類似的結果：此在造紙廠的黑液（Black Liquor）回收鍋爐中，產生容器爆炸事故。

液體溫度是發生蒸汽爆炸的必要條件，但不是充分條件。為了使汽化能快速地發生並且有足夠體積，以產生潛在破壞性壓力，需具充足的液體與液體界面接觸面積。Bankoff等（1983）研究蒸汽爆炸指出，大規模水蒸汽爆炸還需要液體之間預混合（Premixing）情況，觸發蒸氣膜（Vapor Film）崩潰，以及在觸發之後能形成快速蒸汽區（Vapor Zone）碰撞傳播現象，如圖5-48所示。

圖5-48左上方顯示熔融物質碰觸水大量落下，這過程產生預混合現象（Pre-Mixing）。圖5-48右上顯示每個熔體被水的沸騰（Film Boiling）形成水蒸氣膜（Water Vapor Film）所包圍。圖5-48右下顯示蒸氣膜被小熔體射流穿透，因此觸發膜崩潰（Film Collapse）。圖5-48下中間顯示初始液滴裂開許多拋射碎片（Jet Fragments），並持續相互作用。當拋射碎片被推進到周圍的水份時，快速膨脹區域產生爆炸性水蒸蒸（圖5-48左下方）。這種快速汽化／膨脹驅動了衝擊波，通過液體和相

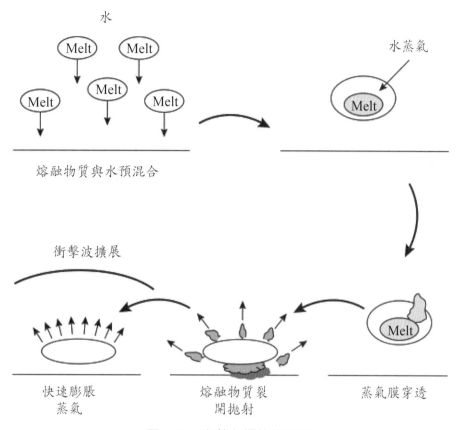

圖5-48 水蒸汽爆炸概念圖

（資料來源：SFPE Handbook 4th, 2008）

鄰區域所需的能量。

　　有一些實驗報告，如Nelson研究指出，當水溫高於187°F（86℃）時，不會發生熔融水蒸汽爆炸；Zyskowski研究指出，在水溫高於60℃時不會發生熔融錫水蒸汽爆炸。Long實驗顯示，當熔融鋁倒入水容器時，水容器的底部表面會影響爆炸的可能性，假使於容器底部生鏽將促進水蒸汽爆炸（Steam Explosions），而油脂（Greased）、塗油（Oil- Coated）或油漆（Painted）的容器底部，將能防止水蒸汽爆炸；於這些表面處理改變了表面的潤濕性（Wettability），和水膜被困在熔融鋁泡底面的可能性。後來的實驗已證實熔融鋁水蒸汽，如沒有固體壁潤濕或一液體快速灌入到另一液體中，就不會發生爆炸現象。

　　當水蒸汽爆炸發生時，峰值壓力通常在30～1000psig範圍，壓力升高時間僅在毫

秒間。而液體Freon-22和高熱礦物油、水和液氮、液化乙烷和水、熔融的核反應堆燃料和水，以及熔融氧化鋯（Zirconium Oxide）和水，上述相互作用皆觀察到水蒸汽爆炸現象。

<h1 style="text-align:center">第10節　容器儲槽爆炸徵兆</h1>

1. 容器火災爆炸前兆

(1) 煙霧釋出有壓力狀，且由濃黑狀態轉變淡化現象。

(2) 槽體因內部壓力升高，形成劇烈顫抖振動並已膨脹變形。

(3) 在火勢的方向有尖嘯的聲音。

(4) 空氣奔騰經過你的耳朵或容器孔體產壓力煙形成漩渦狀及噴出的煙帶有相當之熱氣時。

(5) 滅火活動中，從槽體壁面之塗漆料變色、冷卻射水之蒸發狀況，來進行把握容器體物理化學變化及可能爆炸現象。

(6) 滅火活動中，觀察容器體孔洞口或裂縫位置火煙顏色，若火焰由黑色轉為藍色火焰時，即有可能在短時間內形成內部混合氣爆炸現象。

2. 危險物品槽火災爆炸前兆

(1) 工業廠房反應器、聚合槽、蒸餾塔等設備發出異常響聲。

(2) 可燃氣體、易燃液體大量集中擴散，隨時有可能遇到發火源而旋即發生爆炸。

(3) 物料容器、反應塔燃燒由紅變白現象即將爆炸。

(4) 物料容器、壓力設備扭曲高溫變形。

(5) 現場微爆噪音加大且急促。

(6) 儲罐、密閉槽體等設備受火勢威脅，發生抖動，並有嗡嗡的聲響時。

(7) 火焰結構出深紅轉淺黃至灰白之危險爆炸現象，其理即是外力或高溫燃燒致危險物器洩漏，致大量蒸氣在上升過程中，加速燃燒區油蒸氣擴散速度，即

增加火焰紊流性質，從而增大了火焰表面積，使油蒸氣與空氣氧化結合更加充分，燃燒溫度增高致濃煙轉為減少之異常狀態。

3. 可燃性氣體儲槽爆炸前兆

(1) 火焰發白、變亮，使人產生刺眼感覺。一般而言，組成液化石油氣烴類在火災情況下會出現高溫裂解，產生碳粒子。碳粒子在一般火焰溫度（700～800℃）時呈現紅光或黃光，在火焰溫度超過1000℃高溫時，這些碳粒子就會發白、變亮，給人的視覺造成刺眼的感覺。

(2) 安全閥和排出閥等泄放孔發出刺耳的嘯叫聲。火場上溫度比一般可燃物高出許多，溫度升高使液化石油氣儲罐內的氣體體積膨脹，為了保持罐內的安全壓力，罐內的氣體會大量外泄，通過安全閥和排空閥等泄放孔的氣體流速就會大幅度增高，從而發出刺耳之嘯叫聲。

(3) 金屬槽體變形、抖動，並且發出響聲。當儲槽罐所承受的主應力超過材料屈服極限時，通常會發生較大變形。與其相連之管道、閥門、基礎相對變形，發出響聲。

(4) 火焰結構增大、發亮、變白，火舌形似火箭，煙色由濃變淡。

(5) 金屬槽壁顫抖，槽體發出強烈的雜訊。此外，現場還有可能發出另一種劇烈「嘶嘶」聲。

第11節　低階爆燃與高階爆轟(1)

根據爆炸所釋放能量速率的壓力大小和擴展速度的快慢，得把爆炸分為低階爆燃（Deflagration）和高階爆轟（Detention）現象。以快速燃燒發生所產生擴展速度，頂多在3m/s以下，形成壓力不超過0.3psi；低階爆燃發生所產生擴展速度約在500m/s以下，形成壓力在1500psi以下；而爆轟發生所產生擴展速度則約在500m/s以上，形成壓力在1500psi以上（如圖5-49所示）。

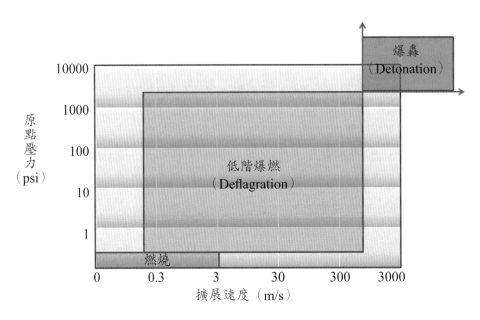

圖5-49　爆轟產生燃燒、爆燃與爆轟所形成壓力與擴展速度結構圖

（資料來源：DeHann, 2007）

　　但低階爆燃（Deflagration）是一種反應，該反應以亞音速度（Subsonic Velocity）的速度通過反應物，向未反應物行進一種表面現象（Surface Phenomenon）。如在局限空間環境下反應，會增加壓力、反應速率和溫度，並可能過渡轉變成一種爆轟（Detonation）現象。

圖5-50　低階爆燃在管道間反應會增加壓力和溫度並轉變為爆轟現象

（資料來源：David, 2013）

　　基本上，爆轟是一種放熱反應，產生極高溫度，但在非常有限之持續時間；因建立及維持反應引起振波存在特徵。反應區間物質進行反應，是在爆轟壓力前鋒區，其速度大於音速，形成一種大於音速之衝擊波型態。加熱機制原理是因衝擊波形成震波

壓縮，使溫度上升至數千度（壓力與溫度成正相關）。震波機制是延燒來源，而這些反應在開放空間中產生震波。

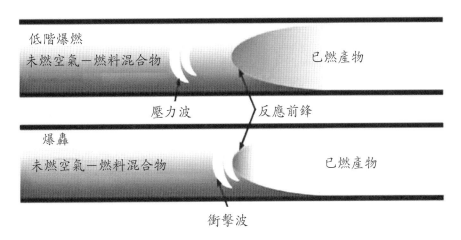

圖5-51　低階爆燃與爆轟之反應前鋒與波速差異

（資料來源：David, 2013）

　　而低階爆燃也是一種放熱反應，產生較低溫度，與爆轟比較，有相對較長之持續時間。如易燃性粉塵或空氣中蒸氣非常快速氧化，未燃燒物質是低於音速之壓力前鋒進行，是一種與音速一樣之壓力波型態。質量傳送機制是延燒的來源。

　　爆轟之反應前鋒是藉由一強大波並壓縮前鋒區之未反應物，使其快速上升至其自動起火溫度以上之狀態，這種壓縮發生非常快速，導致一突然壓力改變或衝擊在反應前鋒區，因而使反應前鋒，與形成衝擊波快速展開至未反應可燃混合物，以一種超音速型態前進著。

　　低階爆燃是從反應之能量轉變到前端未反應可燃混合物，藉由熱傳導與分子擴散作用；這些過程是相對較慢，造成反應前鋒以低於音速進行展開。因此，爆轟與低階爆燃之所形成爆轟壓力如圖5-52所示。

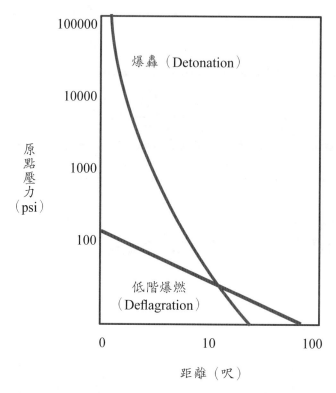

圖5-52　以100磅量爆炸形成爆轟與一典型低階爆燃產生壓力，是起爆處距離之函數
（資料來源：Burgoyne and Partners, 2003）

　　在美國化工協會（American Insistute of Chemical Engineers, 2003）針對低階爆燃與爆轟行為，研究指出低階爆燃發生時期間較長，最大過壓值（Peak Overpressure）是1.5atm以下；而爆轟發生時期間較短，最大過壓值是15atm以下，二者壓力值相差10倍（圖5-53）。

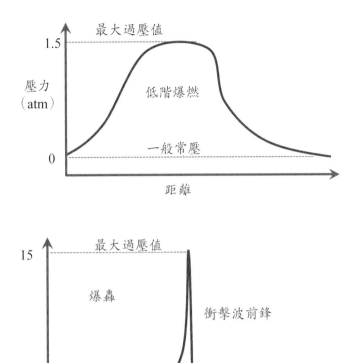

圖5-53 低階爆燃（上圖）與爆轟（下圖）之最大過壓值及距離比較
（資料來源：Crowl, 2003）

　　在美國化學工程協會（American Insistute of Chemical Engineers, 2003）又指出低階爆燃前進速度是低於音速，其壓力前鋒卻以音速前進，其遠離反應前鋒；而爆轟前進速度是高於音速，由其衝擊前鋒進行驅動往前，與反應前鋒同以超音速一樣速度前進（圖5-54）。

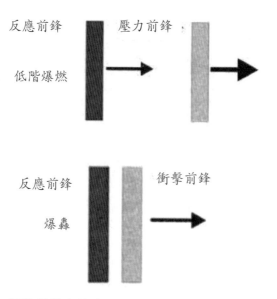

圖5-54 低階爆燃與爆轟之反應前鋒及壓力／衝擊前鋒比較

（資料來源：Crowl, 2003）

因此，低階爆燃與爆轟之二者差異性，將上述整理如表5-6所示。

表5-6 低階爆燃和爆轟之差異性

性質	低階爆燃	爆轟
溫度	較低	相當高
時間	持續較長	持續較短
波速	500 m/s以下	500 m/s以上
波壓	同音速[22]壓力波，1500 psi以下	超音速爆轟波，1500 psi以上
前鋒	反應前鋒落後於壓力前鋒	反應前鋒與壓力前鋒並行
延燒來源	熱傳導等質量傳送機制	震波機制
反應物前鋒	亞音速	超音速

（資料來源：盧守謙、陳永隆，《火災學》，吳鳳科大消防系用書，2016）

---

22 音速，又稱「聲速」（在20℃時每秒343.2公尺，每小時1236公里），定義為單位時間內振動波傳遞的距離。音速（波傳遞的速度）與傳遞介質的材質狀況如密度、溫度、壓力等有絕對關係。聲音的傳播速度在固體最快，其次液體，而氣體的音速最慢。音速公式為$c=\sqrt{KRT}$，其中c為音速、K為定壓比熱與定容比熱之比（K = 1.4）；R為氣體常數,空氣為287J/(kg·K)、T為絕對溫度（K）。

第12節　低階爆燃與高階爆轟(2)

1. 易燃氣體和蒸氣之低階爆燃（Flammable Gas and Vapor Deflagrations）

　　易燃氣體或蒸氣與空氣混合物之引燃結果，通常會導致低階爆燃現象，即從引燃位置在亞音速下（Subsonic-Speed）逐漸遠離之火焰傳播現象。在密閉容器中產生的壓力大小，取決於火焰傳播的程度、燃燒氣體溫度和組成、以及任何通風面積和位置。如果火焰已傳播在一個未通風的密閉容器，則爆燃壓力與容器中初始壓力的比率，能以理想氣體方程式來求得，因其適用於爆燃後（Post-Deflagration）和預爆燃（Pre-Deflagration）之易燃氣體或蒸氣與空氣混合物，兩者都占據相同容器體積（NFPA, 2008）。因此，

$$\frac{P_m}{P_0} = \frac{nbT_b}{n_0t_0}$$

P_m = 密閉容器爆燃完成時產生之壓力。

P_0 = 密閉容器之初始壓力。

n_b = 爆燃完成時燃燒氣體之莫耳數。

n_0 = 密閉容器之最初易燃氣體與空氣混合物之莫耳數。

T_b = 爆燃完成時燃燒氣體之溫度。

T_0 = 易燃氣體與空氣混合物之初始溫度。

　　對燃燒氣體溫度和組成估計，能使用火焰到容器壁假設沒有熱損失，來予以求得。假設沒有熱損失或通風，能計算燃燒完成時之燃燒氣體溫度、組成和壓力。使用STANJAN代碼求得的計算結果如圖5-53所示，對於封閉容器中甲烷與空氣、丙烷與空氣、氫與空氣混合物等不同濃度，所產生低階爆燃之壓力值。

　　圖5-55使用燃料濃度是當量比（Equivalence Ratio），定義爲「燃料與空氣比」除以「化學計量之燃料與空氣比」。就燃料體積分數x（Volume Fraction）而言，當量比等於$\frac{x(1-x_{st})}{x_{st}(1-x)}$，其中$x_{st}$是燃料化學計量體積分數（Stoichiometric Volume Fraction）。甲烷與空氣的化學計量體積分數爲0.095，對於丙烷與空氣爲0.040、氫與空氣爲0.296。每一可燃氣體之最大壓力，是位於燃料當量比1.1～1.2範圍，即比化學計量體積分數略濃。

密閉低階爆燃時壓力

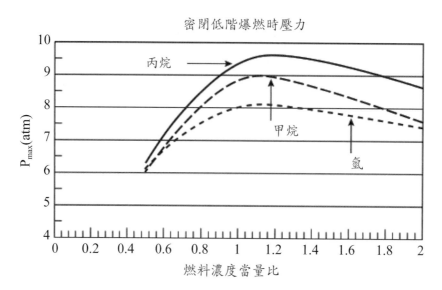

圖5-55　絕熱之恆定容積壓力為當量比函數

（資料來源：SFPE Handbook 4th, 2008）

　　低階爆燃壓力在1atm初始壓力，可能最嚴重情況是8～9.6atm絕對壓力範圍，也就是說，P_m／P_0比率為8～9.6。密閉容器低階爆燃壓力的實測與接近化學計量濃度的P_m理論值，是非常一致的；但在接近燃燒／爆炸上下限的濃度，是顯著小於理論值，因於燃燒／範圍邊緣有不完全火焰傳播和熱損失之現象。

　　類似P_m／P_0壓力比，密閉容器低階爆燃在不同初始壓力下發生，有一案例在1996年7月17日波音747之TWA 800飛行期間，卻發生中心翼油箱（Center Wing Tank）爆炸慘劇；因來自中心翼油箱少量噴射油，產生可燃蒸氣，雖此噴射油組成複雜，但許多揮發性組分具有與甲烷和丙烷相似之火焰溫度和低階爆燃壓力波。由於中央翼油箱內燃料先送到空調設備加熱，當波音747在起飛後爬升，艙室空氣分壓降低，燃料與空氣當量比升高到可燃範圍。在14000英尺高度處發生引爆，該處環境壓力為0.585巴（8.6 psia）。此處低階爆燃發生初始壓力，有6倍壓力比，此對應於6 × 8.6psia = 52psia的P_m，而$P_m － P_0 = 43$psi（3.0bar）。該壓力差顯著高於中心翼油箱結構之強度，導致波音747的空中大規模解體事故。

　　易燃氣體或蒸汽爆燃中壓力增加速率，是決定防護措施（如低階爆燃釋放和抑制）有效性的關鍵因素。火焰速度、容器體積和P_m值，是控制壓力增加速率之主要參數。在美國SFPE防火工程手冊11之防爆章節中，描述理論模式能對已知任何易燃氣體與空氣混合物之燃燒速度（相對於未燃燒氣體之火焰傳播速率），計算出瞬時壓力

升高值。在此有三種不同條件的計算壓力曲線，如圖5-56所示。

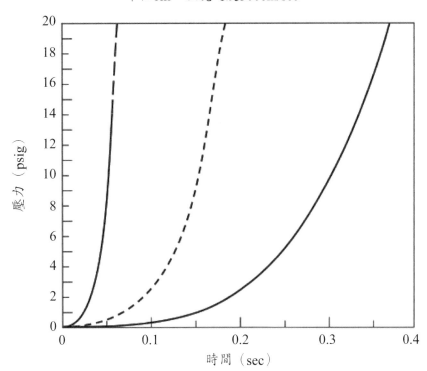

圖5-56　於三種低階爆燃早期階段壓力與時間關係

（資料來源：SFPE Handbook 11th, 2008）

在低階爆燃早期階段，壓力上升變化為 $(S_u t / a)^3$，其中S_u是混合物燃燒速度，t為時間，a是具有與密閉容器相同體積之球體半徑。圖5-54計算丙烷與空氣混合物和氫與空氣混合物近化學計量（Near-Stoichiometric）的層流燃燒速度，分別為45cm/sec和300cm/sec的燃燒速度。火焰速度（Flame Speeds）通常明顯高於燃燒速度（Burning Velocities），前項包括未燃燒氣體的速度，因其被火焰前鋒之後所產生燃燒膨脹氣體壓縮往前推進著。

圖5-57中於1-m半徑容器易燃氣體與空氣混合物燃燒速度為45cm/sec之曲線，顯示在約0.2秒內壓力升至2psig。如果容器的失效值為2psig，則低階爆燃釋壓口（Deflagration Venting）或抑制，必須在0.2秒內引火，以防止容器系統失效。在

釋壓口或抑制低階爆燃產生之壓力,由Pred表示。用於確定Pred的方法和指南,於NFPA 68透過爆燃通風之防爆標準(Standard on Explosion Protection by Deflagration Venting)和NFPA 69防爆系統標準(Standard on Explosion Prevention Systems)有進一步討論。

2. 氣體高階爆轟(Gas Detonations)

如上所述,高階爆轟(Detonation)是火焰通過未燃燒的燃料,以超音速進行傳播之一種爆炸。高階爆轟與封閉容器低階爆燃(Deflagrations)根本是不同的。由於低階爆燃中的火焰以低於音速的速度傳播,而壓力波(Pressure Disturbances)前進則以音速傳播,因此低階爆燃期間的壓力增加,幾乎呈現均勻地在整個密閉容器中發生。相比之下,高階爆轟期間的壓力增加,是極度不均勻的,並且實際上隨著衝擊波通過氣體與空氣混合物所進行傳播,是一瞬間發生。假使火焰速度是略小於音速,使得壓力增加無法均勻,但不發生衝擊波(Shock Waves),則此種爆炸被稱為準高階爆轟現象(Quasi-Detonation)。

在上述為區別高階爆轟和低階爆燃間差異,實際上就是能瞭解所需不同的防爆方法。在高階爆轟或準爆轟期間,會有突然的空間不均勻壓力增加,因此不能使用爆炸排氣(Explosion Venting)或爆炸抑制系統(Explosion Suppression Systems)。此外,有高峰值、快速時間的爆轟壓力載量(Pressure Loads),在評估結構抵抗能力,需要特別予以考慮。

高階爆轟期間的峰值壓力,能從Chapman-Jouguet理論計算求解,該理論是結合爆炸前峰之熱化學平衡(Thermochemical Equilibrium)和氣體動態守恆方程式。圖5-57顯示七種易燃氣體高階爆轟壓力為其燃料體積之函數。對Chapman-Jouguet高階爆轟峰值壓力P_{CJ},近似$P_{CJ} = 2P_m$,即密閉容器爆燃壓力之兩倍。這種近似法代表了一種較簡易替代Chapman-Jouguet理論,來計算高階爆轟峰值壓力值。如圖5-57所示,在大氣壓下初始近化學計量氣體與空氣混合物,P_{CJ}是在16～20大氣壓的範圍內。

在低階爆燃和高階爆轟期間的不同壓力載量(Pressure Loads),導致設備和結構失效上產生不同特徵屬性。低階爆燃中較慢的壓力載量,通常引起延展性金屬形成凸出(Bulging Out)和延伸現象而導致結構失效。高階爆轟中的快速脈衝載量(Impulsive Loads),通常引起金屬、塑料和木質結構之急劇斷裂失效現象。

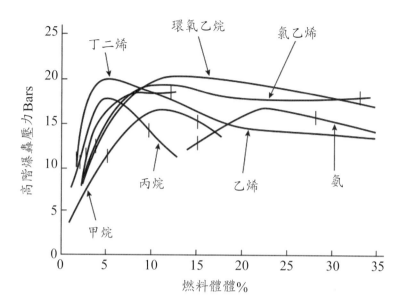

圖5-57　Chapman-Jouguet理論計算高階爆轟壓力峰值

（資料來源：SFPE Handbook 11th, 2008）

　　高階爆轟與低階爆燃之發生機率如何？以大多數意外爆炸是低階爆燃情況。然而，假使環境中存在異常強烈或大型點火源（如火焰噴射器）、極度拉長（Highly Elongated）、封閉空間形狀（Obstructed Geometry）或者有異常快速紊流現象（Turbulence），上述皆會促使火焰加速前進，則在極易燃氣體混合物通常會發生高階爆轟情況。

　　在管道或某些細長密閉空間中，典型的意外中常是較弱引火源的情況下，從低階爆燃過渡至高階爆轟（DDT）距離，主要取決於以下參數（NFPA, 2008）：

A. 混合物反應性（燃燒速度）

　　混合物反應性愈強，火焰加速到DDT的速度愈快。

B. 儲存容器或管壁粗糙度和障礙

　　管道內表面愈粗或存在障礙物愈多，轉變到DDT的過渡時間愈短。

C. 儲存容器或管道直徑

　　儲存容器或管道直徑愈大，轉變到DDT的過渡時間愈短。

D. 初始壓力和溫度

　　初始溫度和壓力愈高，轉變到DDT的過渡時間愈短。

E. 初始紊流規模

　　儲存容器中紊流或初始氣體速度愈大，轉變到DDT的過渡時間愈短。

3. 可燃粉塵低階爆燃（Combustible Dust Deflagrations）

當粉塵濃度大於特定可燃物質之最小爆炸濃度（Minimum Explosive Concentration, MEC）時，區劃空間中可燃粉塵雲受引火源作用，會產生低階爆燃現象（Deflagrations）。MEC是取決於粉塵顆粒尺寸以及可燃物質組成；於小顆粒比較大顆粒具有較低MEC。粉塵粒徑小於30～60g/m³能產生典型較低之爆炸下限。一些較常見粉塵和顆粒尺寸的實例，顯示在表5-7中。

表5-7　常見粉末和粉塵之爆炸數據

粉塵物		平均粒徑 (μm)	最小爆炸濃度 (g/m³)	P_{max} (bar g)	K_{ST} (bar-m/s)
活性炭	Activated carbon	18	60	8.8	44
鋁	Aluminum	<10	60	11.2	515
抗壞血酸	Ascorbic acid	39	60	9.0	111
硬脂酸鈣	Calcium stearate	<10	30	9.2	99
煤，瀝青	Coal, bituminous	4	60	9.1	59
玉米澱粉	Corn starch	<10	—	10.2	128
環氧樹脂	Epoxy resin	26	30	7.9	129
果糖	Fructose	200	60	7.0	28
甲基纖維素	Methyl cellulose	37	30	10.1	209
牛奶粉	Milk powder	165	60	8.1	90
萘	Napthalene	95	15	8.5	178
紙灰塵	Paper tissue dust	54	30	8.6	52
酚醛樹脂	Phenolic resin	<10	15	9.3	129
聚乙烯	Polyethylene, l.d.	<10	30*	8.0	156
聚氯乙烯	Polyvinylchloride	25	125	8.2	42
橡膠	Rubber	80	30	8.5	138
矽	Silicon	<10	125	10.2	126
糖	Sugar	10	60	8.3	75
鋅	Zinc	<10	250	6.7	125

註P_{max}為低階爆燃壓力峰值

（資料來源：Eckhoff，2003）

密閉容器中低階爆燃壓力峰值P_{max}與K_{st}參數定義如下：

$$K_{st} = \left(\frac{d\rho}{dt}\right)_{max} V^{1/3}$$

其中 $\left(\frac{d\rho}{dt}\right)_{max}$ 為容器容積V之量測壓力峰值。

K_{st}值大小是取決於粉塵反應性、顆粒尺寸和紊流規模。較高紊流規模能產生較高的壓力增加速率。有K_{st}愈大值，在防火防爆上則愈加困難，進行爆燃排放或抑制是愈具挑戰性。因此，粉塵的K_{st}扮演著與易燃氣體燃燒速度S_u之相似作用。

在除塵機（Dust Collectors）、攪拌機、乾燥機、粉碎機（Pulverizers）、研磨機（Grinders）、輸送系統、筒倉（Silos）和料倉（Bunkers）等工業設備中，經常遇到高於MEC值的粉塵雲濃度。 德國於1965～1985年期間粉塵爆炸案例，顯示所有粉塵爆炸78%是來自上述設備。在德國粉塵爆炸和美國穀物升降機爆炸案例，其引火源整理如表5-8。

表5-8 粉塵爆炸起火源

起火源		德國百分比	美國百分比
機械火花	Mechanical sparks	26.2	4.6
隱匿處悶燒	Smoldering nests	11.3	13.6
機械加熱、摩擦	Mechanical heating, friction	9.0	22.7
靜電放電	Electrostatic discharges	8.7	0
明火	Fire	7.8	9.1
自燃	Spontaneous ignition	4.9	0
熱表面	Hot surfaces	4.9	9.1
切割/焊接	Cutting/welding	4.9	6.8
電氣設備	Electrical equipment	2.8	15.9
未知/其他	Unknown/Others	19.5	18.2

（資料來源：SFPE Handbook 11th, 2008）

在德國粉塵爆炸最常見起火源是機械火花，由衝擊或摩擦火花所導致。衝擊火花（Impact Sparks）通常歸因於輸送系統或粉碎機／研磨機中的雜質金屬（Tramp Metal）。在美國由Kauffman（1986）研究穀物升降機爆炸案例，最常見起火源，是升降機之皮帶傳動裝置的機械加熱／摩擦引起。關於消除這些粉塵爆炸起火源的指

南在NFPA 654（Standard for the Prevention of Fire and Dust Explosions from the Manufacturing, Processing, and Handling of Combustible Particulate Solids）。

在粉塵毀滅性爆炸案例，大多數損壞和傷亡是由於二次粉塵爆炸所導致的結果。二次粉塵爆炸係由地板、設備和結構上累積粉塵層所引起，該粉塵層受到第一次爆炸衝擊波吹散開來，然後由第一次爆炸火焰引火，假使發生位在密閉和人員居住使用區域時，這種過程是特別具有破壞性的，如圖5-58所示。

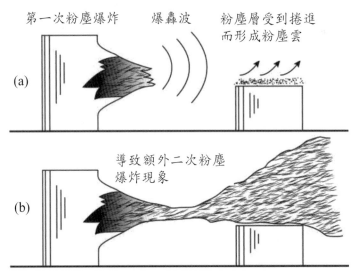

圖5-58　二次粉塵爆炸概念圖示

（資料來源：Eckhoff, 2003）

Kauffman調查14件穀類粉塵爆炸事件、20件死亡中的17件、65件受傷中的58件，是由於事故中二次爆炸所導致的。防止二次粉塵爆炸需要對第一次爆炸採取有效的防護措施，並儘量減少周圍區域的粉塵積聚。然而，這具有相當挑戰性，因其薄至1mm的粉塵層分散於整個區劃空間各處，而產生平均粉塵雲100g/m³的濃度，此濃度對於大多數可燃粉塵而言，通常位在MEC之上。

第13節　爆炸防制與對策(1)

1. 爆炸防制

　　為防止爆炸安全工學，有使用PSP策略，即第一個「P」：預防策略（Prevention）為防止爆炸發生之第一過程。而第二個過程為「S」抑制作用（Suppression）為防止爆炸成長之第二過程。在第三個過程即「P」防護作用（Protection）為抑制爆炸所產生之熱、壓力及衝擊效果之第三過程。

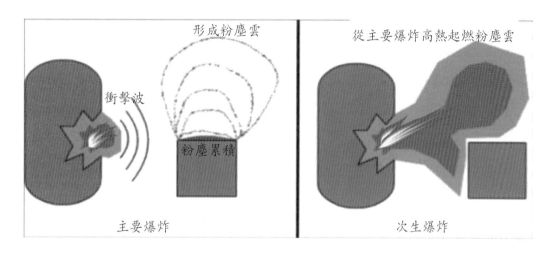

圖5-59　由主要爆炸產生高熱引發粉塵爆炸之次生災害

（資料來源：Mike Emiliani, 2014）

　　在此，以爆炸防制分主要和二次爆炸防護方式，敘述如下：

(1) 主要爆炸防護（Primary Explosion Protection）

　　誠如本書第一章所述，燃燒反應需要燃料、氧和一定溫度之能量，稱為起火源；結合這三種組分形成火三角（Hazard Triangle）。如果上述三個條件缺乏其中之一，則燃燒或爆炸是不可能會發生的。

　　① 防爆原理

　　A. 燃料（Fuel）

　　混合氣體中獨立地傳播燃燒之反應速率，取決於蒸氣／空氣或氣體／空氣之混合氣體濃度。爆炸（Explosion）和低階爆燃（Deflagration）之間，基於二者燃燒速率

基礎上，能作出區別。因化學性爆炸燃燒速率，勢必大於低階爆燃情況。所有混合物濃度，必在其燃燒／爆炸範圍內，則爆炸能由一微小起火源所觸動發生。

　　主要防爆（Primary Explosion Proofing）是維持在低於爆炸下限的問題。在這個區域中混合物濃度是過稀，以致無法觸動爆炸。爆炸範圍是混合物位於爆炸上下界限值之間，在下限值以下之可燃氣體／蒸氣（以%或g/m^3）濃度是太低，或超過上限值時混合氣是過濃，皆無法使爆炸發生。

　　B. 氧氣（Oxygen）

　　氧是一種氣體，必須存在足夠使爆炸／火災發生所需最低供應量。

　　C. 熱源

　　移除與限制所有區域內之熱源存在，如電氣設施使用防爆電氣裝置等。

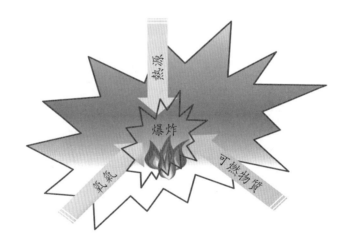

圖5-60　爆炸形成基本條件：火三要素

　　② 防護措施（Protective Measures）

　　主要爆炸防護包括以下防護措施：

　　A. 置換可燃物質（Replacing the Combustible Substance）

　　通常以不燃性（Incombustible）或不能形成一潛在爆炸之物質，來取代可燃性物質或蒸氣。主要適用的替代品有：

I. 水溶液（Aqueous Solutions）。

II. 不燃性鹵代烴類（Incombustible Halogenated Hydrocarbons）。

III. 不燃性物質（Incombustible Materials）。

B. 充填不可燃氣體（Inerting the Apparatus）

一些製程中在可燃氣體或粉塵濃度升高過程中置換空氣，予以「惰化」。通常使用氮氣、二氧化碳、氬氣等不可燃氣體抑制燃燒。同樣的方法也可用於易燃氣體積聚的大型儲槽之充填，如LNG儲槽充滿氮氣。充填不可燃氣體是指以惰性氣體相當比例體積，來取代空氣中一部分氧。大部分燃料／空氣混合物，當其氧含量低於8%體積（但氫和一氧化碳則需低於4%體積）是無法起火的。市售的氮氣和二氧化碳氣體，一般能普通用於充填容器使用。

基本上，槽體置換不可燃氣體是分兩個階段進行的：

I. 操作或處理之前，容器需先行淨化內部（Purging），例如透過抽出真空（Vacuum）後用氮氣置換。
II. 操作過程為能維持淨化（Purging），必須補充惰性氣體之可能任何損失量，以保持容器內部之低氧濃度。

除非生產設備／槽體在作業過程條件能始終確保惰性化（Inerting），這必須檢查，例如使用量測設備作氧氣濃度之監測。

C. 使用完全密封系統（Use of Sealed Systems）

容器內部存有可燃物質，罐體設計為密封系統；如此優點是沒有任何氣體和蒸氣能逸出。

為實現密封系統措施有：

I. 一體成型之處理流程（Continuous Processes）。
II. 氣體補償管（Gas Compensation Pipe）。
III. 在一個安全開放位置進行壓力均衡（Pressure Equalization at a Safe Place in the Open）。
IV. 進入需透過防止空氣進入之鎖定裝置（Entry Through Air Locks）。

D. 通風措施（Ventilation Measures）

通風措施可大幅減少在安裝中或裝置等附近，形成潛在爆炸範圍內之危險。

通風可以透過各種方式來提供：

I. 自然通風（Natural Ventilation）。

II. 人工通風（Artificial Ventilation），如房間的通風。

III. 在來源處進行抽氣（Extraction at Source）。

基本上，人工通風（Artificial Ventilation）是必須的：

I. 當操作或處理可燃材料，會形成一潛在爆炸性氣體在非封閉的系統。

II. 液體閃火點低於30℃和地下室儲存比空氣重之可燃氣體情況時。

為提供空間內更高輸送量（Throughput）、更集中之氣流／自然通風，進行人工通風是有其必要性。在來源處進行抽氣（Extraction at Source），對室內人工通風通常是首選的，因其有相當效果，成本更低。這尤其適用於在可燃性粉塵之作業環境。為保護人員作業健康，且也能達到防爆（Explosion Proofing）之要求，進行通風措施是必要之手段。

E. 限制或監測可燃濃度（Concentration Monitoring）

根據局部條件，可以在早期階段檢測出洩漏存在，如設置瓦斯漏氣火警自動警報設備等。在可能存有可燃氣體、蒸氣和霧劑（Mists）濃度之環境風險，透過監測或限制來源（洩漏點）處，能即時執行必要之安全措施，如緊急通風、廠房之安全關機[23]等；或如公共危險物品規定，有積存可燃性蒸氣或可燃性粉塵之虞之建築物，應設置將蒸氣或粉塵有效排至屋簷以上或室外距地面4公尺以上高處之設備。

(2) 二次爆炸防護（Secondary Explosion Protection）

當爆炸危險不能消除或使用主要爆炸防護措施，只能除去部分危險，此就需要二次爆炸防護。通常，主要爆炸防護，不能完全達到所有安全可能之目的。因此，有潛在形成爆炸性環境，必須採取防止有起火源之措施。起火源可能是透過電氣火花或放熱反應[24]。如公共危險物品之加熱或乾燥設備，應採不直接用火加熱之構造。而公共危險物品之加壓設備或於處理中會產生壓力上升之設備，應設置適當之壓力計及

---

[23] 透過監測意外洩漏燃料來源處，能即時執行必要之安全措施，如緊急通風、廠房之安全關機或暫停作業，這種緊急、斷電措施，是一種失敗也安全作法（Fail and Safe Shut-down）。

[24] 放熱反應係指在化學反應中釋放出的熱量而言。

安全裝置。或藉由防爆設計措施，能避免火花和過多危險溫度（Excessive Temperatures），如防爆燈等。

圖5-61　危險物品庫房使用防爆燈避免火花和過多危險溫度

（攝自臺中港區）

2. 爆炸對策（ExplosionCounter Measures）

儘管在防爆設計上煞費苦心，作業人員作了最大的努力，但人員失誤（Human Errors）、設備故障（Equipment Breaks）和儀器失靈（Instruments Fail）等，仍然常常形成潛在的爆炸條件。然而，透過適當地估算爆炸可能性、異常現象特性和嚴重性，就能確定所導致爆炸反應，並能對操作系統設計相應的防制對策。在這個意義上，對策就是將系統單元或操作條件，設計成可應付爆炸或潛在的爆炸反應，而不是預防措施（Preventive Measures）。

基本上，爆炸對策設計上可區分如下：

(1) 耐爆設計

① 設施耐壓程度，設計到可耐可能最大爆炸壓力。

② 附屬設備也能耐受一定壓力。

③ 成本較高適合小型設施。

(2) 抑爆設計
　　① 於爆炸初始階段即偵測，隨後噴射抑制劑。
　　② 抑爆系統包括偵測單元、抑制劑單元與噴射單元。

(3) 洩爆設計
　　① 設計破裂片、洩爆門、破裂管或破裂板，當高於設定壓力的爆壓時，將壓力及火焰迅速往無危害方向排，防止容器或裝置的損壞，此種設計可以比耐壓的設備成本低。
　　② 洩爆導管將爆壓引導，往無危害的大氣排放。
　　③ 爆炸釋放口如弱頂設計，將爆炸壓往沒有危害的方向或空間進行。

(4) 阻爆設計
　　① 設計防爆牆。
　　② 金屬網、滅焰器，降溫防止進一步擴展。
　　③ 一定長度以上管線，設爆炸隔離裝置。
　　④ 設計緊急遮斷閥、旋轉閥、浮動式阻隔閥與爆炸轉向弱化設備。

　　此外，在歐美國家設計上，可將這些對策歸納成五種通用類型：密封（Containment）、驟熄（Quenching）、排料（Dumping）、排氣（Venting）及隔離（Isolation）方法。

(1) 密封（Containment）
　　在許多場合，有可能將操作系統進行設計，以抑制（Contain）爆炸反應由預計（Anticipated Explosive Reaction）所產生最大壓力（Maximum Credible Pressures）和／或其他的破壞力。由於這種設計，不會發生壓力突然釋出至周圍環境，嚴格而言，使爆炸不存在。

　　密封設計的主要優點是被動防護（Passive）（即不參與操作功能）和獲放（即不發生物體散逸）。由於衝擊波（Shock Wave）中釋放的能量，是密切相關於破壞壓力（Failure Pressure），因此密封設計的主要缺點，是其對預測爆炸強度準確性提出極高的要求。如果反應強度足以破壞密封狀態設計，則因而造成的爆炸，比常規操作設計爆炸所造成後果嚴重得多。

　　使用在氣相燃燒場合密封是較易實行，這時最大壓力通常可高至最初壓力的10～20倍。密封也可能用於粉塵和可燃霧氣燃燒（Mist Combustions），和某些低強度凝聚相失控（Runaway），或熱分解反應等多種場合。正常強度熱失控（Thermal

圖5-62 儲槽防爆式密封構造

（攝自臺中港區）

Runaway）／分解反應的密封，是極端困難，因反應物的總體積和可能達到的最大壓力，從工程和經濟觀點而言，使密封設計變得不切實際，正常強度熱反應的實用密封是局限於小試驗規模、中間試驗規模或常規加工操作中容量較小的裝置。這些考慮同樣適用於凝聚相中的低階爆燃（Deflagration）現象。

僅在極有限之情況下，凝聚相高階爆轟（Detonations）密封才有實際可能。在壓力和衝擊特性要求極高的設備，往往這類設備的使用期限，通常是極短的。

(2) 驟熄（Quenching）

潛在的或實際爆炸狀態的驟熄方法，包括消除熱量或化學抑制。前者消除熱量的方法包括外部方式如緊急狀態下額外散熱能力（Heat Sinking Capacity）設備，或導入新物料以吸收反應熱。後者使用化學品抑制的方法，係輸入新物料至化學系統內，通過稀釋（Dilution）作用或除去活性化學品（Active Chemical）等類似抑制危險性反應。

驟熄適用於許多場合，因其不向周圍環境釋放物料或排氣，但僅當上述功能（消除熱量、稀釋等）所需時間，比爆炸時間短時才有可能實施。

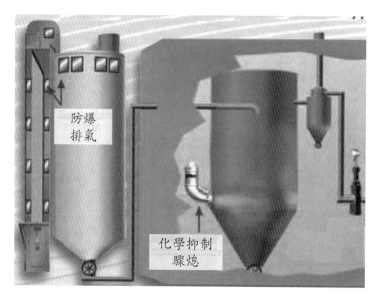

圖5-63　使用釋放滅火劑化學抑制產生驟熄及防爆排氣方式

（資料來源：FIKE corporation 2015）

　　最常見驟熄應用方式，是使用防焰器（Flame Arrestors）來防止蒸氣／空氣燃燒的傳播；這時從火焰前緣放出的熱被防焰器吸收掉，反應區被冷卻，並且反應速率急劇下降。為了達到有效地滅火，這些被動式裝置應具有高散熱容量（相對於火焰的輸出熱量而言），應有很大表面積（Surface Area）與火焰接觸，並大到足以使混合氣溫度，冷卻到低於可發生復燃（Re-Ignition）的溫度。通常將防焰器設計成可適用於某種特定範圍的火焰。在選擇防焰器時，設計者必須確信所選用的裝置，可實際適用於潛在火焰規模。

　　為了阻止氣體、粉塵和可燃霧氣的燃燒（Mist Combustions），也往往可採取用二氧化碳、水、細水霧、蒸氣、某些乾粉等稀釋的方法，以造成足夠的內部散熱（Heat Sinking）量，來抑制或熄滅爆炸可能火焰前鋒。

　　使用鹵代烷替代品抑制劑，以熄滅氣體、粉塵和可燃霧氣燃燒，包括化學干擾火焰傳播機制、散熱和稀釋效應。在任何場合，這種注入裝置的應用，都需要引入驟熄劑，且必須運作得相當快，足以趕上火焰前鋒，這種操作涉及偵測單元（Detection Subsystem）和釋放噴射單元（Discharge Subsystem）之及時性運作。在估算爆炸可能性時，應考量這些單元的可靠性及評估爆炸的潛在危害性。甚至，在設計時，就考慮到導入的驟熄劑本身產生的壓力和／或其他力，是否足以構成危害，其危害程度可

能相當於所防止爆炸潛在嚴重性。這後一種考慮特別適合於處理粉末的設備（Powder Handling）、儲存容器（Storage Vessels），和建築結構等方面用途。

採用將吸熱劑（Heat Absorbing）、稀釋劑或化學干擾劑（Chemically Interfering Reagents），導入凝聚相系統內的驟熄（Quenching）方式，必然是耗費較多時間的過程，通常僅應用於混合物早期自我加速階段，其所形成均勻反應中（Uniform Reactions）。大多數凝聚相系統中的試劑質量很大，必須相應地導入大量驟熄劑，並充分混合以取得效果。在某些情況，以相對較小濃度的化學抑制劑（Chemical Inhibitors）就能取得效果，但要求混合均勻的程度卻相當高。選擇驟熄劑是一個高度技術性問題，並有某些一般所要求的屬性。

基本上，驟熄劑應具有以下條件：
A. 高熱容量（Heat Capacity）：高度有效的熱容量。
B. 流動性（Mobility）：快速流動注入。
C. 相溶性（Miscibility）：能與試劑混合的相溶性（Miscibility）。
D. 低蒸氣壓（Vapor Pressure）：即使在高溫下也應具有低蒸氣壓。

值得重申的是，在任何場合，驟熄過程需要應用偵測和釋放噴射之單元；在設計好驟熄劑系統後再評估爆炸可能性時，必須詳加考慮這些單元的可靠性。

除了使用於管道中反應的臨界直徑（Critical Diameter）以外，驟熄通常不適用於阻止凝聚相中的傳播反應。對於低階爆燃或爆轟過程來說，驟熄劑的導入和充分混合過程一般顯得太慢，以致沒有價值，尤其是在管線或其他類似幾何形狀的密封體內，更是如此。

(3) 排料（Dumping）

排料主要是指釋出反應混合物（凝聚相）本身[25]。排料通常是一種較緩慢的過程，應用於均勻反應自我加速（Self Accelerating）的早期階段，將反應混合物轉移至某些特定類型的替代容器。此術語較普遍地應用於凝聚相，但在實際情況中，這種程序常使用在氣相系統，其為異常條件下緊急洩放閥門（Blown Down）。

排料當然不會使反應停止，而僅將問題作另行處理，轉移至（估計可能）更有

---

[25] 排料與排氣（Venting）不同，前者為凝聚相，而後者通常是指氣體（氣相）釋出。

利的位置。最常見的情況是，將凝聚相排放至充滿冷的驟熄劑容器，萬一驟熄過程不能適當進行，從容器本身應能忍受或應付潛在的爆炸條件。混合物可通過濾清器（Scrubbers）排放至捕集槽（Catch Tanks）和／或周圍環境，取決於所含氣體組成。而且排料又是一種要求用到分系統單元的主動性過程（Active Process），必須將其可靠性列為整體評估爆炸可能性的重要因素。

圖5-64　煤粉塵過濾系統使用排料防爆裝置

（資料來源：WOLFF GROUP™, 2015）

(4) 隔離（Isolation）

　　隔離包含可能受到爆炸不利影響之周圍元件（Element），進行分離（Separation）。要達到分離目的，可透過置潛在危害性構件於遠端位置，或透過防爆結構（Blast Resistant Structures），設計成可轉向、減輕，或抑制其爆發衝擊波、拋射體（Missiles）和／或放出物料（Expelled Materials）。

　　實務上，經常進行有潛在危害性工作的裝置，例如爆炸性裝置（Explosives Facilities）等，可採取遠距離之位置，來做簡易隔離方法。選擇位置時，應以現有的和可預見到會有人使用區域（Occupied Areas）為依據，考慮潛在爆炸的規模、爆轟範圍（Blast Range）和拋射範圍（Missile Range），以及一般可應用於位置選取作業的一些其他考慮事項。

　　根據工廠各單元作業防護間隔之距離，可將同樣條件應用於隔離。必須認識到，距離僅對主要爆炸（Primary Explosion）有主要優勢，而被排出物體經過距離可遠超出相關爆轟範圍（Blast Range），因此考慮可能發生第二次效應是關鍵性的，尤

其是存在被放出物料（Expelled Materials），如易燃氣體或霧化液體（Atomized Liquids）情況。因此，評估整體周圍環境的影響，是極其重要的，即使是第二次爆炸可能性不存在情況，亦是如此。

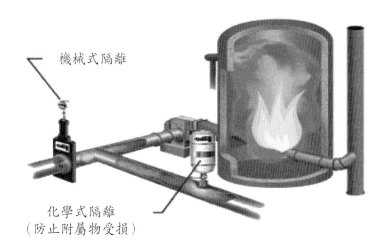

機械式隔離

化學式隔離
（防止附屬物受損）

圖5-65　易燃性流體管路使用機械式與化學式隔離法並防止附屬設備受損

（資料來源：FIKE Corporation, 2015）

隔離藉由防爆轟結構（Blast Resistant Structures）需要一複雜設計過程。必須評估爆炸規模，以及所產生衝擊波、拋射體和產物的形式。然後，此結構必須設計成能承受爆炸的衝擊或脈衝之負載（Impulse Load）、在結構內部釋放氣體所形成靜壓（Static Pressure）、拋射體的穿透範圍和深度，以及所放出物料的衍生效應（Secondary Effects），其對防爆轟結構本身的影響（如排放易燃性蒸氣會形成高溫燃燒現象）。

防爆轟結構很少設計成具有完全抑制爆炸之影響，但可使其衍生衝擊波和拋射轉向（Deflect）或減弱。只有當潛在爆炸構件是相當小時，才可實現完全抑制所有爆炸影響。某些小尺寸規模（Bench Scale）操作，可用防爆轟結構實現全抑制爆炸影響。但在一般情況，潛在爆炸構件是很大，以致實際上不允許實行全抑制設計。因此，在設計裝有防爆轟結構時，應納入被偏轉的衝擊波、拋射體和放出物料的所衍生可能效應（Secondary Effects）。

防爆牆結構建造，在美國相關法規係採用鋼筋混凝土、鋼、木材、土、砂或各式各樣其他物體。在特殊環境下許多設計，可採用不同材料的多重構件（Multiple Elements）以達到特殊效應。木材、土和砂常用於建造簡單的偏轉牆或防護壁（Revetments），通常應用於爆炸相對時間較短的情況或用於分離遠端位置的裝置構件。工業加工操作中較普遍的，是由鋼材和鋼筋混凝土建造的防爆牆結構，也有如雙層鋼板中間填磚之防爆牆。

圖5-66　防爆轟雙層鋼板中間填磚防爆牆結構

(5) 弱頂與弱牆設計(Weak Roof＆Wall Design)

進行建築空間弱頂設計（輕屋頂結構，在爆炸時屋頂掀開當成釋壓口，如公共危險物品及可燃性高壓氣體設置標準暨安全管理辦法第21條第7款規定：儲存倉庫之屋頂應以以輕質金屬板或其他輕質不燃材料覆蓋……），或進行弱牆設計，以免建築空間受壓形成更大破壞力。

(6) 排氣通風（Venting）

排氣是專指以控制的方式（Controlled Manner）來釋放容器或密封結構中的氣體，可透過主動防護方式，如手動執行（Manually Operated）構件、自動控制構件、預負載構件（Pre-Loaded Elements）來排氣，或完全被動構件如防爆膜片（Burst Discs）、破裂盤（Rupture Panels）或防爆牆（Blowout Walls）防護等。這種防爆對策是用於對付氣體、煙霧（Mist）和粉塵燃燒等，其產生均勻或傳播的凝聚相反應，以及大多數條件所導致物理性之爆炸。這些基本要求是，排氣系統動作應足夠快，能及時地進入完全運作狀態，並且有能力在其已形成潛在性之爆炸狀態時，以最快速率釋放出氣體。

圖5-67　使用無火焰式排氣以防護人命安全與裝備

（資料來源：FIKE corporation, 2015）

　　一般所有氣體防爆的排氣裝置，在氣體產生的速率是能容易確定，而流體動力學所描述方程式，一般在工程中是通用的。當密封結構所盛液體接近或高於正常沸點，或者在壓力下溶化出（Dissolved）相當量氣體，在壓力的突然釋放能導致液體沸騰（Boiling）、腫脹（Swelling）和起泡（Foaming）現象，而排出的物質，一般是遵循於不同流體動力學的氣液混合物。在許多事例中，排氣過程中幾乎從儲罐釋出所有的液體。因此，即使以氣相方式能安全地排放至大氣，仍應對流出的液體做好充分準備，作為排氣系統整體設計的一部分。除了排放過程構件工程設計外，尚應考慮以下排放系統設計：

① 排放過程釋放出物體，是將從原有位置至其他位置。排放物料通常包括高熱氣體、液體和／或固體的釋放，這些物質可燃燒，或可與接納位置中（Receiving Location）的物體起反應。排放時往往排出是易燃性，如接收位置選取不適當，可能產生危害性比原來更嚴重。將無害（Harmless）氣體釋放至有人使用區域（Occupied Areas），會減少大氣中氧含量，從而會窒息人體。通常，排放時應排至室外，或排至特殊設計位置。

② 排放過程對釋放物體和接納區域中的設備構件，會產生動力學效應（Dynamic Effects）。通常不是在各個方向上均勻地排放，排放構件應能承受與排放方向相反而能量相等的衝撞影響（Thrust Effect）。排放構件尚應能承受排放時的一些其他動力學效應，如排放過程中所產生振動（Vibration）、

內部物體流動，以及的持續流動壓力。在接納處、裝備和結構單元，能承受排放過程中產生的衝擊（Shock）和／或壓力影響，裝載容器（Loadbearing Elements）必須承受所排放物體質量、防止破裂或爆裂致潛在拋射效應（Projectile Effects）。因此，排放系統的整體設計延伸到超出排放單元的速度和容量範圍以外，包括考慮排放對已接納處和正在接納處的影響。

圖5-68　儲槽通風排氣裝置

（攝自臺中港區）

在大部分廠房如石化廠所產生廠房爆炸案，大多是形成低階爆燃（Deflagration）情況，非屬爆轟（Detention）情況。基本上，設計通風口能有效地減輕許多工業廠房製程、儲存處理所產生爆炸的後果。但是應該指出的是，從通風口衝出一個爆炸火焰和壓力波，如本章各節各述的，可能相當危險。

此外，從NFPA實驗工作顯示，工業廠房中含有使可燃氣體混合物引起紊流（Turbulence）對象物體（如工廠設備、管道、電纜托架等）致低階爆燃發生時，能顯著高於所預測公式之壓力。因此，除了使用建議通風口外，應再採取其他額外措施，以減少造成可燃氣體聚集在局限空間，致壓力波或衝擊波所引起建築結構遭到嚴重危壞情況。

依NFPA從工廠爆炸事故及實驗結果，建議低強度建築結構之工業廠房，計算低階爆燃通風口面積，公式如下：

$$V = \frac{A \times C}{P^{1/2}}$$

圖5-69　石化廠所產生廠房爆炸案大多是形成低階爆燃情況

（攝自臺中港區）

其中

V＝ 通風口面積（m^2）

C ＝ 通風係數（公制$bar^{1/2}$）（英制$psi^{1/2}$）

A ＝ 區畫空間內部表面積（m^2）

P ＝ 區畫空間發生低階爆燃時最大壓力（bar）

假設在一石化廠房空間為$20ft \times 30ft \times 20ft$（$6.1m \times 9.2m \times 6.1m$）（長×寬×高），處理作業屬NFPA第1類易燃液體小區畫廠房。預期易燃液體具有基本燃燒速率比丙烷氣體小於1.3倍（見表5-9）。該廠房位於背對著外牆，在預期低階爆燃通風要求，三面內壁設計可承受0.05 bar相等值。對於大多數的易燃液體通風係數為0.045，廠房間內表面積為$297m^2$，所以該通風口面積應為多少？

解：由公式算出：$V = \dfrac{A \times C}{P^{1/2}}$

$$= \frac{297 \times 0.045}{0.05^{1/2}}$$

$$= 59.8 \ m^2$$

表5-9 易燃氣體和液體蒸氣之基本燃燒速率（cm/sec）

易燃氣體和液體蒸氣	基本燃燒速率
丙酮	54
乙炔	166
丙烯醛	66
丙烯腈	50
丙二烯	87
苯	48
丁酮	42
二硫化碳	58
一氧化碳	46
環丁烷	67
氫氣	312
環己烷	46
環戊二烯	46
環戊烷	44
乙醚	47
二甲醚	54
乙烷	47
乙酸乙酯	38
環氧乙烷	108
乙烯亞胺	46
汽油（100辛烷）	40
異丙醇	41
丙烷	46
甲烷	40
異丙胺	31
甲醇	56
環氧丙烷	82
丙炔	82

（下頁繼續）

（接上頁）

| 四氫化萘 | 39 |
| 甲苯 | 41 |

（資料來源：NFPA 68, 2002）

表5-10　燃料特性通風常數（資料來源：NFPA 68, 2002）

燃料	C（公制 bar$^{1/2}$）	C（英制 psi$^{1/2}$）
無水氨	0.013	0.05
甲烷	0.037	0.14
基本燃燒速度小於丙烷1.3倍之氣體	0.045	0.17

　　假設一石化廠房有受到爆炸防護設計，免受碳氫化合類（如丙烷）蒸氣形成低階爆燃之威力危害。在預期低階爆燃通風要求，三面內壁設計可承受0.05 bar相等值。其廠房立面圖如圖5-70所示，請問其所需開口通風面積為多少？

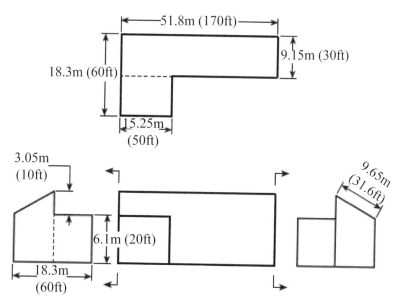

圖5-70　石化廠房使用碳氫化合類廠房立面圖

（資料來源：NFPA 68, 2002）

　　以上將廠房面積分為Part 1與Part 2，如圖5-71所示。

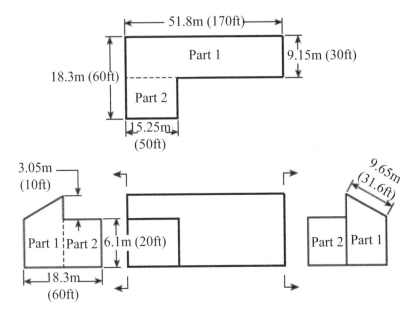

圖5-71　石化廠房使用碳氫化合類廠房區分Part 1與Part 2立面圖

（資料來源：NFPA 68, 2002）

　　計算建築物各部分的總內表面積。

在Part 1表面積（A_1）部分如下：
地板 = 51.8m×9.15m = 474m^2
屋頂 = 51.8m×9.65m = 499m^2
後牆面 = 51.8m×6.1 m = 316 m^2
前牆面 = (36.6m×9.15m) + (15.25m×3.05m) = 381m^2
側牆面（長方形部分）= 2×9.15m×6.1m = 111m^2
側牆面（三角形部分）= 9.15m×3.05m = 28m^2
全部：A_1 = 1809 m^2

在Part 2表面積（A_2）部分如下：
地板= 15.25m×9.15m = 139m^2
屋頂= 15.25m×9.15m = 139m^2
前牆面= 15.25m×6.1m = 93m^2
側牆面= 2×9.15m×6.1m = 111m^2
全部：A_2 = 483m^2

因此，建築物總內表面積如下

$$A = 1809 \text{ m}^2 + 483\text{m}^2 = 2292\text{m}^2$$

計算全部開口通風面積如下

$$V = \frac{A \times C}{P^{1/2}}$$

其中

$c = 0.045\text{bar}^{1/2}$

$A = 2292 \text{ m}^2$

$P = 0.05\text{bar}$

$$= \frac{2292 \times 0.045}{0.05^{1/2}}$$

$$= 461 \text{ m}^2$$

因此，需要461m^2總通風面積，並應均勻地分配在建築之外表面，且應在各部分之間分攤相同比率作為其表面積。

在Part 1通風面積（V_1）為

$$V_1 = V \times \frac{A_1}{A}$$

$$= 461 \times \frac{1809}{2292}$$

$$= 363.9\text{m}^2$$

在Part 2通風面積（V_2）為

$$V_2 = V \times \frac{A_2}{A}$$

$$= 461 \times \frac{483}{2292}$$

$$= 97.1\text{m}^2$$

因此，確定廠房所需開口通風面積，在Part 1能設計在該廠房之屋頂、側牆面及後牆面；而在Part 2能設計在該廠房之屋頂、側牆面及前牆面。

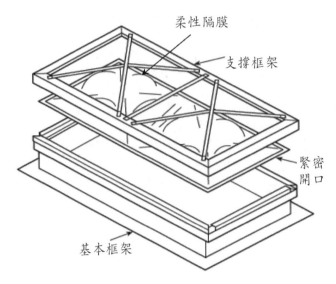

柔性隔膜

支撐框架

緊密
開口

基本框架

圖5-72　在屋頂設計防爆通風開口窗

（資料來源：NFPA68, 2002）

　　在某些情況，潛在爆炸規模可能相當廣泛的，而所需防護周圍構件（Environ-mental Elements）是小的，在此情況可用防爆轟結構包圍關鍵構件，而不是封閉爆炸效應。這類對策的典型例子是，在煉油廠和大型加工廠中使用防爆控制室。在上述場合，整體設計時也應考量氧氣供應、熱負荷（Thermal Loads），以及釋出物料的毒性影響等方面，所造成人員安全之潛在問題。

　　必須瞭解一般是根據特定區域的物料裝載量（Charge Loading）或管制量，來估算防爆轟結構。注意的是，假使在防爆結構範圍內裝置的任何更換，包括潛在爆炸構件的移動，將會使結構設計變得不適於繼續具防護作用。尤其是，將構件移至靠近牆和／或轉角處，會形成爆炸對結構產生的應力增強，使結構物無法發揮正常功能性，形成毀壞導致失敗之結果。

第14節　爆炸防制與對策(2)

1. 惰化防爆法（Inerting Explosion Prevention）

　　可燃氣體／氧氣混合物可以透過降低氧氣濃度，或向混合氣體中加入惰性成分，

來進行防爆控制。參考燃燒／爆炸範圍（圖5-73）能容易地來解釋此二種方法，於圖中顯示了在一定溫度和壓力下可燃氣體、惰性氣體、氮氣和氧氣混合物之典型燃燒／爆炸範圍圖。由點DABE形成線條表示空氣（按體積計79% N_2和21% O_2）和可燃氣體的混合物。可燃氣體和空氣的給定混合物，其是否能點燃是由該線條上的點來決定。點A表示該混合物的燃燒／爆炸上限，點B表示其較低的燃燒／爆炸下限。

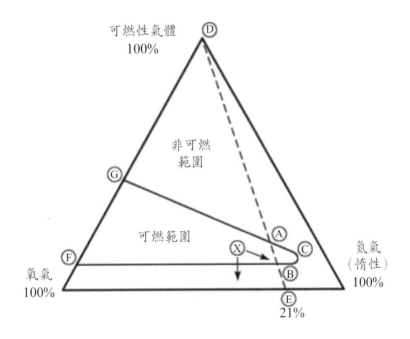

圖5-73　典型燃燒／爆炸範圍之概念圖

（資料來源：NFPA 69）

　　在可燃範圍內，即FBCAGF界定的區域內的任何點，是能被點燃產生燃燒／爆炸。該區域外的任何點表示混合物是無法點燃的。圖中C點表示燃燒所需氧氣最小濃度（LOC），超出LOC就無法點燃；因含有不足氧的任何混合物，是不能夠被點燃產生燃燒／爆炸。圖中三角形的左側是表示單獨的氧氣和可燃氣體（即不含氮氣）的混合物。而圖中三角形的右側，則表示單獨的氮氣和可燃氣體（即沒有氧氣）的任何混合物。

(1) 氧氣濃度降低

　　在上圖之X點表示易燃氣體、氧氣和氮氣，所形成混合氣體內任一值，其位於燃燒／爆炸範圍內。如果要改變混合氣體組成，以使其位於燃燒／爆炸範圍之外，可以

使用方法之一，就是降低氧氣濃度。隨著氧氣濃度降低，氮氣濃度增加。圖5-73之X點實際上朝向惰性氣體頂點（Apex）移動。

(2) 混合濃度值降低

在圖5-73中，當X點在燃燒／爆炸範圍內時，能透過降低可燃氣體的濃度，來改變混合氣體之組成。簡單來說，X點往下遠離可燃氣體頂點，並使其降到燃燒／爆炸下限值以下FBC。

(3) 壓力和溫度影響

如圖5-74所示，壓力和溫度對燃燒／爆炸範圍值產生顯著影響。壓力的增加導致燃燒／爆炸上限值增加（圖中G→G'→G"）和LOC值降低（圖中C、C'、C"）；但燃燒／爆炸下限值則輕微的下降（圖中F→F'→F"），但效果不如燃燒／爆炸上限的明顯。

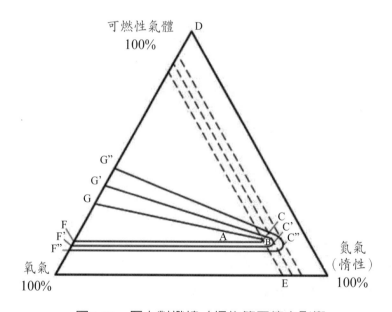

圖5-74　壓力對燃燒／爆炸範圍值之影響

（資料來源：NFPA 69）

在溫度的升高對燃燒／爆炸範圍值，具有與壓力增加類似的影響。由壓力或溫度變化對系統產生的確切影響，在每一化學混合氣體是不太一致的。

(4) 惰性氣體稀釋影響

　　向可燃氣體和氧氣混合物中添加惰性稀釋劑，會影響燃燒／爆炸範圍上下限值和LOC值。圖中說明了一些典型惰性稀釋氣體對甲烷之燃燒／爆炸範圍值影響效果。圖中顯示氮氣（Nitrogen）比氦氣（Helium）有效，水蒸氣又比氮氣有效，二氧化碳又比水蒸氣、氮氣有效。因此，依圖中所示以溴基（MeBr）最有效，再者四氯化碳（CCl$_4$），其次依序為二氧化碳 > 水蒸氣 > 氮氣 > 氦氣。

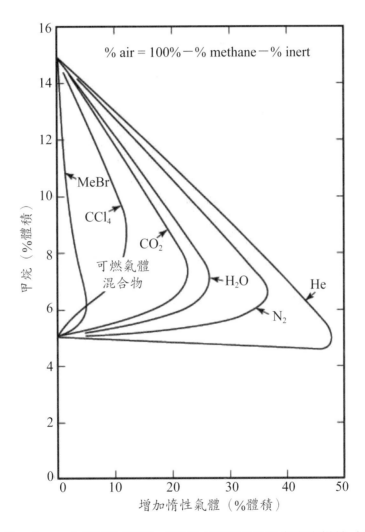

圖5-75　於25℃、1大氣壓下甲烷、惰性氣體與空氣混合物之燃燒／爆炸範圍

（資料來源：Coward et al., 1995）

(5) 多元氣體混合體

當遇到2種以上可燃性氣體相互混合物時，通常可以使用Le Chatelier公式，即能可靠地預測混合氣體之燃燒／爆炸範圍值：

依Le Chatelier定律，指出混合氣體燃燒上下限，S_1、S_2、S_3…為各氣體組成百分比，U_1、U_2、U_3…為各氣體之燃燒上限值，D_1、D_2、D_3…為各氣體之燃燒下限值。

混合氣體燃燒上限值，$M_U = \dfrac{1}{\dfrac{S_1}{U_1} + \dfrac{S_2}{U_2} + \dfrac{S_3}{U_3} + \cdots} \times 100\%$

混合氣體燃燒下限值，$M_D = \dfrac{1}{\dfrac{S_1}{D_1} + \dfrac{S_2}{D_2} + \dfrac{S_3}{D_3} + \cdots} \times 100\%$

相關進一步資訊，請參閱本書第2章第3節〈爆炸界限〉之說明。

表5-11　當使用氮氣或二氧化碳作為易燃氣體稀釋之限氧濃度值（LOC）

LOC（高於O_2容積%值能發生低階爆燃）				
氣體／蒸氣		N_2/Air	CO_2/Air	數據來源
Methane	甲烷	12.0	14.5	1
Ethane	乙烷	11.0	13.5	1
Propane	丙烷	11.5	14.5	1
NButane	丁烷	12.0	14.5	1
NButyl Acetate	乙酸正丁酯	9.0	—	9
Isobutane	異丁烷	12.0	15.0	1
NPentane	戊烷	12.0	14.5	1
Isopentane	異戊烯	12.0	14.5	2
NHexane	己烷	12.0	14.5	1
NHeptane	正庚烷	11.5	14.5	2
Ethanol	乙醇	8.7	—	9
Ethylene	乙烯	10.0	11.5	1
Propylene	丙烯	11.5	14.0	1
Isobutylene	異丁烯	12.0	15.0	4

（下頁繼續）

（接上頁）

Butadiene	丁二烯	10.5	13.0	1
Benzene	苯	11.4	14.0	1, 7
Toluene	甲苯	9.5	—	7, 9
Styrene	苯乙烯	9.0	—	7
Ethylbenzene	乙苯	9.0	—	7
Vinyltoluene	乙烯基甲苯	9.0	—	7
Divinylbenzene	二乙烯基苯	8.5	—	7
Diethylbenzene	二乙苯	8.5	—	7
Cyclopropane	環丙烷	11.5	14.0	1
Gasoline	汽油			
(73/100) (100/130) (115/145)	(73/100) (100/130) (115/145)	12.0 12.0 12.0	15.0 15.0 14.5	2 2 2
Kerosene	煤油	10.0（150℃）	13.0（150℃）	5
JP1 Fuel	JP1燃料	10.5（150℃）	14.0（150℃）	2
JP3 Fuel	JP3燃油	12.0	14.5	2
JP4 Fuel	JP4燃料	11.5	14.5	2
Natural Gas	天然氣	12.0	14.5	1
NButyl Chloride	正丁基氯化	14.0	—	3
Methylene Chloride	二氯甲烷	19.0（30℃）	—	3
Ethylene Dichloride	二氯化乙烯	13.0	—	3
1,1,1Trichloroethane	1,1,1三氯乙烷	14.0	—	3
Trichloroethylene	三氯乙烯	9.0（100℃）	—	3
Acetone	丙酮	11.5	14.0	4
NButanol	N丁醇	NA	16.5（150℃）	4
Carbon Disulfide	二硫化碳	5.0	7.5	4
Carbon Monoxide	一氧化碳	5.5	5.5	4
Ethanol	乙醇	10.5	13.0	4
2Ethyl Butanol	2-乙基丁醇	9.5（150℃）	—	4

（下頁繼續）

（接上頁）

Ethyl Ether	乙醚	10.5	13.0	4
Hydrogen	氫	5.0	5.2	4
Hydrogen Sulfide	硫化氫	7.5	11.5	4
Isobutyl Acetate	乙酸異丁酯	9.1	—	9
Isobutyl Alcohol	異丁醇	9.1	—	9
Isobutyl Formate	甲酸異丁酯	12.5	15.0	4
Isopropyl Acetate	乙酸異丙酯	8.8	—	9
Isopropyl Alcohol	異丙醇	9.5	—	10
Methanol	甲醇	10.0	12.0	4
Methyl Acetate	乙酸甲酯	11.0	13.5	4
Propylene Oxide	環氧丙烷	7.8	—	8
Methyl Ether	甲醚	10.5	13.0	4
Methyl Formate	甲酸甲酯	10.0	12.5	4
Methyl Ethyl Ketone	甲基乙基酮	11.0	13.5	4
NPropyl Acetate	乙酸丙酯	10.1	—	10
NPropyl Alcohol	正丙醇	8.6	—	9
UDMH (Dimethyl Hydrazine)	二甲基	7.0	—	6
Vinyl Chloride	氯乙烯	13.4	—	7

數據來源：

1. J. F. Coward And G. W. Jones(1952).
2. G. W. Jones, M. G. Zabetakis, J. K. Richmond, G. S. Scott, And A. L. Furno (1954).
3. J. M. Kuchta, A. L. Furno, A. Bartkowiak, And G. H. Martindill (1968).
4. M. G. Zabetakis(1965).
5. M. G. Zabetakis And B. H. Rosen (1957).
6. Unpublished Data, U.S. Bureau Ofmines.
7. Unpublished Data, Dow ChemicalCo.
8. U.S. Bureau Ofmines.
9. L.G. Britton(2002).
10. Unpublished, Dow Chemical Co.2002.

（本表資料：NFPA 69）

表5-12　當氮氣或二氧化碳作為可燃性懸浮中粉塵稀釋之限氧濃度值（LOC）

LOC （高於O_2容積%值能發生低階爆燃）			
Dust	粉塵	N_2/Air	CO_2/Air
Agricultural	農業		
Coffee	咖啡	—	17
Cornstarch	玉米澱粉	—	11
Dextrin	糊精	11	14
Soy Flour	大豆麵粉	—	15
Starch	澱粉	—	12
Sucrose	蔗糖	10	14
Chemical	化學		
Ethylene Diamine TetraAcetic Acid	乙二胺四乙酸	—	13
Isatoic Anhydride	靛紅酸酐	—	13
Methionine	甲硫氨酸	—	15
Ortazol	硝基呋喃類抗生素	—	19
Phenothiazine	吩噻嗪	—	17
Phosphorus Pentasulfide	五硫化磷	—	12
Salicylic Acid	水楊酸	15	17
Sodium Lignosulfate	木質素硫酸鈉	—	17
Stearic Acid & Metal Stearates	硬脂酸和金屬硬脂酸鹽	10.6	13
Carbonaceous	碳質		
Charcoal	木炭	—	17
Coal, Bituminous	煤，瀝青	—	17
Coal, SubBituminous	煤，次煙煤	—	15
Lignite	褐煤	—	15
Metal	金屬		
Aluminum	鋁	—	2
Antimony	銻	—	16
Chromium	鉻	—	14

（下頁繼續）

（接上頁）

Iron	鐵	—	10
Magnesium	鎂	0	0
Paper	紙	—	13
Pitch	瀝青	—	11
Sewage Sludge	汙水汙泥	—	14
Sulfur	硫	—	12
Wood Flour	木粉	—	16
Plastics Ingredients	塑料配料		
Azelaic Acid	壬二酸	—	14
Bisphenol A	雙酚A	—	12
Casein, Rennet	酪蛋白，凝乳	—	17
Hexamethylene Tetramine	六亞甲基四胺	13	14
Isophthalic Acid	間苯二甲酸	—	14
Paraform Aldehyde	多聚甲醛	8	12
Pentaerythritol	季戊四醇	13	14
Phthalic Anhydride	鄰苯二甲酸酐	—	14
Terephthalic Acid	對苯二甲酸	—	15
Plastics — Special Resins	塑料—特種樹脂		
Coumarone Indene Resin	香豆酮茚樹脂	—	14
Lignin	木質素	—	17
Phenol, Chlorinated	苯酚，氯化	—	16
Pinewood Residue	松木殘留	—	13
Rubber, Hard	橡膠，硬	—	15
Shellac	蟲膠	—	14
Sodium Resinate	樹脂酸鈉	13	14
Plastics — Thermoplastic Resins	塑料—熱塑性樹脂		
Acetal	乙縮醛	—	11
Acrylonitrile	丙烯腈	—	13
Butadiene Styrene	丁二烯苯乙烯	—	13

（下頁繼續）

（接上頁）

Carboxymethyl Cellulose	羧甲基纖維素	—	16
Cellulose Acetate	醋酸纖維素	9	11
Cellulose Triacetate	纖維素三乙酸酯	—	12
Cellulose Acetate Butyrate	醋酸丁酸纖維素	—	14
Ethyl Cellulose	乙基纖維素	—	11
Methyl Cellulose	甲基纖維素	—	13
Methyl Methacrylate	甲基丙烯酸甲酯	—	11
Nylon	尼龍	—	13
Polycarbonate	聚碳酸酯	—	15
Polyethylene	聚乙烯	—	12
Polystyrene	聚苯乙烯	—	14
Polyvinyl Acetate	聚乙酸乙烯酯	—	17
Polyvinyl Butyrate	聚乙烯丁酸酯	—	14
Plastics — Thermosetting Resins	塑料—熱固性樹脂		
Allyl Alcohol	烯丙醇	—	13
Dimethyl Isophthalate	間苯二甲酸二甲酯	—	13
Dimethyl Terephthalate	對苯二酸二甲酯	—	12
Epoxy	環氧樹脂	—	12
Melamine Formaldehyde	三聚氰胺甲醛	—	15
Polyethylene Terephthalate	聚對苯二甲酸	—	13
Urea Formaldehyde	尿素甲醛	—	16

備註：
1. 表中數據在室溫和常壓下實驗室，使用24瓦連續點火源進行試驗獲得，並在美國礦業局調查報告654號發表。
2. 氮氣作為稀釋劑且表中未列出數據情況下，應使用以下方程式計算含碳粉塵的氧氣值：
   $O_n=1.3（O_c-6.3)$
   其中
   O_n = 由氮氣進行稀釋之LOC
   O_c = 由CO_2進行稀釋之LOC
3. 以標準測試方法。
4. 使用乾粉或水作為惰性材料的數據和關於惰性化對密閉容器壓力影響，在美國礦業局調查報告6549、6561和6811號發表。
5. 由於試驗方法和粉塵特性（如粒徑）和其他因素的差異性，本表中的值可能與其他值具差異性。
（資料來源：NFPA 69）

表5-13 當氮氣作為可燃性懸浮中粉塵稀釋之限氧濃度值（LOC）

Dust	粉塵	平均粒徑（μm）	LOC N₂/Air
Cellulosic Materials	纖維素材料		
Cellulose	纖維素	22	9
Cellulose	纖維素	51	11
Wood Flour	木粉	27	10
Food And Feed	食品和飼料		
Pea Flour	豌豆粉	25	15
Corn Starch	玉米澱粉	17	9
Waste From Malted Barley	來自發芽大麥的廢物	25	11
Rye Flour	黑麥麵粉	29	13
Starch Derivative	澱粉衍生物	24	14
Wheat Flour	麵粉	60	11
Coals	煤		
Brown Coal	褐煤	42	12
Brown Coal	褐煤	63	12
Brown Coal	褐煤	66	12
Brown Coal Briquette Dust	布朗煤壓塊灰塵	51	15
Bituminous Coal	煙煤	17	14
Plastics, Resins, Rubber	塑料，樹脂，橡膠		
Resin	樹脂	<63	10
Rubber Powder	橡膠粉	95	11
Polyacrylonitrile	聚丙烯	26	10
Polyethylene, H.P.	聚乙烯，H.P.	26	10
Pharmaceuticals, Pesticides	藥品，農藥		
Amino Phenazone	氨基吩	<10	9
Methionine	甲硫氨酸	<10	12
Intermediate Products, Additives	中間產品，添加劑		
Barium Stearate	硬脂酸鋇	<63	13

（下頁繼續）

（接上頁）

Benzoyl Peroxide	過氧化苯甲	59	10
Bisphenol A	雙酚A	34	9
Cadmium Laurate	鎘月桂酸	<63	14
Cadmium Stearate	硬脂酸鎘	<63	12
Calcium Stearate	硬脂酸鈣	<63	12
Methyl Cellulose	甲基纖維素	70	10
Dimethyl Terephthalate	對苯二酸二甲酯	27	9
Ferrocene	二茂鐵	95	7
Bistrimethyl SilylUrea	雙三甲基甲矽烷基脲	65	9
Naphthalic Acid Anhydride	萘二甲酸酐	16	12
2Naphthol	二萘酚	<30	9
Paraform Aldehyde	多聚甲醛	23	6
Pentaerythritol	季戊四醇		
Metals, Alloys	金屬，合金	<10	11
Aluminum	鋁	22	5
Calcium/ Aluminum Alloy	鈣／鋁合金	22	6
Ferrosilicon Magnesium Alloy	矽鐵鎂合金	17	7
Ferrosilicon Alloy	矽鐵合金	21	12
Magnesium Alloy	鎂合金	21	3
Other Inorganic Products	其他無機產品		
Soot	煤煙	<10	12
Soot	煤煙	13	12
Soot	煤煙	16	12
Others	其他		
Bentonite Derivative	膨潤土衍生物	43	12

參考來源：R. K. Eckhoff, Dust Explosions in The Process Industries, 1991.
備註：數據來自1m³和20L的實驗室，使用強化學點火器。
（資料來源：NFPA 69）

以下提供惰性選擇的可燃粉塵所需的惰性粉塵濃度值，如表5-14所示。

表5-14　可燃粉塵與惰性粉塵混合，進行惰化粉塵雲數據

可燃粉塵		平均粒徑（μm）	惰性粉塵		平均粒徑（μm）	惰化所需最小總質量
Methyl Cellulose	甲基纖維素	70	$CaSO_4$	石膏	<15	70
Organic Pigment	有機顏料	<10	$NH_4H_2PO_4$	磷酸二氫銨	29	65
Bituminous Coal	煙煤	20	$NH_4H_2PO_4$	磷酸二氫銨	14	65
Bituminous Coal	煙煤	20	$NaHCO_3$	碳酸氫鈉	35	65
Sugar	糖	30	$NaHCO_3$	碳酸氫鈉	35	50

參考來源：R. K. Eckhoff, Dust Explosions in the Process Industries, 1991.
Note：數據來自$1m^3$標準實驗室ISO (1985)使用10KJ化學點火器。
（資料來源：NFPA 69）

2. 通風防爆進階計算（Ventilation Calculations）

通風所需時間，於透過用新鮮空氣淨化方法，將可燃氣體濃度值降低到安全極限值所需時間估計，能使用下面方程式計算出。

對於封閉體積V，使用新鮮空氣固定速率流量Q在給定時間Dt內，產生濃度變化Dc，由方程式(1)表示：

$$(V)Dc = Q(C)Dt \tag{1}$$

上式重新整理如下，

$$\int_{C_0}^{T} \frac{dC}{C} = \frac{Q^t}{V_0} \int Dt \tag{2}$$

其中：

C_0 = 氣體初始濃度

T = 達到所設定濃度之所需時間

對方程式(2)進行積分，得到以下結果：

$$Ln\left(\frac{C}{C_0}\right) = \left(\frac{-Q}{V}\right)T \tag{3}$$

方程式(3)假定是完全混合。因在實際情況中不是如此，所以應引入校正因子K值，如下：

$$Ln\left(\frac{C}{C_o}\right)=\left(\frac{-Q}{V}\right)K(T) \tag{4}$$

在完全混合中，K等於1.0。下表列出了某些條件下K值。目前能定義混合程度的數據仍很少。現建議K值不大於0.25。

在考慮28m³（1000ft³）的汽油儲槽，內部汽油蒸汽濃度的問題，使用56m³/min（2000ft³/min）的通風速率，期能降低至燃燒下限的20%安全值：

a. 燃燒上限值或7.6%

b. 燃燒下限值或1.4%

c. 燃燒下限值的20%，即0.35%

表5-15　各種通風法之結合效率值

供應法	效率值（K）	
	單一通風開口	多種通風開口
無加壓供應（No Positive Supply）		
透過裂縫（Infiltration Through Cracks）	0.2	0.3
透過開放門窗（Infiltration Through Open Doors or Windows）	0.2	0.4
強制空氣流（Forced Air Supply）		
格柵或排氣口附風門（Grilles And Registers）	0.3	0.5
擴散器（Diffusers）	0.5	0.7
頂板穿孔（Perforated Ceiling）	0.8	0.9

（資料來源：NFPA 69）

計算降低至所設定濃度值之所需時間，在K = 1.0（完全混合）和K = 0.2之間差異量，能使用方程式(1)如下：

$$Ln\left(\frac{7.6}{20}\right)=\left(\frac{-2000}{1000}\right)K(T) \tag{5}$$

$$T=\frac{Ln0.38}{-2K}=\frac{-0.97}{-2K}=\frac{0.485}{K} \tag{6}$$

當K = 1，得T = 0.49分鐘；當K = 0.2，得T = 2.5分鐘。

$$Ln\left(\frac{1.4}{20}\right) = \left(\frac{-2000}{1000}\right)K(T) \tag{7}$$

$$Ln0.07 = -2K(T)$$

$$T = \frac{Ln0.07}{-2K} = \frac{-2.66}{-2K} = \frac{1.33}{K} \tag{8}$$

當K = 1，得T = 1.33分鐘；當K = 0.2，得T = 6.65分鐘。

$$Ln\left(\frac{0.35}{20}\right) = \left(\frac{-2000}{1000}\right)K(T) \tag{9}$$

$$Ln0.018 = -2K(T)$$

$$T = \frac{Ln0.07}{-2K} = \frac{-2.66}{-2K} = \frac{1.33}{K} \tag{10}$$

當K = 1，得T = 2分鐘；當K = 0.2，得T = 10分鐘。

3. 惰化所需空氣流量（Number of Air Changes Required for Inerting）

在上述計算方法，提供了直接用時間來作表示之求解。為了根據所需空氣變化量，NFPA 69發展以下求解方程式如下：

$$\frac{C}{C_o} = E^{-KN} \tag{11}$$

其中N =所需的空氣流量值。

上式能改寫如下：

$$Ln\left(\frac{C}{C_o}\right) = -KN \tag{12}$$

所需的空氣流量值在K = 0.2，是達到燃燒上限值7.6%，代入如下：

$$Ln\left(\frac{C}{C_o}\right) = -0.2N \tag{13}$$

$$N = \frac{Ln0.38}{-0.2} = \frac{-0.97}{-0.2} = 4.8 \tag{14}$$

　　由於空氣流速為56m³/min，儲槽容積為28m³，因此完全換氣需0.5分鐘。方程式(14)表明需要4.8倍空氣流量值。這意味著所需的時間為2.4分鐘。

4. 密閉區域易燃濃度累積量（Buildup of Combustible Concentration in Enclosed Area）

　　如將易燃氣體的恆定源（如洩漏）引入至密閉容積中，則方程式12應修改如下：

$$G = \frac{G}{Q}(1 - E^{-KN}) \tag{15}$$

其中：

C ＝濃度

G ＝釋放速率（m³/min）

Q ＝氣流速率（m³/min）

K ＝混合效率值

N ＝理論空氣變化量倍數

> 例題：28m³（1000ft³）儲槽中，其中易燃氣體／空氣混合濃度為其容積15%，產生洩漏情況。假設混合效率K值等於0.2，在整個密閉空間中達到5%的濃度，需要多長時間？

解：C = 0.05，G = (100×0.15)= 15ft³/min

　　Q = 100 − 15 = 85ft³/min

　　K = 0.2

　　方程式15可以重寫成簡易的對數形式，如下：

$$Ln\left[1 - \frac{CQ}{G}\right] = -KN \tag{16}$$

$$Ln\left[1 - \frac{0.05(85)}{15}\right] = -0.2N$$

$$Ln(0.71667) = -0.2N$$

$$-0.33314 = -0.2N$$

$$1.67 = N$$

因在28m³儲槽產生洩漏，洩漏速率為100ft³/min

$$\frac{\frac{1000\text{ft}^3}{100\text{ft}^2}}{\text{min}} \times 1.67 = 16.7\text{min}$$

在16.7分鐘內將能達到5%的濃度。方程式(12)和(15)能表示如圖5-76和圖5-77所示繪製。

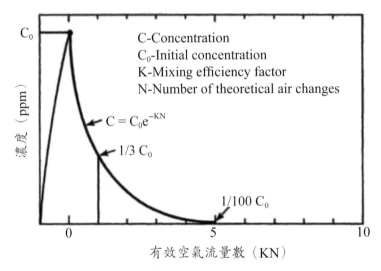

圖5-76　使用一般通風：瞬時釋放之可燃性濃度衰退曲線

（資料來源：NFPA 69）

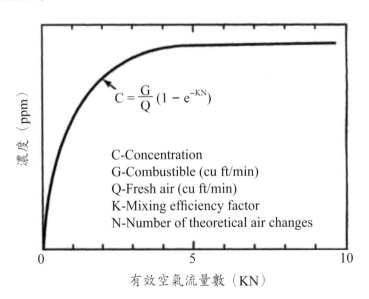

圖5-77　使用一般通風：連續性釋放之可燃性濃度累積曲線

（資料來源：NFPA 69）

圖5-77說明在密閉容器中連續釋放，一旦連續釋放開始，可燃性濃度將迅速增加，直到三次全部空氣體積置換量。在三次全部空氣體積置換量之後，方程式(15)中的括號項將接近1，濃度變化量將不再顯著。因此，穩定態（SteadyState）濃度與空氣置換率（Air Change Rate）是無關，實際上取決於外部新鮮空氣體積流量（Volumetric Flow）。

為設計目的，最好以每分鐘立方公尺的形式來進行規定，以避免按照每小時的空氣變化量來錯誤規定。雖然總體通風有助於去除空氣中的可燃物，但在許多情況下，透過用局部通風補充一般通風，是能達到較好的控制效果。當可以預測排放源時，可以使用局部通風；如在以下情況下，建議使用局部通風而不是總體通風：

A. 操作人員或起火源可能非常接近易燃釋放點情況。

B. 易燃氣體逸出速率是不確定的。

C. 局部通風是用於控制可燃粉塵或蒸氣情況。

5. 儲存槽防爆淨化法（Purging Methods）

可以使用下列任何一種方法，來確保在防護的儲槽或容器中，能形成和維持在無法燃燒／爆炸混合氣體組成。這些包括一次性或偶然使用的「逐次」方法（Batch Methods），如在淨化設備之關閉期間，以及正常操作期間「連續」方法（Continuous Methods），旨在確保其在安全防火防爆環境條件。以下是各種防爆淨化方法的概要敘述。

(1) 逐次淨化（Batch Purging）

此方法包括虹吸、真空、加壓和通風行為。

(2) 連續淨化（Continuous Purging）

此方法包括固定速率應用、可變速率或依需求之應用方法。

(3) 虹吸淨化（Siphon Purging）

此方法透過填充液體或將淨化氣體引入到該防護空間中，當從儲槽或容器排出時來置換液體，以達到淨化設備之防爆目的。所需的淨化氣體的體積等於儲槽或容器的體積，其施加應用速率相符於排出之速率。

(4) 眞空淨化（Vacuum Purging）

此方法通常是在減壓下操作，關閉期間透過淨化氣體來破壞眞空使其淨化。如果初始壓力不足夠低以確保所需的低氧濃度，則可能需要重新作評估，並重複該過程。所需的淨化氣體量，是由應用量所需氧濃度來予以決定的。在2個以上儲槽或容器，透過歧管連接並當作一組淨化的情況下，應當檢查每個儲槽或容器的蒸氣量，以確定已完全淨化之狀態。

(5) 壓力淨化（Pressure Purging）

此方法透過在壓力下引入淨化氣體，來增加容器內的壓力，來達到淨化作用，並在氣體擴散後，將容器氣體排放到大氣中。此方法需要一個以上壓力淨化循環工作，以將氧含量降低至所需百分比。在2個以上容器透過歧管連接，並應當作同一組淨化的情況下，應當檢查每個容器的蒸氣含量，以確定已完成所需的淨化工作。

在充滿可燃氣體的容器，要先排空然後再淨化情況下，以設備耐壓值以下的壓力將淨化氣體施加到容器內氣體空間，從而實現容器或儲槽的排空，並以相同的過程循環達到淨化氣體空間。

(6) 淨化氣體清除殘留氣（Sweep Through Purging）

此方法在一個開口處將淨化氣體引入容器中，並使容器內容物透過另一開口逸出到大氣中，從而清除殘留的蒸氣。所需的淨化氣體量取決於內部物理形狀（Physical Arrangement）。如氣體可以在一端引入而另一端釋放混合物，爲有效地淨化管道，則僅用少於其所需淨化氣體之體積量。然而，容器所需淨化量，必須超過其體積量。

如容器系統是複雜的，涉及不能建立循環的分歧管道，則引入淨化氣體清除法可能是不切實際的，應以壓力或眞空淨化法是較合適的。

假設完全混合，循環淨化氣體的體積量與原始容器內容物減少濃度量之間的關係式，如圖5-78所示。

在此，應注意以下幾點：

① 所需的總量可能小於壓力淨化一系列步驟的總量。

② 假設完全混合，以淨化氣體4～5倍體積量，應足以完全置換原始混合物。

(7) 固定速率淨化法（Fixed Rate Purging）

此方法以恆定速率連續地將淨化氣體引入容器內，該流速應足以提供所需峰值，以致能提供完全防護作用，並能相應地釋放淨化氣體和內部之氣體、水霧或雜質等任何質量。

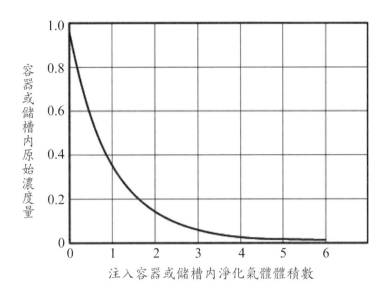

圖5-78　稀釋比例——在大氣壓下淨化清除容器內殘留氣體（假定完全混合）

（資料來源：NFPA 69）

採用固定速率淨化法應注意事項：

① 優點是簡易的，不需如壓力調節器裝置，並且能減少日後維護成本。

② 缺點：

　　A. 由於淨化氣體對蒸氣空間的不斷清除循環（Sweeping），儲存空間內含有揮發性液體蒸氣，也會造成連續性損失。

　　B. 增加淨化氣體的總量，因無論其是否真正需要，仍持續供應著。

　　C. 混合物持續釋放的可能處置問題（有毒和其他負面影響）。

圖5-79顯示應用於固定速率淨化之流量控制方法。

(8) 非固定速率或依實際需求之淨化法（Variable Rate or Demand Purging）

此方法取決於需求量，依非固定速率將淨化氣體引入到儲存容器中，並且基於防護儲存容器之目的，其通常內部壓力是維持在稍高於周圍大氣壓力值即可。最高供應速率應按照淨化氣體最高速率（Peak Purge Gas Rates）之計算。

有關非固定速率或依實際需求淨化法之注意事項如次：

① 優點是僅在實際需要時，始供應淨化氣體量，並在進行淨化時可以完全防止空氣流入。

② 缺點是操作在非常低的壓力差下操作，其壓力控制閥功能有時難以保持住。

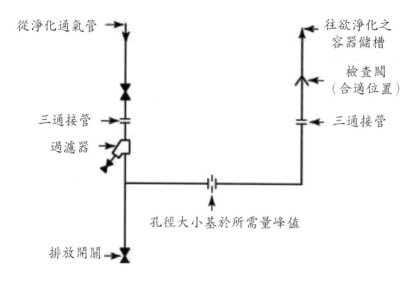

圖5-79　固定淨化速率清除殘留氣體之流量控制方法

（資料來源：NFPA 69）

圖5-80顯示了非固定速率淨化之流量控制方法。圖5-79顯示了一種可替代的方法。

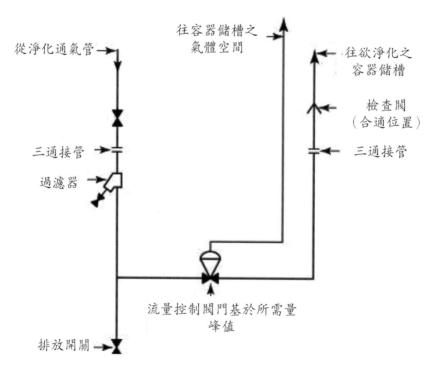

圖5-80　非固定淨化速率清除殘留氣體之流量控制方法

（資料來源：NFPA 69）

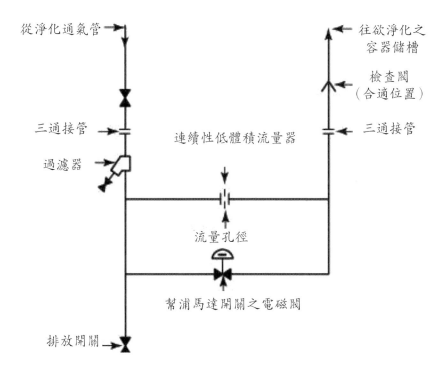

圖5-81 非固定淨化速率清除殘留氣體之流量替代控制方法

（資料來源：NFPA 69）

6. 計算淨化氣體峰值速率（Calculation of Peak Purge Gas Rates）

對於系統的任何一個元件，控制峰值速率需求是由以下因素所決定：

(1) 最大抽取率（Maximum Withdrawal Rate）。

(2) 溫度變化。

(3) 洩漏量。

(4) 快速大氣壓變化量。

對含有蒸氣或熱液體容器的內容物的冷凝，在真空淨化法呈現特殊且常見的情況。蒸汽到液體的冷凝作用（Condensation）或氣相壓力的降低，能快速產生部分真空，這可能導致以下結果：

① 對設備施加過大的應力，或造成儲存容器裂損。

② 從內部壓力可能形成沒有洩漏警告現象，如由接頭處吸入空氣所造成一種假象。

③ 需要惰性氣體提供高供應速率量

上述每一情況都應單獨處理。在每一情況應計算其峰值供應速率，同時考慮冷卻現象速率（Cooling Rate）、儲存容器尺寸和結構，這些決定冷凝速率（Condensation Rate）。

如不能依靠減壓閥（Reducing Valve）和淨化氣體，來提供惰性氣體所需量，以預防壓力降低致低於大氣壓時，則儲存容器必須設計為完全真空之狀態。

對於含有液體的儲存容器所需淨化氣體量，應考量來自液體抽取、從兩種以混合造成液體組合物的變化，或造成淨化氣體增加溶解在液體中因素。以下為較大影響作用：

① 泵能夠抽出液體之最大能力，其同等之容積量。

② 最大重力流出速率(Gravity Outflow Rate)。

在兩個儲存容器之歧管接在一起，使得其中能透過重力流入另一情況下，有時能使用蒸氣空間互連（Vapor Space Interconnection），以減少來自外部源所需淨化氣體供應量。

對於在大氣壓或接近大氣壓下操作的室外儲槽，可能夏季雷暴的突然冷卻，在接近大氣壓力下操作的室外儲槽中溫度變化的最大需求量，應作考慮。防止儲存容器壓力顯著低於大氣壓力值，所需的淨化氣體供應速率計算如次：

A. 儲槽容量超過320.2萬公升（800,000加侖），淨化氣體量對槽體或槽頂每一平方尺面積，應有每小時0.056m³之供應速率。

B. 較小儲槽如151公升（40加侖），每小時淨化氣體供應量應能相符於儲槽內部蒸汽空間在38℃（100°F）溫度之平均變化速率。

有關計算淨化氣體供應速率的更多資訊，請參見API 2000標準之大氣通風和低壓儲槽（非冷藏和冷藏）之應用。

除非存在防止它們同時發生的特殊情況，否則應增加溫度變化量和液體排出量。

第15節　模擬選擇題精解

1. (C)　在乙炔氣瓶內加入丙酮以溶解乙炔氣，主要是防止哪一種爆炸？
    (A)自然發火型爆炸　　　　　　　(B)反應失控型爆炸
    (C)氣體分解爆炸　　　　　　　　(D)蒸氣爆炸

2. (B)　下列哪一個　態參數的變化是爆炸引起破壞的直接原因？
    (A)密度　(B)壓力　(C)溫度　(D)速度

3. (C)　下列哪一種氣體，其高壓下的爆炸範圍會隨著壓力增加而變窄？
    (A)甲烷　(B)丙烷　(C)一氧化碳　(D)乙烯

4. (A)　以下哪一個屬於物理性爆炸？
    (A)突沸　　　　　　　　　　　　(B)霧滴爆炸
    (C)可燃性蒸氣爆炸　　　　　　　(D)開放空間蒸氣雲爆炸

5. (B)　對於粉塵爆炸之敘述何者為非？
    (A)粉塵粒子直徑愈小愈易發火
    (B)若空氣中氧濃度降低，爆炸下限濃度亦降低
    (C)通常壓力溫度上升，粉塵的最小發火能量變小
    (D)粉塵濃度愈高，發火溫度愈低

6. (D)　下列哪一項爆炸性物質，較不受衝擊與摩擦作用而引起爆炸？
    (A)氮化鉛　(B)黑色火藥　(C)硝化甘油　(D)無煙火藥

7. (D)　麵粉廠常因爆炸而引起粉塵揚起，進而造成全廠性之毀滅性爆炸，此現象
    稱為：
    (A)爆燃（deflagration）　　　　(B)爆轟（detonation）
    (C)塵爆（dust explosion）　　　(D)二次塵爆（secondary dust explosion）

8. (D)　工廠使用之乙炔鋼瓶，為防爆炸，常利用下列何者浸泡？
    (A)氮氣　(B)氫氣　(C)氖氣　(D)丙酮

9. (B)　有關氣體之分解爆炸，下列敘述何者有誤？
    (A)在界限壓力之上始可發生　　(B)壓力超過爆炸上限時則不發生
    (C)一般多發生於高壓下　　　　(D)爆炸時不需要氧氣存在

10. (A)　氣體燃燒爆炸時之燃燒速度小於音速稱為？
    (A)爆燃（deflagration）　　　　　　(B)爆轟（detonation）

(C)沸騰液體膨脹氣雲爆炸（BLEVE）　　(D)二次爆炸（2nd explosion）

11. (C)　TNT炸藥之爆炸壓力強度與其炸藥量之幾次方成正比？[26]

　　　(A)1/1　(B)1/2　(C)1/3　(D)1/4

12. (A)　下列有關粉塵爆炸之敘述，何者有誤？

　　　(A)浮游粉塵，粒徑愈大，發火溫度愈低

　　　(B)粉塵爆炸之燃燒反應係發生於粒子表面

　　　(C)粉塵雖無法如氣體般均勻分布，但一樣有爆炸界限

　　　(D)粒徑小之粉體，常利用氣流運送，易生靜電火花引起爆炸，故處理乾燥
　　　　　粉體，必須注意

13. (A)　就某一特定粉塵種類而言，下列何者可提高其最小發火能量？

　　　(A)加大粉塵粒徑　　　　　　　　(B)提高粉塵濃度

　　　(C)提高環境氧氣濃度　　　　　　(D)升高環境溫度

14. (B)　當氣體爆炸時之燃燒速度大於音速，稱為何種爆炸？

　　　(A)爆燃（deflagration）　　　　(B)爆轟（detonation）

　　　(C)震波（shock wave）　　　　(D)凝相爆炸（condensed phase explosion）

15. (C)　下列何者不為蒸氣爆炸？

　　　(A)重油的沸溢（Boilover）　　　(B)鍋爐破裂

　　　(C)過氧化氫爆炸　　　　　　　　(D)液態瓦斯Bleve現象

16. (B)　蒸氣爆炸是屬於下列何者？

　　　(A)氣態爆炸　(B)液態爆炸　(C)固態爆炸　(D)混合爆炸

17. (D)　爆炸性物質所需最小起爆能稱為該物質之敏感度，下列何者會使敏感度提
　　　高？　　(A)起爆溫度愈高　(B)液態雜質　(C)密度愈大　(D)硝基愈多

18. (A)　下列物質與水接觸如發生爆炸現象時，何者非屬蒸氣爆炸範疇？

　　　(A)電石（碳化鈣）　(B)強酸　(C)高溫鐵水　(D)鍋爐破裂

19. (B)　下列有關影響粉塵爆炸因素之敘述，何者正確？

　　　(A)粒子愈小，最小發火能量愈大　　(B)粒子愈小，發火溫度愈低

　　　(C)含水分愈多，最小發火能量愈小　　(D)壓力愈大，最小發火能量愈大

20. (A)　下列有關粉塵爆炸之敘述何者正確？

　　　(A)粉塵濃度愈高發火溫度將降低

---

[26] TNT炸藥之爆炸壓力波與距離之1/3次方成反比。

(B)若與可燃性氣體在空氣中共存時其爆炸下限將提高

(C)粉塵粒子直徑愈大愈易發火

(D)粉塵與空氣之混合物若壓力與溫度上升時爆炸範圍變窄，危險性降低

21. (C)　液體在極快速情況下受熱汽化為氣體時，因能量在瞬間內釋放，將會形成爆炸現象，此狀況稱為何者？

(A)聚合爆炸　　(B)分解爆炸　　(C)蒸氣爆炸　　(D)反應性失控爆炸

22. (C)　在乙炔氣瓶內加入丙酮以溶解乙炔氣，主要是防止哪一種爆炸？

(A)自然發火型爆炸　　　　　　(B)空氣氧化反應爆炸

(C)氣體分解爆炸　　　　　　　(D)蒸氣爆炸

23. (D)　下列對於影響粉塵爆炸的因素描述，何者正確？

(A)含水量愈多愈易爆炸

(B)灰份含量愈多則愈易爆炸

(C)粉塵與可燃性氣體共存時，其爆炸下限將上升

(D)食品類如麵粉、澱粉及穀物等亦為爆炸性粉塵

24. (D)　工業廠房於發生火災事故時，產生燃燒速率大於音速的爆炸稱為：

(A)突沸（Boilover）　　　　　　(B)閃燃（Flash Over）

(C)液體沸騰膨脹氣體爆炸（BLEVE）　(D)爆轟（Detonation）

25. (#)　103年高雄地下石化管線丙烯洩漏引發火災爆炸，此類火災為：

(A)A類火災　(B)B類火災　(C)C類火災　(D)D類火災

（註：此題答案有爭議）

26. (C)　有關爆炸性物質的敏感度特性，下列敘述何者正確？

(A)起爆溫度愈高者，敏感度愈高　(B)分子中硝基愈多者，敏感度愈低

(C)物質之密度愈大者，敏感度愈小　(D)結晶與敏感度無關

27. (D)　乙炔為易發生分解爆炸之物質，頗具危險性，下列有關乙炔之敘述何者錯誤？

(A)高壓下，乙炔易生聚合反應

(B)為防止高壓乙炔分解爆炸，常以其他氣體稀釋，使乙炔濃度降低

(C)液化乙炔較固體乙炔危險度高

(D)乙炔最小起爆能量與乙炔之壓力成正比

28. (C)　有關火災與爆炸之相關性，下列何者錯誤？

(A)火災可能導致爆炸，爆炸亦可能導致火災

(B)火災是化學反應

(C)爆炸全是物理反應

(D)爆炸之反應速率及危害較火災爲高

29. (C) 乙烷之爆炸下限約爲多少%？[27]

(A)1　(B)2　(C)3　(D)4

30. (D) 下列何者金屬粉塵不會產生粉塵爆炸之危險？

(A)鎂　(B)鈦　(C)鋁　(D)鉛

31. (C) 液體變化爲氣體之速度極爲快速時，因能量之放出在極短時間內形成之爆炸現象，稱爲？

(A)粉塵爆炸　(B)分解爆炸　(C)蒸氣爆炸　(D)瓦斯爆炸

32. (D) 當高溫鍋爐破裂時，鍋爐內的水將洩　並激烈蒸發，若水蒸氣溫度爲100℃，試算每公斤的水蒸發後體積將膨脹爲：

(A)100L　(B)500L　(C)1000L　(D)1700L

33. (A) 下列有關粉塵爆炸的敘述，何者正確？

(A)粒子的直徑愈小，粉塵爆炸的最小發火能量愈低

(B)固體粒子的水分含量愈多，愈易引起粉塵爆炸

(C)粉塵的最小發火能量一般比可燃性氣體小

(D)粉塵若與可燃性氣體在空氣中共存時，其爆炸下限將提高

34. (C) 液化瓦斯（LPG）與60～70℃的水接觸時所發生的爆炸，屬：

(A)分解爆炸　(B)化學爆炸　(C)蒸氣爆炸　(D)混合爆炸

35. (D) 下列何者無法引起粉塵爆炸？

(A)小麥粉　(B)鋁粉　(C)胡椒粉　(D)岩粉

36. (C) TNT炸藥之爆炸壓力波與距離之幾次方成反比？

(A)1/1　(B)1/2　(C)1/3　(D)1/4

37. (A) 爆炸反應係屬下列何種燃燒？

(A)混合燃燒　(B)擴散燃燒　(C)蒸發燃燒　(D)分解燃燒

38. (A) 下列何種物質不屬於炸藥？

(A)丙烯醛　(B)氮化鉛　(C)雷酸銀　(D)硝化甘油

39. (D) 下列何者屬於蒸氣爆炸？

---

[27] $2C_2H_6 + 7O_2 \rightarrow 4CO_2 + 6H_2O$　燃燒下限 $= \dfrac{0.55}{1+5n} = \dfrac{0.55}{1+5(7/2)} = 0.0297$。

(A)粉塵爆炸　(B)過氧化氫爆炸　(C)氫氣爆炸　(D)鍋爐爆炸

40. (B)　當油池內有積水，火災發生時，即可能發生何種現象？

(A)BLEVE　　　　　　　(B)突沸（揚沸）（boilover）

(C)爆轟　　　　　　　　(D)閃燃

41. (C)　引起粉塵爆炸的最小點火能量約為：

(A)0.1～1.0mJ　(B)1.0～10mJ　(C)10～100mJ　(D)100～1000mJ

42. (B)　就爆炸物質的特性，何者正確？

(A)起爆溫度愈低者，敏感度愈低

(B)硝化甘油爆炸時，會釋放出毒性物質

(C)密度愈小，敏感度愈小

(D)雷汞含水大於10%時，在空氣中點燃時會爆炸

43. (D)　下列何者非影響粉塵爆炸之因子？

(A)化學組成　(B)粒子　(C)溫度　(D)最大發火能量

44. (B)　炸藥在製造、加工及使用過程中，不慎引起之爆炸稱為：

(A)氣體分解爆炸　　　　(B)混合危險爆炸

(C)混合氣體爆炸　　　　(D)化合物爆炸

45. (B)　就爆炸物質的特性，下列何者正確？

(A)多數爆炸物質不具有毒性

(B)起爆溫度愈低者，敏感度愈高

(C)化學組成中硝基愈多，敏感度愈低

(D)T.N.T.（Trinitrotoluene）中混入砂粒後，敏感度降低

46. (D)　環氧乙烷、聯氨、乙炔、乙烯、氧化氮當中，易產生分解爆炸的物質有幾種？[28]　　(A)2　(B)3　(C)4　(D)5

47. (B)　有關粉塵爆炸之敘述，下列何者正確？

(A)粉塵之最小發火能量一般比可燃性氣體小

(B) 粒子之直徑愈小，粉塵爆炸之最小發火能量愈低

---

[28] 氣體發生分解爆炸條件：

(1)內在原因需是分解性氣體，且分解放熱多。分解熱在80 kJ/mol以上氣體。

(2)外在原因需一定壓力及發火源。常見的分解性爆炸氣體有：乙炔、乙烯、丙烯、臭氧、環氧乙烷、聯氨、四氟乙烯、一氧化氮、二氧化氮等。

(C) 有機過氧化物之灰分含量愈高，愈易產生粉塵爆炸

(D) 粉塵若與可燃性氣體在空氣中共存時，其爆炸下限會上升

48. (B) 下列何種物質不屬於炸藥？

(A)氮化鉛　(B)溴氯甲烷　(C)硝化甘油　(D)雷酸銀

49. (B) 當一小爆炸發生時，其壓力波將全廠之粉塵揚起，再被隨後而至之燃燒引爆所引起之全廠性爆炸稱為：

(A)塵爆　(B)二次塵爆　(C)爆轟　(D)複燃（Backdraft）

50. (B) 一般來說，增加壓力會使爆炸範圍：

(A)不變　(B)增大　(C)縮小　(D以上皆非

51. (C) 氣體濃度愈接近當量濃度時，則爆轟波胞格尺寸（Detonation Cell）愈：[29]

(A)無影響　(B)大　(C)小　(D無法判定

52. (B) 爆炸時火燄傳播速率達音速以上稱為：

(A)爆燃　(B)爆轟　(C)音爆　(D)震波

53. (D) 以下關於影響爆炸性物質敏感度因素之敘述，何者正確？

(A)分子中硝基（$-NO_2$）愈多，敏感度愈低

(B)起爆溫度愈低，敏感度愈低

(C)固體雜質可降低炸藥之敏感度

(D)物質密度愈大，敏感度愈小

54. (A) 液體汽化為氣體的速度極為快速時，因能量在極短時間內放出，因而形成爆炸現象，稱為：

(A)蒸氣爆炸　(B)分解爆炸　(C)瓦斯爆炸　(D)粉塵爆炸

---

[29] 胞格尺寸與當量比的關係呈「U」形曲線關係。亦即這兩種燃料的胞格尺寸先隨著當量比的增加而減小，達到最小值後，再隨當量比的增加而增大；最小胞格尺寸所對應的當量比為1.1～1.2。

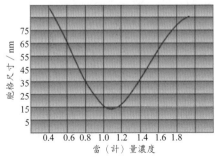

55. (A) 含氣泡的硝化甘油運輸中，易產生爆炸的原因為：

(A)氣體斷熱壓縮　(B)點火能量小　(C)分解熱　(D)發火溫度低

56. (C) 影響粉塵爆炸的因素，下列何者正確？

(A)粉塵的化學組成，與爆炸無關

(B)處理乾燥粉塵，無需特別注意

(C)粉塵中含微小粒子愈多者，爆炸可能性愈高

(D)無所謂爆炸界限

57. (C) 安全工學上阻止爆炸過程有三種方法，其中最後防止第三過程為抑制產生之熱、壓力及衝擊效果，稱為：

(A)預防　(B)撲滅　(C)防護　(D)排洩

58. (D) 下列關於粉塵爆炸的說明，何者有誤？

(A)食品類如澱粉、砂糖及小麥粉等亦為爆炸性粉塵

(B)含水量高不易產生粉塵爆炸

(C)微小粒子愈多，爆炸可能性愈高

(D)粉塵與可燃性氣體共存時，其爆炸下限將上升

59. (C) 影響粉塵爆炸之因素何者正確？

(A)含水量愈多愈易爆炸

(B)灰份含量愈多則愈易爆炸

(C)含微小粒子愈多則爆炸可能性愈高

(D)若與可燃性氣體在空氣中共存時，爆炸下限將提高

60. (D) 下列何者物質不屬於炸藥？

(A)雷酸銀　(B)氮化鉛　(C)硝化甘油　(D)溴氯甲烷

61. (B) 通常粉塵之最小點燃能量比氣體之最小點燃能量：

(A)一樣　(B)高　(C)低　(D)無法判定

62. (A) 粉塵中若含有可燃性氣體會造成爆炸壓力：

(A)上升　(B)下降　(C)不變　(D)無法判定

63. (B) 亂流會造成氣體爆炸壓力：

(A)不變　(B)增加　(C)減小　(D)無法判定

64. (D) 一般而言，當發生爆炸時，哪一種之爆炸壓力最小？

(A)燃爆（deflagration）

(B)爆轟（detonation）

(C)粉塵爆炸（dust explosion）

(D)非局限氣雲爆炸（unconfined vapor cloud explosion）

65. (B) 粉塵中若其氧氣之濃度愈高則其點燃爆炸之最低能量愈：

(A)高　(B)低　(C)不變　(D)無法判定

66. (A) 核能爆炸應服用？　　(A)碘片　(B)鉀片　(C)鹽片　(D)澱粉

67. (B) 下列何種物質之燃燒不會導致BLEVE？

(A)汽油　(B)鋁粉　(C)LPG　(D)LNG

68. (D) 爆炸時燃燒速率大於音速之爆炸稱為：

(A)突沸（boilover）　　　　　　　(B)閃燃（flashover）

(C)液體沸騰膨脹氣體爆炸（BLEVE）　(D)爆轟（detonation）

69. (C) 1公斤力（1kgf）相當於多少牛頓？　(A)1N　(B)5N　(C)10N　(D)20N

70. (A) 液體變化為氣體之物理現象中，若變化速度至為急速時，因能量之放出在極短時間內為之，即形成爆炸現象，其名稱為何？

(A)蒸氣爆炸　(B)分解爆炸　(C)高壓氣體爆炸　(D)以上皆是

71. (D) 下列有關油池火焰（災）的敘述，何者不正確？

(A)隨著油池直徑變大，火焰向液體的輻射熱主宰著油池液面的下降速率

(B)隨著油池直徑變大，液面蒸發速率將趨於一定值

(C)採用泡沫滅火劑，即能減少向液體的熱傳量，又能阻止液體的蒸發

(D)如果油池內有積水，火災發生時，即可能發生BLEVE的現象

72. (C) 可燃性固體之微粒子浮游於空氣中，遇到火焰或放電火花而產生爆炸之現象者，其名稱為何？

(A)分解爆炸　(B)高壓氣體爆炸　(C)粉塵爆炸　(D)以上皆是

73. (A) 下列那一種氣體不會因加壓後發生分解反應而有爆炸的危險？

(A)乙烷　(B)乙烯　(C)乙炔　(D)環氧乙烷

74. (B) 粉塵爆炸與混合氣體爆炸之異同，下列何者正確？

(A)粉塵爆炸壓力上升速度較氣體爆炸快

(B)粉塵爆炸最小起爆能量較氣體爆炸高

(C)粉塵爆炸與氣體爆炸一樣，有明確的爆炸上下限

(D)粉塵爆炸產生的最大壓力較氣體爆炸大

75. (D) 液體變化為氣體的現象中，如變化速度極為快速時，會因在極短的時間內放出能量而形成爆炸，此現象稱為：

(A)蒸氣雲爆炸　(B)混合爆炸　(C)擴散爆炸　(D)蒸氣爆炸

76. (B) 爆炸時火焰傳播速率達音速以上稱為下列何者？

(A)爆燃　(B)爆轟　(C)音爆　(D)震波

77. (D) 下列就粉塵爆炸最小發火能量之描述，何者錯誤？

(A)溫度升高，最小發火能量變小

(B)壓力增大，最小發火能量變小

(C)含氧量愈高，最小發火能量變小

(D)粒徑愈大，最小發火能量變小

78. (D) 汽油燃燒時主要方式為下列何者？

(A)溶解燃燒　(B)分解燃燒　(C)液態燃燒　(D)蒸發燃燒

79. (B) 下列那一種爆炸性物質，對於衝擊及摩擦作用較不敏感？

(A)硝化甘油　(B)硝化棉　(C)氮化鉛　(D)黑色火藥

80. (B) 下列何者屬於物理性爆炸？

(A)粉塵爆炸　　　　　　　(B)水蒸氣爆炸

(C)液化石油氣爆炸　　　　(D)可燃性蒸氣爆炸

81. (C) 有關粉塵爆炸的敘述，下列何者錯誤？

(A)空氣如果愈乾燥，則發生粉塵爆炸的危險愈高

(B)粉塵的粒徑愈大，則引發粉塵爆炸的最小能量愈大

(C)粉塵爆炸所需最小能量通常小於氣體爆炸所需能量

(D)粉塵爆炸之燃燒波壓力至多可達20kg/cm^2，通常為3～8kg/cm^2

第16節　模擬申論題精解

1. 各國礦坑曾發生塵煤爆炸及小麥工廠也曾發生粉體爆炸，均可以稱為粉塵爆炸的形式，試問粉塵爆炸的基本定義並說明影響粉塵爆炸之因素以及粉塵爆炸發生難易之測定方法？

解：(1) 粉塵定義為粒子直徑是指小於0.5mm以下的可燃粉末，懸浮在空氣中，但不一定封閉空間，分散於足夠高的濃度，遇有起火源形成快速燃燒之現象。

(2) 影響粉塵爆炸之因子，如次：

① 粒子大小（Particle Size）

② 粉塵濃度（Concentration）

③ 紊流懸浮（Turbulence）

④ 濕度（Moisture）

⑤ 最小起火能量（Minimum Ignition Energy for Dust）

⑥ 化學組成(Chemical Composition)

⑦ 溫度與壓力(Temperature and Pressure)

⑧ 一定空間多重反應（Multiple Explosions）

(3) 粉塵爆炸發生難易之測定方法

① 爆炸可能性（起火靈敏度）

使用改良之哈特曼（Hartmann）管裝置，安裝在1.2公升測試垂直管。以不同量的粉塵樣品分散在試管，嘗試用10焦耳電弧來點燃。如果未能點燃，繼續以20公升球形測試裝置用10000焦耳進行點燃測試。

A. 最小爆炸濃度（Minimum Explosible Concentration, MEC）

B. 最小含氧濃度（The Limiting Oxidant Concentration, LOC）

C. 粉塵雲最小起火溫度（MIT Cloud）

D. 粉塵層最小起火溫度（MIT Layer）

E. 最小點火能量（MIE）

F. 靜電體積電阻率（Electrostatic Volume Resistivity）

G. 帶電性（Electrostatic Chargeability）

H. 自我加熱性（Self-Heating）

② 爆炸後果（爆炸嚴重性）

使用$1m^3$或20公升球形測試測試裝置。粉塵樣品在分散的範圍內，由化學點火器點燃，進行以下數據之量測。

A. 最大爆炸壓力（Maximum Explosion Pressure）

B. 最大升壓速率（Maximum Rate of PressureRise）

C. 低階爆燃指數（Deflagration Index）

2.　請說明粉塵爆炸的原理與現象。

解：粉塵爆炸（Dust Explosion）為任何粉狀可燃物質，懸浮在空氣中，但不一定封閉空間，分散於足夠高的濃度，遇有起火源形成快速燃燒之現象。當細碎固體物質（如粉塵和細粒）分散在空氣中，起燃時會形成特別劇烈與破壞性之爆炸情況。即使不被認為是可燃物質，如阿司匹林、鋁或奶粉，當處於擴散之粉塵（Dispersed Dusts）情況，能起燃產生粉塵爆炸（Dust Explosions）現象。

粉塵爆炸基本上需有火三要素外，仔細畫分可列出影響粉塵爆炸之因子，如下：

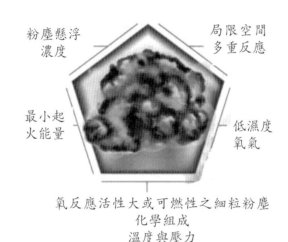

3.　請詳述何謂二次粉塵爆炸？粉塵爆炸之預防對策有哪些？

解：(1) 二次粉塵爆炸

在工業廠房粉塵欲爆炸，必須粉塵懸浮量在其爆炸濃度範圍內，一旦起火發生，燃燒產生的熱量從燃燒中心向外傳遞，引起鄰近粉塵進一步燃燒。如此多重反應，反應速度不斷加快，最後形成爆炸。有時會形成相連空間，另一處粉塵揚起狀態及爆炸瞬間高溫，使一定空間內部一系列連鎖發生，此稱「二次粉塵爆炸」。此如同防液體內一油槽爆炸發生，相繼使數個產生連鎖爆炸現象一樣。

(2) 粉塵爆炸之預防對策

① 燃料面

　　A. 減少粉塵飛揚　　B. 防止粉塵堆積　　C. 限制或監測粉塵濃度

　　　② 氧化面
　　　　A. 惰化設計　　B. 噴灑水霧
　　　③ 熱能面
　　　　A. 增加濕度　　B. 消除或遠離點火源　　C. 移位作業
　　　④ 減災面
　　　　A. 弱頂設計　　B. 局限爆炸範圍　　C. 隔離

4.　試說明粉塵爆炸現象的難易度除受環境「溫度」與「壓力」影響外，尚會受哪些因素影響，並解釋各因素的影響程度為何。例如，當環境「溫度」上升時，粉塵的爆炸會愈容易，因此危險性會增大。

解：(1) 粒子大小（Particle Size）

　　(2) 混合濃度（Concentration）

　　(3) 紊流懸浮（Turbulence）

　　(4) 濕度（Moisture）

　　(5) 化學組成（Chemical Composition）

　　(6) 溫度與壓力（Temperature and Pressure）

　　(7) 最小起火能量（Minimum Ignition Energy for Dust）

　　(8) 密閉空間屬性（Nature of Confining Space）

　　(9) 局限空間多重反應（Multiple Explosions）

5.　何謂火球火災？如何防止BLEVE（Boiling Liquid Expanding Vapor Explosion）的發生？

解：(1) 火球（Fire Ball）現象

　　　① 大量的蒸發可燃液體，突然燃燒成為球形火災。

　　　② 火球之產生，是因可燃氣體外洩，受到地面等加熱而開始急速汽化。

　　　③ 液化氣體蒸發後四處擴散，在開放區域形成蒸氣雲。而蒸氣雲一旦起火所產生火球。

　　(2) BLEVE（或蒸氣雲爆炸）防制與對策如下：

　　　① 燃料面

　　　　A. 排料　　B. 緊急遮斷閥　　C. 洩漏檢知器

② 熱能面

　　A.斷熱設計　　B.固定式撒水或水沫設備　　C.遙控式水砲塔

③ 減災面

　　A. 過壓洩放裝置　　B.地下槽體設計

　　C. 隔離　　　　　　D. 爆炸抑制裝置

---

6. 請說明何謂BLEVE（Boiling Liquid Expanding Vapor Explosion）？並說明其防範之道。

解：(1) 沸騰液體膨脹蒸汽爆炸現象（Bolilng Liquid Expansion Vapor Explosion, BLEVE），是容器無法即時保持內部任何壓力，致其突然外露在液體質量，並處於非常高溫和非常低壓。這會導致液體的整個體積瞬時沸騰，形成一種極其快速擴張狀態；其發生膨脹狀態是如此之快，以致能被歸類為一種爆炸現象。

(2) BLEVE（或蒸氣雲爆炸）防制與對策如次：

① 燃料面

　　A. 排料　　B. 緊急遮斷閥　　C. 洩漏檢知器

② 熱能面

　　A.斷熱設計　　B. 固定式撒水或水沫設備　　C. 遙控式水砲塔

③ 減災面

　　A. 過壓洩放裝置　　B. 地下槽體設計

　　C. 隔離　　　　　　D. 爆炸抑制裝置

---

7. 請說明粉塵爆炸與一般可燃氣體與空氣混合後之爆炸，二者之不同點何在？

解：假使與一般可燃氣體化學性燃燒爆炸比較，粉塵爆炸主要不同點，粉塵是一種固體物質爆炸，有粒子大小問題、最小起火能量會比一般可燃氣體高、必須懸浮狀態能與空氣中氧作接觸、因一定空間範圍內會有二次粉塵炸之現象。此外，大部分粉塵爆炸壓力上升較緩慢，較高壓力持續時間長，釋放的能量大，破壞力強。大部分粉塵的燃燒速度比氣體的要小，由於其燃燒時間長及產生的能量大，所以造成的破壞及燒毀的程度會較嚴重，這可能是粉塵中碳氫含量高所致。如果按產生能量的最高值進行比較，大多粉塵爆炸有可

能是氣體爆炸的好幾倍。

一般可燃氣體化學性爆炸是氣體或蒸氣物質爆炸，但二者爆炸條件近似，粉塵必須在一定混合濃度範圍內、濕度要低使起火所需最小能量亦低、有些化學組成本身類型因含有氧能使起火所需最小能量，在溫度或壓力增高時，爆炸範圍增加，濕度低使最小起火能量變小；但粉塵本身有重量必須是懸浮狀，始能空氣中氧形成大表面積接觸反應。

---

8. 化工原料若使用管理不當，易引起爆炸，試說明爆炸的過程與防止之道。

解：(1) 爆炸的過程

① 起爆（Initiation）

形成與氧可燃混合氣體濃度，在起火源給予活化能，先產生激烈化學反應；此階段可採取預防措施，如起火源面抑制或移除、燃料面如密封或通風措施、氧氣面充填不可燃氣體等措施。

② 成長（Growth）

由引爆所產生熱能，連鎖鄰近未反應部份，使其持續進行不需再供給任何熱能情況，自我成長過程，先形成正壓後再形成負壓現象；此階段可採取抑制措施來降低爆炸造成之損害，如驟熄、排料或隔離等措施。

③ 安定燃燒（Stable Combustion）

燃燒安定快速至能量消耗完畢；此階段就採取防護措施，如結構弱頂設計或防爆牆等措施，以減少爆炸損害。

(2) 防止之道

為防止爆炸安全工學，有使用PSP策略，即第一個「P」：預防策略（Prevention）為防止爆炸發生之第一過程。而第二個過程為「S」抑制作用（Suppression）為防止爆炸成長之第二過程。在第三個過程即「P」防護作用（Protection）為抑制爆炸所產生之熱、壓力及衝擊效果之第三過程。

9. 所謂BLEVE係指沸騰狀的液化瓦斯，氣化膨脹而爆炸之現象。請敘述該種爆炸發生的機制。試說明下列相對應之引燃時間對該種爆炸型式的影響及原因：若在儲槽破裂當時瞬間引燃？若在儲槽破裂延後數秒引燃才發生？若在儲槽破裂後引燃時間再延遲一段較長時間才發生？

解 (1) BLEVE爆炸發生的機制

① 容器失效：從各種原因如過熱、外部撞擊、容器腐蝕或突然打開等造成。

② 相變（Phase Transition）：當容器失效內部超熱過壓液體瞬間減壓到常溫常壓下。

③ 過壓液體（Pressurized Liquid）：仍可存留在容器內低於液體之過熱極限溫度（Superheat Limit Temperature, SLT）之過熱狀態（Superheated）。如果溫度高於SLT，內部將快速氣泡成核（Bubble Nucleation），最後導致容器內液／氣混合物，呈現激烈飛濺到大氣中。

④ 氣泡成核：由於瞬間減壓和氣泡成核導致爆轟，從高張力階段（Intense Phase）轉移到過熱狀態，該液體沸點經歷氣泡成核，從液體蒸氣和容器內初始蒸氣之同時汽化膨脹，將共同導致一個BLEVE現象。

⑤ 衝擊波形成：由數百倍到數千倍增加膨脹蒸氣總體積，造就強大的衝擊波。

⑥ 容器破裂：由於強大的衝擊波、容器破裂及其碎片，同時向外射出飛濺。

⑦ 出現火球或有毒液體擴散狀態。

(2) 相對應之引燃時間對該種爆炸型式的影響及原因

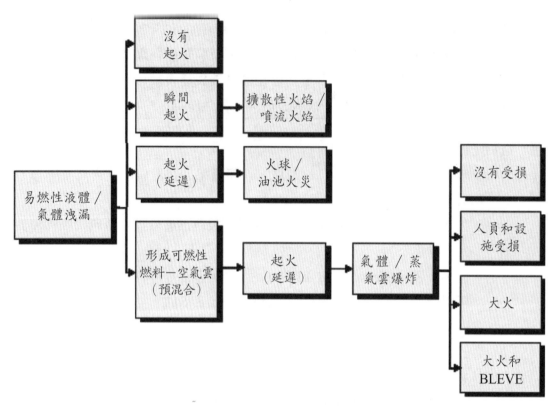

（資料來源：盧守謙、陳永隆，《火災學》，吳鳳科大消防系用書，2016）

10. 靜電造成火災之現象頻繁，其必要最小放電能量稱為「點火最小能量」受那些因素影響？請以可燃性氣體與粉塵為例說明之。

解：(1) 影響氣體／蒸汽之最小起火能量，取決於下列因素：
　　　① 溫度及壓力（Temperature& Pressure）
　　　② 混合濃度（% of Combustible in Combustant）
　　　③ 氣體／蒸汽類型或化學組成（Type of Compound）
　　　④ 濕度（Moisture）
　　(2) 一份依照德國Siemens公司（2010）研究指出，粉塵最小起火能量約在3～200mJ範圍內，而可燃氣體最小起火能量則較低，範圍在0.013～1.0mJ。而由火花現象產生能量大小，電焊與燒焊火花能量高達100 mJ以上，機器研磨形成束狀火花能量為10～100mJ之間，而靜電火花能量則在0.1～1.0mJ之間。

11. 請說明預混合火焰與擴散火焰；爆轟（Detonation）與爆燃（Explosion）。

解： (1) 預混合火焰與擴散火焰主要區別是起火時間先後差別。

(2) 爆轟（Detonation）與爆燃（Explosion），本題題目似有語病，爆燃應為deflagration，上述二者皆是爆炸（Explosion）之種類，低階爆燃（Deflagration）是一種反應，該反應以亞音速度（Subsonic Velocity）的速度通過反應物，向未反應物行進一種表面現象。爆轟是一種放熱反應，產生極高溫度，但在非常有限之持續時間；因建立及維持反應引起振波存在特徵。反應區間物質進行反應，是在爆轟壓力前鋒區，其速度大於音速，形成一種大於音速之衝擊波型態。

12. 國內油槽車與液化氣體槽車甚多，此類車輛意外事故亦不鮮見，若不慎事故發生火災，如何預測其發生蒸氣爆炸之時機與爆炸方向？請述明其預測之判斷依據。

解： (1) 蒸氣爆炸之時機
① 工業廠房反應器、聚合槽、蒸餾塔等設備發出異常響聲。
② 可燃氣體、易燃液體大量集中擴散，隨時有可能遇到發火源而旋即發生爆炸。
③ 物料容器、反應塔燃燒由紅變白現象即將爆炸。
④ 物料容器、壓力設備扭曲高溫變形。
⑤ 現場微爆噪音加大且急促。
⑥ 儲罐、密閉槽體等設備受火勢威脅，發生抖動，並有嗡嗡的聲響時。
⑦ 火焰結構由深紅轉淺黃至灰白之危險爆炸現象，其理即是外力或高溫燃燒致危險物器洩漏，致大量蒸氣在上升過程中，加速燃燒區油蒸氣擴散速度，即增加火焰紊流性質，從而增大了火焰表面積，使油蒸氣與空氣氧化結合更加充份，燃燒溫度增高致濃煙轉為減少之異常狀態。

(2) 爆炸方向
蒸氣爆炸方向，由於容器之焊接處是係屬較弱之一環，一旦受高熱產生爆炸，會往行進方向前後及左右二側射出破片，消防救災人員需布署於其

45°或135°之角度，係屬較安全之位置。

---

13. 請說明「蒸氣爆炸」的原理與防範之道。

解：(1) 液體在高壓高溫狀態外洩現象，在化學性方面，大量膨脹液面上可燃蒸氣
　　　在爆炸界限內，與空氣中氧氣混合至一定濃度範圍，遇有發火源（在其最
　　　小起火能量以上），所形成蒸氣混合燃燒爆炸；或是僅在高壓狀態外洩，
　　　突然至常溫常壓下，造成大量膨脹並釋出大量壓力之物理爆炸。

(2) 防範措施：
　① 置換可燃物質（Replacing the Combustible Substance）
　② 充填不可燃氣體（Inerting the Apparatus）
　③ 使用完全密封系統（Use of Sealed Systems）
　④ 通風措施（Ventilation Measures）
　　A. 自然通風（Natural Ventilation）
　　B. 人工通風（Artificial Ventilation），如房間的通風
　　C. 在來源處進行抽氣（Extraction at Source）
　⑤ 限制或監測可燃濃度（Concentration Monitoring）
　⑥ 限制或監測容器溫度及壓力狀態。

---

14. 工業倉儲常有粉塵爆炸的危險性，請說明哪些粉塵最易有爆炸危險？再者，
　　請解釋粉塵爆炸的發生過程，並說明一般測定粉塵是否容易發生爆炸的方法
　　為何？

解：(1) 粉塵爆炸發生在各種不同的物質（農業產品），如穀物粉塵和木屑；碳質
　　　物質如煤、木炭；化學品；藥如阿司匹林和抗壞血酸（即維生素C）；染
　　　料和顏料；金屬如鋁、鎂、鈦等；塑膠製品和樹脂如合成橡膠。

(2) 測定粉塵是否容易發生爆炸的方法同第1題解答。

---

15. 請詳述BLEVE（Boiling Liquid Expanding Vapor Explosion）的定義和現
　　象，並請列舉三種可能造成BLEVE的原因說明之。

解：(1) 沸騰液體膨脹蒸汽爆炸現象（Bolilng Liquid Expansion Vapor Explosion, BLEVE），是容器無法即時保持內部任何壓力，致其突然外露在液體質量，並處於非常高溫和非常低壓。這會導致液體的整個體積瞬時沸騰，形成一種極其快速擴張狀態；其發生膨脹狀態是如此之快，以致能被歸類為一種爆炸現象。

(2) 列舉三種可能造成BLEVE

LPG槽、LNG槽

油罐車

有機溶劑槽體

上述容器皆突然處於非常高溫狀態，導致液體的整個體積瞬時沸騰，形成一種極其快速擴張狀態；其發生膨脹狀態是如此之快一種爆炸現象。

---

16. 何謂粉塵爆炸？作業場所要防止粉塵爆炸，有何對策？

解： (1) 粉塵爆炸（Dust Explosion）為任何粉狀可燃物質，懸浮在空氣中，但不一定封閉空間，分散於足夠高的濃度，遇有起火源形成快速燃燒之現象。當細碎固體物質（如粉塵和細粒）分散在空氣中，起燃時會形成特別劇烈與破壞性之爆炸情況。即使不被認為是可燃物質，如阿司匹林、鋁或奶粉，當處於擴散之粉塵（Dispersed Dusts）情況，能起燃產生粉塵爆炸（Dust Explosions）現象。

(2) 對策同第17題解答。

---

17. 請說明穀倉為什麼有爆炸的可能，並詳述粉塵爆炸之預防對策。

解： (1) 塵爆風險

① 粒子大小（Particle Size）

② 混合濃度（Concentration）

③ 紊流懸浮（Turbulence）

④ 濕度（Moisture）

⑤ 化學組成(Chemical composition)

⑥ 溫度與壓力(Temperature and Pressure)

⑦ 最小起火能量（Minimum Ignition Energy for Dust）

⑧ 密閉空間屬性（Nature of Confining Space）

⑨ 局限空間多重反應（Multiple Explosions）

(2) 防範之道

① 燃料面

A. 減少粉塵飛揚　　B. 防止粉塵堆積　　C. 限制或監測粉塵濃度

② 氧化面

A. 惰化設計　　B. 噴灑水霧

③ 熱能面

A. 增加濕度　　B. 消除或遠離點火源　　C. 移位作業

④ 減災面

A 弱頂設計　　B. 局限爆炸範圍　　C. 隔離

---

18. 請說明粉塵爆炸現象中，環境溫度與壓力對爆炸界限之影響關係如何？

解：依理想氣體PV = nRT，溫度與壓力成正相關，在溫度或壓力增高時，爆炸上限提高，燃燒／爆炸範圍增加，燃燒/爆炸下限降低致最小起火能量變小。

---

19. 液體燃燒中有所謂BLEVE（Boiling Liquid Expanding Vapor Explosion），試論其反應現象及可能出現該現象之可燃性液體種類。

解：(1) 沸騰液體膨脹蒸汽爆炸現象（Bolilng Liquid Expansion Vapor Explosion, BLEVE），是容器無法即時保持內部任何壓力，致其突然外露在液體質量，並處於非常高溫和非常低壓。這會導致液體的整個體積瞬時沸騰，形成一種極其快速擴張狀態；其發生膨脹狀態是如此之快，以致能被歸類為一種爆炸現象。

(2) 有機溶劑、LPG、LNG、汽或柴油罐車。

---

20. 液化氣體於儲存或運輸過程中常發生「BLEVE」（Boiling Liquid Expanding Vapor Explosion）現象，請詳述其形成之原因及防制之對策？

解：(1) BLEVE發生條件及原因如次：

① 需存在液體

② 需存在密閉容器

③ 液體溫度需高於在大氣壓下沸點

④ 容器結構需失效

(2) BLEVE（或蒸氣雲爆炸）防制與對策如次：

① 燃料面

A.排料　　B.緊急遮斷閥　　C.洩漏檢知器

② 熱能面

A.斷熱設計　　B.固定式撒水或水沫設備　　C.遙控式水砲塔

③ 減災面

A.過壓洩放裝置　　B.地下槽體設計

C.隔離　　　　　　D.炸抑制裝置

---

21. iPad生產線曾經因為外殼表面的「鋁塗布（coating）」作業不慎引發塵爆，請就您的火災學理論，詳細說明這種生產過程的塵爆風險和防範之道。

解：以第17題解答即可。

---

22. 請說明台塑六輕廠的管線爆炸風險。

解：管線爆炸損壞的結構涉及許多因素，包括燃料與空氣比例、燃料之蒸氣密度、紊流效應（Turbulence Effects）、區畫空間體積／位置、起火源大小、通風，以及該結構之強度特性。在上述這些條件，將造成潛在爆炸及火災現象。

---

23. 請說明爆炸之意義？爆炸時依火焰傳播速度，可區分成爆燃（Deflagration）及爆轟（Detonation），兩者有何差異？爆炸性物質對撞擊之敏感度甚高，影響其敏感度之因素有哪些？

解：(1) 爆炸是一種氣體動力學現象，即在理想的理論情況下，將自身表現為一個擴大的球形熱量和壓力波前鋒（Pressure Wave Front）發展。由爆炸產生熱量和壓力波造成結構設施損壞。

(2) 爆燃（Deflagration）及爆轟（Detonation），兩者有何差異

低階爆燃（Deflagration）和爆轟（Detention）之差異性[30]

性質	低階爆燃	爆轟
溫度	較低	相當高
時間	持續較長	持續較短
波速	500 m/s以下	500m/s以上
波壓	同音[20]壓力波，1500psi以下	超音速爆轟波，1500psi以上
前鋒	反應前鋒落後於壓力前鋒	反應前鋒與壓力前鋒並行
延燒來源	熱傳導等質量傳送機制	震波機制
反應物前鋒	亞音速	超音速

（資料來源：盧守謙、陳永隆，《火災學》，吳鳳科大消防系用書，2016）

(3) 影響其敏感度因素如下：

① 溫度

物質起爆溫度低，敏感度高。

② 密度

物質密度高，敏感度低。

③ 結晶

物質結晶體不同，敏感度也不同。

④ 雜質

物質有雜質，敏感度提高。但鬆軟或液態雜質，則敏感度降低。

⑤ 化學結構與組成

硝基（NO_2）多，敏感度高。

---

[30] 音速，又稱「聲速」（在20℃時每秒343.2公尺，每小時1236公里），定義爲單位時間內振動波傳遞的距離。音速（波傳遞的速度）與傳遞介質的材質狀況如密度、溫度、壓力等有絕對關係。聲音的傳播速度在固體最快，其次液體，而氣體的音速最慢。音速公式爲$c = \sqrt{KRT}$，其中c爲音速、K爲定壓比熱與定容比熱之比（K = 1.4）；R爲氣體常數，空氣爲287J/(kg·K)、T爲絕對溫度（K）。

參考文獻

1. Testing to Assess Explosion Characteristics of Dust Clouds, Vahid Ebadat, Chilworth Technology NFPA Symposium on Dust Explosion Hazard Recognition and Control, Baltimore, May 13-14, 2009.

2. NFPA 1986, Fire Protection Handbook Sixteenth Edition, the National Fire Protection Association, Batterymarch Park, Quincy, MA 02269.

3. NFPA 1997, Fire Protection Guide to Hazardous Materials, 12 edition, National Fire Protection Association.

4. NFPA 2004, 921 Guide for Fire and Explosion Investigations 2004 Edition.

5. Milo D. Koretsky, "Engineering and Chemical Thermodynamics", John Wiley & Sons, 2004

6. Enar Gasim Motwali Elatabani 2010, Boiling Liquid Expanded Vapor Explosion （BLEVE） of Petroleum Storage and Transportation facilities Case Study: Khartoum State, Sudan Academy o f Sciences SAS, Thesis Submitted to The Sudan Academy of Science In Partial Fulfillment Of Requirements for Master Degree In Cleaner Production.

7. 盧守謙（吳鳳科技大學消防系兼任助理教授），粉塵爆炸6個雷八仙全踩了，聯合報，民104年6月29日。

8. FIKE corporation 2015, Fike Explosion Suppression, http://www.fire-chief.com/fce-contact/

9. Bailey A, Murray SG. 1989 , The chemistry and physics of explosions. In: Bailey A, Murray SG. Explosives, Propellants, and Pyrotechnics (Land Warfare, Vol 2). 2nd ed. London, UK: Brassey's UK Ltd; 1～19.

10. Elsayed NM. Toxicology of blast overpressure. Toxicology 1997; 121(1): 1～15.

11. CFBT-US 2015, backdraft, Hartin E.d., http://cfbt-us.com/wordpress/?tag=backdraft&paged=2

12. WOLFF GROUP™ 2015, Coal dust filter protected against explosion effects by an explosion dumping system.

13. Centreville Manufacturing 2015, Centreville Manufacturing, 601 Ruthsburg Road, Centreville, MD

14. Mike Emiliani 2014, Dust Explosion Prevention and Protection: What You Need to Know, VIB-CO, USA

15. Chaineaux J., Janès A., Sallé B., Petit J.M., 2009, Conditions de formation d'une atmosphère

explosivelors de la mise en oeuvre d'un liquide inflammable-ND 2313-216-09, Hygiène et Sécurité du Travail,16, 23～31, INRS, Paris, France.

16. Crowl D.A. 2003, Undersatanding Explosions, American Insistute of Chemical Engineers, New York.

17. DavidRussell Schilling 2013, How did West, Texas Plant Explosion Register 2.1 on the Richter Scale,Industry Tap.com.

18. M.M. Raftery, Explosibility Tests for Industrial Dusts, Department of Environment and Fire Research, Technical paper no. 21, HMSO, U.K. (1974)

19. Pensher Skytech 2015 , Blast,Northumberland Business Park West, Cramlington, Northumberland NE23 7RH, United Kingdom

20. The Great Soviet Encyclopedia, Blast Wave, 3rd Edition (1970～1979). © 2010 The Gale Group, Inc

21. Eve Hinman 2011, Blast Safety of the Building Envelope, National Institute of Building Sciences.

22. Alghamdi S. S., Development of a Vapor Cloud Explosion Risk Analysis Tool, Using Exceedance Methodology, Master Thesis,the Office of Graduate Studies ofTexas A&M University, 2011

23. 東京化学同人1994　大木　道則、大沢　利昭、田中　元治、千原　秀昭編，環境化学辞典

24. 化学工業日報社（1997; 1998; 1999;2000;2001）13197の化学商品

25. Siemens AG 2010, Explosion Protection, Industry SectorPostfach 48 4890327 NÜRNBERG, GERMANY.

26. Babrauskas, Vytenis. 1998, Ignition Handbook, Fire Science Publishers, Issaquah, WA.

27. Coward J. F. and G. W. Jones, Limits of Flammability of Gases and Vapors

28. Kinney, G., and Graham, K., Explosive Shocks in Air, 2nd ed., Springer-Verlag, New York, 1985

29. Explosive Safety Board, Structures to Resist the Effects of Accidental Explosions, TM5-1300, U.S. Department of Defense, Washington, DC, 1992

30. Eckhoff R., Dust Explosions in the Process Industries, 3rd ed., Elsevier, New York, 2003.

31. Bankoff, S., Cho, D., Cronenberg, A., Fauke, H., Henry, R., Hutcherson, M., Marciniak, T., Reid, R., and Thomas, G., "Steam Explosions—Their Relationship to LWR Safety Assessments," NUREG/CP-0027, U.S. Nuclear Regulatory Commission, Washington, DC, 1983, pp.

1388-1398.

32. Nelson, W., "A New Theory to Explain Physical Explosions," Combustion, May 1973, pp. 31-36.

33. Zyszkowski, W., "Study of the Thermal Explosion Phenomenon in Molten Copper-Water System," International Journal of Heat Mass Transfer, Vol. 19, 1976, pp. 849-868.

34. Long, G., "Explosions of Molten Aluminum in Water-Cause and Prevention," Metal Progress, Vol. 71, 1957, pp. 107-112.

35. SFPE Handbook of Fire Protection Engineering (4th ed.), Quincy: National Fire Protection Association, 2008.

36. Kauffman, C. W., "Recent Dust Explosion Experiences in the U.S. Grain Industry," Industrial Grain Explosions, ASTM STP 958, ASTM International, W. Conshohocken, PA, 1986.

第 **6** 章

電氣類防火防爆

電為一種難以捉摸的力量，沒有重量，沒有形狀，似乎遍及整個自然界，存在於一切物質之中。電是一種靜止的或移動的電荷，所產生的物理現象，但電帶來人類生活不可或缺之使用性，但不慎使用卻是火災常見的主因。由於人類廣泛使用電氣於日常生活中及工商業設施，從電安全角度而言，所有電氣設施設備應經過認證，以確保該裝置本身是安全的。

本章將台灣近10年來火災原因第1名之電氣火災，進行相對詳細之探討。首先，從電氣系統概論開始，再者介紹靜電、閃電及電氣火災形成原因，以期使讀者對電氣類防火防爆有相當程度之理解。

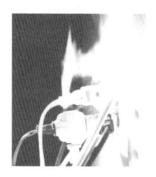

圖6-1　一電流過載所形成起火現象

第1節　電氣系統

1.電氣概述

電有兩種：靜態電力（靜止）和動態電力（移動）。動態電力是電子通過導體之流動現象；包含許多游離電子（Free Electrons）和能夠承載電流材料之導體（Conductors），如一般常見金屬與水，而人體、地球或混凝土等也都是導體。相對地，含有相對較少的自由電子物質稱為絕緣體（Insulators），如木材、橡膠、玻璃和雲母之非金屬材料等都是絕緣體[1]。

---

[1] 在電氣設備、開關、電線、電纜外層，需設有絕緣層，防護直接接觸有電的導體。選用適合之

人體[2]的電阻是隨著皮膚上水分量、接觸點施加壓力與接觸面積，而有不同值；而乾燥皮膚外層、表皮是具有非常高的電阻，於潮濕條件下，如皮膚上傷口將大大減少電阻。如果電氣系統設計、安裝和保養恰當，能便利安全使用；否則有可能造成人身傷害或引起火災。當通電的電路被有意地〈如開關操作〉或無意地（如端子觸點鬆開情況）斷開時，便會在開關的觸點處產生電弧放電現象，或者會由於端子上的高電阻接觸而發熱。

電荷的移動稱為電流，任何移動中的帶電粒子都可以形成電流；最常見的是電子。電流的方向與正電荷的流動方向相同，即從電路的電勢較高位置（高電壓）流動到電勢較低位置（低電壓）。電流又分為直流（DC）及交流（AC），直流是一種單向的流動，從電路的電勢較高部分流到電勢較低部分；而交流是多次反覆流動方向的電流。

電能通常是由採用機械—電磁轉換模式的發電機製成。靠著燃燒化石燃料或分裂核燃料過程，可以產生熱能，然後用蒸汽渦輪發動機將熱能轉換為動能，驅動這種發電機進行發電。電力是一種很容易傳輸的能量形式，將電流送至用電場所或者把電流送經電氣裝置（除電阻設備和加熱器外）之導線，其電阻應當盡可能地低。在另一些場合，例如在電熱器、電氣烹調設備和電烙鐵中，則電流產生的熱量正是設計所需用的。

電力設計

一般物質導電的原因情況，基本上金屬是以自由電子導電，電解質水溶液以正負離子導電。如上所述，當導線通過電流時，其產生的熱量與導線的電阻（歐姆）成正比，並與電流（安培）平方成正比。

在電力系統的功率（P）[3]單位是瓦特，依照歐姆定律輪之電阻電路，在功率、電流、電壓和電阻的關係式，對電氣系統瞭解是非常重要的。如使多個電氣設備插入到同一延長線或多個電氣設備被插入同一電路上，應可計算出電流大小，而導線規格安培數是否超過。如一吹風機是設計在120伏特之1500瓦特以下，則其電流、電阻等

絕緣體必須依電壓、溫度、濕度等條件。絕緣之材料包括氣態（空氣、CO_2、氟氯烷）、固態（塑膠、橡膠、紙張、大理石、雲母）、液態（絕緣油）等。

[2] 人體所能承受安全電壓約為36伏特。又電流通過人體產生I^2Rt的焦耳能量，引起人體組織損傷，嚴重局部壞死或全身傷害。

[3] 功率是定義為單位時間內所做之功。

如次：

$$1 = \frac{P}{E} = \frac{1500W}{120V} = 12.5A$$

$$R = \frac{E^2}{P} = \frac{(120V)^2}{1500W} = 9.6\Omega$$

檢查此一結果反推如次：

$$E = I \times R = 12.5 \times 9.6 = 120V$$

$$P = I^2 \times R = 12.5^2 \times 9.6 = 1500W$$

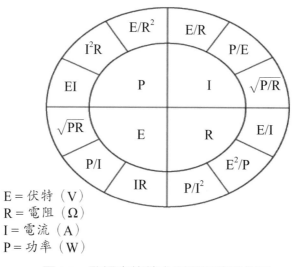

E = 伏特（V）
R = 電阻（Ω）
I = 電流（A）
P = 功率（W）

圖6-2　歐姆定律輪之電阻電路關係圖

（資料來源：NFPA 921, 2011）

不當電氣設備

　　無論是在家庭和工作場所中，電力是最常見火災的原因之一。有缺陷或誤用電氣設備是一個重要火災爆炸原因。熱量是由導體上流動的電流以I^2R速率成正比發展，由此釋放的熱量會升高導體材料的溫度。如果在一個插座連接不良，導致2歐姆的電阻（R），並且有10安培的電流（I）流過該電阻，產生熱量（W）速度將是：

$$P = I^2R = 10^2 \times 2 = 200watts$$

這情況類似200瓦特（W）燈泡之高溫熱量集中在一密閉空間容器，如此可能會

導致電氣火災或爆炸起因。電弧強度和發熱程度主要取決於電路的電流與電壓（V）以及端子觸點的電阻（R）。此時溫度很可能上升到足以點燃附近的可燃材料。高溫電弧不僅能點燃附近的可燃材料，例如導線的絕緣層和包皮，而且還可能熔化導線金屬。如此瞬間熾熱金屬產生的火花會四處濺出，使鄰近周遭其他可燃材料起火。

例1：某一電器之電流20A、電阻30Ω，則消耗電功率（W）？

解：$P = I^2 \times R = 20^2 \times 30 = 12000$（W）

功率$P = I \times V$（國內習慣用法，美式$P = I \times E$），使用一台功率（P）1100W的電磁爐，一般使用電壓（V）為110V，則產生電流（I）就是10A，如果設計成220V，那麼產生電流就是5A，在一般情況線路上電流愈小，則發熱量當然也會愈小。

例2：依據焦耳定律，有關焦耳熱的敘述，下列何者正確？　(A)與電流平方成反比　(B)與電阻成反比　(C)與時間成正比　(D)與電流成反比

解：(C)

例3：於功率（P）1260瓦特，電壓（V）220伏特，功率因數0.9。求電流（I）？

解：$P = I \times V \times 0.9$
　　　$I = P/(V \times 0.9) = 1260/(220 \times 0.9) = 6.4A$

例4：使用電氣延長線，該容許電流值為15A，假使同時插上一電鍋（耗電量550W）、熱水瓶（耗電量330W）及電暖爐（耗電量1100W），是否超過延長線之負荷？

解：$P = I \times V$
　　　$I = P/V$，三種電器分別為5A + 3A + 11A = 19A > 15A

此外，電線之容許電流值，乃指周圍溫度加上電流經過電線形成溫度上升之值，以不超過60℃的範圍為之。又發熱量（Q，單位J）與電流（I）、電壓（V）與時間

（t）皆成正比。

$$Q = IVt = I^2Rt = \frac{I^2}{R}t$$

例5：若電流為30安培，電阻為0.5歐姆，通電時間為10秒，試問在此情況下其發熱量為多少焦耳？

解：$Q = I^2Rt = 4500J$

此外，容許電流與溫度上昇ΔT方面，從電線之電功率（P）乘以熱阻抗（R_t，℃/W），即可獲得該傳熱路徑上的溫升（ΔT）情況。熱阻抗（Thermal Impedance, ℃·cm/W）是指熱量在熱流路徑上遇到的阻力，反映介質的傳熱能力大小，其1W熱量所引起的溫升大小，並隨著電線長度成正比。

$$\Delta T = T_1 - T_2 = P \times R_t$$

例6：已知1.6m/m橡膠絕緣電線的熱阻抗為415，其合理的單位為何？
(A)℃·cm/W　(B)℃·m/W　(C)℃/cm/W　(D)℃/m/W

解：(A)

例7：於1.6mm電線1km長電阻值為8.931Ω，熱阻抗為415℃/W。若周圍溫度為25℃，當電線通過27安培電流時，其發生熱量及中心線溫度為何？

解：1cm長線徑1.6mm其電阻值為$8.931Ω \times 10^{-5}$
$P = I^2 \times R = 27^2 \times (8.931Ω \times 10^{-5}) = 0.065$（W）
發生熱量$\Delta T = T_1 - 25 = 0.065 \times 415 = 26.9℃$
中心線溫度$T_1 = 25 + 26.9 = 51.9℃$（<60℃仍尚安全）

家庭用電

　　台灣一般家庭用電之交流電分為110V和220V，為避免誤使用，一般插座使用的是110V，220V的插座（如圖6-3）常見使用電器如冷氣機，通常會設計成不同的形狀，一般插座可以承受安全電流上限是15A，一般住宅預防電氣過載發生危險之無熔

絲開關，可承受電流為20A，超過此數值就會跳電斷開電流。在電源銅線部分，根據臺灣電工法規，一般插座用銅線線徑是2.0mm，電燈開關用線徑是1.6mm，大電流用線徑可高達3.5～5.5mm^2。

　　銅線單位有2種，分別是銅線直徑（mm）、銅線截面積（mm^2），1.6和2.0是銅線直徑，3.5和5.5是銅線截面積，而2.0mm截面積為3.14mm^2，因此2.0mm和3.5mm^{2}銅線被歸類為同等級銅線。但一根銅線單心銅線只有1.6～2.0mm，更高的是以多根銅線絞在一起之多股絞線，像5.5mm^{2}就將多達7股銅線旋轉絞成一條。若要將絞線接入插座，較妥當的做法是利用Y型端子或針型端子等，將絞線先做壓接動作再接入插座中。

圖6-3　台灣一般家庭交流電分為110V（左圖）和220V（右圖）

NFPA規定

　　在美國防火協會NFPA70（美國電氣規範）規定，導線能通過而不致引起過熱的最大安全電流。最大安全電流取決於導線的尺寸、安裝條件和絕緣類型。當電流超過規定值時，或者在導線超負荷的情況下，產生的熱量便會由於下述原因，而造成火災危險：

(1) 導線的絕緣損壞。

(2) 產生極高熱。

加熱元件的裝置或設備之導線，或利用電弧來產生熱量的裝置或設備（如電弧焊機），此類如安裝和使用不當，極有可能即形成火災之危險。

原則上，從電氣（Electrical Energy）造成火災，必須具備以下情況：

(1) 電線、設備或組件必須已經通電情況，從建築物的線路系統（Wiring）、緊急備用系統、電池或其他一些電源。

(2) 鄰近有效範圍存在可燃物質，有足夠的熱量溫度，而且電源是位在起火處產

生電能情況。

電氣起火

電能透過的電流通路產生足夠高溫和熱，而具有足夠起火源能點燃鄰近有效範圍內可燃物質，造成火災現象。電氣能產生足夠熱量和溫度方式，如短路（Short Circuit）和接地故障分離電弧（Ground Fault Parting Arcs）、過載電流通過電路或設備、電阻加熱（Resistance Heating），或由日常使用如燈泡、電暖器（Heaters）和烹飪設備等。造成起火的條件是，電氣高溫能維持足夠長的時間，以使相鄰燃料在空氣存在下，達到其起火溫度引起燃燒狀態。

可起火之足夠的能量存在，並不能確定會形成火災。能量和熱損耗係數（Heat Loss Factors）分布需要考慮。如電熱毯（Electric Blanket）鋪散在床上，可連續安全消耗180W。如果該相同的毯子被填塞時，加熱集中在更小的空間，使大部分熱量將通過覆蓋層的外層，這會導致更高的內部溫度，而導致起火情況。與此相比，使用小手電筒其燈泡只消耗幾瓦，但其能使燈絲（Filament）發出白色熾熱，呈現溫度將超過4000°F（2204°C）之高。

因此，室內火災電氣設備應考慮作為起火源（Ignition Source），同樣有其他可能的來源，而不是作為第一或最後的選擇。發生火災的來源處或附近電線或設備的存在，並不一定意味著該火災是由該電氣所造成的。火災發生會破壞絕緣或產生導體或設備外觀的變化，而導致錯誤的假設。因此，仔細的評估是必要的。

2. 電氣火災防範

(1) 合格施作人員

所有電氣設備施作必須由有資格人員，按照現行的電氣規範，以避免電路[4]過載（Circuit Overloading）或其他不安全情況。理論上，在電路的閉合迴路內，為了滿足電荷守恆定律，從原點傳送出去的所有電荷都必須回到原點。

(2) 適當保險絲和斷路器裝置

當電路有較多迴路具更多的電流，電線會過熱並導致火災，所以應使用保險絲

---

[4] 電路（Circuit）為電流流動所經過的路線，亦即電子移動所流過的路徑。電路的組成必須具備三種元件：即導線、電源與負載。

和相應安培額定值之斷路器，以防止電路過載。在電氣導體和設備方面，應適當地使用和保護[5]，透過適當尺寸和性能良好保險絲（Operating Fuses）或斷路器（Circuit Breakers）等，通常不存在火災危險情況。然而，如果輕易將可燃物質緊鄰電氣設備時，當其不正確安裝、破損或使用，電氣導線和設備能提供極高溫之起火源。

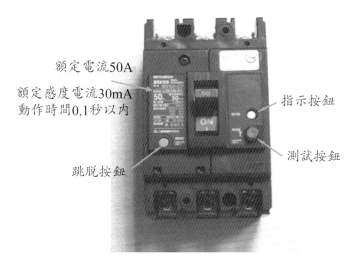

額定電流50A
額定感度電流30mA
動作時間0.1秒以內
指示按鈕
跳脫按鈕
測試按鈕

圖6-4 漏電斷路器

(3) 定期檢查

應定期檢查室內所有電（纜）線之情況。因此，電氣設備應接受定期的預防性維

---

[5] 電氣安全保護裝置主要有：

(1)過電流保護裝置如

· 低壓熔絲（利用低熔點金屬合金線受高溫熔斷的特性動作，具有切除電路過電流的功能）。

· 無熔絲開關（乃一種低壓過電流保護用斷路器，當電路發生短路故障時，可啓斷故障電流，無需更換熔絲，可復閉使用；電路正常時可啓斷負載電流，開關本體具有過載、短路保護的特性）。

· 積熱電驛（積熱電驛屬於一種過載的保護裝置，以雙金屬片為主要元件，配合電磁接觸器常使用在三相電路中保護如電動機、電熱類負載之過負荷保護）。

(2)漏電保護裝置：電路或電氣設備發生漏電時，漏電電流超過漏電斷路器的額定感度電流時，會自動將電源切斷。

(3)自動電擊防止裝置。

(4)接地裝置。

(5)避雷裝置。

護檢修,以確保能發現潛在風險問題,而在引起電弧或短路造成火災之前,能得到改善而消弭於無形。

(4) 合格電氣設施

有關NFPA電氣設備規定要求,其目的在於防止因電弧放電和過熱而引起火災,並防止因意外接觸而造成電擊。為降低危險程度的方法,必須使用合格電氣設施與定期檢修,以防止電氣絕緣失敗問題。

(5) 使用空間

使用空間上空氣充分流通,以防止出現不安全高溫和電氣絕緣失敗問題。

(6) 使用習慣

在電氣使用上,養成正確使用習慣並做檢查。

①電線

延長線不應被用來替代固定線路,因其增加了電路過載和裸露的電導體的風險。一旦,絕緣導線外皮破裂裸露情況,假使可燃物觸及電流或電弧,即會導致著火情況。此外,電線不可重壓或踩踏、延長線不能綑綁、電線或電氣設備遠離熱源、不可同時過載使用。

②插頭

正確拔頭方式、插頭呈現黑色有可能是過載電流所致、插頭呈現銅綠色氧化有可能遭空氣濕度高、插頭灰塵易吸收空氣中濕度有時會呈現茶褐色,而導致積汙導電現象。

③電器製品

不使用應將插頭拔掉,周遭不應堆積可燃物體。

④發熱體

白熾燈、電暖器、電鍋、電燙斗、電爐等發熱電器用品,使用時應正確並特別留意,及遠離輕質可燃物如紙張或塑膠品等。

有關電氣防火防爆延伸閱讀,請詳見本章第5～7節。

第2節　靜電(1)：形成、條件與類型

電能自由地通過某些物質稱為導體如金屬，但無法通過稱為非導體即絕緣體，這類物質使電通過時有困難，或是根本通不過如氣體、玻璃、琥珀、樹脂、硫、石蠟、大多數合成塑膠。電被捕集在非導體表面而無法逸去時，稱為靜電；此電如不能逸去，因而也不能運動而成為靜的。

基本上，電荷分為正電荷與負電荷兩種，而靜電是一種大自然的現象，當一定條件下兩種不同的物質相互運動，就可能產生靜電，輕者造成人體感到不適，嚴重者可能引燃周圍可燃物，而發生火災或爆炸事故。因此，靜電由帶電（Electrical Charging）之物質，透過物理接觸和分離，並從此過程中所形成的正、負電荷，所產生各種不同影響。這是透過物體之間電子的轉移（帶負電荷）來實現，一個是放棄電子成為帶有正電荷，而另一個成為相反，是得到電子帶有負電荷。經帶走的電子，在物質中仍是被束縛在原子內，不能自由地在原子之間移動，因此稱這些電荷為靜電。

也就是物質實際接觸和分離而造成物質電化以及由此形成正負電荷效應，特別是會產生火花現象，而造成火災或爆炸的危險。電荷（Electrical Charges）形成本身並不至於構成火災或爆炸危險，只有當放電（Discharge）或分離正／負電荷突然重新再結合（Recombination）時，才會造成危險。靜電在人類日常生活中，應用於靜電複印、空氣過濾器（特別是靜電除塵器）、汽車塗料、影印機、油漆噴霧器等。

靜電的產生無法絕對完全防止，因其本來就存在於每一界面上（Every Interface）。靜電會形成一個起火源，在可燃性大氣環境，其必須有分離之正電荷和負電荷[6]，產生釋放或突然再結合（Sudden Recombination）所形成電弧放電的形式。如果某些工商業操作避免不了危險的靜電，則需採取適當措施，確保可能發生火花區域沒有可燃氣體或可燃混合物（Ignitable Mixtures）存在。

---

[6] 電荷是物質的一種物理性質，帶正負電的基本粒子，稱為電荷。兩個帶電物質之間會互相施加作用力於對方，也會感受到對方施加的作用力，所涉及的作用力遵守庫侖定律。假若兩個物質都帶有正電或都帶有負電，則稱這兩個物質「同電性」，否則稱這兩個物質「異電性」。兩個同電性物質會相互感受到對方施加的排斥力；兩個異電性物質會相互感受到對方施加的吸引力。電荷決定了帶電粒子在電磁方面的物理行為。靜止的帶電粒子會產生電場，移動中的帶電粒子會產生電磁場，帶電粒子也會被電磁場所影響。一個帶電粒子與電磁場之間相互作用稱為電磁相互作用。

1. 靜電形成

物質都是由分子組成，分子是由原子組成，原子中有帶負電之電子和帶正電之質子組成。當兩個不同物體（Dissimilar Materials）作緊密物質接觸時，兩者之間可能會有自由電子轉移，即一個物體將電子（Electrons）轉移給另一個物體，這樣就出現了吸引力現象（Attractive Force）。把這兩個物體分離時，必須作功（Work）來抵消這種吸引力量現象。如果兩個物體與周圍絕緣，則兩者都是帶電荷的，其中一個有多餘電子物體帶負電荷，另一物體則帶等量正電荷。兩者之間如有導電通路（Conductive Path），分離的電荷立即重新結合。

假使物體之一本身就是非導體，則經過其表面的電子流受到抑制，電荷則傾向於停留在最初發生電子轉移點。如果接地導體（Earthed Conductor）靠近具有很大電荷量的絕緣表面，則該絕緣表面能放電與出現火花，但這種放電的範圍有限，由此產生火花，是很少釋出足夠能量而造成起火。因此，非導體即電荷分離（Charge Separation）最直接有關的物體，通常不會直接造成火災和爆炸（氣體與可燃液體例外，這一點將在本節稍後說明）。然而這類電荷在某些情況下會成為導體上累積電荷的媒介（Agency），而該導體能在一個能造成起火程度的火花（Incendive Spark），釋放其全部儲存的能量出來。

圖6-5 接地導體靠近大電荷量絕緣表面能放電與出現火花

（攝自臺中港區油槽）

電荷在導體上是自由運動。由於性質相同的電荷會互相排斥（Repel），致電荷會自己分布在物體表面。如果就近沒有其他物體，則將集中於曲率（Curvature）半徑最小的表面，如果是尖形物（Point）而電壓又高，電壓梯度（Voltage Gradient）可超過空氣的擊穿電勢（Breakdown Potential），空氣就會電離（Ionized），可能會發生刷形放電現象（Brush Discharge）。

因電場周圍內電荷力（Forces）是性質相同互相排斥電荷，性質相異電荷則相互吸引。這些力（Forces）對附近的物體有強烈的作用。如果鄰近的物體是導體，就會因感應（Induction）而電荷分離，受排斥的電荷可自由放出或接受電子。如果將另一個導體放在附近，電子可透過有能量之火花（Spark）媒介而轉移。感應電荷（Inducing Charge）從絕緣導體離開後，則過程相反，可能產生火花。因此，在許多情況下，被感應的電荷要比其相依（Dependent）的原始分離電荷（Initially Separated）危險得多。

假使接近高度帶電的非導體（Nonconductor）本身也是非導體，就會極化（Polarized），也就是說，由於電子沒有真正的遷徙自由（Migratory Freedom），物體組成分子在某種程度上會傾向於力（Force）方向。根據其可極化的屬性，絕緣體（Insulators）和非導體經常被稱為電介體（Dielectrics），其扮演一分離介質作用（Separating Media），而增大電荷之累積。

當分離（Separation）或拉開（Pulling）而改變接觸表面相對位置的運動，即可能造成靜電。這類接觸表面一般具兩種不同物質形態（液體或固體），其中之一或二者必須是電之不良導體。

基本上，靜電常見來源相當廣泛，由兩種物體之間物理接觸結果所產生電子移動現象，包括各種動作如摩擦（Frictional）、洩漏（Falling）、澆注（Pouring）、飛濺（Splashing）、清潔、接觸、碰撞、取樣、上漆、充填、破裂、沉降、流（滾）動、剝離、噴射、排空、感應、過濾或攪拌（攪動）材料，其中有兩個類似或不類似物質之一定程度分離時，所形成電荷放電現象，敘述如下：

(1) 接觸

行走中鞋類與地板或地板覆蓋物之接觸摩擦情況，接觸又分離造成電荷不平衡，使電荷累積現象。

(2) 剝離

當衣服內層（Clothing Layers）相互摩擦而脫下時，特別是毛線衣情況。或是一物體上剝離一張塑膠膜現象。

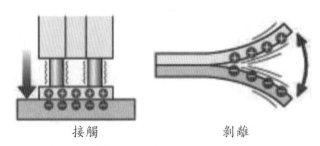

接觸　　　　　剝離

圖6-6　靜電形成例一

（資料來源：SMC Corporation, 2015）

(3) 摩擦

各種不同的液體或固體接觸表面相互摩擦，其相對位置改變，產生電子轉移現象。

(4) 碰撞或攪拌

研磨物質（Pulverized Materials）通過槽（Chutes）或氣動輸送機（Pneumatic Conveyors），產生粒子相互碰撞帶電；或液面上晃動攪拌，造成粒子相互碰撞帶電。

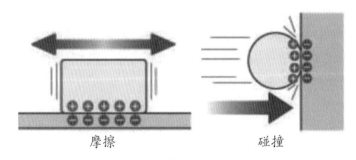

摩擦　　　　　碰撞

圖6-7　靜電形成例二

（資料來源：SMC Corporation, 2015）

(5) 噴射

蒸汽、空氣或氣體從管道（Pipe）或軟管（Hose）任何開口中噴射出，當流出蒸汽是濕的，或空氣或氣體流體中包含顆粒物（Particulate Matter），發生接觸分離而帶電。

(6) 滾動

行進中（輪胎滾動）車輛（Moving Vehicles）。

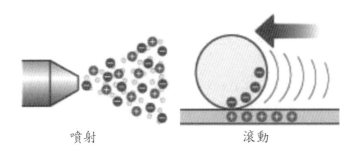

噴射　　　　　　　　滾動

圖6-8　靜電形成例三

（資料來源：SMC Corporation, 2015）

(7) 感應

當帶電物體接近不帶電物體時，會在不帶電之導體二端，分別感應出負電和正電。

(8) 閃電

由雷暴（Thunder Storms）產生劇烈氣流和溫度差異，帶走水分和冰晶體（Ice Crystals）生成閃電現象。

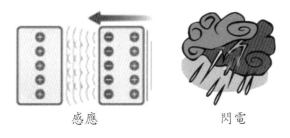

感應　　　　　　　　閃電

圖6-9　靜電形成例四

（資料來源：SMC Corporation, 2015）

2. 靜電起火源之條件

靜電只有在以下4個條件下才會成為災害起火源：

(1) 有效產生

需有產生靜電的有效方式（Effective Means）並能儲存。兩物體之間存有電位差（Potential Difference），電力就能儲存下來；一個物體接受正電荷，另一個物體接受等量負電荷。

(2) 有效儲存

需有分離電荷（Separate Charges）之累積，並保持足夠電位差（Electrical Potential）。

(3) 能量釋放

需有釋放（Discharge）足夠的能量。

(4) 可燃混合物

釋放必須發生在可燃性混合物（指粉塵、蒸氣或氣體）區域。

①產生及儲存（Storage）

一電路元件用於暫時儲存電荷，一般由兩個電極（分離金屬板）組成，並彼此中間由一電介質（Dielectric）予以絕緣，電極本身是導體，其利用兩個導體之間的電場來儲存能量，兩導體所帶的電荷大小相等、符號相反，因此始終保持為電中性；也就是說，兩個被絕緣體隔離的導體構成一個電容器（Capacitor or Condenser），如果這兩物體之間存有電位差（Potential Difference），電力就能儲存下來。一個物體接受正電荷，另一個物體接受等量負電荷。在許多情況下，靜電累積，其中一物體是大地（Earth），絕緣介質是空氣，而被絕緣的物體則是由上述機制之一轉移（放出或接受）電荷（電子）物體。

當電性相反的電荷分別在電容器的兩端累積，電容器兩端的電位差和電荷產生的電場開始增加。累積電荷愈多，為抵抗電場所需要作的功就愈大。儲存在電容器的能量（焦耳）能力以電容（Capacitance,法拉F）表示，其等於建立電容兩端的電壓和電場所需要的能量。如有導電通路（Conducting Path），儲存的能量就釋出，如此即有可能產生火花。這種能量之儲存與釋放是相關於電容器的電容量和電壓（Voltage,伏特V），電容是測量當電容器兩端的電位差或電壓為單位值時，儲存在電容器電極的電量（Q，庫侖C）之關係如下[7]：

---

[7] 為了紀念英國法拉第（Faraday）對於電學貢獻，定義一伏特電壓時，電容器若可以儲存一庫侖電量，則電容就是一法拉（Faraday）。法拉是很大單位，電容量一般以毫法拉（1mF ＝ 10^{-3}F）、微法拉（1μF ＝ 10^{-6}F）、奈法拉（1nF ＝ 10^{-9}F）、皮法拉（1pF ＝ 10^{-12}F）表示。

$$C（法拉）=\frac{Q（庫侖）}{V（伏特）}^{8}$$

$$靜電能儲存\ Energy（焦耳）=\frac{1}{2}C\times V^2=\frac{1}{2}\frac{Q^2}{C}=\frac{1}{2}VQ$$

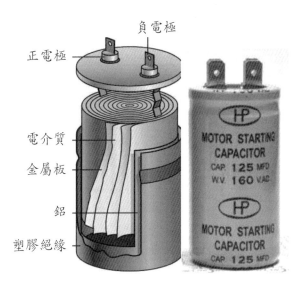

圖6-10 電容器之構造（左）；外觀（右）

（資料來源：Houghton Mifflin Harcourt Publishing Company, 2013）

　　對地絕緣的人體可能帶靜電，帶電人體與其他物體之間存在電位差並達到一定值時，將產生火花放電。火花放電能量（mJ）能從上式電位差（V）及靜電電容量（pF）之關係計算。

例1：電容器兩極板間之電位差為110V，已知電容器之電量為3.6×10^{-3}庫侖，求電容器之電容量為多少？

解：$C=\dfrac{Q}{V}$

$=\dfrac{3\times10^{-3}}{110}=3\times10^{-5}=30\,\mu F$

例2：在6μF之電容器上，接上25V之電壓，問電容器上之電量為多少？

解：$Q = C \times V = 6 \times 10^{-6} \times 25 = 1.5 \times 10^{-4} = 0.15mC$

例3：有一2μF的電容器，若此時電容器儲存有10mC的電荷，則驅動電容器的電壓為多少？

解：$V = \dfrac{Q}{C} = \dfrac{10 \times 10^{-3}}{2 \times 10^{-6}} = 5000V$

例4：當100μF的電容器充電至200伏特時，其儲存的能量為多少焦耳？

解：$E = \dfrac{1}{2} C \times V^2 = 50 \times 10^{-6} \times 200^2 = 2 \text{ Joul}$

例5：假設人體的靜電容量為160pF，如在油漆布或地毯上上走時產生10kV的靜電，若觸及接地的金屬時，將放出多少能量（mJ）？

解：$E = \dfrac{1}{2} C \times V^2 = \dfrac{1}{2}(160pF) \times (10000V)^2 = 8 \times 10^{-11}F \times (10)^8 V = 8 \text{ mJ}$

例6：若人穿毛衣從駕駛座起來之帶電電壓經測定為200V，靜電容量為2nF，試問此時之靜電能量為多少？

解：$E = \dfrac{1}{2} C \times V^2 = \dfrac{1}{2}(2nF) \times (200V)^2 = 4 \times 10^{-9}F \times (10)^4 V = 0.04 \text{ mJ}$

例7：某靜電帶電體電壓為1,000伏特，靜電容量為2×10^{-10}法拉第，試問該帶電體放電火花能量為多少毫焦耳（mJ）？

解：$E = \dfrac{1}{2} C \times V^2 = \dfrac{1}{2}(2 \times 10^{-10})F \times (1000)^2 V = 0.1 \text{ mJ}$

②能量釋放（Discharge Energy）

能量釋放造成可燃性混合物起燃情況，主要取決於傳送到該混合物的能量。這一能量只是全部儲存能量的一部分（Some Fraction），因某部分能量在加熱電極（Electrodes）時消耗掉了。

依Hearn（2002）研究指出，燃料蒸氣濃度與靜電釋放能量關係，如圖6-11所示。

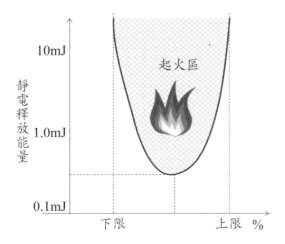

圖6-11　燃料蒸氣濃度與靜電釋放能量關係

（資料來源：Hearn, 2002）

　　從美國防火協會（NFPA）一些實驗證明，在電極間隙處於最有利的條件下，碳氫可燃氣體（Hydrocarbon Vapors）和空氣最佳混合狀態，其點燃約需0.25毫焦耳（Millijoules）釋放能量。不同電壓情況下，儲存0.25毫焦耳所需之電容（Capacitance），如表6-1。

表6-1　產生點燃所需條件

電壓（Potential）	電容（Capacitance）	間隙長度（Gap Length）
350（伏特）	4000（微微法）	可測最短間隙
1500（伏特）	222（微微法）	間隙0.5mm
5000（伏特）	20（微微法）	間隙1.5mm
10000（伏特）	5（微微法）	間隙3.0mm
20000（伏特）	1.25（微微法）	間隙7.0mm

（資料來源：NFPA Fire Protection Handbook）

　　如為1.5mm以上的間隙，則產生著火所需要總能量，是隨著火花長度超過所需臨界火焰體積（Critical Flame Volume）之直徑比例而增大，從而可能需要大於表6-1的電容量。這就說明為什麼在高電壓下從尖端（Sharp Point）放出的電量放電，無法起火之可能（Incendive）。此外，低至0.2毫焦可能存在著火的危險；這樣低的火花能量往往低於人的視覺和聽覺感知值：參考資料如表6-2所示。

表6-2　物質一般發火能量

點火能量	點火物質
0.000017（mJ）	氫
0.001～0.05（mJ）	細小可燃性粉塵
0.04～1（mJ）	粗粒可燃性粉塵
0.1（mJ）	氣體蒸汽
0.2～2（mJ）	碳氫化合物氣體
1（mJ）	液體微粒子
10（mJ）	粉塵

（資料來源：NFPA Fire Protection Handbook）

③可燃混合物（Ignitable Mixtures）

在靜電可能產生火花區域，消除可燃混合物（Elimination Ignitable Mixtures，指可燃氣體與可燃液體蒸氣）是防止靜電造成火災最可靠之方法；這在一定區域確實是可行的。此在稍後結合有關的具體操作過程，來作討論。

2. 靜電放電類型

靜電放電現象電荷並沒有消失，而是引起電荷轉移，使正負電荷抵消而趨於中性；在不同放電類型所釋放能量，可能造成危害也迥異。日本國家職業安全衛生綜合研究所（National Institute of Occupational Safety and Health, NIOSH）研究員Ohsawa針對日本過去50年（1960年至2010年）期間收集467件，確認310件是由靜電火災害事故進行分析，另剔除157件可能疑似或不確定是靜電引起。

基本上，從這些案例靜電放電所引起的點火可分4種類型（圖6-12）：火花放電（Spark）、刷形放電（Brush）、錐形放電（Cone）和沿面放電（Propagating Brush Discharges，PBD）。其中火花放電（Spark）占大多數靜電災害事故之點火源，且火花放電中有71%是由絕緣導體（Isolated Conductor）所致。

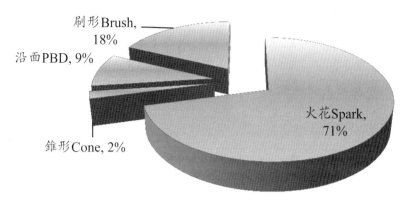

圖6-12　日本1960年至2010年期間310件靜電火災害事故放電類型

（資料來源：Ohsawa, 2011）

又依NFPA77（2006）所示，靜電放電類型有電暈（Corona）、刷形（Brush）、錐形（Bulking Brush）、沿面（Propagating Brush）或火花（Spark）放電。本節依此分述如下：

(1) 電暈放電（Corona Discharge）

電暈放電也叫尖端放電，是所有靜電放電釋放能量最小，為一種高電位、小電流，而發生在極不均勻的電場中，空氣被局部電離的一種放電過程。若要引發電暈放電，通常要求電極或帶電體附近的電場強度較強。電暈放電被廣泛利用於工業生產中，如靜電除塵、靜電分離以及防靜電場所靜電消除等，都使用電暈放電之技術。

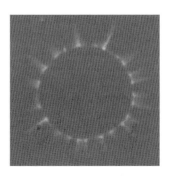

圖6-13　電暈放電現象

（資料來源：CROHMIQ, 2015）

基本上，電暈放電之性如下：

①帶電物體或其附近之接地體，有突出或刃部時，在該等前端出現微弱發光放

電，易於持續但能量小，極少成爲災害原因。

②存在導體表面之氣中放電一種現象，當帶電體表面電位梯度超過空氣的絕緣
　強度（約30kV/cm）時，會使空氣遊離產生電暈放電現象，尤其是高壓電力設
　備，且高壓電系統常以裸線方式輸配電。

(2) 刷形放電（Brush Discharge）

　　放電往往發生在導體與帶電絕緣體之間，帶電絕緣體能是固體、氣體或低電導率
的液體。產生刷形放電時形成的放電通路在導體一端，並集中在某一點上，而在絕緣
體一端會形成較多分叉，分布在一定空間範圍內。根據其放電通路的形狀，這種放電
被稱爲刷形放電。當絕緣體相對於導體的電位的極性不同時，其形成的刷形放電所釋
放的能量，和絕緣體上產生的放電區域及形狀是不一樣的。當絕緣體相對導體爲正電
位時，在絕緣體上產生的放電區域爲均勻圓狀，放電面積比較小，釋放的能量也比較
少。而當絕緣體相對導體爲負電位時，在絕緣體上產生的放電區域是不規則的星狀區
域，區域面積比較大，釋放的能量也較多。

　　另外，刷形放電與放電導體線度及絕緣體的表面積大小有關。在一定範圍內，導
體線度愈大，絕緣體帶電面積愈大，刷形放電釋放的能量也就愈大。一般來說，刷形
放電釋放的能量很高，因此它可引燃、引爆大多數的可燃氣體。

　　假使爲一面積較大之帶電非接地導體或帶電非導體，與棒狀接地導體之間的放電
現象，放電在非導體表面產生許多分岔情形，單位時間內釋放能量不大，因其形成分
散現象。

圖6-14　刷形放電現象

（資料來源：CROHMIQ, 2015）

(3) 錐形放電（Cone Discharge）

此又稱料堆放電（Bulking Brush Discharge），一般是發生灌裝各類非導電粉之集裝袋時，可能會發生錐形放電。灌裝時空間電荷密度隨著粉末堆積緊密，而產生高帶電能量，此可能導致整個堆積粉末成錐形大型放電現象。但錐形放電風險可通過塡（灌）裝時，降低速度緩慢放料。

圖6-15　錐形放電現象

（資料來源：CROHMIQ, 2015）

(4) 沿面放電（Propagation Brush Discharge, PBD）

此種又稱射狀放電，當非導體之帶電物體，接近接地體之際，除帶電物體與接地體間發生放電外，幾乎同一時間，沿著非導體表面發生如樹枝狀之發光放電；此種放電能量極大，與火花放電一樣，皆易成災害原因。

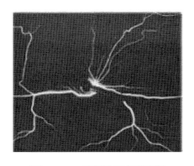

圖6-16　沿面放電現象

（資料來源：CROHMIQ, 2015）

例題：當非導體之帶電物體，接近接地體之際，除帶電物體與接地體之間發生放
　　　電外，幾乎同一時間，沿著非導體表面發生如樹枝狀發光之放電，此現象稱
　　　為？　　(A)電暈放電　(B)條狀放電　(C)火花放電　(D)沿面放電

解：(D)

(5) 火花放電（Spark Discharge）

　　火花放電釋放能量最大，當產生「電暈放電」的情況下，如果電壓繼續升高，
將使正負電極之間隔很小，而產生火花甚至發生電弧，稱為火花放電現象。火花放電
使氣體介質全部擊穿，電流急劇增長，能使工業上除塵器無法工作而停止運行。當靜
電電位比較高的靜電導體靠近接地導體或比較大的導體時，便會引起靜電火花放電，
如發生在兩金屬體之間的放電。當槽內油品的靜電累積在漂浮於油面上金屬物，且其
電荷密度足夠大時，其與槽壁間產生的感應電荷可能先發生電暈放電或可能是火花放
電，這種放電的能量很大，能點燃空間內油類蒸汽。

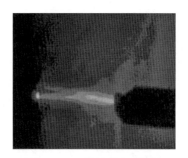

圖6-17　火花放電現象

（資料來源：CROHMIQ, 2015）

　　火花放電是一個瞬變的過程，放電時兩放電體之間的空氣被擊穿，與此同時還伴
著「劈啪」的爆裂聲。爆裂聲是由火花通路內空氣溫度的急劇上升，所形成的氣壓衝
擊波造成如此音聲。在發生靜電火花放電時，靜電能量暫態性集中釋放，其引燃、引
爆能力較強。另外，靜電火花放電產生的放電電流及其產生的電磁脈衝具有較大的破
壞力，可對一些敏感的電子器件和設備造成危害。在此應當指出，帶電金屬導體產生
的靜電火花放電和帶電體產生的靜電火花放電式不完全相同的。在多數情況下，金屬
導體間的靜電火花放電，會形成一次火花通路便能釋放出絕大部分靜電電荷，即靜電
能量能集中釋放。

　　而對於人體靜電釋放來說，由於人體阻抗是隨人體靜電電位的變化而迥異，在一次放電過程中可能包含了多次火花通路形成和消失過程，形成重複放電。在每次放電過程中僅僅放掉一部分靜電電荷，即每次人體僅釋放靜電能量的一部分。

　　基本上，火花放電特性如下：

①當高壓帶電體與導體靠得很近時，強大的電場會使它們之間的空氣瞬間電離化，電荷通過電離的空氣形成電流。由於電流特別大，產生大量的熱，使空氣發聲發光，而產生電火花放電現象。

②帶電物體為較平滑之金屬導體時，導體與平滑之接地體間距甚小時，會突然發生放電，此種放電現象會伴同強烈光線，火花形狀像牽引一條線似亦有爆音；此種放電能量極大，易形成災害原因。

圖6-18　導體與平滑之接地體間距甚小會發生放電

（攝自臺中港區油槽）

　　依NFPA77（2006）所示，靜電放電類型釋放在氣體中能量從最低進展到最高強度，依次為電暈（Corona）、刷形（Brush）、錐形放電（Bulking Brush）、沿面放電（Propagating Brush）及火花（Spark）放電；如表6-3所示。電暈一般認為其強度是不足以點燃氣體；刷形放電大小能夠點燃氣體，但不能夠點燃普通粉塵。刷形沿面放電和火花放電都能點燃氣體與粉塵情況。

表6-3　靜電放電類型與釋放能量

靜電放電類型	最大釋放能量（mJ）	物質
電暈放電（Corona）	0.1	電線、散裝袋
刷形放電（Brush）	1～3	彈性靴和襪子
錐形放電（Bulking Brush）	1～10	在料斗或筒倉粉末堆電阻率 $> 10^9\Omega$-m
沿面放電（Propagating Brush）	1000～3000	塑膠管或導管
火花（Spark）	> 10000	未接地導體，如袋式除塵器或人類、包裝機

（資料來源：NFPA 77）

第3節　靜電(2)：防制方法

　　靜電防制方法，可分預防靜電之產生方式及防止電荷累積之方法，後者是將已經存在的靜電荷能將其除去，即使其自身耗散（Dissipate）。在後者實現耗散的條件與前者預防靜電之分離電荷的條件係相同。因此，防止電荷累積和防止靜電產生是達到同一防災目標之相對（Opposite）的方法。(1)預防靜電產生方式，如增加濕度、連接與接地。(2)防止電荷累積之方法，如電離化、限制速度、控制可燃混合物（不燃性替代、降低可燃濃度、移位）、抗靜電材料、防止人體帶電。

1. 預防靜電產生方式

(1) 增加濕度（Humidification）

　　靜電荷除了當物體與其周圍絕緣情況外，並不是永久存在。大多數常見物質不是導體的如纖維、紙、木、混凝土、磚石結構（Masonry Foundations）等，都含有與其周圍空氣相平衡的一定水分。水分含量隨天氣（Weather）變化，在很大程度上其控制物質的導電性，也因而使其達到防止靜電之作用。在生產作業現場安裝空調設備、噴霧器或懸掛濕布片，以提高空氣的濕度，從而降低或消除靜電的危險。同樣類似，在某些情況下，水汽會凝聚在一些絕緣物的表面，明顯的例子如玻璃和瓷器（Porcelain），使這類表面產生導電性。

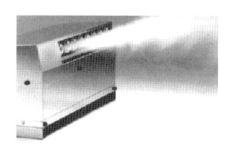

圖6-19　空氣中濕潤化以防止作業場所靜電累積情況

（資料來源：CTM, 2015）

在木頭或紙張等物質導電性並不取決於空氣中的絕對含水量（Absolute Water Content），而是取決於其相對濕度（Relative Humidity, RH）。在相對濕度（RH）高環境（50%以上）條件，上述物質會達到足夠含水量，使其具導電性而足以防止靜電累積的平衡狀態。在其所產生的電荷漏失是很快，以致靜電無法累積現象。反之，相對濕度為30%以下時，上述物質就變得逐漸乾燥，成為好的絕緣體，靜電現象就變得很明顯。

在此強調的是，這些物質的導電性是相對濕度的一個函數。在含水量恆定（Constant），空氣相對濕度隨溫度的升高而下降。天氣寒冷時，室外空氣即使相對濕度有可能高，但其絕對濕度仍可能低。當將同樣的空氣帶入室內加熱，相對濕度會變得非常低。例如，室外溫度－1℃飽和空氣加熱到室溫21℃時，其相對濕度只略高於20%。

這種現象使人相信，寒冷季節靜電發生是較強的，因物質上的靜電荷在相對濕度低時，耗散能力小，所以，寒冷季節中靜電問題一般較為嚴重。又低相對濕度增加電荷積累，假使在15%的相對濕度步行6公尺乙烯基地板（Vinyl Floor）導致電壓累積高達12千伏特，但在環境80%相對濕度的電壓累積只有1.5千伏特。

在靜電造成操作問題的地方，如紙張、布片、纖維等黏附（Adhesion）或排斥（Repulsion），濕潤空氣是一種解決辦法。通常指出，相對濕度高於50%時就能避免此類問題。不幸的是，事實上並不可能對靜電構成危險環境區域都能加以濕潤的，某些作業必須在相對濕度低的空氣中進行，才能避免處理上帶來有害影響（Deleterious Effects）。

表6-4　在二種相對濕度環境下摩擦所產生靜電（單位：kV）

場合	相對濕度10～20%	相對濕度65～90%
走在地毯上	35	1.5
走在乙烯基地板上（vinyl floor）	12	0.25
在長板凳上（bench）工作	6	0.1
在乙烯被膜上（vinyl envelopes）作業	7	0.6
從板凳上撿起塑膠袋	20	1.2
坐在填充聚氨酯泡沫（polyurethane foam）之工作椅	18	1.5

（資料來源：NFPA 921, 2011）

　　但另一方面，高濕度也會對某些物質處理上產生有利影響，從而又提供了有利條件。在某些情況下，向臨界區域噴射蒸氣流（Steam Jet）形成局部濕化（Localized Humidification），能無需提高整個室內的濕度，而產生滿意的結果。然而，必須記住，含水滴的水蒸氣可能本身就會產生靜電。採用低速濕空氣流（Low-Velocity Jet）能減少局部靜電。

　　但濕潤並不是解決所有靜電問題的方法。特別是空氣導電性不會因空氣中存在水汽而明顯提高。如果被加熱到超過正常大氣溫度，物體表面上有靜電累積如烘乾機上衣服，則改變周圍空氣的相對濕度，可能根本是沒有作用的。

　　另一種情況，採取控制大氣濕度效果顯然是相當少的，如在油類表面上的靜電荷，此表面不像紙張和木材那樣能吸收水氣，即使在表面上大氣相對濕度可能高達100%，其絕緣面仍然是能夠累積靜電荷的。

　　增加作業環境中空氣的相對濕度，在目前傳統產業的製程中亦是常見的靜電危害防制方法。在高相對濕度（RH > 65%）環境中，物質表面具親水性（Hygroscopicity），容易吸附空氣中的水分，進而降低物質表面電阻，增加靜電向大地散逸的速率，使電荷蓄積程度降至最低；這類物質如棉、紙及醋酸纖維素等。因此，類似工廠製程中通常會採用加濕器、地面灑水、或水蒸氣噴出等方法，增加作業環境中空氣的相對溼度。

　　若物質表面為非親水性，則不易吸附空氣中的水分，致無法降低物質的表面電阻值，因此不能增加電荷散逸的速率。這類物質包括部分人造聚合物，如ABS（Acrylonitrile-Butadiene-Styrene，丙烯腈－丁二烯－苯乙烯）、Teflon（鐵氟龍）等。這類高斥水性物質需要相對濕度提高至80%，甚至90%以上，才能有效降低物質的表面

電阻值，始能將電荷蓄積程度降至最低。

　　總之，採取大氣濕潤至相對濕度50%以上，也許能解決累積靜電材料與大氣平衡問題，而非能改善異常加熱的材料如紙或木等。對於受熱的表面，在油類、其他液體和固體絕緣物的表面，高濕度並不能排除靜電荷，必須另尋求解決之道。

(2) 連接與接地（Bonding & Grounding）

　　由於地球是一個導體，而又非常大，所以把電導入大地即可。值得注意的是，大多數災害事故是能由連接和接地，來預防靜電危害一種根本措施。基本上，以自然條件（包括濕度）不能確保防止靜電累積的導電通路時，就可能需要人工導電通路。連接（Bonding）就是用一個導體將兩個或更多導電物連接到一起的方法；而接地（Grounding）則是將一個或更多個導電物與大地連接的方法。一個導電物和另一個已經接地的導電物連接起來，也可接地。有些物體與地面接觸，就是固有的連接（Inherently Bonded）或者固有的接地。如地下管道或大型儲槽接地，連接使兩導體間的電位差（Potential Differences）降到最低限度，而接地則使物體和地面間電位差降到最低限度。

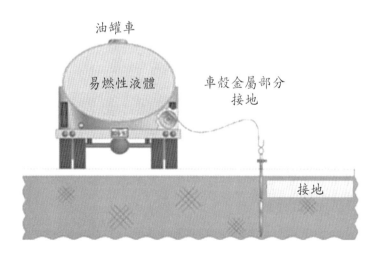

圖6-20　油罐車進行灌裝等作業之使用接地情形

（資料來源：International Association of Electrical Inspectors, 2014）

　　有些用電器有金屬外殼，它們與內部交流電形成了電容器，使外殼帶電，容易導致觸電情況。因此，交流用電器金屬外殼應採取接地措施。連接導線與接地導線，應有充分傳導任何特定裝置最大電流量（Largest Currents）的能力。用於防止靜電累積的連接線中，所碰到電流係屬相當小的，僅為微安培級規模（Microamperes）

（百萬分之一安培）。

接地線中可接受的電阻是取決於要防護的危險種類。要防止靜電累積所需要的電阻，應不小於1兆歐姆（Megohm），在許多情況下甚至可能還要高。為防護電路，電阻要低，以確保保險絲[9]和電路斷路器（Circuit Breaker）在故障時能起作用。連接或接地需具有適當之機械強度、防腐蝕（Corrosion Resistance）和具彈性的。由於連接或接地是不需要低電阻，從電學觀點，幾乎任何導體尺寸都可用。導體能絕緣，也能不絕緣。使用不絕緣的導體，用視覺檢查就能容易發現缺失（Defects）。如果為了機械防護而加以絕緣，則可根據檢查人員的經驗，定期檢查隱蔽導體（Concealed Conductor）的連續性（Continuity）。其連接可使用壓力型地線夾（Pressure Clamps）、銅焊或焊接施作。而電池夾（Battery Clamps）、磁性夾（Magnetic）或其他專用夾，使用於金屬與金屬之接觸。

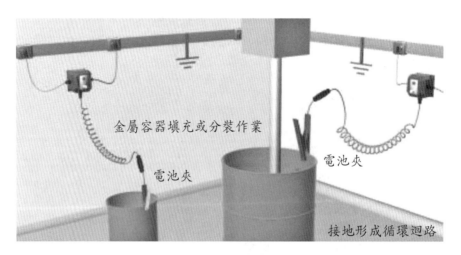

金屬容器填充或分裝作業

電池夾

電池夾

接地形成循環迴路

圖6-21　使用電池夾至指定接地點形成完整循環連接

（資料來源：Newson Gale, 2015）

一般保護電源電路和避雷的接地是比防靜電接地的要求更高。如果存在要求接地線將電流從電源電路或避雷系統導出的可能性，就出現需要相當導體（Substantial Conductors）的特殊情況。顯然，任何滿足電源電路的接地線，更能滿足防止靜電累積的要求。

9　保險絲是一種連接在電路上用以保護電路一次性元件，當電路上過大電流或過載時，使其中的金屬線（片）產生瞬間高溫而熔斷，導致電路中斷電流，以保護電路系統。

　　靜電危害防制方法中，接地是最有效且經濟的方法。製程中因摩擦、感應或傳導等方式產生靜電，若電荷蓄積在對地絕緣的金屬設備、導電性產品或人員身體上，則蓄積的電荷會在一次放電中將能量釋放。此類靜電放電爲發生靜電危害事故之主要原因。其防制方法就是將所有具導電性的物件實施接地，並保持低的接地電阻，將蓄積在金屬設備、導電性產品或人員身體上的電荷迅速向大地散逸，以避免發生靜電危害事故。

圖6-22　電動機外殼接地情況

（資料來源：李中心，2015）

　　根據相關研究顯示，存在易燃性蒸氣的一般作業場所中，被絕緣的金屬設備／元件、導電性產品或人員身體本身的電位需達100V以上，才可能因放電而引燃周圍的易燃性物質。因此在工廠中將被絕緣的金屬設備／元件、導電性產品等實施接地，保持接地電阻小於$10^6\Omega m$，就足以將蓄積的電荷迅速向大地散逸，而將本身的靜電電位降至100V以下，以避免發生靜電危害事故。

圖6-23　設備金屬外殼接地情況

（資料來源：李中心，2015）

2. 防止電荷累積方法

(1) 電離化（Ionization）

在某些情況下，空氣具有導電性而吸取（Bleed Off）靜電荷。

①靜電梳除器（Static Comb）

利用高壓電在空氣中產生帶電離子。由於異性電荷會互相吸引而中和，離子可中和帶靜電物體的電荷，使其電荷蓄積程度降至最低，因此不會發生靜電放電。靜電消除器大致可分為被動式、主動式及輻射源式等三種。

選擇靜電消除器時，必須考量作業環境因素才能發揮最大的靜電消除效果。一般而言，靜電消除器架設位置應接近帶靜電物體而遠離接地金屬物件，以發揮最大的靜電消除效果。此外，需注意因電離所產生臭氧的工業衛生問題，以及高壓電源與帶電體產生短路及放電所引發的工業安全問題。

導體上靜電荷是自由流動的，在空間球形物（Spherical Body）上的靜電荷會自己均勻地分布在球體表面。如果物體不是球形的，電荷因自我排斥（Self-Repulsion）而集中在曲率（Curvature）半徑最小的平面上。如物體周圍有空氣（或其他氣體），曲率半徑又幾乎降到零，如一針尖點，則聚集在尖端的電荷就會使空氣電離而使其具有導電性。因此，大直徑表面能接受和保持高電壓，而在漏電速度（Leakage Rate）和產生電速度相等之前，配有尖針的表面僅有小電壓。

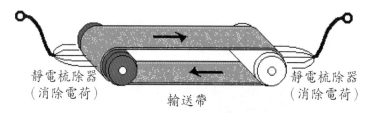

靜電梳除器　　　　　　　　　　　　　　靜電梳除器
（消除電荷）　　　　輸送帶　　　　　　（消除電荷）

圖6-24　輸送帶使用靜電梳除器應用例一

（修改自Florida Center for Instructional Technology, 2015）

靜電梳是一系列裝有許多尖針的金屬條（Metal Bar），或者是一根周圍有金屬絲箔（Metallic Tinsel）。如果將接地的靜電梳放在一個絕緣的帶電體（或者帶電的絕緣表面）附近，則針尖空氣電離而提供足夠導電性，使電荷迅速洩漏或中和（Neutralized）。這個原理有時是使用以纖維、輸送帶（Power Belts）和紙上的電荷移除。

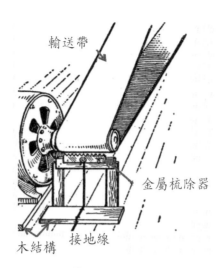

圖6-25　輸送帶使用靜電梳除器應用例二

（修改自Florida Center for Instructional Technology, 2015）

②電中和（Electrical Neutralization）

電中和器是一種線路功率高壓裝置，是在棉、羊毛、絲綢或紙等物質之加工、製造或印刷過程中，所產生靜電荷的有效消除手段。它在帶電表面附近產生導電的電離氣體，使電荷洩漏到鄰近接地導體上；但在有可燃蒸氣、氣體或粉塵處，未經特殊許可是不得使用電中和裝置。

③放射性中和器（Radioactive Neutralizer）

耗散靜電另一種方法是使用放射性材料來使空氣電離，這類裝置不需要改造現有設備。然而，卻存在著一些工程問題，例如降低對健康的危害、粉塵累積、確定所需的輻射量、以及相關於庫存物、機器零件及人員之適當位置。

④明火（Open Flame）

明火也會造成空氣電離。印刷業中常使用這種方法，來除去印刷機剛印出來紙張上的靜電，防止紙張互相黏附等機械性問題，但明顯不能避免起火源。

(2) 控制可燃混合物（Control of Ignitable Mixtures）

儘管作了許多努力來防止靜電荷累積，但還是有許多操作涉及非導電物質或非導電設備，而無內建（Built-In）之解決。因此，根據所用物質危險屬性，提供其他措施來補充或取代靜電耗散設施，可能是十分需要的。

①不燃性替代

假使是一個小的密封體如處理槽，內有可燃混合物，則可使用惰性氣體而降低該混合物易燃範圍。當在高於可燃性上限的大氣進行操作，則只要在混合物處於其可燃

範圍的階段內使用惰性氣體即可。

②降低可燃濃度

在許多情況下，能使用機械通風（Mechanical Ventilation）來稀釋可燃混合物濃度，使其降低於正常易燃範圍；也能用導引空氣流動來防止易燃液體或粉塵接近可能存在靜電危險不受控制處。為可靠起見，機械通風應與設備連鎖（Interlocked），確保其正常工作。

③移位

如果有靜電累積的設備不一定要放在有危險的區域，則最好將其重新放置在安全地點，而不要仰賴於防止靜電累積的措施。

(3) 抗靜電材料

製程中物質所蓄積的靜電會經傳導路徑向大地散逸。若傳導路徑為絕緣性材料（導電性低）則靜電散逸率低，若傳導路徑為導電性材料（導電性高）則靜電散逸率高。物質的表面電阻係數小於$10^{11}\Omega/m^2$或體積電阻係數小於$10^{10}\Omega m$，即可避免物質蓄積過量的靜電。該類物質稱為抗靜電材料。但在含易燃性物質的作業場所中，則抗靜電材料的表面電阻係數需小於$10^8\Omega/m^2$或體積電阻係數需小於$10^6\Omega m$。

對於工業製程中使用的各種材料，可經由下列方法使之成為抗靜電材料：物質本身具有抗靜電能力（如棉、木材、紙及土壤等）、在絕緣材料的表面塗佈抗靜電物質（如碳粉、抗靜電劑等）、在絕緣材料製造過程中加入導電或抗靜電物質（如碳粉、金屬、抗靜電劑、導電性纖維等）。靜電放電具不同的放電形式選擇不同的防靜電設施，如防靜電工作臺，防靜電工具車，防靜電工具櫃等。

(4) 限制流速

工業製程中兩種物體可能因摩擦而產生靜電，並逐漸累積而發生靜電危害事故，因此降低摩擦速度可減緩靜電的產生，達成防制靜電危害事故發生的目的。在工業製程中受限於物質特性與產量要求，限制速度的靜電危害防制方法，通常多應用於可燃液體的輸送作業。而液體在管線內流動所產生的流動電流和電荷密度的飽和值與液體流速的二次方成正比。

依吳鴻鈞與林獻山（2014）研究指出，當液體物料處於靜電接地的容器內，液體在進入容器之前所累積的靜電可以通過靜電接地裝置消散掉。消散速度取決於液體本身的電導率，如果液體本身的電導率高並且容器接地妥當，就可以非常快地消散掉事先累積的靜電；反之電導率低的液體就需要相當長的時間才能完成所累積靜電的消散。當液體的靜電荷持續累積時，即使容器有良好的靜電接地，也會不斷形成靜電累

積，具有潛在的火災爆炸危險性。電導率與溫度也有關聯，因為電導率取決於離子的移動，當溫度升高時導電性會有所增強。依據NFPA 77[10]指出，液體輸送使用不易飛濺之容器形狀，並推薦的實務方式是以液下輸送方式入料。如液體物質的電導度大於10^4pS/m，屬於導電性的液體；如果小於10^4pS/m而大於50pS/m，屬於半導電性的液體；當電導度小於50pS/m時，就屬於非導電性的液體。研究指出電導度在1000pS/m左右的易燃液體，在流經小孔篩檢、液體噴霧等操作也存在靜電累積並釋放提供引火源的危害。

　　一般工業製程都能依據此原則進行製程設計與生產操作。低導電係數的可燃液體入料作業時所造成的噴濺亦是製程中潛在靜電危害來源之一。可將液體入料管線盡量接近儲槽／容器底部，或由儲槽／容器底部之入料管線進行液體原物質輸送，或降低可燃液體的流速，主要目的在於減少液體穿過液面時的摩擦以及引起液體的擾動，以避免因過多的摩擦產生大量的靜電。

　　依張日誠（2009）指出，液體（可能夾帶固體或液體雜質）在管道中高速流動，會與管壁大面積摩擦或者與容器壁及其他介質摩擦，從而導致靜電產生。以及裝卸或貯存時，靜電會隨著液體進人、槽車或貯罐，自液面導向容器內壁，再由接地裝置導走。此過程中若在液面上進行取樣、檢尺作業或接地裝置不確實均易造成火花放電。故液體傳送作業時所引起之靜電危害，並非是由液體所產生之帶電所引起，而往往是因液體傳送過程中，其容器或其他物體反覆的發生接觸與分離過程，所引起之靜電火花引燃易燃性液體造成之事故危害。

　　在輸送管內最大流速限制，導電率10^{-10}S/m以下之可燃性液體（甲苯、二甲苯等）之最大流速限制值，灌裝大型油罐車時，液體在管內的容許流速：VD ≥ 0.8，不得大於5m/s，在非大型管件時，計算式可依日本產業安全研究所技術指南（1978）算出，以一般80～200mm管徑，以σ = 0.8pS/m，流速在2～6m/s，但液體導電度在10^{-10}S/m以上的液體，最大流速也要限制在10m/s以下。

$$VD = 0.25\sqrt{\sigma \cdot L}$$

V（m/s）：最大流速限制值

D（m）：填充用配管之直徑

σ（pS/m）：液體之導電率

L（m）：槽水平剖面之對角線長度

---

[10] NFPA 77: Recommended Practice on Static Electricity, section 8.13.1.5.

例1：二甲苯（Xylene）電導率為0.1pS/m（依NFPA77查表），以50mm管徑進入一容器槽體水平對角線長為為3.5m，求最大流速值應為多少以下（m/s）？

解：$VD = 0.25\sqrt{\sigma \cdot L}$

$V = 2.96m/s$

例2：無鉛汽油（Gasoline unleaded）電導率為45pS/m（依NFPA77查表），以60mm管徑進入一容器槽體水平對角線長度為0.6m，求最大流速值應為多少以下（m/s）？

解：$VD = 0.25\sqrt{\sigma \cdot L}$

$V = 21.7m/s$

(5) 防止人體帶電

若靜電經由人體放電時，人體會受到電擊造成休克、墜落等事故。靜電人體帶電的原因如下：

①作業人員穿著電氣抵抗高的膠鞋，地面與人體絕緣狀態時。

②濕度低時。

③地面是木部或水泥絕緣抵抗程度高時

A. 人體接地。

B. 穿靜電鞋。

C. 穿靜電工作服。

D. 工作地面導電化防止人體帶電。

　(A)佩帶防靜電腕帶。

　(B)穿戴防靜電服裝、衣、帽。

　(C)穿戴防靜電鞋襪、腳鏈。

　(D)佩戴防靜電手套、指套。

　(E)嚴禁與工作無關的人體活動。

　(F)進行離子風浴。

例題：假設人體的靜電容量為160pF，如在油漆布或地毯上行走時產生10kV的靜電，若觸及接地的金屬時，將放出多少能量？

解：$E = \dfrac{1}{2} C \times V^2 = \dfrac{1}{2} (160 \times 10^{-9}) F \times (10000)^2 V = 8\ J$

　　最後，日本學者Ohsawa作出靜電著火之錯誤樹分析，如圖6-26所示。因此，為防止靜電災害應評估其可能之危害環境存在，如有否產生靜電、有否累積靜電、有否足夠產生靜電火花、有否易燃性氣體存在、靜電火花能量有否能點燃易燃性氣體等問題。

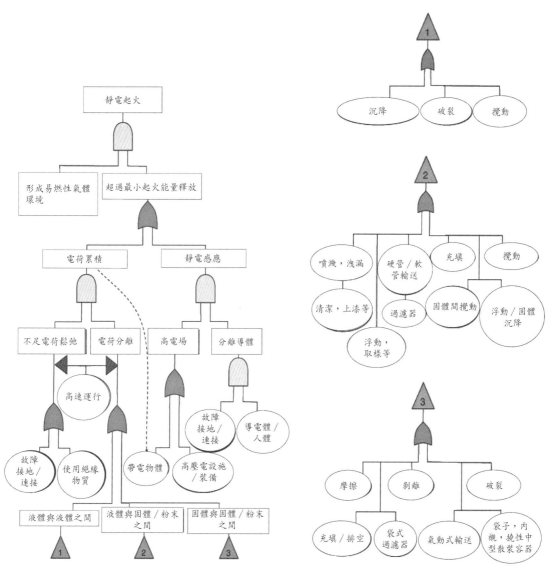

圖6-26　靜電起火錯誤樹分析

（資料來源：盧守謙、陳永隆，《火災學》，吳鳳科大消防系用書，2016）

第4節　閃電

閃電（Lightning）是一種大氣中的強力放電現象，為自然界最具規模的靜電火花現象。在閃電發生之前，雲層發展旺盛，而雲內的正負電荷的分布，使雲內產生了電場，當電荷累積到一個程度時，電場就強大得足以將空氣擊穿，而激發出耀眼的光芒，就是閃電了。所有閃電會經歷成長、最盛和衰退階段。閃電是由正電荷和負電荷的吸引力發起的靜電放電，但空氣（氣體）作為絕緣體，以抑制電力的電氣極性之間流動。當電荷累積克服空氣的阻力，就會發生閃電。

閃電原因

在0℃層以上，即空氣溫度下降到冰點的高度以上，雲內的液態水變成冰晶和過冷卻水滴（達0℃卻來不及凝結就落下的水滴）。由於空氣的密度不同，造成了空氣對流，在這些水滴或冰晶摩擦碰撞的過程中產生電荷，當小水滴接觸到大水滴時，發生電荷交換，形成電場，由於大水滴較暖和有比較多的潛熱被釋放出來，於是大水滴那邊帶負電，小水滴這邊帶正電，當兩個水滴分離時，帶正電的小水滴比較輕而被上升氣流帶到較高的高度，於是雲層裡的上正下負的電位差就此形成了。

當然當上下的電位形成時，也同時形成了電場，更多的電性解離就會進一步進行。其中重量較輕、帶正電的堆積在雲層上方；較重、帶負電的聚集在雲層底部。至於地面則受雲層底部大量負電的感應而帶正電。當正負兩種電荷的差異極大時，就會以閃電的型式把能量釋放出來。

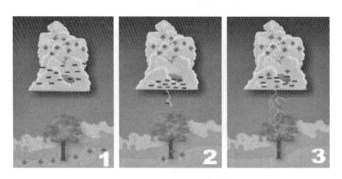

圖6-27　閃電形成過程

閃電也起因於雲層內的各種微粒因為碰撞摩擦而積累電荷，當電荷的量達到一定程度，等效於雲層間或者雲層與大地之間電壓，達到某個特定值時，造成相當大電位差，會因為局部電場強度達到當時條件下空氣的電擊穿強度，從而引起放電。空氣中電力經過放電作用急速地將空氣加熱、膨脹，因膨脹而被壓縮成電漿態（Plasma）[11]，再而產生了閃電之雷聲（衝擊波的聲音），其發生與雲層中氣流的運動強度有關。強大的電流通過，產生的高溫可達30000℃，使空氣迅速膨脹（爆炸），這爆炸聲就是我們所聽見的雷聲。夏季的雷雨天氣，雷電現象較為常見；即哪裡有閃電（Lightning），哪裡就有打雷（Thunder），反之亦然。

閃電能量

閃電的直徑為2～5mm，並且能在幾毫秒加熱空氣到39000℃。閃電的電流很大，其峰值一般能達到幾萬安培，但是其持續的時間很短，一般只有幾十微秒。雷電電流的功率很大，對建築物和其他設備尤其是電器設備的破壞十分巨大，所以需要安裝避雷針、避雷器等，保護這些建築和設備的安全。從一個閃電能量能照亮100瓦特（W）的燈泡3個月以上。閃電的電能90%是以熱量為釋放形式，並快速消散到大氣中。閃電能量小於1%被轉換成聲音，其餘大部分以光的形式作釋放。在壓力和溫度突然增加，導致周圍空氣造成猛烈膨脹，並比音速快，類似於音爆（Sonic Boom）。

閃電傷害

全球近70%的閃電發生在緯度35°以北和南緯熱帶地區。在全球範圍內85～90%的閃電發生在陸地上（Land），因為太陽輻射加熱土地較快，而造成對流（雷暴）要較高及較強。當雷擊時周圍的空氣中迅速膨脹，在空氣中推擠壓力，使其成一股浪潮般作移動，當達到人類的耳朵，而聽到雷聲。

在美國閃電每年導致全美地區平均80人死亡、300人受傷。被閃電擊中只有10%人死亡、90%的人能生存下來，但這些倖存者近25%，遭受長期的心理或生理的創

---

[11] 固態是指因分子之間因為相互的吸力因而只會在固定位置震動。而在液體的時候，分子之間距離仍然比較近，分子之間仍有一定的吸引力，因此只能在有限的範圍中活動。至於在氣態，分子之間的距離較遠，因此分子之間的吸引力並不顯著，所以分子可以隨意活動。電漿態，是在高溫之下出現的高度離化氣體。而由於相互之間的吸力是離子力，因而出現與氣體不同的性質，所以電漿態被認為是第四種物質狀態（參考自維基百科，2015，物質狀態）。

傷。當人員穿著膠底鞋和汽車橡膠輪胎是無法提供雷電之保護作用。而閃電遠離任何降雨區域能超過10英里處發生。而遭到雷擊死亡的50%以上，是在風雨已經過去情況下發生的。

閃電類型

閃電在大氣科學中指大氣中的強放電現象；按其發生的部位，可分為雲內、雲對地及雲對雲三種放電；其發生與雲層中氣流的運動強度有關。

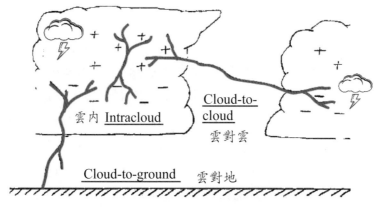

圖6-28   閃電發生類型

(1) 雲內放電 (In-Cloud Lightning)

閃電雷雨內閃光被稱為雲內放電（IC），其形狀大多為片狀閃電，雲內放電占閃電絕大多數。雲內放電比雲地放電（CG）約大5到10倍。在雲內出現兩個足夠強的相反電位，帶正電的區域就會向帶負電的區域放電，結果就產生了雲內閃電或雲對雲閃電現象。

圖6-29   雲放電現象

(2) 雲對地放電（Cloud-to-Ground Lightning）

強大的電場也有可能在雲與地面間形成，因雲中的電荷會感應出地表的電荷，而導致雲對地閃電；其形狀大多爲叉狀閃電；此對人們的生命財產有極大的威脅性。在雲中的上部有較多的正電，中下部分有較多負電，最底部有少許的正電，地表則被感應出正電，在地表與雲底間產生強大的電場，由地表（正電）指向雲底（負電），雲中電子受電場的加速作用開始往地面加速。

首先由雲底出現空氣被強烈電離的一段氣柱，它會往下前進一段，之後再改變方向前進，看似逐漸呈階梯狀向下延伸的微弱光柱，每級階梯的長度約爲50公尺。2級階梯間約有50微秒的時間間隔。每下一級，就把雲裡的負電荷往下移動一級，這稱爲階梯前鋒（Stepped Leader），平均速率爲1.5×10^5m/s，約爲光速的2千分之一，半徑約在1到10公尺，將傳遞約五庫侖的電量至地面；強大的電場使強大的電流沿階梯先導的路徑快速流回雲層，回流通過的電流強度高且非常光亮。

圖6-30　雲對地放電現象

(3) 雲對雲放電（Cloud-to-Cloud Lightning）

雲與雲之間放電是一種很少發生的閃電，雲對雲閃電原理與雲對地閃電是一樣的。在這種情況下，正、負電子是在雲之間。當正電荷和負電荷建立足夠的，其能在雲之間放電，通常在雲層裡裂縫看到閃電現象。

圖6-31　雲對雲放電現象

閃電破壞力

在雲地之間閃電破壞力，可分直接打擊到被害物之直接雷、通過被害物或樹木再放電之間接雷。基本上，閃電破壞力很大，若擊中人體，身上的水分會瞬間蒸發，並可擾亂人的心跳而致人於死地，也會使人燒焦，稱為雷擊死亡。

就算因為身上金屬飾品的誘導而沒有被正面擊中，也能把電力透過地面傳送到人體，死亡率為10～30%。若在森林發生，有可能造成森林大火；電器用品若在沒有保護措施的情況下，被擊中時可能會發生爆炸或是跳電等情形。飛機雖然因為金屬外皮的導電性，可免於電流流入內部，但若過於強大也有可能影響儀器的使用，而導致電子儀器失靈問題發生。

而閃電擦過絕緣體或高電阻物品時，會產生熱效應（Heating Effect），形成大量熱，燃燒該物品。如樹幹被閃電擊中會產生巨大的熱和磁力（Magnetic Forces）。由閃電電流產生熱能穿過一棵樹可能蒸發其汁液（Sap），並引起水蒸汽爆炸（Steam Explosion）而燃燒著樹幹。

為了避免雷擊，設計避雷針成針狀金屬物，其利用電荷在尖端分布面密度大，電場強度強，易放電特點，其裝在建築物的頂端，用粗導線與埋在地下的金屬板相連接，以保持與大地的良好接觸。當帶電雲層接近時，大地中的異種電荷被吸引到避雷針的尖端，並由於尖端放電而釋放到空氣中，與雲層中電荷中和，達到避雷的目的。

儘管約90%的人遭雷擊仍能生存，遭雷擊會受到嚴重的傷害，由於內臟器官和神經系統損傷。在建築物或高大結構可能遭到閃電擊中，而造成損壞，但安全地進行接地，雷電保護系統是能大大減少造成嚴重損壞的機率。閃電對人類影響不全然是負面的，也有其正面作用，因產生高溫使空氣中的氮和氧化合，隨雨水降至地面形成硝酸鹽；這些硝酸鹽是天然的氮肥，能有利滋養植物之生長；又閃電過程中產生的臭氧，能保護地球上的生命免受過量紫外線傷害。

第5節　電氣火災原因(1)：直接與電阻

在一項美國防火協會（NFPA）統計報告，全美於2003～2007年，平均每年有267600件汽車火災，其中23%是由某種電氣系統之問題所引起的。NFPA又指出，全美於2007～2011年，每年平均有498400建築結構火災，這些火災中有13%是由電氣問題所引起的。基本上，電力和電氣設備原因經常被判定爲起火原因：因每當電流流過導電材料，會產生熱量。透過適當的設計和遵守規範，配線系統和設備將具有電阻足夠低，載流（Current-Carrying）構件及其連接不會產生過熱現象。但一些具體的構件，如燈絲和發熱元件，被設計成變得非常熱。然而，當正確的設計和製造，使用時可根據指示使用，這些發熱部位應不會引起火災。使用銅或鋁的配線系統有足夠大小導線規格，將會保持低電阻。在正常條件下產生很少的熱量，並可容易地消散到導體周圍之空氣。當導體是處於絕熱（Thermally Insulated）環境，但在額定電流時，仍會有足夠的能量引起電氣系統故障，甚至造成起火現象。

在起火處電線或電氣設備並不一定是起火源，電線結構的損壞或成分改變是火災所引起的。因此，在考慮電氣起火的可能性，電氣發熱溫度和持續時間必須大到足以點燃初始可燃物。因此，可燃物類型和幾何形狀，必須進行評估，以確保電氣熱量足以使可燃物裂解，形成熱分解產生可燃性揮發氣體，和點燃這些氣體。然而，大多數

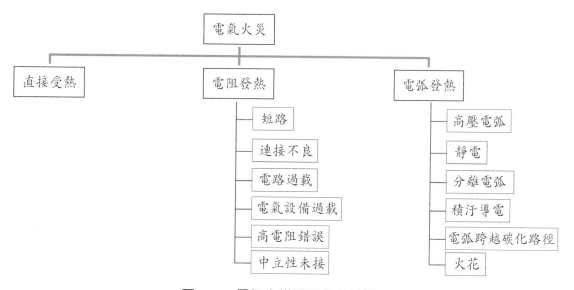

圖6-32　電氣火災原因分類結構圖

（資料來源：盧守謙、陳永隆，《火災學》，吳鳳科大消防系用書，2016）

電氣火災的起因根本無法確定，通常是因證據會遭到火災和搶救破壞。即使是能相信或者明顯地看得出火災，是由於某件電氣設備的故障所引起，但造成電氣故障原因，卻往往無法確切斷定。

電氣系統錯誤故障（Electrical Faults）是導致大量建築物火災之主因。隨著最新電氣斷路器（Circuit Breaker）技術，許多電氣火災是不會起火的。電氣系統被設計爲高效率地提供電力到裝置設備，其通常會轉變爲熱、光及流動之動能。如果配電系統存在故障狀態，或本身並沒有被正確安裝，一些電能損失轉換爲熱形式，其聚集在線路、接線盒和絕緣物質。過多的熱量使配線組件衰弱，隨著時間的推移，能點燃電線絕緣本身或鄰近可燃物。

在美國Babrauskas博士將電氣火災原因分類如下：

(1) 直接受熱起火（External Heating）。

(2) 電弧發熱（Arcing）。

(3) 非電弧之電阻發熱（Excessive Ohmic Heating, Without Arcing）。

根據一項加拿大統計從2002至2007年期間，所發生重大電氣火災原因，也如Babrauskas分類，得出電阻發熱占所有電氣火災最高位（40%）、次之電弧發熱（29%）、由發熱設備如電暖器之熱量造成直接起火占12%，其他爲不明原因（19%）。

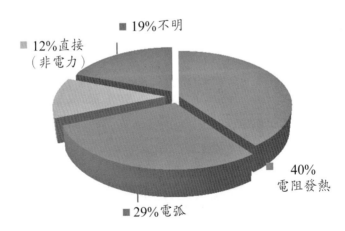

圖6-33　加拿大2002～2007年期間重大電氣火災原因之類型

（資料來源：Steve Montgomery, 2011）

NFPA 921指出，電氣造成火災原因主要是從兩種熱量形成的：即電阻發熱（Resistive Heating Faults）和電弧發熱（Arcing）。如果發生點燃形成火災之前，能透過中斷電流技術如斷路器等，就能予以防止電氣起火現象。

表6-5　NFPA指出2種熱量是造成電氣火災大部分原因

電氣錯誤故障類型	起火原因	NFPA 921章節
電阻發熱 （Resistive Heating）	短路	8.11.9
	電路過載	8.9.3
	電氣設備過載	8.10.5
	連接不良	8.9.2.3
	高電阻錯誤	8.9.6
	中性線未接	8.5
電弧發熱 （Arcing）	高壓電弧	8.9.4.2
	靜電（粉塵或可燃氣起火）	8.9.4.3
	分離電弧（串聯）	8.9.4.4
	積汙導電（並聯）	8.9.4.5
	電弧跨越碳化路徑	8.10.3
	火花（平行，高電流）	8.9.5及8.10.2

（資料來源：NFPA 921, 2011）

1. 直接發熱裝置（Heat-Producing Devices）

　　直接發熱裝置（Heat-Producing Devices），是造成電氣設備周遭可燃物質直接受熱起火之直接非電阻之原因。這使用不當或在使用過程中發生的某些故障，則可能導致火災。而造成這些原因有：衣服與電燈接觸、可燃物落入電氣設備、發熱設備忘了關掉、可燃物放置太靠近白熾燈（Incandescent Lamps）、電暖器、咖啡壺或油炸鍋或電鍋的溫度控制失敗等[12]。

　　假使用於危險場所之發熱設備如電燈泡，必須為防爆型之裝置。此有兩個基本電氣設計標準：一能承受易燃的氣體或蒸氣空氣混合物的內部爆炸；第二，能防止內部爆炸擴散到周圍的易燃環境空氣中。換言之，事實上周圍的易燃氣體或蒸氣空氣混合

---

[12] 電流通過導體時會產生熱量，稱為電流熱效應；電熱器即是利用電流的熱效應，來加熱設備，如電爐、電烙鐵、電熨斗、電鍋、電烤爐等都是常見家電用品。電熱器主要組成部分是發熱體，發熱體是由電阻率大，熔點高的電阻絲繞在絕緣材料上製成的。

物會進入這種設備的外殼，並且存在外殼內部著火的可能性。為了防止火焰蔓延至外部的環境空氣中（周圍空氣中同樣可能含有易燃的蒸氣／空氣混合物），防爆設備外殼必須具有下述特性：

(1) 能將火焰在接頭或其他開口處截斷，使之不能逸出。

(2) 具有足夠結構的強度，能抵禦內部壓力（不發生破裂或嚴重變形）。

(3) 機殼的外表面溫度，不會升高到足以使周圍的氣體或蒸氣著火的程度。

圖6-34　防爆型燈外觀圖

2. 電阻發熱（Resistance Heating）

每當電流流過導電性物質，會有電阻產生熱，依焦耳定律：電流通過導體所產生的熱量和導體電阻成正比，和通過導體電流平方成正比，和通電時間成正比；公式如下。

$$Q = I^2 \times R \times t$$

其中Q為熱量（焦耳），I為電流（安培），R為電阻（歐姆），t為時間（秒）。因此，透過適當的設計和遵守規範方式，使電線系統和設備之電阻足夠低，導體元件（Current-Carrying Parts）和連接位置不應產生過熱情況。某些特定部位，如燈絲和加熱元件被設計為非常熱。然而，當正確的設計和製造，使用時可根據指示證明使用，這些受熱元件應不會引起火災事件。

使用銅或鋁導體的電線系統應具備足夠大小，其能保持低抗阻性。在正常條件下其產生很少的熱量，應能容易地消散到周圍的空氣。不建議使用可轉動式的分接

頭[13]，因分接頭要做成可轉動方式，勢必會犧牲掉導電銅片或銅線接觸面積，接觸面積愈小電阻愈高愈易發熱。假使當導體處於隔熱（Thermally Insulated）之無法散熱情況，在額定電流時，仍會足夠的能量引起該電氣故障或提供起火所需熱量。

　　根據加拿大統計從2002～2007年期間，所發生重大電氣火災中，由電阻發熱所引起火災原因之分類，得出連接不良占所有電氣火災電阻發熱類型最高位（34%），此外依為之設備過載（30%）、短路（19%）、電氣過載（10%）、高電阻錯誤（4%），最後為中性線未接（3%）。

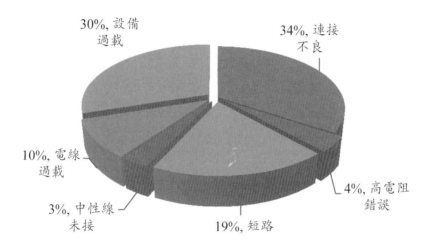

圖6-35　加拿大2002～2007年期間重大電氣火災電阻發熱之類型

（資料來源：Steve Montgomery, 2011）

(1) 短路（Short Circurt）

　　電力系統在運行中，相與相之間或相與地（或中性線）之間發生非正常連接（即短路）時而流過非常大的電流，其電流值遠大於額定電流，並取決於短路點距電氣來源的距離。也就是說，短路是一種不正常的低電阻的電路，會產生較大的電流，因電線上所流通的電流中間沒有通過任何用電器（未經用電負載）。依歐姆定律出電流 = 電壓／電阻，一旦分母電阻接近0時，則電流能相當大，過大的電流有可能導致電路損壞、過熱、火災或爆炸。在電路分析中短路，則幾乎為零電阻連接現象。

---

[13] 可轉動式插頭是透過小鉚釘將內部銅片和外插銅片連結在一起，多了一層接觸的電阻，而且兩個銅片接觸面積較小，如果用久了產生鬆動和接觸不良會有電氣火災風險，且這類型插頭不要接插電量大的電器（引自家庭電工小常識，2013，Jul 17）。

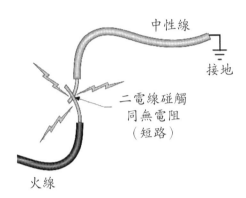

圖6-36　短路現象：當通電中電壓源有一低電阻路徑到接地產生非常大電流

（資料來源：Carson Dunlop.com, 2008）

　　當電線短路（即低電阻和高電流）一個分支電路，會點燃導線之絕緣外覆起火，並燃燒蔓延。如果過電流保護裝置失效或有缺陷，那麼短路可能變得過載，而成為起火源。也就是若發生短路而電路不能自動遮斷時，便產生過大電流情況。有時是一般繼電器都會因過高的瞬間電流而跳電，但短路時會產生瞬間高溫火花，周邊如有可燃物，就有可能使之成為起火物情況。亦即在火線和中性線意外碰觸到產生短路，瞬間就能產生融掉電線絕緣外皮的高溫，並可能發生起火現象；或當電線過長加以捆綁現象，導致發熱至絕緣破壞而短路發生。

圖6-37　電線過長而不當捆綁之危險發熱行為

　　短路還可能會導致電弧的產生，電弧是一種氣體放電現象，電流通過某些絕緣介質（如空氣）所產生的瞬間火花，其對電路系統造成損害。短路造成的危害，可以藉由使用熔斷器（如保險絲）、斷路器或其他過載保護器，在電流過大時形成斷路狀態[14]。而在低壓架空電線上一般使用沒有絕緣保護的輸電線，靠電線之間較大的間距

---

[14] 在國內由台電供電到使用端，各戶室內電線會先經過兩個開關（即斷路器），一是總開關，

來提供絕緣作用。有時，天氣異常時如颱風能將電線吹動，從而產生短路，產生嚴重火花現象。

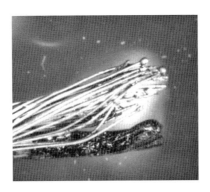

圖6-38　短路現象：多股銅線由短路熔斷情況

（資料來源：NFPA 921, 2011）

造成短路的主要原因有：

①產品劣化

主要在源供應迴路，由於退化使電容器（Capacitor）絕緣電阻降低，形成漏電流並產生熱，如此電容器內部持續惡化，元件損壞等造成設備缺陷發展或形成絕緣破壞，最終演變成為短路現象；因而，顯得保險絲與斷路器之重要性。

此如層間短路現象，在變壓器、電動機或日光燈裝置等，常用絕緣漆包線繞製而成。由於漆包線受損或高溫導致絕緣劣化，這部分之線圈即分離，形成環狀迴路；迴路受到磁力線，依法拉第定律產生感應電流，但迴路並無負載，卻流通大電流之短路現象。

②異物接觸

如金屬製品碰觸電路，而引起短路現象。使連接處及一些部位變得暴露，在受損電氣設備容易產生通電火災現象。

另一是分路開關：其是使用「無熔絲開關」（None Fuse Breaker），這除了是個開關，也具有「過電流保護裝置」的功能，也就是說，當迴路電流超過無熔絲開關額定電流時，一般家用安全開關在電流20A時會自動斷電跳掉成斷路狀態。此外在交流電方面，一般小容量負載使用單相交流電AC110V、AC110/220V及動力用大容量負載使用三相交流電AC220V與AC220/380V。

③半斷線

連接電線時尤其是使用多絞線情況，一部分細線突出，或是絞線產生某部分斷線現象，形成電阻增大發熱，導致短路發生。

④誤接或誤動作

錯誤連接器、連接到終端、操縱錯誤開關或人為過失如未排除接地線合閘供電或人為不當行為如拉扯等造成短路現象，使二導線接合產生巨大電流通過電線。

⑤氣象條件影響

如室外架空線鬆弛風大作用下碰撞或風災斷線或電線杆倒塌。

⑥其他因素

小動物（如蛇、野兔、貓等）跨接在裸線上；或線路安裝過低與各種運輸物品或金屬物品相碰造成短路。

例題：電源花線的斷線率超過10%時，斷線率會急遽上升，終至引發火災之現象，稱之為何？　(A)過負載　(B)半斷線　(C)接觸不良　(D)氧化亞銅增殖發熱

解：(D)

---

(2) 電路過載（Overload and Overcurrent）

電流如超過電線之安培容量時，因焦耳熱之關係，電線產生過熱情況。基本上，過大電流（Overcurrent）是較多的電流流過在一電線導體，超過其所接受的安全標準條件。過大電流或過載會導致導體內部溫度達到熔化溫度。過大電流是否存在一個可能電氣的起火源，取決於其電流幅度（Magnitude）和持續時間（Duration）；如具有25A電流過載在14Awg銅導體，除其熱量沒有消散情況，如有不當隔熱（Thermally Insulated）或當少量電導線加以捆綁外，應不構成火災危險。如在14-Awg導體形成過載電流120A，則導致導體熾熱發紅，並可能引起鄰近可燃物起火情況。

大量過大電流（Large Overcurrent）持續存在（即超載），能帶來導體（如銅）至其熔化溫度。為有一個持續性過大電流（即超載），該保護裝置（如保險絲或斷路器）必須無法打開或者失敗（Defeated）情況下，始能發生過大電流情況。假使電熱源超過其保險絲（Over Fused）而產生熔融，使電路的熔斷（Over Fusing）會導致過大電流流過，形成過負載（Overloading）情況。

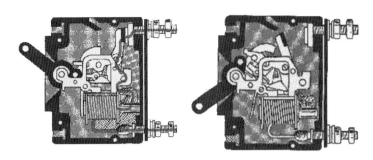

圖6-39　無熔絲開關（左圖：正常狀態，右圖：異常狀態開關跳開）

　　儘管導電是設計用於攜帶電流超過其額定容量（Rated Capacity），增加的電流超過該額定容量使導線產生過多的熱量。只要熱量可從導線表面進行散熱，這是沒有問題的。但是，如果電線是處在隔離的（Insulated）小空間，在這些區域的熱量是不能夠散熱大於其所生成熱量。其結果是，周圍的可燃物（Surrounding Combustibles）可進行緩慢熱裂解狀態（Pyrolize），並最終形成起火現象，導致火災發生。

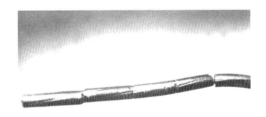

圖6-40　鋁導線受到過大電流顯示偏移熔斷現象

（資料來源：NFPA 921, 2011）

　　在整個電路中具有合適尺寸的導體，由過載電流造成起火現象是罕見的。當電路導體尺寸減小，如延長線（Extension Cord），較小尺寸的導體能被加熱，而遠超過其額定溫度。這可能發生在沒有啟動過載電流保護，而引起火災情況。又如半斷線情況，一般是花線類導線之芯線發生斷裂，但斷裂之一部分尚有接觸，或未完全斷線還留有部分完整之半斷線狀態；此種半斷線導線通電時，在斷線處的導體截面積減少，導體的電阻值相對增高，造成電流流經此處時產生過熱，亦同時產生電氣火花，使得導線絕緣及周圍的可燃物起火燃燒。

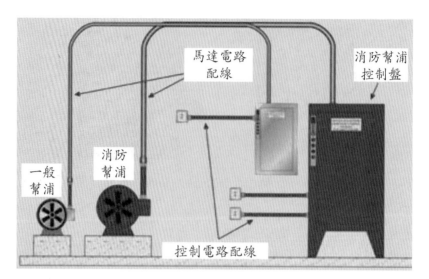

圖6-41 使用分支電路配線和饋電導體形成電路過載保護

（資料來源：IAEI, 2005）

例題：「電流如超過電線之安培容量時，因焦耳熱之關係，芯線產生過熱」所造成
的電線走火原因，一般稱為？
(A)過負載　(B)短路　(C)半斷線　(D)接觸不良

解：(A)

(3) 設備過載（Overloaded Utilization Equipment）

　　電氣設備超載係指電氣設備上所加的電流或電壓超過限定值時，所產生過多的熱
量對其造成了損害。在電氣設備超載時由於過電壓或過電流，在電阻上所產生的熱量
過高，對金屬材料造成破壞性損害，且電氣設備遭受較長時間的電氣超載時，會出現
明顯可見的損傷事故。

　　在設備線路產生斷線情況下，所加的電流或電壓超過限定值時，過多的熱量也可
能造成電氣起火現象。在負載率與繞組電流之關係如下，假使斷線情況下使單向運轉
的電動機性能降低，其線電流會增加至$\sqrt{3}$倍，很容易造成過載，若持續通電會使繞
組高溫起火。

表6-6 負載率與繞組電流之關係

負載率（%）	繞組電流／全負載電流（%）
50	100以下
75	140
100	180
125	220

例1：三相三線式配線之一線斷線，若其負載率維持在125%，試問其繞組電流為未斷線全負載電流之多少%？

解：如表6-6所示，基本上在此問題上可以負載率×$\sqrt{3}$，此會有誤差。

125×1.73 = 216

例2：三相三線式電動機配線之一線斷線，若其負載率維持在75%，試問其繞組電流為未斷線全負載電流之多少%？

解：75×1.73 = 130

(4) 接觸不良（Poor Connection）

電線間之接續部位或電線與配線器具之接續部位不良，因接觸電阻之故，當電流流通時產生局部過熱。亦即當電路具有一個端子的連接不良，如鬆螺絲釘，會導致在接觸部位電阻增大，這促進形成氧化物界面（Oxide Interface），而增加發熱。氧化物傳導電流，並保持所述電路的功能運作，但電阻在該點氧化物是顯著大於在金屬情況。因此，該氧化物界面發熱點持續發展，可以熱到足以發灼光（Glow）。如果可燃材料是足夠接近的熱點，可以造成起火現象。一般，連接是在一個盒子或設備內部，因而造成起火的可能性，則大大降低。如當銅質導體，承受電氣火花等高溫時，一部分銅因氧化而形成氧化亞銅；除異常發熱外，並會持續增值擴大，形成高溫，為氧化亞銅增值發熱之現象。

圖6-42　電氣連接端子開關盒

電氣接觸點也可能會失敗，導致無法控制的發熱生成。一個接觸點每一次打開或關閉，皆產生一個小火花。這會導致接觸表面的降解衰退（Degradation）；最終使接觸點在「打開」情況可能會失敗，在這種情況下，電力變得無法流通。然而，也可能會在「關閉」情況失敗，在其焊接或連接點（Weld Together）將導致持續發熱失控。

(5) 高電阻錯誤（High-Resistance Faults）

高電阻故障是故障電流在初始階段，是不夠大到能旅行至有具備過載電流保護之電路上。一個高電阻故障分支電路可能產生的能量，足以引燃接觸到加熱點之可燃物質。高電阻故障的例子是一個通電導線進入接觸到不良接地之物體，所造成起火現象。

圖6-43　電機具非帶電之金屬外殼連接綠色接地線後再連接接地銅棒

（資料來源：李中心，2015）

(6) 中性線未接（Open Neutral）

依照美國NEC 2008（National Electrical Code），對中性線[15]的定義爲接到系統之中性點，在正常狀況用來承擔電流的導線；中性點爲多相（常見爲三相）系統Y型接法的共用點，或單相三線系統的中點，或三線式直流系統的中點。在系統中性點上，用到該中性點的系統所有其他各相之額定電壓向量和爲零。以提供電流返回到電源之路徑。

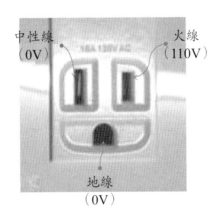

圖6-44　電源110V插座之火線（孔較寬）、中性線（孔較窄）與接地線（半圓孔）之位置

中性線是一條迴路線，假使電力系統一中性導線未接，在兩條電線間不會有一零電壓（Zero Voltage）不定點。意即如240V系統中性線未接，兩條電線之間仍會有240V，而兩條電線彼此至中性點電壓無法固定在120V，但加起來240V不變，但彼此

---

[15] 送電銅線分爲火線、中性線和地線，火線是帶電的線，在臺灣通常火線是紅色或黑色的、中性線是白色的、地線是綠色的，電壓爲110V左右，中性線又稱水線，是不帶電的導線，更精確一點講是大地電壓，相對於火線來說低了110V電壓，所以火線如果是115V、中性線則是5V，兩者相減後相對電壓仍然是110V。又地線是負責將漏電導致大地裡的線，可以避免漏電傷人的意外，通常是0V，根據臺灣電工法規規定，於民國90年以後新建築物都必須要有良好接地才合格，也就是把接地銅棒埋入地裡，並加上銅板（或銅製地網）等施工法，如果偷懶把地線接連接中性線做接地，可能還是會電到，因爲中性線裡還是有電在流動；如果把地線連結到鋼筋做接地，則要小心建築物是否有避雷針等裝置，這些裝置也有可能把鋼筋當作導體，那麼被雷打到時雷電就會沿著地線流入建築物內部電氣系統。
如果插座的火線、中性線接反了，電器仍然可以正常使用，只是電器內部如有防漏電的開關通常設在火線端，接錯的話就沒辦法發揮其效果了，有時電腦主機機殼會電人也可能是兩線接反的關係（引自家庭電工小常識，2013，Jul 17）。

兩條可能會發生變化。所有線與中性點電路將受到影響。

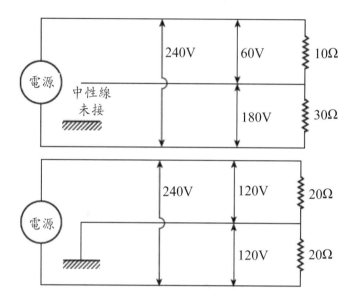

圖6-45　120/240伏特系統中性線未接（上圖）與正常有接（下圖）之相關電壓圖
（資料來源：NFPA 921, 2011）

第6節　電氣火災原因(2)：電弧

根據美國，電弧（Arcing）即為電流放電穿透絕緣物體所產生的電光，通常伴隨了部分的電極揮發。電弧是一種氣體放電現象，電流通過某些絕緣介質（如空氣）所產生的瞬間火花而有高溫產生。亦即電弧火花是跨越間隙空間所產生極高溫發光之放電現象。

電弧內的溫度視情況而定，包括電流、電壓降（Voltage Drop）和所涉及金屬情況。對於電弧跳躍火花即使是最小間隙中，在空氣能自燃（Spontaneous）必須有350V以上電壓差。在120/240V電氣系統，電弧火花在正常情況下是不會形成自燃現象。依Robert（1987）研究指出電弧發生溫度在4300℃以上，依NFPA指出電弧中心的溫度更高達5000～15000℃，若周遭有可燃物質，將可能產生火災事故，造成人命與財產損失。儘管在電弧路徑上具有非常高的溫度，電弧可能無法在許多可燃物質上產生足夠起火源能量。

　　在大多數情況下，電弧是如此短暫，局部化固體燃料，如木結構構件是不會形成起燃。假使，一般可燃物質具有高的表面積與質量比（Surface-Area-to-Mass Ratio）情況下，如棉絮、棉紙（Tissue Paper）、可燃氣體和蒸氣，一旦電弧火花接觸時能產生起火燃燒。

　　早在1992年美國保險實驗所（Underwriters Laboratories, UL）調查中，確認「電弧事故（Arcing Faults）」爲導致住家火災原因之危險因素。如依Robert（1987）研究指出空氣具有約每公分有30000伏特電介質（Dielectric）強度：如果一台彩色電視機內部足夠能產生30000伏特之強度，而跳過空氣間隙達半吋距離，如此使電視機內部高壓部引起燃燒火災現象。

　　漏電流（Leakage Current）引起電氣火災方面，當水是在電力流通下存在，則會發生漏電流情況，因而在水分或濕氣高環境下依屋內線路裝置規則第89條規定[16]，必須使用漏電斷路器。裸露導線（Exposed Wiring），其主要是位在連接器（Connectors）和開關部位（Switches），這些能與水作直接接觸到。由於水的導電性能，電流從活線到接地之間或一般能透過水分作接觸。隨著時間的推移，水將累積鹽分，從而增加其傳導電流的能力。此電流最終能發展到一種狀態，它產生一個顯著的熱量，使這區域之可燃物開始進行熱裂解（Pyrolize），並形成碳化（Carbonize）現象。

　　這最終導致形成一個碳橋（Carbon Bridge）情況而產生一個連續性電弧火花（Continuous Arc）或產生顯著性高熱，致使周圍的可燃物著火而引起火災現象；例如當電器箱（Electrical Boxes）受潮（Damp）或濕氣接觸，而形成上述情況從而導致火災發生。

　　一個簡單的火花能啓動一場火災或毀滅性的爆炸現象，如果可燃氣體／空氣混合物是位於所述火花的位置。如前面所討論，每當一個接觸點打開或關閉，通常能製造出火花現象。由於這個原因，能合理預期的可燃氣體混合物存在的環境中，安裝專門設計的開關和接觸點，是相當需要的。

---

[16] 第89條：……用電設備或線路，應按規定施行接地外，並在電路上或該等設備之適當處所裝設漏電斷路器。如住宅場所陽台之插座及離廚房水槽一‧八公尺以內之插座分路等。

圖6-46 漏電斷路器

此設備的要求是列在建築與消防法規，如防爆型電氣開關。電弧故障斷路器（Arc-Fault Circuit Interrupter, AFCI）是一種偵測線路中電弧故障發生的保護裝置，它透過對電弧特性判別來偵測串聯及並聯電弧，在電弧的熱能引起火災前盡早切離電源。

電弧可分串聯電弧與並聯電弧現象。串聯電弧如分離電弧現象，於一般低壓線路發生串聯電弧故障時，電弧產生的高溫可能點燃附近易燃物，導致火災的發生。並聯電弧如積汙導電現象，產生間電流較大，又如使用虎頭鉗將通電中二導線同時裁斷，就電路上來看，瞬間就變成一個低阻抗的短路電路，有高電流而產生並聯電弧高溫火花現象，這是相當危險的。

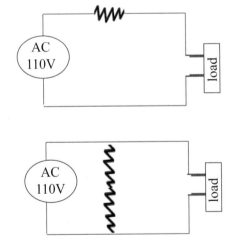

圖6-47 串弧電弧（上）與並聯電弧（下）

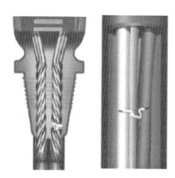

圖6-48　串弧電弧事故（左）與並聯電弧事故（右）

（資料來源：行政院勞工委員會勞工安全衛生研究所，2010）

1. 高壓電弧（High-Voltage Arcs）

　　高電壓能進入一個120/240-V系統，透過電力公司的配電系統與建築物用電系統之間的意外接觸。是否存在瞬時放電（Momentary Discharge）或持續性高電壓，電弧可能會出現在一個240伏特至未達數千伏特設備之導電性分離部件，這是安全的。如果輕易起燃物質（Easily Ignitable Materials）是出現在沿著電弧路徑上，火災就能開始。此外，因雷擊的電壓和電流是如此之高，使閃電能傳送極高的浪湧電壓進入建築物電氣安裝系統，使電弧能在許多地方產生跳火現象，造成電路機械組件高溫損壞，並點燃一般可燃物質。

2. 靜電（Static Electricity）

　　靜電是建立在某些對象物的靜止電荷（Static Electricity）。在乾燥相對大氣中於地毯行走中能產生靜電荷，而產生放電時之電弧現象。二個或二個以上物體運動可引起電荷的累積，包括脫下的衣服、輸送帶運行和液體的流動，詳細資訊請見本章第2節靜電。

　　靜電造成火災爆炸原因，一般可燃物是粉塵或可燃氣體狀態，才有可能成為起火（爆）原因。

3. 分離電弧（Parting Arcs）

　　分離弧（Parting Arc）是一種帶電電氣通路被打開，而電流流過，比如插拔電器時所產生的電弧或一個開關在關閉時，所發生的瞬間放電。此種電弧通常在開關上是不可見的，但是當在電流流動的插頭被拉出時，是能看得見的。馬達上電刷（Brushes）在電刷和換向器（Commentator）之間，能產生近乎連續顯示之電弧現象。在120/240-V交流電系統，分離時的電弧是不能持續，而很快就會熄滅。在電氣系統的一般分離電弧，通常是如此短暫且低的能量，只有在可燃氣體、蒸汽和粉塵環境下，始可能發生起燃情況。

　　在電弧焊接時，一端夾頭（Rod）必須首先觸及到工作物上，開始流通電流。然後此夾頭抽出一小段距離，以形成分離弧。如果該間隙不會變得過大，則電弧將能持續下去。焊接電弧涉及極高溫足夠的力量，能點燃地球上所有可燃性物質。

　　當一個直接短路或接地[17]故障發生時，會產生另一種分離電弧。在接觸點金屬電流的浪湧而熔化，並導致在金屬片（Metal Pieces）間隙之間發展一個簡短分離電弧。電弧立即熄火，但在其周圍能拋出熔化金屬顆粒（即產生火花）。因此，在短路方面，可分兩種主要類型：完全之短路（Dead Short Circuit）和局限之短路（Limited Short Circuit）。當火線（Live Wire）進入接觸到一個共同的或接地線（Ground Wire）（或連接在直流電路之正和負導線），隨後電路被通電而發生完全短路（Dead Short）。在適當的有保險絲Fused電路，這將導致保險絲熔斷，而使電路形成斷電保護狀態。這種情況是不會產生足夠的熱量致可燃物起火。然而，這是可能的，該電路沒有具有適當地安裝保險絲，如果發生這種情況，電流能繼續穿過導線，顯著過熱使絕緣膠皮溶化。這種情況能點燃周圍的可燃物致引起火災情況。

　　另一種短路類型是其成為局限的短路（Limited Short Circuit）。在這種情況下，導線能接觸材料的體積，通過該電流量是比所連接保險絲小。這將產生火花或閃光，從而導致電線的銅線熔化。銅線受高溫通常觀察到其成為一種圓珠狀（Beading）屬性。這種情況也可能提供可燃物體接觸到熱源，其足夠導致可燃物使其達到起火溫度，而引發自我維持（Self-Sustaining）放熱氧化反應或火災燃燒。它是難以點燃濃縮的（Concentrated）、固體可燃物，如木材、塑膠和紙。但是，棉製品、鋸屑、木碎片和可燃氣體，此輕質細小可燃物或氣體是能夠被點燃的。

---

[17] 接地裝置為避免人員因電氣設備或線路絕緣劣化、損壞等因素而發生漏電危險。

4. 電弧跨越碳化路徑（Arcing Across a Carbonized Path）

　　兩個導體之間受到固體絕緣體（Solid Insulator）分開形成電弧，如絕緣體變成碳化（Carbonized），這是有可能的。該碳化形成有兩個主要原因，一是透過電流流動，或是透過非電力方式之受外來高熱量（未通電）。如果碳化是由於電流流過，這種現象通常被稱為積汙導電（Arc Tracking）。形成碳化是由於非電力方式通常涉及某種形式受到高熱，如電暖器等發熱電氣設備，或者是因受到火災本身高熱。一旦形成碳化後，在兩個導體之間跨越碳化區塊而形成電弧現象。

　　橡膠、木材等有機物絕緣體，因受電氣火花而碳化，碳化部分會逐漸形成微量石墨結晶，就會具有導電性，稱金原現象，又稱石墨化現象。亦即正負極板間若有機物夾於其間，則會因電氣火花使該部分局部石墨化，形成石墨導電的結果深入內部產生焦耳熱形成高溫，使該有機物繼續石墨化，終致大範圍發熱現象，致引起火災。

圖6-49　銅導線在碳化絕緣間形成電弧現象

（資料來源：NFPA 921, 2011）

例題：木材受熱碳化，導致石墨化部分導電性增強而造成漏電火災之現象，稱之為何？　(A)部分放電　(B)金原現象　(C)銀離子移動　(D)積汙導電

解：(B)

5. 積汙導電（Arc Tracking）

假使導線體成為受汙染的鹽分、導電性粉塵（Conductive Dusts）、毛髮、木屑粉、灰塵或液體情況下，電弧能在非導電物質的表面發生。電弧被認為是一種微小的漏電流，透過如此汙染物引起基體物質之降解（Degradation）作用，導致電弧放電、碳化或點燃鄰近電弧之可燃物質。積汙導電（Arc Tracking）是在一種已知高電壓現象。此已在120/240-V交流電系統所產生電弧現象之研究報導證實，並引起火災事件之原因。

圖6-50　插頭在通電情況下因灰塵及潮濕因素導致積汙導電起火現象

基本上，電流將流過水分或濕氣，此只有當存在水分或受潮濕之汙染物上，如灰塵（Dirt）、粉塵（Dusts）、鹽分或礦物質沉積物等情況，一般常見發生於木器工廠或電鍍工廠之插頭、浴室或洗衣機插頭等案例。此種雜散電流（Stray）可促進電化學（Electrochemical）變化，而導致電弧火花現象。在大多數情況下，通過受汙染的受濕路徑上的雜散電流，引起足夠之暖和，而能使受潮路徑逐漸乾燥。然後形成很少或沒有電流流過，使蓄熱情況停止。如果水分能連續地補充，使得電流持續，金屬或腐蝕物能沿著導電通路上形成沉積物（Deposits）。這種效果假使在直流電情況下，將更為顯著。透過更多高能量電弧累積，會在適當的條件下導致火災發生。基本上，承受電壓之異極導體間，雖有絕緣物阻隔，若該絕緣物的表面附著有水分、灰塵或金屬粉塵等導電性物質時，絕緣物的表面會流通電流而產生焦耳熱，結果引起表面局部性水分之蒸發，而該等帶電之附著物間，發生小規模的放電，周而復始，絕緣物表面的絕緣性因此受到破壞，形成二極間導電通路。此當然仍需要更多的研究，來更清楚地界定引起火災的需要條件。

此與上述金原現象比較，如下表[18, 19]：

	積汙導電	金原現象
相異點	(a)異極導體間水或汙染物而通電。 (b)限於表面發生。 (c)附著物如水或粉塵，主要是濕度。	(a)異極導體間絕緣體形成導電化通路。 (b)絕緣體變質劣化後電流形成內部通路。 (c)木材體等，不一定是濕度。
相同點	(a)有機物絕緣體石墨化。 (b)形成碳化導電路。 (c)電化學變化。 (d)電弧跨越碳化路徑現象。	

6. 火花（Sparks）

火花是一種當電弧高溫熔化金屬和電弧飛濺顆粒點，所形成發光顆粒（Luminous Particles）。以火花為術語已普遍用於引擎火星塞之高壓電放電現象。短路和過大電流接地故障。此種高能量在接觸點進行消退（Dissipated），其足以熔化所涉及之金屬，從而產生一個間隙和一個可見電弧和火花濺出現象。在大多數情況下，保護裝置在幾分之一秒會打開（即關閉電路），並防止該事件的重複。

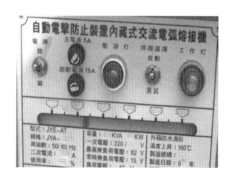

圖6-51　交流電焊機之自動電擊防止裝置

（資料來源：李中心，2015）

---

[18] 陳弘毅、吳喨生，《火災學》（八版），鼎茂圖書出版公司，2013年3月。

[19] 八木雅弘，關於插頭積汙導電伴隨漏電流檢出方法之研究，博士論文，名古屋工業大學甲第680號，平成21年。

　　如果只是銅和鋼都參與了電弧，熔化金屬的飛濺顆粒因其在空中飛行，將會立即開始降溫。當鋁質材料涉及此種現象，其粒子可能在飛濺出過程中，實際上產生極端熱量將會燃燒，直到其燒燼，或降落在一些物質冷卻。因此，燃燒中鋁質火花能比銅或鋼的火花，具有更大能力來點燃輕質燃料（Fine Fuels），如紙張、片狀、棉質等可燃物。

圖6-52　電焊火花引起廢紙堆火災

（攝自臺中港區）

　　然而，從分支電路（Branch Circuits）電弧火花，是一種效率低下的起火源，其僅能點燃在環境條件配合下之輕質燃料。除了溫度外，爲點燃燃料的能力，顆粒的尺寸爲所述顆粒的總熱含量，是主要影響因數；如從一個焊接電弧噴濺火花，所具高溫狀態能點燃多種燃料，因其粒子擁有相對較大的尺寸和總熱含量，其已造成國內工廠火災之主要原因之一。在輸入電纜（Entry Cables）能產生電弧有更多更大的火花比其在分支電路（Branch Circuits）所產生電弧大小。

第7節　受損電氣系統判讀

　　Babrauskas博士指出在美國電氣火災，其中由插頭插座引起火災之機率爲 $\dfrac{3290}{1.62 \times 10^9}$。表面上，這數據顯示建築物插頭插座造成火災是非常低的，表示建築物電氣插座仍是相當可靠的。但問題不在於該裝置起火機率。相反地，問題是電力分配涉及到一個非常普及的數量，在整個建築環境電氣分配到每一電氣用品。每一用品皆需提供電能，而且每一個都有可能因人爲或設備本身失敗，而導致火災發生。

　　因此，電氣系統異常活動通常會產生電氣系統損害之特徵，其在火災後鑑識（定）能予以確認出。這種電流活動的證據，可能是在尋找起火區域非常有用。此種受損電路會發生在導體上、接觸點、末端點（Terminals）、導管（Conduits）或其他部位。然而，從非導電（Nonelectrical）現象也可發生許多不同種類的損害。

　　事實上，電氣系統存在電壓的情況，敘述如下：

(1) 火線和中性線之間。

(2) 火線和接地線之間。

(3) 火線和任何可接地物質之間。

(4) 中性線和任何接地物質之間。

(5) 連續接地導體和任何接地物質之間[20]。

　　而電氣成為火災原因誠如上節所述，必須具備兩個條件：

(1) 必須通電中，可來自配電盤、電池或其他電源供應。

(2) 導體必須產生足夠熱量，能引燃鄰近可燃性物質至起火程度。

　　本節依據NFPA 921所述，將敘述受損電氣系統之判讀原則，觀察電路損害是由電能所造成的，無論是火災的原因或是由火災所造成的。這些原則不是絕對的，很多時候在火場實物證據不明確，而無法得出一個很確定的結論。

1. 短路和接地故障分離電弧（Short Circuit and Ground Fault Parting Arcs）

(1) 每當通電導體使用不當接觸到接地導體（Grounded Conductor），或者藉由一個金屬物體進行接地，但其電路中幾乎是零電阻，會出現電路中激增電流和在接觸點產生熔化情況。這種事件可能是由於火災所引起絕緣之熱軟化（Heat-Softened）。

(2) 過大電流流動產生熱量，能熔化所參與物體接觸點之金屬部位，由此產生分離電弧（Parting Arc）現象。

(3) 分離電弧現象使實心銅導體，形成有缺口（Notched）之圓柱體（Round File），此缺口表面能通過顯微鏡檢查，觀察出其熔化情況。

---

[20] 蕭肇寶，2005，赴英國研習消防火災原因調查技術，內政部消防署，公務出國報告書。

(4) 分離電弧只在初始接觸點位置，產生熔化的金屬，其相鄰處則未熔化，除非是發生火災或其他事件導致後續熔化。在後續熔化的情況下，這可能難以確定出是初始短路或是接地故障的原因。

(5) 如果導線體是在故障前就已分離，而此故障（Fault）應懷疑是火災的原因，這是必要的，以確定其如何形成絕緣故障（Insulation Failed）。

(6) 如果導線體或其他涉及的短路或接地故障等金屬物體，在故障斷裂（Faulting）時是裸露絕緣，有可能形成飛濺的金屬到其他未熔化相鄰面。

(7) 多股絞線導體（Stranded Conductors）如電燈和電器電線，與實心導體比較，似乎顯示在短路和接地故障是不太一致的影響。

(8) 絞線導體能呈現一個凹口情況，其中僅有一部分絞線在供應電流，或者所有的絞線已高溫熔合在一起，或是單獨部分絞線熔化掉之不同現象。

(9) 此外，當絕緣破壞時電線短路形成電弧現象，通常第一具燈泡絕緣被燒毀造成短路電弧，因迴路保險絲是相同的，造成後續連鎖效應。藉由電氣二次痕情形，從位置可判讀時間先後，而研判出火流路徑經過方向。

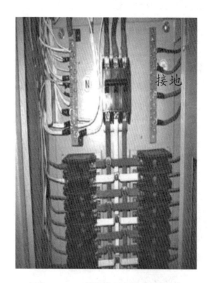

圖6-53　開關箱導線接地

（資料來源：李中心，2015）

2. 由焦碳產生電弧（Arcing Through Char）

(1) 在導線上絕緣層，當暴露於直接火焰或熱輻射，在熔化之前可能燒成焦碳（Charred）。

(2) 該焦碳遇到火時，就足以傳導電流通過焦碳產生零星的電弧（Sporadic Arcing）。該電弧能遠離其表面熔化斑點（Melting Spots），這取決於電弧的持續時間和重複性。

(3) 導線上時常會有多處點形成電弧，僅幾英寸長導線體範圍能遭到其徹底破壞，形成熔化或切割成幾個小片段（Segments）情況。

(4) 當導線體是受到強烈的局部加熱，如電弧通過焦碳，可能會切斷成個別導線兩端。當導線斷成二截時，而在其端點形成珠粒（Beads）。

(5) 如果導線體是在導管中（Conduit），導管中可熔化成孔洞。

(6) 珠粒可從其球狀形態來加以區分，其能透過非局部性（Nonlocalized）來受熱產生，如是過載電流所致，或是受火災熔化形成。

(7) 端點形成珠粒特點，是在熔珠和導體相鄰未熔化部分之間，具有鮮明（Distinct）及可劃分界限（Demarcation）之線條，可加以辨認出。

(8) 從電源和其中導線體被切斷點之導線體下游端（Downstream）成為斷電狀態（De-Energized）。這些導線體可能會保留絕緣碎片部分或全部的絕緣是遭破壞的。

(9) 如果過載電流保護功能沒有發揮作用，由電弧切斷的點與電源供應之間的導線體上游端（Upstream）仍會保持通電。

(10) 這些導線體通過焦碳能維持進一步形成電弧。這種情況在相同的電路上，能形成多個電弧切割點（Multiple Arc-Severing），從供應電源端之最遠處，是最先發生電弧切割現象。

(11) 如果在導線體電源供應入口端故障，幾英尺長度導體範圍可部分熔化或反復性電弧所損毀，因為此電源供應入口端，通常是沒有過載電流保護。此在導線管（Conduit）能觀察出其有細長孔洞（Elongated Hole），或延伸幾英尺形成一系列孔洞（Holes）。

3. 過熱連接點（Overheating Connections）

(1) 電氣連接點（Connection Points）是電路（Circuit）中最有可能發生過熱（Overheating）的位置。

(2) 之所以會造成過熱現象，最有可能原因就是鬆動的連接，或電阻氧化物（Resistive Oxides）存在於連接點，使其電阻過大發熱情況。

(3) 於過熱的連接處金屬將會更加嚴重氧化，比相等於暴露於火災中之同類金屬，例如在一個雙工插座（Duplex Receptacle）過熱的連接，比該容器的其他連接，將更加嚴重損壞。

(4) 在導線體和終端構件可能已經成蝕坑的表面（Pitted Surfaces）或可能接觸不良而遭受導體質量損失。這種質量損失能表現為缺損金屬（Missing Metal）或導線體逐漸變細的現象。

(5) 當銅導體連接到鋼端子情況，上述這些效果是較有可能從火災中殘存下來。

(6) 黃銅或鋁所涉及的連接點是比蝕坑表面，更有可能熔化。

(7) 無論是從電阻發熱或從火災中，這種熔化（Melting）皆可能會發生。蝕坑表面也可能透過合金化（Alloying）引起（延伸閱讀請見本節後面合金化）。

圖6-54　由連接鬆動造成12AWG導線承載12A之過熱情況

（資料來源：Chris Korinek, 2009）

4. 過載（Overload）

(1) 超過額定載流量的電流，如此影響成比例於過電流（Overcurrent）持續時間。

(2) 過電流（Overcurrent）是足夠大的，且有足夠長的時間，能造成相當損害，甚至產生火災，此稱為過載（Overloads）。

(3) 在任何情況下，懷疑過載電流是需要進行檢查電路保護功能。

(4) 對於過載電流的發生，最有可能的位置是在一延長線（Extension Cord）。

(5) 在具有適當的超出電流保護（Overcurrent Protection）電路之系統上，過載情況是不太可能發生的。

(6) 過載引起導線體的內部發熱，該發熱時會沿著電路過載部分之整條長度上，並可能導致袖套現象（Sleeving）。

(7) 由於導線體發熱，袖套是軟化和熱塑性導體絕緣下垂（Sagging）情況。

(8) 如果過載嚴重時，該導體會變得很熱，當絕緣層熔化掉，致點燃與它接觸之可燃物形成起火。嚴重過載可能會熔化導體。

(9) 發現不同的偏移量，是一個大的過載電流的指標現象。

(10) 導線過載電流熔化的證據，不能作為起火之證明。

(11) 在電源供應入口端導線體過載比分支電路多，但這通常是由火災所造成的。

(12) 在入口端導線體之斷層（Faulting）情況，能產生火花，並僅在斷層點熔化，除非導線體保持連續性接觸。

(13) 而熔化導線體的長段，是由持續性大量的過載（Massive Overloads）情況所致。

圖6-55　電氣過載形成火災情況

5. 非電力所造效果（Effects Not Caused by Electricity）

　　導線體可能在火災之前就已受損，往往這些影響可從電路是在通電狀態（Electrical Activity）與否，來作辨別出。

(1) 導線體表面顏色（Conductor Surface Colors）
　①當電氣絕緣層損壞，高熱量將在導線體表面上，形成暗紅色至黑色氧化情況。
　②當與某些酸類物質（Acids）接觸存在時，則導線體表面上形成綠色或藍色的顏色。最常見的酸類來源，係由導線體本身PVC的分解所致。
　③這些不同的顏色在確定火災之原因上是不具價值的，因其幾乎都是火災燃燒所造成之結果。

6. 受到火災熔化（Melting by Fire）

(1) 銅導線
　當銅導線暴露於火災高溫中可能會熔化。
　①首先，銅導線會起泡（Blistering）和表面產生變形（Distortion）。銅導線製造過程中其表面上有條紋現象，但火災高溫使其湮沒不明顯（Obliterated）。
　②此在火災發展下一階段，是銅表面上形成一些高溫液化流動與一些垂滴（Hanging Drops）。
　③如進一步熔化銅導體會流動成薄狀面積，即縮口（Necking）和滴珠（Drops）。在該情況下，在導體的表面容易變得平滑（Smooth）現象。
　④接著，銅導體再凝固（Resolidified）形成小球珠（Globules）。小球珠因暴露於火災而產生不規則的形狀和尺寸，其往往形成錐形明顯形狀，此在熔融和未熔融表面之間是沒有明顯的分界線（Demarcation）。

(2) 多股導線
　①當導體是多股絞線（Stranded Conductors）情況，只要一達到其熔化溫度即變得僵硬（Stiffened）。
　②進一步受熱能使絞線之間的銅形成流動現象，以使導體變成表面不規則的固體形狀，也可能顯示其中個別的絞線。
　③導體受熱可引起液化流動、變薄和形成典型的熔滴（Globule）形態。需要儀

器放大倍率（Magnification）就能看到其中的一些影響變化。

④大口徑（Large-Gauge）多股絞線在火災中融化，受高溫金屬流動能使多股導線熔合在一起，或多股絞線能減薄並保持各自分離狀態。在某些情況下，即使在導體上的損害是由熔化所造成，單股絞線仍能顯示一個珠狀小球（Bead-Like Globule）。

(3) 鋁導線

①鋁導線熔化，重新凝固成不規則的形狀，通常解釋此種原因是沒有多大價值。

②由於其相對低的熔融溫度，在任何火災鋁導線預期會受高溫融化。

③也就是鋁導線低熔融溫度很少有助於找出火災之原因。

例題：在火災現場找到通電狀態下的熔斷痕，可以證明該火災的原因是何因素？

　　　(A)是電氣因素　　(B)是電器因素　　(C)不是電氣因素　　(D)可能不是電氣因素

解：(D)

7. 合金化（Alloying）

(1) 金屬如鋁和鋅，能在與其他金屬的存在下，受高溫熔化形成合金。

(2) 如在火災期間，鋁滴上裸銅導線體面，冷卻後鋁將會輕粘在銅表面上。如果該點受火災進一步加熱時，鋁能滲入銅表面之氧化界面（Oxide Interface），與銅物質形成合金。

(3) 火災後，此銅鋁合金點可能顯示表面上具有一粗糙的灰色區域，或者是一個有光澤的銀色區域（Shiny Silvery Area）。

(4) 該銅－鋁合金是脆的，如果此合金點是在彎曲位置，此導線體將是很容易地斷裂。

(5) 如果導線體熔融的合金在火災中滴落，會形成一小窪坑（Pit）形狀體並內襯合金；合金的存在可通過化學分析，來確認是何種金屬物。

(6) 在末端受火災加熱熔化鋁導線體，可能會導致合金化和端點蝕刻（Pitting）現象。

(7) 由於過熱連接的影響，此合金化在視覺上是沒有明確方法來作區分。

(8) 假使鋅銅合金情況，鋅很容易與銅形成較硬淺黃色的顏色，而不是似鋁合金之易碎（Brittle）情況。

8. 電阻異常（Abnormal Resistance）

(1) 電阻值增加：線路連接不良、開關接觸不良、半斷線、氧化亞銅（Cu_2O）擴大。

(2) 電阻值減少：線圈層間短路、電容器絕緣劣化、電阻器或半導體異常高溫。

9. 機械擦傷（Mechanical Gouges）

(1) 在導線體中形成的凹陷（Gouges）和鑿痕（Dents），通常能透過機械手段從顯微鏡檢查電弧放電痕（Arcing Marks），來加以區分。

(2) 無論從任何情況所導致凹陷（Gouges）情況，此機械凹陷（Gouges）通常會表現出滑痕（Scratch Marks）。而鑿痕（Dents）會顯示出鑿痕下方導線體的變形程度。

(3) 上述凹陷和鑿痕情況，是不會產生電力所形成之稠合熔化面（Fused Surfaces）現象，這是有相當區別的。

第8節　模擬選擇題精解

1. (A) 在辦公場所和作業場所所設置之飲水機，應加裝何種裝置以防止感電發生？
   (A)漏電斷路器　　(B)有獨立開關之延長線
   (C)緊急電源　　　(D)緊急停機按鈕

2. (D) 對於工業製程的廠房，下列針對靜電消除或防止的措施何者錯誤？
   (A)使用導電性材料　　(B)避免環境濕度過低
   (C)使用除電劑　　　　(D)改用塑膠管件，防止電荷移動

3. (B) 下列有關焦耳熱之敘述，何者錯誤？

(A)電流通過有電阻導體所產生的熱

(B)根據焦耳定理，焦耳熱與電流的平方成反比

(C)電流增加形成焦耳熱大於導體表面逸散熱時，易生危險

(D)回路一部分有顯著高電阻時，電流通過會產生局部過量之焦耳熱

4. (D)　因送配電線落雷，雷電流經送配電線，至建築物或發電所、變電所之機器而產生放電為下列何種落雷？

　　　(A)直擊雷　(B)側擊雷　(C)誘導雷　(D)侵入雷

5. (B)　依據內政部統計資料顯示，下列何者為國內近年來發生火災的首要原因？

　　　(A)爐火烹調　(B)電氣設備　(C)人為縱火　(D)化學物品

6. (D)　一般插座之容許電流為15A，假設電壓為110V，其設計功率可承受多少瓦特，當超過此功率則稱為過負載？

　　　(A)500　(B)1000　(C)1320　(D)1650

7. (A)　氫氣之最小著火能量約為多少mJ？　　(A)0.02　(B)0.25　(C)10　(D)100

8. (B)　若電鍋（功率550瓦）、熨斗（功率660瓦）及電熱器（功率770瓦）之插頭同時插在某延長線上，該延長線之容許電流至少需多少安培？（家用電壓110伏特）　　(A)1,980安培　(B)18安培　(C)198安培　(D)110安培

9. (B)　落雷為易造成建築物或森林火災的重要原因之一，有關雷放電的特性，下列敘述何者錯誤？

　　　(A)一次放電消耗之電荷，最大者為200c左右

　　　(B)直擊避雷針雷電之測定值為500～10,000安培

　　　(C)雷電壓約為1億伏特～10億伏特之程度

　　　(D)一次放電之電力約為4kwh～100kwh

10. (B)　帶電物體為較平滑之金屬導體，而導體與平滑之接地體間隔甚小時，突然發生之放電，此現象稱為：

　　　(A)條狀放電　(B)火花放電　(C)沿面放電　(D)電暈放電

11. (B)　某一線徑1.6m/m之電線1km長之電阻值為8.931Ω，熱阻抗為415，若周遭溫度為25℃，當此電線通過27安培時，其芯線溫度（℃）為何？

　　　(A)27℃　(B)52℃　(C)66℃　(D)71℃

12. (D)　下列何種電氣火災原因，易於濕度較高場所之電器用具發生？

　　　(A)斷路　(B)導電　(C)半斷線　(D)積汙導電

13. (B)　帶電物體為較平滑之金屬導體，而導體與平滑之接地體間隔甚小時，突然

發生之放電，此現象稱為：

(A)條狀放電　(B)火花放電　(C)沿面放電　(D)電暈放電

14. (B)　若電鍋（功率550瓦）、熨斗（功率660瓦）及電熱器（功率770瓦）之插頭同時插在某延長線上，該延長線之容許電流至少需多少安培？（家用電壓110伏特）　　(A)1,980安培　(B)18安培　(C)198安培　(D)110安培

15. (D)　下列何者放電能量最小？

(A)沿面放電　(B)火花放電　(C)條狀放電　(D)電暈放電

16. (D)　對於火災或爆炸之危險性敘述，何者正確？

(A)爆炸下限值愈大愈危險　　(B)導電性愈大愈危險

(C)最小著火能量愈大愈危險　(D)蒸氣壓愈大愈危險

17. (C)　在橡膠中混入碳黑所製成的產品可防止人體帶靜電，其防止靜電發生的方法為：

(A)減少摩擦　　　　(B)使用帶電序列相近的物質

(C)使用導電性材料　(D)使用除電劑

18. (D)　下列有關帶電體方程式$E = CV^2/2 = QV/2$之敘述，何者正確？

(A)Q是指電容　(B)C是指電壓　(C)V是指電荷　(D)E是指電能

19. (B)　下列哪一種物質最不容易產生靜電？

(A)甲苯　(B)甲醇　(C)二甲苯　(D)汽油

20. (B)　下列有關焦耳熱之敘述，何者有誤？

(A)電流通過有電阻導體所產生的熱

(B)根據焦耳定理，焦耳熱與電流的平方成反比

(C)電流增加形成焦耳熱大於導體表面逸散之熱時，易生危險

(D)回路一部分有顯著高電阻時，電流通過會產生局部過量之焦耳熱

21. (A)　氨、苯、氫與空氣混合後之最小點火能量分別為a、b與c，下列何者正確？

(A)a>b>c　(B)c>b>a　(C)b>c>a　(D)b>a>c

22. (B)　電線因火災燒熔而短路所形成之熔珠稱為：

(A)一次痕　(B)二次痕　(C)過電痕　(D)過載痕

23. (A)　下列防止靜電災害的方法中，何者的作用機制與其他三者相異？

(A)接地　　　　　　(B)減少摩擦

(C)使用導電性材料　(D)使用兩個帶電序列相近之材料

24. (B)　下列何種現象對局部電阻變化所產生的效應與其他三者相反？

(A)半斷線　(B)線圈層間短路　(C)開關接觸不良　氧化亞銅增殖熱

25. (B)　一般而言，以體積電阻係數區分物體靜電蓄積的難易，其值約為：

(A)$10^7\Omega \cdot cm$　(B)$10^9\Omega \cdot cm$　(C)$10^{11}\Omega \cdot cm$　(D)$10^{13}\Omega \cdot cm$

26. (A)　避雷針之接地電阻應小於多少歐姆以下？

(A)10　(B)25　(C)50　(D)100

27. (D)　有水之場所的插頭應加裝何種裝置以防止感電發生？

(A)總開關　(B)延長線　(C)緊急電源　(D)漏電斷路器

28. (D)　為避免電線短路，下列何者錯誤？

(A)平時避免老鼠等小動物接觸

(B)替換老化龜裂的絕緣體

(C)避免纏繞鐵絲或金屬管邊緣、配線器具與導線摩擦

(D)汽車、機械等持續性之震動

29. (A)　靜電災害之防止方法，下列何者屬於使用除電劑防止靜電發生方法？

(A)苯中加入油酸鎂　　　　(B)油罐車注油前先接地

(C)增加周圍空氣相對濕度　(D)高壓離子化方法

30. (B)　有關靜電之敘述，下列何者有誤？

(A)靜電發生放電時，若附近有可燃氣體或粉體存在，將引火造成爆炸或火災

(B)體積電阻係數為$10^9\Omega \cdot cm$以下者，為容易蓄積靜電導體

(C)接地目的在使物體發生之靜電洩漏至大地，以防止其蓄積靜電

(D)浮游、流動之粉體及液體，即使接地亦無法防止其帶電

31. (C)　下列何者非屬電線走火之主因？

(A)過負載　(B)短路　(C)斷線　(D)積汙導電

32. (A)　下列何者是因回路電阻值降低而生焦耳熱造成電氣火災？

(A)電阻器電氣破壞　(B)半斷線

(C)導線連接不良　　(D)氧化亞銅增殖發熱現象

33. (D)　容許電流為12A與電壓為110V之三孔插座延長線，當電子鍋、熱水瓶及電磁爐（耗電功率分別為660W、660W、770W）同時插在延長線使用時，其總安培數為多少？　(A)6A　(B)7A　(C)13A　(D)19A

34. (B)　電線之容許電流值，乃指周圍溫度加上電流經過電線形成溫度上升之值，以不超過攝氏幾度的範圍定之？

(A)50℃　(B)60℃　(C)70℃　(D)80℃

35. (B)　下列何者不屬於電線走火之原因？

(A)短路　(B)斷線　(C)超過負載　(D)積汙導電

36. (C)　假設有電子鍋、熱水瓶及電磁爐，耗電功率分別為440W、990W及1100W，欲同時插在同一條延長線上使用時，該延長線至少應具多大之容許電流？（家用電壓110V）

(A)15安培　(B)20安培　(C) 23安培　(D)26安培

37. (B)　當流體流經管子時，若流速愈大則靜電產生愈：

(A)無影響　(B)多　(C)少　(D)無法判定

38. (D)　常用電壓110V下，某延長線之容許電流為25安培，則在該線上之所有用電器具之總耗電功率不得超過多少？

(A)1375W　(B)2200W　(C) 2500W　(D)2750W

39. (A)　下列哪一種物質無法藉由增加空氣的濕度而有效的消除其表面的靜電？

(A)聚氯乙烯　(B)紙張　(C)橡膠　(D)醋酸纖維素

40. (C)　下列有關藉由增加空氣濕度之防靜電措施的敘述，何者正確？

(A)會使絕緣體表面形成水膜，增加其表面電阻

(B)會使靜電主要經由空氣洩漏

(C)當靜電發生處所低於室溫時，效果更佳

(D)絕緣體表面的水膜含有雜質時，會干擾靜電的洩漏

41. (D)　積汙導電現象其發生的放電為：

(A)電弧放電　(B)靜電放電　(C)條狀放電　(D)沿面放電

42. (C)　氧化亞銅增殖發熱現象屬於下列哪一種電氣條件的變化？

(A)電阻值減低　　　(B)負荷增加

(C)局部電阻值增加　(D)配線之一線斷線

43. (A)　絕緣物表面附有灰塵之電解質時，即生放電，絕緣物表面因而流通電流，此種現象稱為：

(A)積汙導電　(B)金原現象　(C)石墨化現象　(D)負離子移動現象

44. (D)　假設帶電體具有電壓為V，電荷為Q，靜電容量為C，當放電而電荷喪失時，則可能產生靜電火花之能量E的表示式，下列何者正確？

(A)$E = C \times V^{0.5}/2$　　　　(B)$E = C \times Q^2$

(C) $E = 2 \times Q \times V^{0.5}$　　　(D)$E = Q \times V/2$

45. (A)　所謂電線之容許電流值，是周圍溫度加上電流造成之上升溫度，不超過多少溫度而訂定？　(A)60℃　(B)70℃　(C)75℃　(D)85℃

46. (C)　當單線之線徑爲2.0m/m時，其橡膠絕緣電線之最大容許電流爲：
(A)19安培　(B) 27安培　(C)35安培　(D)68安培

47. (A)　橡膠、木材等絕緣物，因受電氣火花而碳化，碳化部分會逐漸形成微量之結晶，而具有導電性時，亦即有機物之導電化現象稱爲：
(A)金原現象　　　(B)沿面放電
(C)積汙導電現象　(D)氧化亞銅增殖發熱現象

48. (C)　液體用管路輸送時，發生靜電的現象稱爲：
(A)電暈放電　(B)沿面放電　(C)流動帶電　(D)撞擊帶電

49. (D)　下列何者非絕緣電線起火的原因？
(A)過大電流　(B)短路　(C)局部過熱　(D)二條電線被覆接觸

50. (A)　下列何種液體擁有最低的固有電阻值？
(A)甲醇　(B)燈油　(C)輕油　(D)汽油

51. (D)　一般家用之普通插頭僅能容許15安培之電流，試問其所承受之功率爲何？
(A)110瓦特　(B)15瓦特　(C)330瓦特　(D)1650瓦特

52. (B)　試計算馬達之揚程5公尺與流量每分鐘800公升所需之功率大小爲何？[21]
(A)600W　(B)675W　(C)750W　(D) 800W

53. (B)　下列何者非靜電放電中之氣中放電？
(A)電暈放電　(B)雷放電　(C)火花放電　(D)條狀放電

54. (D)　下列何者非電線燃燒經過的階段？
(A)引火階段　(B)著火階段　(C)瞬間熔斷　(D)剝離帶電

55. (B)　下列何者非絕緣電線起火之原因？
(A)短路　(B)二條電線被覆接觸　(C)局部過熱　(D)過大電流

56. (D)　當電流通過電線時，因其電阻，必會產生焦耳熱，假設電流爲I安培，電線之電阻爲R歐姆，則發生之熱量Q（瓦特）爲：
(A)IR^2　(B)IR　(C)I^2/R　(D) I^2R

57. (A)　有一家用延長線，欲連接電子鍋、熱水瓶及微波爐，耗電功率分別爲

---

[21] $L = (0.163×Q×H×K)/E$，L：額定馬力（KW），Q：額定出水量（m^3/min），H：額定全揚程（m），E：馬達效率（%），K：馬達傳動係數及E：馬達效率未給出。

550W、1100W及2200W，請問該延長線至少應具多大之容許電流？（家用電壓為110V）　　　(A)35安培　(B)25安培　(C)15安培　(D)50安培

58. (D)　消除靜電的方式何者有誤？

(A)使用導電性材料　　(B)使用除電劑

(C)接地　　　　　　　(D)改用塑膠管件，防止導電

59. (A)　某靜電帶電體電壓為1,000伏特，靜電容量為2×10^{-10}法拉第，試問該帶電體放電火花能量為多少毫焦耳？

(A)0.1　(B)0.01　(C)0.001　(D)0.0001

60. (A)　下列有關電器保護裝置的敘述，何者正確？

(A)緊急電源插座之專用回路不得設置漏電斷路器

(B)進屋線之過電流保護裝置，不得設於接戶開關之負載側

(C)若負載為電動機，其斷路器的電流不應大於導線安培容量的2倍以上

(D)裝置熔絲為目前最可靠的漏電保護方法

61. (D)　下列何者非靜電產生模式？

(A)摩擦帶電　(B)剝離帶電　(C)流動帶電　(D)金屬接地

62. (B)　為防止電線絕緣被覆功能降低，規定電線容許電流值，係指電流流經電線形成之溫度上升值以不超過多少℃為標準？

(A)50℃　(B)60℃　(C)70℃　(D)80℃

63. (C)　下列何種物質不會因靜電放電而發生爆炸或火災？

(A)可燃性粉塵　(B)可燃性氣體　(C)可燃性固體　(D)可燃性蒸氣

64. (A)　當單線之線徑為1.6m/m時，其橡膠絕緣電線之容許電流為下列何者？

(A)27安培　(B)35安培　(C)48安培　(D)63安培

65. (A)　所謂電線之容許電流值，乃周圍溫度加上電流經過電線形成溫度上升之值，以不超過下列何種溫度之範圍而訂定者？

(A)60℃　(B)70℃　(C)80℃　(D)90℃

66. (D)　下列何者會引起冷氣機之起火危險？

(A)誤接線　(B)操作錯誤　(C)配線之損傷　(D)以上皆是

67. (B)　下列何者不是靜電發生之主要原因？

(A)摩擦帶電　(B)雲間放電　(C)剝離帶電　(D)流動帶電

68. (D)　假設人體的靜電容量為160pF，如在油漆布或地毯上行走時產生10kV的靜電，若觸及接地的金屬時，將放出多少能量？

(A)0.1mJ　(B)0.8mJ　(C)1.6mJ　(D)8.0mJ

69. (A)　下列哪一項會造成電氣局部之電阻值減低？

(A)電容器的絕緣劣化　　　(B)半斷線

(C)氧化亞銅增殖發熱現象　(D)接續部螺絲未栓緊

70. (D)　下列哪一種配線方式，最不適合裝置於製造火柴、賽璐珞等易燃物質的場所？　　(A)金屬管　(B)非金屬管　(C)電纜　(D)導線槽

71. (C)　液體在管道中流動時，產生的靜電約與流速的m次方、管道內徑的n次方成比例，其中m，n為整數，則m + n等於：[22]

(A)1　(B)2　(C)3　(D)4

72. (A)　絕緣物表面附有灰塵之電解質時，即生放電，絕緣物表面因而流通電流，此為何種現象？

(A)積汙導電現象　(B)金原現象　(C)石墨化現象　(D)負離子移動現象

73. (A)　絕緣物表面附著水分、塵埃或含有電解質之液體、金屬粉塵等導電性物質時，絕緣物表面會流通電流產生，此為何種現象？

(A)積汙導電現象　(B)拉穿效應　(C)金原現象　(D)輻射熱回饋效應

74. (A)　電流通過導體時產生的焦耳熱與電流、電阻及時間的關係下列何者正確？

(A)與電流平方成正比，與電阻及時間成正比

(B)與時間平方成正比，與電流及電阻成正比

(C)與電阻平方成正比，與電流及時間成正比

(D)與電流、電阻及時間均成正比

75. (B)　橡膠、木材、電木等絕緣物，因受電氣火花燒灼而碳化，碳化部分會逐漸石墨化，而轉變成具有導電性，此種有機物質導電化現象稱為下列何者？

(A)氧化亞銅增殖發熱現象　(B)金原現象

(C)沿面放電現象　　　　　(D)積汙導電現象

---

[22] 湍流時，絕緣性液體產生的流動靜電大體上與其在管道內的流速平方成正比，且與管線內徑的0.75次方呈正比。

第9節　模擬申論題精解

1. 家庭與辦公室資訊化及電氣用品的多樣化，伴隨而來的是「電線走火」的大量化，試說明「電線走火」的原因。

解

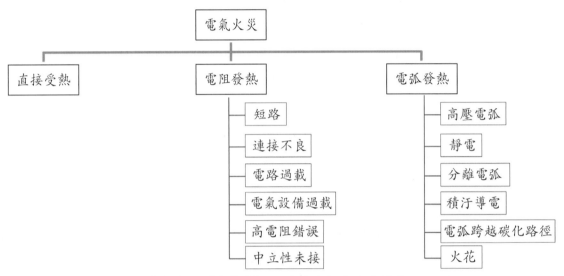

（資料來源：盧守謙、陳永隆，《火災學》，吳鳳科大消防系用書，2016）

2. 台灣地區近年來電氣火災發生率居高不下，占火災發生總數很大比率，試略述電氣火災發生之原因及防範對策。

解　(1) 電氣火災發生之原因同第1題解答。

　　(2) 電氣火災防範
　　　　① 合格施作人員
　　　　② 適當保險絲和斷路器裝置
　　　　③ 定期檢查
　　　　④ 合格電氣設施
　　　　⑤ 使用空間
　　　　　使用空間上空氣充分流通，以防止出現不安全高溫和電氣絕緣失敗問題。

⑥ 使用習慣

在電氣使用上，養成正確使用習慣並做檢查。

A. 電線

延長線不應被用來替代固定線路，因其增加了電路過載和裸露的電導體的風險。一旦，絕緣導線外皮破裂裸露情況，假使可燃物觸及電流或電弧，即會導致著火情況。此外，電線不可重壓或踩踏、延長線不能綑綁、電線或電氣設備遠離熱源、不可同時過載使用。

B. 插頭

正確拔插頭方式、插頭呈現黑色有可能是過載電流所致、插頭呈現銅綠色氧化有可能遭空氣濕度高、插頭灰塵易吸收空氣中濕度有時會呈現茶褐色，而導致積汙導電現象。

C. 電器製品

不使用應將插頭拔掉，周遭不應堆積可燃物體。

D. 發熱體

白熾燈、電暖器、電鍋、電燙斗、電爐等發熱電器用品，使用時應正確並特別留意，及遠離輕質可燃物如紙張或塑膠品等。

3.　試述靜電產生的原因及靜電災害防止之道。

解　(1) 靜電常見來源相當廣泛，由兩種物體之間物理接觸結果所產生電子移動現象，包括各種動作如摩擦（Frictional）、洩漏（Falling）、澆注（Pouring）、飛濺（Splashing）、清潔、接觸、碰撞、取樣、上漆、充填、破裂、沉降、流（滾）動、剝離、噴射、排空、感應、過濾或攪拌（攪動）材料，其中有兩個類似或不類似物質之一定程度分離時，所形成電荷放電現象。

(2) 增加濕度、連接與接地、電離化、控制可燃混合物（不燃性替代、降低可燃濃度、移位）、抗靜電材料、限制速度、防止人體帶電。

4.　靜電發生放電時會伴隨聲響、發光及放熱的現象，為國內火災事故原因之一。試說明並解釋物體產生靜電的原因為何。並說明因靜電放電而產生火災的過程。

解 (1) 靜電常見來源相當廣泛，由兩種物體之間物理接觸結果所產生電子移動現象，包括各種動作如摩擦（Frictional）、洩漏（Falling）、澆注（Pouring）、飛濺（Splashing）、清潔、接觸、碰撞、取樣、上漆、充填、破裂、沉降、流（滾）動、剝離、噴射、排空、感應、過濾或攪拌（攪動）材料，其中有兩個類似或不類似物質之一定程度分離時，所形成電荷放電現象。

(2) 靜電只有在以下四個條件下才會成為災害起火源：

① 有效產生

需有產生靜電的有效方式（Effective Means）並能儲存。兩物體之間存有電位差（Potential Difference），電力就能儲存下來；一個物體接受正電荷，另一個物體接受等量負電荷。。

② 有效儲存

需有分離電荷（Separate Charges）之累積，並保持足夠電位差（Electrical Potential）。

③ 能量釋放

需有釋放（Discharge）足夠的能量。

④ 可燃混合物

釋放必須發生在可燃性混合物（指粉塵、蒸氣或氣體）區域。

---

5. 試述電線走火的原因及電氣火災的防範對策。

解 同第2題解答。

---

6. 「電線走火」係泛指發生於用電線路上的事故所引發的火災，請詳細說明電線走火的原因為何。

解 同第2題解答。

---

7. 製造或處理公共危險物品之設備有靜電發生之虞時，試述應如何有效消除靜電之危害。

解 增加濕度、連接與接地、電離化、控制可燃混合物（不燃性替代、降低可燃

濃度、移位）、抗靜電材料、限制速度、防止人體帶電。

---

8. 請說明積汙導電與金原現象，並比較其異同？

解 同第11題解答。

---

9. 請問常見之靜電防護措施中，預防靜電之產生方式為何？防止電荷累積之方法為何？在高科技無塵室作業中，避免人員帶靜電產生危害之處理方式為何？

解 (1) 預防靜電之產生方式：增加濕度、連接與接地。
(2) 防止電荷累積之方法：電離化、限制速度、控制可燃混合物（不燃性替代、降低可燃濃度、移位）、抗靜電材料、防止人體帶電。
(3) 防止人體帶電
　①作業人員穿著電氣抵抗高的膠鞋，地面與人體絕緣狀態時。
　②濕度低時。
　③地面是木部或水泥絕緣抵抗程度高時。
　　A. 人體接地。
　　B. 穿靜電鞋。
　　C. 穿靜電工作服。
　　D. 工作地面導電化防止人體帶電。
　　　(A)佩帶防靜電腕帶。
　　　(B)穿戴防靜電服裝、衣、帽。
　　　(C)穿戴防靜電鞋襪、腳鏈。
　　　(D)佩戴防靜電手套、指套。
　　　(E)嚴禁與工作無關的人體活動。
　　　(F)進行離子風浴。

---

10. 請說明「金原現象」的定義和現象。

解 橡膠、木材等有機物絕緣體，因受電氣火花而碳化，碳化部分會逐漸形成微量石墨結晶，就會具有導電性，稱金原現象，又稱石墨化現象。亦即正負極

板間若有機物夾於其間，則會因電氣火花使該部分局部石墨化，形成石墨導電的結果深入內部產生焦耳熱形成高溫，使該有機物繼續石墨化，終致大範圍發熱現象，致引起火災。

---

11. 請說明「積汙導電」和「金原現象」的定義和列表比較其異同。

解

	積汙導電	金原現象
相異點	(a)異極導體間水或汙染物而通電。 (b)限於表面發生。 (c)附著物如水或粉塵，主要是濕度。	(a)異極導體間絕緣體形成導電化通路。 (b)絕緣體變質劣化後電流形成內部通路。 (c)木材體等，不一定是濕度。
相同點	(a)有機物絕緣體石墨化。 (b)形成碳化導電路。 (c)電化學變化。 (d)電弧跨越碳化路徑現象。	

---

12. 試說明積汙導電現象之成因及定義。有哪些事例易致使絕緣物產生積汙導電現象？

解 (1) 假使導線體成為受汙染的鹽分、導電性粉塵（Conductive Dusts）、毛髮、木屑粉、灰塵或液體情況下，電弧能在非導電物質的表面發生。電弧被認為是一種微小的漏電流，透過如此汙染物引起基體物質之降解作用，導致電弧放電、碳化或點燃鄰近電弧之可燃物質。積汙導電（Arc Tracking）是在一種已知高電壓現象。此已在120/240-V交流電系統所產生電弧現象之研究報導證實，並引起火災事件之原因。

(2) 一般常見發生於木器工廠或電鍍工廠之插頭、浴室或洗衣機插頭等案例。此種雜散電流（Stray）可促進電化學（Electrochemical）變化，而導致電弧火花現象。

---

13. 請說明金原現象引起火災之機制。

解 橡膠、木材等有機物絕緣體，因受電氣火花而碳化，碳化部分會逐漸形成微

量石墨結晶，就會具有導電性，稱金原現象，又稱石墨化現象。亦即正負極板間若有機物夾於其間，則會因電氣火花使該部分局部石墨化，形成石墨導電的結果深入內部產生焦耳熱形成高溫，使該有機物繼續石墨化，終致大範圍發熱現象，致引起火災。

---

14. 何謂靜電？在火災預防上，靜電可能產生的危險爲何？

解 (1) 靜電由帶電（Electrical Charging）之物質，透過物理接觸和分離，並從此過程中所形成的正、負電荷，所產生各種不同影響。這是透過物體之間電子的轉移（帶負電荷）來實現，一個是放棄電子成爲帶有正電荷，而另一個成爲相反，是得到電子帶有負電荷。經帶走的電子，在物質中仍是被束縛在原子內，不能自由地在原子之間移動，因此稱這些電荷爲靜電。

(2) 靜電在以下四個條件下會成爲災害起火源：
① 有效產生
需有產生靜電的有效方式（Effective Means）並能儲存。兩物體之間存有電位差（Potential Difference），電力就能儲存下來；一個物體接受正電荷，另一個物體接受等量負電荷。
② 有效儲存
需有分離電荷（Separate Charges）之累積，並保持足夠電位差（Electrical Potential）。
③ 能量釋放
需有釋放（Discharge）足夠的能量。
④ 可燃混合物
釋放必須發生在可燃性混合物（指粉塵、蒸氣或氣體）區域。

---

15. 試述處理可燃性液體所可能產生之靜電危險及其管理對策爲何？

解 (1) 靜電在液體上危險，由兩種物體之間物理接觸結果所產生電子移動現象，包括各種動作如摩擦（Frictional）、洩漏（Falling）、澆注（Pouring）、飛濺（Splashing）、碰撞、取樣、充填、破裂、沉降、流（滾）動、噴射、排空過濾或攪拌（攪動）材料，其中有兩個類似或不類似物質之一定程度分離時，所形成電荷放電現象。

(2) 增加濕度、連接與接地、電離化、控制可燃混合物（不燃性替代、降低可燃濃度、移位）、抗靜電材料、限制速度、防止人體帶電。

16. 有一金屬罐裝有20公升之洗淨油，附有一水龍頭開關以作爲分裝使用，其帶電壓經測定之結果如下圖所示，若作業時之最大流出量爲5200ml，其靜電容量經測定結果爲3.2nF，試問在此情形下之放電能量爲多少？（n = 10^{-9}）

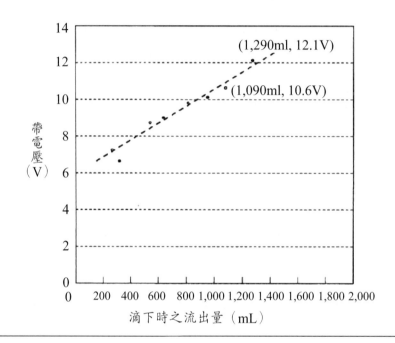

解　最大流出量爲5200mL，電壓 $\dfrac{V}{5200}：\dfrac{12.1}{1290}：\dfrac{10.9}{1090} = 5200 \times \dfrac{1.5}{200} = 39$ V

靜電容量（C）3.2nF，電量（Q） = C×V = $3.2 \times 10^{-9} \times 39 = 1.248 \times 10^{-7}$（庫侖）

從電壓及電容量，求出放電能量

Energy（焦耳） = $\dfrac{1}{2}VQ = 0.5 \times 39 \times 1.248 \times 10^{-7} = 2.43\,\mu J$

17. 假設高壓氣體鋼瓶的靜電容爲100pF，當噴出的氣體使得鋼瓶的靜電電位值上升至3000V，其靜電能量約爲多少？

解　電量（Q） = C×V = $100 \times 10^{-12} \times 3000 = 3 \times 10^{-7}$（庫侖）

Energy（焦耳）$= \frac{1}{2}VQ = 0.5 \times 3000 \times 3 \times 10^{-7} = 0.45\,mJ$

18. 靜電在一些儲存或輸送可燃性液體（如丙酮、甲醇）的處所容易造成火災事故，為點火源之一。試說明液體電導度的影響與哪些處理過程會產生靜電現象？並說明如何以控制輸送流速方式避免靜電的產生？

解 依吳鴻鈞與林獻山（2014）研究指出，當發生攪拌、沉降、過濾、搖晃、衝擊、噴射、發泡，及流動等接觸分離的相對性運動，而將可能產生、積聚靜電荷。當液體物料處於靜電接地的容器內，液體在進入容器之前所累積的靜電可以通過靜電接地裝置消散掉。消散速度取決於液體本身的電導率，如果液體本身的電導率高並且容器接地妥當，就可以非常快地消散掉事先累積的靜電；反之電導率低的液體就需要相當長的時間才能完成所累積靜電的消散。當液體的靜電荷持續累積時，即使容器有良好的靜電接地，也會不斷形成靜電累積，具有潛在的火災爆炸危險性。電導率與溫度也有關聯，因為電導率取決於離子的移動，當溫度升高時導電性會有所增強。

在輸送管內最大流速限制，導電率10^{-10}S/m以下之可燃性液體（甲苯、二甲苯等）之最大流速限制值，可依日本產業安全研究所技術指南（1978）計算式算出。

$vd = 0.25\sqrt{\sigma \cdot L}$

v（m/s）：最大流速限制值

d（m）：填充用配管之直徑

σ（pS/m）：液體之導電率

L（m）：槽水平剖面之對角線長度

因此，以一般80～200mm管徑的配管來說，以σ = 0.8pS/m帶入公式，流速大約落在2～6m/s；而導電率在10^{-10}S/m以上的液體，最大流速也要限制在10m/s以下。

參考文獻

1. NFPA 1986, Fire Protection Handbook Sixteenth Edition, the National Fire Protection Associa-

tion, Batterymarch Park, Quincy, MA 02269.

2. NFPA 1997, Fire Protection Guide to Hazardous Materials, 12 edition, National Fire Protection Association.

3. NFPA 1997, Fire Protection Handbook 18 Edition, National Fire Protection Association.

4. Hill R.D. 1977, Thunder and Lightning, Vol. 1, Ed., R.H. Golde, (New York: Academic Press), 385-406 pp.

5. Dehaan, J. D., "Kirk'S Fire Investigation", Sixth Edition, A Simon and Schuster Company, Englewood Cliffs, New Jersey 07632, 2007.

6. Holle, R.L., Howard, K.W., Vavrek, R.J. and Allsopp, J. (1995): Safety In The Presence of Lightning. Seminars In Neurology, 15, 375-380 pp.

7. Rakov, V.A. and Uman, M.A., Lightning Physics and Effects (2003), 373-393 pp.

8. Uman, M.A., (1986). All About Lightning, Mineola, New York: Dover Publications, 165 pp.

9. Vavrek, R.J., Holle, R.L., and Allsopp, J. 1993, Flash to Bang, The Earth Scientist, National Earth Science Teachers Association, 10:48.

10. 行政院勞工委員會勞工安全衛生研究所，2010，電弧故障斷路器引進國內之評估研究，IOSH98-S302

11. Chris Korinek 2009, The Basics of Electrical Overheating,Practical tips for identifying and reducing the most common causes of electrical fires, Jun 1, 2009 Chris Korinek, P.E., Synergy Technologies LLC.

12. 陳火炎、黃伯全、盧守謙等，計畫名稱：住宅電氣火災防範之研究，起迄年月：民88年12年至民90年09月，補助機構：內政部建築研究所。

13. Florida Center for Instructional Technology 2015, Using a Grounded Metallic Comb to Reduce Static Charge, Florida Center for Instructional Technology, College of Education, University of South Florida.

14. Ohsawa, Statistical analysis of fires and explosions attributed to static electricity over the last 50 years in Japanese industry, 13th International Conference on Electrostatics, Journal of Physics: Conference Series 301 (2011).

15. CROHMIQ 2015, Types of Electrostatic Discharges, static protective Type FIBC fabric, USA.

16. Steve Montgomery 2011, Required technology to prevent electrical fire ignitions,IAEI september-october 2011, International association of electrical inspectors, IAEI

17. CTM 2015, Ultrasonic Humidifiers Technology for high-efficiency, low-maintenance air hu-

midification, Canada's Distributor of Humidifirst & Pure Humidifiers.

18. 閃電，2015年，維基百科https://zh.wikipedia.org/wiki/%E9%97%AA%E7%94%B5.

19. SMC Corporation 2015, Types of Static Electricity Generation, Japanese.

20. Newson Gale 2015, Self-testing static grounding clamp with mounted monitoring module, Bond-Rite® REMOTE.

21. International Association of Electrical Inspectors 2014, Static Protection through Bonding and Grounding, IAEI.

22. Houghton Mifflin Harcourt Publishing Company 2013, Capacitor, http://www.yourdictionary. com/capacitor#LVc45MkrxEdz3k4Y.99

23. 家庭電工小常識，2013，http://foniter.pixnet.net/blog/post/152519997

24. 電容器（Capacitor），2015，維基百科https://zh.wikipedia.org/wiki/%E7%94%B5%E5% AE%B9%E5%99%A8

25. IAEI 2005, Changes to Fire Pump Requirements, iaei@iaei.org.

26. Babrauskas, V., 2001, How Do Electrical Wiring Faults Lead to Structure Ignitions? pp. 39-51 in Proc. Fireand Materials 2001 Conf., Interscience Communications Ltd., London.

27. 李中心，2015，電氣作業安全及感電預防，行政院勞工委員會勞工檢查處

28. Robert A. Y. 1987, Electrical Fire Analysis, Charles C Thomas Pub Ltd, Springfield, Illinois, U.S.A.

29. NFPA 77, 2006, Recommended Practice on Static Electricity, National Fire Protection Association.

30. Hearn G. L. 2002, Static Electricity, Guidance for Plant Engineers, Graham Hearn WolfsonElectrostatics Limited.

第**7**章

化學類防火防爆

近年來由於工業快速發展，所需工業原料與化學物品息息相關，因而使用需求亦相對增加，形成大量化學物品處理及運送情況。化學物品依其特性，分為非危險性及危險性。在已知危險性物品中有易燃、易爆、毒性或腐蝕性等特性，在製造、分裝、儲存、處理及搬運時，易因碰撞、高壓、氧化、混合及洩漏，造成火災、爆炸、中毒及腐蝕等危險。

因此，對危險物品使用日益廣泛，相對地潛在災害亦日益擴增，如2005年9月印度煙火廠爆炸32人死、2011年12月緬甸仰光化學倉儲爆炸20人死、2012年2月河北化工廠硝酸銨爆炸25人死。而國內於2003年4月臺中梧棲丙烯腈槽車外洩108人中毒、2005年7月臺中欣晃化工廠亞硝酸鈉大火、2010年7月臺塑六輕煉油廠大火、2010年12月桃園聯茂電子廠丙酮大火、2011年7月臺塑六輕廠丙烯大火、同年7月臺南新力美科技廠環己烷等爆炸9人傷、2012年2月苗栗長春化工廠聚乙烯醇氣爆9人傷等，均為近年化學類火災爆炸之顯著事件。

圖7-1　化學品使用日益廣泛相對地潛在災害亦日益擴增

（攝自臺中港區）

隨著新物質、新工藝及新技術的廣泛應用，危險物品災害事故日漸增多，非傳統消防安全問題日益突出，對事業單位的處置能力，提出了更高的要求。然而，快速之應變措施不適用於危險物品所發生的災害。因這類所有行動，都必須經過深思熟慮與詳細計畫，在採取行動前盡力取得，並評估任何與危險物品有關之各種資訊，躁進行動只會促成錯誤的判斷與失敗的結果。

本章依序從可燃液體、可燃氣體、危險物品及化學運輸，最後，針對第4類危險

物品之油槽，作進一步探討；以使讀者對化學類防火防爆有相當之瞭解。

圖7-2　危險物品災害事故非傳統消防安全問題日益突出
（攝自臺中港區）

第1節　可燃液體(1)：危險性與措施

　　液體中的分子在其本身之間自由運動，但不會像氣體中分子的運動方式那樣，有相互分離的傾向。液體分子很容易相互作相對移動，因此適應容器的形狀。然而，某些液體極其黏稠，很難與固體之間作出明確的界線。液體與氣體之間也沒有明確的界線[1]。物質可以這三種狀態中的任何一種狀態存在，這取決於溫度和壓力條件。依NFPA 30定義液體閃火點低於100℉（37.8℃）為易燃液體，而閃火點高於100℉（37.8℃）為可燃液體。

---

[1] 液體由其溫度上升或其壓力下降時可變成氣體。而氣體當其溫度降低或其壓力上升時可變為液體。然而，一種物質當其溫度高於所謂臨界溫度時，無論壓力大小，都僅以氣態存在（臨界溫度是一種物質的固有性質，高於此溫度時該物質只能以氣態形式存在）。

1. 可燃液體危險性

以下可做爲判別可燃液體之危險性大小及影響引火之因素。

蒸氣壓（Vapor Pressure）

可燃液體的閃火點或引火點（Flash Point）[2]，通常指液體在空氣中形成可燃混合物（蒸氣與氣體）引火之最低溫度，此爲決定液體危險性之物理上重要指標；亦即若一微小火源接近，在液表面產生一閃即逝火焰，但此時液體蒸氣濃度不足以延續燃燒現象或是該溫度下產生可燃氣體蒸發速度不及供應燃燒速度。而在比這稍高的溫度將會是著火點或發火點（Fire Point），著火點被定義在其被點燃後，液體蒸汽將繼續燃燒，而無需外在火源加熱之溫度點。

在每一可燃液體具有其獨特的蒸氣壓，這是液體溫度的函數。隨著溫度的升高，蒸汽壓力增加，導致在可燃液體表面區域，蒸發可燃蒸氣之濃度增加。一旦適當的燃料／空氣比濃度，一點火將可使蒸氣引火（閃火點）或導致發火產生持續性火焰（發火點）。

當一種液體存在一密封容器中，於液體表面上含有蒸氣／空氣混合氣（Vapor-Air Mixture），從蒸氣壓可確定出此混合氣之蒸氣百分比。蒸氣百分比是直接與液體蒸氣壓和混合氣總壓（Total Pressure）之間關係，成正相關。例如，丙酮（Acetone）於37.8℃溫度下有一蒸氣壓力52kpa。在此假設總壓101kpa，則存在的丙酮蒸氣比例爲52%。假設某一液體的閉杯（Closed-Cup）閃火點和在閃火點溫度下的蒸氣壓是已知，就可計算在標準大氣壓下蒸氣的易燃下限（在閃火點溫度下，以體積百分率）：

$$LFL = \frac{V}{1.01}$$

式中LFL是在易燃下限的蒸氣體積百分率，V是在閃火點溫度下之蒸氣壓。在其他壓力下

$$LFL = \frac{100V}{P}$$

式中P是環境壓力（kpa）。

---

[2]　在閃火點情況，當點火源移開時，液體蒸汽將停止燃燒之溫度點。

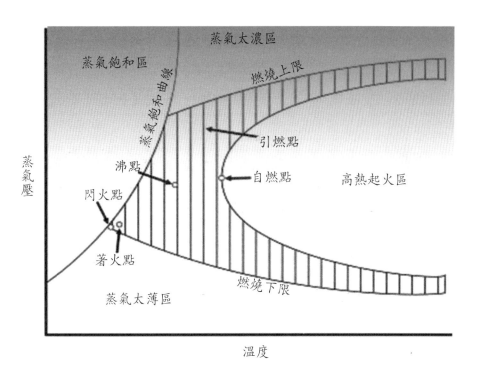

圖7-3　蒸氣壓是溫度之函數

（資料來源：WHA International, Inc, 2015）

在揮發性易燃液體的混合物中，各自蒸氣壓相互影響，這取決於這兩種液體是完全相溶（Completely Miscible）、部分相溶，還是完全不相溶。若兩種液體完全相溶，則較低於彼此蒸氣壓；若其接近完全不相溶，則混合物的蒸氣壓是各液層分壓（Partial Pressure）之合計，若兩種液體都是部分相溶，則關係較為複雜。

蒸發速率（Evaporation Rate）

蒸發速率是在任何給定的溫度和壓力下，該液體能轉變到蒸汽狀態（蒸發）之一種速率。混合氣體不同蒸發速率，是火災防護主要關注之問題。一般當液體沸點降低，其蒸氣壓和蒸發速率則會傾向於增大。而液體燃燒速率取決於其蒸發速率。

燃燒速率（Burning Rates of Liquids）

可燃液體的燃燒速率，變化有點類似於火焰傳播的速率。在汽油、輕質和重質餾分（Heavy Fractions）油類方面，火災時起初輕質餾分燃燒較為迅速，而重質餾分燃燒速度會接近於煤油。汽油燃燒速率是每小時150～300mm之深度，而煤油則是每小時130～200mm之深度。例如，一汽油池深度12.7mm，可以預期燃燒會在2.5～5

分鐘燒完。

汽化潛熱（Latent Heat of Vaporization）

汽化潛熱是當一克液體在一大氣壓下的沸點轉化成蒸氣，所吸收的熱量，並以BTU/lb或Cal/g表示。汽化潛熱愈小者，則表示液體極易汽化，其危險性愈大。

燃燒／爆炸範圍

如同氣體一樣，液體蒸氣之燃燒需與空氣中氧混合在燃燒／爆炸下限和上限之間，燃燒／爆炸範圍愈寬者，發生燃燒／爆炸可能性愈大。

燃燒熱值

同固體與氣體一樣，由燃燒反應生成熱量，會回饋到本身及周遭。因此，物質燃燒熱值愈大者，易使溫度上升而趨於擴大燃燒之可能。

爆炸下限值

液體蒸氣與空氣中氧混合物之爆炸下限，愈低者引火燃燒危險性愈大。

最小起火能量

如同氣體由靜電、固體粉塵之最小起火能量一樣，引火所需最小起火能量愈小者，危險性愈大。

導電性

物質較容易的電傳導材料的物理屬性，稱為導電性。導電性小，易於靜電累積，而增加以引起火花放電機會，產生較高的火災爆炸風險。

比熱

比熱為物質每1公克提高1℃所需熱量。比熱愈小者，所需熱量愈小，溫度上升愈快，達到閃火點引火之的風險。

沸點

液體的蒸氣壓等於外部壓力之溫度。由於沸點低，於低溫時即可釋放較多可燃蒸氣，沸點低者，大多閃火點亦低，有較高之火災爆炸風險。

溫度和壓力（Variation in Hazard with Temperature and Pressure）

可燃液體在實務上應用爆炸界限時，通常會考慮某特定液體所處的溫度和壓力。溫度和壓力是對火災和爆炸危險性有一顯著影響，而且在安全處理中與爆炸界限本身同等重要性。閃火點高於環境溫度的液體，不必擔心其會產生相當易燃蒸氣。但當其溫度升高至閃火點（含）以上時，將產生相當量易燃蒸氣。當蒸氣是液體本身的蒸氣時，液體蒸發的程度隨著蒸發空間的壓力而增減。當空間壓力降低，則蒸發程度增加；而液體上方壓力增加會導致較少蒸氣發生。同樣在較高溫度下，液體蒸氣壓較高會形成較多蒸發的數量。

在一定的溫度和壓力條件下，液體蒸發至某一不再蒸發時，除非是條件受到改變，此時已達到平衡狀態（Equilibrium）。顯然，在不是封閉系統中，不可能存在平衡。在戶外，進行蒸發的液體可連續蒸發至液體耗盡。因此，壓力與溫度影響只能應用於儲槽（Tanks）、管道和加工設備，其中液體與蒸氣／空氣混合氣達到平衡狀態。

在此應當指出，壓力或爆炸強度，將隨蒸汽／空氣混合物之初始壓力（Initial Pressure）而有不同。具有較高初始壓力，壓力是較大，如汽油引擎具有較低的初始壓力，該壓力則相對較低。在溶劑中蒸氣爆炸下限受溫度的影響，諸如工業用烘爐等裝置中，溫度是安全因素之一，這時壓力不作為安全因素。在評估液體危險性時應將溫度考慮在內，對於這類工業用烘爐，通常採取機械通風或強制通風（Forced Ventilation）以稀釋蒸氣濃度，使其低於空氣中爆炸下限，並將蒸氣從烘爐中通風移出。

例1：有一種液體的蓋杯式閃火點為40℃，它可能是何種液體？
(A)可燃性液體(B)易燃性液體　(C)不燃性液體　(D)難燃性液體

解：(A)

例2：有一種液體的蓋杯式閃火點為35℃，它可能是何種液體？
(A)可燃性液體　(B)易燃性液體　(C)不燃性液體　(D)難燃性液體

解：(B)

例3：可燃性液體對燃燒之影響效果，主要受可燃性液體哪些因素所影響？
　　　(A)毒性　(B)沸點　(C)形狀　(D)引火點　(E)流動性

解：(B)(D)(E)

2. 可燃液體安全措施

　　可燃液體本身，並不會導致火災或爆炸。液體由於蒸發（Evaporation）產生可燃性蒸氣，升溫至高於其閃火點，暴露於起火源如火花等，而導致燃燒／爆炸。因易燃液體通常儲存和處理在高於其閃火點情況，其不斷地釋放出蒸氣。當蒸氣按一定比例與空氣混合，並有起火源的情況下，發生起火或爆炸：如二硫化碳（Carbon Disulfide）燃燒上下限範圍約1～44%（體積）[3]；又如乙醇（Ethyl Alcohol）約4～19%（體積）、汽油約1.4～7.6%（體積）。因此，在適當的密閉容器中儲存易燃與可燃液體，並盡量減少液體曝露於空氣中如封蓋等，是一種基本的安全措施。

圖7-4　消防人員搶救廠房甲苯類液體火災

（攝自臺中港區）

例題：若乙醇之沸點為78℃、比重為0.8，試問其液體變為氣體之理論膨脹比為多少？　(A)350倍　(B)400倍　(C)450倍　(D)500倍

---

[3]　二硫化碳燃燒範圍在1～44%，係指二硫化碳蒸氣在空氣中的的體積。

解： $PV = nRT$

$1 \times V = (1/46) \times 0.082 \times (273+78)$ ，$V = 0.63L = 630mL$

$630 \times 0.8 = 504$

　　靠近易燃性範圍下限或上限的易燃蒸氣／空氣混合物之爆炸程度，比相同混合氣最佳計量（Stochiometric）濃度的爆炸強度小。誠如本書第1章所述，稍大於化學理論濃度所形成燃燒爆炸壓力是最大的，如圖7-5所示。

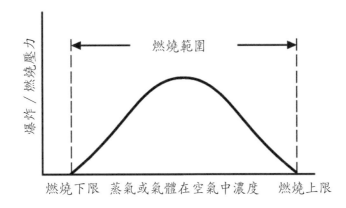

圖7-5　爆炸／燃燒生成壓力與其混合濃度比例之關係

（資料來源：OSHA, 2016）

　　液體蒸氣化學爆炸最常發生在局限空間中，如容器（Containers）、儲槽、房間或建築物內，蒸氣爆炸的猛烈程度，取決於蒸氣性質、封閉性（Enclosure）及蒸氣／空氣混合物的數量，尤其是引火性液體。從儲槽或容器內部易燃蒸氣／空氣混合物的爆炸事件，通常是儲槽產生過壓（Over-Pressuring）導致破裂形成爆炸現象。如同蒸氣物理爆炸一樣，受壓破裂的強度也有所不同。在任何封閉的容器，當暴露在猛烈火災中時，可形成膨脹壓力嚴重時產生破裂爆發。

　　汽油是使用最廣泛的易燃液體。眾所周知，汽油在一般環境溫度下可釋放出易燃性蒸氣，有其相當危險性。此進一步資訊，可參考NFPA 325（易燃液體、氣體和揮發性固體的危險性）。此外，如丙烯醛（C_3H_4O）在通常情況下是無色透明有惡臭的液體，是化工中很重要的合成中間體，廣泛用於樹脂生產和有機合成中。丙烯醛有毒、易燃、易揮發、不穩定，其蒸氣有惡臭，有很強的催淚性，可以和空氣形成爆炸性混合物，爆炸極限為2.8～31%（體積）。

圖7-6　液體蒸氣爆炸最常發生在局限空間中如容器或儲槽

（攝自臺中港區）

圖7-7　消防人員搶救廠房內油墨（甲苯、乙酸乙酯等成分）液體火災

（攝自臺中港區）

例題：下列哪一項有毒氣體十分鐘的致死濃度最低？
　　　(A)氧化氮　(B)氰酸　(C)甲醛　(D)丙烯醛

解：(D)

　　閃火點是可燃液體相對危險性之最重要指標，但這並不是評估危險性的唯一因素。有關其著火點、燃燒上下限範圍、蒸發速率或受熱時的反應性、密度，蒸氣擴散速率等，也都影響液體危險性。其中閃火點主要決定可燃液體，對起火之相對敏感度（Relative Susceptibility），但液體一旦起火後，閃火點對液體燃燒特性已不具多大影響了。

　　今日化學和石油化學生產的可燃液體，因專業化程度使用途種類迅速增加。雖然許多這類產品大多可歸入正常的或穩定的液體，但有一些產品係不穩定性（Instability）或反應性（Reactivity）之危險問題。

　　不穩定的（反應性）可燃液體的儲存、處理和使用，需要特別予以關注。在儲槽區需要增加境界線（Property Lines），而儲槽彼此之間需有一定的距離，或提供額外消防防護設備如消防射水槍。有些不同類液體，如將熱反應性（Heat-Reactive）和水反應性（Water-Reactive）之可燃液體儲槽，不宜彼此鄰近放置。在儲槽火災中，防護熱反應性儲槽的水，可能滲入水反應性液體的儲槽，並造成其劇烈之危險反應。

圖7-8　不穩定易燃液體儲存處理和使用需特別予以關注

（攝自臺中港區）

具有閃火點固體（Solids With Flash Points）

　　許多可燃化學品在38℃以上溫度是呈固態的，分類屬於固體。依公共危險物品暨可燃性高壓氣體管理辦法，指出易燃性固體指固態酒精或一大氣壓下閃火點未達攝氏四十度之固體。當加熱時，固態變液態釋放出易燃蒸氣，然後能測出其閃火點。在其液體狀態下，這些固體應以近似閃火點的液體來處理。某些加工製成的固體，諸如黏貼蠟（Paste Waxes）或拋光劑（Polishes）等近似固體，能內含不同數量的易燃液體。此類固體產品的閃火點和所含液體的數量，可顯示其危險程度。

管內液體流速與靜電

　　依防止靜電事故[4]，於大型油罐車時，灌裝液體在管內流速應在$V \times d \leq 0.8$，其中V為液體流速（m/s）、d為管內徑（m）。一般汽車時，液體在管內的容許流速則為$V \times d \leq 0.5$。一般小型輸送管徑，依日本靜電安全指南指出，$V \times D = 0.25(\sigma \times L)^{1/2}$，其中D為配管直徑（m）、$\sigma$為液體之導電率（pS/m）、L為槽體水平剖面之對角線長度（m），以一般80～200mm管徑的配管來說，以$\sigma = 0.8$pS/m帶入公式，流速在2～6m/s，不過一般建議導電率在10^{-10}S/m以上的液體，最大流速也要限制在10m/s以下[5]。另外灌裝時，液體應從槽車等大型容器底部進入，或將注入管伸入容器底部，盡量使用金屬管材，因塑膠管帶靜電約為金屬管的八倍，如必須使用時，也應採用可導電管子或內設金屬網管，並將金屬網一端接地，或採用靜電屏蔽措施等。

第2節　可燃液體(2)：火災與防制

1. 液體火災（Fire Characteristics of Liquids）

計算蒸氣體積和易燃混合氣（Calculating Vapor Volume and Flammable Mixtures）

　　計算所需空氣體積，進行稀釋（Dilution）來防止可燃混合氣之形成，如烘爐的

---

[4]　防止靜電事故通用導則GB 12158-90。

[5]　吳鴻鈞研究員、朱陳春亮檢查員、唐繁助理研究員、張日誠助理研究員，請注意有機溶劑管線輸送時靜電爆炸風險，勞動部勞動及職業安全衛生研究所，2009年7月。

通風系統之設計。當已知或能合理估計所供應的溶劑數量時，就很容易進行上述計算。例如，計算釋放出丙酮（Acetone）蒸氣的過程，丙酮蒸氣在空氣中燃燒／爆炸範圍是2.6～12.8%（以體積計）。因此，任何混合氣所含空氣多於100%減去2.6%所得的值或97.4%空氣[6]，則濃度太稀不足以起火。因此，如能估計蒸氣的體積，確定所需空氣體積就很簡易。

根據液體比重和蒸氣密度，可按如下公式計算1加侖溶劑產生的蒸氣體積：

$$1加侖液體所產生蒸氣體積（ft^3）= \frac{8.33 \times 液體比重}{0.075 \times 蒸氣密度}$$

式中8.33是1加侖水的重量（磅）；0.075是1立方英尺空氣的重量（磅）。簡化之：

$$1加侖液體所產生蒸氣體積（ft^3）= 111 \times \frac{液體比重}{蒸氣密度}$$

假使蒸氣密度未知，可根據分子量（Molecular Weight）計算。

再以丙酮為例（比重 = 0.792，蒸氣密度 = 2），則得：

1加侖丙酮產生的蒸氣體積是：

$$1加侖丙酮所產生蒸氣體積 = 111 \times \frac{0.792}{2} = 44（ft^3）$$

由1加侖丙酮產生的蒸氣，稀釋使其低於易燃性下限所需的空氣體積[6]是：

$$44 \times 37 = 1628ft^3$$

假使丙酮在所給定空間（烘箱等）內蒸發速率為1加侖／分，則所需1628 ft³／min之未汙染通風空氣，以保持蒸氣濃度低於易燃性下限。

按公制單位，按液體的比重（Sp.G.）和蒸氣密度（V.D.），也可計算由1升溶劑所產生的蒸氣體積（m³）如下：

相當於1公升（L）液體的蒸氣體積（m³）是：

$$L = 0.83 \times \frac{液體比重}{蒸氣密度}$$

---

[6] 任何混合氣所含空氣多於100%減去2.6%所得的值或97.4%空氣，相當於97.4除以2.6，或約37體積空氣與1體積蒸氣比。

以丙酮為例，相當於1公升（L）的蒸氣體積（m³）是：

$$L = 0.83 \times \frac{0.792}{2} = 0.33$$

按公制單位，稀釋1公升丙酮液體，使其低於易燃性下限所需空氣體積是：

$$0.33 \times 37 = 12.2 m^3$$

不同的蒸發速率與空氣數量應是成正比。基於實務上安全因素考量，應用空氣通風量應會大於理論量，因在一封閉體系的大氣必然存在不均勻性（Non-Uniformity）。如希望使某一蒸氣濃度處於太濃（Too Rich），而無法起火，可應用類似的方法（使用易燃性上限），來確定可以允許的最大空氣量。然而，使用爆炸上限不是一個值得推薦的方法，因容器破裂或被稀釋時，就進入燃燒／爆炸範圍。

蒸氣起火所需能量（Energy Required for Ignition of Vapors）

可燃液體的主要起火源，包括火焰、熱表面、電氣火花或摩擦火花，以及絕熱壓縮（Adiabatic Compression）。

(1) 火焰（Flames）

火焰是在燃燒／爆炸範圍內的易燃蒸氣和空氣混合氣，一種明確（Unfailing）的起火源。而火焰於空氣存在下能加熱蒸氣至液體起火溫度之能力。對某些液體和固體，要求火焰持續足夠時間並加熱燃料進行蒸發（Volatilize），而引燃其蒸氣。一旦起火，從燃燒蒸氣所產生輻射熱能回饋至液體表面，以持續液化蒸發使蒸氣繼續燃燒過程。

(2) 電氣火花、靜電火花和摩擦火花（Electrical. Static, and Frictional Sparks）

這些需要有足夠的能量，以引燃易燃蒸氣／空氣混合物。大多數商業電器裝置產生的電氣火花（Electrical Sparks）能量是高於火焰溫度，通常能引燃易燃混合氣。然而，摩擦火花不一定能引燃某種易燃混合氣，因摩擦火花的持續時間可能很短，不足以加熱蒸氣至其起火點。在計算起火溫度時，起火點和表面的屬性，以及組成、溫度和蒸氣／空氣混合氣的壓力，是主要變數。上述火花必須應具有足夠的持續時間和（或）強度，以產生足夠的熱量，使蒸氣／空氣混合物導致起火。

(3) 熱表面（Hot Surfaces）

假使熱表面足夠大和高熱，就能成為一起火源。熱表面愈小則表面必須愈高熱才能引燃混合氣。熱表面愈大則起火發生速度愈迅速，而且起火所需溫度愈低。然而，

可燃液體與熱表面接觸必須有足夠長的時間，以形成一定蒸氣／空氣混合氣濃度。例如一滴低黏度（Low-Viscosity）高揮發性（Highly Volatile）的可燃液體，落到高溫1093℃的電熱板表面上（Electric Hotplate）就能起火。但在戶外的排氣管（Exhaust Pipe）即使其表面溫度相當高於環境起火溫度，易燃混合氣也很少會引燃。

(4) 絕熱壓縮（Adiabatic Compression）

絕熱過程是一個絕熱體系的變化過程，絕熱體系和外界沒有熱量和粒子交換，如絕熱火焰溫度，該溫度是假定火焰燃燒時沒有傳遞熱量給外界情況下，所達到的溫度。但在現實中，不存在真正絕熱過程，絕熱過程只是一種近似，其總有一些熱量損失，因沒有完美的絕緣體存在。

絕熱壓縮發生在氣壓上升時，這時氣體溫度也會上升。如在地球大氣層發生絕熱加熱事例，當吹過山脈流淌下一個下降風（Katabatic Wind）或焚風（Foehn Wind），其空氣之質量下降。當空氣團（Air Parcel）下降，對空氣團之壓力造成增加。由於這種增加的壓力，使空氣團的體積減小，而溫度隨之增加對該空氣團作功（Work），從而增加其內部的能量，又使空氣之質量的溫度上升，因此使落山風產生空氣團焚風現象，這種空氣團焚風只能藉由傳導或輻射，使能（熱）量緩慢地消散掉。

又自行車打氣時，可以感覺到氣筒溫度上升，這正是因為氣體壓力上升足夠快到可視為絕熱過程的緣故，熱量沒有逃逸，因而溫度上升。柴油機在壓縮衝程時正是靠絕熱壓縮原理來給燃燒室內混合氣體點火。另一方面，絕熱膨脹發生在氣壓下降時，這時氣體溫度也會下降。如給輪胎放氣時，可以明顯感覺到放出氣體比較涼，這是因氣體壓力下降的足夠快到可視為絕熱過程的緣故，氣體「內能」轉化為「機械能」，溫度下降。[7]

絕熱壓縮已造成許多破壞性爆炸案例的原因：如上述，柴油引擎運作的基本就是有控制的絕熱壓縮。而一快速被壓縮的易燃混合氣當因壓縮作用產生的熱量，足以使易燃蒸氣升溫至其起火溫度時，就可被引燃（爆）。

又斷熱壓縮前之體積為V_0、壓力為P_0、溫度為T_0，斷熱壓縮後之體積為V、壓力為P、溫度為T，r ＝ 恆壓比熱／恆容比熱，則其間關係為 $\dfrac{T^r}{T_0} = \dfrac{p_0^{1-r}}{p}$。

---

[7] Adiabatic process 2015, Wikipedia, the free encyclopedia.

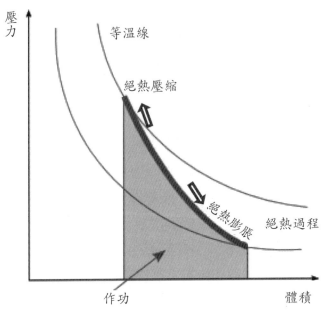

圖7-9 絕熱壓縮時壓力增加而溫度也增加作功，使體積減小；而絕熱膨脹時過程則相反
（資料來源：Adiabatic process, 2015[7]）

液體混合行為（Behavior of Mixed Liquids）

　　混合液體的行為有很大變化，這取決於液體的物理性和環境條件。然而，混合液體的蒸氣壓或蒸發速率，對防止火災是特別重要的。當某種液體混合雖屬於非易燃性或具有高閃火點，但在使用條件下變為易燃性時，這就值得注意。

　　有一例子，四氯化碳（Carbon Tetrachloride）添加到汽油內，使混合物不具閃火點。然而，將其置於敞開的容器內，因四氯化碳的蒸發速率是比汽油快。經過一段時間後，液體量最終剩10%情況，閃火點就接近汽油的高沸點餾分（Higher Boiling Fractions）的閃火點值。

　　兩種液體混合的行為會有很大變化，從Raoult定律指出混合物閃火點會產生的正偏差現象，該混合物的蒸氣壓力總是高於理想混合物。在此組合物弧形曲線之任一點混合蒸氣壓是純A液體之最高蒸氣壓（圖7-10）。

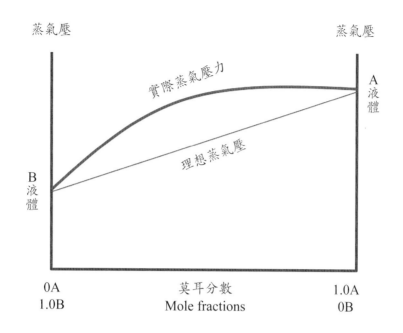

圖7-10 於A與B燃體混合閃火點形成Raoult定律正偏差現象

但有一些液體混合物具有Raoult定律非常大的正偏差（Positive Deviations），並且在這些情況下，曲線變得非常扭曲（圖7-11）。在此組合物弧形曲線之任一點混合蒸氣壓是具有比任一純液體較高的蒸氣壓。最大蒸汽壓力不再是某一純液體。該蒸氣壓意味著混合物（A與B）分子是較容易比其在純液體時逸出至氣相；這也指出混合物分子間凝聚力是小於純液體情況，混合物所需熱量活化能較少，這種混合物典型例子如乙醇（Ethanol）和水，其混合物的沸點爲78.2℃，而純乙醇沸點爲78.5℃，水沸點則爲100℃。

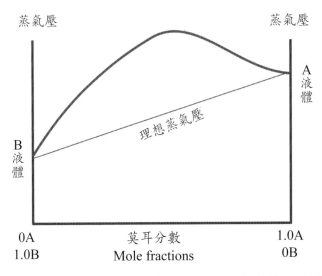

圖7-11　有些A與B燃體混合閃火點形成Raoult定律最大正偏差現象

　　相反地，有些兩種混合液體會形成Raoult定律最大負偏差現象；其中混合液體分子間脫離，比任一純液體更形困難，這意味著混合物可以具有比任一純液體的沸點高，此需額外的熱量以打破混合物分子間凝聚力。典型案例如硝酸（Nitric Acid）和水混合液體，當混合物含有68%硝酸最高沸點為120.5℃。與此相比，純硝酸的沸點為86℃，水沸點則100℃；這種偏差量是由於混合液體新離子（Ionic）相互作用。

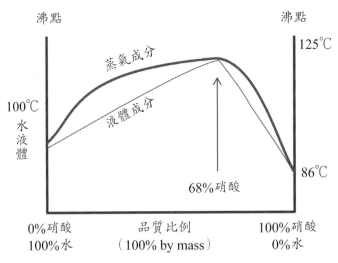

圖7-12　有些A與B燃體混合蒸氣形成Raoult定律最大負偏差現象

不相容物質（Non-Compatible Materials）

　　一些不相容液體物質形成不穩定液體，或其與一般反應產物結合，或其腐蝕性產物是汙染物的某些物質。例如，汞（Mercury）為有害的汙染物，測汞溫度計不應使用。假使某種氯化（Chlorinated）化合物會緩慢地釋出鹽酸（Hydrochloric Acid），鋁就不應使用；此由鹽酸生成的氯化鋁可扮演一種催化劑（Catalyst）的作用。

　　又不相容的酸必須不能儲存在一起，如高氯酸（Perchloric Acid）不能與還原劑如硫酸（Sulfuric Acid）混合，混合時能產生震動敏感之炸藥；如硝酸（Nitric Acid）和乙酸（Acetic Acid）混合形成一種爆炸性混合物。在汽油或各種石腦油（Naphthas）與某種氯化溶劑一些混合液體，有其不同或較高蒸發速率比單一易燃溶劑情況，此混合液體經一定時間以後，剩下原始低閃火點溶劑，而易產生中毒和火災事故，不宜使用敞口容器。民國96年國內曾發生環保公司回收化學酸性廢液（硝酸鎳及硫酸鎳），由於未先將儲放廢液之回收桶清洗乾淨，內殘留一定量之硫化鈉溶液，以致化學酸性廢液與硫化鈉混合發生劇烈化學反應產生大量硫化氫氣體，再加上該作業區通風不良，致作業之司機吸入大量硫化氫中毒死亡。

2. 液體燃燒特性（Burning Characteristics or Liquids）

　　影響火焰傳播和燃燒速率因素，包括環境因素、風速、溫度、燃燒熱、蒸發潛熱（Latent Heat）及大氣壓力。在液態烴類燃燒時，通常具有橘色火焰並散發濃厚的黑色煙雲。醇類燃燒時，通常具有透明的藍色火焰，幾乎不產生煙霧。某些萜類（Terpenes）和醚類（Ethers）燃燒時，液體表面伴有明顯的沸騰狀（Ebullition），這使這類物質的火災難以撲滅。多種混合液體的燃燒速率往往是先快後慢。例如原油、汽油、煤油、重油以及其他石油產品燃燒時，先蒸發出來的主要是低沸點的成分，故此時燃燒速率快，而隨著燃燒的持續，液體中高沸點的成分含量相對增加，蒸發速率降低，燃燒速率會逐漸減慢。以液體燃燒熱傳方面，從液池上方火焰傳入液體的熱量形式包括(1)從容器器壁向液體熱傳導；(2)從液面上方高溫火焰氣體向液體的對流傳熱；(3)從液面上方高溫火焰氣體向液體的輻射傳熱等[8]。

---

[8]　黃伯全，火災工學概要，中央警察大學消防系。

在引火性液體與高閃火點燃燒性，敘述如次：

(1) 引火性液體

指乙醚、汽油、乙醛、環氧丙烷、二硫化碳及其他之閃火點未滿攝氏零下30度之物質；正己烷、環氧乙烷、丙酮、苯、丁酮及其他之閃火點在攝氏零下30度以上未滿攝氏0度之物質；乙醇、甲醇、二甲苯、乙酸戊酯及其他之閃火點在攝氏0度以上未滿攝氏30度之物質；煤油、輕油、松節油、異戊醇、醋酸及其他之閃火點在攝氏30度以上未滿攝氏65度之物質。

① 引火性液體燃燒特性

A. 由於易燃液體燃燒係其蒸氣，其引火容易度和燃燒速率之影響，主要相關於蒸氣壓、閃火點、沸點和蒸發速率等屬性。液體在儲存溫度之液面上蒸氣，其濃度在燃燒／爆炸範圍內將呈現快速火焰傳播之速率。

B. 易燃性液體有其危險蒸汽、易於與空氣混合，在有火源（火焰或火花）時，易形成著火或爆炸之危險。

C. 有些蒸汽比重（比空氣重）大於1，其蒸汽將滯留在低窪區，或流向低處，而遠離作業場所（尤其是下風側），易有著火的危險。

D. 液體比重小於1，其中許多不溶於水比水輕。當其流出薄薄地擴散於水表面上，液體表面積增大。一旦著火情況，火災範圍將會非常大，存在火災擴大危險之可能。如是霧狀更易漂流，與空氣之間接觸面積將會更寬，增加較大規模之受害風險。

E. 為電不良導體，靜電易於累積，當靜電放電時，發生的火花即有可能點燃。因此，在管道、軟管等運輸時，有必要採取去除靜電和接地等措施。

F. 有一部分是非常低燃點，即使沒有加熱，亦有發火之可能，所以溫度控制很重要。

G. 有一部分蒸氣是有毒的，需要小心處理。

② 引火性液體在火災預防上

A. 避免接近具有火焰、火花及發熱體等，因其產生蒸汽點火能量低。如果上述是不可避免的，為預防災害，就有必要採取適當的措施。

B. 容器存放在陰涼處和密封作業。

C. 因液體溫度增加產生可燃蒸氣上升的危險，應儲存在黑暗中。

D. 在密封情況，容器內保有必要的空間體積。

E. 處理時產生蒸汽,可燃蒸氣會滯留在低窪處,在低窪進行收集蒸汽,或有足夠通風。

F. 在有可燃蒸汽滯留區域,請不要使用產生火花如機械設備,並使用防爆電氣設備。

G. 流動時靜電,必須除去靜電,如接地措施。

(2) 高閃火點液體燃燒特性

指閃火點在攝氏一百度以上之第四類公共危險物品。

① 閃火點高可燃液體,其火焰傳播速率較低,因火災熱量必須足以加熱液體表面並形成蒸氣/空氣混合氣。

② 在重質油類燃燒特性為較難以著火,但一旦著火即難以撲滅。

③ 在重質油類燃燒上,產生特有之沸溢、濺溢或冒泡之危險現象。

④ 高閃火點液體燃燒特性,沒有引火性液體之易燃特性,但在儲存、處理或製造也應依照公共危險物品之相關處理規定。

沸溢、濺溢及冒熱泡（Boilover, Slopover, and Frothover）

在盛有不同類型油類的開放頂儲槽（Open-Topped Tanks）火災中,3種特殊現象—沸溢、濺溢和冒泡,應特別注意。延伸閱讀請見盧守謙、陳永隆著,《火災學》一書。

圖7-13 重質油類槽體火災時會出現冒泡等危險現象

（攝自臺中港區）

(1) 沸溢（Boilover）

沸溢是開放頂儲槽一種盛有某特定類型之原油，發生火災期間能自發地出現沸溢現象。因爆炸轟掉儲槽頂蓋或當浮頂式（Floating Roof）下沉至原油時，也可發生這種現象。

此種經過長時間平穩燃燒（Quiescent Burning）以後，儲槽中殘留一些油類，出現溢流（Overflow）或噴出（Ejection）現象。這是由於沸騰的水形成快速膨脹的水蒸氣－油質泡沫（Steam-Oil Froth）所造成的。以下三個條件同時存在就會導致沸溢現象，缺少其中之一就可防止其發生。

① 水分存在

槽底部應有游離水（Free Water）或水－油乳化液（Water-Oil Emulsion）存在，通常出現在儲存原油的儲槽中。

② 熱波形成

油必須包含具有寬沸點範圍的成分，當輕質的成分（Lighter Components）蒸餾出並在液面處燒掉後，溫度高於149℃的殘留物比正下方的油質更稠厚。該殘留物下沉到表面以下並形成一個液層逐漸往下沉，其向下推進的速率實際上比燃燒表面的遞降速度快。這就形成所謂的熱波（Heat Wave）。而熱波由於部分表面熱油局部沉降的結果，直至其達到下面較冷的油（此時不存在從燃燒表面向下的熱傳導）。

③ 油水泡沫

油中的較重餾分含量足以形成黏稠（Tough）持久的油和水蒸氣泡沫的殘留物。

(2) 濺溢（Slopover）

① 黏稠油類

消防水射在燃燒油之熱表面時，假設油是黏稠（Viscous）並且溫度超過水的沸點，就可產生濺溢。

② 表層溢出

由於濺溢僅涉及油表面層，因此濺溢是一種較溫和的現象。

(3) 冒熱泡（Frothover）

① 未起火狀態

冒熱泡是指沒有起火的容器中，水在黏稠熱油表面下沸騰時，發生溢流（Overflowing）現象。

② 含水分

典型例子有，將熱的瀝青（Hot Asphalt）充填到含有某些水的槽車中，首先瀝青接觸而被冷卻，起初什麼也沒有發生，但當水被加熱並開始沸騰時，瀝青可能溢出（Overflow）槽車。類似情況也如一油罐（槽），當其含有水墊層（Water Bottom）或含水乳化液（Wet Emulsion），於儲存溫度低於93℃的廢油（Oil Slops）和殘餘物時，向一油罐（槽）中加入數量相當多的149℃（含）以上的熱殘餘物，都可發生冒泡現象。

③ 水沸騰

經過相當長的時間以後，油罐（槽）中的水已受到熱油的影響，就可產生長時間的沸騰作用，該沸騰作用可達到移去罐頂的程度，並可使冒泡蔓延至較廣的區域。

④ 防止火災／爆炸方法（Fire Prevention Methods）

防止液體火災和爆炸的措施，可根據下列火三要素一種以上的技術或原理

A. 氧氣面

(A) 排出空氣

使其無法氧化反應。

(B) 惰性化

充填惰性氣體在密閉容器。

B. 熱能面

(A) 消除起火源

在儲存、裝卸，或使用低閃火點易燃液體的處所，即使一般不存在蒸氣，消除起火源（Eliminate Ignition Sources）是一種防止火災好作法。

(B) 移位

周遭有顯著起火源，無法排除，進行移位作業。

(C) 防爆孔（Explosion Venting）

有潛在易燃蒸氣爆炸的房間或建築物，建議至少設置防爆孔，以消除可能壓力過大而溫度升高情況，使可燃液體和不穩定液體之潛在爆炸情況。

C. 燃料面

(A) 密閉容器

在儲存或裝卸可燃液體時，在作業過程中，液體會暴露在空氣下，除非液體是儲存一密封容器內處理，並可避免蒸氣損耗。即使是在密封系統

中儲存或裝卸，也有可能發生破裂或洩漏，導致液體逸出。如各種石腦油（Naphthas）與氯化液體混合物，易產生中毒和火災事故，不宜使用敞口容器。

(B) 不燃性液體取代

用相對安全的物質取代，可避免或減少易燃液體產生的危險。這類物質應為穩定的，僅有低毒性，而且是不易燃的（Nonflammable）或有高閃火點。例如三氯乙烯（Trichloroethylene）雖然價格高，但在常溫下是不易燃的，在某些方面，可用來取代較危險的易燃性溶劑。

(C) 開放空間作業

凡是製造過程中有可能涉及可燃液體，如壓縮機（Compressors）、蒸餾鍋爐（Stills）、蒸餾塔和泵等裝備，都應放置在開放處。這可減少因易燃蒸氣的逸出和累積，致引起火災的可能性。

汽油和幾乎所有其他易燃液體，產生的蒸氣都比空氣重，然而沉降到地板面、坑洞（Pits）或低窪區（Depressions）。這類蒸氣可沿地板或地面流動很長距離，於一些遙遠的地點被引燃並發生回燃現象（Flash Back）。

如四氯乙烯（Tetrachloroethylene）是另一種不易燃液體。然而，即使這些產品的毒性比四氯化碳（Carbon Tetrachloride）小，也只能用於通風良好的區域與完整的蒸氣回收和管制措施，以防止四氯化碳向大氣釋放汙染。

(D) 通風

為防止易燃蒸氣累積，通風是非常重要的。有幾種商品穩定性溶劑，具低毒性、閃火點從66～88℃範圍，但各種溶劑蒸氣的毒性程度有所不同，通常要求通風以使蒸氣濃度，保持在安全限度內。

為除去地板面（含坑洞）之危險蒸氣，通常進行適當的通風方法。對流加熱的空氣或正常蒸氣擴散攜行作用，重型蒸氣甚至能向上移動，在這種情況下，屋頂通風（Ceiling Ventilation）也是可採取的防火措施。

從自然通風或人工通風來消除易燃蒸氣。雖然自然通風具有不受人工啓動（Manual Starting）或電氣供應影響的優點，但其不如機械通風容易控制，而且自然通風取決於溫度和風力條件，凡是用到可燃液體的大範圍室內操作時，都應使用機械通風。

液體火災滅火方法

對可燃液體火災的滅火方法，敘述如下：

(1) 針對熱量

使用水霧冷卻液體表面，降低蒸氣壓至蒸發蒸氣停止。

(2) 針對氧氣

使用各種方式排除空氣，如使用泡沫窒息液面接觸到空氣中氧氣。

(3) 針對燃料

關閉（Shutting Off）燃料供應或抽取燃料。

或上述方法聯合使用。

液體火災計算方法

從可燃液體火災的能量釋放速率，是每單位面積的能量釋放率於定液體暴露表面積的之一種函數，可以表示為

$$Q = q \times A$$

Q為可燃液體火災之最大總能量釋放率（kJ/sec or kW）

q為可燃液體之單位面積能量釋放速率（kJ/sec·m^2 or kW/m^2），如表7-1所示

A為可燃液體暴露之表面積（m^2）

每單位面積的能量釋放速率是可燃液體之燃料類型、洩漏面積，和洩漏深度（Spill Depth）的一種函數。而在能量釋放率的降低一般為80%左右，此歸因於燃燒火焰熱傳輸到燃料表面下方液體之熱損失。

表7-1　可燃液體火災之每單位面積能量釋放率（kW/m^2）

燃料	局限液體火災 （Confined Liquid Fire）	非局限液體火災 （Unconfined Liquid Fire）
汽油	2400	480
煤油	1680	340
柴油	1950	390
變壓器油（Transformer）	1790	360
重質燃料油	1390	280

（資料來源：Fire Protection Handbook, 2008）

在油池火災方面，油池燃燒時間，可以依燃燒、火勢大小和燃燒熱之燃料總質量來計算。

$$t_f = \frac{M \times \Delta H_c}{Q}$$

t_f為燃燒持續時間（sec）

M為燃燒之質量（kg）

ΔH_c燃燒熱（kJ/kg）

Q為可燃液體火災之最大總能量釋放率（kJ/sec or kW）

例1：有一變壓器（Transformer Oil）漏油在局限區域（Confined Region）成$5m^2$表面積，形成一個深池（Deep Pool）。此油的總質量為50kg，燃燒熱為40,000kJ/kg。如果點燃估計從變壓器油的最大能量釋放速率和火災持續時間為多少？如果變壓器油是連續洩漏在未受限混凝土表面形成一平面$5m^2$表面積，而忽略任何液體擴散時間，請估算其能量釋放速率和火災延續時間是多少？（Fire Protection Handbook, 2008）

解：(1) Q = q×A = 1790×5 = 8950 kW

(2) $t_f = \frac{50 \times 40000}{8950} = 223 sec$

(3) Q = q×A = 360×5 = 1800 kW

(4) $t_f = \frac{50 \times 40000}{1800} = 1110 sec$

注意，非限制液體燃料會傾向於形成較大之液體表面積比局限型燃油，但燃燒率顯著減小。對於涉及一個固定體積的連續的洩漏情形，此燃燒持續時間將增加五倍。

在預測油池火災輻射熱通量，Lawson and Quintiere（1985）指出

$$q_r = \frac{\chi \times Q}{4\pi \times r^2}$$

q_r為輻射熱通量（kW/m^2）

χ為輻射係數

Q為熱釋放率（kJ/sec or kW）

r為距離火焰基座之半徑（m）

χ值範圍從0.2至0.4，這取決於燃料類型和油池直徑，為最常見燃料的輻射部分是0.3到0.35之間；而對流部分範圍從0變化到0.5之間。

在Lawson and Quintiere方程式必須符合以下條件，預測值才能接近實驗值。

$$\frac{r}{r_o} > 4$$

r為距離火焰基座之半徑（m）

r_0為從火焰基座中心之距離（m）

此外，在預測油池火災輻射熱通量，Shokri and Beyler（1989）也指出

$$q_r = 1.54 \times \left(\frac{L}{D}\right)^{-1.59}$$

q_r為輻射熱通量（kW/m^2）

D為輻射係數油池直徑（m）

L為從火焰中心之距離（m）

假使在一非圓形油池火災（Noncircular Pool Fires），其替代直徑算法可依下列方程式

$$D_e = \sqrt{\frac{4A}{\pi}}$$

D_e為非圓形油池之替代直徑（m）

A為非圓形油池之表面積（m^2）

Shokri and Beyler指出，使用此方程式必須符合$\frac{L}{D}$值在0.7到15之間。

例2：在一油池火災表面積為$1m^2$，熱釋放能量為2000kW，在距離5m處最大輻射熱通量為多少？（Fire Protection Handbook, 2008）

解：依Lawson and Quintiere方程式必須符合以下條件$\frac{r}{r_o} > 4$，因此r為5 + 0.5 = 5.5

$$\frac{5.5}{0.5} = 11 > 4 \text{（符合）}$$

$$q_r = \frac{0.4 \times 2000}{4\pi \times 5.5^2} = 2.1 kW/m^2$$

依Lawson and Quintiere方程式必須符合以下條件$\dfrac{L}{D} = 0.7 \sim 15$，因此

$$\frac{5.5}{1} = 5.5 \text{（符合）}$$

$$q_r = 1.54 \times \left(\frac{5.5}{1}\right)^{-1.59} = 1.02 \text{kW/m}^2$$

在預測可燃性氣體（Hazardous Gases）火災輻射熱通量，McGrattan等人（2000）指出

$$q_r = \frac{\chi \times Q}{4\pi \times r^2}$$

q_r為輻射熱通量（kW/m^2）

χ為輻射係數

Q為熱釋放率（kJ/sec or kW）

r為距離火焰基座之半徑（m）

χ值範圍從0.2至0.4，而氣體燃料一般為0.20較適合。

其中，$Q = m \times DHc$

m為燃料質量損失率，即燃燒速率。

DHc為燃燒熱

$$m = 0.001\frac{\Delta H_c}{\Delta H_v} \text{（kg/m}^2\text{/s）}$$

例題：實驗顯示，當油池直徑遠大於1m時，使得燃燒速率趨於定值的主要熱傳機制為何？ (A)熱傳導　(B)自然對流　(C)強制對流　(D)熱輻射

解：(D)

在輻射熱通量防火安全距離設計上，在TUKES研究報告（2013）指出，一般住宅和辦公室可承受8kW/m^2的輻射熱通量強度，但更敏感的建築物如醫院、學校、酒店等必須設計為1.5kW/m^2的標準值，以確保內部使用人員能安全避難；如圖7-14所示。

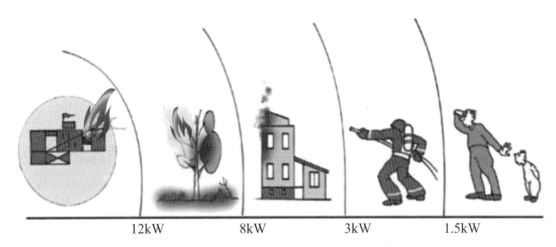

12kW　　　　8kW　　　　3kW　　　　1.5kW

圖7-14　輻射熱通量與防火距離安全設計

（資料來源：TUKES, 2013）[9]

　　而可接受安全距離Acceptable Separation Distance（ASD）方面，在建築物受熱輻射通量之可接受安全距離，是小於$31.5kW/m^2$。對於人來說，為$1.4\ kW/m^2$（Mc-Grattan et al., 2000）。

液體	燃燒速率（m）	燃燒熱	每單位面積熱釋放率（q）	可接受安全距離（ASD）		引用文獻
				建築物	人	
	$kg/m^2/s$	kJ/kg	kW/m^2	m	m	
醋酸（Acetic Acid）	0.033	13,100	400	10	90	NFPA, 1997
丙酮（Acetone）	0.041	25,800	1,100	10	250	Babrauskas, 1995
丙烯腈（Acrylonitrile）	0.052	31,900	1,700	15	390	NFPA, 1997
乙酸戊酯（Amyl Acetate）	0.102	32,400	3,300	30	750	NFPA, 1997
戊醇（Amyl Alcohol）	0.069	34,500	2,400	20	550	NFPA, 1997
苯（Benzene）	0.048	44,700	2,100	20	480	Babrauskas, 1995

（下頁繼續）

9　TUKES, "Tuotantolaitoksen sijoittaminen", Libris, 2013, pp. 52.

（接上頁）

醋酸丁酯 （Butyl Acetate）	0.100	37,700	3,800	35	860	NFPA, 1997
丁醇 （Butyl Alcohol）	0.054	35,900	1,900	15	430	NFPA, 1997
甲酚（m-Cresol）	0.082	32,600	2,700	25	620	NFPA, 1997
原油（Crude Oil）	0.045	42,600	1,900	15	430	Babrauskas, 1995
異丙苯（Cumene）	0.132	41,200	5,400	50	1220	NFPA, 1997
環己烷 （Cyclohexane）	0.122	43,500	5,300	45	1200	NFPA, 1997
2號柴油 （No. 2 Diesel Fuel）	0.035	39,700	1,400	12	320	Babrauskas, 1995
乙酸乙酯 （Ethyl Acetate）	0.064	23,400	1,500	15	340	NFPA, 1997
丙烯酸乙酯 （Ethyl Acrylate）	0.089	25,700	2,300	20	530	NFPA, 1997
乙醇 （Ethyl Alcohol）	0.015	26,800	400	10	90	Babrauskas, 1995
乙苯 （Ethyl Benzene）	0.121	40,900	4,900	40	1100	NFPA,1997
乙醚 （Ethyl Ether）	0.094	33,800	3,200	30	730	NFPA, 1997
汽油 （Gasoline）	0.055	43,700	2,400	20	550	Babrauskas, 1995
己烷（Hexane）	0.074	44,700	3,300	30	750	Babrauskas, 1995
庚烷 （Heptane）	0.101	44,600	4,500	40	1000	Babrauskas, 1995
異丁醇 （Isobutyl Alcohol）	0.054	35,900	1,900	15	430	NFPA, 1997
醋酸異丙酯 （Isopropyl Acetate）	0.073	27,200	2,000	20	460	NFPA, 1997
異丙醇（Isopropyl Alcohol）	0.046	30,500	1,400	15	320	NFPA, 1997
JP-4	0.051	43,500	2,200	20	500	Babrauskas, 1995
JP-5	0.054	43,000	2,300	20	530	Babrauskas, 1995

（下頁繼續）

（接上頁）

煤油（Kerosene）	0.039	43,200	1,700	15	400	Babrauskas, 1995
甲醇（Methyl Alcohol）	0.017	20,000	340	10	80	Babrauskas, 1995
甲乙酮（Methyl Ethyl Ketone）	0.072	31,500	2,300	20	530	NFPA, 1997
戊烷（Pentane）	0.126	45,000	5,700	50	1300	NFPA, 1997
甲苯（Toluene）	0.112	40,500	4,500	40	1000	NFPA, 1997
醋酸乙烯酯（Vinyl Acetate）	0.136	22,700	3,100	25	700	NFPA, 1997
二甲苯（Xylene）	0.090	40,800	3,700	30	850	Babrauskas, 1995

第3節　可燃氣體(1)：理化性與危險性

　　工業發展日新月異，生產設備及技術不斷更新，於半導體廠、石化廠、塗料業、樹脂業及氣體灌裝場等工業，於煉製或製造過程之24小時不停運作過程中，稍有不慎即有可能產生外洩，形成易燃易爆之工作環境，極易引起火災及爆炸之危險。

圖7-15　石化廠24小時不停運作過程中不慎易形成易爆工作環境（攝自臺中港區）

又非常普及之家用瓦斯鋼瓶或管線，於運送、處理或使用期間，若外漏即可衍生重大公安之災害事件：如1984年11月墨西哥液化石油氣（LPG）儲存爆炸500人死、1990年12月印度氣體管線大火6人死、1998年9月韓國儲槽氣體爆炸59人死、2007年2月菲律賓LPG儲槽爆炸50人死。而國內1990年4月臺中鋐光廠瓦斯氣爆40人死、1997年9月高雄前鎮LPG管線工程大火14人死、1998年高雄林園北誼興LPG分裝場爆炸4人死、2011年5月南亞廠瓦斯管線大火、同年6月苗栗長春化工廠聚乙烯醇氣爆大火、同年7月臺塑六輕廠丙烯外洩大火、同年7月臺南新力美廠環己烷等氣爆大火、2012年2月苗栗長春化工廠氣爆9人傷等，皆為顯著可燃氣體災害之公共安全事件。

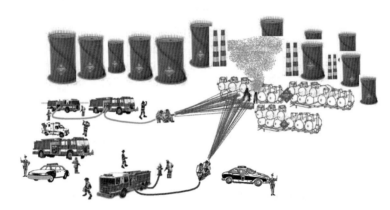

圖7-16　可燃氣體災害會顯著影響安全事件

1. 氣體理化性（Phy-chemical of Gas）

氣體為某一物質的物理狀態（Physical State），其本身無形狀亦無體積，當其占據任何容器或其他封閉體時，就取得其形狀及充滿整個容積（Entire Volume）。相對照於液體，液體本身無一定形狀但有一定體積，而固體則同時具有形狀和體積。氣體是由恆定運動（Constant Motion）的極微小粒子所組成的。這種運動影響氣體的性質和行為，如溫度愈高分子運動則愈迅速。

表7-2　物質三態之物理狀態

物質狀態	形狀	體積
氣體	×	×
液體	×	✓
固體	✓	✓

化學性質

　　氣體的化學性質在火災上十分重要，這是其可與其他物質起化學反應，從而產生潛在危險的熱量或反應產物，或產生危害人類之安全。按NFPA標準，可燃氣體在空氣中燃燒的方式與可燃液體蒸氣在空氣中燃燒的方式相同，也就是說，每種氣體僅在一定的氣體／空氣混合組成範圍內燃燒，而且僅在或超過一定溫度（起火溫度）時才起火。

　　在少數例子中，燃燒／爆炸範圍或可燃性下限值的大小，可使可燃氣體被歸類為不可燃的，因在一定條件下起火的機會很低。在這方面值得注意的是無水氨，其歸為不可燃氣體。雖然可燃液體之蒸氣和可燃氣體，二者顯示相似之燃燒特性，但閃火點是描述可燃液體的一種常見危險用語，而對可燃氣體則無實際用語。閃火點基本上是一種溫度衡量標準，在此溫度下可燃液體產生的蒸氣足以燃燒，該溫度總是低於標準沸點。可燃氣體通常在高於其標準沸點的溫度下存在，即使當氣體處於液態時也是如此（在裝運和儲存時）。

　　在烷系碳氫化合物如甲烷（CH_4）、乙烷（C_2H_6）、丙烷（C_3H_8）、丁烷（C_4H_{10}）等，分子式皆屬於C_nH_{2n+2}型。而烯系碳氫化合物如乙烯（C_2H_4）、丙烯（C_3H_6）、丁烯（C_4H_8）等，其分子式皆屬於C_nH_{2n}型。在常溫下，$C_1 \sim C_4$烷類為氣態、$C_5 \sim C_{17}$烷類為液態、C_{18}以上烷類為固態。烷類化學性質極安定，可與氧或鹵素反應，分子量愈大，分散力愈大，所以沸點也就愈高。烷類熔點大致上隨分子量增大而增加，然而這種增加不像沸點那麼有規律性；烷類分子量相同，支鏈多的沸點愈低。含碳數愈多，燃燒熱則愈大。

物理性質

　　物理性質上在火災上十分重要，因當氣體在容器中和釋出時，這些性質將影響氣體的物理行為。當在運輸、轉移和儲存期間，應將氣體完全密封在容器中。在任何情況下，氣體的數量（重量）顯得很重要，因氣體本身比液體或固體輕。將氣體盡可

能多地充裝在容器中，以便於使用。這些要求已導致氣體以氣態或液態進行運輸和儲存。區別出氣體是在液態還是氣態，這對防火和滅火措施是很重要的。

2. 氣體危險性（Basic Hazards of Gases）

2011年5月麥寮台塑公共管線LPG廠管線洩露導致大火、2011年7月麥寮發生輸送氫氣公共管線破裂引發大火及麥寮一廠輕油廠發生火勢等。對氣體危險性進行系統性評估，可區別出氣體密閉在容器內危險屬性，與氣體逸出在容器外危險屬性。

$$可燃氣體危險度 = \frac{爆炸上限 - 爆炸下限}{爆炸下限}$$

危險度數值愈大愈危險。

例1：下列氣體甲烷、乙烷、丙烷及丁烷，其危險度大小排序為何？

解： 甲烷 $= \dfrac{15-5}{5} = 2$

乙烷 $= \dfrac{12.5-3}{3} = 3.2$

丙烷 $= \dfrac{9.5-2.2}{2.2} = 3.3$

丁烷 $= \dfrac{8.5-1.9}{1.9} = 3.5$

危險度大小　丁烷 > 丙烷 > 乙烷 > 甲烷

例2：試比較丙烷、丙烯及乙烯之危險度。

解： 丙烷 $= \dfrac{9.5-2.2}{2.2} = 3.3$

丙烯 $= \dfrac{10.3-2.4}{2.4} = 3.3$

乙烯 $= \dfrac{32-3.1}{3.1} = 9.3$

以乙烯最具危險，而丙烯與丙烷危險度近乎相同。

容器內危險性（Hazards Within Containers）

氣體受熱膨脹使容器中的壓力增加，這可能導致氣體釋出（Gas Release）或容器破裂（Container Failure）。在火災期間，容器受高溫可能喪失其本身的強度而破裂。基本上，高溫對壓縮氣體和液化氣體，略有不同的影響[10]。

(1) 壓縮氣體（Compressed Gas）

壓縮氣體（完全處於氣態）如氫氣、氧氣、氮氣等，受高溫產生膨脹，並遵行氣體行為規律。在波以耳（Boyle）和查爾斯（Charles）定律，足以準確預測一般條件下壓縮氣體的行為。計算係使用國際單位制（SI-Units），溫度和壓力則使用所謂絕對值。

在上述定律公式中

T = 絕對溫度（攝氏度 + 273K）

P = 絕對壓力[11]（kPa）

V = 體積（m^3）

波以耳定律（Boyle's Law）

波以耳定律顯示，假設溫度不變，則一定質量的氣體所占體積與絕對壓力成反比，或PV = Constant

$$P_1 \times V_1 = P_2 \times V_2$$

查爾斯定律（Charles'Law）

查爾斯規律顯示，假設壓力保持不變，一定質量的氣體所占體積與絕對溫度成正比。

$$\frac{V}{T} = Constant$$

因此，大多數氣體在其實際範圍內，可近似用如下公式表示溫度、壓力和體積之間的關係：

---

[10] 一般高壓氣體依其狀態分為壓縮氣體、溶解氣體及液化氣體等；其中溶解氣體是在容器內先填入多孔性固體再注入溶劑（丙酮），再把氣體以高壓灌入成溶解氣體狀態存在容器內，如乙炔氣，若單獨將乙炔氣壓縮，則產生分解爆炸。

[11] 絕對零壓力是一個完美的真空。任何壓力小於大氣壓力是一個簡單的真空。

$$\frac{T_1}{T_2} = \frac{P_1 \times V_1}{P_2 \times V_2}$$

式中

T_1、P_1和V_1是指初始條件；

T_2、P_2和V_2是指改變條件（Changed Conditions）。

例1：假定於70℉溫度下壓縮氣體（Compressed Gas）10ft³鋼瓶，錶壓力（Gage Pressure）為1000psi，若其溫度上升至150℉，壓力將變更為多少？

解：$T_1 = 70 + 459^{12} = 529$（K）

$P_1 = 1000 + 14.7^{13} = 1014.7$（psi）

$V_1 = 10$（ft³）

$T_2 = 150 + 459 = 609$（K）

$P_2 = ?$

$V_2 = 10$（ft³）

代入公式得：

$$\frac{529}{609} = \frac{1014.7 \times 10}{P_2 \times 10}$$

$$P_2 = 1014.7 \times \frac{609}{529} = 1170$$

因此，錶壓力將為1170 − 14.7^{14} = 1155.3psi。

例2：假設於20℃溫度下壓縮氣體（Compressed Gas）2.0m³鋼瓶，錶壓力（Gage Pressure）為1200kPa，若將該氣體壓縮到1.0m³鋼瓶內並維持50℃，求此時之錶壓力？

解：$T_1 = 20 + 273 = 293$（K）

$P_1 = 1200 + 101 = 1301$

---

[12] [K] = [℃] + 273.15

[℉] = [K] × 9/5 − 459.67[K] = ([℉] + 459.67) × 5/9

[13] 1atm = 76cm − Hg = 1.03kg/cm² = 14.7psi = 101.3kPa

[14] 絕對壓力 = 錶壓力 + 1大氣壓力。

$V_1 = 2.0$（m^3）

$T_2 = 50 + 273 = 323$（K）

$P_2 = ?$

$V_2 = 1.0$（m^3）

代入公式得

$$\frac{293}{323} = \frac{1301 \times 2.0}{P_2 \times 1.0}$$

$P_2 = 2868$

因此，錶壓力將為$2868 - 101.3 = 2766.7 kPa$。

例3：假設某一天然氣儲槽的錶壓力為$5.0 kgf/cm^2$，若當時的大氣壓力為$760mmHg$，則儲槽的絕對壓力為多少kPa？

解：　大氣壓力 $= 760/760 \times 1.03 = 1.03$（$kgf/cm^2$）

絕對壓力 $= 5.0 + 1.03 = 6.03$（kgf/cm^2）

$\qquad\qquad = 6.03/1.03 \times 101.3 = 593$（$kPa$）

因此，儲槽絕對壓力為$593 kPa$。

例4：假設某一天然氣壓力儲槽內容積為$600m^3$、最高灌裝壓力為$1.2MPa$，則此儲槽可儲存之數量為多少m^3[15]？

解：　壓縮氣體儲槽儲存能力（Q, m^3），其計算式如下：

$Q = (10P + 1) \times V_1$

式中

P：儲存設備之溫度在$35°C$（乙炔氣為$15°C$）時之最高灌裝壓力值（MPa）。

V_1：儲存設備之內容積值（m^3）。

因此，$Q = (10 \times 1.2 + 1) \times 600 = 7800$（$m^3$）

例5：計算甲烷82%，乙烷15%，丙烷3%之混合氣在空氣中之爆炸下限（甲烷爆炸下限為5%，乙烷爆炸下限為3%，丙烷爆炸下限為2.1%）？

---

[15] 儲存能力：儲存設備可儲存之可燃性高壓氣體之數量。

解：依勒沙特列（Le Chatelier）定律，混合氣體燃燒上下限計算

$$混合氣體爆炸上限 M_U = \frac{1}{\dfrac{S_1}{U_1} + \dfrac{S_2}{U_2} + \dfrac{S_3}{U_3} \cdots} \times 100\%$$

$$混合氣體爆炸下限 M_D = \frac{1}{\dfrac{S_1}{D_1} + \dfrac{S_2}{D_2} + \dfrac{S_3}{D_3} \cdots} \times 100\%$$

$$= \frac{1}{\dfrac{32}{5.0} + \dfrac{15}{3.0} + \dfrac{3}{2.1}} \times 100\% = 4.4\%$$

例6：如下表某混合可燃性氣體由乙烷、環氧乙烷，異丁烷等3種可燃性氣體組成，請：(1)試計算每一可燃性氣體的危險性指標，並依危險性自高至低排列？(2)試計算此一混合氣體在空氣中之爆炸上限與爆炸下限？

物質	爆炸界限 (%)	百分比
乙烷	3.0～12.4	5%
環氧乙烷	3.6～100	75%
異丁烷	1.8～8.4	20%

解：可燃氣體危險指標 ＝（爆炸上限濃度 － 爆炸下限濃度）÷爆炸下限濃度

乙烷 ＝ $(12.4 - 3.0) \div 3.0 = 3.13$

環氧乙烷 ＝ $(100 - 3.6) \div 3.6 = 26.78$

異丁烷 ＝ $(8.4 - 1.8) \div 1.8 = 3.67$

危險性自高至低排列為環氧乙烷 > 異丁烷 > 乙烷

依勒沙特列（Le Chatelier）定律，混合氣體燃燒上下限計算

$$混合氣體爆炸上限 M_U = \frac{1}{\dfrac{S_1}{U_1} + \dfrac{S_2}{U_2} + \dfrac{S_3}{U_3} \cdots} \times 100\%$$

$$= \frac{1}{\dfrac{5}{12.4} + \dfrac{75}{100} + \dfrac{20}{3.4}} \times 100\% = 28.3\%$$

$$混合氣體爆炸下限 M_D = \frac{1}{\dfrac{S_1}{D_1} + \dfrac{S_2}{D_2} + \dfrac{S_3}{D_3} \cdots} \times 100\%$$

$$= \frac{1}{\dfrac{5}{3.0} + \dfrac{75}{3.6} + \dfrac{20}{1.3}} \times 100\% = 2.9\%$$

(2) 液化氣體（Liquefie Gas）

液化氣體如丙烷、丁烷、丙烯、丁烯、二氧化碳（非可燃性）等氣體，也包括低溫氣體（Cryogenic Gas部分液態），其比壓縮氣體有較複雜行為，因壓縮氣體受熱造成結果，是三種影響的結合。

① 氣相是與壓縮氣體（Compressed Gas）受熱產生相同的影響。

② 液體受熱試圖膨脹，使蒸氣受到壓縮影響。

③ 液體蒸氣壓隨著液體溫度升高，而增加影響。

當容器受熱時，上述三種影響結合的結果，是壓力升高。

假使液體膨脹導致容器中充滿液體（原來的氣相冷凝），則可能發生極嚴重的壓力增高現象。如此現象，在額外少量的熱就可導致壓力大量地上升。由於這種原因，需十分注意，液體會升溫至與預期環境溫度成比例（Commensurate）。因此，充填容器時，決不可超過其容納量，需留出一定氣體空間。此空間適宜數量的多少，隨著液化氣體和影響預期溫度升高的因素，而有明顯變化，這些因素依容器液溫、容器大小及容器是否保溫或是安裝在地面上或地面下。所允許的數量一般以充填密度（Filling Densities）或裝載密度（Loading Densities）表示。以重量（Weight）表示的充填密度是絕對值，即所表示的氣體重量可一直充裝於容器內。然而，以體積（Volume）表示的充填密度應受到所給定的液體溫度之限制（Qualified）。

在液化氣體充填密度（Filling Densities），比重較大物質是充填數量較多（因其液體膨脹傾向較小（Expand Less），大容器比小容器可充填更多數量，因其從大氣溫度或日光照射吸收熱量要花費較長時間。又地面下容器可充填得較多，因其環境溫度相對恆定（Constant）。而液化氣體鋼瓶之量錶，即量測容器內部之蒸氣壓大小。

在丙烷（C_3H_8）氣體密度為$44g \div 22.4L^{16} = 1.96$（g/L）；而丁烷（$C_4H_{10}$）氣

---

[16] 因一莫耳氣體在標準狀態下（0℃，1atm），體積為22.4L。

體密度為$58g \div 22.4 = 2.59$（g/L）；丙烷氣體比重（與空氣質量比）為$44g \div 28.9g = 1.52$，丁烷氣體比重為$58g \div 28.9g = 2.0$。丙烷液體比重於15℃時為0.51，而丁烷為0.58，1公升液化丙烷重量約0.5公斤（即1公斤液化丙烷容量約2公升），而1公升液化丁烷重量約0.6公斤。

例1：假設某一低溫天然氣壓力儲槽內容積為1.2×10^6L，此儲槽可儲存之數量為多少kg？

解： 低溫液化氣體儲槽儲存能力（W, kg），其計算式如下：

$W = C_1 \times w \times V_2$

式中

w：儲存設備於常用溫度時液化氣體之比重值（單位：每公升之公斤數）。

C_1：0.9（在低溫儲槽，為對應其內容積之可儲存液化氣體部分容積比之值）

V_2：儲存設備之內容積值（單位：公升）。

因此，$W = 0.9 \times 0.3 \times 1.2 \times 106 = 3.24 \times 10^5$（kg）

在壓縮和液化氣體作用是利用物質濃度（Matter Concentration），因此壓縮或液化氣體容器意味著有高強度的潛在能量釋放。容器發生事故就釋放出這些能量，通常是氣體極其迅速和激烈方式釋放至周圍環境中，並推擠（Propulsion）容器壁或使容器成碎片。壓縮氣體容器破裂的明顯特點是飛射物（Flying Missile），這比釋放氣體之後果更具危險，因這類容器中所裝載氣體量較少；而液化氣體容器破裂因膨脹可釋放出相當大氣體量。

例2：LPG之理論氣化膨脹比為多少倍？液態比重為0.6，沸點為-45℃？

解： 依理想氣體方程式

(1) P(atm)$\times$V(L) = n(mole)$\times$R(氣體常數0.082)$\times$T(K)

(2) P(kpa)$\times$V(m^3) = m(kg)$\times$R(氣體常數$=\dfrac{8.314}{n}$)$\times$T(K)

　　C_3H_8分子量44，液化體積(44g/1000L)/0.6 = 0.0733(L)

　　使用上述(1)方程式1(atm)$\times$V(L) = 1(mole)$\times$0.082$\times$228(K)

　　V = 18.7(L)

液轉氣化膨脹比 = 18.7/0.0733 = 255倍

另一算法：

丙烷1mol重量 = 44g

1L丙烷mol數 = 600/44 = 13.64

液體丙烷1mol所占體積 = 1/13.64 = 0.0733L

丙烷氣化為氣體時，可視為理想氣體

$1(atm) \times V(L) = 1(mole) \times 0.082 \times 228(K)$　$V = 18.7(L)$

液轉氣化膨脹比 = 18.7/0.0733 = 255倍

例3：依據Jone's理論，可燃性物質之爆炸下限為其理論混合比例值Cst之0.55倍，亦即LEL = 0.55Cst，請估算（詳列計算過程）丙烷（C_3H_8），苯乙烯（C_8H_8）及乙醇（C_2H_5OH）之爆炸下限為何？

解：(1)丙烷之LEL

　　　$C_3H_8 + 5O_2 \rightarrow 3CO_2 + 4H_2O$

　　　1mol C_3H_8需5mol O_2，即1mol C_3H_8燃燒需25mol空氣（假設空氣中有$1/5O_2$）

　　　1Cst = 1/(1 + 25) = 0.03846

　　　LEL = 0.55×0.03846 = 2.1%

　　(2) 乙醇之LEL

　　　$C_2H_5OH + 3O_2 \rightarrow 2CO_2 + 3H_2O$

　　　1mol C_2H_5OH燃燒需空氣15mol

　　　LEL = 0.55×1/(1+15) = 3.4%

　　(3) 苯乙烯之LEL

　　　$C_8H_8 + 10O_2 \rightarrow 8CO_2 + 4H_2O$

　　　1mol C_8H_8燃燒需10mol O_2，亦即需50mol空氣

　　　LEL = 0.55×1/(1+50) = 1.1%

例4：某液化石油之組成為乙烷10%（C_2H_6, LEL = 3%, UEL = 12.5%）；丙烷50%（C_3H_8, LEL = 2.2%, UEL = 9.5%）；丁烷40%（C_4H_{10}, LEL = 1.8%, UEL = 8.4%），請依勒沙特列（Le Chatelier）定律估算此液化石油氣之爆炸上限與爆炸下限？

解：依Le Chatelier定律混合氣體燃燒上下限計算

混合氣體爆炸上限

$$M_U = \frac{1}{\frac{S_1}{U_1} + \frac{S_2}{U_2} + \frac{S_3}{U_3}\cdots} \times 100\% = \frac{1}{\frac{10}{12.5} + \frac{50}{9.5} + \frac{40}{8.4}} \times 100\% = 9.24\%$$

混合氣體爆炸下限

$$M_D = \frac{1}{\frac{S_1}{D_1} + \frac{S_2}{D_2} + \frac{S_3}{D_3}\cdots} \times 100\% = \frac{1}{\frac{10}{3.0} + \frac{50}{2.2} + \frac{40}{1.3}} \times 100\% = 2.07\%$$

例5：所謂理論空氣量係指可燃性物質完全燃燒所需要的空氣量，如碳氫化合物完全燃燒產物為CO_2及H_2O，以丙烷為例，其完全燃燒反應式為$C_3H_8 + 5O_2 \rightarrow 3CO_2 + 4H_2O$。現有4種物質其分別為：丙烷（$C_3H_8$，分子量44g/mol）、丙酮（$CH_3COCH_3$，分子量58g/mol）、異丙醇（$CH_3CHOHCH_3$，分子量60g/mol）、甲乙醚（$CH_3OC_2H_5$，分子量60g/mol），試問當上述四種物質質量相等時，何者燃燒時具最低之理論空氣量？

解：(1)$C_3H_8 + 5O_2 \rightarrow 3CO_2 + 4H_2O$

　　　　1　　　5

　　　1/44　X/32

　　　X = 32×5/44 = 3.64

　　　即1莫耳燃燒需3.64莫耳氧氣，最低理論空氣量為18.2莫耳（假設氧氣占空氣1/5）

(2)$C_3H_6O + 4O_2 \rightarrow 3CO_2 + 3H_2O$

　　　　1　　　4

　　　1/58　　X/32

　　　X = 32×4/58 = 2.21

　　　即1莫耳C_3H_6O燃燒需2.21莫耳氧氣，最低理論空氣量為11.0莫耳

(3)異丙醇及甲乙醚分子式相同皆為C_3H_8O

　　$C_3H_8O + 4.5O_2 \rightarrow 3CO_2 + 4H_2O$

　　　　1　　　4.5

　　　1/60　　X/32

X = 32×4.5/60 = 2.4

即1莫耳C_3H_8O燃燒需2.4莫耳氧氣，最低理論空氣量為12.0莫耳

所以丙酮燃燒所需理論空氣量最少（11.0莫耳空氣）

例6：計算完全燃燒時，天然瓦斯（主成分CH_4）與液化瓦斯（主成分C_3H_8）各1立方公尺時各需多少空氣量？

解：(1)$CH_4 + 2O_2 \rightarrow CO_2 + 2H_2O$

1立方公尺甲烷完全燃燒時需2立方公尺氧氣。

$2 \times \dfrac{100}{21} = 9.52m^3$

(2)$C_3H_8 + 5O_2 \rightarrow 3CO_2 + 4H_2O$

1立方公尺丙烷完全燃燒需5立方公尺氧氣。

$2 \times \dfrac{100}{21} = 23.8m^3$

例7：計算完全燃燒時，天然瓦斯（主成分CH_4）與液化瓦斯（主成分C_3H_8）各需多少公斤氧氣量？

解：(1)$CH_4 + 2O_2 \rightarrow CO_2 + 2H_2O$

1mol甲烷完全燃燒時需2mol氧氣。

$\dfrac{2 \times 32}{16} = 4kg$代表1kg甲烷完全燃燒需4kg氧氣

(2) $C_3H_8 + 5O_2 \rightarrow 3CO_2 + 4H_2O$

1mol丙烷完全燃燒需5mol氧氣。

$\dfrac{5 \times 32}{44} = 3.64kg$代表1kg丙烷完全燃燒需3.64kg氧氣

過壓減壓裝置（Overpressure Relief Devices）

　　彈簧壓力釋放閥（Spring Loaded Pressure-Relief Valves）或防爆膜（Bursting Discs），其能將容器壓力限制在容器能安全承受範圍，在大多數壓縮氣體和液化氣體容器，有時兩者皆有裝置。然而，較小容器上有時使用易熔塞（Fusible Plugs）。這些裝置之壓力釋放觸動值（Start-to-Discharge）設定是與該容器強度有關。

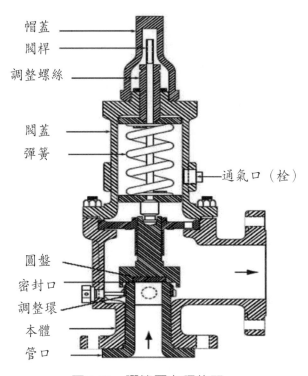

圖7-17　彈簧壓力釋放閥

（資料來源：Chemical & Process Technology, 2008）

　　大多數情況下，安全裝置之壓力緊急洩放量（Relieving Capacity）（以氣體流量表示）是基於容器暴露於火災，預期最大火災熱量輸入容器速率（Heat Input Rates）來決定。在某些例子中，如地下式（Underground）或保溫式容器（Insulated Containers），也是必須考量容器可能暴露於火災環境，所形成過大壓力狀態。

　　如上所述，這些裝置洩放容量取決於氣體的釋放量。假使液化氣體容器暴露於火災，當容器傾翻時（Tipped Over），就可能釋放出液體而不是氣體。在這種液體條件下，洩放量會降低，有時會降低至60～70%之多。但重要是，容器暴露於火災條件，必須防止容器過壓破裂，除了上述過壓洩放裝置（Overpressure Relief Device）外，尚需要其他安全措施。

　　某些有害（Poisonous）氣體和高度毒性（Toxic）氣體的容器，不得具有過壓洩放裝置，因洩放裝置過早動作（Prematurely Operating）或洩放將產生整個區域危險性（Overall Hazard），會比因過壓造成容器破壞危險性更嚴重。某些國家實務上作法，特別在亞洲和地中海地區，在液化石油氣體容器上不裝置過壓保護裝置，實際上包括住宅、商業和公共事業建築等場所，廣泛使用。這些洩放裝置動作造成氣體釋放

於建築物內部危險性，是比由過壓所造成容器損壞危險性更為嚴重。

液化氣體BLEVE（Liquefied Gas BLEVE）

　　液化氣體容器之失效（Fail）和破裂成碎片，不是稀有之事件。而沸騰液體膨脹蒸汽爆炸（Boiling Liquid Expanding Vapor Explosion, BLEVE）是一種壓力釋放（Pressure-Release）之爆炸型式。這種現象係液化氣體容器，在平時正常儲存溫度壓力從低溫氣體容器（Cryogenic Gas）之1psi（6.9kPa），到非低溫液化氣體容器之數百psi不等。

　　當外界溫度高於常溫常壓的沸點，使此類液化氣體容器形成過大壓力，如果壓力突然減小到大氣壓力（如容器失敗時），（大量的熱量實際上是「存儲」在液體形式），使得部分液體非常迅速汽化，其汽化程度與容器失效時溫度和液體沸點之間，溫度差異（Temperature Difference）成正比關係。對於許多液化易燃氣體，這種溫度差異於常溫常壓下能導致容器中約1/3液體快速急激汽化現象。

　　由於過壓洩放裝置，是設定在相當於液體溫度高於正常大氣溫度壓力時，始洩放出（以防止過早運作）。洩放裝置動作時，若容器失效破裂液體溫度高於正常大氣溫度。因此，這些條件下更多的液體被汽化，常常超過容器中一半的液體。這是常見情況，當一個容器受到火災高溫致失效破裂，剩餘的未汽化液體由熱自我吸收（Self-Extraction）作用冷卻，壓力降低到大氣壓，而冷卻到接近其正常沸點狀態。

　　大多液體汽化伴隨著大量液體蒸發膨脹（Liquid-to-Vapor），由於在容器中這種膨脹過程產生大量能量，驅使容器結構裂縫擴展（Cracks Propagation）、推進容器碎片、快速使蒸汽與大氣混合，並經火焰引燃即形成有特殊性質的火球現象（Fireball）[17]，而造成BLEVE現象，以及使其餘之較冷液體迅速霧化（Atomization）。許多霧化液滴（Atomized Droplets）當其穿越空氣時也形成燃燒。然而，這種情況並不少見，冷液體從火勢區太快推出，以致仍來不及引燃就下降到地面上，仍

---

[17] 以過熱液體種類區分，可分為三種：

①液體為水，則熾熱熔融金屬與水接觸沸騰，產生大量1700倍水蒸氣爆炸事故，或者鍋爐由過熱水引發鍋爐爆炸。

②液體為氯、氨等有毒液化氣體，則爆炸後，該有毒物質急劇蒸發，將會大範圍人員中毒和汙染環境。

③液體為碳氫化合類易燃液體，則易成為火球為特徵災害，或易燃液體急劇氣化後彌漫於空氣中形成蒸氣雲爆炸情況。

是液體形式。

容器的結構失效導致內部壓力減少到大氣壓力水平，而失效最常見原因是來自容器接觸火焰，使其金屬強度變弱，這如同鐵皮屋易因火災高溫使鋼結構軟化倒塌現象。然而，如果容器是被擊穿（Punctured）或任何其他原因失效，也會出現BLEVE情況。

BLEVE現象已經進行了大量研究，其中所述失效大多是由於金屬過熱（Metal Overheating），這來自於蒸氣空間的金屬，產生金屬拉長（Stretching）和變薄（Thinning Out），並出現縱向撕裂使金屬逐步擴大至臨界長度。此時，斷裂成為脆性化（Brittle），並沿著金屬縱向和圓周方向，以音速（Sonic Velocity）擴展，其結果使容器裂開成兩個以上碎片向外拋出。

此延伸閱讀請見本書BLEVE現象之專節詳細探討。

燃燒性爆炸（Combustion Explosions）

瞭解易燃氣體燃燒爆炸發生時間序列是重要的：

(1) 常溫常壓

某種易燃氣體或液化易燃氣體的液相，從其容器、管道或設備釋出（包括過壓洩放裝置的正常運作）。假使是液體狀態逸出，其會迅速汽化，並隨著液體轉變為氣體（Liquid-to-Vapor）而產生大量膨脹蒸氣。

(2) 空氣混合

該大量（蒸）氣體與空氣進行混合。

(3) 燃燒

該（蒸）氣體和空氣混合成某種比例（在燃燒／爆炸範圍內）隨之燃燒。

(4) 放熱

一旦引燃時易燃混合氣迅速燃燒，並迅速產生熱量。

(5) 吸熱

所產生熱量被鄰近火焰一切物質和極熱氣態燃燒產物所吸收。

(6) 膨脹

幾乎所有物質在吸收熱量時都膨脹。在鄰近火焰或熱氣態燃燒產物的物質中，膨脹程度最大的是空氣。參照本節所述氣體定律（Gas Laws），可知空氣受熱後溫度每上升237℃，其原始體積就膨脹成兩倍大。

(7) 容器內壓上升

假使空氣受熱後不能自由膨脹，如由於受限於某一室內，其結果是使該室內壓力上升。

(8) 結構體破裂

假使建築結構強度不足以承受壓力，某些部分構件將突然和迅速地移動，並脫離其原來位量，同時可聽到砰砰聲（Bang）、哇啦聲（Woosh）、隆隆聲或其他響聲。上述動作部分地描述了一次爆炸。由於是燃燒產生壓力，所以這類爆炸稱為燃燒性爆炸現象（Combustion Explosion）。

表7-3　一般常見易燃氣體之燃燒屬性

氣體類別	燃燒熱（MJ/m³）	爆炸下限（空氣中容積）	爆炸上限（空氣中容積）	比重	燃燒1m³氣體所需空氣量（m³）	起火溫度（℃）
天然氣	37.6～39.9	4.7	15.0	0.59～0.61	10.2	482～632
丙烷	93.7	2.15	9.6	1.52	24.0	493～604
丁烷	122.9	1.9	8.5	2.0	31.0	482～538
乙炔	208.1	2.5	81.0	0.91	11.9	305
氫氣	12.1	4.0	75.0	0.07	2.4	500
一氧化碳	11.7	12.5	74.0	0.97	2.4	609
乙烯	59.6	2.7	36.0	0.98	14.3	490

（資料來源：NFPA 1986, Fire Protection Handbook）

燃燒性爆炸現象是在某一封閉空間內，累積一定數量的易燃氣體／空氣混合物。此外，封閉空間的程度（Quantity）／強度的關係，必須是混合物的潛在壓力，應超過封閉物某些部件的強度；假使封閉物的強度足以承受該壓力，就不會發生燃燒爆炸。因此，在這種燃燒性爆炸現象之封閉物屬性（Enclosure Performs），能決定是否會發生爆炸。然而，大多數封閉物，是很少能足以承受這種高壓的強度。

> 例題：天然氣中主要成分為甲烷，並含少數之乙烷、丙烷及丁烷，下列關於天然氣成分之理化性質何者錯誤？　(A)甲烷沸點最低　(B)甲烷爆炸下限最高　(C)甲烷空氣密度最輕　(D)甲烷燃燒／爆炸範圍最窄

解：(D)

　　假使某封閉物在大氣壓力下充滿易燃氣／空氣混合物，爲了預防燃燒性爆炸，保持封閉物完整，依NFPA指出該封閉物可能要承受約400～750kpa壓力。假使涉及活性可燃氣體（Reactive Flammable Gas）或富氧氣體現象，則壓力甚至會更高。而一般結構依NFPA指出能耐受壓力僅約3.5～7kpa。這麼大壓力差明顯地顯示，傳統建築物牆壁即使沒有充滿易燃氣體／空氣混合物時，也是脆弱的（Vulnerable）。傳統建築結構發生燃燒爆炸時，估計受可燃混合氣占有的空間體積是低於其容積25%。這一事實不容忽視，關於爆炸發生前，假設易燃氣體／空氣混合物必須是完全充滿整個房間或建築物內部，這種說法是不正確的（Erroneous）。因此，易燃氣體／空氣混合物擴散建築物室內不到1/4空間，就能形成整個空間之爆炸現象。

　　在建築結構內部氣體累積（Gas Accumulation）機制，是受到氣體釋放率（無論是液態或氣態）、氣體密度和該建築結構通風條件所影響。典型的擴散定律（Diffusion Laws）是基於氣體極緩慢的釋放速率和空間氣密結構（Airtight Structures）條件，但這不合實際建築結構條件。由於此一原因，事實上大多數易燃氣體／空氣混合物中，約90%是空氣，其餘才是易燃氣體。此外，依Graham擴散定律指出，氣體擴散速度（r）與密度（d）平方根成反比

$$\frac{r_1}{r_2} = \sqrt{\frac{d_2}{d_1}}$$

　　由於液化氣體具有大量和迅速成爲易燃氣體／空氣混合物的潛能，考量BLEVE形成火球的情況，顯然室內火球的行爲類似於燃燒氣體／空氣混合物，位於室內容器如發生BLEVE的結果，可能是相當類似於氣體性燃燒爆炸現象一樣。

例1：求25℃及1atm之環境，天然瓦斯與液化瓦斯之洩漏時，在不考慮內部壓力，依Graham擴散定律指出何者氣體擴散速率較快，差值爲何？

解：25℃時，$V = \frac{nRT}{P} = \frac{1mol \times 0.082 \frac{L \times atm}{K \times mol} \times 298K}{1atm} = 24.4L$

天然瓦斯主要成爲CH_4之氣體密度

$\frac{16\,g}{24.4\,L} = 0.66$（g/L）

液化瓦斯主要成爲C_3H_8之氣體密度

$\frac{44\,g}{24.4\,L} = 1.80$（g/L）

$$\frac{r_{甲烷}}{r_{丙烷}} = \sqrt{\frac{d_{丙烷}}{d_{甲烷}}} = \sqrt{\frac{1.8}{0.66}} = 1.65$$

因此，一旦洩漏時，在不考慮內部壓力，以甲烷較快，相差1.65倍。

例2：在初期火災65℃及1atm之環境，作為滅火劑之CO_2與FM200之釋放時，在不考慮管內壓力，依Graham擴散定律指出何者氣體擴散速率較快，差值為何？

解：65℃時，$V = \frac{nRT}{P} = \frac{1mol \times 0.082 \frac{L \times atm}{K \times mol} \times 338K}{1atm} = 27.7L$

CO_2之氣體密度

$\frac{44\,g}{27.7\,L} = 1.59$（g/L）

FM200（CF_3CHFCF_3）之氣體密度

$\frac{170\,g}{27.7\,L} = 6.14$（g/L）

$\frac{r_{CO_2}}{r_{FM200}} = \sqrt{\frac{d_{FM200}}{d_{co_2}}} = \sqrt{\frac{6.14}{1.59}} = 1.97$

因此，一旦洩漏時，在不考慮管內壓力，以CO_2較快，相差1.97倍。

第4節　可燃氣體(2)：火災與爆炸特性

可燃氣體容器在常溫常壓下呈氣體狀態；於災害事故可分為未著火之氣體外洩與著火之自體燃燒等兩種情況。

一、氣體外洩

因難以確認氣體外洩擴散範圍與殘留區域，故區域內常有缺氧、中毒及爆炸之環境危險。如半導體廠常用之矽甲烷、三氫化砷、磷化氫等可燃及毒性氣體，於2011年6月六輕雲林廠氯乙烯外洩事件、2011年9月友達中科廠矽甲烷外洩事件等。

此外，LPG氣體外洩是國內氣體災害中較常發生，因其蒸氣比重較空氣大，易滯留在低窪處，形成爆炸性混合氣體。因此，假使是仍未著火之外洩情況，現場是處在

相當危險之潛在爆炸環境，消防人員會採取大量射水霧之戰術，消弭現場任何之起火源。

二、自體燃燒

因氣體噴出時形成火焰所引發之猛烈燃燒，如2003年3月樹林乙炔廠大火事件、2005年茂迪南科廠矽甲烷大火事件等，形成擴散性火焰燃燒情況。

此外，裝填於容器中之氣體，受熱時在一定條件配合情況，有發生物理性爆炸之可能。

1. 可燃氣體火災

(1) 無階段性

不像固體燃燒一樣，會先有預燃階段。氣體一旦洩漏於常溫下，易揮發並迅速擴大到數百倍以上，於火災發展沒有階段性，爆炸或大火於一瞬間就會波及一定面積，並擴大蔓延。

(2) 輻射熱強

氣體火焰溫度往往高於一般可燃物火災，其熱值大，產生高輻射熱，而難以趨近如關閉閥門或進行搶救情況。

(3) 破壞性大

氣體火災一旦形成爆炸，將產生強衝擊波，同時帶走了大量空氣，會先出現負壓地域，隨後周遭空氣又迅速填補，形成與衝擊波相反方向之強大抽引力，加大對現場設施之破壞性。

(4) 復燃危險性

氣體災害起火熄滅後，應關閉所有閥門，切斷氣源。倘若仍續有某處外洩，由於爆炸下限低，遇現場滅火後高溫，將會出現二次火災或爆炸現象。

圖7-18　第四類易燃液體火焰高輻射熱難以趨近關閉閥門

（攝自臺中港區）

(5) 火球（Fire Ball）現象

　　① 大量的蒸發可燃液體，突然燃燒成為球形火災。

　　② 火球之產生，是因可燃氣體外洩，受到地面等加熱而開始急速汽化。

　　③ 液化氣體蒸發後四處擴散，在開放區域形成蒸氣雲。而蒸氣雲一旦起火所產
　　　生火球。亦即，當蒸氣在大氣中擴散成蒸氣雲時，若有火源存在，起火後瞬
　　　間形成火球。

　　④ 液化石油氣體外洩時，在大氣凝縮水蒸氣而變成白色霧狀，依日本液化氣體
　　　事故調查統計，LPG外洩時有50%是瞬間起火情況，其中外洩面積在30m^{2}以
　　　下就起火燃燒，僅有7%是在外洩面積廣達10000m^{2}以上時才起火情況。

　　延伸閱讀請見下面敘述或第5章第5節BLEVE現象專節探討。

(6) 沸騰液體蒸發氣體爆炸（BLEVE）現象

　　所謂沸騰液體蒸發氣體爆炸（Bolilng Liquid Expansion Vapor Explosion,
BLEVE）是指沸騰的液化氣體，在汽化後膨脹所產生爆炸之現象。

　　① 在裝有液化石油氣之槽體遭受火災時，會使槽內壓力大幅上升。因此，安全
　　　閥即是設計用來防止氣體破裂，在過壓情況先行釋壓。

　　② 依日本實驗指出，普通壓力容器使用的13mm鋼板，其最低反作用拉力為

414MPa，而設計反作用力為100MPa，當火災溫度達690℃，大約8分鐘就能達到100MPa值。而在此溫度下，只要2分半鐘，槽體就會因壓力過高而破裂。但在實際的火災，這段時間大約要延長至10～30分鐘之危險情況。

③ 一旦部分槽體受到破壞，其內部之液體、氣體就會因壓力外洩而失去平衡。為了達到平衡，常壓高溫之液體部分只能急速蒸發成氣體。

④ 槽體之內容物，在微細化的過程中一邊與蒸氣猛烈碰撞，一旦破裂同時向外部噴出。因此時四周圍都存在火焰，所以蒸氣雲（VCE）會立即起火燃燒。此時火球會先在地表產生，隨著沸騰液體蒸發雲膨脹，而逐漸擴大成長為空中的巨大火球（Fire Ball）現象。

延伸閱讀請見第5章第5節BLEVE現象專節探討。

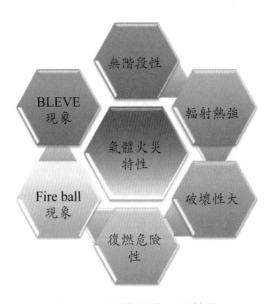

圖7-19　可燃氣體火災特性

2. 可燃氣體爆炸特性

氣體爆炸條件

(1) 氣體爆炸條件

氣體爆炸需要滿足以下條件：

① 燃燒／爆炸範圍內，氣體與空氣混合達一定濃度。

② 必須存在足夠能量可引起爆炸之起火源。

③ 空間需有某種密閉之程度。

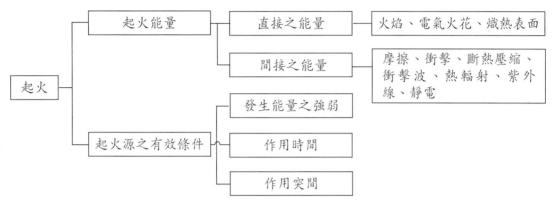

圖7-20　起火爆炸之條件

（資料來源：東京消防廳警防部）

氣體爆炸階段

(1) 可燃氣體之洩漏——第一階段

在區劃空間內洩漏之物質需達一定量。

(2) 可燃混合氣體之形成——第二階段

① 物質之蒸發與昇華及流入封閉空間內之氣體，形成可燃氣體。

② 隨著空間之容積、換氣率、氣體之種類與發生狀況，甚至是流入或外洩之狀況，使混合程度與速率有所差異。

(3) 起火（爆炸）——第三階段

① 混合氣體達到燃燒／爆炸範圍，當接受到必要能量足以產生化學反應（燃燒反應）時，即會起火燃燒。

② 燃燒／爆炸範圍及持續時間，則要視混合氣體之溫度與壓力及混合氣體中之物質、氧化劑、不可燃氣體之混合程度。

③ 考量到氣體之爆炸，一般來說，溫度、壓力上升後，燃燒／爆炸範圍也會變大。

A. 起火能量

(A) 直接能量

火焰、電氣火花、加熱面。

(B) 間接能量

摩擦、衝擊、隔熱壓縮、衝擊波、熱輻射、紫外線、靜電。

B. 起火源之有效條件

作為起火源之條件為：

(A) 能量強弱。

(B) 作用時間。

(C) 作用空間（起火容積）。

圖7-21　可燃氣體之起火源有效條件

以上條件在短時間內給予大量能量，則可稱為有效之起火源。假使起火之容積過小時，產生的火焰也不會太大並很快就會熄滅。換言之，起火時需考量到其最小容積；此即為熄滅容積。在熄滅容積以上之容積，需達到一定溫度時，才有可能使混合氣體起火燃燒。

C. 最小起火能量

(A) 使可燃性混合氣體起火燃燒時，僅使火焰產生向外傳遞反應之最小火花能源，稱為最小起火能量。

(B) 混合氣體與起火源接觸後，其熱反應之發熱速度，大於向周圍低溫移動之熱量（熱傳導），而使熱能能蓄積之最小能量。

(C) 最小起火能量隨著混合氣體之溫度、壓力、混合成分之濃度比例，而有所不同。

(D) 起火時所需之最小起火能量，其實是非常小的數字，如甲烷與氧氣之混合氣體，在一大氣壓時，在小空間最小起火能量則為0.00011cal。而此數值不過是將1mm之水僅僅加熱0.1℃時所需之最小起火能量。這麼一點點的能量，能將混合氣體加熱數百度並起火燃燒，而電氣火花是在空間更會集中能量，因此更容易使混合氣體起火燃燒。

氣體爆炸特性

所謂爆炸即是火災在氣體與空氣組成之混合氣體中，快速流動傳播現象。

(1) 化學性爆炸

可燃氣體與空氣混合後，遇火源後產生瞬間燃燒，並使燃燒反應加速進行的一種現象，同時因與反應相關物質之急速膨脹而引起周圍壓力之變化；其因燃燒反應所引起之急速壓力上升現象，形成高能量與衝擊波之爆炸現象。

(2) 物理性爆炸

可分為三種情況：

① 高壓設備管道設施之韌變、脆變或腐蝕等內部質變，所導致爆炸。

② 設備管道設施受熱輻射或傳導作用等外部高溫，造成內部液體或氣體膨脹，超過設施耐壓極限所導致爆炸。

③ 儲槽本身氣體口擴散燃燒，於物理性爆炸前具明顯徵兆，噴出火焰由紅變成青白、響聲由小變成尖銳或槽體出現顫抖現象等危險前兆，而導致槽體受高壓之物理性爆炸現象。

(3) 物理化學交互爆炸

一般發生儲槽區之連鎖式爆炸，有時先化學性爆炸，其衝擊波與高溫引起槽體物理性爆炸，然後又引起化學性爆炸，如2010年1月彰濱工業區南寶化工廠一座儲槽起火後，相繼引起另三個儲槽受熱爆炸燃燒。

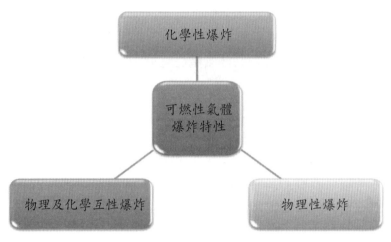

圖7-22　可燃氣體爆炸特性

　　有關爆炸類型及氣體／蒸氣爆炸，延伸閱讀請見第5章爆炸科學之專章詳細探討。

氣體爆炸現象

(1) 開放空間爆炸（戶外爆炸）

　　① 可燃氣體存在於開放空間時，若混合氣存在於半徑數公尺之小範圍內，短時間內混合氣體就會達到爆炸下限。然而，此混合氣體即使起火了，其產生之壓力波強度也不會多強。

　　② 若氣體涵蓋範圍廣達數十公尺或以上時，則爆炸損害就成了相當重要問題。在這樣情況下，評估爆炸產生損害之重點在：

　　　A. 火球之熱輻射強度。

　　　B. 壓力波之強度。

　　　C. 有無衝擊波。

　　上述三項，無論哪一個都受到混合氣體的種類、容量及起火能量所影響。

　　③ 在開放自由空間內爆炸能量之轉換，即爆炸能量產生後，會形成高壓之氣體，再由機械式的膨脹逐漸形成衝擊波，在此過程中，氣體開始膨脹會產生推進效應，衝擊波壓力會造成破壞效應。

　　④ 在開放自由空間內發生爆炸時，氣體產生膨脹並將四周空氣向外推擠。被推擠空氣屬高溫及高壓之後，則轉變為衝擊波。

⑤ 雖然衝擊波之傳遞速度較音速快，產生不連續的壓力隆起，但此時將空氣壓出之活塞動作（此為爆炸氣體），若不是非常高速，衝擊波將變成壓縮波消失。

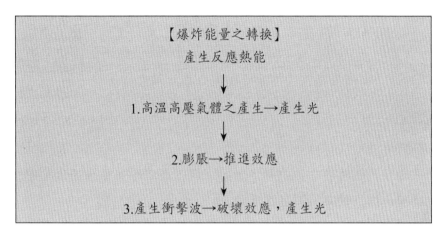

圖7-23　自由空間內爆炸能量之轉換

（資料來源：東京消防廳警防部）

(2) 密閉空間爆炸（室內爆炸）

① 當爆炸發生於密閉空間時，隨著空間之形狀及構成空間之壁面強度不同，爆炸現象也會有所不同。

② 長、寬、高比例接近1之密度空間，其氣體爆炸力之強弱，隨可燃混合氣體之分布、濃度及壁面上窗戶等強度較弱部分面積，所發生爆炸強度皆有所不同。

③ 室內氣體外洩造成之爆壓，於一般建築物，爆炸時產生壓力由窗戶、門等開口洩出。加上室內氣體濃度不均等原因，爆炸產生之壓力遠小於密閉空間爆炸時之壓力。而住宅玻璃窗戶，只要受到$10 \sim 100 \mathrm{g/cm^2}$程度的壓力就會破損。

④ 混合氣體之燃燒速度，開口處之強度及面積比例，都被認為是影響爆炸時壓力上升之主要原因，爆炸時因氣體膨脹產生之壓力，導致窗戶等結構強度較弱部份破損，氣體也由此排出，壓力不易上升。

⑤ 隨氣體種類不同，爆炸之最高壓力也有相當差異。

(3) 狹長密閉空間爆炸

① 以密閉空間中單向的狀況與其他雙向之狀況相比,當在非常大的管線或通道內爆炸時,隨氣體濃度變化,有可能會形成爆轟。

② 救災時,對氣體濃度、管線、通道之形狀及內部狀況,都是需要特別注意之處。如2014年7月高雄地下4吋丙烯管線遭不當包覆於排水箱涵內,致管壁由外向內腐蝕並日漸減薄,而無法負荷輸送管內之壓力而破損,致運送中液態丙烯外洩,引起狹長密閉空間雙向爆炸事故,致32人死亡。

氣體爆炸發展

(1) 燃燒與衝擊波合一

爆炸是一種受到衝擊波支持的高速燃燒,燃燒漸漸加速後會產生衝擊波,而衝擊波在與燃燒反應合為一體時,即爆炸現象。

(2) 壓縮波使衝擊波強化

普通燃燒變化為爆炸時,因燃燒之進行,燃燒波即火焰之波面會向未燃燒氣體中送出壓縮波,而壓縮波在重合後會逐漸變成衝擊波,呈現高溫暨高壓狀態。而此時後方之燃燒反應在進入這塊區域後,會因高溫及高壓使得反應速度加快,而火焰的行進速度也會增快。一旦火焰的速度增加,則往前送出之壓縮波也會愈來愈強,並使衝擊波受到強化。

(3) 燃燒反應前方自動起火

火焰面前方形成了強烈衝擊波,而其中央為加壓加熱狀態,一旦滿足氣體起火之充份條件後,不必等待後方之燃燒反應,中央部分就會自動起火燃燒(如圖7-24)。

(4) 火焰與衝擊波合成爆轟波

火焰面與衝擊波化合成一個波面,並發展成為爆轟波,而這就是爆炸之成立過程,由日本實驗中可得知,一旦在轉換成爆炸後不久,流動中之氣體會受到自然起火之影響,反應速度與壓力都會異常升高。

(5) 爆轟波高熱補集衝擊波能量

上述之後就會以穩定之爆轟波鋒前進:穩定後之爆轟波,如前述會以超快速度完成反應過程,由於此反應會產生非常高速之熱能,可成為衝擊波之能量補給,使衝擊波得以一定速度前進而不會衰竭。

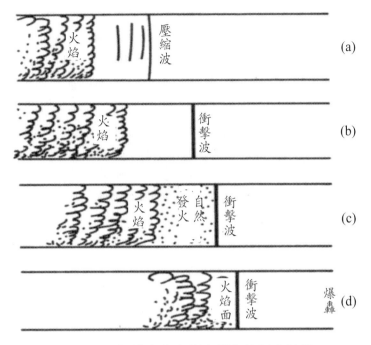

圖7-24　氣體自由空間內爆炸能量之轉換

（資料來源：東京消防廳警防部）

圖7-25　可燃氣體爆炸之概念

（資料來源：東京消防廳警防部）

氣體爆炸效果

(1) 爆炸產生破壞效果

　　① 爆炸產生之破壞效果，可用以下三個要素區別之：

　　　A. 接近爆炸中心之固體（容器或建築）因爆炸之衝擊而破損。

　　　B. 因爆炸氣體之急速膨脹，將上述碎片吹飛之推進效果。

　　　C. 同時向四周空氣推擠造成衝擊波，對遠距離也會造成影響之衝擊效果。

　　以上三項隨容器強度及爆炸強弱不同，其大小也將有所改變。

②　依據不同的爆炸形態，將有不同的破壞效果：

　　A. 炸彈形式之爆炸型態

　　　如炸彈般在非常堅固的容器中發生爆炸，在破壞容器後，因將碎片吹散至四周而耗費了大量能源，其爆轟效果未能及於遠處。

　　B. 核爆式型態

　　　主要產生爆轟效果，並伴隨著二次碎片破壞效果。

　　C. 氣體粉塵爆炸型態

　　　在高壓狀態下之氣體與粉塵，其衝擊波造成之破壞比重，大於碎片效果（最初之一次碎片效果）。

(2) 破壞之效果

　　此處所指破壞效果，即因爆炸所引起之動態效果，也就是對直接碰觸爆炸物體之固體所造成的破壞。

① 破壞效果由爆炸波之壓力決定。

② 爆炸時產生壓力，會與爆炸波互相衝擊，若再與牆壁相互碰撞後，威力將會更強大。

③ 當固體遭受此類瞬間的衝擊壓力，如彈性波、塑性波、衝擊波等射入時，則固體將變形受到壓縮而硬化及被加熱，因而產生許多破壞效果。

④ 於壁面將產生破壞性之剝落現象；此種剝落現象，內部爆炸不一定造成牆壁之破損，但外側壁面卻會破碎有碎片飛散。通常在壁面上使用弱性接著劑之物體，較易發生此種情形。

(3) 氣體膨脹造成推進之效果

　　氣體爆炸時，可分為二種型態

① 受到高溫暨高壓而急速膨脹，產生動態衝擊破壞容器。

② 壓力超過負荷強度而產生靜態破壞，此時若與外界空氣接觸，則氣體會向外急速膨脹，並伴隨著碎片或該物體之飛散。高速飛散之碎片撞擊物體時，其運動能量將對物體造成破壞效果。飛散物體之能量（W, Joul），由速度（v, m/s）與質量（m, kg）之關係計算出：

$$W = 1/2 \times m \times v^2$$

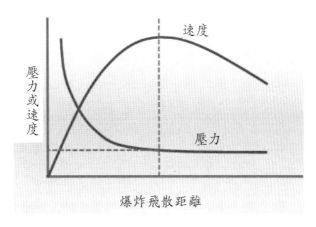

圖7-26　氣體膨脹之推進效果

（資料來源：爆炸，コロナ社發行）

(4) 衝擊波之效果

① 產生衝擊波是一樣屬於氣體爆炸之膨脹效果。在粉塵爆炸等化學性爆炸，鍋爐等物理爆炸與高壓氣管破裂時，都有可能發生衝擊波現象。此為壓力急速釋放時的共同現象。

② 由爆炸中心生成之衝擊波，其壓力如圖7-27，在經過時間與t_1、t_2、t_3距離後，壓力急速衰退，到t_6時負壓緊隨在正壓衝擊波之後方。在爆轟前進一段距離後會出現負壓情況，其氣體流動之方向與正壓部分之爆轟行進方向相反，如窗戶玻璃受到爆轟衝擊破壞後，普通來說，碎片會向前飛散。但是若爆轟破壞後室內屬於負壓部時，碎片將呈現反方向，並朝爆炸中心前進。這就可以解釋，為什麼大爆炸時，房屋與樹木之傾倒方向跟爆轟行進方向剛好相反。

③ 爆轟由爆炸中心呈球狀擴散，會呈現出反射、干涉、共鳴等波動現象。因此，當爆轟碰到障礙物反射時，爆炸中心之死角部分也有受害可能。

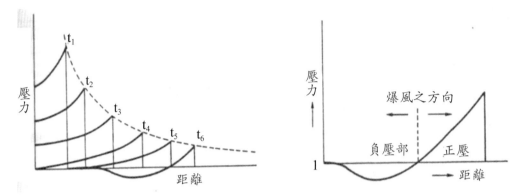

圖7-27　爆轟波隨距離減弱（左圖）；爆轟波形成負壓與正壓之曲線（右圖）
（資料來源：東京消防廳警防部）

> 例1：當鍋爐破裂回復常壓時，鍋爐內高壓高溫之水會氣化膨脹1700倍而造成蒸氣
> 　　　炸，丙烷槽車也一樣，當受熱造成槽車破裂時，高壓之液化丙烷亦會氣化
> 　　　造成蒸氣爆炸，試問理論上丙烷槽車內之液化丙烷產生蒸氣爆炸時，其膨脹
> 　　　倍數約為幾倍？（液化丙烷之比重為0.58、沸點為−45℃）

解：$V_1 = \dfrac{M}{D} = \dfrac{44}{0.58} = 78.86$ mL

$V_2 = \dfrac{nRT}{P} = \dfrac{1 \times (0.082 \times 10^3) \times (273 - 45)}{1} = 18696$ mL

$\dfrac{V_2}{V_1} = 246$

第5節　可燃氣體(3)：災害處置

　　當可燃氣體災害發生時，如未妥善進行應變及處理，災害將對救災人員及民眾安全構成莫大的威脅。因此，瞭解可燃氣體理化性與危險性，及加強災害應變之能力，降低災害對生命、財產之威脅性，研擬出完善災害處理戰略及管理體系，將是可燃氣體防災之首要任務。

洩漏處置

　　可燃氣體洩漏時，控制措施一般包括導引、稀釋和飄散氣體，以防與人員接觸，

如是在室外釋放則使氣體不致滲入建築物內，並防止氣體與起火源接觸，盡量控制逸出氣體的流動。進行氣體的導引、稀釋和飄散措施，則必須使用某種流體來作爲載體。已證明空氣、水蒸氣和水等流體，是符合實際措施的載體。

就所有切合實際的目的而言，空氣僅限用於室內情況，並是防止燃燒爆炸的通風安全措施的延伸作業。水蒸氣是透過圍繞在室外工業裝置上，以噴嘴進行分布形成所需大量水蒸氣環境。一般，噴霧形式的水，透過水槍或水炮應用的水或固定系統噴霧的水，是最常用的流體載體。應用消防水射流，基本上屬於滅火人員工作，因其有專業之要求。

逸出氣體的物理性質會影響控制作業技術。對於壓縮氣體而言，氣體密度是一個重要因素。當其是無色無臭的氣體時，控制方式就變得複雜化，因要求測量儀器使用，來確定洩漏擴散區域之危險範圍。

液化氣體本身具有一種可顯示其位置的指示功能，因液化氣體蒸發時的致冷作用，使空氣中的水蒸氣冷凝，並形成可看得見的霧。該霧氣大致確定了氣體範圍，但不可見的可燃氣體／空氣混合物，常可延伸至超出可見霧氣最遠端以外數英尺處。

非低溫液化氣體含有相當多的熱量可供蒸發，因此蒸發速率極快，以致一旦逸出與空氣或地面接觸後，就不存在液態。低蒸氣壓的非低溫液化氣體，如丁烷和氯氣，以及具有高蒸發潛熱的非低溫液化氣體，如無水氨，均屬於例外。即使是高蒸氣壓的氣體，例如丙烷當環境溫度充分低於凝固點時，也可形成地面積液區塊現象。

此外，爲瞭解洩漏氣體之屬性，首要條件是辨別洩漏是什麼？屬性爲何？屬性一般可查詢國內物安全資料表（MSDS），如以2014年高雄地下管道爆炸32人死之丙烯爲例，分子式C_3H_6，是無色可燃氣體，丙烯爲僅次於乙烯較爲簡單的烯烴結構。在大量運輸時使用加壓液化。

表7-4　丙烯物理及化學性質

外觀：壓縮氣體
可燃性：易燃氣體
氣味：微弱氣味，23ppm（偵測）、68ppm（覺察）
沸點：$-47°C$，熔點：$-185.25°C$
蒸氣密度：1.5（$21°C$, 1atm）（空氣＝1）
溶解度：與水可溶
閃火點：於常溫會被點燃，爆炸界限：2～11%

表7-5 丙烯之洩漏滅火措施

適用滅火劑：二氧化碳、化學乾粉、噴水、水霧、泡沫。
滅火時可能遭遇之特殊危害： A. 安全情況下將容器搬離火場。 B. 滅火前先關掉來源，如果不能阻止溢漏且周圍無任何危險，讓火燒完，若沒有阻止溢漏而先行滅火。氣體會形成爆炸性混合物而再引燃。 C. 隔離未著火物質且保護人員。 D. 以水霧冷卻暴露火場的貯槽或容器。 E. 自安全距離或受保護以防爆炸的地點滅火。 F. 大區域之大型火災，使用無人操作之水霧控制或自動搖擺消防水瞄，否則，盡可能撤離該地區。 G. 遠離貯槽。 H. 貯槽安全排氣閥已響起或因著火而變色時立即撤離。 I. 消防人員之特殊防護裝備：消防人員必須配戴全身式化學防護衣、空氣呼吸器（必要時外加抗閃火鋁質被覆外套）。

火災處置

1. 水線部署位置

(1) 布置消防水線時，應善用現場鋼筋混凝土牆或柱等遮蔽物，其不受爆炸所引起衝擊波、火災及飛散物品影響（以下稱為爆轟）。在屋外時，應選定無氣體滯留危險之處。

(2) 隨著氣體擴散及流動狀況不同，戶外空氣開口與出入口很容易成為爆轟之通道，所以在部署水線時應特別注意。面對氣體滯留場所之水線配置，可活用射水台座等裝備。無人射水時，應注意防止水損（Water Damage），有時必須再移動其射水位置。

2. 射水

(1) 若是對燃燒中噴出之氣體，無準備即展開射水等滅火活動，即有可能會導致二次災害之發生。所以在滅火後若不能立即停止氣體噴出，則需以防止延燒至周圍建築物為主要目標，進行射水。此外，需多加留意不對燃燒氣體造成影響之射水位置及角度。

(2) 若因火災噴出火焰而有延燒之危險時，應對該部份進行預備射水，來防止可能受高熱之延燒。此外，氣體導管等噴出壓力較高時（$1.0 \sim 1.3 kgf/cm^2$），可蓋上網眼較小之金屬網，由此進行噴霧射水，以抑制氣體火柱及防止火舌延燒，俾使滅火活動較易以有效實施。

(3) 單獨之高壓鋼瓶外洩起火時，原則上不進行射水。此外，輕率之射水將使容器表面溫度上升，噴出量增加，若鋼瓶翻倒，可能呈現液狀噴出危險情況，此時常溫氣化氣體一旦起火，火勢將會瞬間一發不可收拾。

(4) 槽體、高壓氣體鋼瓶積存處外洩起火時，為了排除誘爆之危險性，需集結必要之水線，進行大量之冷卻射水，並進行可能之鋼瓶搬移，或選擇使用無後座射水槍等無人遠距射水作業。

3. 燃燒氣體之滅火

(1) 若滅火後能立即停止氣體外洩，則可實行燃燒氣體之滅火。現場應確認氣體外洩之停止措施準備完成後，才可下令滅火。

(2) 當救災人員欲關閉燃燒中可燃性高壓氣體洩出，人員前往靠近關閉控制閥時，應使用廣角範圍（Wide-Pattern）、低速（Low-Velocity）水霧流予以冷卻防護人員前進，所射水之水霧流（Fog Curtain）位置應位於控制閥門與燃燒中火焰流出口（Burning Outlet）。當進行閥門旋轉欲關閉時，救災人員手應在此水霧流之前，而火焰流出口應在水霧流之後。

(3) 火焰由氣體導管中噴出之滅火，若氣體噴出時為低壓，且視火焰之狀況，可利用擊入木栓等方式，來緊急停止外洩，並用乾粉滅火器或噴霧射水等一次把火熄滅。

(4) 火焰由單獨之高壓鋼瓶或儲槽噴出之滅火，利用擊入木栓或關閉活門等可能方式，來停止氣體外洩，滅火時除了上述方法外，若能操作活門，也可使用關閉活門方式。

(5) 在採取滅火及停止外洩措施後，應使用儀器測定來確認現場安全性。

(6) 假使有困難去控制或關閉一可燃氣體鋼瓶火焰，此時應撤離附近人員與住居民，而救災人員則在爆炸危險區域外之安全距離，或有掩體處作警戒，使其鋼瓶氣體燃燒一直至耗完為止。

4. 特殊物質之燃燒氣體滅火

一般用於半導體之特殊物質氣體特性，有極高之毒性及可燃性，其中亦有具自然發火性或分解爆炸之可能性等。以下列舉較常見且具燃燒爆炸之主要氣體。

(1) 矽甲烷（SiH_4）

一般以液化氣體之鋼瓶儲存，主要供應於半導體、面板及太陽能等三大產業之需，為一無色、具窒息性之有毒可燃氣體，比空氣重（分子量32），爆炸界限0.8～98%，與空氣接觸會自燃，燃燒時會釋放出未結晶的二氧化矽濃煙。

① 高溫或火焰時，若鋼瓶的釋壓裝置故障可能引起鋼瓶爆炸。

② 關閉瓶閥，使用水霧以降低燃燒產物的形成。

③ 盡量於遠距離以水霧冷卻火災區鋼瓶。

④ 大部分的鋼瓶皆被設計可由瓶閥之破裂片釋放高壓氣體。假使破裂片失效，可能導致爆炸。

⑤ 針對矽甲烷的火災，水可能不是有效率的滅火劑。切勿將水柱直接噴向燃燒中的矽甲烷，因其可能形成可點火或爆炸之混合物，而增加危險。

⑥ 未關閉洩漏之氣源前，勿嘗試滅火，這將可以避免混合的可燃氣體濃度累積或再點燃的可能性。

⑦ 若是微漏，又無法止漏，對人員有危險性不大，讓洩漏之火焰自行燒完畢。

⑧ 在適當的距離噴灑大量的水以冷卻附近的鋼瓶，及洩漏鋼瓶本身，直到火焰自行燒完。

⑨ 大火時，必須在遠距離以無人操作的射水槍來冷卻火焰。

(2) 三氫化砷（AsH_3）

一般以液化氣體之鋼瓶儲存，具可燃性且能自燃，比空氣重（分子量77），是砷和氫的高毒性分子衍生物。儘管其殺傷力很強，在半導體工業中仍廣泛使用，也可用於合成各種有機砷化合物。標準狀態下，是一種無色，密度高於空氣，可溶於水及多種有機溶劑的氣體。它本身無臭，但空氣中約0.5ppm的砷存在時，它便可被空氣氧化產生輕微類似大蒜的氣味。

① 未關閉洩漏之氣源前，勿嘗試滅火，這將可以避免混合的可燃氣體濃度累積或再點燃的可能性。

② 洩漏時易形成爆炸性混合物，鋼瓶閥並無安全裝置，遇火或高熱可能會引起

鋼瓶爆炸。

③ 由於會有重新點燃之爆炸，故不能直接滅火。

④ 洩漏時會持續不散，尤其在局限空間，進入需先用偵檢器確認濃度。

⑤ 盡量於遠距離以水霧冷卻火災區鋼瓶，勿以水柱對準火焰。

⑥ 假使可以若是微漏，又無法止漏，對人員有危險性不大，讓洩漏之火焰自行燒完畢。

⑦ 在適當的距離噴灑大量的水以冷卻附近的鋼瓶，及洩漏鋼瓶本身，直到火焰自行燒完。

⑧ 大火時，必須在遠距離以無人操作的射水槍來冷卻火焰。

(3) 磷化氫（PH_3）

一般以液化氣體之鋼瓶儲存，具毒性、可燃性且能自燃，比空氣重（分子量34），爆炸下限1.8%。主要用途包括在半導體製造上做為摻雜劑及農產品薰蒸劑、滅鼠劑（可經由磷化鋁、磷化鎂或磷化鋅潮解而產生）。由於鹵化碳氫化物類殺蟲劑及甲基溴的限用，再加上半導體產品的普及化，未來預期會提高磷化氫之使用率。

① 未關閉洩漏之氣源前，勿嘗試滅火，這將可以避免混合的可燃氣體濃度累積或再點燃的可能性。

② 洩漏時易形成爆炸性混合物，鋼瓶閥並無安全裝置，遇火或高熱可能會引起鋼瓶爆炸。

③ 由於會有重新點燃之爆炸，故不能直接滅火。

④ 洩漏時尤其在局限空間，進入需先用偵檢器確認濃度。

⑤ 盡量於遠距離以水霧冷卻火災區鋼瓶，勿以水柱對準火焰。

⑥ 假使可以若是微漏，又無法止漏，對人員有危險性不大，讓洩漏之火焰自行燒完畢。

⑦ 在適當的距離噴灑大量的水以冷卻附近的鋼瓶，及洩漏鋼瓶本身，直到火焰自行燒完。

⑧ 大火時，必須在遠距離以無人操作的射水槍來冷卻火焰。

可燃氣體儲槽災害預防、緊急應變等措施，並結合民間自行管理與政府之管理，亦可降低災害發生之機會。而消防單位也應熟知轄內危險重要儲槽相關位置及可資利用之消防資源，並針對儲槽可能發生之災害定期實施演練，瞭解地形地物研擬救災方法，以期災害發生時俾能迅速有效予以控制災情。

因此，當可燃氣體災害發生時，消防人員應與相關單位密切配合，擷取災害相關之資訊，進而採取最佳之應變對策，以保護現場人員之安全。

第6節　公共危險物品(1)：特性與原則

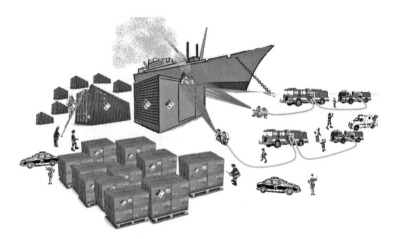

圖7-28　危險物品災害往往衍生複合性危害致消防作業難處理

1. 公共危險物品分類

公共危險物品（Hazardous Material），依美國NFPA指出，乃具有燃燒、爆炸、有毒、腐蝕、快速氧化及其他有害性質，會造成人類死亡或傷害之物品。依據「公共危險物品及可燃性高壓氣體設置標準暨安全管理辦法」第3條規定，公共危險物品分6類。

(1) 第一類危險物品（氧化性固體）：如氯酸鹽、過氯酸鹽、無機過氧化物、次氯酸鹽類等。

(2) 第二類危險物品（可燃性固體）：如黃磷、硫化磷、紅磷、硫磺、鎂粉、鋁粉、鋅粉等。

(3) 第三類危險物品（發火性液體、發火性固體及禁水性物質）：如鉀、鈉、碳化鈣、磷酸鈣等。

(4) 第四類危險物品（易燃性液體）：如特殊易燃物、第一石油類等液體。

(5) 第五類危險物品（自反應物質及有機過氧化物）：如硝基化合物、亞硝基化合物等。

(6) 第六類危險物品（氧化性液體）：如過氯酸、過氧化氫、硝酸等。

上述又依第45條規定指出：

(1) 第一類公共危險物品應避免與可燃物接觸或混合，或與具有促成其分解之物品接近，並避免過熱、衝擊、摩擦。無機過氧化物應避免與水接觸。

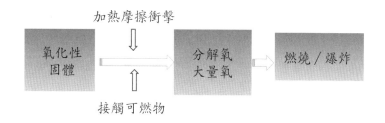

(2) 第二類公共危險物品應避免與氧化劑接觸混合及火焰、火花、高溫物體接近及過熱。金屬粉應避免與水或酸類接觸。

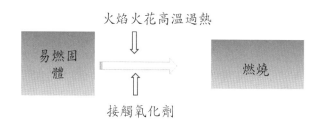

(3) 第三類公共危險物品之禁水性物質不可與水接觸。

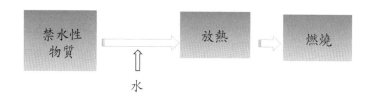

(4) 第四類公共危險物品不可與火焰、火花或高溫物體接近，並應防止其發生蒸氣。

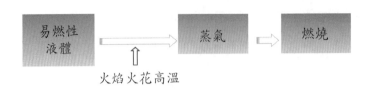

(5) 第五類公共危險物品不可與火焰、火花或高溫物體接近，並避免過熱、衝擊、摩擦。

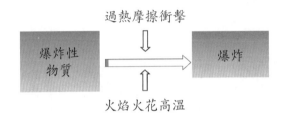

(6) 第六類公共危險物品應避免與可燃物接觸或混合，或具有促成其分解之物品接近，並避免過熱。

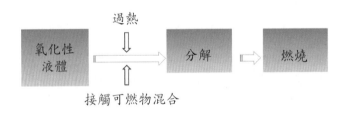

例1：下列何者為氧化性固體的特性？ (A)化學性質很穩定，氧化時需大量的氧氣 (B)化學性質很不穩定，氧化時需大量的氧氣 (C)與空氣中的水接觸時會緩慢分解 (D)遇高溫會產生劇烈的聚合反應

解：(C)

例2：依法規指出第一級氯酸鹽類管制量為50kg，請問100g氯酸鉀在環境溫度25℃，可完全分解多少公升的氧氣？

解：25℃時，$V = \dfrac{nRT}{P} = \dfrac{1mol \times 0.082\dfrac{L \times atm}{K \times mol} \times 298K}{1atm} = 24.4L$

$2KClO_3 \rightarrow 2KCl + 3O_2$

莫耳數為重量除以分子量

$KClO_3 莫耳數 = 100\,g \times \dfrac{1mol\ KClO_3}{122\,g\ KClO_3} = 0.82mol\ KClO_3$

$O_2 莫耳數 = 0.82mol \times \dfrac{3}{2} = 1.23mol$

在25℃時氧體積可生成$1.23mol \times 24.4L/mol = 30L$

2. 混合危險

　　不相容化學混合物（Incompatible Chemical Mixtures）可引起劇烈反應、爆炸、火災或產生有毒氣體。在容器內內置不相容的物質，會導致洩漏或災害。而在發生火災或其他災害，容器易於破裂，致化學物質能結合燃料，形成對救災人員之更嚴重火災或傷害。亦即混合危險為二種以上液體物質相互混合時，二者間形成混合熱使彼此分子運動加速，產生大量反應熱，導致火災或爆炸之危險。

混合危險分類[18]

(1) 混合後反應者

　　二種化學物質混合後，有些可立即反應，有些則經一段時間始生反應者，其反應情況如下：

　　① 分解、發熱而生燃燒或爆炸。

　　② 生成分解性或爆炸性反應。

　　③ 生成爆炸性化合物。

(2) 混合後不反應者

　　二種化學物質混合後，不致分解發火，但其性質改變，混合後物質更易於發火。

　　在6類公共危險物品之混合危險如表7-7所述。

---

[18] 陳弘毅、吳喨生，《火災學》（八版），鼎茂圖書出版公司，2013年3月。

表7-7   公共危險物品之混合危險

公共危險物品	第1類	第2類	第3類	第4類	第5類	第6類
第1類		×	×	×	×	×
第2類	×			○	●	×
第3類	×	×		●	×	×
第4類	×	○	●		●	●
第5類	×	●	×	●		×
第6類	×	×	×	●	×	

表中×表有混合危險者，●表有潛在危險者，○表無混合危險者。

例題：有關混合危險之敘述，何者為非？　(A)過氯酸鹽不能和汽油混合　(B)金屬鈉不能和硝酸混合　(C)金屬鈉不能和汽油混合　(D)鎂粉不能和硝酸混合

解：(C)

影響混合危險因素

在影響混合危險因素方面，如同影響粉塵爆炸或最小起火能量之因素，敘述如下：

(1) 化學組成（Chemical Composition）

二者化學組成，關係混合後反應強弱。

(2) 混合濃度（Concentration）

二者混合濃度會影響所生反應情況。

(3) 溫度與壓力（Temperature and Pressure）

依理想氣體$PV = nRT$，溫度與壓力成正相關，在溫度或壓力增高時，燃燒／爆炸範圍增加，燃燒／爆炸下限降低致最小起火能量變小。

(4) 最小起火能量（Minimum Ignition Energy）

二者混合之蒸氣或氣體之最小起火能量，是否能達到其發火或爆炸之反應能量。

(5) 空間屬性（Nature of Confining Space）

容器或槽體空間之尺寸、形狀、結構、體積、材料和設計等屬性，如有無通風孔

設計等，將會很大地改變所生反應或爆炸之影響。

因應對策

　　在管理公共危險物品方面，在國內法規首重於預防階段，因搶救階段不易搶救。在硬體方面，依三大場所（製造、儲存及處理）之位置（安全距離及防火空地）、構造（防火、輕質屋頂、不滲透地板等）及設備（粉塵蒸氣抽出設備、防止靜電、管制量達10倍避雷針）等；在軟體方面，主要設置專人管理，即管制量達30倍者應設置保安監督人，在安全管理方面則遵循勞安及工安相關法規辦理，如注意不相容物質、混合危險等相關作業標準之制訂。一旦災害發生，在消防防災計畫編組自衛消防人員及班別，進行初期快速反應等。

3. 事故特性

(1) 突發性強與爆炸

　　一般危險物品災害會因規模程度而擴展迅速，隨著危險物品種類與設施形態不同，如液體流出導致大火，甚至反應性物質形成爆炸等，併隨強烈之輻射能與衝擊波現象。

(2) 複合性危害與救災難度大

　　危險物品災害往往產生有毒氣體：於危險物品外洩或是接觸火炎時，常會因物品本身或因燃燒之緣故，衍生複合性危害如有毒、感染危害氣體，以致消防作業更難處理。

(3) 擴展迅速與搶救幅度大

　　危險物品外洩易引起火災：當危險物品脫離原來槽體或容器，成為不受管理的狀態時，就會有引發火災危險之虞。一旦出現火災後，有時也因擴散快速，使搶救活動幅度加大之情況。

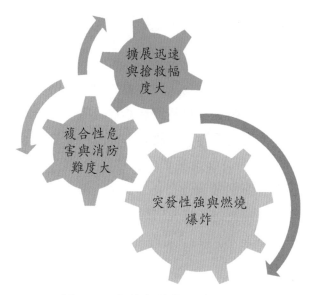

圖7-29　公共危險物品事故特性

4. 消防活動特性

(1) 掌握災害現場實況

應盡快掌握現場有無受困人員、起火物（外洩物）及其災害發生後所造成危害等資訊，來決定處理之方法。

(2) 瞭解引起災害相關物質種類

危險物品災害隨著相關物質的不同，而有不同之消防救災方式。因此瞭解引起災害之相關物質理化性，是不可欠缺之消防活動。

(3) 救出受困人員

始終以人員生命安全為首要考量，作為第一優先順序之救災作業。

圖7-30　船舶救災受困人員救出

（資料來源：美國IFSTA）

(4) 危險區域之設定及控制活動

　　以危險物品之檢測量為基準，當有爆炸、火災等危險發生時，應設為危險區域，並加強控管人員進出。此外，當有起火危險時，應嚴禁使用可能產生明火及火花之裝備器材。

(5) 火災時防止延燒及滅火

　　當建築物及危險物品起火時，首應著重於燃燒中危險物品滅火及阻止火勢之延燒。此時，在救災時應明確區分危險物及建築物所對應之單位，並配備適當之救災裝備。

圖7-31　公共危險物品事故時消防活動特性

5. 災害處理原則

(1) CSTI原則

CSTI（California Specialized Training Institute）作業是美國加州應變辦公室特別訓練中心，針對危險物品事故提出之應變策略，包括災害現場、指揮及評估災情、搶險救援和災後處置四個階段。

圖7-32　CSTI為災害現場、指揮及評估災情、搶險救援和災後處置四個階段
（作者至英國FSC訓練）

① 災害現場階段：安全、隔離與通報（S.I.N）（Safety, Isolation and Notifications）

到達事故現場第一人的職責不是貿然進入現場救災，而是在保護自身安全的前提下，迅速評估現有可用資源，確認自身及現場資源是否充足，同時禁止現場相關及非相關人員的不安全行為；對現場初步進行管制及組織人員疏散，疏散人員進行隔離和除汙，避免災情蔓延。同時，於第一時間內，用電話或其他通訊工具將現場狀況，上報單位主管和應變救援單位及請求支援。

② 指揮及評估災情階段：指揮、辨識與行動方案（C.I.A）（Command, Identification and Action Planning）

當各救災單位和人員到達事故現場後，應立即成立現場指揮中心，設於3U處（上風、上游及上坡）。各救災單位向現場指揮官（廠區指揮官、消防單位、環保單

位）報到，並提供應變資料和專業諮詢，協助建立現場指揮和管理系統；使用檢測儀器確認危險物品洩漏程度，進行風險評估，在辨識現場物質的基礎上，制定行動方案，並依據現場環境、可能造成的危害及對環境危害的評估等方面，評估正面介入的效益；在應變處置時，要遵從保護生命、環境、財產之優先作業順序制定出行動方案。

圖7-33　災害現場建立指揮和管理系統

（攝自臺中港區）

　　③ 災害搶救階段：個人防護、圍阻控制與保護行動（P.C.P）（Protective Equipment, Containment/ Control and Protective Action）

　　根據洩漏物質及現場狀況，準備應變人員的個人防護裝備，在進行災害搶救之前，必須將個人安全防護裝備穿戴整齊，才可進入現場，事後必須經過除汙後始能離開；事故現場劃分冷區、暖區、熱區和除汙通道，徹底圍堵汙染源，確實控制現場狀況、鄰近地區及環境。於搶救時，在完全防護下進行作業，避免因搶救和圍堵不當而造成汙染源擴大，而形成二次汙染。

圖7-34　危險物品災害需在完全防護下進行作業

（攝自臺中港區）

④ 災後處理階段：除汙、棄置與記錄（D.D.D）（Decontamination/Cleanup, Disposal and Documentation）

為避免汙染源擴散，除了事故現場的圍堵和控制外，災後除汙及清理工作亦應注意；救災結束後，各相關救災及防護物品，若經判斷受汙染、無法回收再利用後，必須依據有害廢棄物處理方式作處置，不得任意廢棄處置；由主管機關會同相關方面的專家進行事故調查及記錄，調查事故原因並提出建議，避免類似情形再度發生。

圖7-35　公共危險物品事故CSTI應變策略

(2) HAZMAT原則

近年來HAZMAT被美國危險物品災害應變單位，作為制定危險物品災害應變作業程序之參照。

圖7-36　危險品貨櫃發生洩漏溢出首應進行危害辨識作業程序

（攝自臺中港貨櫃碼頭）

① 危害辨識（Hazard Identification）

　　於危險物品災害發生之初期，最重要是針對災害本身做正確之瞭解與辨識，確認到底是什麼「危害物」致災？其可能之危險程度與嚴重性？如此可透過OSPCT光碟資訊系統、物質安全資料表（MSDS）、緊急應變指南、毒性化學物質防救手冊或美國進口可觀察容器外表NFPA標示等查詢相關資料，研判其火災、爆炸及健康危害。此外，初步評估洩漏量、儲存量和供應量，及掌握現場情況如時間、地點、天氣及人員傷亡等重要資訊。

　　在NFPA標示方面，等級有5級，數字大危險性愈高，其表示如下：

A. 最上端紅色為可燃性，代表火災危險程度，4為閃火點在22.8℃以下、3為37.8℃以下、2為93.3℃以下、1為93.3℃以上、0為不燃性物質。

B. 中間右端黃色為反應性，代表爆炸危險程度，4為可以爆轟、3為撞擊或受熱爆轟、2為會產生激烈化學變化、1為受熱會形成不穩定、0為穩定性物質。

C. 中間左端藍色為毒性，代表健康危害程度，4為致命、3為極端危險、2為危害到健康、1為輕微危害到健康、0為正常性物質。

D. 最下端無色為特殊危害，如OX為氧化性、Acid為酸性、Alkali為鹼性、Corrosive為腐蝕性、Use NO WATER為禁水性、Radiation hazard為放射性。

圖7-37　NFPA危險物質分類菱形標示

例1：下述何者為NFPA危險物品標示的規定？　(A)危險程度分為1、2、3、4等四
級　(B) 藍色表示毒性　(C)無色表示反應性　(D)A和B都對

解：(B)

例2：NFPA將菱形方格分割成四個小方格，並以小方格之位置及底色標示物質的
危險性，下列何者正確？
(A)可燃性標示於左方藍色小方格　(B)反應性標示於上方紅色小方格
(C)毒性標示於右方黃色小方格　(D)氧化性標示於下方無色小方格

解：(D)

例3：NFPA標示藍色1級物品的危險性為何？

(A)具刺激性，輕微影響健康　　(B)持續暴露會造成永久性傷害

(C)短時間暴露會造成永久性傷害　(D)短時間暴露會造成死亡

解：(A)

② 行動方案（Action Plan）

搶救人員嚴禁貿然進入，進入災害現場應瞭解需面對情況？會有哪些危害？需要什麼防護裝備器材？需動員多少人力及裝備？請求支援程度？需否做疏散？在衡量全盤狀況後，制定應變、堵漏滅火、個人防護和救災方案，並確定行動優先順序。而所有行動需簡明扼要，目標明確及單一；當救災資源充分時可採取主動策略，全面積極將災情控制；當救災資源匱乏時採取被動策略，先控制現場災情，以防止惡化及二次災害發生。

③ 區域管制（Zoning Area）

綜合洩漏物毒性、理化性質、燃爆性、洩漏量、天氣、風向風速及地形等條件，確定管制和疏散範圍，迅速建立管制區域，以降低危害性物質對救災與附近人員之危害。通常可分為三個區域來管制，即熱區（禁區）、暖區（除汙區）與冷區（支援區）。

圖7-38　碼頭危險品貨物洩漏除汙處理

（作者至英國FSC訓練）

④ 組織管理（Managing The Incident）

將現場人力及裝備器材資源整合組織，建立災害事件指揮體系（ICS），使各項救災任務能各司其職，並相互配合協調。指揮站應建於冷區之上風處，現場應變以人命救助為第一準則，以災情控制為第二考慮，最後才考慮財物保護。

⑤ 請求支援（Assistance）

將現場所所需裝備人員與器材，儘速請求支援。支援項目如人力、裝備、專家學者及技術資訊等有利於救災任務。

⑥ 災後復原（Terminate）

災後復原主要工作即是除汙，以消防而言，在消防救災完成人命救助與緊急搶救後，為免危害物質帶離現場，應澈底完成除汙程序。一般在災害現場因任務需要僅執行緊急除汙，待整個救災工作完成後，再進行完全除汙。因此，用足夠的水或除汙劑沖洗防護裝備及洩漏處理工具，並簡易測試是否有殘留；除汙處理後的廢棄物，應置於防滲塑膠袋或廢棄除汙容器中，待環保機關進一步處理。

圖7-39 公共危險物品事故CSTI應變策略

第7節　公共危險物品(2)：處理要點

1. 氧化性固體（第一類）

(1) 儲存設施場所之火災

所謂儲存設施，是以儲存爲主要目的之設施，如倉儲、容器或儲槽。第一類公共危險物品救災時策略如下：

① 同時多支瞄子射水抑制儲存設施之火勢。

② 射水防止火勢向周圍擴散。

③ 爲了防止因碰撞而引起衝擊，可視狀況實施水霧射水。

④ 過氧化物需特別注意其會引起爆炸現象。

(2) 處理設施場所之火災

所謂處理設施，即製造廠、處理站等以作業爲主要目的之設施，其作業時處理危險物品之設備。

① 同時多支瞄子壓制處理設施之火勢。

② 射水防止火勢延燒至其他危險物品及設備。

③ 射水防止火勢延燒至設備四周。

④ 過氧化物需特別注意其會引起爆炸現象。

(3) 輸送時車輛起火及危險物品散落路面

輸送是指利用槽車、卡車、船舶等方式載運危險物品。

① 車輛火災

A. 大量射水時，需留意氧化性危險物品由貨架落下，而與可燃性物質接觸，進而產生爆炸起火等二次災害。

B. 爲了防止氧化性危險物品因過熱而爆炸，應進行冷卻射水。

圖7-40　槽車灌裝危險物品起火

(攝自臺中港區)

  C. 載運氧化性之車輛燃油外洩時，需考慮使用油類火災之滅火之方式。

  D. 過氧化物需特別注意其會引起爆炸現象。

圖7-41　載運氧化性燃油外洩時需使用油類滅火之方式

(攝自臺中港區)

  ② 飛散路面

  為了防止第一類危險物品因受衝擊而起火，應利用水霧滅火後將其回收。

2. 易燃固體（第二類）

(1) 儲存設施場所之火災
　　① 大量水霧壓制儲存設施之火勢。
　　② 大量水霧防止火勢向周圍擴散。

(2) 處理設施場所之火災
　　① 大量水霧壓制處理設施之火勢。
　　② 大量水霧防止火勢延燒至其他危險物品及設備。
　　③ 大量水霧防止火勢向周圍擴散。

(3) 輸送時車輛起火及危險物品散落地面
　　① 車輛火災
　　　　A. 當車輛載有硫化磷、鐵粉、金屬粉或鎂等第二類危險物品時，應使用乾燥砂或是珍珠岩，來達成窒息滅火。此時，嚴禁射水滅火。
　　　　B. 如車輛燃油外洩時，需考慮使用油類火災之泡沫滅火方式。
　　② 飛散路面
　　　　A. 為了防止危險物品因自體摩擦而起火燃燒，應利用水霧滅火後，再將其回收。
　　　　B. 將硫化磷、鐵粉、金屬粉或鎂等第二類危險物品，在不蓄熱之情況下，予以分類回收。

3. 發火性固體、發火性液體及禁水性物質

(1) 儲存設施場所之火災
　　① 當危險物品屬禁水性物質時，應用乾燥粉或珍珠岩等來達到窒息滅火，控制四周擴散之火勢。
　　② 非禁水性物質時，則射水壓制火勢。
　　③ 利用射水冷卻，防止火勢擴散。

(2) 處理設施場所之火災
　　① 當危險物品屬禁水性物質時，應用乾燥粉或珍珠岩來達到窒息滅火，壓制火勢往四周擴散。

② 非禁水性物質時，則射水壓制火勢。

③ 危險物稀少時，得用高壓同時水霧射水，產生大量水霧覆蓋窒息效果。

④ 周邊建築設施發生火災時，則對建築設施進行射水。

⑤ 當設施附近存有禁水性物質時，應先確保對設施射水之飛沫，不會沾濕禁水性物質後，才可射水。

(3) 輸送時車輛起火、發散或外洩物之火災

　① 車輛火災

　　A. 車輛燃燒，但火勢尚未波及於所載運之危險物品時，應先確認危險物品之保存狀況，非禁水性物質時，可使用射水或泡沫進行滅火。但若為禁水性物質，應先確保射水之飛沫不會碰觸到禁水性物質後，才可射水。

　　B. 車輛燃油外洩時，需考慮使用可燃液體火災之滅火方式。

　② 危險物品飛散或外洩之火災

　　防止火勢向四周擴散，為消防活動重點所在。

4. 易燃液體（第四類）

(1) 儲存設施場所之火災

　① 儲槽體火災及流出

　　A. 選擇對應火災情況及第四類危險物品之泡沫滅火藥劑。

　　B. 確保泡沫之注入（放射）量與燃燒面積之固定比例。泡沫放射之基準，以放射口數來看，1平方公尺之燃燒面積每分鐘需16.6公升之3%水溶液。

　　C. 以泡沫原液量來看，1平方公尺燃燒面積需30公升原液。因此，直徑10公尺之儲槽體，需要每分鐘1310公升之放射口數以及2360公升之泡沫原液量。

　　D. 凡使用泡沫滅火方式，如儲存物為醇性物質，應使用抗醇性泡沫液。

　　E. 附近若有建築物、工作物、儲槽體等承受大量輻射熱時，為防止火勢延燒，應進行射水冷卻。

　　F. 油槽之油面絕不可射水。

　　G. 有效運用儲槽體本身固定之滅火設備。

　　H. 冷卻並注入泡沫後，由底部將油抽出。

　　I. 隨時注意沸濺及沸溢之大火現象。

圖7-42　油槽火災之油面絕不可射水

（攝自臺中港油槽區）

　　② 儲槽體外洩

　　使用可資利用之工具，採取防止外洩之緊急措施，同時利用砂土等限制流出範圍，並放射泡沫防止起火。

　　③ 倉儲之容器火災

　　　A. 壓制儲存之第四類危險物品之容器火勢。

　　　B. 利用射水防止火勢擴散至其他儲存設施。

　　　C. 凡使用泡沫滅火方式，如儲存物為醇性物質，應使用抗醇性泡沫液。

　　④ 油面擴大之火災：

　　　A. 使用泡沫時，於上風處對付火勢並集中所必要之瞄子數，同時放射，逐漸壓縮火勢。

　　　B. 當泡沫不足時，可集中力量同時使用水霧射水壓制火面上方冷卻形成窒息，若瞄子數不夠時，則已撲滅之範圍可用土砂隔開，縮減範圍逐步進行圍起火勢。

圖7-43　滅火力不足時可集中水霧壓制火面形成窒息

（作者至美國DWF訓練）

(2) 處理設施之火災

　① 加油站火災

　　　A. 若加油設施四周無發生火災，則集中泡沫壓制火勢。

　　　B. 防止火勢擴散至周圍築設施或可燃物品。

　　　C. 若四周已發生火災，則防止火勢繼續擴大。

圖7-44　加油設施火災集中泡沫壓制火勢

（攝自消防署訓練中心）

　② 製造處理廠、機械設施火災

　　設施上層開始依序進行滅火，並指示業者將操作活門等進行關閉遮斷，並移開周邊可燃物品。

A. 壓制設施內之火勢，同時防止火勢擴散至周邊的機械設施。

B. 對周邊管路或設施，進行射水冷卻。

C. 凡使用泡沫滅火方式，如儲存物為醇性物質，應使用抗醇性泡沫液。

③ 油面擴大之火災：

A. 使用泡沫時，於上風處對付火勢並集中所必要之瞄子數，同時放射，逐漸壓縮火勢。

B. 當泡沫不足時，可集中力量同時使用水霧射水壓制火面上方冷卻形成窒息，若瞄子數不夠時，則已撲滅之範圍可用土砂隔開，縮減範圍逐步進行圍起火勢。

(3) 油罐車火災及道路外洩

① 火災

A. 利用砂土，限制外洩及燃燒之範圍，並以泡沫放射滅火。

B. 對油罐車放射泡沫時，燃燒高輻射熱應穿著抗輻射熱之耐熱消防衣，並活用遮蔽物及援護射水。

C. 若火勢延燒至周圍建築物時，需利用射水來壓制火勢；當火勢有擴散可能時，則亦是使用射水來防止延燒。

② 道路流出

若流出物為油類等易起火之液體物質時，需注意防止二次災害發生，並依序下列處理：

A. 利用砂土限制流出範圍，並放射泡沫覆蓋避免起火。

B. 特殊引火物及第一石油類等易起火之危險物品，除了採取防止起火的措施，同時在可能的範圍內，進行緊急應變。

C. 防止第四類危險物品流入下水道。

D. 少量外洩時，可利用油汙處理劑進行乳化等處理。

E. 指示相關人員準備回收用之油罐車及容器。

F. 請求道路、環保單位、下水道管理人員協助。

圖7-45　利用土堆或圍欄限制流出範圍放射泡沫防止火勢擴大

（作者至美國DWF訓練）

(4) 輸送時車輛起火及道路外洩

　① 車輛火災

　　A. 利用砂土限制外洩範圍，並放射泡沫防止起火。

　　B. 滅火時，需與車輛相關人員保持緊密聯繫。

　　C. 凡使用泡沫滅火方式，如儲存物為醇性物質，應使用抗醇性泡沫液。

　② 流入水面

　　利用土堆或圍欄限制流出範圍，放射泡沫防止起火，並同時噴灑油汙處理劑。

　③ 油面擴大之火災：

　　A. 使用泡沫時，於上風處對付火勢並集中所必要之瞄子數，同時放射，逐漸壓縮火勢。

　　B. 當泡沫不足時，可集中力量同時使用水霧射水壓制火面上方冷卻形成窒息，若瞄子數不夠時，則已撲滅之範圍可用土砂隔開，縮減範圍逐步進行圍起火勢。

5. 自反應性物質及有機過氧化物（第五類）

　　緊記自我反應性物質，會因衝擊火花等微小熱能因素，而發生起火爆炸。

(1) 儲存設施場所火災

多支同時射水防止火勢向周圍擴展。

(2) 處理設施場所之火災

① 多支同時大量射水壓制火勢。

② 防止火勢向周圍擴展。

(3) 輸送時車輛起火及危險物品飛散、外洩於路面

① 車輛火災

A. 射水時，需注意第五類危險物品，可能由架上掉落受到衝擊、摩擦，進而發生爆炸之危險。

B. 適時調整水霧，避免射水衝擊力過強。

C. 利用多支同時射水冷卻的方式，防止危險物品因過熱而爆炸。

D. 當車輛燃油外洩時，可考慮使用可燃液體火災之泡沫（乾粉）滅火方式。

② 飛散、外洩於路面

為了防止第五類危險物品，因自身之衝擊而起火，可利用水霧噴濕或稀釋後再行回收。

6. 氧化性液體（第六類）

表7-8　氧化性液體中合計之必要量

品名	基準量	必要量
濃硝酸	1L（60%水溶液）	熟石灰1.0kg、重蘇打1.2kg
發煙硝酸	1L	熟石灰1.0kg、重蘇打2.2kg
氯磺醯胺	1L	熟石灰1.0kg、重蘇打2.2kg
磷酸鹽	1kg	熟石灰1.2kg、重蘇打1.7kg

（資料來源：日本新防消戰術4）

(1) 儲存設施場所之火災

① 倉儲火災

A. 射水或水霧壓制設備之火勢。

B. 防止火勢向四周擴展。

② 儲槽體外流

　　A. 運用緊急設備進行防止外流之應變措施，同時使用砂土限制流出範圍，再用熟石灰或鹼性蘇打水溶液中和。

　　B. 少量流出時，用大量清水稀釋。

(2) 處理設施場所之火災

　① 射水或水霧壓制設備之火勢。

　② 防止火勢向四周擴展。

　③ 防止火勢延燒至其他危險物品及機器設施。

(3) 輸送時車輛之火災或路面外洩情況時

　① 車輛火災

　　A. 射水時，需留意第六類危險物品，可能由架上掉落而與可燃物接觸，進而引火爆炸之危險。

　　B. 利用射水冷卻的方式，能防止第六類危險物品因過熱爆炸。

　　C. 當車輛燃油外洩時，可考慮使用可燃液體火災之泡沫（乾粉）滅火方式。

　② 路面飛散或外洩

　　A. 利用砂土限制外洩範圍，再用熟石灰或鹼性蘇打水溶液等，進行中和作業。

　　B. 少量外洩時，使用大量水進行稀釋即可。

7. 安全管理

(1) 進入爆炸、引火性氣體區域範圍

　① 現場指揮官以利用檢測氣體濃度值，配合燃燒物之類別、數量及天氣狀況等條件，迅速劃定警戒區域（氣體濃度超過爆炸下限值30%之區域）並徹底通報所有出勤救災人員，同時為了防止二次災害之發生，區域內禁止救災人員進入及用火。

　② 盡可能減少身體之外露部份。

　③ 不攜帶可能產生火花之無線電及手電筒。

　④ 原則上由上風處或高處用水霧稀釋氣體，一邊驅散氣體一邊進入。同時使用檢測器確認氣體濃度，以確保人員安全。

⑤ 爲了防止伴隨爆炸產生之壓力波與碎片造成傷害，應避開升降口、窗戶、側溝之出口處及水泥體附近，而以防火建築物爲掩蔽。

(2) 危險物品廠火災之滅火活動

① 因火勢延燒有引起二次爆炸之危險，準備不足時應避免靠近，同時有效運用瞄子等，防止救災人員遭受危險。

② 因考量有時意外爆炸會引起碎片飛散，而造成人員傷害，可多利用堅固之遮蔽物。

③ 爆炸引起火災時，需留意因管線、機器破損所造成之碎片傷害。

④ 一旦容器內之液化氣體受到加熱時，將產生火球現象，其輻射熱相當容易造成傷害。

⑤ 可燃液體、氣體由儲槽體、輸油管外洩流出且起火燃燒時，通常會伴隨著爆炸燃燒，且需注意在無防液堤之情況下，外洩油體在短時間內迅速擴散，使火災擴大。

圖7-46　油管外洩流出會在短時間內迅速擴散

（攝自臺中港區）

⑥ 儲槽體等容器內之液化氣體因火災易使溫度過高，使容器內部因壓力上升導致容器破裂。若此時氣體起火，則可能會有整團火焰噴出之情況發生。

⑦ 其他火災之滅火活動

A. 油罐車在油槽輸運油質時，多爲數台車同時進行。因此發生火災時需多加留意火焰動向。

B. 油類外流造成災害時，應慎防油體由側溝流出，使火勢延燒而超出控制範圍。

C. 第一類危險物品以高壓力量之同時射水頗有效果，而過氧化物則需特別注意其引起爆炸火災。

D. 第二類危險物品以大量水霧進行冷卻方法；但因其易生有毒氣體，需使用空氣呼吸器。

E. 第六類危險物本身不燃燒，若與有機物進行接觸混合時，將因氧化而產生有毒氣體，能腐蝕皮膚，現場救災人員應有完全著裝，及穿著防護手套。

F. 氣體外洩引起火災時，滅火活動可能使得可燃氣體向外擴散，反而造成更大傷害。此時應與相關人員合作，確認活門關閉後再行滅火。

G. 油罐車或室外儲槽發生火災時，因容器之鏡版面可能因爆炸而飛散，故一定要由容器之胴版面側展開活動。

H. 儲放硫磺粉等物質之建築物發生火災時，因有可能導致粉塵爆炸，故需以水霧進行壓制，以防止其爆炸形成之可能性。

第8節　化學運輸事故火災與爆炸

公路運輸槽車是國內相當普遍之化學品運輸方式，如今已是人們日常生活中不可缺少之能源。除了管路或鐵路運輸之外，陸路運輸主要依靠槽車，萬一槽車事故發生洩漏、火災（爆炸），不僅會危害運送人員、道路使用者、救災人員及附近人員之安全，也危及附近生態資源，更造成相當之社會成本。

圖7-47　公路運輸槽車是國內相當普遍化學品運輸方式

1. 災害特性

(1) 火災與搶救特性

① 火炬式燃燒

當油罐車在呼吸閥或量油孔等處形成穩定燃燒，隨著溫度增加，罐內壓力亦相對隨之增加，使罐內液體油質，快速轉化為氣體，呈現出帶有壓力狀之火炬式燃燒現象。

② 熱輻射能強

可燃性化學品於一旦起火燃燒後，於室外之開放環境勢必氧化快速，燃燒猛烈，呈明亮黃色火焰，溫度相當高（> 1000℃），輻射強度大，消防人員難以靠近火場，如苯類、醚類、烷類及醇類等火災。

③ 突發性強與燃燒爆炸

隨著災害不同相關物質與設施形態不同組合，化學品災害會因規模程度而擴展迅速，如液體流出導致大火，甚至反應性物質形成爆炸燃燒等情況，此時併隨高熱溫度與衝擊波。

④ 複合性危害與搶救難度大

化學品災害往往產生有毒氣體：於化學品外流或是接觸火焰時，常會因物品本身或因燃燒之緣故，衍生複合性危害如有毒氣體，以致消防作業更難處理。

⑤ 擴展迅速與搶救幅度大

化學品外流易引起火災：當化學品脫離原定保管容器，成為不受管理的狀態時，就會有引發火災危險之虞。一旦出現火災後，有時也因擴散快速，使搶救活動幅度加大之情況。

⑥ 特殊燃燒現象與救災危險高

化學槽車因載運物質不同，其燃燒態樣亦因而相異。如LPG在氣相燃燒時會呈明亮的黃色火焰，同時伴隨著刺耳的哨音，LPG在液相燃燒時呈鮮豔的橙黃色火焰並分離出碳黑；LPG在氣液兩相混合燃燒時，火焰的高度呈週期性變化；如外洩液相LPG燃燒時火焰高度比燃燒面積直徑大2～2.5倍。有些液狀化學品槽體受火災勢致壓力增加（與溫度升高成正比），一旦破裂外洩會產生液體蒸氣膨脹爆炸（BLEVE）、火球現象（Fire Ball），或重油槽體之濺溢（Slop-Over）與沸溢（Boil-Over）之大火燃燒現象，致現場救災人員之安全性受到嚴重威脅。

圖7-48　化學槽車火災及搶救特性

(2) 消防活動特性

　① 掌握災害現場實況

　　應盡快掌握現場有無上述受困人員、起火物（外洩物）為何，及其災害發生後所造成危害等情資，來決定處理之方法。

　② 救出受困人員

　　行車事故時，車輛駕駛或乘客是否受困，第一時間以人員生命安全為首要考量，作為第一優先順序之救災作業。

　③ 瞭解引起災害之物質種類

　　化學品災害隨著相關物質的不同，而有不同之處理及消防救災方式，其會有哪些危害？需要什麼防護裝備器材？需動員多少人力及裝備？。因此瞭解引起災害之該相關物質理化性，是不可欠缺之消防活動。

　④ 救災人員之適當防護裝備及申請支援

　　化學品災害隨著種類不同，其危險程度亦迥異。因應該危害物之個人防護裝備，及需要有哪些救災器材，盡速評估後，提出支援方案。

　⑤ 危險區域之設定及活動控制

　　以化學品之檢測量為基準，當有爆炸、火災等危險發生時，應設為危險區域，並加強控管人員進出。此外，當有起火危險時，應嚴禁使用可能產生明火及火花之裝備器材。通常可分為三個區域來管制，即熱區（禁區）、暖區（除汙區）與冷區（支援區）。

⑥ 防止延燒及滅火

當建築物及化學品起火時，首應著重於燃燒之化學品滅火及阻止火勢之延燒，將現場人力及裝備器材資源整合組織。具有壓力之可燃液體或氣體洩漏，需設法關斷管閥，再進行滅火。滅火時依照種類不同，一般自上風位置能用大量水霧來進行。於冷卻槽體及隔離附近設備此時，應明確區分危險物及附近建築設施所對應之救災單位，並配備適當之救災裝備。

圖7-49　化學槽車火災消防活動特性

2. 災害處理原則

(1) 選擇相應化學品種類之處置

對於化學品災害，應瞭解災害相關之物質並採取適當對應方式，進行危害辨識（Hazard Identification）確認到底是什麼「危害物」致災？其可能之危險程度與嚴重性？如此可透過OSPCT光碟資訊系統、物質安全資料表（MSDS）、緊急應變指南、毒性化學物質防救手冊等查詢相關資料，研判其火災、爆炸及健康危害，始能達到有效率的處置作業。

(2) 評估現場

初步評估洩漏量、儲存量和供應量，及掌握現場情況如時間、地點、天氣及人員傷亡等重要資訊。指揮官確認現場狀況後，整合相關人員所提供之情報，鎖定該化學品理化性。

(3) 劃定區域

事故現場僅是洩漏或是起火燃燒,來劃定相關消防警戒區。僅是洩漏時應綜合洩漏物毒性、理化性質、燃爆性、洩漏量、天氣、風向風速及地形等條件,確定管制和疏散範圍,迅速建立管制區域,以降低危害性物質對救災與附近人員之危害;通常可分為三個區域來管制,即熱區(汙染區)、暖區(除汙區)與冷區(支援區)。一旦發生火災時,盡速採取滅火相關作業。

(4) 洩漏事故行動優先順序決定

救災人員未經指揮官指示,嚴禁貿然進入,進入災害現場應瞭解需面對情況?會有哪些危害?需要什麼防護裝備器材?需動員多少人力及裝備?請求支援程度?需否做疏散?在衡量全盤狀況後,制定應變、止漏滅火、個人防護和救災方案,並確定行動優先順序。

(5) 集結必要人員及救援設備

化學品災害隨種類迥異,必須選擇相對應之特殊裝備與救災單位、器材,先控制現場災情,以防止惡化及二次災害發生。為了有效壓制災害,應早期選定,集結必要人員及相對應器材。

(6) 有效運用相關人員及相關機構

在化學品災害中,若靈活運用合適戰術及器材,將產生顯著的效果。當消防機關未持有特殊裝備及器材時,應盡速向有關單位、人員及器材持有者調度使用,並盡速提出支援申請。

(7) 徹底實行安全管理

由於化學品之災害,通常發展及擴大會相當迅速,應藉由災害發展等情勢來判斷現場情形,並全力防止二次災害之發生。又因人員恐受到單一局勢之特殊情況影響,而降低對四周的警覺性。因此,應與其他機關交換情報,保持團隊合作並隨時注意災害可能發展最新狀況。

3. 災害滅火活動

(1) 現場為輸送槽車之設備、管線洩漏火災

① 判斷化學品為哪一類公共危險物品。

② 以水霧冷卻設備及隔離附近設備。

③ 設法關斷液體管閥，以水霧保護作業人員。

④ 視哪一類公共危險物品及火勢大小，以適用滅火器或水霧、泡沫等，自上風位置進行滅火。

⑤ 確認全部火焰完全熄滅，方可停止滅火工作。

⑥ 再確認液體管閥或設備，確已關閉或止漏。

⑦ 利用水霧冷卻設備至常溫。

⑧ 如有波及鄰近設施，則先設法關斷洩漏源並予滅熄後，再搶救附近設施火焰。

⑨ 人員進行關斷洩漏源時，應先進行掩護水霧射水，降低火焰與輻射熱，確保作業人員之安全。

⑩ 凡使用泡沫滅火方式，如儲存物為醇性物質，應使用抗醇性泡沫液。

(2) 現場為槽車體火災

① 法蘭、閥類及管線等小量外洩火災時

A. 利用適用之滅火器進行滅火。

B. 關斷來源。

C. 如無法關斷應設法止漏。

② 法蘭、閥類及管線等破裂大量外洩火災時

A. 水霧冷卻槽體及隔離冷卻附近設施。

B. 由槽車側面接近，勿由槽車兩端接近。

C. 以適用之滅火器、大型乾粉滅火。

D. 或以泡沫滅火（限可燃液體火災）。

E. 大量水霧繼續冷卻至常溫。

F. 設法止漏。

③ 槽體暴露在火焰

A. 判斷化學品為哪一類公共危險物品。

B. 以大量水霧冷卻槽體及隔離冷卻附近設備。

C. 設法關斷液體來源（緊急遮斷閥、超流閥）。

D. 依危險物品之性質，考量以自動搖擺瞄子出水冷卻。

E. 考量是否能以泡沫等進行滅火。

F. 凡使用泡沫滅火方式，如儲存物為醇性物質，應使用抗醇性泡沫液。

G. 安全閥發出急速聲響或槽體高溫變色時，人員應立即疏散。

H. 遠離槽車兩端。

(3) 可能爆炸之滅火活動

① 槽車發生火災時，因橫式容器二端之鏡版面，即面對車頭和車尾方向之窄面，承受的爆炸力和衝擊波最大，可能因爆炸而飛散，故一定要由容器之胴版面（長面）側展開活動，最佳部署於車頭方向之45度或135度位置。

② 從上風或側風方向接近火場，要選擇好地形地物隨時能遮掩身體，救災人員站位不得高於槽體水平中心線之上，以免受槽體可能爆炸之威脅。

③ 根據火場情況，進入火場滅火人員盡量精簡，進入現場消防車及指揮車等一切救災車輛，需車頭朝向現場外並盡可能能便於撤離之位置。

④ 盡可能利用現場地形地物，採取低姿勢射水，並注意一旦有危險狀況時之緊急退路之可能路線。

⑤ 考量無人操作之地面自動搖擺式瞄子或長距離之射水槍等裝備，避免遭遇可能之爆炸危險。

⑥ 設立現場觀察人員，注意火勢可能變化，及場內救災人員活動，現場指揮官需及時地掌握火場各種資訊，監視風力和風向，根據火場情況之變化，一旦出現槽體或容器有爆炸徵兆，即果斷下達緊急撤退命令。

圖7-50　注意槽體或容器有爆炸徵兆下達緊急撤退命令

（攝自臺中港區）

4. 公共危險物品類別處理要點

(1) 氧化性固體（第一類）消防活動要點

① 車輛火災

A. 射水時，需留意氧化性危險物品由貨架落下，而與可燃性物質接觸，進而產生爆炸起火等二次災害。

B. 為了防止氧化性危險物品因過熱而爆炸，應進行冷卻射水。

C. 載運氧化性之車輛燃油外洩時，需考慮使用油類火災之滅火之方式。

② 飛散路面

為了防止第一類危險物品因受衝擊而起火，應利用水霧滅火後將其回收。

(2) 易燃固體（第二類）消防活動要點

① 車輛火災

A. 當車輛載有硫化磷、鐵粉、金屬粉或鎂等第二類危險物品時，應使用乾燥砂或是珍珠岩，來達成窒息滅火。此時，嚴禁射水滅火。

B. 如車輛燃油外洩時，需考慮使用油類火災之滅火方式。

② 飛散路面

A. 為了防止危險物品因自體摩擦而起火燃燒，應利用水霧滅火後，再將其回收。

B. 將硫化磷、鐵粉、金屬粉或鎂等第二類危險物品，在不蓄熱之情況下，予以分類回收。

(3) 發火性固體、發火性液體及禁水性物質（第三類）消防活動要點

① 車輛火災

A. 車輛燃燒，但火勢尚未波及於所載運之危險物品時，應先確認危險物品之保存狀況，非禁水性物質時，可使用射水或泡沫進行滅火。但若為禁水性物質，應先確保射水之飛沫不會碰觸到禁水性物質後，才可射水。

B. 車輛燃油外洩時，需考慮使用可燃液體火災之滅火方式。

② 危險物品飛散或外洩之火災

防止火勢向四周擴散，為消防活動重點所在。

(4) 易燃液體（第四類）消防活動要點

　① 油罐車火災及道路外洩

　　A. 油槽體火災

　　　(A) 利用砂土，限制外洩及燃燒之範圍，並以泡沫放射滅火。

　　　(B) 對油罐車放射泡沫時，燃燒高輻射熱應穿著抗輻射熱之耐熱消防衣，並活用遮蔽物及援護射水。

　　　(C) 若火勢延燒至周圍建築物時，需利用射水來壓制火勢；當火勢有擴散可能時，則亦是使用射水來防止延燒。

　　　(D) 凡使用泡沫滅火方式，如儲存物為醇性物質，應使用抗醇性泡沫液。

　　B. 道路流出

　　　若流出物為油類等易起火之液體物質時，需注意防止二次災害發生，並依序下列處理：

　　　(A) 利用砂土限制流出範圍，並放射泡沫覆蓋避免起火。

　　　(B) 特殊引火物及第一石油類等容易起火之危險物品，除了採取防止起火的措施，同時在可能的範圍內，進行緊急應變。

　　　(C) 防止第四類危險物品流入下水道。

　　　(D) 少量外洩時，可利用油汙處理劑進行乳化等處理。

　　　(E) 指示相關人員準備回收用之油罐車及容器。

　　　(F) 請求道路、環保單位、下水道管理人員協助。

　② 車輛起火及道路外洩

　　A. 車輛火災

　　　(A) 利用砂土限制外洩範圍，並放射泡沫防止起火。

　　　(B) 滅火時，需與車輛相關人員保持緊密聯繫。

　　　(C) 凡使用泡沫滅火方式，如儲存物為醇性物質，應使用抗醇性泡沫液。

　　B. 流入水面

　　　利用土堆或圍欄限制流出範圍，放射泡沫防止起火，並同時噴灑油汙處理劑。

　③ 油面擴大之火災

　　A. 使用泡沫時，於上風處對付火勢並集中所必要之瞄子數，同時放射，逐漸壓縮火勢。

　　B. 當泡沫不足時，可集中力量同時使用水霧射水壓制火面上方冷卻形成窒

息，若瞄子數不夠時，則已撲滅之範圍可用土砂隔開，縮減範圍逐步進行圍起火勢。

(5) 自反應性物質及有機過氧化物（第五類）之消防活動要點

緊記自我反應性物質，會因衝擊火花等微小熱能因素，而發生起火爆炸。

① 車輛火災

A. 射水時，需注意第五類危險物品，可能由架上掉落受到衝擊、摩擦，進而發生爆炸之危險。

B. 適時調整水霧，避免射水衝擊力過強。

C. 利用射水冷卻的方式，防止危險物品因過熱而爆炸。

D. 當車輛燃油外洩時，可考慮使用可燃液體火災之泡沫（乾粉）滅火方式。

② 飛散、外洩於路面

為了防止第五類危險物品，因自身之衝擊而起火，可利用水霧噴濕或稀釋後再行回收。

(6) 氧化性液體（第六類）之消防活動要點

表7-9　氧化性液體中合計之必要量

品名	基準量	必要量
濃硝酸	1L（60%水溶液）	熟石灰1.0kg、重蘇打1.2kg
發煙硝酸	1L	熟石灰1.0kg、重蘇打2.2kg
氯磺醯胺	1L	熟石灰1.0kg、重蘇打2.2kg
氧鹽化磷	1kg	熟石灰1.2kg、重蘇打1.7kg

① 車輛火災

A. 射水時，需注意第六類危險物品可能由架上掉落而與可燃物接觸，進而引火爆炸之危險。

B. 利用射水冷卻的方式，能防止第六類危險物品因過熱爆炸。

C. 當車輛燃油外洩時，可考慮使用可燃液體火災之泡沫（乾粉）滅火方式。

② 路面飛散或外洩

A. 利用砂土限制外洩範圍，再用熟石灰或鹼性蘇打水溶液等，進行中和作業。

B. 少量外洩時，使用大量水進行稀釋即可。

5. 安全管理

(1) 槽體燃燒爆炸前徵兆

① 燃燒中火焰發白且變亮，使人產生刺眼感覺。一般化學品在火災情況下會出現高溫裂解，產生碳粒子。碳粒子在一般火焰溫度（700～800℃）時呈現紅光，火焰溫度至900～1000℃呈現黃光，一旦火焰溫度超過1000℃高溫時，這些碳粒子就會發白、變亮，給人的視覺造成刺眼的感覺。

② 安全閥和排出閥等洩放孔發出刺耳的嘯叫聲。火場上溫度比一般可燃物高出許多，溫度升高使槽體氣體體積膨脹，為了保持槽內的安全壓力，槽內的膨脹氣體會大量外洩，通過安全閥和排空閥等泄放孔的氣體流速就會大幅度增高，液相化學品越快轉變為氣相狀態，溫度愈高造成壓力愈高，從而發出刺耳之嘯叫聲。

③ 金屬槽體變形、抖動，並且發出響聲。當槽罐所承受的主應力超過物質屈服極限時，通常會發生較大變形。與其相連之管道、閥門、基礎相對變形，發出響聲。

④ 火焰結構增大、發亮、變白，火舌形似火箭，煙色由濃變淡。

⑤ 金屬罐壁顫抖，槽體發出強烈的雜訊。此外，現場還有可能發出另一種劇烈「嘶嘶」聲。

圖7-51　第一線人員隨時注意火焰結構變化

（作者至美國DWF訓練）

(2) 進入爆炸、引火性氣體區域範圍

 ① 現場指揮官以利用檢測氣體濃度值，配合燃燒物之類別、數量及天氣狀況等條件，迅速劃定警戒區域（氣體濃度超過爆炸下限值30%之區域）並徹底通報所有出勤救災人員，同時為了防止二次災害之發生，區域內禁止救災人員進入及用火。

 ② 盡可能減少身體之外露部份。

 ③ 不攜帶可能產生火花之無線電及手電筒。

 ④ 原則上由上風處或高處用水霧稀釋氣體，一邊驅散氣體一邊進入。同時使用檢測器確認氣體濃度，以確保人員安全。

 ⑤ 有些化學品易產生凍傷，如LPG洩漏時由液態迅速揮發成氣態，從周圍吸收大量熱量，產生結霜冰凍。假使接觸或噴到人體上，易產生凍傷。

(3) 化學品火災之滅火活動

 ① 密切注意燃燒及爆炸前兆情況，防止爆炸造成救災人員傷亡。

 ② 因火勢延燒致槽體溫度和壓力都會急劇上升，如因冷卻水源不足，冷卻不充分，有引起二次爆炸之危險，準備不足或水量不足時應避免靠近，同時有效運用瞄子射水霧等，防止救災人員遭受危險。

 ③ 因考量有時意外爆炸會引起碎片飛散，而造成人員傷害，可多利用堅固之遮蔽物。

 ④ 爆炸引起火災時，需留意因管線、機器破損所造成之碎片傷害。

(4) 一旦容器內之液化氣體受到加熱時，將產生火球（Fire Ball）現象，其輻射熱相當容易造成傷害。

(5) 槽體等容器內之液化氣體因火災易使溫度過高，使容器內部因壓力上升導致容器破裂。若此時氣體起火，則可能會有整團火焰噴出之情況發生。

(6) 油罐車在油槽輸運油質時，多為數台車同時進行。因此發生火災時需多加留意火焰動向。

(7) 油類外流造成災害時，應慎防油體由側溝流出，使火勢延燒而超出控制範圍。

(8) 氣體外洩引起火災時，滅火活動可能使得可燃氣體向外擴散，反而造成更大

傷害。此時應與相關人員合作，確認活門關閉後再行滅火。

(9) 滅火後槽體壁面繼續冷卻至常溫。

第9節　沸溢與濺溢現象

　　沸溢（Boilover）與濺溢（Spillover or Slopover）是重質油類火災中所常出現特有臨界燃燒現象，其發生意即災害層面升級擴大（Upgraded），是油類火災最嚴重的一種行為。在油槽發生火災時，於一定條件下燃燒狀態會急劇變化，從容器中突然大量噴溢出來而形成巨大火柱，並造成更大之二次災害。事實上，沸（濺）溢現象發生，不僅造成搶救人員傷亡及消防車輛器材毀損，還可能直接引燃鄰近儲槽等設施，使火災整體情況難以控制；如1983年8月英國South Wales Amoco煉油廠大型油槽火災，發生沸（濺）溢噴出高達300多公尺；1989年8月中國大陸山東黃島油庫遭雷擊，燃燒數十分鐘後發生沸（濺）溢造成3400平方公尺大規模火災，搶救中計有10輛消防車燒毀、19名消防及搶救人員犧牲；2003年日本北海道一煉油廠於沸（濺）溢火災後，動用140名消防人員、45輛消防車，歷經8小時仍無法控制。

　　在台灣石油產業頗具規模，以台中港地區而言油類儲槽即高達150座，然而無論是天然（地震、颱風、雷擊等）或人為潛在因素所造成火災，將具有大規模危害與搶救困難（Fire Uncontrollable）等特性，且其狀況突然極易使現場搶救人員造成傷亡及現場裝備損失。由於沸（濺）溢之非穩態燃燒形成過程和內在機制複雜性，包含種種熱傳、質傳（Mass Circulation）及多相流等方面問題，目前各國學者仍持續實驗研究。因此，本章網羅國外相關文獻，在執行此類火場搶救勤務時，提供國內第一線人員對如此致命現象能作出正確把握，其發生前徵兆、機制與因應對策等，作了進一步探討解析，俾其現場活動時潛在危險狀態，能安全地暨有效地進行消防作業。

圖7-52 沸溢與濺溢是重質油類火災特有現象

1. 發生因素

導致火災中重質油類（Heavy Oil），如原油、燃料油、瀝青、潤滑油或蠟油等）發生沸（濺）溢的因素有很多，在執行搶救之消防單位，所使用含水滅火劑如空氣泡沫滅火決策應有所注意，沸（濺）溢發生主要因素如下：

(1) 輻射熱作用

重質油類火災之輻射熱，其熱回饋（Radiation Feedback）不斷在油質表面，隨著加熱時間經過，受熱之液層亦愈來愈厚，溫度亦隨之增加，一旦達到沸點時，燃燒中油類就沸騰（Oil Burning）而發生沸溢現象（Boilover）。

(2) 熱波作用

輕質油類（Light Oil）火災往往能迅速形成穩定燃燒；而重質油類火災中沸點低輕餾分會形成蒸氣，離開油表面與空氣結合燃燒掉，而沸點高重餾分則逐漸下沉並把熱量帶至下面，在液位下形成一熱層鋒面，當繼續燃燒時，此熱鋒面亦沉降下部冷油中，這一現象稱為熱波（Hot Zone, Hot Wave or Isothermal Layer）。輻射熱與熱波是一共同作用（Interaction），使重油快速達到其沸點而發生沸溢現象。

圖7-53　重油熱波作用

(3) 水蒸氣作用

重質油類中本身含有一定量水分，一般以乳化水（即自由水）、水墊層（Water Sublayer）二種形式存在。在火焰熱輻射、液位熱對流及槽壁熱傳導（Thermal Conductivity）作用下，因此產生二種不同燃燒特性。燃燒中由於熱波（其溫度遠高於水沸點）影響，會使乳化水被汽化沸騰成水蒸氣。熱波溫度由150℃上升至315℃，其由於熱波溫度遠高於水沸點，會使油中乳化水氣化，大量水蒸氣作用要穿過油層向液位上浮出而形成氣泡，使液體體積膨脹並向外溢出，同時部分未形成泡沫油質也被下面蒸氣膨脹力湧出槽體外部。

然而，水一旦被汽化，其體積膨脹，蒸汽壓亦相應增大，當超過油類液壓時水蒸氣會向上逸出並形成大量汽泡（Vapour Bubbles），蒸汽泡沫被油膜包圍形成油泡沫，如此使油體劇烈膨脹，超出容器所能容納時，就向外溢出（Spray Out）而形成所謂沸溢現象。又隨著燃燒進行，上輕餾分（Light Fractions）蒸發燃燒，重質餾分因溫度沒有達到沸點而無法汽化，則攜帶其吸收熱量向液體深層沉降形成高溫油層，熱波並逐漸加熱冷的液層。因熱波會繼續傳導向下移動，其移動速度大於燃燒速度，當遇到槽底之水墊層（Water Sublayer），在油類槽體可能防水防雨措施不完善或儲槽中油類靜止後，因比重差異性使油水逐漸分離，部分水往下沉降槽底形成水墊層），大量水體積膨脹（1700倍）變成巨量水蒸氣，並聚集在油層與水墊層之間，

一旦蒸汽壓超過上部油層重量時，即衝破油層向上猛烈噴出（Violent Ejections），而形成所謂濺溢現象（Spillover or Slopover）。

　　所以在滅火過程，因射水使用不當或泡沫滅火一次不能將火撲滅時，在槽內液體已形成高溫層條件下，射進水分或泡沫在熱油中就會迅速被汽化，導致如此二種危險現象產生。

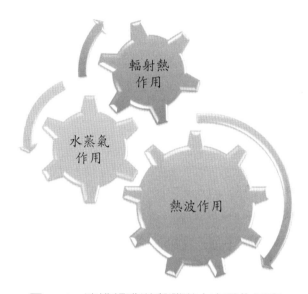

圖7-54　油槽類沸溢與濺溢大火發生因素

例題：下列何種油類儲槽發生火災時，若無法迅速滅火，在油槽表面高溫油處進行泡沫放射後，會產生所謂的濺溢（slopover）現象？
　　　(A)原油　(B)重質油　(C)中質油　(D)輕質油　(E)特輕質油

解：（AB）

2. 發生階段

　　一般而言，以輕質油類作比較，汽油、煤油等著火後，火焰產生的輻射熱（Radiation）是槽內油加熱的主要熱源。輻射熱使油表面加熱到該沸點產生油蒸氣（Fuel Vapour），從而維持燃燒的進行。於初期槽內油表面被加熱層的厚度很薄，油的蒸發速度迅速增加，火焰發展迅速。於經過很短時間的燃燒即過渡到中期，此時燃燒速

度比初期大但趨於穩定。而最後因油量整體持續減少而進入晚期，此時油面所接受的
輻射熱不僅不能使油面加熱厚度增大，反而使輕質油類的燃燒速度下降，火焰高度及
溫度下降，使油槽火災進入衰退期。

　　而重質油槽（油池、油庫或油罐車）的火災則與上述輕質油類不同，油槽著火
後冒出濃濃的黑煙，隨著燃燒的繼續，非但沒有「衰落」，其輻射熱通量突然增加
（Intensified Heat Radiation），同時噴濺出著火油（Spillage Burning Material）
可以落到更高暨更遠處之沸（濺）溢現象。由國外實際火災觀察出，燃燒的重質油發
生沸（濺）溢現象時，能將燃燒的油噴濺到70～120m之外，在順風方向可達150m；
而噴出火柱（Burning Ejection）高度可達到80m。因此，基本上重質油類燃燒可分
為三個階段：

沸溢

圖7-55　沸溢火焰因吸氧呈現脈動現象

(1) 初期階段

　　於著火後30min以內，此期火勢較為平穩，一般不會發生沸（濺）溢現象。亦
即，於火勢初期燃燒比較穩定，一旦當油層面出現蒸氣泡（Vapour Bubbles）時會造
成擾動，使得火焰高度呈現脈動（Pulse），並出現燃燒微爆噪音（Sound），火勢即
進入下一階段。

(2) 中期階段

　　為火災燃燒最強烈階段，亦是發生沸（濺）溢之關鍵時期。此期會有噪音形成，
其係蒸氣泡在逃離油層表面時，形成一種油包汽之小油滴（Frothing Droplets），其
進入到高溫火焰中驟然燃燒而出現燃燒微爆（Cracking Sounds），則此期燃燒處於
一種非穩定狀態。而其發生與油層、黏度與含水性有關，一般油層愈厚其發生時間
愈晚，含水性或黏度大其發生愈形劇烈。但燃燒中期有時會有火焰起伏現象，其輕

餾分會先行揮發而重餾分相對增加，在輻射熱作用下液位會發生焦化而形成焦質層（Burnt Layer）；如此焦質層既不利於油面燃燒又可阻止下層油質揮發，輻射熱反而減弱。但數（十）分鐘後焦質層下蒸氣增多，其壓力不斷提高而突破焦質層進入燃燒區，火勢卻轉為猛烈而燃燒強度又出現高點。

亦即，隨著燃燒進行，油層內部溫度升高，生成大量蒸氣泡，由局部區域沸騰轉化為整個界面，如其不能及時湧出上部界面時，則會使聚集在油層界面上高熱度蒸氣泡發生爆開，進一步導致沸溢現象形成，使大量燃油被衝出油槽之外燃燒，面積擴大火焰升高，輻射熱強度增大，並伴隨巨大聲響（Vapour Explosing Loud Sound）。可見沸溢發生過程包含有三階段：

① 準穩定燃燒階段（Quasi-Steady Period）。

② 非穩定燃燒沸溢前兆階段（Pre-Monitory Period）。

③ 沸溢發生之噪音階段（Micro-Explosion Noise Period）。

所以，沸溢現象最顯著外在表現莫過於火焰結構變化，現場搶救人員如能掌握火勢之起伏狀態，對於中期滅火搶救是非常重要的。

(3) 衰退階段

油類輕餾分（Light Fractions）將隨著時間與氧結合形成火焰燃盡，燃燒強度亦逐漸下降直至火勢整個熄滅為止。

圖7-56　現場搶救人員掌握火勢起伏對滅火搶救是關鍵

（攝自臺中港區）

3. 發生條件

　　熱波之速度扮演沸（濺）溢現象發生重要角色，從文獻所進行理論分析和實驗研究指出，在儲槽內燃燒時，表層油接收的火焰輻射與對流方式所傳遞的熱量，一部分用以加熱油質並使之汽化蒸發（Hydrocarbon Vapours），另一部分消耗於加熱油層。消耗於油層中的熱量逐漸積聚且向油質內部傳遞。

　　隨著燃燒的持續，表層油中的輕餾分不斷汽化蒸發，重餾分比例與黏度增大，油質溫度升高，進而與下一層油質進行換熱，液位（Oil Surface）以下油質被加熱而形成高溫區，並逐漸加熱下一層冷油，這種熱量沿油質深度逐漸向內部傳遞之熱波特性。這種特性是導致油儲槽火災中常發生「沸（濺）溢」事故的內在原因。而這種熱量沿油質深度向內部傳遞的熱波速度是何時發生沸（濺）溢之關鍵條件要素。

　　此外，從許多文獻沸（濺）溢發生條件，可歸結以下要點：

(1) 熱波

　　油類需具有移動傳播熱波特性。

(2) 水分

　　水的存在是油類火災發生沸（濺）溢事故的必要發生條件之一。當水層的溫度（Fuel/Water Interfacial Temperature）高於對應壓力下的沸點時，沸溢就有可能發生。一旦含水率小於1%油槽是不會發生沸（濺）溢。但又隨著油類含水率增大而熱波速度會減小，主因是在一定範圍內油含水率增大使油黏度增大，造成油內部對流強度減弱，冷油不易獲得熱量；且含水率增大還使油比熱增大，使油升溫所需要的熱量增加，升溫速度變慢。

(3) 沸點高

　　油類沸點需高於250℃，能在燃燒液位下形成一定厚度之蒸發層。

(4) 輕餾分高

　　重質油類輕餾分含量愈高，儲槽火災時熱波速度愈快，穩定高溫層溫度愈低，沸（濺）溢發生條件會愈快。

(5) 上部空間

　　油類液位上部空間無法容納其膨脹量。

(6) 一定開口

儲槽開口條件小於儲槽橫截面積10%時，是難以形成熱波作用，著火後仍不會發生沸（濺）溢。

(7) 一定黏度

油類需具有一定黏度（Viscous Nature），水蒸氣不易從下向上逸出，使水蒸氣泡沫被油薄膜包圍而形成油泡沫。

(8) 液位高低

液位高低還影響液位接受火焰的熱量傳遞，隨著油槽液位的下降，熱波速度將減小。液位愈高，槽內容許油類膨脹的空間條件愈小，發生沸溢事故可能性就愈大。所以，液位高低對沸（濺）溢發生有一定條件之影響。液位低產生的燃燒熱及向液位輻射的熱量都比高液位小，使熱波速度及穩定高溫層溫度亦較低，沸（濺）溢發生會延緩，甚至無以形成。

(9) 燃燒時間長

油類燃燒時間需足夠長，液位下面油層能得到充分加熱，於槽底存在與油質互不相容且高密度沸點低之第二相（The Second Phase）。

圖7-57 注意射水因水的存在是沸（濺）溢發生條件

（攝自臺中港區）

4. 發生機制

從許多國外實驗結果顯示，熱波面的不斷下移會導致油槽火災沸溢前各油層溫度不斷上升，而這又取決於油層接受熱量的方式。對直徑大於1m儲油槽，油面接受熱量主要是通過火焰對油表面的輻射和對流；對於位於油層深處的油水界面，其接受熱量的方式只有通過熱傳導。實際的油槽沸溢火災可近似地看作一個無內熱源、常物性的非穩態導熱（Non-Steady Fire Transfer）問題。

油類在點火燃燒後，油層內部發生非穩態的導熱過程。該過程中，存在著兩個不同的時期。在第一個時期，油水界面不參與換熱，溫度呈現出部分為非穩態導熱規律控制和部分為初始溫度區（Initial Temperature Area）控制的混合分布，該階段油層內的溫度分布受初始溫度很大的影響；當過程進行到某一時刻，油水界面參與換熱，油層的初始溫度分布的影響逐漸消失，油層在不同時刻溫度分布主要取決於油質的邊界條件（Border Condition）及物性（Physical Properties），此時進入第二個時期（Subprocesses）。因此，油類內部的傳熱可分為兩個時期即油水界面不參與換熱的時期和參與換熱的時期。

眾所周知，液體燃料的燃燒過程實際上是油面的燃料蒸氣（Liquid-Vapour Interface）在燃燒，燃燒產物為氣體，在液位上呈湍流（Turbulance）擴散火焰形態。根據傳熱學理論，火焰以對流方式向油表面傳遞的熱量與輻射傳遞的熱量相比是微不足道。所以，原液體燃料在儲槽內並不是連續穩定的燃燒，其燃燒過程中有喘息現象（Pulse），液位距槽口距離愈大，喘息現象愈明顯。這是因為槽內油位愈高，空氣供給愈充分，燃燒也就愈充分；反之，空氣供給不充分，則燃燒也就不充分。

當重質油類發生明顯的體積膨脹時，由於槽內液位較低，因而槽內容許油膨脹的空間較大，與高液位相比較，如前所述於低液位油儲槽火災發生沸（濺）溢事故的可能性要小些。在不同液位油類火焰燃燒返回液位的熱量除加熱液位外，還向液位下層傳遞，引起次層油質升溫及輕餾分氣化。液位溫度不可能上升不止，在相平衡（Phase Balance）和熱平衡的制約下將會穩定在某一平衡溫度即熱層溫度上，此後液位燃燒呈現穩定燃燒狀態。在液位趨於平衡溫度過程中，液位及其下層內經簡單蒸餾作用（Distillation Process）留在液相的較重餾分便逐步形成熱波層。

因此，發生機制（Boiling Mechanism）始於液位達到平衡溫度後，隨著火焰熱量從液位傳入，液位表層幾乎不能再氣化出所需的輕餾分而需從熱層底部的冷熱油交界處氣化。輕餾分氣化形成的氣泡穿過熱層進入火焰，在熱層中氣泡（Growing

Bubbles）由下往上的運動帶起四周油液的相應運動（Stirring Effect）導致湍流，從而促使熱層溫度均勻和加快液位熱量向內層的自然對流傳遞（Enhanced Natural Convection）。火焰燃燒返回液位的熱量通過熱層內的強烈湍流能被迅速傳至下部的冷熱界面處，加熱冷油層，使其輕餾分氣化、重餾分升溫至熱層溫度並留在液相成為熱層擴展的部分。熱層擴展和自然下降就造成冷熱油層界面向槽底沉降現象所謂熱波傳播作用。

在火災情況下，質量氣化率大的油質難以形成明顯的熱層，發生沸溢噴濺現象的可能性很小。這就是輕質油質，例如汽油、輕柴油等油類火災，因其沸點範圍較窄，僅能在距液位6～9cm處存在一層固定熱鋒面之推移速度與燃燒直線速度相等，故其難以形成沸（濺）溢現象。此外，以不同角度考量沸（濺）溢發生機制之以下要點：

(1) 多餾分與較寬沸程（Wide Boiling Point Range）[19]

沸（濺）溢發生機制之熱波層形成內因，是燃燒的油類具有多餾分和較寬沸程，其溫度和油類的氣化率主要受熱量平衡和冷熱界面處相平衡之制約。

(2) 輕重餾分密度比

熱波傳播速率、氣化率、輕餾分與重餾分之密度比值、燃燒速度皆有密切之關係。

(3) 油類氣化率

在油槽火災情況下，油類氣化率Φ > 0.7時是難以形成明顯的熱波層，故發生沸（濺）溢機制可能性很小。

(4) 輕重餾分密度比與油類氣化率關係

當油類汽化率Φ < 0.25時，輕重餾分密度比值對熱波傳播速率才有明顯的影響；當油類氣化率Φ > 0.5時，輕重餾分密度比值對熱波傳播速率之發生沸（濺）溢機制幾乎沒有影響。

---

[19] 物質的熔點或沸點並不是一個點，而是一個溫度區間，稱為熔程或沸程。對於晶體來說，物質愈純，它的熔程、沸程就愈短，純液態化合物在蒸餾過程中沸程範圍很小（0.5～1℃），而混合物則沒有固定的沸點，或者說混合物的沸程較大。

圖7-58　油槽大火持續時間很久致消防活動長及後勤作業大

（攝自臺中港區）

5. 發生時間

　　通常重質油類著火後要經過幾小時後才能引起沸（濺）溢，其發生時間曾於1910年蘇聯一油池2000m³發生大火持續72小時燃燒後才發生；於1964年日本3600m³重質油類發生火災燃燒31小時後沸溢出現，並噴發形成約100m高火柱；於1980年美國石油學會（API）指出一錐頂槽（9000m³）燃燒超過10小時後發生沸溢。1981年英國South Wales一煉油廠裝有46000m³原油浮頂油槽第一次沸溢後2小時，又發生了第二次沸溢。1982年委內瑞拉發生的重質油槽火災事故，著火後6小時引發沸溢。1989年中國大陸青島黃島油庫5號原油槽104m³突然爆炸起火，約4個多小時後油猛烈沸溢並噴向空中。

圖7-59　於1989年中國大陸青島4個多小時後發生沸溢

　　沸（溢）溢發生時間主因之熱波速度方面，於美國石油學會（API）依實驗測得指出於輕餾分原油熱波速度為38～127cm/h；重餾分原油及燃料油為8～127cm/h。日本相關論述指出熱波速度為35～120cm/h。基本上，在重質油類火災搶救實際操作，美國石油學會推薦採用100cm/h速度判斷熱波傳播到達位置。

　　日本研究學者古積博實驗，將原油點燃約1～2min後，原油正常燃燒開始測定。於燃燒後期，由於燃燒層下部存在的水引起沸騰現象。因此，提出沸溢發生時間為

$$T = (H − h)/(V − v)$$

式中

T：發生沸溢時間（h）

H：油層總高度（m）

h：水墊層高度（m）

V：油直線燃燒速度（m/h）

v：熱波移動速度（m/h）

　　又根據日本學者長谷川的研究，假設熱波下降速度為一定值，則沸溢的發生時間亦與油層厚（高）度大致成比例關係。因此，油層厚（高）度是影響發生沸（溢）溢時間之重要因素。如油層厚度為一定值時，油槽直徑愈小，沸（溢）溢現象愈形激烈。

6. 發生徵兆

　　重質油類燃燒時發生沸（溢）溢的外部特徵，通常是在燃燒加劇之前，火焰顏色要比開始燃燒時更加鮮明，火焰高度增加，這時油氣和空氣的混合氣燃燒更加完全，同時發出沸騰時特有的聲音。換言之，大量蒸氣在上升過程中，加速了燃燒區油蒸氣擴散速度，即增加火焰紊流性質，從而增大了火焰表面積，使油蒸氣與空氣氧化結合更加充分，燃燒溫度增高，濃煙減少，火焰結構由深紅轉淺黃至灰白。另外，觀察油表面又因大量油泡生成，呈現翻湧蠕動（Convective Pulses）現象，此現象會出現2～4次；火焰高度進一步增高，顏色至亮白色；油槽壁體甚至出現劇烈顫抖（Heavy Oscillation），有的會稍加膨脹現象；微爆噪音（Cracking Sounds）無論強度與頻度都會顯著提高。

　　所以，沸（溢）溢發生徵兆，於現場搶救人員需注意如下：

(1) 火焰顏色一般由深變淺並發亮白。

(2) 煙霧由濃黑變淡化。

(3) 槽體因內部壓力升高形成劇烈顫抖振動並已膨脹變形。

(4) 槽口發生急促「嘶嘶」響聲等現象。

(5) 微爆噪音加大且急促。

(6) 槽面大量油泡翻湧蠕動。

上述徵兆如果出現，意即其即將來臨！

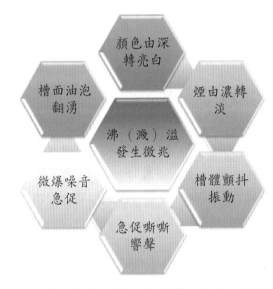

圖7-60　重油油槽火災時沸（濺）溢大火發生徵兆

7. 發生區別

一般而言，汽油等均質油類，燃燒速度是等於熱波傳播速度，僅有油面附近很薄油層溫度超過水沸點，故難以發生沸溢現象。而在沸點較高與黏度較大之輕柴油（沸點241～268℃）與中間餾分油類（沸點162～381℃），在燃燒過程中液位下會形成一定厚度（約2cm）高溫蒸發層，其溫度一般低於該沸點，隨著燃燒進行，高溫蒸發層會沉降至槽底水墊層使其汽化，出現液位擾動而火焰增大，油層翻騰沸溢出現象，但未如同重質油類等大量油火溢出槽外，造成地面溢流火勢現象；有些國外學者將如此沸溢現象稱為準沸溢（Semi-Boilover）。一般發生準沸溢現象，大多為槽內油量

接近燒盡時才會發生。

　　而沸溢與濺溢二者有諸多不同點；基本上，一次油槽火災可連續發生幾次沸溢現象，二次沸溢時間間隔為30～135 min。在油層較淺情況，而濺溢一般僅發生一次，如在油層較深情況則會發生多次，其發生間隔會比沸溢時間短，如發生第一次濺溢後因翻動水墊層，於再次濺溢發生時，其威力往往比上次更大。此外，二者發生區別可分為：

(1) 時間

　　發生時間不同，一般是先沸溢後濺溢。

(2) 範圍

　　危害不同，沸溢高度與範圍比濺溢小，濺溢危害來勢兇猛且巨大。

(3) 水分

　　水分之來源不同，發生沸溢是油類中乳化水、自由水分。而發生濺溢則多是油槽底部水墊層之水分。

第10節　模擬選擇題精解

1. (A)　對於公共危險物品之分類描述，下列何者正確？
　　(A)第一類：氧化性固體
　　(B)第二類：發火性液體、發火性固體及禁水性物質
　　(C)第三類：易燃液體
　　(D)第四類：自反應物質及有機過氧化物

2. (B)　依據危險物品的管制分類，下列物質何者屬於易燃固體？[20]
　　(A)二氧化鉛　(B)赤磷　(C)鉀　(D)三氧化鉻

3. (A)　有關硝酸（HNO_3）的敘述，何者為非？[21]
　　(A)淡黃色液體　　　　　　(B)強氧化性
　　(C)比重約為1.4　　　　　(D)可以溶很多種金屬。

---

[20] 二氧化鉛為氧化性固體、赤磷為易燃固體、鉀為禁水性物質、三氧化鉻為氧化性固體。

[21] 硝酸為強氧化性透明液體，除白金外可溶解所有金屬形成硝酸鹽，比重1.4。

4. (B) 化學災害搶救程序HAZMAT之說明，下列何者正確？
(A)H表建立管理系統　　　(B)前面的A表擬定行動方案
(C)Z表善後處理　　　　　(D)M表請求外部支援

5. (D) 下列何者屬於高壓氣體勞工安全規則第2條所稱之高壓氣體？
(A)在常用溫度下，錶壓力為5公斤／平方公分之壓縮氣體（不含壓縮乙炔氣）
(B)在常用溫度下，錶壓力為1.5公斤／平方公分之壓縮乙炔氣
(C)在常用溫度下，錶壓力為0.5公斤／平方公分之液化氣體
(D)溫度在攝氏35度時，錶壓力為0.1公斤／平方公分之液化溴甲烷

6. (D) 下列何者非屬聚合而發熱之自然發火物質？
(A)醋酸乙烯　(B)橡膠基質　(C)液化氰　(D)五氧化磷

7. (C) 有關液體滅火劑之性質與滅火效果，下列何者正確？
(A)依美國防火協會公布的NFPA750資料，可知低壓系統之細水霧滅火系統管系壓力小於或等於500psi（34.5 bars）
(B)化學泡沫組成中的酸性B劑為硫酸鎂
(C)空氣泡沫放置於汽油上30分鐘後，需殘留50%以上
(D)撲滅酒精類火災，通常在加水分解蛋白質中，加入金屬石鹼之錯鹽，調成液狀，成分為3%型的耐酒精滅火泡沫

8. (#) 丙烯（CH_3OCH_3）高壓氣體之臨界溫度（℃）與爆炸範圍（%）各為多少？
(A)100.4，4.0～44.0　　　(B)126.9，3.4～27.0
(C)134.9，1.8～8.4　　　(D)164.5，2.8～14.4　　（註：此題答案有爭議）

9. (C) 有關天然氣與液化石油氣之特性與爆炸，下列敘述何者錯誤？
(A)甲烷沸點為−161℃
(B)丁烷爆炸範圍1.8～8.5%
(C)丙烷發火點為384℃
(D)天然氣比重約為空氣的0.55倍，液化石油氣比重約為空氣的1.5倍

10. (D) 有關混合危險之敘述，下列何者錯誤？[22]
(A)金屬鉀不能和過氧化氫混合運載

---

[22] 第二類易燃固體：硫化磷、赤磷，第四類易燃液體：特殊易燃物指乙醚、二硫化碳、乙醛、環氧丙烷。僅有第二類與第四類可以混合。

(B)過氯酸不能和鎂粉混合運載

(C)過氯酸鹽類不能和硝酸混合運載

(D)赤磷不能和乙醚混合運載

11. (C) 有關烴基鋁化物之敘述，下列何者錯誤？[23]

(A)可隨意溶於碳化氫系之溶劑中

(B)與四氯化碳起激烈反應

(C)100℃時易分解，產生金屬鋁、氫及烯族烴

(D)與二氧化碳反應，產生醛類或酸

12. (A) 賽璐珞主要成分為65～75%之硝基纖維素加入樟腦及酒精，提煉後再將酒精蒸發而成，其不溶於何物質？[24]

(A)甲苯　　(B)乙醇　　(C)丙酮　　(D)醋酸

13. (D) 有關液體燃料燃燒速率（burning rate）尺度效應之敘述，下列何者正確？

(A)與尺度無關

(B)尺度在10cm以內時，隨尺度增加而增加

(C)尺度在10～100cm時，隨尺度增加而減少

(D)尺度在100cm以上時，不隨尺度改變

14. (D) 下列何者非屬聚合而發熱之自然發火物質？

(A)醋酸乙烯　　(B)橡膠基質　　(C)液化氰　　(D)五氧化磷

15. (A) 美國防火協會（NFPA）使用的危險物品四角標示方法中，對反應性物質，受強震或受熱即行爆炸者，其標示方法為：

(A)黃色，3級　　(B)藍色，2級　　(C)藍色，4級　　(D)紅色，4級

16. (A) 依據閃火點資料，何者危險性最大？

(A)汽油（閃火點＜30℃）

(B)二甲苯（0℃＜閃火點＜30℃）

(C)正己烷（30℃＜閃火點＜0℃）

---

[23] 烷基鋁和水劇烈反應生成氫氧化鋁、烷類（禁水性物質），烷基鋁和鹵化烷化合物劇烈反應生成鹵化鋁、氯氣、烷類（不能用海龍、鹵化合物滅火劑滅火），烷基鋁和二氧化碳劇烈反應生成酸、醛、烷類

[24] 賽璐珞不溶於水、苯、甲苯，溶於乙醇、丙酮、乙酸乙酯。由於賽璐珞中含硝酸根，其硝基纖維素是製造火藥的基礎原料，所以遇火、高熱極易燃燒。儲存賽璐珞會發熱，若積熱不散就會引起自燃。

(D)松節油（30℃ ＜ 閃火點 ＜ 65℃）

17. (A) 可燃物於無明火等火源之條件下，在大氣中僅因受熱而開始自行燃燒所需之最低溫度稱為：

(A)自燃溫　(B)閃火點　(C)沸點　(D)閃燃點

18. (A) 下列哪一個可燃性氣體最危險？

(A)爆炸界限4.0～75%　　　　(B)爆炸界限16～25%

(C)爆炸界限5.3～14%　　　　(D)爆炸界限7.3～36%

19. (A) 如懷疑天然氣外洩，以下哪一個處理方式不適當？

(A)趕快關閉所有開關　　　　(B)開窗使通風

(C)嚴禁煙火　　　　　　　　(D)用氮氣稀釋

20. (D) 對於危險物品洩漏之處理，以下何者錯誤？

(A)利用關閉閥或塞子阻止內含物繼續漏出

(B)容器漏出易揮發性液體，應消除所有已知火源

(C)氨或二氧化硫等氣體，可用水瞄來清理災區

(D)槽車底部洩漏一未知液體（其比重 ＞ 水比重），可用水慢慢灌入容器直到漏出的成分是水後再處理

21. (C) 公共危險物品中，哪一類需經實驗確定特性後，再加以區隔為A、B、C、D四型？[25]　(A)第三類　(B)第四類　(C)第五類　(D)第六類

22. (C) 下列哪一種氣體，其高壓下的爆炸範圍會隨著壓力增加而變窄？

(A)甲烷　(B)丙烷　(C)一氧化碳　(D)乙烯

23. (C) 自然發火係指物質發生化學反應，反應熱蓄積致使溫度上升，使達到物質的著火溫度。以下何者不屬於自然發火？

(A)活性碳作為吸著劑，產生熱積蓄

(B)雨水侵入存有大量還原鐵粉之倉儲，使鐵粉產生氧化

(C)含有聚合防止劑的反應槽中混入不純物

(D)裝載有不慎將硝銨肥料和麵粉混放的貨輪

24. (D) 可燃性液體液面上方的蒸氣濃度接近爆炸下限時，其液體溫度達：

(A)燃燒點　(B)火焰點　(C)著火點　(D)閃火點

25. (C) 下列何種液體最易燃？　　(A)沙拉油　(B)柴油　(C)汽油　(D)潤滑油

---

[25] 第五類自反應物質及有機過氧化物，分A型、B型、C型、D型。

26. (C) 最近發生裂解爐（或精餾塔）內高溫之油料外洩，而直接引發大火的現象稱爲：

    (A)自然發火（spontaneous ignition）　(B)自燃（autoignition）

    (C)突沸（boilover）　(D)溢流（slopover）

27. (A) 下列有關NFPA危險物品標示規定之敘述，何者有誤？

    (A)危險程度區分爲1, 2, 3, 4, 5等五級　(B)紅色表示可燃性

    (C)黃色表示反應性　(D)藍色表示毒性

28. (C) 下列有關自然發火物質之敘述，何者正確？

    (A)硝化綿屬於氧化熱蓄積而發火之物質

    (B)油渣屬於分解熱蓄積而發火之物質

    (C)活性碳屬於吸著熱蓄積而發火之物質

    (D)乾草屬於聚合而發熱之物質

29. (D) 化學災害搶救程序HAZMAT之說明，下列何者正確？

    (A)H表災區管制　(B)Z表善後處理

    (C)T表行動方案　(D)M表建立管理系統

30. (C) 化學物質災害搶救程序H.A.Z.M.A.T.中的「T」，其主要工作爲何？

    (A)人員疏散　(B)前進指揮　(C)進行除汙　(D)向媒體說明

31. (D) 醫院使用環氧乙烷（Ethylene oxide）來作爲殺菌劑，試問其爆炸範圍爲多少%？[26] 　(A)16～25%　(B)4～75%　(C)5～15%　(D)3～100%

32. (D) 有關重質油槽火災發生之沸溢（boilover）現象，下列敘述何者正確？

    (A)在火災過程中只可能發生一次

    (B)傳導（conduction）是重油內部引起沸溢的主要熱傳機制

    (C)是一種火災後期的複燃現象

    (D)重油內含的水分或滅火過程的射水都有可能導致這種現象

33. (D) 有關美國防火協會（NFPA）危險物品標示法，下列敘述何者正確？

    (A)紅色代表健康危害性　(B)危險等級共分四級

    (C)藍色代表禁水性　(D)最高危險等級以4表示

34. (A) 下列有關國內液化石油氣（LPG）的敘述，何者有誤？

    (A)乙烷爲主要成分　(B)丙烷約占70%

---

[26] 閃火點−20度，自燃溫度429度，爆炸範圍3～100%。

(C)丁烷也是組成分之一　　　　　　(D)比重約為空氣1.5倍

35. (D)　自然發火物中，下列何者非屬因吸著熱蓄積而發火之物質？

(A)活性碳　(B)還原鎳　(C)素灰　(D)硝化綿

36. (B)　影響自然發火因素中，下列何者兼具有影響熱之蓄積及發熱速度？

(A)熱傳導　(B)水分　(C)堆積方法　(D)空氣流動

37. (B)　含硝基纖維素之塗料產生自然發火時，其發熱原因屬於下列何者？

(A)分解熱　(B)氧化熱　(C)吸著熱　(D)發酵熱

38. (A)　液化天然氣（LNG）的主要成分為下列何者？

(A)甲烷　(B)乙烷　(C)丙烷　(D)丁烷

39. (C)　根據美國防火協會（NFPA）危險物品表示規定，將危險類別記載於菱形方
塊上，其中藍色表示何意？

(A)可燃性　(B)反應性　(C)有害健康毒性　(D)親水性

40. (B)　根據我國公共危險物品之管制規定：第三類禁水性物質管制量為10公斤，
第四類易燃液體之特殊易燃物管制量為50公升，下列何者屬前述之二種公
共危險物品儲存且總量未達管制量？[27]

(A)鐵粉300公斤與硫磺50公斤

(B)乙醛30公升與鈉3公斤

(C)硫化磷50公斤與二硫化碳40公升

(D)乙醚10公升與齒輪油4000公升

41. (B)　大部分發火性物質與水接觸會立即發火，又稱禁水性物質。下列何者不屬
禁水性物質？　　　(A)Li　(B)Ag　(C)Zn　(D)K

42. (B)　下列可燃性氣體之比重何者與空氣相近？

(A)氨　(B)一氧化碳　(C)甲烷　(D)丁烷

43. (B)　瓦斯爆炸係屬於下列何種物質形態之爆炸？

(A)液態爆炸　(B)氣態爆炸　(C)固態爆炸　(D)混合爆炸

44. (C)　氨氣應使用何種顏色之濾毒罐？[28]

---

[27] 鉀、鈉、烷基鋁、烷基鋰管制量為10公斤，特殊易燃物指乙醚、二硫化碳、乙醛、環氧丙烷，
著火溫度在攝氏100度以下，或閃火點低於攝氏−20度，且沸點在攝氏40度以下。管制量為50公
升。

[28] 依CNS：鹵族氣體用→褐，酸性氣體用→灰，有機氣體用→黑，氨氣用→綠，二氧化硫用→

(A)灰色　(B)黑色　(C)綠色　(D)黃色

45. (A)　氯氣大量洩漏，於進入災區應著何級防護衣？

(A)A級　(B)B級　(C)C級　(D)D級

46. (A)　下列何者為因分解熱而發火之物質？

(A)塞璐璐　(B)油脂類　(C)塗料　(D)煤炭

47. (A)　下列何者與水接觸會發熱而使接觸之可燃物發火？

(A)漂白粉　(B)氫化鈉　(C)化磷磷　(D)鎂粉

48. (A)　乾性油會因為下列何種化學反應熱能之蓄積而自然發火：

(A)氧化熱　(B)聚合熱　(C)分解熱　(D)發酵熱

49. (C)　下列何者為第二石油類物質？[29]

(A)活塞油　(B)汽油　(C)煤油　(D)鍋爐油

50. (D)　「善後處理」為化學物質災害消防搶救程序之最後步驟，其主要的工作為何？　　(A)人員死傷清點　(B)人命救助　(C)復原交通　(D)除汙

51. (B)　油池（液體）火災之放射熱，與下列何項因素無關？

(A)火焰之溫度與距離　　　　　　(B)防油堤之高度

(C)火焰之形狀與高度　　　　　　(D)燃燒速度

52. (C)　下列儲槽區火災應有的措施何者有誤？

(A)以水柱澆灌儲槽四週達到降溫的效果

(B)確認儲槽內化學品種類及存量

(C)儘量接近儲槽滅火

(D)劃出管制區域，保持安全距離，以防儲槽爆炸

53. (A)　下列何者不屬「禁水性物質」？

(A)碘　(B)丁基鋁　(C)鉀　(D)鈉

54. (B)　金屬鈉與水反應後會產生何種氣體？

(A)氧氣　(B)氫氣　(C)HCl　(D)氮氣

55. (A)　下列何者不屬禁水性物質？　　(A)煤油　(B)鉀　(C)鈉　(D)生石灰

橙，硫化氫用→黃，氰酸用→藍，溴化甲基用→紅，其他氣體用→紫

[29] 第一石油類：丙酮、汽油，閃火點未達攝氏21度者。第二石油類：煤油、柴油，閃火點在攝氏21度以上，未達70度者。第三石油類：重油、鍋爐油，閃火點在攝氏70度以上，未達200度者。第四石油類：齒輪油、活塞油，閃火點在攝氏200度以上者。

56. (A) 下列何者爲第一類公共危險物品？

    (A)氧化性固體　(B)易燃性液體　(C)易燃性固體　(D)禁水性物質

57. (A) 下列何種情形爲準自然發火？

    (A)金屬鈉與空氣接觸　　　　　(B)堆肥熱量蓄積導致發火

    (C)汽油燃燒　　　　　　　　　(D)電氣火災

58. (A) 化學物質災害、工廠災害消防搶救程序－H.A.Z.M.A.T中的H代表？

    (A)危害辨識　(B)區域管制　(C)請求支援　(D)除汙

59. (A) 堆肥經發酵而發熱，熱慢慢蓄積而起火，稱爲：

    (A)自然發火　(B)準自然發火　(C)引火　(D)混合發火

60. (A) 化學物質災害應迅速建立管制區，管制區通常分爲三區域，其中禁區又稱爲：　　(A)熱區　(B)溫區　(C)冷區　(D)黃色區

61. (C) 化學物質災害應迅速建立管制區，以降低危害性化學物質之危害，管制通常分成三區域，而指揮站應設於哪一區？

    (A)禁區　(B)除汙區　(C)支援區　(D)三區以外

62. (C) 目前化學物質災害、工廠災害搶救程序步驟爲：H.A.Z.M.A.T.，其中的H.代表的意義爲何？

    (A)善後處理　(B)請求支援　(C)危害辨認　(D)區域管制

63. (D) 引火點在100℃以下的物質，下列敘述何者不正確？

    (A)有良好流動性

    (B)引火點與燃燒點極爲接近

    (C)若滲入多孔質的布料中，極容易引火

    (D)處於流動狀態者較處於靜止狀態者更容易著火

64. (B) 對於準自然發火物質「金屬鈉」的敘述，下列何者錯誤？

    (A)與水接觸立即起火，故又稱禁水性物質

    (B)依我國危險物品的分類，是第二類物質

    (C)常用於原子爐的冷卻機，有機溶劑中微量水分的脫水劑

    (D)燃燒時發生過氧化鈉與氫氧化鈉的白煙

65. (C) 對於引火與發火的區別，下列敘述何者正確？

    (A)自可燃物產生蒸氣時，由火焰能引燃的最低溫稱爲發火點

    (B)可燃物受熱時不藉火焰或電氣火花點火時，也能自燃的現象稱爲引火

    (C)若利用加熱包間接加熱至被加熱物本身起燃所需最低溫稱爲發火點

(D)發火點通常較引火點為低

66. (B) 就六類危險物品而言，那類危險物品可混合載運而不生混合危險？

(A)第一類與第四類　　　　(B)第二類與第四類

(C)第三類與第六類　　　　(D)第二類與第五類

67. (B) 下列何者不屬於氣體燃燒？

(A)混合燃燒　(B)表面燃燒　(C)分解燃燒　(D)擴散燃燒

68. (A) 加壓下列何者氣體，會發生聚（重）合反應而有爆炸的危險？

(A)乙炔　(B)液化石油氣　(C)甲烷　(D)氧氣

69. (B) 化學物質災害、工廠災害消防搶救程序的指導要領為H.A.Z.M.A.T.，其中第一個A係指：　　(A)危害辨認　(B)行動方案　(C)區域管制　(D)請求支援

70. (A) 乾性油會因為何種化學反應熱能之蓄積而自然發火：

(A)氧化熱　(B)吸著熱　(C)聚合熱　(D)發酵熱

71. (C) 下列何者屬「自然發火性物質」：

(A)鋁粉　(B)鉀　(C)塞璐璐　(D)黃磷

72. (B) 化學物質災害應迅速建立管制區，以降低危害性化學物質之危害，管制通常分成三區域，其中除汙區又稱為？[30]

(A)紅色區　(B)黃色區　(C)熱區　(D)冷區

73. (C) 液化石油氣儲槽附近起火燃燒一時無法撲滅時，為防止槽體發生BLEVE現象，採取的救災策略何者正確？

(A)強力直線水柱灌水降溫

(B)人車全部撤出火場讓火勢自生自滅

(C)火源附近設固定式撒水設備降低槽體溫

(D)設防液堤

74. (B) 美國防火協會（NFPA）使用之危險物四角標示法中，代表燃燒性之顏色為：　　(A)灰色　(B)紅色　(C)黑色　(D)藍色

75. (B) 化災搶救程序HAZMAT之Z代表為何？

(A)危害辨識　(B)災區管制　(C)行動方案　(D)請求支援

76. (A) 當一含不同沸點的混合物儲存於儲槽內且發生火災時，較輕的物質燃燒後較重的物質因受熱而成為熱餅且因比原來之混合物重而向下沉，當其碰到

---

[30] 禁區：又稱熱區或紅色區。除汙區：又稱溫區或黃色區。支援區：又稱冷區、指揮區或綠色區

槽底之水時因水之瞬間膨脹而將油帶至槽上而形成一大火球稱之：

(A)突沸（boilover）　　　　　　　(B)閃燃（flashover）

(C)液體沸騰膨脹氣體爆炸（BLEVE）　(D)爆轟（detonation）

77. (D) 高度危險工作場所係指液體之閃火點低於攝氏：

(A)30度　(B)40度　(C)50度　(D)60度

78. (B) NFPA 30定義之易燃性液體為閃火點低於：

(A)30℃　(B)37.8℃　(C)60℃　(D)65℃

79. (C) 有關汽油的性質與火災危險性，下列敘述何者為非？

(A)比重0.7～0.9　　　　　　(B)揮發性高

(C)閃火點為攝氏40度　　　　(D)為電之不良導體

80. (A) 電導度值在$10^{-10}\Omega^{-1}cm^{-1}$以下之引火性液體，管內流速應在多少以下？

(A)1m/s　(B)2m/s　(C)3m/s　(D)4m/s

81. (C) 化學物質災害、工廠災害搶救程序步驟為：H.A.Z.M.A.T.，其中H的意義為何？　　(A)熱區管制　(B)救援方案　(C)危害辨認　(D)危機管理

82. (A) 下列何者為液化天然氣（LNG）之主要成分？

(A)甲烷　(B)乙烷　(C)丙烷　(D)丁烷

83. (B) 下列何類公共危險物品不會發生混合危險？

(A)第一類與第二類　　　　(B)第二類與第四類

(C)第三類與第五類　　　　(D)第三類與第六類

84. (D) 混合危險與下列何者較無關係？

(A)溫度　(B)壓力　(C)混合程度　(D)濕度

85. (C) 化災之區域管制，下列何者不正確？[31]

(A)禁區（紅色區）　　　　(B)除汙區（黃色區）

(C)救護區（藍色區）　　　(D)支援區（綠色區）

86. (D) 下列有關第四類危險物品的敘述，何者不正確？

(A)石油類流動時，易生靜電

(B)滅火時，以窒息和遮斷空氣最有效

(C)醇類火災時，應使用抗消泡滅火劑

---

[31] 禁區：又稱熱區或紅色區。除汙區：又稱溫區或黃色區。支援區：又稱冷區、指揮區或綠色區。

(D)具引火性，最好能儲存於著火點以下的溫度

87. (C) 下列有關第六類危險物品的敘述，何者不正確？

(A)屬強酸或強氧化劑　　(B)與水接觸會發熱

(C)易自燃　　　　　　　(D)與有機物混合時會起氧化作用

88. (B) 不飽和油脂自然發火之危險性，通常可用碘價（Iodine-value）判斷之。凡碘價超過多少以上者，可視爲危險？

(A)100　(B)130　(C)160　(D)190

89. (C) 下列有關化學物質災害、工廠災害消防搶救程序（H.A.Z.M.A.T）的說明，何者正確？

(A)A表區域管制　　　　(B)T表行動方案

(C)M表建立管理系統　　(D)Z表善後處理

90. (A) 欲使混合氣體發火，而使用加熱之固體者，必須該固體之表面溫度達到一定溫度以上，此特定之溫度之名稱爲何？

(A)發火點　(B)閃燃點　(C)引火點　(D)以上皆是

91. (A) 下列有關第四類危險物品之共同理化性的敘述，何者不正確？

(A)一般而言，其蒸氣較空氣爲輕　(B)可燃性蒸氣之爆炸下限偏低

(C)著火溫度偏低　　　　　　　　(D)通常比水輕並難溶於水

92. (B) 下列有關第五類危險物品的敘述，何者不正確？

(A)屬含氧的可燃物，易起自燃作用

(B)大部分爲無機硝化物

(C)長期間的儲存易因氧化作用而起熱分解

(D)因燃燒速度快，不適合以窒息方式滅火

93. (D) 液化之氰化氫長時間儲存時，由於水分的存在，將會進行下列何種放熱反應而自然發火（自燃）？　　(A)分解　(B)氧化　(C)吸著　(D)聚合

94. (C) 下列有關甲苯的敘述，何者不正確？

(A)無色透明液體，燃燒時產生濃煙

(B)流速超過3m/s，有產生和積聚靜電危險

(C)滅火時，以水爲主，泡沫爲輔

(D)就毒性而言，屬於神經毒

95. (B) 下列有關液體燃燒的敘述，何者不正確？

(A)多種混合液體的燃燒速率往往是先快後慢

(B)純液體的液溫達閃火點時，其液面上方的蒸氣濃度接近化學理論濃度

(C)結構單一的液體在燃燒過程中，其速率基本上趨於等速

(D)燃燒速率取決於液體的蒸發速率

96. (A)　有關天然氣與液化石油氣特性之比較，下列何者錯誤？

(A)天然氣的主成分為丙烷，液化石油氣的主成分為甲烷

(B)天然氣的比重較空氣輕，液化石油氣的比重較空氣重

(C)天然氣與液化石油氣皆有發生火災及爆炸危險

(D)對天然氣與液化石油氣危害的最佳預防對策，是防止儲槽及管路氣體洩漏

97. (B)　依據我國公共危險物品之分類，下列哪兩類危險物品無混合後之危險？

(A)第一類、第二類　　　(B)第二類、第四類

(C)第二類、第三類　　　(D)第二類、第六類

98. (D)　依據「公共危險物品及可燃性高壓氣體設置標準暨安全管理辦法」之分類，下列何者為第六類危險物品？

(A)烷基鋁　(B)赤磷　(C)丙酮　(D)硝酸

99. (B)　對於危害性化學品災害現場搶救標準作業程序HAZMAT，第五項程序A代表的意義為何？

(A)危害辨識　(B)請求支援　(C)善後處理　(D)擬定行動方案

100. (B)　下列何者物質不屬於「禁水性物質」？

(A)鋅粉　(B)碳酸氫鈉　(C)三甲基鋁　(D)二氫化矽

101. (D)　有關自然發火物質之敘述，下列敘述何者正確？

(A)動物油脂屬於分解熱蓄積發火之物質

(B)乾草、棉屑屬於聚合發熱之物質

(C)硝化棉屬於氧化熱蓄積發火之物質[32]

(D)活性碳屬於吸著熱蓄積發火之物質

---

[32] 硝化棉為白色或微黃色棉絮狀物，易燃且具有爆炸性，化學穩定性較差，常溫下能緩慢分解並放熱，超過40℃時會加速分解，放出的熱量如不能及時散失，會造成硝化棉溫升加劇，達到180℃時能發生自燃。

第11節 模擬申論題精解

1. 試解釋下列各名詞之意義：A.自然發火、B.引火點（閃火點，flash point）、C.著火點（燃燒點，fire point）

解：(1) 自然發火：可燃物質自體發熱（Spontaneous Heating）的副產品，當其溫度持續升高過程中，不從周圍環境吸收熱量，靠本身發熱，在蓄熱大於散熱環境條件下，達到起燃溫度，產生一種自燃發火現象。

(2) 可燃液體的閃火點或引火點（Flash Point），指液體在空氣中形成可燃混合物（蒸氣與氣體）引火之最低溫度，此為決定液體危險性之物理上重要指標；亦即若一微小火源接近，在液表面產生一閃即逝火焰，但此時液體蒸氣濃度不足以延續燃燒現象或是該溫度下產生可燃氣體蒸發速度不及供應燃燒速度。

(3) 在比閃火點稍高的溫度將會是著火點或發火點（Fire Point），著火點被定義在其被點燃後，液體蒸汽將繼續燃燒，而無需外在火源加熱之溫度點。

2. 何謂液體之引火與發火？引火性液體與高閃火點液體各有何特性？試詳述之。

解：(1) 在每一可燃液體具有其獨特的蒸氣壓，這是液體溫度的函數。隨著溫度的升高，蒸汽壓力增加，導致在可燃液體表面區域，蒸發可燃蒸氣之濃度增加。一旦適當的燃料／空氣比濃度，一點火將可使蒸氣引火（閃火點）或導致發火產生持續性火焰（發火點）。

(2) 引火性液體燃燒特性

① 由於易燃液體燃燒係其蒸氣，其引火容易度和燃燒速率之影響，主要相關於蒸氣壓、閃火點、沸點和蒸發速率等屬性。液體在儲存溫度之液面上蒸氣，其濃度在燃燒／爆炸範圍內將呈現快速火焰傳播之速率。

② 皆屬於易燃性液體，有其危險蒸汽、易於與空氣混合，在有火源（火焰或火花）時，易形成著火或爆炸之危險。

③ 有些蒸汽比重（比空氣重）大於1，其蒸汽將滯留在低窪區，或流向低處，而遠離作業場所（尤其是下風側），易有著火的危險。

④ 液體比重小於1，其中許多不溶於水比水輕。當其流出薄薄地擴散於水表面上，液體表面積增大。一旦著火情況，火災範圍將會非常大，存在火災擴大危險之可能。如是霧狀更易漂流，與空氣之間接觸面積將會更寬，增加較大規模之受害風險。

⑤ 為電不良導體，靜電易於累積，當靜電放電時，發生的火花即有可能點燃。因此，在管道、軟管等運輸時，有必要採取去除靜電和接地等措施。

⑥ 有一部分是非常低燃點，即使沒有加熱，亦有發火之可能，所以溫度控制是重要的。

⑦ 有一部分蒸氣是有毒的，需要小心處理。

(3) 高閃火點液體燃燒特性

指閃火點在攝氏一百三十度以上之第四類公共危險物品。

① 閃火點高可燃液體，其火焰傳播速率較低，因火災熱量必須足以加熱液體表面並形成蒸氣／空氣混合氣。

② 在重質油類燃燒特性為較難以著火，但一旦著火即難以撲滅。

③ 在重質油類燃燒上有特有之沸溢、濺溢或冒泡之危險現象。

④ 高閃火點液體燃燒特性，沒有引火性液體之易燃特性，但在儲存、處理或製造也應依照公共危險物品之相關處理規定。

---

3. 試說明影響自然發火的因素有哪些？並說明其各因子對自然發火的影響。

解：(1) 熱蓄熱：

物質反應系之熱平衡呈現蓄熱大於散熱時，熱量始能隨著時間進行累積上升之趨勢。

① 熱傳導

粉末、纖維狀或多孔狀物質，能在結構內部氧化熱因斷層較難傳導至表面，具有保溫效果，能使熱蓄積往上提升。

② 通風

物質外部受到通風冷卻，使其散熱快不易熱蓄積。

③ 堆積方式

堆積愈寬愈高造成顆粒狀深層堆積，在顆粒之間非連續性致熱傳導產生斷層，散熱愈形困難愈易形成熱蓄積狀態，如煤堆氧化發熱、稻草堆微生物發酵等自燃現象。

④ 含水率

物質本身含水率愈高，形成水分會吸熱狀態；且水量多會使熱傳導加快散熱，較難於熱蓄積，而增加最小起火所需能量、使發火下限濃度提高並降低物質反應活性。

(2) 發熱速度

① 比表面積

物質表面積與其體積之比值，比值愈大顆粒愈小，與空氣中氧接觸面積增大，易於氧化反應，且物質也較易於形成斷熱狀態，發熱速度相對較快。

② 新鮮度

如前所述煤碳、乾性油或活性碳等愈新鮮者，愈易於反應發熱；如煤炭層愈新，有些尚未碳化，含碳量較小，致較易於氧化升溫。

③ 濕度

濕度如前所述能影響熱蓄積、最小起火所需能量、帶電性、發火下限濃度及物質反應活性變化等，亦即濕度也扮演觸媒作用，降低活化能所需能量。

④ 發熱量

發熱量愈大，發熱速度愈快。

⑤ 溫度

反應速率（k）是隨著溫度（T）升高，活化能（E）所需能量降低。

---

4. 請問何謂「引火性液體」？另請敘述引火點在100℃以下之引火性液體具有哪些特性？

解：同第2題解答。

---

5. 何謂「準自然發火」現象？請舉例說明準自然發火物質及其反應類型？

解：(1) 準自燃發火性物大多是本身為活性物質，當其遇水或潮濕空氣中的水分，便發生水解放熱反應，釋放可燃氣體並放出熱量，致引起自燃現象，甚至是爆炸。

(2) 依其與空氣及水分反應狀況，可分本身會發火（如金屬鉀、金屬鈉、黃磷）、會使接觸可燃物發火（生石灰、硫酸、硝酸）、生成可燃性氣體而發火（如燃燒彈之磷化鈣、鹼金屬）。

---

6. 試簡要說明六類公共危險物品之混合危險為何？其因應對策為何？

解：同第15題解答。

---

7. 天然氣及液化石油氣為台灣地區家庭常用之燃料，試問其二者之特性有何不同？並說明若發生洩漏時，可採行之處理對策。

解：(1) 天然氣主成分為甲烷，液化石油氣主成分為丙烷。甲烷蒸氣密度為0.55，其比重較空氣小，不會有滯留於低處之危險，因此其較LPG為安全。液化石油氣蒸氣密度為1.52，氣態時之比重約為空氣之1.5倍，較空氣重故洩漏時，會滯留在低下處，容易造成窒息、火災等傷害事故。但其燃燒／爆炸範圍的下限很低，一旦洩漏出來即成高危險具爆炸性之混合氣體，且會沿地面廣泛地擴散開來，引火之危險性較汽油還大。

(2) 處理瓦斯漏氣事故最忌輕忽，若確認僅為小規模瓦斯外洩，入室後應先關閉瓦斯開關閥，再小心將室內門、窗開啓，使其自然通風，防止瓦斯聚集，並嚴禁使用電氣開關（包含開及關，故當現場已經有電器設備運轉，勿匆忙將之關閉，因為開關之間均會產生火花）。到達現場最好先至周圍觀察，瞭解洩漏的範圍消防人員接獲派遣指令到達現場後，需先瞭解現場為何種瓦斯外洩，到達現場可經由詢問大樓管理員或觀察大樓外有無天然瓦斯管線來研判可能外洩的瓦斯種類，千萬不可因沒聞到瓦斯味道而掉以輕心；以液化石油氣而言，洩漏時自地面開始堆積，在密閉空間中，雖未積至人鼻高度，但濃度可能足以致災。

---

8. 瓦斯氣爆為國內都市常發生之災害，試說明常用瓦斯種類及其化學組成、特性等，並說明瓦斯戶外爆炸及室內爆炸危險之差異及其災害預防對策。

解：(1) 天然氣主成分爲甲烷，液化石油氣主成分爲丙烷。甲烷蒸氣密度爲0.55，其比重較空氣小，不會有滯留於低處之危險，因此其較LPG爲安全。液化石油氣蒸氣密度爲1.52，氣態時之比重約爲空氣之1.5倍，較空氣重故洩漏時，會滯留在低下處，容易造成窒息、火災等傷害事故。但其燃燒／爆炸範圍的下限很低，一旦洩漏出來即成高危險具爆炸性之混合氣體，且會沿地面廣泛地擴散開來，引火之危險性較汽油還大。

(2) 瓦斯戶外爆炸及室內爆炸危險之差異

① 開放空間爆炸（戶外爆炸）

　　A. 可燃氣體存在於開放空間時，若混合氣存在於半徑數公尺之小範圍內，短時間內混合氣體就會達到爆炸下限。然而，此混合氣體即使起火了，其產生之壓力波強度也不會多強。

　　B. 若氣體涵蓋範圍廣達數十公尺或以上時，則爆炸損害就成了相當重要問題。在這樣情況下，評估爆炸產生損害之重點在：

　　(A)火球之熱輻射強度。

　　(B)壓力波之強度。

　　(C)有無衝擊波。

　　上述三項，無論那一個都受到混合氣體的種類、容量及起火能量所影響。

　　C. 在開放自由空間內爆炸能量之轉換，即爆炸能量產生後，會形成高壓之氣體，再由機械式的膨脹逐漸形成衝擊波，在此過程中，氣體開始膨脹會產生推進效應，衝擊波壓力會造成破壞效應。

　　D. 在開放自由空間內發生爆炸時，氣體產生膨脹並將四周空氣向外推擠。被推擠空氣屬高溫及高壓之後，則轉變爲衝擊波。

　　E. 雖然衝擊波之傳遞速度較音速快，產生不連續的壓力隆起，但此時將空氣壓出之活塞動作（此爲爆炸氣體），若不是非常高速，衝擊波將變成壓縮波消失。

② 密閉空間爆炸（室內爆炸）

　　A. 當爆炸發生於密閉空間時，隨著空間之形狀及構成空間之壁面強度不同，爆炸現象也會有所不同。

　　B. 長、寬、高比例接近1之密度空間，其氣體爆炸力之強弱，隨可燃混合氣體之分布、濃度及壁面上窗戶等強度較弱部分面積，所發生爆

炸強度皆有所不同。

C. 室內氣體外洩造成之爆壓，於一般建築物，爆炸時產生壓力由窗戶、門等開口洩出。加上室內氣體濃度不均等原因，爆炸產生之壓力遠小於密閉空間爆炸時之壓力。而住宅玻璃窗戶，只要受到10～100g/cm^{2}程度的壓力就會破損。

D. 混合氣體之燃燒速度，開口處之強度及面積比例，都被認為是影響爆炸時壓力上升之主要原因，爆炸時因氣體膨脹產生之壓力，導致窗戶等結構強度較弱部分破損，氣體也由此排出，壓力不易上升。

(3) 災害預防對策

① 燃料（Fuel）

所有混合物濃度，必在其燃燒／爆炸範圍內，則爆炸能由一微小起火源所觸動發生。

主要防爆（Primary Explosion Proofing）是維持在低於爆炸下限的問題。在這個區域中混合物濃度是過稀，以致無法觸動爆炸。爆炸範圍是混合物位於爆炸上下界限值之間，在下限值以下之可燃氣體／蒸氣（以%或g/m^3）濃度是太低，或超過上限值時混合氣是過濃，皆無法使爆炸發生。

② 氧氣（Oxygen）

氧是一種氣體，必須存在足夠使爆炸／火災發生所需最低供應量。

③ 熱源

移除與限制所有區域內之熱源存在，如電氣設施使用防爆電氣裝置等。

---

9. 解釋下列名詞：(1)定常燃燒　(2)自燃發火　(3)氧化亞銅增值發熱之現象

解：(1) 燃燒產生之熱與逸散之熱，能維持平衡，而具有均衡燃燒溫度者為一種定常燃燒。

(2) 依NFPA指出，可燃物質自體發熱（Spontaneous Heating）的副產品，當其溫度持續升高過程中，不從周圍環境吸收熱量，靠本身發熱，在蓄熱大於散熱環境條件下，達到起燃溫度，產生一種自燃發火現象。

(3) 電線間之接續部或電線與配線器具之接續部不良，因接觸電阻之故，當電

流流通時產生局部過熱。如當銅質導體，承受電氣火花等高溫時，一部分銅因氧化而形成氧化亞銅；除異常發熱外，並會持續增值擴大，形成高溫，為氧化亞銅增值發熱之現象。

10. 請說明何謂化學物質之混合危險（hazard of incompatibility）及其分類，並請說明公共危險物品有那幾類，且各類彼此間是否存有混合危險。

解：(1) 化學物質之混合危險（Hazard of Incompatibility）及其分類

混合危險為二種以上液體物質相互混合時，二者間形成混合熱使彼此分子運動加速，產生大量反應熱，導致火災或爆炸之危險。

① 混合後反應者

二種化學物質混合後，有些可立即反應，有些則經一段時間始生反應者，其反應情況如下：

A. 分解、發熱而生燃燒或爆炸。

B. 生成分解性或爆炸性反應。

C. 生成爆炸性化合物。

② 混合後不反應者

二種化學物質混合後，不致分解發火，但其性質改變，混合後物質更易於發火。

(2) 公共危險物品分類

① 第一類公共危險物品應避免與可燃物接觸或混合，或與具有促成其分解之物品接近，並避免過熱、衝擊、摩擦。無機過氧化物應避免與水接觸。

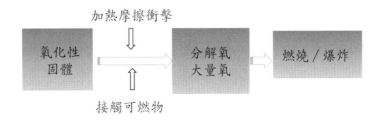

② 第二類公共危險物品應避免與氧化劑接觸混合及火焰、火花、高溫物體接近及過熱。金屬粉應避免與水或酸類接觸。

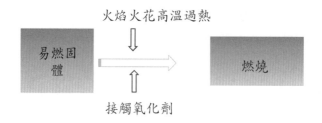

③ 第三類公共危險物品之禁水性物質不可與水接觸。

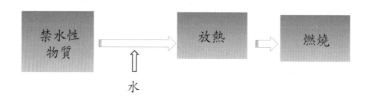

④ 第四類公共危險物品不可與火焰、火花或高溫物體接近，並應防止其
　發生蒸氣。

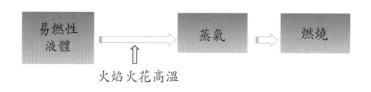

⑤ 第五類公共危險物品不可與火焰、火花或高溫物體接近，並避免過
　熱、衝擊、摩擦。

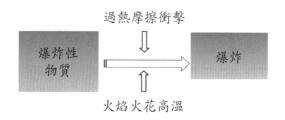

⑥ 第六類公共危險物品應避免與可燃物接觸或混合，或具有促成其分解
　之物品接近，並避免過熱。

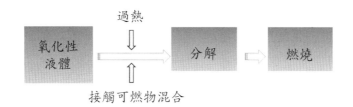

(3) 各類彼此間是否存有混合危險

在6類公共危險物品之混合危險如下表所述。

公共危險物品	第1類	第2類	第3類	第4類	第5類	第6類
第1類		×	×	×	×	×
第2類	×			○	●	×
第3類	×	×		●	×	×
第4類	×	○	●		●	●
第5類	×	●	×	●		×
第6類	×	×	×	●	×	

表中×表有混合危險者，●表有潛在危險者，○表無混合危險者。

---

11. 沸溢（boilover）與濺溢（spilover or slopover）是重質油類火災中所常出現的臨界燃燒現象，其出現常造成災害層面擴大，是油類火災中最嚴重的一種行為。試就沸溢與濺溢發生徵兆與發生區別詳細說明。

解 : (1)沸（濺）溢發生徵兆，於現場搶救人員需注意如下：

① 火焰顏色一般由深變淺並發亮白。

② 煙霧由濃黑變淡化。

③ 槽體因內部壓力升高形成劇烈顫抖振動並已膨脹變形。

④ 槽口發生急促「嘶嘶」響聲等現象。

⑤ 微爆噪音加大且急促。

⑥ 槽面大量油泡翻湧蠕動。

(2) 二者發生區別可分如次：

① 時間

發生時間不同，一般是先沸溢後濺溢。

② 範圍

危害不同，沸溢高度與範圍比濺溢小，濺溢危害來勢兇猛且巨大。

③ 水分

水分之來源不同，發生沸溢是油類中乳化水、自由水分。而發生濺溢則多是油槽底部水墊層之水分。

---

12. 可燃性氣體除本身之燃燒性外，尚有哪些因素影響燃燒。

解：溫度與壓力、燃料與空氣比例、燃料之蒸氣密度、紊流效應（Turbulence Effects）、區畫空間體積／位置、起火源大小、通風。

---

13. 請說明丙烯的分子結構、外觀狀態、蒸氣密度、閃火點及爆炸範圍等特性，當其洩漏時之滅火措施為何？

解：

物質狀態：	pH值：	
○糊狀物　○粉末	外觀：壓縮氣體	
○固體　○液體　●氣體 易燃氣體	氣味：氣味：微弱氣 味嗅覺閾值：23ppm（偵測）、668ppm（覺察）	
沸點：−47℃	熔點：−185.25℃	
蒸氣密度：（空氣＝1） 1.5（21℃, 1atm）	密度：-	
揮發速度：-	溶解度：與水可深邃溶	
閃火點：於常溫會被點燃	爆炸	爆炸下限（LEL）：2%
測試方式：○開杯　○閉杯	界限	爆炸上限（LEL）：11%

丙烯之洩漏滅火措施

適用滅火劑：二氧化碳、化學乾粉、噴水、水霧、泡沫。

滅火時可能遭遇之特殊危害：

(1) 安全情況下將容器搬離火場。

(2) 滅火前先關掉來源，如果不能阻止溢漏且周圍無任何危險，讓火燒完，若

沒有阻止溢漏而先行滅火。氣體會形成爆炸性混合物而再引燃。

(3) 隔離未著火物質且保護人員。

(4) 以水霧冷卻暴露火場的貯槽或容器。

(5) 自安全距離或受保護以防爆炸的地點滅火。

(6) 大區域之大型火災，使用無人操作之水霧控制或自動搖擺消防水瞄，否則，盡可能撤離該地區。

(7) 遠離貯槽。

(8) 貯槽安全排氣閥已響起或因著火而變色時立即撤離。

(9) 消防人員之特殊防護裝備：消防人員必須配戴全身式化學防護衣、空氣呼吸器（必要時外加抗閃火鋁質被覆外套）。

---

14. 瓦斯氣爆為國內都市常發生之災害，試說明常用瓦斯種類及其化學組成、特性等，並說明瓦斯戶外爆炸及室內爆炸危險之差異及其災害預防對策。

解：同第8題解答。

---

15. 消防法規定公共危險物品達管制量時，應在製造、儲存或處理場所以安全方法進行儲存或處理：試問公共危險物品有何危險性？對於避免混合危險發生，有何因應對策？試說明之。

解：(1) 公共危險物品（Hazardous Material），依美國NFPA指出，乃具有燃燒、爆炸、有毒、腐蝕、快速氧化及其他有害性質，會造成人類死亡或傷害之物品。

(2) 因應對策

① 第一類公共危險物品應避免與可燃物接觸或混合，或與具有促成其分解之物品接近，並避免過熱、衝擊、摩擦。無機過氧化物應避免與水接觸。

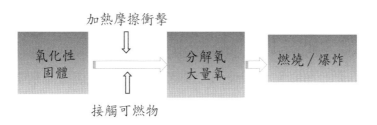

② 第二類公共危險物品應避免與氧化劑接觸混合及火焰、火花、高溫物體接近及過熱。金屬粉應避免與水或酸類接觸。

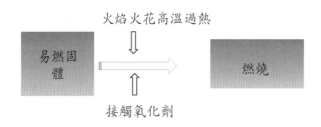

③ 第三類公共危險物品之禁水性物質不可與水接觸。

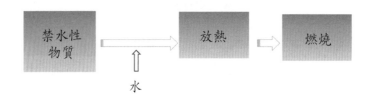

④ 第四類公共危險物品不可與火焰、火花或高溫物體接近，並應防止其發生蒸氣。

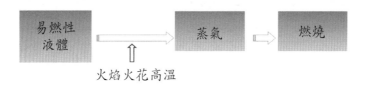

⑤ 第五類公共危險物品不可與火焰、火花或高溫物體接近，並避免過熱、衝擊、摩擦。

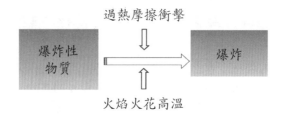

⑥ 第六類公共危險物品應避免與可燃物接觸或混合，或具有促成其分解之物品接近，並避免過熱。

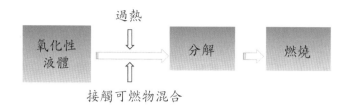

17. 可燃性氣體若與空氣適度混合，很容易引火燃燒，試敘述影響引火之因素。

解：同第29題之(2)解答。

18. 何謂火球火災？如何防止BLEVE（Boiling Liquid Expanding Vapor Explosion）的發生？

解：(1) 火球火災

　　① 大量的蒸發可燃液體，突然燃燒成為球形火災。

　　② 火球之產生，是因可燃氣體外洩，受到地面等加熱而開始急速汽化。

　　③ 液化氣體蒸發後四處擴散，在開放區域形成蒸氣雲。而蒸氣雲一旦起火所產生火球。亦即，當蒸氣在大氣中擴散成蒸氣雲時，若有火源存在，起火後瞬間形成火球。

(2) 防止BLEVE（Boiling Liquid Expanding Vapor Explosion）的發生

BLEVE（或蒸氣雲爆炸）防制與對策如下：

　　① 燃料面

　　　A. 排料

　　　　槽體內容燃料量多可考慮抽出輸送至遠方或載離，以減少燃料量及其爆炸威力。

　　　B. 緊急遮斷閥

　　　　在一開始洩漏或燃燒時，就先關閉緊急遮斷閥，停止燃料繼續供應。

　　　C. 洩漏檢知器

　　　　在一開始洩漏時，偵測可能濃度就先緊急進行處理，防範未然。

②熱能面

A.斷熱設計

儲槽容器作外部斷熱處理，可避免槽體受異常之溫度變化而發生
BLEVE 現象。

B.固定式撒水或水沫設備

於儲槽本身頂部設置冷卻撒水設備，一旦火災能自動撒水予以冷
卻，防止儲槽因受熱而內部壓力升高。

C.遙控式水砲塔

在大多數BLEVEs已經進行了研究，其中所述失效是由於金屬過熱
（Metal Overheating），這起源於蒸氣空間的金屬，特點在於金屬
拉長（Stretching）和變薄（Thinning Out），並出現縱向撕裂使
金屬逐步擴大至臨界長度。此時，斷裂成為脆性化（Brittle），並
沿著金屬縱向和圓周方向，以音速（Sonic Velocity）擴展。其結果
使容器裂開成兩個以上碎片。因此，以大水量砲塔持續射水冷卻降
溫，是一種關鍵性作法。

③減災面

A.過壓洩放裝置

洩放裝置動作，能使容器不致初期失效破裂，內部壓力減低也能使
液體溫度不致太高，如安全閥即是設計用來防止氣體破裂，或安裝
爆炸氣道或洩爆孔。

B.地下槽體設計

此種作法有其正面及負面應依現場作評估論定。

C.隔離

設計防爆牆等，以局限爆炸之範圍或程度。

D.爆炸抑制裝置

由洩漏檢知器檢知，緊急釋放不燃性或滅火劑。

---

19. 試述天然氣與液化石油氣的特性？若不慎產生洩漏而爆炸，可以分為哪三個
階段？發生事故時如何處置？

解：(1) 同第20題解答。

(2) 分為三個階段

① 可燃氣體之洩漏──第一階段：在區劃空間內洩漏之物質需達一定量。

② 可燃混合氣體之形成──第二階段

A. 物質之蒸發與昇華及流入封閉空間內之氣體，形成可燃氣體。

B. 隨著空間之容積、換氣率、氣體之種類與發生狀況，甚至是流入或外洩之狀況，使混合程度與速率有所差異。

③ 起火（爆炸）──第三階段

A. 混合氣體達到燃燒/爆炸範圍，當接受到必要能量足以產生化學反應（燃燒反應）時，即會起火燃燒。

B. 燃燒／爆炸範圍及持續時間，則要視混合氣體之溫度與壓力及混合氣體中之物質、氧化劑、不可燃氣體之混合程度。

C. 考量到氣體之爆炸，一般來說，溫度、壓力上升後，燃燒／爆炸範圍也會變大。

(3) 處理瓦斯漏氣事故最忌輕忽，若確認僅為小規模瓦斯外洩，入室後應先關閉瓦斯開關閥，再小心將室內門、窗開啟，使其自然通風，防止瓦斯聚集，並嚴禁使用電氣開關（包含開及關，故當現場已經有電器設備運轉，勿匆忙將之關閉，因為開關之間均會產生火花）。到達現場最好先至周圍觀察，瞭解洩漏的範圍消防人員接獲派遣指令到達現場後，需先瞭解現場為何種瓦斯外洩，到達現場可經由詢問大樓管理員或觀察大樓外有無天然瓦斯管線來研判可能外洩的瓦斯種類，千萬不可因沒聞到瓦斯味道而掉以輕心；以液化石油氣而言，洩漏時自地面開始堆積，在密閉空間中，雖未積至人鼻高度，但濃度可能足以致災。

---

20. 有關於天然氣及液化石油氣，請說明其主要成分為何？兩者之蒸氣密度大小對起火原因之研判有何意義？兩者各一公斤時，完全燃燒所需之理論空氣量各為多少公斤？

解：(1) 天然氣主成分為甲烷，液化石油氣主成分為丙烷。

(2) 甲烷蒸氣密度為0.55，其比重較空氣小，不會有滯留於低處之危險，因此其較LPG為安全。液化石油氣蒸氣密度為1.52，氣態時之比重約為空氣之

1.5倍，較空氣重故洩漏時，會滯留在低下處，容易造成窒息、火災等傷害事故。但其燃燒／爆炸範圍的下限很低，一旦洩漏出來即成高危險具爆炸性之混合氣體，且會沿地面廣泛地擴散開來，引火之危險性較汽油還大。

(3) 天然氣 $\frac{1000 \times 32 \times 2}{16} \times \frac{100}{23} = 17400$（g）= 17.4公斤理論空氣量（燃燒1公斤甲烷需2公斤純氧）

液化石油氣 $\frac{1000 \times 32 \times 5}{44} \times \frac{100}{23} = 15800$（g）= 15.8公斤理論空氣量（燃燒1公斤丙烷需5公斤純氧）

---

21. 試說明NFPA之危險物品標示規定。

解：在NFPA標示方面，數字大危險性愈高，其表示如下：

(1) 最上端紅色為可燃性，代表火災危險程度，4為閃火點在22.8℃以下、3為37.8℃以下、2為93.3℃以下、1為93.3℃以上、0為不燃性物質。

(2) 中間右端黃色為反應性，代表爆炸危險程度，4為可以爆轟、3為撞擊或受熱爆轟、2為會產生激烈化學變化、1為受熱會形成不穩定、0為穩定性物質。

(3) 中間左端藍色為毒性，代表健康危害程度，4為致命、3為極端危險、2為危害到健康、1為輕微危害到健康、0為正常性物質。

(4) 最下端白色為特殊危害，如OX為氧化性、Acid為酸性、Alkali為鹼性、Corrosive為腐蝕性、Use NO WATER為禁水性、Radiation hazard為放射性。

22. 試說明化學物質災害、工廠災害消防搶救程序（H.A.Z.M.A.T）。

解：

23. 開啓瓦斯引發爆炸之新聞時有所聞，並造成當事人、消防人員，甚至鄰居之重大傷亡，請問瓦斯爆炸之條件及導致結果爲何？倘若瓦斯外洩，應採之處理步驟爲何？

解：(1) 氣體爆炸需要滿足下述條件：
① 燃燒／爆炸範圍內，氣體與空氣混合達一定濃度。
② 必須存在足夠能量可引起爆炸之起火源。
③ 空間需有某種密閉之程度。

(2) 依據不同的爆炸形態，將有不同的破壞效果：
① 炸彈形式之爆炸型態
如炸彈般在非常堅固的容器中發生爆炸，在破壞容器後，因將碎片吹散至四周而耗費了大量能源，其爆轟效果未能及於遠處。
② 核爆式型態
主要產生爆轟效果，並伴隨著二次碎片破壞效果。
③ 氣體粉塵爆炸型態
在高壓狀態下之氣體與粉塵，其衝擊波造成之破壞比重，大於碎片效果（最初之一次碎片效果）。
處理瓦斯漏氣事故最忌輕忽，若確認僅爲小規模瓦斯外洩，入室後應先關閉瓦斯開關閥，再小心將室內門、窗開啓，使其自然通風，防止瓦斯聚集，並嚴禁使用電氣開關（包含開及關，故當現場已經有電器設備運轉，勿勿忙將之關閉，因爲開關之間均會產生火花）。到達現場最好先至周圍觀察，瞭解洩漏的範圍消防人員接獲派遣指令到達現場後，需先瞭解現場爲何種瓦斯外洩，到達現場可經由詢問大樓管理員或觀察大樓外有無天然瓦斯管線來研判可能外洩的瓦斯種類，千萬不可因沒聞到瓦斯味道而掉以輕心；以液化石油氣而言，洩漏時自地面開始堆積，在密閉空間中，雖未積至人鼻高度，但濃度可能足以致災。

24. 試簡要說明六類公共危險物品之混合危險爲何？其因應對策爲何？

解：同第15題解答。

25.　爆炸性物質具有何種特性，試列舉之。

解：第五類危險物品（自反應物質及有機過氧化物）：如硝基化合物、亞硝基化合物等。
第五類公共危險物品不可與火焰、火花或高溫物體接近，並避免過熱、衝擊、摩擦。

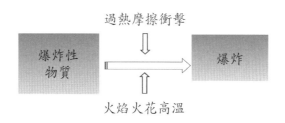

26.　液化石油氣具有何種特性及危險性？在處置上應注意哪些事項？

解：(1) 可燃氣體洩漏時，控制措施一般包括導引、稀釋和飄散氣體，以防與人員接觸，如是在室外釋放則使氣體不致滲入建築物內，並防止氣體與起火源接觸，儘量控制逸出氣體的流動。進行氣體的導引、稀釋和飄散措施，則必須使用某種流體來作為載體。已證明空氣、水蒸氣和水等流體，是符合實際措施的載體。

(2) 滅火時可能遭遇之特殊危害：

① 安全情況下將容器搬離火場。

② 滅火前先關掉來源，如果不能阻止溢漏且周圍無任何危險，讓火燒完，若沒有阻止溢漏而先行滅火。氣體會形成爆炸性混合物而再引燃。

③ 隔離未著火物質且保護人員。

④ 以水霧冷卻暴露火場的貯槽或容器。

⑤ 自安全距離或受保護以防爆炸的地點滅火。

⑥ 大區域之大型火災，使用無人操作之水霧控制或自動搖擺消防水瞄，否則，盡可能撤離該地區。

⑦ 遠離貯槽。

⑧ 貯槽安全排氣閥已響起或因著火而變色時立即撤離。

27. 試述六類公共危險物品之混合危險及因應對策。

解：不相容化學混合物（Incompatible Chemical Mixtures）可引起劇烈反應、爆炸、火災或產生有毒氣體。在容器內內置不相容的物質，會導致洩漏或災害。而在發生火災或其他災害，容器易於破裂，致化學物質能結合燃料，形成對救災人員之更嚴重火災或傷害。亦即混合危險為二種以上液體物質相互混合時，二者間形成混合熱使彼此分子運動加速，產生大量反應熱，導致火災或爆炸之危險。

在管理公共危險物品方面，在國內法規首重於預防階段，因搶救階段不易搶救。在硬體方面，依三大場所（製造、儲存及處理）之位置（安全距離及防火空地）、構造（防火、輕質屋頂、不滲透地板等）及設備（粉塵蒸氣抽出設備、防止靜電、管制量達10倍避雷針）等；在軟體方面，主要設置專人管理，即管制量達30倍者應設置保安監督人，在安全管理方面則遵循勞安及工安相關法規辦理，如注意不相容物質、混合危險等相關作業標準之制訂。一旦災害發生，在消防防災計畫編組自衛消防人員及班別，進行初期快速反應等。

28. 試述氧化性物質之特性。

解：第一類危險物品（氧化性固體）：如氯酸鹽、過氯酸鹽、無機過氧化物、次氯酸鹽類等。

第一類公共危險物品應避免與可燃物接觸或混合，或與具有促成其分解之物品接近，並避免過熱、衝擊、摩擦。無機過氧化物應避免與水接觸。

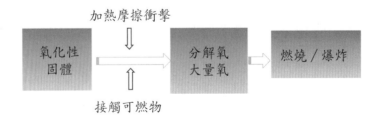

29. 何謂引火？影響引火之因素為何？試述之。

解：(1) 引火

在每一可燃液體具有其獨特的蒸氣壓，這是液體溫度的函數。隨著溫度的升高，蒸汽壓力增加，導致在可燃液體表面區域，蒸發可燃蒸氣之濃度增加。一旦適當的燃料／空氣比濃度，一點火將可使蒸氣引火。

(2) 影響引火因素

① 蒸發速率（Evaporation Rate）

② 燃燒速率（Burning Rates of Liquids）

③ 汽化潛熱（Latent Heat of Vaporization）

④ 燃燒／爆炸範圍

⑤ 燃燒熱值

⑥ 爆炸下限值

⑦ 最小起火能量

⑧ 導電性

⑨ 比熱

⑩ 沸點

⑪ 溫度和壓力（Variation in Hazard with Temperature and Pressure）

---

30. 請說明天然氣和液化石油氣的性質有何不同？一般住宅該如何防範此等氣體的火災與爆炸？

解：(1) 天然氣和液化石油氣的性質有何不同

氣體類別	燃燒熱（MJ/m³）	爆炸下限（空氣中容積）	爆炸上限（空氣中容積）	比重	燃燒1m³氣體所需空氣量（m³）	起火溫度（℃）
天然氣	37.6～39.9	4.7	15.0	0.59～0.61	10.2	482～632
丙烷	93.7	2.15	9.6	1.52	24.0	493～604

① 液化石油氣的主要成分包括有，丙烷、丁烷等氣體，因本身含碳數較天然氣多，碳粒對空氣比表面積較天然氣小，較不易完全燃燒，比重約為1.820，比空氣重，一旦洩漏時會向下方、低窪處沉積，不易飄散，遇到火源極易引發燃燒、爆炸。液化石油氣與空氣混合的濃度大

約達到1.95%至9%時，遇到火源即會燃燒、爆炸。

② 天然氣其主要成分為甲烷，並含有少量之乙烷、丙烷、丁烷等碳氫化合物及少量之不燃性氣體，其比重約在0.58～0.79之間，亦即是天然氣較同體積之空氣為輕，一旦洩漏時會往上飄散。空氣中之天然氣含量大約達到5%至16%之間，遇到火源即會引起燃燒或爆炸。

(2) 住宅該如何防範此等氣體的火災與爆炸

使用瓦斯如何避免危險：

① 瓦斯管與瓦斯爐間之橡皮管要經常檢查，發現龜裂、破損時請立即換新。

② 瓦斯爐具使用後應確實關閉瓦斯爐開關防止瓦斯漏氣。

③ 橡皮管不宜過長，並應加裝安全夾，以防止脫落。

④ 炊煮時應留意火焰不要被風吹熄或烹煮食物之湯汁不要盛裝過滿，以免淹熄火焰造成瓦斯漏氣。

⑤ 瓦斯爐具無法點著時請先關閉，等漏出的瓦斯散去後再重新點火。

如何防範瓦斯引起火災及爆炸

① 不同的瓦斯特性有著不同的搶救策略，例如桶裝液化石油氣，要先判斷哪一桶漏洩後予以處理；天然氣大多為管線輸送則需自源頭將之關閉。

② 處理瓦斯漏氣事故最忌輕忽，若確認僅為小規模瓦斯外洩，入室後應先關閉瓦斯開關閥，再小心將室內門、窗開啓，使其自然通風，防止瓦斯聚集，並嚴禁使用電氣開關（包含開及關，故當現場已經有電器設備運轉，勿匆忙將之關閉，因為開關之間均會產生火花）。

③ 瓦斯爐具需放在磚台或不鏽鋼架上，應與周圍可燃物保持適當距離。

④ 不要用報紙舖在瓦斯爐具下或牆上貼月曆、紙張，以免引火燃燒。

⑤ 酒精、沉油等易燃物品，不要放置在瓦斯爐具附近，另電源插座、開關應與爐具保持距離。

⑥ 瓦斯儲槽或槽車洩漏起火燃燒，可能造成槽體破裂爆炸，內含瓦斯存量甚多，其爆炸威力及影響範圍十分廣大，應謹慎應對。車輛及人員部署宜保持較遠距離，儘量使用固定式砲塔射水降溫，並可於槽車45度或135度角位置部署車輛及人員較為安全。

31. 都市瓦斯與筒裝瓦斯均有可能發生瓦斯爆炸，試問其瓦斯特性及當發生此類之瓦斯洩漏時，火場指揮人員派員進行止漏時之注意事項爲何？

解：依消防署救災安全手冊述：
(1) 到達現場後需先瞭解。
  ① 何種瓦斯外洩
    不同瓦斯特性不同，搶救對策亦不同，到達現場可經由詢問大樓管理員或觀察大樓外有無天然瓦斯管線來研判可能外洩的瓦斯種類，千萬不可因沒聞到瓦斯味道而掉以輕心；以液化石油氣而言，洩漏時自地面開始堆積，在密閉空間中，雖未積至人鼻高度，但濃度可能足以致災。
  ② 持續洩漏可能性
    液化石油氣爲桶裝，故有一定量，只要判斷哪一桶漏洩後予以處理即可；天然氣則需自源頭將之關閉。
  ③ 洩漏的範圍多大
    到達現場最好先至周圍觀察，瞭解洩漏範圍，預先想好萬一需要劃設警戒區，規模多大，千萬不要一到現場便衝進外洩區域，如此一旦發生災害所有人員均置身危險區內，外圍反而無人掌控。
(2) 處理瓦斯漏氣事故最忌輕忽，若確認僅爲小規模瓦斯外洩，入室後應先關閉瓦斯開關閥，再小心將室內門、窗開啓，使其自然通風，防止瓦斯聚集，並嚴禁使用電氣開關，當現場已經有電器設備運轉，勿匆忙將之關閉，因爲開關之間均會產生火花。
(3) 室內或密閉空間之瓦斯火災，爲防瓦斯爆炸之可能性，射水搶救時利用牆等堅固掩體作掩護以保護本身安全，避免瓦斯爆炸造成人員傷亡。

32. 儲存原油或重油之儲槽當發生火災時，火場指揮人員應注意其會發生何種爆炸現象？請詳述如何研判其爆炸之發生與應有之因應措施。

解：(1) 沸溢（Boilover）與濺溢（Spillover or Slopover）是重質油類火災中所常出現特有臨界燃燒現象，其發生意即災害層面升級擴大（Upgraded），是油類火災最嚴重一種行爲。在油槽發生火災時，於一定條件下燃

燒狀態會急劇變化，從容器中突然大量噴溢出來而形成巨大火柱，並造成更大之二次災害。事實上，沸（濺）溢現象發生，不僅造成搶救人員傷亡及消防車輛器材毀損，還可能直接引燃鄰近儲槽等設施，使火災整體情況難以控制。

(2) 沸（濺）溢發生徵兆，於現場搶救人員需注意如下：

① 火焰顏色一般由深變淺並發亮白。

② 煙霧由濃黑變淡化。

③ 槽體因內部壓力升高形成劇烈顫抖振動並已膨脹變形。

④ 槽口發生急促「嘶嘶」響聲等現象。

⑤ 微爆噪音加大且急促。

⑥ 槽面大量油泡翻湧蠕動。

(3) 應有之因應措施

① 救時應盡量避免讓水射入槽內，因水的存在是發生沸（濺）溢重要條件。

② 射水掩護人員及時打開槽底放水閥，採取施放槽底水墊層水量放掉，減少沸溢發生及避免進一步濺溢現象。

③ 在火勢猛烈階段，油槽液位會有一段時間形成焦層燃燒，限制油類中輕餾分揮發，是現場組織滅火之較為有利搶救時機。

④ 對起火油槽及鄰近槽體實施射水冷卻，防止火勢擴大，延長沸（濺）溢時間；如溢出油沫必須將其引至安全地段或有效控制位置。

⑤ 隨著槽徑增加，由燃燒面加熱液位下面整體油層與底部水層作用會減弱，發生沸溢強度亦會減弱。所以小型比大型油槽沸溢時間會提前。

⑥ 搶救時應盡可能降低槽體內部油溫度，並將泡沫集中連續地噴射，禁止斷續地少量噴射，以防射進槽內少量泡沫被火焰破壞，使泡沫中水引起嚴重沸（濺）溢現象。

⑦ 正確把握滅火時間，重質油類著火時，在熱波未下降到水層之前，及時撲滅初期火災。亦即，從著火至形成熱波有一段時間，燃燒初期階段於液體表面尚未形成高溫層向下傳遞，是不會出現沸溢為滅火最佳時期。

⑧ 搶救時應密切注意火焰結構（Flame Structure）變化，其發生前幾分鐘是有異常情況出現，在發現如前所述沸（濺）溢之發生徵兆，確認

沸（濺）溢即將發生時，應速果斷採取包括人員撤離等措施，並把握時機進行再下一波攻防，因沸（濺）溢過後，一般需一段時間才會發生下一次現象。

33.　請說明台塑六輕廠的管線爆炸風險。

解：台塑六輕廠的管線爆炸，僅滿足以下條件，即有爆炸風險：

(1) 燃燒／爆炸範圍內，氣體與空氣混合達一定濃度。

(2) 必須存在足夠能量可引起爆炸之起火源。

(3) 空間需有某種密閉之程度。

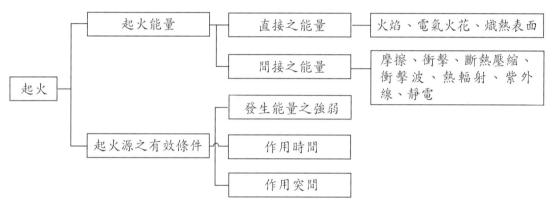

（資料來源：盧守謙、陳永隆，《火災學》，吳鳳科大消防系用書，2016）

34.　依「公共危險物品及可燃性高壓氣體設置標準暨安全管理辦法」，乙醚為何類別公共危險物品？請依其理化特性，說明其危險性。洩漏時之滅火措施為何？

解：(1) 乙醚（Ethyl Ether）為易燃液體，第4類。

(2) 閃火點為−45℃，爆炸界限為1.7～36%。液體和蒸氣高度易燃。攪動或流動時可能積聚靜電。蒸氣比空氣重，會傳播至遠處，遇火源可能造成回火。液體會浮於水面上，火災時可能隨水蔓延開。缺乏抑制劑下可能形成具爆炸性的過氧化物。

(3) 洩漏時之滅火措施

適用滅火劑：化學乾粉、酒精泡沫、二氧化碳
滅火時可能遭遇之特殊危害：1.蒸氣會與空氣形成爆炸性混合物，並會沿地面傳播，若遇引燃源會回火。2.液體會浮於水面上，將火勢蔓延開。3.火場中密閉容器可能破裂。
特殊滅火程序：1.如外洩物未被引燃，噴水霧驅散其蒸氣並保護止洩人員及沖洗外洩物遠離暴露。2.安全情況下將容器搬離火場。
消防人員之特殊防護裝備：消防人員配戴空氣呼器及防護手套、消防衣。

35. 目前臺灣地區使用瓦斯之種類，液化石油氣常見於一般的桶裝瓦斯，其主要成分為丙烷與丁烷。天然氣主要成分則為甲烷。試就液化石油氣與天然氣二者燃燒總熱值（kJ/m³）、著火上下限（%）、比重（空氣 = 1）與燃燒1立方公尺需要空氣量等四種項目比較並說明液化石油氣與天然氣不同之特性？

解：(1) 依NFPA指出

氣體類別	燃燒熱（MJ/m³）	爆炸下限（空氣中容積）	爆炸上限（空氣中容積）	比重	燃燒1m³氣體所需空氣量（m³）
天然氣	37.6～39.9	4.7	15.0	0.59～0.61	10.2
丙烷	93.7	2.15	9.6	1.52	24.0

根據Burgess-Wheeler定理，烷類之爆炸下限×燃燒熱 = 1059

① 天然氣$5.19×$燃燒熱 = 1059

燃燒熱204.05kcal/mol（13270kcal/kg）= 853.75kJ/mol = 38.1MJ/m³

（1cal = 4.184J, ℃時1mol = 0.0224m³）

② 丙烷$2.2×$燃燒熱 = 1059

燃燒熱481.36kcal/mol（10940kcal/kg）= 2014.03kJ/mol = 89.9MJ/m³

(2) 著火上下限（%）

$CH_4 + 2O_2 \rightarrow CO_2 + 2H_2O$

$C_3H_8 + 5O_2 \rightarrow 3CO_2 + 4H_2O$

天然氣當量濃度$= \dfrac{1}{1+4.8n} = 9.43\%$

$0.55×$當量濃度 = 5.19%（天然氣下限）

$$\frac{4.8 \times \sqrt{當量濃度 \times 100}}{100} = 14.7\% \text{（天然氣上限）}$$

$$丙烷當量濃度 = \frac{1}{1+4.8n} = 4\%$$

$$0.55 \times 當量濃度 = 2.2\% \text{（丙烷下限）}$$

$$\frac{4.8 \times \sqrt{當量濃度 \times 100}}{100} = 9.6\% \text{（丙烷上限）}$$

(3) 比重

　　天然氣比重0.59～0.61，丙烷1.52

(4) 燃燒1立方公尺需要空氣量

　　1立方公尺甲烷完全燃燒時需2立方公尺氧氣。

$$2 \times \frac{100}{21} = 9.52 \ m^3$$

　　1立方公尺丙烷完全燃燒需5立方公尺氧氣。

$$5 \times \frac{100}{21} = 23.8 \ m^3$$

36.　「公共危險物品及可燃性高壓氣體設置標準暨安全管理辦法」中之第三類公共危險物品：發火性液體、發火性固體及禁水性物質。依物質在空氣中發火性、與水接觸之發火性或產生可燃性氣體進行判定，試寫出下列物質遇水之化學反應方程式（需平衡係數）：

(A)磷化鈣（Ca_3P_2）　　　　　(B)氫化鈉（NaH）

(C)碳化鋁（Al_4C_3）　　　　　(D)碳化鎂（MgC_2）

(E)三氯矽甲烷（Trichlorosilane）？

解： A.　$Ca_3P_2 + H_2O = Ca(OH)_2 + PH_3$

　　 B.　$NaH + H_2O = NaOH + H_2$

　　 C.　$Al_4C_3 + H_2O = CH_4 + Al(OH)_3$

　　 D.　$MgC_2 + H_2O = Mg(OH)_2 + C_2H_2$

　　 E.　$SiHCl_3 + 2H_2O \rightarrow SiO_2 + 3HCl + H_2$

37. 某冷凍工廠發生爆炸，造成氨氣外洩，試回答下列問題：

(1)請以化學反應式說明與氧氣進行燃燒時之反應及危險性。

(2)現場若有氯氣存在時，易發生爆炸，試以化學反應式說明爆炸之起因及危險性。

(3)洩漏時，應如何處理？試說明之。

解：(1)

$$4NH_3 + 5O_2 \rightarrow 4NO + 6H_2O$$

① 液態氨在常溫常壓下易放出氨氣，加溫時釋出速度加快。氨氣雖然屬於不易燃之氣體，氣能與氧氣發生催化氧化反應，但有明火而連續供應氨氣時會燃燒。

② 氨氣與空氣之混合物其燃燒上下限為28～15%，有火源時易爆炸。無火源而在密閉容器中被加熱時易破壞容器形成氣爆。

(2) 液態氨與鹵素，強酸接觸時起激烈反應，有爆炸、飛濺等潛在危險性。氨氣不能在空氣中燃燒，但能在純氧中燃燒，

$$8NH_3 + 3Cl_2 \rightarrow 6NH_4Cl + N_2$$

氨氣和氯氣接觸，由於氯氣的氧化性與氨氣的還原性，發生氧化還原反應；氯氣和氨氣混合後會生成氯化銨，並放出熱量。當小劑量氯氣和氨氣混合後不會發生爆炸，當大劑量高濃度的氯氣和氨氣混合後會發生爆炸。

(3) 洩漏處理方法

個人應注意事項：1.限制人員進入，直至外溢區完全清乾淨為止。2.確保僅由受過訓之人員負責清理工作。3.穿戴合適的個人防護裝備。

環境注意事項：1.撲滅及移走所有發火源。2.保持洩漏區通風良好。3.若有大量物質外洩至周遭環境，應報告有關之環保單位。

清理方法：

1. 將鋼瓶移至排風罩或通風良好之室外安全處所通風排氣，空桶需做記號。

2. 利用水霧或噴水來減少嚴重洩漏時的氣雲量。

3. 不要直接加水於外洩物或洩漏源。

4. 若可能，翻轉外洩容器使氣體逸出，而非液體流出，隔離洩漏區直至氣體完全消散。

滅火措施

小火：化學乾粉、二氧化碳。

大火：噴水、水霧、泡沫。

滅火時可能遭遇之特殊危害：

1. 火場中的壓力容器可能會破裂、爆炸並放出有毒及刺激性氣體。
2. 氨不易著火，但是在密閉空間，氨與空氣的混合物會爆炸。

參考文獻

1. 盧守謙，港區特種災害消防戰略之研究，起迄年月：101年01月～101年09月，內政部消防署自行研究案，民101年12月。

2. 盧守謙，油槽火災搶救戰略-1-，消防月刊，內政部消防署，民96年9月，頁32～41。

3. 盧守謙，油槽火災搶救戰略-2-，消防月刊，內政部消防署，民96年10月，頁40～48。

4. 陳火炎、呂和樹、盧守謙等，計畫名稱：公共危險物品及可燃性高壓氣體消防安全設備設置標準研擬，起迄年月：87年07月～88年06月，補助機構：行政院國科會。

5. 盧守謙，解析油類火災沸溢與濺溢現象-1-，消防月刊，內政部消防署，民96年4月，頁68～73。

6. 盧守，解析油類火災沸溢與濺益現象-2-，消防月刊，內政部消防署，民96年5月，頁17～21。

7. 梁國偉、盧守謙，毒化物災害消防戰略-1-，消防月刊，內政部消防署，民97年7月，頁39～49。

8. 梁國偉、盧守謙，毒化物災害消防戰略-2-，消防月刊，內政部消防署，民97年8月，頁19～28。

9. 內政部消防署，各縣市消防局SOP http：//www.nfa.gov.tw/uploadfiles/series/200605041002.doc

10. 工業技術研究院環境與安全衛生技術發展中心，2003：「重大事故資料庫」，http：//W3.Itri.Org.Tw/Accident/。

11. 孫繼光，2000：「化學品儲槽與輸儲安全性調查報告」，工業技術研究院產業經濟與資訊服務中心，ITRISH-0267-S301：3.1-3.25。

12. 吳清萍，2002：「化學品運輸之緊急應變」，工安環保，第8期：17～18。

13. 工業技術研究院環境與安全衛生技術發展中心，2003：「談化學品儲運安全」，簡訊月刊，第55期。

14. 行政院勞工委員會譯，防火防爆對策技術手冊，1998

15. 災害搶救組，化學槽車火災搶救對且快，內政部消防署，消防月刊，88年8月

16. 高壓容器，日本近12年來液化石油氣槽車火災事故分析，日本《高壓容器》月刊1997年第7期刊

17. The Study for Transportation Safety with Dangerous and Hazardous Materials，歐新榮、張承明，行政院勞工委員會勞工安全衛生研究所New Jersey, 1990

18. 日產アーク株式會社1997，自然発火，技術營業部。

19. 東京消防廳警防研究会編著，新消防戰術3，日本東京消防廳警防部監修，東京連合防火協会發行，平成5年8月。

20. 高壓可燃氣體保安協会，第一種高壓可燃氣體販売主任者講習，可燃氣體保安協会テキスト

21. 全国加除法令出版（株），可燃氣體漏れ事故の警防マニュアル，可燃氣體漏れ事故の警防対策

22. 古积博，原油の燃焼性状，化学工学，1990，29(2)：95～99

23. 警防活動研究会編集，警防活動時安全管理マニュアル，警防活動研究会，平成16年5月

24. 森尻宏與瀬戸裕治2007，自然発火機構に対する湿度の影響に関する検証（第1報），消防技術安全所報44号

25. 張日誠，易燃液體輸送靜電爆炸案例探討，勞工安全衛生研究所勞工安全組，2009年

26. 吳鴻鈞，林獻山，高速流動有機溶劑之靜電荷與燃燒測試，103-S504，勞動部勞研所，2015

27. 日本產業安全研究所技術指南，靜電安全指南，1978年10月

28. Montiel, H., Vílchez J. A., Arnaldos J. and Casal J., 1996; "Historical Analysis Of Accidents In The Transportation Of Nature Gases," J. Hazardous Material, 51: 77-92

29. UK Atomic Energy Authority, 2003; "Major Hazard Incident Data Service (MHIDAS)," CD-ROM Version, Silver Platter (Ref. OSH-ROM Databank).

30. Center for Chemical Process Safety (CCPS), 1995, "Guidelines for Chemical Transportation Risk Analysis. Chapter 1. Transportation Risk Analysis," American Institue Chemical Engineers, New York: 5-41

31. Crowl, D.A., and Louvar, J. F., "Chemical Process Safety," Prentice Hall, Englewood Cliffs, W. C. Fan, J. S. Hua, G. X. Liao., Experiment Study on the Premonitory Phenomena of Boilover in Liquid Pool Fires Supported on Water, Journal of Loss Prevention in the Process Industries, 1995, 8(4): 221~227

32. W. C. Fan, J. S. Hua, G. X. Liao., Study and Prediction of Boilover in Liquid Pool Fires with a Water Sublayer using Micro-explosing Noise Phenomena, Fire Safety Journal, 1998, 30: 269-291

33. Kosesi. H., et al., A Study on Largescale Boilover using Crude Oil Containing Emulsified Water, Fire Safety Science, 2003, 38: 665~677

34. Chemical & Process Technology, 2008, Conventional spring loaded direct acting PSV, http://webwormcpt. blogspot. tw/2008/12/visualise-pressure-safety-valve-psv. html

35. Saito. K., et al., A Study of Boilover in Liquid Pool Fires Supported on Water, PartI: Effects of a Water Sub-layer on Pool Fires, Combustion Science and Technology, 1990, 71: 25~40

36. Broeckman B., Schecker. H.G., Heat Transfer Mechanisms and Boilover in Burning Oil water Systems, Journal of Loss Prevention in the Process Industries, 1995, 8(3): 137~147

37. Jena S. S., 2011, Investigation into spontaneous combustioncharacteristics of some indian coal-sand correlation study with their intrinsic properties, A thesis degree of bachelor of technology in mining engineering, Department of Mining EngineeringNational Institute of Technology, Rourkela-769008 Indian

38. Pauling, L. C. (1988) General Chemistry, Dover Publications。

39. The NIST Reference on Constants, Units, and Uncertainty. US National Institute of Standards and Technology. June 2015. Retrieved 2015-09-25

40. Spontaneous Combustion or Chemical Reaction, Ben Evarts, NFPA Fire Analysis and Research, Quincy, MA, November 2011

41. WHA International, Inc 2015, Auto-Ignition Temperature, Wendell Hull & Associates.

42. NFPA, Fire Protection Handbook, 20th Edition, 2008, National Fire Protection Association, Quincy, Massachusetts 02169

43. Lawson, J. R., and Quintiere, J. G., "Slide-Rule Estimates of Fire Growth," NBSIR 85-3196, National Bureau of Standards, Gaithersburg, MD, 1985.

44. Shokri, M., and Beyler, C. L., "Radiation from Large Pool Fires," SPFE Journal of Fire Protection Engineering, Vol. 1, No. 4, 1989.

45. Kevin B. McGrattan K.B., Baum H. R., Hamins W. A., Thermal Radiation from Large Pool

Fires, Fire Safety Engineering Division Building and Fire Research Laboratory, NISTIR 6546, November 2000

46. Babrauskas. V., SFPE Handbook, chapter Burning Rates. National Fire Protection Association, Quincy, Massachusetts, 2nd edition, 1995.

47. NFPA, Fire Protection Handbook. National Fire Protection Association, Quincy, Massachusetts, 18th edition, 1997.

48. NFPA 30 "Flammable and Combustible Liquids Code", National Fire Protection Association (NFPA), 2000, Quincy, MA (USA).

第 **8** 章

防火防爆名詞解釋

（中英文，依英文字母排序）

第1節　基本科學

大氣壓力（Atmospheric Pressure）

為一種力（Force）受到地球表面所施加的大氣重量。延伸閱讀請參閱本書第一章第一節。

Atmospheric pressure — Force exerted by the weight of the atmosphere at the surface of the earth.

沸點（Boiling Point）

在蒸氣壓（物質處在一種傾向於蒸發狀態）超過大氣壓力之物質溫度。在此溫度下的蒸發速率會超過冷凝速率。此在沸點情況，形成較多液體被轉換成蒸汽狀態，比蒸汽轉換回成液體還多。

Boiling point — Temperature of a substance when the vapor pressure (measure of a substance's tendency to evaporate) exceeds atmospheric pressure. At this temperature, the rate of evaporation exceeds the rate of condensation. At this point, more liquid is converting into vapor than vapor is converting back into a liquid.

英制熱量單位（British Thermal Unit, BTU）

提高1磅水能上升至華氏1度溫度時，所需的熱量。1英熱單位 = 1055焦耳。

British thermal unit (Btu) — Amount of heat required to raise the temperature of one pound (lb) of water one degree Fahrenheit (F). 1 Btu = 1,055 joules (J).

卡路里（Calorie, CAL）

提高1克水能上升至攝氏1度溫度時，所需的熱量。1卡 = 4.187焦耳。

Calorie (cal) — Amount of heat required to raise the temperature of one gram (g) of water one degree Celsius (C). 1 cal = 4.187 joules (J).

二氧化碳〔Carbon Dioxide（CO₂）〕

二氧化碳無色、無臭，不支持燃燒也不助燃，比空氣重。常被用於手提式滅火器作爲滅火劑，藉由窒息或取代氧氣，而能撲滅B類或C類火災。

Colorless, odorless, heavier than air gas that neither supports combustion nor burns. CO_2 is used in portable fire extinguishers as an extinguishing agent to extinguish Class B or C fires by smothering or displacing the oxygen.

一氧化碳〔Carbon Monoxide（CO）〕

由於碳的不完全燃燒，形成無色、無臭且危險的氣體（包括有毒和易燃）。它與人類血紅蛋白的迅速結合能力，比氧氣超過200倍，從而降低了人類血液攜氧能力。

Colorless, odorless, dangerous gas （both toxic and flammable） formed by the incomplete combustion of carbon. It combines more than 200 times as quickly with hemoglobin as oxygen, thus decreases the blood's ability to carry oxygen.

攝氏（Celsius or Centigrade）

在國際單位制之溫度測量單位；攝氏溫度標上0度是冰的熔點，標示100度則是水的沸點。

Celsius(C) or centigrade ─ Unit of temperature measurement in the International System of Units (SI). on the Celsius scale, 0 degrees is the melting point of ice; 100 degrees is the boiling point of water.

密度（Density）

爲一種物質之每單位體積質量。任何物質之密度是透過質量除以體積之方式來獲得。

Density ─ Weight per unit volume of a sub stance. The density of any substance is obtained by dividing the weight by the volume.

華氏（Fahrenheit, F）

在英語系或華氏慣常使用體系（主要在美國）所使用溫度測量的單位；華氏溫度標上32度是冰的熔點，標示212度則是水的沸點。

Fahrenheit (F) ─ Unit of temperature measurement in the English or Customary System (primarily used in the United States). on the Fahrenheit scale, 32 degrees is the melting point of ice; 212 degrees is the boiling point of water.

流體（Fluid）

任何物質具有流動性，在一個恆定的溫度和壓力下具有一定的質量和體積，但沒有明確的形狀。流體是無法提供剪切應力的（Shear Stresses）。

Fluid — Any substance that can flow; a sub stance that has definite mass and volume at a constant temperature and pressure but no definite shape. A fluid is unable to sustain shear stresses.

氣體（Gas）

可壓縮物質、沒有特定的體積、假設趨向於其爲容器的形狀。流體（如空氣）既不具有獨立形狀，也沒有體積但能趨於無限擴張。氣體術語是大多數精確的用於描述一個純的氣態物質（例如丙烷），而不是在煙氣（Fume）、蒸氣（Vapor）或氣體混合物的狀態。

Gas — Compressible substance with no specific volume that tends to assume the shape of its container; a fluid (such as air) that has neither independent shape nor volume but tends to expand indefinitely. The term gas is most accurately used to describe the state of a pure gaseous substance (for example, propane), rather than a fume, vapor, or mixture of gases.

焦耳（Joule, J）

在國際單位制之功或能量之單位；在一每單位力（1牛頓），移動物體至單位距離（1公尺）之能量（或功）。

Joule (J) — Unit of work or energy in the International System of Units; the energy (or work) when unit force (1 newton) moves a body through a unit distance (1 meter).

千瓦（Kilowatt, kW）

在國際單位制一種能量之單位；1千瓦 = 1000瓦（W）。

Kilowatt (kW) Unit of power in the International System of Units. 1 kW = 1,000 watts (W).

動能（Kinetic Energy）

藉由物體移動而具有的能量。

The energy possessed by a moving object

液體（Liquid）

不可壓縮物質，假設其容器的形狀。分子能自由流動，但具大量的凝聚性及表面張力，以防止它們如氣體似相互分散。

Liquid － incompressible substance that assumes the shape of its container. Molecules flow freely, but substantial cohesion prevents them from dispersing from each other as a gas would.

物質（Matter）

凡是占用空間，並具有質量。

Anything that occupies space and has mass.

相溶（Miscible）

物質能夠被混合。

Materials that are capable of being mixed.

牛頓（N）

在國際單位制一種力量之單位。1牛頓 = 1 kg/m×sec^2。

Newton (N) － Unit of force in the International System of Units. 1 newton = 1 kilogram per meter per second squared.

有機物質（Organic Materials）

指含碳物質（Carbon），如植物／動物物質和碳氫燃料。

Organic materials － Substances containing carbon such as plant and animal materials and hydrocarbon fuels.

勢能（Potential Energy）

一物體所擁有儲存的能量，在未來一旦釋放時能釋放來執行工作。

Stored energy possessed by an object that can be released in the future to perform work once released.

每平方吋1磅（Pounds per square inch）

用於測量壓力，於每平方吋表面上有1磅壓力，在英語系或慣常使用體系之地區所使用測量單位。國際單位制之單位是相當於1千帕；另一個壓力相對應的單位是Bar。1bar = 14.5038 psi。1bar = 100 kPa。本書使用單位psi作為壓力主要的測量單位。換算成公制壓力也有以Bar和kPa表示。有關更多信息，請參閱本書第1章。

Pounds per square inch (psi) — Unit for measuring pressure in the English or Customary System. The International System of Units equivalent is kilopascal (kPa). Another equivalent unit of pressure is bar. 1 bar: 14.5038 psi. 1 bar = 100 kPa. This manual uses the units of psi as the primary measurement of pressure. Metric equivalent pressures expressed in bar and kPa are also given. See sidebar for more information.

錶壓力或絕對壓力（Psi Gauge/Psi Absolute）

除非另有說明，本書所給出的壓力是一種錶壓力而不是絕對的。因此，簡單地示出的單位psi為psig（每平方吋有1磅錶壓力）。工程師使壓力表的讀數和實際的大氣壓力之間作出區別。實際大氣壓力的表示法是psia（每平方吋有1磅絕對壓力）。絕對零壓力是一個完美的真空。任何壓力小於大氣壓力是一個簡單的真空。當壓力表讀數為～5 psig（～34.5千帕）（0.35bar），實際上是讀5 psi（34.5千帕）（0.35巴）小於現存的大氣壓力（海平面14.7～5或9.7psia（101～34.5或66.5kPa）（1.01～0.345或0.665 Bar）。

Unless stated otherwise, pressures given throughout this manual are gauge pressure not absolute pressure. Therefore, units shown simply as psi indicate psig (pounds per square inch gauge). Engineers make the distinction between a gauge reading and actual atmospheric pressure. The notation for actual atmospheric pressure is psia (pounds per square inch absolute). Absolute zero pressure is a perfect vacuum. Any pressure less than atmospheric pressure is simply a vacuum. When a gauge reads 5 psig (34.5 kPa)(0. 35 bar), it is actually reading 5 psi (34.5 kPa)(0.35 bar) less than the existing atmospheric pressure (at sea level, 14. 7 5, or 9.7psia [101 34.5or66.5kPa]){1.010.345or0.665bar}).

皂化（Saponification）

當鹼性基的化學物質和某些烹調油的混合物接觸，從而導致肥皂膜的形成現象。

A phenomenon that occurs when mixtures of alkaline based chemicals and certain cooking oils come into contact resulting in the formation of a soapy film.

溶解性（Solubility）

固體、液體或氣體溶解在溶劑（通常是水）的程度。

Degree to which a solid, liquid, or gas dissolves in a solvent (usually water).

比重（Specific Gravity）

在給定的溫度下，物質的重量相比於水，用水等體積的重量。比重小於1表示物質比水輕；比重大於1表示物質比水重。

Weight of a substance compared to the weight of an equal volume of water at a given temperature. A specific gravity less than 1 indicates a substance lighter than water; a specific gravity greater than 1 indicates a substance heavier than water.

比重（Specific Gravity）

在一環境溫度下，物質重量是相比於等體積的水重量。一物質比重小於1，是表示比水輕；如比重大於1則表示比水重的物質。

Specific gravity — Weight of a substance com pared to the weight of an equal volume of water at a given temperature. A specific gravity of less than 1 indicates a substance lighter than water; a specific gravity greater than 1 indicates a substance heavier than water.

比重量（Specific Weight）

為一種物質之每單位體積重量。例如純水中被普遍接受的比重量是每立方呎（9.81千牛頓每立方公尺）有62.4磅。海水比重量為每立方呎有64磅（10.1千牛頓每立方公尺）。

Specific weight — Established weight per unit volume of a substance. for example, the specific weight of pure water is generally accepted to be 62.4 pounds per cubic foot (9.81 kilonewtons per cubic meter). The specific weight of sea water is given as 64 pounds per cubic foot (10.1 kilonewtons per cubic meter).

第2節　防火科學

自燃溫度（Auto-Ignition Temperature）

可燃物在空氣中沒有受到火花、火焰或其他起火源的環境下，能本身起火之最低溫度。

Auto-ignition temperature — Lowest temperature at which a combustible material ignites in air without a spark, flame, or other source of ignitron.

自燃溫度（Auto-Ignition Temperature）

如同起火溫度，只由物質本身一直受熱到其起火溫度，而不需外部引火源來進行起火。

Same as ignition temperature except that no external ignition source is required for ignition because the material itself has been heated to ignition temperature.

燃燒速度（Burning Velocity）

燃燒速度是描述氣態質量中火焰之移動速度，其所使用單位是公尺／秒。

Burning velocity is used to describe the speed at which a flame moves in a gaseous mass. The unit used is m/s.

燃燒效率（Combustion Efficiency）

即使有一良好的氧氣供應，物質燃燒時仍然很少會釋放出所有的能量。其中有一些未消耗仍保留於熱煙氣體中，並傳送至天花板。氧氣供應愈貧乏，有形成更多未燃燒氣體。

A substance which burns rarely releases all its energy, even when there is a good oxygen supply available. Some of it remains unconsumed in the plume, which conveys the smoke gases to the ceiling. The poorer the supply of oxygen, the more unburnt gases are produced.

可燃液體（Combustible Liquid）

根據美國海岸防衛隊（USCG）對引擎用燃料之評定等級，可燃液體是指任何液體在或高於80℉（26.7℃），能釋放出易燃性（Flammable）蒸氣。然而，由美國國家防火協會（NFPA）定義，在陸地上的情況其為100℉（37.8℃）或以上；由美國運輸部（DOT）和國際海事組織（IMO）評級海運貨物為143℉（61.7℃）或以上。海上定義或許是與陸地上的產業之消防有所不同，但重要的是，可燃液體是危險的和會揮發不穩定的氣體。

Combustible liquid ─ Any liquid that gives off flammable vapors at or above 80℉ (26.7℃) according to the U.S. Coast Guard rating on engine fuel. However, the definition by the National Fire Protection Association (NFPA) uses a temperature of 100℉ (37.8℃) and above for shore～side situations, while the U.S. Department of Transportation (DOT) and the International Maritime Organization (IMO) use the temperature of 143℉ (61 .7℃) and below when rating cargo. The maritime definition varies from how it is defined in shore～side industries and firefighting, but the important issues are that combustible liquids are hazardous and volatile.

傳導（Conduction）

物理流或從一個物體傳遞熱能至另一個，透過直接接觸或從熱點的中間介質傳熱到另一個位置，或從高溫區至低溫區。

Physical flow or transfer of heat energy from one body to another through direct contact or an intervening medium from the point where the heat is produced to another location or from a region of high temperature to a region of low temperature.

對流（Convection）

熱量由加熱的流體或氣體的流動傳遞，通常以向上的方向進行著。

Transfer of heat by the movement of heated fluids or gases, usually in an upward direction.

衰退期（Decay Period）

區劃空間火災衰退階段，是經過火勢充分發展期。在此階段，燃料開始消耗掉，溫度開始下降，火災狀態再度成為燃料控制情況。

The decay period is the period after a fully developed compartment fire. At this stage, the temperature starts to fall as the fuel starts to get used up. The fire is fuel controlled.

擴散火焰（Diffusion Flame）

在起火時，燃料和空氣是彼此不混合，燃料和空氣擴散到彼此才發生擴散火焰，形成一種可燃區域之間邊界層。蠟燭是擴散火焰一個日常的例子。

A diffusion flame occurs when the fuel and air are not mixed with each other at the moment of ignition. Fuel and air diffuse into each other, creating a combustible area in the boundary layer between them. Candles are an everyday example of this.

火災初期階段（Early Stage of Fire）

這是火災開始發生時，直至閃燃發生之發展時期（其包含本書所定義初期與成長期）。在此期間，火勢能從最初的起火對象進行到整個空間蔓延，在建築物人們正處於重大傷亡的風險中。

This is the period from when the fire starts until a flashover development occurs. During this period the fire can spread from the initial object and people who are in the building are at major risk of getting injured.

吸熱反應（Endothermic Heat Reaction）

物質化學反應中產生熱能吸收。

Chemical reaction in which a substance absorbs heat energy.

放熱反應（Exothermic Heat Reaction）

兩種或更多種物質之間的化學反應，不僅改變物質，且產生熱量、火焰和有毒煙霧。

Chemical reaction between two or more materials that changes the materials and produces heat, flames, and toxic smoke.

抗火時效（Fire Endurance）

指衡量牆壁、地板／天花板組裝、或屋頂／天花板組件，將能抵抗一個標準火焰之時間長度。該結構成分，不超過所敘述之之熱傳遞量、火災滲透量或限制量之相關規定。

The length of time a wall, floor/ceiling assembly, or roof/ ceiling assembly will resist a standard fire without exceeding specified heat transmission, fire penetration, or limitations on structural components.

著火點（Fire Point）

在某種溫度下液體燃料產生足夠的蒸汽，一旦燃料被點燃時能支持燃燒。著火點通常在閃火點幾度以上。

Temperature at which a liquid fuel produces sufficient vapors to support combustion once the fuel is ignited. The fire point is usually a few degrees above the flash point.

著火點（Fire Point）

由外部火源所予以引燃，液體燃料產生蒸汽足以支持燃燒持續之溫度。著火點通常是在閃火點以上數度。

Fire point — Temperature at which liquid fuels produce vapors sufficient to support continuous combustion once ignited by an outside ignition source. The fire point is usually a few degrees above the flash point.

抗火性能（Fire Resistance）

衡量建築構件和結構的一種能力，在火災暴露下能發揮其預期的防火分隔和／或承載之指定功能。這些耐火建築構件和結構是基於標準耐火試驗中，一定抗火等級。以上等級以分和小時作表示，來描述能持續履行時間，當暴露於標準模擬火災事件，所給定建築物構件或結構，能維護之預期耐火功能。

Fire resistance means the ability of building components and systems to perform their intended fire separating and/or loadbearing functions under fire exposure. Fire resistant building components and systems are those with specified fire resistance ratings based on fire resistance tests. These ratings, expressed in minutes and hours, describe the time duration for which a given building component or system maintains specific functions while exposed to a specific simulated fire event.

火災猛烈度（Fire Sverity）

通常定義為暴露於標準火災測試期間，是一種衡量有關火災的破壞性影響，或火勢強度或溫度可能導致建築結構失敗，因而造成火勢延燒之結果。

Fire severity is usually defined as the period ofexposure to the standard test fire, fire severity is a measure ofthe destructive impact of a fire, orthe forces or temperatures that may cause collapse or fire spread as a result of a fire.

火災四面體（Fire Tetrahedron）

為形成一個火，需有四個要素／條件之模式。此四面體之四個側面分別為燃料、熱、氧和化學連鎖反應。

Model of the four elements/conditions required to have a fire. The four sides of the tetrahedron represent fuel, heat, oxygen, and chemical chain reaction.

火焰蔓延（Flame Spread）

在一個燃料表面的火焰逐漸遠離起火源而延伸進展現象。

Flame spread — Progression of flame across a fuel surface away from the ignition source.

可燃液體（Flammable Liquid）

根據美國海岸防衛隊（USCG）引擎用燃料之評定等級，可燃液體是指任何液體在或低於80°F（26.7°C）時，能釋放出易燃性（Flammable）蒸氣。然而，由美國國家防火協會（NFPA）的定義，在陸地上的情況其為100°F（37.8°C）或以下；由美國運輸部（DOT）和國際海事組織（IMO）評級海運貨物為143°F（61.7°C）或以下。海上定義或許是與在陸地上的產業和消防有所不同，但重要的是，可燃液體是危險的和極易揮發不穩定的氣體。

Flammable liquid —— Any liquid that gives off flammable vapors at or below $80°F$ (26.7°C) according to the U.S. Coast Guard rating on engine fuel. However, the definition by NFPA uses a temperature of $100°F$ (37.8°C) and below for shore～side situations, while the

U. S. DOT and IMO use the temperature of 143°F (61. 7℃) and below when rating cargo. The maritime definition varies from how it is defined in shoreside industries and firefighting, but the important issues are that flammable liquids are hazardous and volatile.

閃燃（Flashover）

在火災發展過程中一種現象，在該空間內所有可燃表面和對象，已被加熱到其燃點溫度，而發生火焰爆發幾乎立刻在該空間中所有可燃對象表面上形成。

Stage of a fire at which all surfaces and objects within a space have been heated to their ignition temperature and flame breaks out almost at once over the surface of all objects in the space.

閃燃（Flashover）

閃燃是指從火災在局部性燃燒，直到整個房間參與燃燒之一種過渡期現象。當火災熱釋放速率超過某一特定臨界值時，閃燃就會發生。其中有助於增加火災熱釋放速率的因素，包括火焰蔓延沿著可燃表面和從熱煙氣層再輻射情況。閃燃一旦發生，代表從早期火災發展階段，轉變到充分發展之室內火災。

A flashover is a transition period from when the fire is burning locally until the whole room is involved in the fire. A flashover occurs when the fire's heat release rate exceeds a particular critical level. Factors contributing to the increase in the fire's heat release rate include flame spread over combustible surfaces and re～radiation from the hot smoke gas layer. A flashover marks the transition from the early fire development stage to a fully developed compartment fire.

閃火點（Flash Point）

液體燃料能釋放出足夠蒸汽量，與空氣表面形成燃燒性混合物時之最低溫度。在此溫度下此種燃燒性混合物氣體，能形成瞬間燃燒閃光狀，但不會繼續燃燒。燃料閃火點溫度通常是在著火點之幾度以下情況，但有一些燃料之閃火點和著火點溫度，二者幾乎是沒有多大區別。

Flash point ─ Minimum temperature at which a liquid fuel gives off sufficient vapors to form an ignitable mixture with the air near the surface. At this temperature the ignited vapors flash but do not continue to burn. The flash point of a fuel is usually a few degrees below the fire point, but the flash point and fire point of some fuels are almost indistinguishable.

閃火點（Flash Point）

最低溫度下液體，於液體的表面附近能揮發出足夠的蒸氣與空氣形成可燃混合氣。

Minimum temperature at which a liquid gives off enough vapors to form an ignitable mixture with air near the liquid's surface.

燃料控制火災（Fuel Control）

區劃空間起火後，火災發展開始，火災室火勢大小受到燃料支配情況，其有足夠為燃燒所需的空氣，火災的發展是完全由燃料性質和燃料排列所控制。燃料控制情況也能在火災發展之衰退期發生。

After ignition and at the start of a fire's development, the fire is described as fuel controlled as there is sufficient air for combustion and the fire's development is controlled entirely by the fuel's properties and arrangement. A fire can also be fuel controlled at a later stage in its development.

火載量（Fuel Load）

燃料的類型（等級）和數量，在一個所給定的空間所占有體積。

Fuel load — Type (class) and amount of fuels in a given space.

最盛期火災（Fully Developed）

當達到閃燃發生階段，在此區劃空間火災，火災是通風控制情況，其通常能使熱煙氣溫度達到800～900℃左右。火勢透過建築物開口擴散。這意味著，在燃燒過程中的一部分，將會在區劃空間以外地方發生。

This stage is reached when a flashover occurs. In this compartment fire instance, the fire is ventilation controlled and it is usual for smoke gas temperatures to reach the order of 800-900℃. Flames spread via the building's openings. This means that part of the combustion process takes place outside the compartment.

熱（Heat）

能量一種形式，能提高溫度。熱量可以由它所作功來量測，例如在一玻璃溫度計使水銀柱產生膨脹所需的熱量。

Heat — Form of energy that raises temperature. Heat can be measured by the amount of work it does; for example, the amount of heat needed to make a column of mercury expand inside a glass thermometer.

燃燒熱（Heat of Combustion, ΔHc）

當可燃物燃燒時，量測物質釋放之能量ΔH_C，其所使用單位是MJ/kg或kJ/g。

This measures the amount of energy the material releases ΔHc when it burns. The unit used is MJ/kg or kJ/g.

汽化熱（Heat of Vaporization, ΔHv (Sometimes Lv)）

燃料汽化的熱量，從其表面產生1克氣體所需熱量ΔH_V（有時稱爲Lv）。

The heat of vaporisation is the amount of heat required to ΔHv (sometimes Lv) produce 1 g gas from the fuel surface.

熱釋放速率（Heat Release Rate (HRR)）

熱產生總量或從每單位時間所消耗每單位燃料質量，其熱量主要從對流熱量釋放到大氣中。

Total amount of heat produced or released to the atmosphere from the convective～lift fire phase of a fire per unit mass of fuel consumed per unit time.

熱釋放速率（Heat Release Rate）

當一物質燃燒時熱量將會釋放出，其所釋放熱量之量測單位是watts（J/s）。

When a material combusts heat will be released. The heat released is measured in watts (J/s).

起火溫度（Ignition Temperature）

在空氣中的燃料受到一獨立的外部起火源或內部自體發熱，其持續加熱到燃料開始能持續燃燒狀態之最低溫度。

Ignition temperature — Minimum temperature to which a fuel in air must be heated to start self-sustained combustion independent of an outside ignition source.

室內火災初期階段（Incipient Phase）

燃燒過程在區劃空間內的第一階段中，該物質被氧化時產生一定的熱量，但熱量並沒有蔓延到其他物質附近。在這個階段中，空氣中的氧含量尚未顯著降低。

First phase of the burning process in a confined space in which the substance being oxidized is producing some heat, but the heat has not spread to other substances nearby. During this phase, the oxygen content of the air has not been significantly reduced.

層流（Laminar Flow）

火災室有兩種不同空氣流之類型，這是顯而易見的，如熱煙氣體向上流動，並從一個狹窄的煙囪或開口流出。首先，煙流並沒有與其他混合，以一個平行層流方式作運動。但在距出口一定距離時，其流動型態受到改變，熱煙顆粒以旋轉運動作不規則路徑進行。煙流分層型態稱為層流和不規則的紊流。這個層流取自拉丁詞「層」，意思平板或板，而「紊流」取自拉丁詞「turbulentur」，意為擾亂或翻騰。

There are two different types of flow. This is evident when, for instance, smoke flows up and out of a narrow chimney. First of all, the smoke moves in a parallel layer without mixing. But at a certain distance from the outlet the flow type changes and smoke particles move in irregular paths, in a swirling motion. The layered type of flow is known as laminar and the irregular as turbulent. The word "laminar" is taken from the Latin word "lamina", meaning plate, board, and "turbulent" is taken from the Latin word "turbulentur", meaning disturbed or tempestuous.

質量損失率（Mass Loss Rate）

質量損失速率是指從一種物質發生熱裂解之速度，有時也被稱為熱裂解之速率。這通常以g/m^2s為單位進行量測。

The mass loss rate is the speed at which pyrolysis occurs from a material, sometimes also known as the rate of pyrolysis. This is often measured in the unit.

氧化（Oxidation）

有機質與氧／其他氧化劑所產生複雜的化學反應，導致形成更穩定的化合物。此種更穩定的化合物是較少相關於化學能。它們變得更加穩定，在燃燒過程中釋放出熱和光之能量。例如火災、爆炸和生鏽（分解）現象。

Oxidation — Complex chemical reaction of organic materials with oxygen or other oxidizing agents resulting in the formation of more stable compounds. More stable compounds are simply those with less closely associated chemical energy. They become more stable by releasing some of their energy as heat and light during combustion. Examples are fire, explosions, and rusting (decomposition).

脈動（Pulsation）

當區劃空間火災正在進入一個通風控制的階段時，脈動是會偶爾發生。假使火災能取得來自房間開口供應額外空氣，使燃燒持續發生。因此，在火災室積聚正壓力以及溫度上升，所產生層流為尋覓氧氣並受到壓力膨脹之推擠現象。由於缺氧情況導致火勢消退，新的空氣能被吸入到室內，溫度形成下降。

Pulsations occur occasionally when the fire is entering a ventilation～controlled stage. If there is an opening in the room the fire can have access to air to allow combustion to take place. As a result of this, positive pressure builds up in the room and the temperature rises. The fire subsides due to oxygen deficiency and the temperature falls as new air can be drawn into the room.

熱裂解（Pyrolysis）

熱裂解是熱效應所造成的，在一種化學分解過程，或從其他複雜化學組成，轉化成簡單的組成。

Pyrolysis is a chemical decomposition process or other chemical conversion from complex to simpler constituents, caused by the effect of heat.

輻射（Radiation）

熱能從一個主體進行轉移至在較低的溫度另一主體，透過電磁波通過中間介質，如紅外熱波、無線電波或X射線進行傳遞。

The transmission or transfer of heat energy from one body to another body at a lower temperature through intervening space by electromagnetic waves such as infrared thermal waves, radio waves, or X-rays.

還原劑（Reducing Agent）

燃燒過程中正在燃燒或被氧化的燃料。

The fuel that is being oxidized or burned during combustion.

滾燃燒燃（Rollover）

在區劃空間（如房間或飛機客艙）於火災初期或較早穩態階段時期，其中生成未燃燒的可燃氣體，會積聚在天花板位置。這些從火災室過熱氣體受到火災形成壓力推擠，而逐漸遠離火災室，到火災室外區域與氧氣混合。當門被打開或較遠處消防人員應用水霧流，供應額外的氧氣而達到可燃範圍，於火災室前端點燃並往前發展，非常迅速在整個天花板上的滾動擴張之動作。

Condition in which the unburned combustible gases released in a confined space (such as a room or aircraft cabin) during the incipient or early steady～state phase and accumulate at the ceiling level. These superheated gases are pushed, under pressure, away from the fire area and into uninvolved areas where they mix with oxygen. When their flammable range is reached and additional oxygen is supplied by opening doors and/or applying fog streams, they ignite and a fire front develops, expanding very rapidly in a rolling action across the ceiling.

自燃（Spontaneous Combustion）

自燃是一可燃物質自體發熱（Spontaneous heating）的副產品，當其溫度持續升高過程中，不從周圍環境吸收熱量，如達到其起燃溫度，則產生自燃或燃燒現象。

Spontaneous combustion is a byproduct of spontaneous heating, a process by which a material increases in temperature without drawing heat from its surroundings. If the material reaches its ignition temperature, spontaneous ignition or combustion occurs.

熱分層（氣體）（Thermal Layering (of Gases)）

在區劃空間中燃燒，氣體趨向形成一種層流。根據溫度，其中最熱氣體是發現在天花板層次，而最冷的氣體是位在地板上。

Outcome of combustion in a confined space in which gases tend to form into layers, according to temperature, with the hottest gases are found at the ceiling and the coolest gases at floor level.

紊流因子（Turbulence Factor）

當火焰蔓延情況使火勢的面積增加，然後火災室窗戶破裂出現開口，這意味著火勢前鋒的面積將變大，這導致燃燒速度之增加。

When flames spread the area of the flames will increase and they are then broken up, which means that the area of the flame front will get bigger. This results in an increase in the burning velocity.

紊流（Turbulent Flow）

火災室有2種不同空氣流之類型，這是顯而易見的，如熱煙氣體向上流動，並從一個狹窄的煙囪流出。首先，煙流並沒有與其他混合，以一個平行層方式作運動。但在從出口一定距離的流動型態改變化，熱煙顆粒以旋轉運動作不規則路徑進行。煙流分層型態稱為層流和不規則的紊流。這個層流取自拉丁詞「層」，意思平板或板，而「紊流」取自拉丁詞「turbulentur」，意為擾亂或翻騰。

There are two different types of flow. This is evident when, for instance, smoke flows up and out of a narrow chimney. First of all, the smoke moves in a parallel layer without mixing. But at a certain distance from the outlet the flow type changes and smoke particles move in irregular paths, in a swirling motion. The layered type of flow is known as laminar and the irregular as turbulent. The word "laminar" is taken from the Latin word "lamina", meaning plate, board, and "turbulent" is taken from the Latin word "turbulentur", meaning disturbed or tempestuous.

未完全燃燒氣體（Unburnt Gases）

假使火災室燃燒繼續耗盡氧氣供應，未燃燒完全氣體會積聚。但區畫火災中未燃燒氣

體總是能積累，即使是良好氧氣供應環境。未燃燒氣體中含有的潛在能量，並且能在稍後的階段釋放出（如滾燃或閃燃等），並導致室內溫度大幅上升。

If the fire continues with a depleted oxygen supply unburnt gases will accumulate. Unburnt gases always accumulate, even if there is good access to an air supply. The unburnt gases contain potential energy and may be released at a later stage and cause the temperature to rise.

通風控制 （Ventilation Control）

當建築結構火災發展階段，不再有足夠的氧氣維持燃燒，來形成的熱裂解氣體情況，此時成爲通風控制燃燒狀態。火災的熱釋放速率完全是由可用的空氣量所控制，在這種火災室燃燒情況則描述爲通風控制。

As the fire grows it may become ventilation controlled when there is no longer sufficient oxygen to combust the pyrolysis gases formed. The fire's heat release rate is then controlled completely by the amount of air which is available, in which case the fire is described as being ventilation controlled.

第3節　防爆科學

絕熱火焰 （Adiabatic Flame）

假使燃燒過程中所有釋放的能量，是使用於燃燒過程中加熱，能達到形成產物溫度，此溫度則稱絕熱火焰溫度。這是能達到之最高溫度。但是在現實情況上絕熱火焰溫度是很少實現，如一些能量在燃燒過程中會喪失掉。

If all the energy released during combustion is used to heat temperature the products formed during combustion, the temperature which is reached is known as the adiabatic flame temperature. This is the highest temperature which can be reached. But the adiabatic flame temperature is rarely achieved in reality, as some of the energy is lost during combustion.

爆燃（Backdraft）

瞬間爆炸或當外來氧氣被引入到一個貧氧的區劃空間中，發生過熱氣體之快速燃燒。原本陷入緩慢燃燒狀態，使其瞬間恢復成為具爆發力現象。如此常發生在消防人員不適當消防搶救或通風作業不良之程序中發生的。

Instantaneous explosion or rapid burning of superheated gases that occurs when oxygen is introduced into an oxygen～depleted confined space. The stalled combustion resumes with explosive force. It may occur because of inadequate or improper ventilation procedures.

爆燃（Backdraft）

火災的發展過程中受到通風限制，導致大量未燃燒氣體的形成。假使一開口突然出現，進入的空氣能與熱煙氣混合，在房間內任何地方形成可燃混合氣體層。假使有任何種類的起火源存在，例如高溫餘燼，這將導致氣態質量體被引燃，加速大量燃燒過程。當氣體的體積膨脹，導致其餘未燃燒氣體部分被擠壓出，透過所述開口，形成開口外火球現象。實務上，很少發生此一現象，但一旦發生將是非常危險的。

Restricted ventilation during the development of a fire can lead to the formation of a large quantity of unburnt gases. If an opening suddenly appears the incoming air can mix with the smoke gases, forming a combustible mixture anywhere in the room. If there is an ignition source of any kind present, e.g. embers, this will cause the gaseous mass to ignite, which will then accelerate the combustion process considerably. When the volume of gas expands this causes the rest of the unburnt gases to be pushed out through the opening, producing a fire ball outside the opening. This phenomenon occurs seldom, but can be extremely dangerous.

沸騰液體膨脹蒸汽爆炸（Boiling Liquid Expanding Vapor Explosion, BLEVE）

如果液體是易燃或可燃物情況，在一容器中的液體已受到加熱成沸騰狀態，由於破裂的容器，導致其蒸氣和內容物猛烈釋放出，形成一個蘑菇型火球的膨脹結果。

Boiling liquid expanding vapor explosion (BLEVE) — Situation in which a liquid in a container has been heated to above the point of boiling, resulting in rupture of the container and violent release of the vapor and contents; results in a mushroom type fireball if the liquid is flammable or combustible.

沸騰液體擴展蒸氣爆炸現象〔Boiling Liquid Expanding Vapor Explosion (BLEVE)〕

因容器產生某種失效導致具一定壓力下，其所儲存的液體形成快速汽化釋放到大氣中。此種容器的失效是受到外部熱源引起過壓情況，使容器爆炸成兩個或更多碎裂狀，而液體的溫度遠遠高於在正常大氣壓下沸點狀態。

Rapid vaporization of a liquid stored under pressure upon release to the atmosphere following major failure of its containing vessel. The failure of the containing vessel is the result of over~pressurization caused by an external heat source causing the vessel to explode into two or more pieces when the temperature of the liquid is well above its boiling point at normal atmospheric pressure.

低階爆燃現象（Deflagration）

低階爆燃術語是描述在一個預混合氣態質量之火焰蔓延現象。發生火災時，火勢前端以3～5公尺／秒的速度進行移動。因此，一個低於音速熱煙氣體燃燒火球產生一種低階爆燃現象。

The term "deflagration" is used to describe flame spread in a premixed gaseous mass. During a fire the flame front moves at a speed of around 3-5 m/s. A smoke gas explosion is therefore a deflagration.

高階爆轟（Detonation）

涉及燃燒之化學爆炸情境，其火焰展開非常快，有時甚至比音速快。衝擊波和火勢前端連接在一起，並透過氣體／空氣混合物以高速行進。在現實中，高階爆炸是由固體的爆炸性物質，而不是由氣體混合物所引起的。

Detonation relates to a combustion scenario whereby flames travel very quickly, sometimes even faster than sound. The shock wave and flame front are linked together and travel through the gas/air mixture at high speed. In reality, detonations are caused by solid explosive substances and not by gas mixtures.

粉塵爆炸（Dust Explosion）

任何分散粉狀可燃材料，懸浮在空氣中，但不總是在一個封閉的位置，存在於足夠高的濃度在大氣或其他氧化氣體介質如氧，遇有起火源快速燃燒之粉塵爆炸。

A dust explosion is the rapid combustion of fine particles suspended in the air, often but not always in an enclosed location. Dust explosions can occur where any dispersed powdered combustible material is present in high enough concentrations in the atmosphere or other oxidizing gaseous medium such as oxygen, in case of a fire source.

爆炸 (Explosion)

一種放熱的化學過程,當其發生在一個恆定的體積量,產生壓力突然顯著增加現象。

An exothermic chemical process which, when it happens at a constant volume, generates a sudden, significant increase in pressure.

膨脹因子 (Expansion Factor)

當氣體混合物引燃,溫度能上升使得以相同幅度擴大整個體積量。

When a gas mixture ignites, the temperature can rise. This causes the volume to expand by the same magnitude.

燃燒 / 爆炸範圍 (Flammability Range)

這是在氣體 / 空氣混合物可被引燃之範圍內。

This is the range within which gas/air mixtures can ignite.

燃燒 / 爆炸範圍 (Flammable Range)

在可燃上限和可燃下限之間範圍,其中物質能被點燃之範圍。

The range between the upper flammable limit and lower flammable limit in which a substance can be ignited.

燃燒 / 爆炸界限 (可燃範圍) (Flammable/Explosive Limits (Flammable Ranges))

物質(蒸氣)在空氣中濃度,在最小和最大百分比間能被引燃情況。大多數物質具有一可燃上限(較濃)(UFL)點和一可燃下限(較薄)(IFL)點。

Flammable or explosive limits (flammable ranges) — Minimum and maximum percentages of a substance (vapor) in air that burns once it is ignited. Most substances have an upper (too rich) flammable limit (UFL) and a lower (too lean) flammable limit (LFL).

預混合火焰（Premixed Flames）

發生起火之前，當燃料和空氣是已經充分彼此混合，而形成預混合火勢發生；化學性爆炸都是預混合火焰型態。

A premixed flame occurs when the fuel and air are well mixed with each other before ignition occurs.

熱煙爆炸（Smoke Gas Explosion）

當火災室未燃燒的熱煙氣體洩漏到相鄰空間面積，其能與空氣作很好混合，以產生可燃混合氣體。假使有一個有效起火源或成為有效的一些其他方式，煙氣將能引燃，並具有極其破壞性的影響。通常，在實務上出現這種現象是很少的。

When unburnt smoke gases leak into an area adjacent to the fire room they can mix very well with air to produce a combustible mixture. If there is an ignition source available or one becomes available some other way, the smoke gases can ignite, with an extremely devastating effect. As a rule, this phenomenon occurs seldom.

化學計量（理想混合狀態）（Stoichiometry (Ideal Mixture)）

當燃燒恰好有所需的空氣量（理想的混合物）進行完全燃料，這稱為化學計量狀態。在這種情況下，只生成二氧化碳和水，但實際上發生這種情況是極其罕見的。

When there is exactly the amount of air required to burn the (ideal mixture)fuel completely this is known as the stoichiometric point. In this instance, only carbon dioxide and water are produced. This happens extremely rarely in practice.

蒸氣（Vapor）

任何物質在氣體狀態下，相對於液體或固體狀態；蒸氣是源自於液體的蒸發，如汽油或水。

Vapor — Any substance in the gaseous state as opposed to the liquid or solid state. Vapors result from the evaporation of a liquid such as gasoline or water.

蒸發（Vaporization）

改變液體形成氣體狀態之轉化過程。氣化的速率取決於所涉及的物質、熱和壓力。

Process of evolution that changes a liquid into a gaseous state. The rate of vaporization depends on the substance involved, heat, and pressure.

蒸氣密度（Vapor Density）

於相同溫度和壓力下，純蒸汽或氣體所給定體積的重量，相比於等體積之乾燥空氣中重量。在蒸氣密度小於1是表示蒸氣比空氣輕，而蒸汽密度大於1則表示比空氣重的蒸氣。

Vapor density — Weight of a given volume of pure vapor or gas compared to the weight of an equal volume of dry air at the same temperature and pressure. A vapor density of less than 1 indicates a vapor lighter than air; a vapor density greater than 1 indicates a vapor heavier than air.

蒸氣壓力（Vapor Pressure）

一物質具有蒸發傾向之程度，如有較高值則意味其更易於蒸發，而較低值則表示其不太可能會蒸發。

Vapor pressure — Measure of the tendency of a substance to evaporate; a higher value means it is more likely to evaporate, and a lower one means it is less likely.

國家圖書館出版品預行編目資料

防火防爆／盧守謙、陳永隆著. --初版.--臺
北市：五南圖書出版股份有限公司, 2017.02
　　面；　　公分

ISBN 978-957-11-9040-2（平裝）

1.火災　2.消防

575.87　　　　　　　　　　106000895

5T26

防火防爆

作　　者 — 盧守謙（481）、陳永隆

發 行 人 — 楊榮川

總 經 理 — 楊士清

總 編 輯 — 楊秀麗

副總編輯 — 王正華

責任編輯 — 金明芬

封面設計 — 陳翰聖

出 版 者 — 五南圖書出版股份有限公司

地　　址：106台北市大安區和平東路二段339號4樓

電　　話：(02)2705-5066　　傳　　真：(02)2706-6100

網　　址：https://www.wunan.com.tw

電子郵件：wunan@wunan.com.tw

劃撥帳號：01068953

戶　　名：五南圖書出版股份有限公司

法律顧問　林勝安律師

出版日期　2017 年 2 月初版一刷
　　　　　2023 年 11 月初版三刷

定　　價　新臺幣750元

經典永恆・名著常在

五十週年的獻禮 —— 經典名著文庫

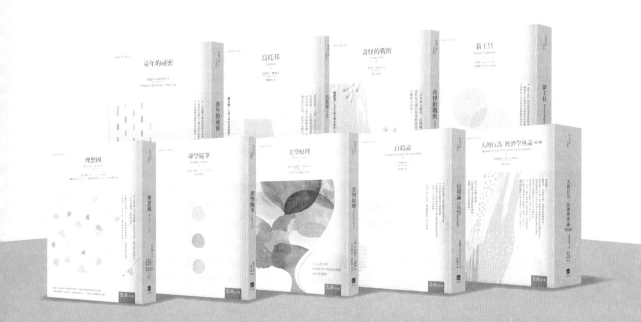

五南，五十年了，半個世紀，人生旅程的一大半，走過來了。

思索著，邁向百年的未來歷程，能為知識界、文化學術界作些什麼？

在速食文化的生態下，有什麼值得讓人雋永品味的？

歷代經典・當今名著，經過時間的洗禮，千錘百鍊，流傳至今，光芒耀人；

不僅使我們能領悟前人的智慧，同時也增深加廣我們思考的深度與視野。

我們決心投入巨資，有計畫的系統梳選，成立「經典名著文庫」，

希望收入古今中外思想性的、充滿睿智與獨見的經典、名著。

這是一項理想性的、永續性的巨大出版工程。

不在意讀者的眾寡，只考慮它的學術價值，力求完整展現先哲思想的軌跡；

為知識界開啟一片智慧之窗，營造一座百花綻放的世界文明公園，

任君遨遊、取菁吸蜜、嘉惠學子！